תלמוד בבלי

מהדורת נאה

בבא בתרא חלק ד

Steinsaltz Center

KOREN

Please note that the number ranges that appear at the bottom of each daf of the Vilna pages indicate the corresponding pages of the Koren Talmud Bavli translation and commentary.

תלמוד בבלי

הוצאת קורן ירושלים

— מהדורת נאה —

מסכת בבא בתרא

דף עג. עד דף צא:

COMMENTARY BY

Rabbi Adin Even-Israel Steinsaltz

EDITOR-IN-CHIEF

Rabbi Dr Tzvi Hersh Weinreb

EXECUTIVE EDITOR

Rabbi Joshua Schreier

•

STEINSALTZ CENTER
KOREN PUBLISHERS JERUSALEM

וְלֵימָא מַחֲלוֹקֶת ר"ש וְרַבָּנַן. וַהֲוָה מַשְׁמַע לָן דר"ש לְדִבְרֵיהֶם דְּרַבָּנַן קָאָמַר לְהוּ, כִּדְאָמְרַן לְעֵיל. דְּאִי מִמַּתְנִי' הֲוָה אָמֵינָא דִּבְחָרוּב וְשִׁקְמָה מוֹדֵי לְהוּ כִּדְקָתָנֵי בְּהֶדְיָא: אֶלָּא חָרוּב הַמּוּרְכָּב כו', מַשְׁמַע דִּבְחָרוּב וְסַדָּן מוֹדֵי לְהוּ ר"ש לְרַבָּנַן. הָא קמ"ל כו'. הָא עֲדִיפָא לַאֲשְׁמוּעִינַן, דְּהָהִיא דר"ש מִמֵּילָא שָׁמְעִינַן לֵיהּ דִּלְדִבְרֵיהֶם דְּרַבָּנַן קָאָמַר לְהוּ, כִּדְדַיְיקִינַן מִבָּרַיְיתָא לְעֵיל. הדרן עלך המוכר את הבית

הַמּוֹכֵר אֶת הַסְּפִינָה. סְתָם. תּוֹרֶן וְנֵס וְעוֹגִין וְכָל הַמַּנְהִיגִין. בַּגְּמָ' מִיפָּרְשִׁי. עֲבָדִים. שֶׁיֵּשׁ לוֹ לְבַעַל הַסְּפִינָה לְהַנְהִיגָהּ וְלִשְׁמוֹר פְּרַקְמַטְיָא שֶׁלּוֹ שֶׁבְּתוֹכָהּ. מַרְצוּפִין. לָתֵת בְּתוֹכָן הָאַנְתִּיקִי, דְּהַיְינוּ פְּרַקְמַטְיָא שֶׁל סְפִינָה, כִּדְמְפָרֵשׁ בַּגְּמָ'. וְכָל הָנֵי נַמִּי לֵיתְנְהוּ בִּכְלַל הֶקְדֵּשׁ, שֶׁאִם הִקְדִּישׁ אֶת הַסְּפִינָה – לֹא הִקְדִּישׁ אֶת אֵלּוּ, מִדְּלָא קָתָנֵי לָהּ בְּפִירְקִין דִּלְעֵיל. וְהַיְינוּ טַעַם, דְּכָל הָנֵי דַּחֲשִׁיבְנָא בְּפִרְקִין דִּלְעֵיל – בֵּית הַמֶּרְחָץ בֵּית הַבַּד וְעִיר וְשָׂדֶה – כּוּלְּהוּ מְקַרְקְעֵי נִינְהוּ, וְכָל הָנֵי דַּחֲשִׁיב לֹא מָכַר בְּטֵלִים קָצָת אַגַּבָּן לְגַבֵּי הֶקְדֵּשׁ וּמַתָּנָה וַחֲלוּקַת אַחִין, אֲבָל הָנֵי דְּהַאי פִּירְקָא – מִטַּלְטְלֵי נִינְהוּ, לָא שְׁנָא מֶכֶר וְלָא שְׁנָא מַתָּנָה וְהֶקְדֵּשׁ – כּוּלָּן שָׁוִין בְּהָנְהוּ דְּלֹא מָכַר, שֶׁכְּשֵׁם שֶׁלֹּא מָכַר כְּמוֹ כֵן לֹא הִקְדִּישׁ וְלֹא נָתַן. גְּמָ' אִסְקַרְיָא. מש"ט, שֶׁפּוֹרְשִׂין עָלָיו אֶת הַוִּילוֹן בְּרֹאשׁ הַסְּפִינָה. וְכֵן הוּא אוֹמֵר אֶרֶז מִלְּבָנוֹן כו'. רְאָיָה לַדָּבָר דְּתוֹרֶן דְּמַתְנִיתִין הַיְינוּ אִסְקַרְיָא. שֶׁהָאִסְקַרְיָא מֵאֶרֶז אוֹ מֵאִילָן גָּבוֹהַּ עוֹשִׂין אוֹתָהּ. אִדְרָא. הוּא הַוִּילוֹן שֶׁפּוֹרְסִים עַל הַתּוֹרֶן לְהוֹלִיךְ אֶת הַסְּפִינָה בָּרוּחַ, ווייל"א בְּלַעַ"ז. וְכֵן הוּא אוֹמֵר. דְּהַיְינוּ אִדְרָא, שֶׁעֲשׂוּי מִפִּשְׁתִּים וְקַנַּבּוּס, מִין בֶּגֶד. עוֹגִינִין. אנקר"ש שֶׁל בַּרְזֶל, וּמַשְׁלִיכִין בַּמַּיִם לְהַעֲמִיד הַסְּפִינָה בְּמָקוֹם אֶחָד. וְכֵן הוּא אוֹמֵר. דְּעִיגּוּן דְּמַתְנִיתִין לְשׁוֹן עִכּוּב הוּא, כִּדְכְתִיב "הֲלָהֵן תֵּעָגֵנָה" כְּמוֹ תֵּעָגֵנָה, תִּתְעַכְּבוּ מִלְּהִנָּשֵׂא לְבַעַל. אַלְמָא, עוֹגִין דְּמַתְנִי' הַיְינוּ עִיגּוּן. מְשׁוֹטוֹת. שֶׁקּוֹרִין ריימ"א, שֶׁמְּשׁוֹטְטִין בָּהֶן אֶת הַסְּפִינָה. וְכֵן הוּא אוֹמֵר אַלּוֹנִים מִבָּשָׁן עָשׂוּ מִשּׁוֹטָיִךְ. בִּסְפִינָה מַיְירֵי, בִּיחֶזְקֵאל. וְקָחָשֵׁיב תַּשְׁמִישֵׁי הַסְּפִינָה וְכֵלֶיהָ, וּמִדְּקָחָשֵׁיב הַמְּשׁוֹטוֹת – ש"מ דְּעִיקַּר תַּשְׁמִישֵׁי הַסְּפִינָה הֵן, וְנִמְכָּרִין בִּכְלַל הַסְּפִינָה. וְהִלְכָּךְ אָמְרֵי' דְּכָל הַמַּנְהִיגִין דְּמַתְנִי' אֲתָא לְרַבּוּיֵינְהוּ. כָּל תּוֹפְשֵׂי מָשׁוֹט. אַלְמָא עִיקַּר (ג) הַסְּפִינָה עַל יְדֵי שֶׁתּוֹפְסִין מְשׁוֹטוֹת. דְּסד"א חֲבָלִים הַמּוֹשְׁכִין הַסְּפִינָה לֶיהֱווּ עִיקַּר מַנְהִיגִין, אֲבָל מְשׁוֹטוֹת לָא מִיזְדַּבְּנִי, קמ"ל. אִסְכָּלָה. כֶּבֶשׁ שֶׁל הַסְּפִינָה שֶׁעוֹלִין בּוֹ, וּלְשׁוֹן יָוָן הוּא. וְכֵן פר"ח וְרַב הָאִי. בּוֹר הַמַּיִם שֶׁבְּתוֹכָהּ. נוֹתְנִין בּוֹ מַיִם הַמְּתוּקִין, לְפִי שֶׁמֵּי הַיָּם מְלוּחִין. בִּיצִית וְדוּגִית. הַיְינוּ סְפִינָה קְטַנָּה שֶׁקּוֹשְׁרִין לִסְפִינָה גְּדוֹלָה, וּכְשֶׁרוֹצִין לַעֲלוֹת לַיַּבָּשָׁה נִכְנָסִין בְּאוֹתָהּ קְטַנָּה מֵהַגְּדוֹלָה. שֶׁהַגְּדוֹלָה אֵינָהּ יְכוֹלָה לְהִתְקָרֵב אֶל שְׂפַת הַיָּם מִפְּנֵי עוּמְקָהּ, קוקיי"ט בְּלַעַ"ז. וְיֵשׁ לוֹעֲזִים בּוֹצָא, קָרוֹב לִלְשׁוֹן הָעִבְרִי. בִּיצַיְיתָא דְּמֵישָׁן. מֵישָׁן נָהָר קָטָן, וְאֵין מְהַלְּכִין בּוֹ אֶלָּא בִּסְפִינוֹת קְטַנּוֹת, וּבְמַס' שַׁבָּת אָמְרֵי' בְּפֶ' "הַזּוֹרֵק" (דף קא.): הָנֵי בִּילַיְיתָא דְּמֵישָׁן כו'. רַבִּי נָתָן. מִבַּבֶל עָלָה. דּוּגִית. עַל שֵׁם שֶׁצָּדִין בָּהּ דָּגִים, דְּקַלָּה הִיא עַל פְּנֵי הַמַּיִם. וְאַחֲרִיתְכֶן בְּסִירוֹת דּוּגָה. בִּסְפִינוֹת קְטַנּוֹת כִּקְדֵרוֹת הַקְּרוּיוֹת דּוּגָה, וְקַלִּים עַל פְּנֵי מַיִם, יוֹלִיכוּ אֶתְכֶם מְהֵרָה בַּגָּלוּת. אָמַר רַבָּה אִשְׁתַּעוּ לִי כו'. כָּל הָנֵי עוּבְדֵי דְּקָא חָשֵׁיב מִשּׁוּם "מָה רַבּוּ מַעֲשֶׂיךָ ה'", (ד) וּמֵהֶן לְהוֹדִיעַ מַתַּן שְׂכָרָן שֶׁל צַדִּיקִים לֶעָתִיד לָבֹא, אוֹ לְפָרֵשׁ מִקְרָאוֹת הָאֲמוּרִים בְּסֵפֶר אִיּוֹב הַמְדַבְּרִים בְּעוֹפוֹת גְּדוֹלִים וּבְהֵמוֹת וְדָגִים גְּדוֹלִים. שֶׁכָּל שִׂיחַת תַּלְמִידֵי חֲכָמִים צְרִיכָה תַּלְמוּד. דְּמִטְבַּע. שֶׁרוֹצָה לְטַבּוֹעַ. אִית לֵיהּ בְּרֵישָׁא. שֶׁהוֹלֵךְ לְפָנֶיהָ. צוּצִיתָא דְּנוּרָא חִיוַּרְתָּא. אֵשׁ לְבָנָה, וּמַלְאָךְ מַזִּיק הוּא. אַלְוָותָא. מַקְלוֹת, כְּמוֹ: לֹא בְּקָלָה וְלֹא בְּרוֹמַח, בְּמַסֶּכֶת שַׁבָּת (דף סג.). אָמֵן אָמֵן סֶלָה. גָּרְסִינַן. וְנַיְיח. מִזַּעְפּוֹ. בֵּין גַּלָּא לְגַלָּא תְּלָתָא מְאָה פַּרְסֵי. וּמִשּׁוּם דְּקָאָמַר בְּסָמוּךְ: וּרְמָא לֵיהּ גַּלָּא קָלָא לְחַבְרֵיהּ, אִיצְטְרִיךְ לְאַשְׁמוּעִינַן דְּמִשְּׁלֹשׁ מֵאוֹת פַּרְסֵי (ה) שָׁמְעִין קוֹלוֹת לַחֲבֵירוֹ. דְּלֵינַן גַּלָּא. יוֹתֵר מִשִּׁיעוּר גָּבְהוֹ הִשְׁלִיכָנוּ לְמַעְלָה, עַד לָרָקִיעַ. אִי נַמִּי, הַבָּלָא דְּרָקִיעַ נָפֵישׁ עַד מַהֲלַךְ קָרוֹב לַחֲמֵשׁ מֵאוֹת שָׁנָה שֶׁיֵּשׁ מִן הָרָקִיעַ עַד לָאָרֶץ. מַרְבַּעְתֵּיהּ. (ט) שִׁכְבוֹ. דְּכוֹכְבָא זוּטָא. כּוֹכָב קָטָן שֶׁבַּקְּטַנִּים. בִּיזְרָא. בֵּית זֶרַע אַרְבָּעִים כּוֹר שֶׁל חַרְדָּל, דְּנָפֵישׁ מִשְּׁאָר זְרָעִים. מְקַלִּינַן מֵהַבְלֵיהּ. נִשְׂרָפִים מֵחוֹם כּוֹכָב. וּרְמָא לֵיהּ גַּלָּא. נָתַן קוֹלוֹ, כְּלוֹמַר צָעַק, כְּדוּגְמַת "תְּהוֹם אֶל תְּהוֹם קוֹרֵא". וְשֶׁמָּא מַלְאָכִים הַמְּמוּנִים עֲלֵיהֶם הֵם. שָׁבְקַתְּ מִידֵי בְּעָלְמָא כו'. מִפְּנֵי שֶׁהִגְבִּיהַּ כָּל כָּךְ הָיָה סָבוּר שֶׁיֵּצֵא חוּץ לִשְׂפַת הַיָּם וְשָׁטַף אֶת הָעוֹלָם. וְנַחְרְבֵיהּ. מִפְּנֵי עֲוֹן הַדּוֹר. א"ל. גַּלָּא לְחַבְרֵיהּ. פּוּק חֲזִי גְּבוּרְתָּא דְּמָרָךְ כו'. כְּלוֹמַר אֵין (ו) לִי רְשׁוּת לָצֵאת. כִּמְלֹא חוּטָא חָלָא. מְלֹא רוֹחַב חוּט אֵינִי יָכוֹל לָצֵאת מִן הַחוֹל. שֶׁנֶּאֱמַר הַאוֹתִי וגו'. גְּמָרָא קָאָמַר לֵיהּ. הוּרְמִין. בְּנו"ן גָּרְסִי', כָּךְ שָׁמַעְתִּי מִפֶּה מָרִי. וַאֲנִי שָׁמַעְתִּי: "הוּרְמִיז" בְּזַיי"ן = שֵׁד, כִּדְאָמְרִי' בְּסַנְהֶדְרִין (דף לט.): מִפַּלְגָּא דְּתַתָּא דְּהוּרְמִיז. אַקּוּפֵי דְּשׁוּרָא. עַל שִׁינֵּי הַחוֹמָה. וְהַאי עוּבְדָּא, לְהוֹדִיעַ לִדְקוּתָיו שֶׁל הקב"ה, שֶׁמְּרַחֵם עַל בְּרִיּוֹתָיו וְאֵינוֹ נוֹתֵן רְשׁוּת לְאֵלּוּ לְהַזִּיקָן, וְגַם שֶׁלֹּא לָצֵאת בַּדֶּרֶךְ יָחִיד. וְרָהֵיט פָּרָשָׁא. לְפִי תּוּמוֹ. וְלָא יָכֵיל לֵיהּ. (ז) שֶׁהָיָה הַשֵּׁד רָץ בְּיוֹתֵר. וּמִיהוּ, הַפָּרָשׁ לֹא הָיָה מִתְכַּוֵּין לְכָךְ. סָרֵינָן. שֶׁהָיָה אוּכָּף וְסָרְגָא נְתוּנִין עַל הַפְּרָדוֹת. אַתְרֵי

וְלֵימָא: מַחֲלוֹקֶת רַבִּי שִׁמְעוֹן וְרַבָּנַן! הָא קמ"ל, דְּרַבִּי מְנַחֵם בְּרַ' יוֹסֵי כְּרַ' שִׁמְעוֹן סְבִירָא לֵיהּ.§

הדרן עלך המוכר את הבית

הַמּוֹכֵר אֶת הַסְּפִינָה – [א]מָכַר אֶת הַתּוֹרֶן וְאֶת הַנֵּס וְאֶת הָעוֹגִין, וְאֶת כָּל הַמַּנְהִיגִין אוֹתָהּ. אֲבָל לֹא מָכַר לֹא אֶת הָעֲבָדִים וְלֹא אֶת הַמַּרְצוּפִין וְלֹא אֶת הָאַנְתִּיקִי; וּבִזְמַן שֶׁאָמַר לוֹ "הִיא וְכָל מַה שֶּׁבְּתוֹכָהּ" – הֲרֵי כּוּלָּן מְכוּרִין.§ **גמ'** תּוֹרֶן – אִיסְקַרְיָא, וְכֵן הוּא אוֹמֵר: (יחזקאל כז) °"אֶרֶז מִלְּבָנוֹן לָקָחוּ לַעֲשׂוֹת תּוֹרֶן עָלָיִךְ".§ נֵס – אִדְרָא, וְכֵן הוּא אוֹמֵר: (שם) °"שֵׁשׁ בְּרִקְמָה מִמִּצְרַיִם הָיָה מִפְרָשֵׂךְ לִהְיוֹת לָךְ לְנֵס".§ עוֹגִין – תָּנֵי רַבִּי חִיָּיא: אֵלּוּ עוֹגִינִין שֶׁלָּהּ, וְכֵן הוּא אוֹמֵר: (רות א) °"הֲלָהֵן תְּשַׂבֵּרְנָה עַד אֲשֶׁר יִגְדָּלוּ הֲלָהֵן [א]תֵּעָגֵנָה לְבִלְתִּי הֱיוֹת לְאִישׁ".§ מַנְהִיגִין – א"ר אַבָּא: אֵלּוּ הַמְּשׁוֹטִין שֶׁלָּהּ, וְכֵן הוּא אוֹמֵר: (יחזקאל כז) °"אַלּוֹנִים מִבָּשָׁן עָשׂוּ מִשּׁוֹטָיִךְ". וְאִבָּעֵית אֵימָא, מֵהָכָא: (שם) °"וְיָרְדוּ מֵאֳנִיּוֹתֵיהֶם כֹּל תֹּפְשֵׂי מָשׁוֹט". ת"ר: הַמּוֹכֵר אֶת הַסְּפִינָה – מָכַר אֶת הָאִיסְכָּלָה וְאֶת בּוֹר הַמַּיִם שֶׁבְּתוֹכָהּ. [ב]רַבִּי נָתָן אוֹמֵר: הַמּוֹכֵר אֶת הַסְּפִינָה – מָכַר אֶת הַבִּיצִית. סוּמָכוֹס אוֹמֵר: [ג]הַמּוֹכֵר אֶת הַסְּפִינָה – מָכַר אֶת הַדּוּגִית. אָמַר רָבָא: בִּיצִית הַיְינוּ דּוּגִית, [ד]רַבִּי נָתָן בַּבְלָאָה הֲוָה, קָארֵי לָהּ בּוּצִית, כִּדְאָמְרִי אֱינָשֵׁי: [ה]בּוּצִיאתָא דְּמֵישָׁן; סוּמָכוֹס, דְּבַר אֶרֶץ יִשְׂרָאֵל, קָארֵי לָהּ דּוּגִית, כְּדִכְתִיב: (עמוס ד) °"וְאַחֲרִיתְכֶן בְּסִירוֹת דּוּגָה".§ אָמַר רַבָּה, אִשְׁתַּעוּ לִי נָחוֹתֵי יַמָּא: הַאי גַּלָּא דְּמַטְבַּע לִסְפִינָה, מִיתְחֲזֵי כִּי צוּצִיתָא דְּנוּרָא חִיוָּרְתָּא בְּרֵישָׁא, וּמָחֵינַן לֵיהּ בְּאַלְוָותָא דַּחֲקִיק עֲלֵיהּ "אֶהְיֶה אֲשֶׁר אֶהְיֶה יָהּ ה' צְבָאוֹת אָמֵן אָמֵן סֶלָה", וְנָיְיח. אָמַר רַבָּה, אִשְׁתַּעוּ לִי נָחוֹתֵי יַמָּא: בֵּין גַּלָּא לְגַלָּא תְּלָת מְאָה פַּרְסֵי, וְרוּמָא דְּגַלָּא תְּלָת מְאָה פַּרְסֵי. זִימְנָא חֲדָא הֲוָה אָזְלִינַן בְּאוֹרְחָא, וְדַלְיַן גַּלָּא עַד דְּחָזֵינַן בֵּי מַרְבַּעְתֵּיהּ דְּכוֹכָבָא זוּטָא, וַהֲוָיָא לִי כְּמִבְזַר אַרְבְּעִין גְּרִיוֵי בִּזְרָא דְּחַרְדְּלָא, וְאִי דַּלְיַן טְפֵי – הֲוָה מִקְלִינַן מֵהֶבְלֵיהּ. וְרָמֵי לָהּ גַּלָּא קָלָא לַחֲבֶרְתָּהּ: חֲבֶירְתִּי, שָׁבְקַתְּ מִידֵּי בְּעָלְמָא דְּלָא שְׁטַפְתֵּיהּ, דְּנֵיתֵי אֲנָא (א) וְנַאַבְדֵיהּ? א"ל: פּוֹק חֲזִי גְּבוּרְתָּא דְּמָרָיךְ, (ב) מְלֹא חוּטָא חָלָא וְלָא עָבְרִי, שֶׁנֶּאֱמַר: (ירמיה ה) °"הַאוֹתִי לֹא תִירָאוּ נְאֻם ה' אִם מִפָּנַי לֹא תָחִילוּ אֲשֶׁר שַׂמְתִּי חוֹל גְּבוּל לַיָּם חָק עוֹלָם וְלֹא יַעַבְרֶנְהוּ". אָמַר [ו]רַבָּה: לְדִידִי חֲזֵי לִי [ז]הוּרְמִין בַּר לִילִית, כִּי קָא רָהֵיט אַקּוּפְיָא דְּשׁוּרָא דְּמָחוֹזָא, וְרָהֵיט פָּרָשָׁא כִּי רָכֵיב [ח]חֵיוְתָא מִתַּתָּאֵיהּ, וְלָא יָכֵיל לֵיהּ. זִמְנָא חֲדָא הֲוָה מְסָרְגָאן לֵיהּ תַּרְתֵּי כּוּדַנְיָיתֵי וְקַיְימָן אַתְּרֵי

המוכר את הספינה. ולא את האנתיקי. משום סיפא דקתני: בזמן שאמר לו היא וכל מה שבתוכה – כולן מכורין, נקט לה. אבל משום רישא לא איצטריך, דכיון דאשמועינן דמרצופין, דכל שעה נשארים בספינה עצמה, לא מכר – כל שכן סחורה עצמה.

הכי

רבינו גרשום

וגימא באנו למחלוקת ר"ש ורבנן. במתני' ובבאוקימנ' לפלוגתייהו לעיל, מש"ה נקט דר' מנחם בר' יוסי ורבנן דהא קמ"ל דר' מנחם בר' יוסי כר"ש ס"ל:

הדרן עלך המוכר את הבית

המוכר את הספינה: איסקריא. זהו משוט: נס אדרא. אותו בגד שתולין בראש התורן להוליך הספינה ברוח: ואת העוגין. אלו שקורין אנקר"ש בלע"ז שמעמידין הספינה שלא תזוז לכאן ולכאן: הלהן תעגנה. אמרה להן וכי תעכבו עצמכן מלהנשא לבעל: אלו המשוטות. שלועזין ריימ"ש: משוט. שמשוטטין הספינה לכאן ולכאן: האיסכלה. היינו הכירה שמתקנין בספינה כדי לבשל עליו צרכיהן. ואית דאמרי סולם שיורדין בו מן הספינה: ואת בור המים. שמתקנין שם בספינה כענין בור ומשימין שם מים מתוקין לשתות: ואת הדוגית. היינו ספינה קטנה ומנהיגין אותה לספינה הגדולה וכשרוצין לצאת ליבשה הולכין ובאין באותו ביצית. והיינו ביציתא דמישן. נהרא הוא ששמו מישן וקטן הוא ואין יכולין לבוא בנהר כי אם בהני בוצייתא: ואחריתכן בסירות דוגה. כך הנביא אמר לישראל סוף שיוליכו אתכם בשבי באותן ספינות קטנות: גלא. גל של ים: כי צוציתא דנורא חיוורתא. כמו ציצית הראש: אלוותא. מקלות: עד דחזינן לבי מרבעתא דכוכבא. שהיינו רואין בית רביצת הכוכב ויהי מקומו כשיעור שיכולין לזרוע בו מ' מדות של חרדל: ואי דליין טפי. האי גלא הוי מקלינן מהבלא דההוא כוכב. וג"ם תמ"ה המור"ה וכמה הולכת הבלא דכוכבא. דמכדי קים לן כמה מהלך אדם בינוני ביום י' פרסאות נמצא מהלך תלת מאה פרסי דהיינו מהלך ל' יום וקתני הכא ואי דלינן טפי כלומר מיעוט יותר נמצא דהאי הבלא מהלך חמש מאות שנה פחות ל' יום שיעור תלת מאה פרסי דדלי הני לעיל דהא מן הארץ ועד לרקיע מהלך חמש מאות שנה אבל בין ארעא לעובא ליכא אלא תלת פרסי: שבקת מידי בעלמא דלא אחריבת. לפי שראה אותו מגביה כל כך נדמה לו לגל שפנימי לו כי זה החיצון היה שוטף כל העולם: אמר ליה החיצון תא חזי גבורתא. כאומר אל תחשוב בדעתך שאוכל אני להגביה עצמי כלום יותר משיעורי שאפי' כמלא חוט השערה איני רשאי לעבור חוץ מן החול שלי חוץ מתחומי: הורמין בר ליליתא. אותו שד: אקופיא דשורא. על שיני החומה: ולא יכיל. פרשא למימטייה להההוא שד: מסרגאן ליה. שמו לו שני אוכפין על שתי פרדות:

אתרי

עין משפט נר מצוה

א א מיי' פכ"ז מהל' מכירה הל' א סמג עשין פב טוש"ע ח"מ סי' רכ סעיף א:

מסורת הש"ס

א) [עי' רש"י רות ועע"ק] ב) [לקמן עח:] ג) [שם] ד) [גיטין סה:] ה) [שבת קא.] ו) [בע"י איתא רבה בר בר חנה] ז) [גי' הערוך הורמיז פי' שד וכן היה בגירסת רש"י בסנהדרין לט. ד"ה להורמיז ע"ש ועי' תוס' שם ותוס' לעיל ח. ד"ה איפרא ותוס' גיטין יא. ד"ה הורמין ובפירוש הרשב"ם דהכא] ח) ס"א סוסיא: ט) ס"א שכנו:

הגהות הב"ח

(א) גמ' דניתי אנא ונחרביה א"ל: (ב) שם פוק חזי גבורתא למריך לאפי' מלא חוטא דחלא לית דעבר: (ג) רשב"ם ד"ה כל תופשי וכו' עיקר הילוך הספינה: (ד) ד"ה אמר רבה וכו' מעשיך ה' ויש מהן להודיע מתן: (ה) ד"ה בין גלא וכו' שומע קולו של חבירו הס"ד: (ו) ד"ה פוק וכו' כלומר (אין לי) תא"מ ונ"ב ס"א אין לך: (ז) ד"ה ולא יכיל ליה השד שהיה רץ ביותר:

הכי גרסי': לדידי חזי לי **אורזילא בר ראימא** דהוי כי הר תבור. פירוש: עופר של ראם הבר. ומתרגמינן "עופר האילים" — אורזילא דאיילא. וכן בסוף זבחים (דף קיג: ושם ד"ה אורזילא) דאמר התם: בשלמא לר' יוחנן דאמר לא ירד מבול לא"י — היינו דקם רימא התם, אלא לר"ל רימא היכא קם? א"ר ינאי: גוריות הכניסו לתיבה. ופריך: והאמר רבה בר בר חנה לדידי חזי לי אוריזלא דבר ראימא דהוי כי הר תבור. ואי גרסי' "אורזילא דימא", היינו דג שבים — א"כ מאי קשיא ליה? האמרינן בפ' קמא דקדושין (דף יג.): לא נגזרה על דגים שבים. ר"ת ור"י. **ואפיק** כופתא. היינו רעי, כדאמר ב"חלק" (סנהדרין דף לט.): אחמיניה ואיתיב בטולא דכופתא דחמריה. **ודמו** כמאן דמיבסמי. מכאן משמע כמ"ד ב"חלק" (שם דף קי:): מתי מדבר יש להן חלק לעולם הבא.

תורה אור

אתרי גישרי דרוגנג, ושואר מהאי להאי ומהאי להאי, ונקיט תרי (א) מזגי דחמרא בידיה, ומוריק מהאי להאי ומהאי להאי ולא נטפא ניטופתא לארעא, ואותו היום °"יעלו שמים ירדו תהומות" (תהלים קז) הוה, עד דשמעו בי מלכותא וקטלוהו. אמר א)רבה: לדידי חזי לי אורזילא בר יומיה דהוה כהר תבור, והר תבור כמה הוי? ארבע פרסי. ומשאכא דצואריה תלתא פרסי, ובי מרבעתא דרישיה פרסא ופלגא. רמא ב)כופתא וסכר ליה לירדנא. ואמר רבה בר בר חנה: לדידי חזיא לי ההיא אקרוקתא דהויא כי אקרא דהגרוניא; ואקרא דהגרוניא כמה הויא? שתין בתי; אתא תנינא בלעה, אתא פושקנצא ובלעה לתנינא וסליק יתיב באילנא. תא חזי כמה נפיש חיליה דאילנא. אמר רב פפא בר שמואל: אי לא הואי התם, לא הימני. ואמר רבה בר בר חנה: זימנא חדא הוה קא אזלינן בספינתא, וחזינן ההוא כוורא ג)דיתבא ליה אכלה טינא באוסיי', (ב) ואדחוהו מיא ושדיוהו לגודא. וחרוב מיניה שתין מחוזי, ואכול מיניה שתין מחוזי, ומלחו מיניה שתין מחוזי, ומלאו מחד גלגלא דעיניה תלת מאה גרבי משחא. וכי הדרן (ג) לבתר תריסר ירחי שתא, חזינן דהוה קא מנסרי (ד) מגרמי מטללתא, ויתבי למבנינהו הנך מחוזי. ואמר רבה בר בר חנה: זימנא חדא הוה קא אזלינן בספינתא, וחזינן ההוא כוורא דיתבא ליה חלתא אגביה וקדח אגמא עילויה. סברינן יבשתא היא, וסלקינן ואפינן ובשלינן אגביה, וכד חם גביה אתהפיך, ואי לאו דהוה מקרבא ספינתא, הוה טבעינן. ואמר רבה בר בר חנה: זימנא חדא הוה אזלינן בספינתא, וסגאי ספינתא בין שיצא לשיצא דכוורא תלתא יומי ותלתא לילוותא, איהו בזקיפא ואנן בשיפולא. וכי תימא, לא מסגיא ספינתא טובא, כי אתא רב דימי אמר: כמיחם קומקומא דמיא מסגיא שתין פרסי, ושאדי פרשא גירא וקדמה ליה. ואמר רב אשי: ההוא גילדנא דימא הואי, דאית ליה תרי שייצי. ואמר רבה בר בר חנה: זימנא חדא הוה אזלינן בספינתא, וחזינן ההוא ציפרא דקאים עד קרצוליה במיא ורישיה ברקיע, ואמרינן: ליכא מיא, ובעינן לחות לאקורי נפשין, ונפק בת קלא ואמר לן: לא תיחותו הכא, דנפלת ליה חציצא לבר נגרא הא שב שני ולא קא מטיא אארעא, ולאו משום דנפישי מיא אלא משום דרדפי מיא. אמר רב אשי: ההוא זיז שדי הוא, דכתיב: °"וזיז שדי עמדי" (שם נ). ואמר רבה בר בר חנה: זימנא חדא הוה קא אזלינן במדברא, וחזינן הנהו אווזי דשמטי גדפייהו משמנייהו וקא נגדי נחלי דמשחא מתותייהו. אמינא להו: אית (ה) לן בגווייכו חלקא לעלמא דאתי? חדא דלי (ו) גדפא, וחדא דלי אטמא. כי אתאי לקמיה דרבי אלעזר, אמר לי: עתידין ישראל ליתן עליהן את הדין. (סימן: כעפרא דתכילתא טרקתיה עקרבא לסלתיה). ואמר רבה בר בר חנה: זימנא חדא הוה קא אזלינן במדברא, ואיתלוי בהדן ההוא טייעא דהוה שקיל עפרא ומורח ליה ואמר: הא אורחא לדוכתא פלן, והא אורחא לדוכתא פלן. אמרי' ליה: כמה מרחקינן ממיא? ואמר לן: הבו לי עפרא. יהיבנן ליה, ואמר לן: (ז) תמני פרסי. תנינן ויהבינן ליה, אמר לן: דמרחקינן תלתא פרסי, אפכית ליה, ולא יכילית ליה. ד)אמר לי: תא אחוי לך מתי מדבר. אזלי, חזיתינהו ודמו כמאן דמיבסמי

וגנו

אתרי גישרי דרוגנג. שם אותו הנהר. והיו רחוקין זה מזה, והיה (ח) מדלג מפרדה זו לפרדה זו. **תרתי כסא דחמרא.** שניהם מלאים יין, והיה מוריק תרווייהו ביחד זה בתוך זה בהדי דקמשוור, ואינו נשפך אפי' טפה אחת. ואע"פ שהיה אותו יום רוח סערה, שהיו עולין יורדי הים באניות עד לשמים ויורדין עד תהומות מכח הרוח – ואף על פי כן לא נפלה טפה לארץ. **יעלו שמים וגו'.** פסוק הוא גבי יורדי הים בספר תהלים. ה"ג: **שמעין בי מלכא וקטלוהו.** בי מלכא דשידי. שאין דרכו של שד להראות לבני אדם, והרגוהו, מפני שהיה מגלה סודם. ואית דאמר: בי מלכא – קיסר, שהיה ירא שלא יטול המלכות ממנו, שהיה אותו שד מאדם הבא על השידה, והיה דר בין האנשים. **אורזילא בר יומא.** ראם בן יום אחד, דאותו היום נולד. **כי הר תבור.** כן היה גדול. **בי מרבעתא דרישיה.** מקום הנחת ראשו, כששוכב על הקרקע. **רמא כופתא.** הטיל רעי, וסכר הריעי לירדנא לפי שעה, עד שמסמסוהו המים מעט מעט. **אקרוקתא.** לפרדע. **כאקרא דהגרוניא.** גדול היה כאותו כרך. **ואקרא דהגרוניא כמה הוה שיתין בתי.** הגמרא קאמר ליה. **אתא תנינא.** רבה קאמר ליה. **פושקנצא.** עורב נקבה. **באילנא.** על ענף אחד, כדרך העופות. **לא הימני.** לא האמנתי. **כוורא.** דג. **אכלה טינא.** שרץ קטן. **באוסייה.** בנחיריו של דג נכנס השרץ. ונראה לי דהיינו כילבית, כדאמרי' בעלמא (שבת עז: ע"ש): שלשה אימות הן: (ט) חלש על הגבור, אימת כילבית על לויתן. ה) **ואדחיוהו מיא.** הדיחוהו המים והשליכוהו, כדרך ים שאינו סובל דבר מת. **חרבו מיניה שיתין מחוזי.** שהשליכו (י) על ששים כרכים ושיברן כולן, שהיה גדול כל כך. **ואכלו מיניה שיתין מחוזי.** בעודנו לח. **ומלחו מיניה שיתין מחוזי.** אחרים, שהיו רחוקים משם, ומלחו ממנו ונשאוהו למקומן. **מחד גלגלא דעיניה.** מגלגל עינו לקחו שמן תלת מאה גרבי. **לשנה אחרת הוו מנסרי.** לבנות מעצמות הדג אותן מחוזי שהפיל. **חלתא אגביה.** שהיה חול (כ) נקבץ על גבו. **וקדחו.** עשבים על החול. **וסברינן יבשתא.** איי הים היא. **שיצא** = סנפיר. **בין שיצא לשיצא.** (ל) סנפירין בגב הדג, אחת לצד הראש ואחת לצד הזנב. **איהו בזקיפא.** שהיה הולך כנגד הרוח, ואנן אזלינן בשיפולא, כמו שהרוח הולך. דמים של ים אינן נובעין, אלא ע"י רוח הולכין בהן. **כמיחם קומקומא דמיא.** כשיעור שמחממים קומקומוס של מים חמין. **ושדי פרשא גירא.** כשהיה שום אדם יורה בחץ ובקשת על שפת הים לארץ, הוה חזינן דקדמה לה ספינתא לגירא. **גילדנא.** שם דג קטן הוא. כלומר, דג זה הוי מדגים קטנים שבים. **תרי שיצי.** אבל שאר דגים שבים אין להם אלא סנפיר אחת באמצע הגב. **וחזינן להההוא ציפרא כו'.** גרסינן. **אמרינן ליכא מיא.** היינו סבורין שאינן עמוקים, הואיל ולא קאי במיא אלא עד קרסוליה. **חציצא.** גרזן או מעצד. **לבר נגרא.** חרש עצים. **ולאו משום דעמיקי מיא.** מהלך שבע שנים, לא הגיע החציצא לקרקע. אלא משום דרדיפי מיא – מתוך חריפות הנהר לא היה נגלל עדיין, ולא מחמת העומק בלבד. **עמדי.** ראשו מגיע לרקיע. **דשמטי גדפייהו.** נופלות נוצה שלהן מרוב שומן. **דליא לי גדפא.** הגביהה לי הכנף, רמז: זה חלקך לעתיד לבא. **ליתן עליהם את הדין.** שבחטאתם מתעכב משיח, ויש להם צער בעלי חיים לאותן אווזים מחמת שומנן. **טייעא.** סוחר ישמעאל. **והפכינן.** האי עפרא בהאי עפרא, לנסותו אם היה בקי כל כך. **אמר לי.** ההוא טייעא: תא ואחוי לך. הכי גרסי': **אזלינן** חזיתינהו ודמו כמאן דמיבסמי

וגנו

רבינו גרשום

אתרי גישרי דרוגנג. על ב' גשרים רחוקים זה מזה על אותו נהר שנקרא דרוגנג והיה השד דולג מפרד זה לפרד זה. והוה נקיט השד תרי כסי דיין בידיה ובהדיה דהוה דולג הוה מריק מהאי כסא להאי כסא. ולא נטוף שלא היה נוטף מאותן כוסות לארץ אפי' טפה אחת: ואותו היום. היה רוח סערה גדולה שהיו עולים יורדי הים באניות עד לב השמים ויורדין עד תהומות מכח הרוח ואפ"ה לא נפל הטפה לארץ: ושמעוה בי מלכא דשידין. שהשד היה עושה כן לעיני הכל לפי שאין דרכו של שד להראות עצמו כל כך: והרגוהו. שהיה מגלה סודם: אורזילא בר יומא. ראם שלא היה לו אלא יום אחד שנולד: רמא כופתא. כלומר עשה רעי ומרוב אותו רעי סיכר את הירדן שלא היו המים יכולין לרוץ עד שהיה נשטף: אקרוקתא. צפרדע: כאקרא דהגרוניא. כאותו כרך של אגרוניא: פושקנצא. עורב נקבה ובלעיה לתנינא ואח"כ עלה לה ויתיב על אילנות: אם כל הני אי לאו דחזיתיה לאותו אילן לא הימני. שיהיה סובל שום עול בעולם כל כך. שנכנס לו אותו שרץ קטן שנקרא אכלה טינא בנחיריו והשליכו הים לגודא כלומר לשפת הים לפי שאין הים סובל שום מיאום בתוכו וחרבו מיניה שתין מחוזי כשהשליכו הים: דיתבא ליה חלתא אגביה. שהיה חול הים מקובצת על גביו: וקדיח. עשבי והגדילו עשבים על החול: בין שיצא לשיצא. בין ב' סנפיריו של דג הלכה הספינה ג' ימים וג' לילות והדג היה עולה כנגד שטף המים ואינו יורד עם השטף: ומקדמה ליה הספינה לפי שהיתה הולכת. במהירות יותר מן החוק: גילדנא דימא. דג של ים שכך שמו: חצינא. גרזן: וזיז שדי עמדי. שהיה ראשו מגיע לשמים: דשמטי גדפייהו משמנייהו. שהיו נופלות הנוצות שלהן מן השומן: דליא ליה גפא. רמז לו זהו חלקך לבירה הגדולה: עתידין ישראל ליתן עליהן את הדין. לפי שמרוב עונותם מעכבין קץ המשיח ומצערין להני אווזין לפי שמרוב שמנותם יש להם צער בעלי חיים: ומרח ליה. והיה בקי כל כך שהיה אומר האי אורחא וכו': אפכית לי' האי ארעא להאי ארעא לנסותו אם היה בקי כל כך: דדמו כמאן דמיבסמי. שהיו שוכבין כעין ישנים המבושמין מרוב בשמים:

מסורת הש"ס

א) [זבחים קיג: ע"ש ושם איתא רבה בר בר חנה וכ"א בע"י להכא]: ב) [זבחים קיג: איתא כבא וע"ש ברש"י]: ג) [גי' תוס' חולין סז: ד"ה קוקיאני דיתבא ועיילא ליה טונא באוסיי' וכו']: ד) כ"א ואמר רבה בר בר חנה א"ל ההוא טייעא תא: ה) ס"א ולדחוה:

הגהות הב"ח

(א) גמ' ונקיט תרי כסי דחמרא: (ב) שם טינא באוסי' ומית ולדחוהו: (ג) שם וכי הדרן ואתאן לבתר תריסר וכו': (ד) שם מנסרי כשורי מגרמי ויתבי כנ"ל ותיבת מטללתא נמחק: (ה) שם אית לי בגווייכו וכו': (ו) שם דלי לי גדפא וחדא דלי לי אטמא: (ז) שם ואמר לן מרחקינן תמני פרסי: (ח) רשב"ם ד"ה אתרי וכו' והיה השד מדלג: (ט) ד"ה באוסייה וכו' אימות הן אימת חלש: (י) ד"ה חרבו וכו' שהשליכו הים על: (כ) ד"ה חלתא וכו' נקבץ. נ"ב ס"א נקוה: (ל) ד"ה בין שיצא לשיצא שני סנפירין:

וְגָנוּ אַפַּרְקִיד, וַהֲוָה זְקִיפָא בִּרְכֵּיהּ דְּחַד מִינַּיְיהוּ, וְעָיֵיל טַיָּיעָא תּוּתֵי בִּרְכֵּיהּ כִּי רָכֵיב גַּמְלָא וּזְקִיפָא רוּמְחֵיהּ, וְלָא נְגַע בֵּיהּ. פְּסַקִי חֲדָא קַרְנָא דִּתְכֶלְתָּא דְּחַד מִינַּיְיהוּ, וְלָא הֲוָה מִסְתַּגֵּי לַן. אֲמַר לִי: דִּלְמָא שְׁקַלְתְּ מִידִי מִינַּיְיהוּ? אַהַדְרֵיהּ, דִּגְמִירִי דְּמַאן דְּשָׁקֵיל מִידִי מִינַּיְיהוּ לָא מִסְתַּגֵּי לֵיהּ. אֲזַלִי אַהֲדַרְתֵּיהּ, וַהֲדַר מִסְתַּגֵּי לַן. כִּי אֲתַאי לְקַמֵּיהּ דְּרַבָּנַן, אֲמַרוּ לִי: כָּל אַבָּא — חֲמָרָא, וְכָל בַּר בַּר חָנָה — סִיכְסָא! לְמַאי הִלְכְתָא עֲבַדְתְּ הָכִי, לְמֵידַע אִי כְּבֵית שַׁמַּאי אִי כְּבֵית הִלֵּל? אִיבָּעֵי לָךְ לְמִימְנֵי חוּטִין וּלְמִימְנֵי חוּלְיוֹת. א"ל: תָּא אַחֲוֵי לָךְ (א) הַר סִינַי. אֲזַלִי, חֲזַאי דַּהֲדְרָא לֵיהּ עַקְרַבָּא וְקַיְימָא כִּי חֲמָרֵי חִוָּורָתֵי. שָׁמַעְתִּי בַּת קוֹל שֶׁאוֹמֶרֶת: אוֹי לִי שֶׁנִּשְׁבַּעְתִּי, וְעַכְשָׁיו שֶׁנִּשְׁבַּעְתִּי מִי [א] מֵפֵר לִי? כִּי אֲתַאי לְקַמֵּיהּ דְּרַבָּנַן, אֲמַרוּ לִי: כָּל אַבָּא — חֲמָרָא, כָּל בַּר בַּר חָנָה — סִיכְסָא! הָיָה לָךְ לוֹמַר: "מוּפָר לָךְ". (ב) וְהוּא סָבַר: דִּלְמָא שְׁבוּעֲתָא דְּמַבּוּל הוּא. וְרַבָּנַן? א"כ, "אוֹי לִי" לָמָּה. א"ל: [ב] תָּא אַחֲוֵי לָךְ בְּלוּעֵי דְּקֹרַח. חֲזַאי תְּרֵי בִּיזְעֵי וְהָווּ קָא מַפְּקִי קוּטְרָא, שְׁקַל גְּבָבָא דְּעַמְרָא וְאַמְשְׁיֵהּ בְּמַיָּא וּדְעַצִיתֵהּ בְּרֹאשָׁהּ דְּרוּמְחָא וְעַיְילֵיהּ הָתָם, וְכִי אַפֵּיק הֲוָה אִיחֲרַךְ אִיחֲרוּכֵי. אֲמַר לִי: אַצֵּית מַאי שָׁמְעַתְּ, וּשְׁמָעִית דַּהֲווּ אָמְרִין: מֹשֶׁה וְתוֹרָתוֹ אֱמֶת וְהֵן בַּדָּאִין. אֲמַר לִי: כָּל תְּלָתִין יוֹמֵי מְהַדַּר לְהוּ גֵּיהִנָּם לְהָכָא כְּבָשָׂר בְּקַלַּחַת, וְאָמְרִי הָכִי: מֹשֶׁה וְתוֹרָתוֹ אֱמֶת וְהֵן בַּדָּאִין. אֲמַר לִי: תָּא אַחֲוֵי לָךְ הֵיכָא דְּנָשְׁקִי אַרְעָא וּרְקִיעָא אַהֲדָדֵי. (ג) שְׁקַלְתָּא לְסִילְתַּאי אַתְנַחְתָּא בְּכַוְתָּא דִּרְקִיעָא. [נ"ל הלדמה] אַדְּמַצַּלֵּינָא בָּעֵיתֵיהּ וְלָא אַשְׁכַּחִיתָהּ. אָמִינָא לֵיהּ: אִיכָּא גַּנָּבֵי הָכָא? אֲמַר לִי: הַאי גַּלְגְּלָא דִּרְקִיעָא הוּא דְּהָדַר, נְטַר עַד לִמְחָר (ד) הָכָא וּמַשְׁכַּחַתְּ לָהּ. רַבִּי יוֹחָנָן מִשְׁתָּעֵי: זִימְנָא חֲדָא הֲוָה קָא אָזְלִינַן בִּסְפִינְתָּא, וַחֲזֵינַן הַהוּא כַּוְורָא דְּאַפְּקֵיהּ לְרֵישֵׁיהּ מִמַּיָּא, וְדָמְיָין עַיְינֵיהּ כִּתְרֵי סִיהֲרֵי, וּנְפוּץ מַיָּא מִתַּרְתֵּי (ה) זִימֵיהּ כִּתְרֵי מַבְרֵי דְּסוּרָא. רַב סַפְרָא מִשְׁתָּעֵי: זִימְנָא חֲדָא הֲוָה קָא אָזְלִינַן בִּסְפִינְתָּא, וַחֲזֵינַן הַהוּא כַּוְורָא דְּאַפְּקֵיהּ לְרֵישֵׁיהּ מִמַּיָּא, וַהֲוָה לֵיהּ קַרְנֵי וַחֲקִיק עֲלֵיהּ: "אֲנָא בְּרִיָּה קַלָּה שֶׁבַּיָּם וְהָוֵינָא תְּלָת מְאָה פַּרְסֵי, וְאָזֵילְנָא לְפוּמָּא דְּלִוְיָתָן". אֲמַר רַב אַשִׁי: הַהוּא עִיזָּא דִּימָּא הוּא, דִּבְחִישָׁא וְאִית לָהּ קַרְנֵי. רַבִּי יוֹחָנָן מִשְׁתָּעֵי: זִימְנָא חֲדָא הֲוָה קָא אָזְלִינַן בִּסְפִינְתָּא, וַחֲזֵינַן הַהִיא קַרְטַלִיתָא דַּהֲווּ קָא מְקַבְּעֵי בָּהּ אֲבָנִים טוֹבוֹת וּמַרְגָּלִיּוֹת, וְהָדְרֵי לָהּ מִינֵי דְּכַוְורֵי דְּמִקְרֵי כַּרְשָׁא. נְחֵית בַּר

רשב"ם

וְגָנוּ אַפַּרְקִיד. שֶׁהָיוּ שׁוֹכְבִין בְּפָנִים לְהוּבּוֹת, כִּשְׁתוּיֵי יַיִן. אַפַּרְקִיד. פָּנָיו לְמַעְלָה, סופינ"ש בְּלַעַ"ז. וְעָיֵיל טַיָּיעָא תּוּתֵי בִּירְכֵּיהּ כו'. כְּלוֹמַר, רָאִיתִי טַיָּיעָא שֶׁהָיָה מְהַלֵּךְ תַּחַת בִּרְכֵּי הַמֵּת, רוֹכֵב עַל הַגָּמָל וְרוֹמְחוֹ בְּיָדוֹ, וְלֹא הָיָה נוֹגֵעַ בּוֹ בְּבִרְכֶּיהָ. וְלֵיכָּא לְפָרוּשֵׁי דְּגוֹבַהּ הַבִּרְכַּיִם כְּשִׁיעוּר שֶׁיָּכוֹל טַיָּיעָא לָלֶכֶת תַּחַת בִּרְכֵּי הַמֵּת וְרוֹמְחוֹ בְּיָדוֹ וְלֹא הָיָה נוֹגֵעַ בּוֹ. דְּאִי שִׁיעוּרָא קָאָמַר, וְלֹא מַמָּשׁ חָזָה מַעֲשֶׂה — הָכִי הוה"ל לְמֵימַר: וְעָיֵיל פָּרָשָׁא תּוּתֵי בִּירְכֵּיהּ כו', אִי נַמִי: וְעָיֵיל גַּבְרָא (ו). שָׁקְלֵי (ז) קַרְנָא. כְּנַף הַטַּלִּית, לַהֲבִיאוֹ לִפְנֵי חֲכָמִים, לִלְמוֹד מִמֶּנּוּ דִּין צִיצִית, אִי כְּב"ש אִי כְּב"ה, כִּדְלְקַמָּן. וְלָא הֲוָה מִסְתַּגֵּי לַן. בְּהֵמוֹת שֶׁהָיִינוּ רוֹכְבִין לֹא הָיוּ יְכוֹלִין לֵילֵךְ. כָּל אַבָּא חֲמָרָא. רַבָּה בַּר בַּר חָנָה הַיְינוּ רַבִּי אַבָּא בַּר (ח) חָנָה, וּכְמוֹ כֵן רָבִינָא — כְּמוֹ רַב אָבִינָא. חֲמָרָא. כְּלוֹמַר, שׁוֹטֶה כַּחֲמוֹר. סִיכְסָא. שׁוֹטֶה. כִּדְאָמְרִינַן בְּ"חֵלֶק" (סנהדרין דף ק:): עַבְדְּקָן סִיכְסָן. לְמַאי הִלְכְתָא. פָּסַקְתְּ לֵיהּ — מִשּׁוּם דְּבָעֵית לְמֵיחֱזֵי אִי הֲלָכָה כְּב"ש, דִּפְלִיגִי בְּמַסֶּכֶת מְנָחוֹת (דף מא:). דְּת"ר: כַּמָּה חוּטִין הוּא נוֹתֵן? ב"ש אוֹמְרִים: אַרְבָּעָה, וּבֵית הִלֵּל אוֹמְרִים: שְׁלֹשָׁה. וְכַמָּה תְּהֵא מְשׁוּלֶּשֶׁת כו'. אִיבָּעֵי לָךְ לְמִימְנֵי חוּטִין וְחוּלְיוֹת. מִקַּמֵּי דְּתִיהַדְרֵיהּ, וְתֵיתֵי וְתֵימָא לָן. חוּלְיוֹת. שְׁלֹשָׁה חוּטִין גְּדִיל קָרֵי חוּלְיָא, בְּמַסֶּכֶת מְנָחוֹת. שֶׁנִּשְׁבַּעְתִּי. מִן הַגָּלוּת. כִּדְכְתִיב קְרָאֵי טוּבָא בַּנְּבִיאִים. וְהוּא. רַבָּה בַּר בַּר חָנָה, סָבַר: דִּלְמָא שְׁבוּעָתָא דְּמַבּוּל, (ט) דִּכְתִיב: "אֲשֶׁר נִשְׁבַּעְתִּי מֵעֲבוֹר מֵי נֹחַ" וגו' (ישעיהו נד) — אוֹתָהּ שְׁבוּעָה הָיָה רוֹצֶה לְהָפֵר, וְיַחֲרִיב אֶת הָעוֹלָם בְּמַבּוּל, וּלְפִיכָךְ לֹא רָצָה לְהָפֵר. וְרַבָּנַן. דְּקָרוּ לֵיהּ סִיכְסָא, אָמְרֵי: א"כ לֹא הֲוָה לֵיהּ לְמֵימַר "אוֹי לִי", אֶלָּא מִשּׁוּם דְּ"בְכָל צָרָתָם לוֹ צָר". בִּיזְעֵי. בְּקָעִים, דִּכְתִיב: "וַתִּבָּקַע *הָאָדָמָה אֲשֶׁר" וגו' (במדבר טז). [*נ"ל הארץ] קוּטְרָא. עָשָׁן. שְׁקַל גְּבָבָא דְּעַמְרָא. לָקַח גִּיזַּת צֶמֶר וּשְׁרָאָהּ בַּמַּיִם. אִיחֲרַךְ אִיחֲרוּכֵי. הָנֵהוּ גְּבָבֵי, אע"פ שֶׁשְּׁרוּיִין בַּמַּיִם. אַצֵּית. הַסְכֵּת וּשְׁמַע. שְׁמָעִית דְּקָאָמְרֵי. שֶׁהֲרֵי יָרְדוּ חַיִּים שְׁאוֹלָה. כָּל תְּלָתִין יוֹמִין. כָּל רֹאשׁ חֹדֶשׁ. כְּבָשָׂר בְּקַלַּחַת. שֶׁמְּהַפְּכִין אוֹתוֹ כְּדֵי שֶׁתִּתְבַּשֵּׁל. (י) הֵיכָא דְּנָשְׁקִי אַרְעָא וּרְקִיעָא. מָקוֹם גָּבוֹהַּ הָיָה שָׁם שֶׁנּוֹשְׁקִין יַחַד זֶה לָזֶה. וְלָאו הַיְינוּ סוֹף הָעוֹלָם, דְּהָא מַהֲלַךְ חֲמֵשׁ מֵאוֹת שָׁנִים הָוֵי, וְא"י אֶמְצָעִיתוֹ שֶׁל עוֹלָם הִיא כִּדְכְתִיב (יחזקאל לח): "יוֹשְׁבֵי עַל טַבּוּר הָאָרֶץ", וְהַיְינוּ מְקוֹמוֹ שֶׁל רַבָּה בַּר בַּר חָנָה. סִילְתַּאי. סַל לֶחֶם שֶׁלִּי. דְּהָדַר. חוֹזֵר, כִּדְאָמְרִינַן בִּפְסָחִים (דף צד:): גַּלְגַּל חוֹזֵר וּמַזָּלוֹת קְבוּעִים. אוּסְיֵיהּ = נְחִירָיו, ל"א מִתַּרְתֵּי זִימֵיהּ מַיָּא, וְהַיְינוּ נַמִי נְחִירֵי. מַבְרֵי דְּסוּרָא. נְהָרוֹת שֶׁבְּסוּרָא. בְּרִיָּה קַלָּה. מִבְּרִיּוֹת קְטַנִּים שֶׁבַּיָּם. לְפוּמֵּיהּ דְּלִוְיָתָן. שֶׁיֹּאכְלֵנִי הַיּוֹם. עִיזָּא דִּימָּא. שֶׁכָּל מַה שֶּׁיֵּשׁ בַּיַּבָּשָׁה יֵשׁ בַּיָּם, חוּץ מִן הַחוּלְדָּה, בִּשְׁחִיטַת חוּלִּין (דף קכז.). דִּבְחִישָׁא. חוֹפֶרֶת בַּיָּם בְּקַרְנֶיהָ לְבַקֵּשׁ אַחַר מְזוֹנוֹתֶיהָ. קַרְטַלִיתָא. אַרְגָּז. דִּשְׁמֵיהּ כַּרְשָׁא. כָּךְ שְׁמוֹ. בַּר

תוספות

וגנו אפרקיד. מכאן אר"ת דאפרקיד פניו למעלה, ולא כמו שפירש ר"ח בנדה (דף יד. ושם ד"ה אפרקיד) ובברכות (דף יג:) פניו למטה — דאם כן לא היה יכול טייעא לרכוב תותי ברכיה[ג].

פסקי חדא קרנא דתכלתא. משמע הכא שיש ציצית למתים. ויש לדחות: שהיו נכנסין מחיים בקבר. כדאמר במדרש שכל ערב תשעה באב היו הולכין כשהן חיים לתוך קבריהם, והיה בת קול יוצאת ואומרת: הבדלו החיים מן המתים. אבל יש להביא ראיה מפרק "התכלת" (מנחות דף מא.), דאמר שמואל: כלי קופסא חייבין בציצית. ומודה שמואל בזקן כשעשאן לכבודו. פירוש: לתכריכים. והיא שעתא ודאי רמינן להו. וכן יש במדרש: למה נסמכה פרשת מקושש לפרשת ציצית — לומר לך שהמתים חייבים בציצית. וקשה: דאמרינן בפרק "מי שמתו" (ברכות דף יח.): רבי חייא ורבי יונתן הוו קא שקלי ואזלי בבית הקברות, הוה שדיא תכילתיה דרבי יונתן אקיברא. א"ל רבי חייא: דלי כנפך, שלא יאמרו: למחר באין אצלנו, ועכשיו מחרפין אותנו. ואי יש למתים ציצית — מאי "מחרפין אותנו" דקאמר? וי"ל: דאע"ג דיש להן ציצית — מ"מ מחרפין אותם, שמראין עצמן שהן חייבים והמתים פטורים, כדאמר (שבת דף ל.): כיון שמת אדם נעשה חפשי מן המצות. אבל קשה על המנהג שנוהגים להסיר ציצית מטליתות של מתים. ואר"ת ששמע מזקני לוטי"ר: לפי שציצית עדות הוא שקיים כל התורה, דציצית עולה ת"ר וח' חוטין וה' קשרים — הרי תרי"ג, ועכשיו שאין חשובין כל כך — הרי הוא כאילו מעיד עדות שקר. וה"נ דרשינן במדרש: "ועשו להם ציצית לדורותם" — לדור תם. ואור"י: דבימיהם היו כולן מקיימין מצות ציצית, לפי שהי' לכולן טליתות של ד' כנפות, ולכך היו עושין להן אף במותן. אבל עתה, שאין לכולן בחייהן — אין לעשות במותן אפי' מי שהיה לו בחייו, שלא לבייש את מי שאין לו. וכענין זה מצינו בפרק בתרא דנדה (דף עא.): בראשונה היו מטבילין כלים ע"ג נשים נדות מתות, התחילו חיות מתביישות כו'. ועוד, דאנו סומכין על מסכת שמחות (פי"ב) דאמרינן: אבא שאול בן בטנית צוה את בניו: קברוהו תחת מרגלותיו של אבא, והטילו תכלת מאפיליוני. פירוש: מטליתו. ויש לגרוס: התירו, מדקאמר מאפיליוני. ורבינו חיים כהן צדק פירש: דאנן קיימא לן כרבי יוחנן, דאמר (נדה דף סא:): מצות בטילות לעתיד לבא. וההיא דמנחות איירי אליבא דשמואל, דאמר אין בטילות, ולכך צריך שיהא לו ציצית, דעתידין צדיקים שיעמדו בלבושיהם, ואם יסירו לו הציצית במותו — נמצא שלעתיד יעמוד בלא ציצית. והמדרש נמי אתי כשמואל. וההיא דלקמן: יצתה בת קול ואמרה דביתהו דרבי חנינא בן דוסא עתידה למישדא בה תכלת לצדיקים לעתיד לבא — אתיא נמי כשמואל. ועוד אומר ר"י, דהכי פירושו: דההיא שעתא ודאי רמינן להו — היינו שמשימין בו ציצית ומסלקים אותו מיד, להודיע שקיים מצות ציצית. לפי שהבגד חדש ולא הושם בו ציצית מעולם — צריך להשים בו. וכן נוהגים בארץ אשכנז, להשים ציצית בטלית של מת שיהא ניכר שקיים מצות ציצית, ומיד מסירין[ד].

ועכשיו שנשבעתי מי מיפר לי. ותימה: דאמאי אין הקדוש ברוך הוא מיפר בעצמו? דהא מסקינן במסכת חגיגה (דף י.) דנדרים יש להן הפרה, מדכתיב "אשר נשבעתי באפי", ודרשינן: באפי נשבעתי וחוזרני. אלמא שהוא מיפר בעצמו! ואההיא קשה, דהיאך מיפר לעצמו? והאמרינן בפרק "אלו נדרים" (נדרים דף פא:): "לא יחל דברו" — מיכן לחכם שאין מיפר לעצמו. והא דאמר בפרק "ארבעה נדרים" (שם דף כג.) גבי ההוא קרא דשרא לנפשיה — לא שרא לנפשיה ממש, אלא כלומר אשכח פיתחא לנפשיה, אבל רבנן שרו ליה.

שמגיע

רבינו גרשום

פסקי. נקיט: חדא קרנא דתכלתא. מן טלית שלהם שהיו שוכבין בהם: כל אבא חמרא. כלומר לרבה היו קורין אבא וחמור. כעין שקורין לרבינא אבינא: סיכתא. שוטה: למאי הלכתא. פסקת ליה אי למיחזי אי הלכה כבית שמאי דאמרי במס' מנחות (דף מא ע"ב) דת"ר כמה חוטין הוא נותן בית שמאי אומרים ארבע וב"ה אומרים שלש. אמר רב הונא ארבע א) בתוך שלש ומשולשת ארבע ור' יהודה אומר שלש בתוך שלש ומשולשת שלש אמר רב פפא הלכתא ד' בתוך ג' ומשולשת ד' וכו'. למה [לך] למיעבד הכי איבעי לך למימני חוטין וחליות כו': אוי לי שנשבעתי. מן הגלות מי מפר: והוא. רבה בר בר חנה סבר דלמא שבועתא דמבול קאמר ומש"ה לא הפר דשמא רוצה להחריב העולם במבול. ורבנן אמרי ליה א"כ אוי לי לא היה אמר אלא משום דבכל צרתם לו צר: איחרוך. הנהו גבבי דעמרא אע"ג דאמשינהו במיא משום דגיהנם מתהפך לשם: תא ואחוי לך היכא דנשקי ארעא ורקיעא. לאו משום דמיחזו ליה סוף העולם ממש משום דמהלך ת"ק שנה הוי העולם אלא מקום הראה לו במדבר אחד ששם נושקין ומגלגל גלגל ונושקין השמים והארץ יחד ולא מיחזו ליה ממש סוף העולם כי אם ממקום הגלגל שמקיף וסובב לשם: לסילתאי. סל שלי: כתרי מברי דסורא. ב' נהרות: דאית ליה קרנא כעיזא דבחישא בהו. שחופרת בהן מים: קרטליתא. קופסא: נחית

א) לפנינו שם הגירסא ארבע בתוך ארבע ומשולשת ארבע:

מסורת הש"ס

א) [עי' תוס' בכורות לו. ד"ה מפירין]: ב) סנהדרין קי.: ג) [וע"ע תוס' פסחים קח. ד"ה פרקדן]: ד) [וע"ע תוס' ברכות יח. ד"ה למחר ותוס' פסחים מ: וכבר"ע סה: ובנדה סח: ד"ה אבל]:

הגהות הב"ח

(א) גמ' אחוי לך טורא דסיני אזלי: (ב) שם מופר לך מופר לך והוא סבר: (ג) שם ארעא ורקיעא אהדדי ועייל כוי כוי שקלתא לסילתאי: (ד) שם עד למחר כי הכא: (ה) שם מתרתי זימיה. נ"ב ס"א אוסייה: (ו) רשב"ם ד"ה ועייל טייעא וכו' ועייל טייעא הס"ד: (ז) ד"ה שקלי חדא קרנא: (ח) ד"ה כל אבא וכו' היינו ר' אבא בר בר חנה. נ"ב עי' תוס' פ"ק דסנהדרין דף ה' ד"ה רבה: (ט) ד"ה והוא רבה וכו' דמבול קאמר דכתיב: (י) ד"ה היכא דנשקי. נ"ב לשון מהרש"ל ולא תוכל לידע איך הגיע על אותו מקום גבוה שהיה קרוב לשמים הלא מהלך ת"ק הוא וגם איך לא נשרף [illegible] ונראה לתרץ [illegible] דא"י גבוה מכל הארצות וא"כ אפשר לומר [illegible] מ"מ אפשר לומר דא"י גבוה יותר [illegible] שהוא מקום [illegible] הגובה ומא"י לשמים אפשר שאינו גבוה רק מאה שנה [illegible] רבה [illegible] מקום של רבה והיה יכול ליגע לגלגל לאותו [והשאר חסר]:

שמגיע לפיו של לויתן. ואינו מתערב בכל אותן מים. כדמוכח בבראשית רבה, דקאמר: וכי מעשה נסים הוא? אמר רבי יוחנן: אל תתמה, הדין ירדנא דעבר במי טבריא ולא מתערב.

ארבעה נהרות הן ירדן ירמוך קירומיון ופיגה. וא"ת: דתנן במס' פרה (פ"ח מ"י) דקירומיון ופיגה פסולין למי חטאת מפני שהן מי בצים, ומייתי לה בפ"ק דסנהדרין (דף ה:). וכיון דקרי להו מי בצים — משמע שאינן נובעין, והכא משמע שנובעין, דקרי להו נהרות! וי"ל: נהרות נובעין הן, ולפי שמי בצים מתערבין בהן — פסולים למי חטאת, לפי שאינן רדופין, מחמת שמתערבין באגמים, ואין חיותן חיות גמור. ור"ת מפרש דפסלינן משום דאין כאן "מים חיים אל כלי", דעפר וטיט מעורב בהן מחמת שהן מי בצים, ומפסיקין בין מים לכלי.

תורה אור

בַּר א)אֲמוֹרָאֵי לְאַתּוּיֵהּ, וּרְגַשׁ וּבָעֵי לְשַׁמְטֵיהּ לְאַטְמֵיהּ, וּשְׁדָא זִיקָא דְּחַלָּא וּנְחַת. נְפַק בַּת קָלָא אֲמַר לָן: מַאי אִית לְכוּ בַּהֲדֵי קַרְטַלִיתָא דִּדְבֵיתְהוּ דְּר"ח בֶּן דּוֹסָא, דַּעֲתִידָה דְּשַׁדְיָא תְּכֶלְתָּא בָּהּ לְצַדִּיקֵי לְעָלְמָא דְּאָתֵי! רַב יְהוּדָה ב)הִינְדּוּאָה מִשְׁתָּעֵי: זִימְנָא חֲדָא הֲוָה אָזְלִינַן בִּסְפִינְתָּא, וְחָזֵינַן הַהוּא אֶבֶן טָבָא דַּהֲוָה הָדִיר לָהּ תַּנִּינָא, נָחֵית בַּר אֲמוֹרָאֵי לְאַתּוּיֵהּ. אֲתָא תַּנִּינָא (א) קָא בָּעֵי לְמִבְלַע לָהּ לִסְפִינְתָּא, אֲתָא (ב) פִּישְׁקַנְצָא פְּסַקֵיהּ לְרֵישֵׁיהּ, אִתְהַפִּיכוּ מַיָּא וַהֲווּ דָּמָא, אֲתָא תַּנִּינָא חַבְרֵיהּ שְׁקַלֵיהּ וְתַלְיֵהּ לֵיהּ וְחָיָה. הֲדַר אֲתָא קָא בָּעֵי בָּלְעָא לִסְפִינְתָּא, הֲדַר אֲתָא צִיפָּרָא פְּסַקֵיהּ לְרֵישֵׁיהּ, שְׁקַלוּהָ לְהַהִיא אֶבֶן טָבָא שַׁדְיוּהָ לִסְפִינְתָּא, הֲוָה הָנֵי צִיפָּרֵי מְלִיחֵי בַּהֲדַן, אוֹתְבִינְהוּ עֲלַיְיהוּ, שְׁקַלוּהָ וּפְרַחוּ לְהוּ בַּהֲדָהּ. ת"ר: מַעֲשֶׂה בְּרַבִּי אֱלִיעֶזֶר וְרַבִּי יְהוֹשֻׁעַ שֶׁהָיוּ בָּאִין בִּסְפִינָה, וְהָיָה ר"א יָשֵׁן וְר' יְהוֹשֻׁעַ נֵעוֹר, נִזְדַּעְזַע ר' יְהוֹשֻׁעַ וְנִנְעַר ר"א. א"ל: מַה זֶּה יְהוֹשֻׁעַ, מִפְּנֵי מַה נִּזְדַּעְזַעְתָּ? א"ל: מָאוֹר גָּדוֹל רָאִיתִי בַּיָּם. אָמַר לוֹ: שֶׁמָּא עֵינָיו שֶׁל לִוְיָתָן רָאִיתָ, דִּכְתִיב: °"עֵינָיו כְּעַפְעַפֵּי שָׁחַר". אָמַר רַב אַשִׁי, אֲמַר לִי הוּנָא בַּר נָתָן: איוב מא זִימְנָא חֲדָא הֲוָה קָא אָזְלִינַן בְּמַדְבְּרָא, וַהֲוַאי (ג) אַטְמָא דְּבִשְׂרָא בַּהֲדַן, פְּתַחְנָא וְנַקַּרְינָא וְאַנַּחְנָא אַעִשְׂבֵי, אַדְּמַיְיתִינַן צִיבֵי חֲלַם אַטְמָא, וְטָוֵינַן. כִּי הֲדַרַן לְבָתַר תְּרֵיסַר יַרְחֵי שַׁתָּא, חֲזֵינְהוּ לְהָנְהוּ גּוּמְרֵי דַּהֲווּ קָא מְלַחֲשֵׁי. כִּי אֲתַאי לְקַמֵּיהּ דְּאַמֵּימָר, אֲמַר לִי: הַהוּא עִישְׂבָּא — סַמְתְּרֵי הֲוָה, הָנְהוּ גּוּמְרֵי דְּרִיתְמָא הֲווּ. °"וַיִּבְרָא בראשית א אֱלֹהִים אֶת הַתַּנִּינִם הַגְּדוֹלִים" — הָכָא תַּרְגִּימוּ: אַרְזִילֵי דִּימָּא. ר' יוֹחָנָן אָמַר: זֶה לִוְיָתָן נָחָשׁ בָּרִחַ וְלִוְיָתָן נָחָשׁ עֲקַלָּתוֹן, שֶׁנֶּאֱמַר: °"בַּיּוֹם הַהוּא יִפְקוֹד ה' בְּחַרְבּוֹ הַקָּשָׁה" ישעיה כז וגו'. (סִימָן: כָּל שָׁעָה יַרְדֵּן)§ אָמַר רַב יְהוּדָה אָמַר רַב: כָּל מַה שֶּׁבָּרָא הקב"ה בְּעוֹלָמוֹ — זָכָר וּנְקֵבָה בְּרָאָם, אַף לִוְיָתָן נָחָשׁ בָּרִחַ וְלִוְיָתָן נָחָשׁ עֲקַלָּתוֹן — זָכָר וּנְקֵבָה בְּרָאָם, וְאִלְמָלֵי נִזְקָקִין זֶה לָזֶה — מַחֲרִיבִין כָּל הָעוֹלָם כּוּלּוֹ; מֶה עָשָׂה הקב"ה? סֵירֵס אֶת הַזָּכָר, וְהָרַג הַנְּקֵבָה וּמְלָחָהּ לַצַּדִּיקִים לֶעָתִיד לָבֹא, שֶׁנֶּאֱמַר: °"וְהָרַג אֶת הַתַּנִּין אֲשֶׁר בַּיָּם". וְאַף בְּהֵמוֹת בְּהַרְרֵי אֶלֶף — זָכָר וּנְקֵבָה בְּרָאָם, שם וְאִלְמָלֵי נִזְקָקִין זֶה לָזֶה — מַחֲרִיבִין כָּל הָעוֹלָם כּוּלּוֹ; מֶה עָשָׂה הקב"ה? סֵירֵס הַזָּכָר, וְצִינֵּן הַנְּקֵבָה וּשְׁמָרָהּ לַצַּדִּיקִים לֶעָתִיד לָבֹא, שֶׁנֶּאֱמַר: °"הִנֵּה נָא כֹחוֹ איוב מ בְּמָתְנָיו" — זֶה זָכָר, "וְאוֹנוֹ בִּשְׁרִירֵי בִטְנוֹ" — זוֹ נְקֵבָה. הָתָם נַמִי לִיסָרְסֵיהּ לַזָּכָר וְלִיצַנְּנֵהּ לַנְּקֵבָה! — דָּגִים פְּרִיצֵי. וְלִיעֲבִיד אִיפְכָא! אִיבָּעֵית אֵימָא: נְקֵבָה מְלִיחָא מַעֲלֵי; אִיבָּעֵית אֵימָא, כֵּיוָן דִּכְתִיב: °"לִוְיָתָן זֶה יָצַרְתָּ לְשַׂחֶק בּוֹ", בַּהֲדֵי נְקֵבָה לָאו אוֹרַח תהלים קד אַרְעָא. הָכָא נַמִי לִימְלְחָה לַנְּקֵבָה! כַּוְורָא מְלִיחָא מַעֲלֵי, בִּשְׂרָא מְלִיחָא לָא מַעֲלֵי. וְאָמַר רַב יְהוּדָה אָמַר רַב: בְּשָׁעָה שֶׁבִּיקֵּשׁ הקב"ה לִבְרֹאות אֶת הָעוֹלָם, אָמַר לוֹ לְשַׂר שֶׁל יָם: פְּתַח פִּיךָ וּבְלַע כָּל מֵימוֹת שֶׁבָּעוֹלָם. אָמַר לְפָנָיו: רבש"ע, דַּי שֶׁאֶעֱמוֹד בְּשֶׁלִּי. מִיָּד בָּעַט בּוֹ וַהֲרָגוֹ, שֶׁנֶּאֱמַר: °"בְּכֹחוֹ רָגַע הַיָּם וּבִתְבוּנָתוֹ מָחַץ איוב כו רָהַב". אָמַר ר' יִצְחָק, ש"מ: שָׂרוֹ שֶׁל יָם רַהַב שְׁמוֹ, וְאִלְמָלֵא מַיִם מְכַסִּין אוֹתוֹ — אֵין כָּל בְּרִיָּה יְכוֹלָה לַעֲמוֹד בְּרֵיחוֹ, שֶׁנֶּאֱמַר: °"לֹא יָרֵעוּ וְלֹא יַשְׁחִיתוּ בְּכָל הַר קָדְשִׁי וגו' ישעיה יא כַּמַּיִם לַיָּם מְכַסִּים", אַל תִּקְרֵי "לַיָּם מְכַסִּים", אֶלָּא: לְשָׂרָהּ שֶׁל יָם מְכַסִּים. וְאָמַר רַב יְהוּדָה אָמַר רַב: יַרְדֵּן יוֹצֵא מִמְּעָרַת פַּמְיָיס. תַּנְיָא נַמִי הָכִי: ג)יַרְדֵּן יוֹצֵא מִמְּעָרַת פַּמְיָיס, וּמְהַלֵּךְ בְּיַמָּהּ שֶׁל סִיבְכִי וּבְיַמָּהּ שֶׁל טְבֶרְיָא, וּמִתְגַּלְגֵּל וְיוֹרֵד לַיָּם הַגָּדוֹל, וּמִתְגַּלְגֵּל וְיוֹרֵד עַד שֶׁמַּגִּיעַ לְפִיו שֶׁל לִוְיָתָן, שֶׁנֶּאֱמַר: °"יִבְטַח כִּי יָגִיחַ יַרְדֵּן אֶל פִּיהוּ". איוב מ מַתְקִיף לָהּ רָבָא בַּר עוּלָּא: הַאי בִּ"בְהֵמוֹת" בְּהַרְרֵי אֶלֶף כְּתִיב! אֶלָּא אָמַר רָבָא בַּר עוּלָּא: אֵימָתַי בְּהֵמוֹת בְּהַרְרֵי אֶלֶף בְּטוּחוֹת? בִּזְמַן שֶׁמַּגִּיחַ יַרְדֵּן בְּפִיו שֶׁל לִוְיָתָן. (סִימָן: יָמִים גַּבְרִיאֵל רָעֵב) כִּי אֲתָא רַב דִּימִי א"ר יוֹחָנָן, מַאי דִּכְתִיב: °"כִּי הוּא עַל תהלים כד יַמִּים יְסָדָהּ וְעַל נְהָרוֹת יְכוֹנְנֶהָ"? אֵלּוּ שִׁבְעָה יַמִּים וְאַרְבָּעָה נְהָרוֹת שֶׁמַּקִּיפִין אֶת אֶרֶץ יִשְׂרָאֵל, וְאֵלּוּ הֵן שִׁבְעָה יַמִּים: יַמָּהּ שֶׁל טְבֶרְיָא, וְיַמָּהּ שֶׁל סְדוֹם, וְיַמָּהּ שֶׁל חֵילַת, וְיַמָּהּ שֶׁל חִילְתָא, וְיַמָּהּ שֶׁל סִיבְכֵי, וְיַם אַסְפַּמְיָא, וְיָם הַגָּדוֹל; וְאֵלּוּ הֵן אַרְבָּעָה נְהָרוֹת: יַרְדֵּן, וְיַרְמוּךְ, ד)וְקֵירוֹמְיוֹן, וּפִיגָה. כִּי אֲתָא רַב דִּימִי א"ר יוֹנָתָן: עָתִיד גַּבְרִיאֵל לַעֲשׂוֹת קְנִיגְיָא

בַּר אֲמוֹרָאֵי. אָדָם שֶׁיּוֹדֵעַ לָשׁוּט בַּמַּיִם. **בְּעָא לְשַׁמְטֵיהּ לְאַטְמֵיהּ.** שֶׁבִּיקֵּשׁ לַחְתּוֹךְ יְרֵיכוֹ. זָרַק לֵיהּ חַלָּא. חוֹמֶץ, וּבָרַח מֵרֵיחוֹ. **לְמִשְׁדָּא** בֵּיהּ. לְהַכְנִיעַ בּוֹ. וְחָזֵינַן הַהִיא **אֶבֶן טָבָא.** לְתוֹךְ הַמַּיִם, וְהָדְרָא לֵיהּ תַּנִּינָא. ה"ג: אֲתָא הַהוּא תַּנִּינָא רָגַשׁ וְקָבָעֵי לְמִבְלַע לִסְפִינְתָּא, אֲתָא פּוּשְׁקַנְצָא — וְקַטְעֵיהּ לְרֵישֵׁיהּ עוֹרֵב נְקֵבָה, דְּתַנִּינָא, אִתְהַפִּיכוּ מַיָּא וַהֲווּ דָּמָא מֵרוֹב דָּם, שֶׁהָיָה גָּדוֹל הַרְבֵּה. הֲדַר בָּעֵי לְטַבְעֵיהּ לִסְפִינְתָּא, אֲתָא הַהוּא פּוּשְׁקַנְצָא וְקַטְלֵיהּ, וַאֲזַל בַּר אֲמוֹרָאֵי וּשְׁקַלֵיהּ לְהַהִיא אֶבֶן טוֹבָה וְתָלֵינְהוּ לְהָנְהוּ צִיפָּרֵי, לְנַסּוֹת אִם יִחְיוּ, וְחָיוּ וּפָרְחוּ לָהֶן. בַּהֲדָהּ. בַּהֲדֵי הַהִיא אֶבֶן. נִזְדַּעְזַע. חָרַד חֲרָדָה. **פְּתַחְנָא וְנַקַּרְינָא.** מִינָּהּ חֵלֶב וְגִיד הַנָּשֶׁה. חֲלַם. שֶׁנִּתְחַבְּרָה יַחַד כְּמִתְּחִלָּה. סַמְתְּרֵי. עֵשֶׂב שֶׁמְּחַבֵּר, כִּדְאָמְרִינַן בְּ"הַמְקַבֵּל" (ב"מ דף קז:) וּבְ"אֵלּוּ טְרֵיפוֹת" (חולין דף נד:): דַּעֲבַד לֵיהּ סַמְתְּרֵי וַחֲיֵי. **דְּרִיתְמָא.** רוֹתֶם, שֶׁאֵין גֶּחָלָיו כָּבִים מְהֵרָה. **אַרְזִילֵי דִּימָּא.** רְאֵמִים שֶׁבַּיָּם. (ד) ה) (וְרַבֵּינוּ חֲנַנְאֵל פֵּירֵשׁ לִוְיָתָן). נָחָשׁ בָּרִחַ. הוּא לִוְיָתָן זָכָר, וְזָקוּף הוּא כִּבְרִיחַ. עֲקַלָּתוֹן. לִוְיָתָן נְקֵבָה, שֶׁמַּקִּיף אֶת כָּל הָעוֹלָם. **זָכָר וּנְקֵבָה בְּרָאָם.** כִּדְכְתִיב (ישעיהו כז): נָחָשׁ בָּרִחַ וְנָחָשׁ עֲקַלָּתוֹן. מַחֲרִיבִין **אֶת כָּל הָעוֹלָם.** שֶׁיְּהוּ לָהֶן וְלָדוֹת הַרְבֵּה גְּדוֹלִים, שֶׁמַּחֲרִיבִין אֶת הָעוֹלָם. סֵירֵס **אֶת הַזָּכָר.** שֶׁלֹּא יִזָּקֵק לִשְׁאָר דָּגִים. א"נ, דְּלָא לֶיהֱוֵי לֵיהּ נַעַר תַּאֲוָה. שֶׁנֶּאֱמַר **וְהָרַג אֶת הַתַּנִּין.** סֵיפָא דְּהַאי קְרָא "יִפְקוֹד ה' בְּחַרְבּוֹ הַקָּשָׁה" (וגו') [הוּא] וּמִדְּלָא כְּתִיב וְיַהֲרוֹג וּכְתִיב "יִפְקוֹד" קְדָרֵישׁ הָכִי. וְהָכִי מַשְׁמַע לֵיהּ קְרָא: יִפְקוֹד ה' בְּחַרְבּוֹ הַקָּשָׁה עַל לִוְיָתָן נָחָשׁ בָּרִחַ לֶעָתִיד לָבֹא, כַּאֲשֶׁר עָשָׂה אֶל לִוְיָתָן נָחָשׁ עֲקַלָּתוֹן. שֶׁהֲרֵי הָרַג אֶת הַתַּנִּין אֲשֶׁר בַּיָּם מִשֵּׁשֶׁת יְמֵי בְרֵאשִׁית. **בְּהֵמוֹת בְּהַרְרֵי אֶלֶף.** פָּסוּק הוּא בִּתְהִלִּים בְּמִזְמוֹר לְאָסָף "כִּי לִי כָל חַיְתוֹ יָעַר בְּהֵמוֹת בְּהַרְרֵי אָלֶף" ע"ש שֶׁרוֹעָה אֶלֶף הָרִים בְּכָל יוֹם. כֹּחוֹ בְּמָתְנָיו. שֶׁלֹּא הֵטִיל זֶרַע מִיָּמָיו. וְאוֹנוֹ **בְּשְׁרִירֵי בִטְנוֹ.** שֶׁלֹּא יָלְדָה. וּלְעֵיל מִינֵּיהּ כְּתִיב בְּאִיּוֹב: "הִנֵּה נָא בְהֵמוֹת אֲשֶׁר עָשִׂיתִי עִמָּךְ" וגו'. הָתָם נַמִי. גַּבֵּי לִוְיָתָן, לְצַנְּנָהּ לְלִוְיָתָן נְקֵבָה, וְאַמַּאי הֲרָגָהּ? **דָּגִים פְּרִיצִי.** וְלָא מְהַנְיָא בְּהוּ צִינּוּן. ה"ג: **וְאבע"א כֵּיוָן** דִּכְתִיב לִוְיָתָן זֶה יָצַרְתָּ לְשַׂחֶק בּוֹ. וְאָמְרִינַן בְּמַסֶּכֶת ע"ז (דף ג:): ו) שָׁעָה רְבִיעִית יוֹשֵׁב וּמְשַׂחֵק עִם לִוְיָתָן. **הָכָא** נַמִי לִימְלְחָהּ לַבְּהֵמָה נְקֵבָה. וּמַה בָּלַע לְהַחֲיוֹתָהּ וּלְצַנְּנָהּ? וּבְלַע כָּל מֵימוֹת. כְּדֵי שֶׁתֵּרָאֶה הַיַּבָּשָׁה. דַּי שֶׁאֶבְלַע מַיִם שֶׁלִּי. דִּלְהָכִי כְּתִיב "וְהַיָּם אֵינֶנּוּ מָלֵא", שֶׁבּוֹלֵעַ אוֹתָם. רָגַע הַיָּם. לְשׁוֹן שְׁבִירָה. מִפְּנֵי רֵיחוֹ. שֶׁהוּא מוּסְרָח. לְפִי שֶׁמֵּת, וּלְכָךְ הָיָה מַסְרִיחַ. **אַל תִּקְרֵי לַיָּם** מְכַסִּים. שֶׁהֲרֵי הַיָּם עַצְמוֹ מַיִם הוּא. **אֵימָתַי בְּהֵמוֹת בְּהַרְרֵי אֶלֶף בְּטוּחוֹת.** שֶׁלֹּא יָמוּתוּ — כָּל שָׁעָה שֶׁיַּגִּיחַ יַרְדֵּן לְפִיו שֶׁל לִוְיָתָן, דְּכָל זְמַן שֶׁהוּא חַי בְּטוּחִין הֵן כְּמוֹ כֵן. **כִּי הוּא.** הקב"ה, עַל יַמִּים יְסָדָהּ לְאֶרֶץ יִשְׂרָאֵל. **קְנִיגְיָא.**

רבינו גרשום

בר אמודאי. אומן שיודע לשוט על פני המים: ובעי לשמטיה לאטמיה. שביקש לחתוך ירכו. זרק ליה חלא מן החול של שפת הים וברח. ואיכא דאמרי חומץ. שתצנע בו תכלת: אתהפיכו מיא לדמא. מרוב הדם שהיה גדול הרבה: פתחנא ונקירנא. מיניה חלבא וגיד הנשה: איחלם אטמא. שנתחברה יחד כדמעיקרא: עשבא דסמטרי. של סם חיים: גומרי דריתמא. שאין כבין מהרה: ארזילי דימא. ראמים: לויתן נחש בריח. שמקיף ומסבב את כל העולם כולו כבריח: נחש עקלתון. שמתעקל סביב העולם: פריש לקרא ביום ההוא יפקוד ה' בחרבו הקשה והגדולה על לויתן בריח זה הזכר כאשר עשה על לויתן נחש עקלתון שהיא נקבה: וצינן את הנקבה. שלא תתאוה לשום זכר: הנה נא כחו במתניו. זה הזכר שאינו מזריע: ואונו בשרירי בטנו. זו הנקבה שלא ילדה. ומקשי' אמאי צינן את הנקבה לגבי בהמות וניעבד הנך דבהמה כהנך דכוורי ואמאי צינן הנקבה. ומשני מש"ה הרגה דפריצות דכוורי נפיש מן דבהמה. ואע"ג דמצננין לה אתיא להזקק. ואי בעית אימא מש"ה הרגה דכיון דכתיב לויתן זה יצרת לשחק בו בהדי נקבה לאו אורח ארעא למיהוי עם שכינה: ובלע כל מימות שבעולם. שהכניסם בתוך שלך כמו שכתב למעלה כל הנחלים הולכים אל הים: אימתי בהמות בהררי אלף בטוחים. שלא ימותו בשעה שיגיח ירדן אל פיהו של לויתן שכל זמן שהוא חי בטוחין הן בחיים: כי הקב"ה על ימים יסדה. לארץ ישראל: לעשות

א) [גי' הערוך בערך מד ב' אמודאי ועמ"ש בס"ד ר"ה כג. על הגליון]: ב) [גי' הערוך הנדואה תרגום של ירושלמי של וישכנו מחוילה מן הגדוין ורש"י בקדושין כב: כתב רב יהודה הנדיאה מארץ כושי]: ג) [בכורות נה. ע"ש]: ד) סנהדרין ה: פרה פ"ח מ"י: ה) רש"ל מ"ז: ו) [נ"ל שעות רביעיות]:

הגהות הב"ח

(א) גמ' אתא תנינא רגש קא בעי וכו': (ב) שם אתא פושקנצא פסקיה וכו' הדר אתא קא בעי למיבלע לספינתא הדר אתא ההוא פושקנצא פסקיה לרישיה (שקלי' וכו' לספינתא) תא"מ. ונ"ב ס"א שקלא לההיא אבן טבא ופרח בהדה נפלה ההיא אבן טבא בספינתא: (ג) שם והואי ירך דבשרא בהדן פתחנא ונקרינא מינה ואנחינא אעשבי אדמייתינן ציבי איחלם אטמא וטוינן כצ"ל וכן ברשב"ם: (ד) רשב"ם ד"ה ארזילי וכו' שבים הס"ד ואח"כ מה"ד ורבי יוחנן אמר זה לויתן נחש בריח:

מסורת הש"ס

א) [בקרא אית' תמשוך]: ב) [אבות סוף פ"ה]: ג) [עי' פסחים נ.]: ד) סנהדרין ק.: ה) [עי' תוס' מגילה כא.] ו) סנהדרין ק. ע"ש ברכות נח. שבת לד.]: ז) [נ"ל ברבי]:

הגהות הב"ח

(א) גמ' התמלא בשוכות וכו': (ב) שם לא זכה עושין לו צל שנאמר:

גמרא

קִנִיגְיָא עִם לִוְיָתָן, שֶׁנֶּאֱמַר: א)"הֲתִמְשֹׁךְ לִוְיָתָן בְּחַכָּה וּבְחֶבֶל תַּשְׁקִיעַ לְשֹׁנוֹ", וְאִלְמָלֵא הקב"ה עוֹזְרוֹ אֵין יָכוֹל לוֹ, שֶׁנֶּאֱמַר: "הָעֹשׂוֹ יַגֵּשׁ חַרְבּוֹ". כִּי אֲתָא רַב דִּימִי אָמַר רַבִּי יוֹחָנָן: בְּשָׁעָה שֶׁלִּוְיָתָן רָעֵב – מוֹצִיא הֶבֶל מִפִּיו וּמַרְתִּיחַ כָּל מֵימוֹת שֶׁבִּמְצוּלָה, שֶׁנֶּאֱמַר: "יַרְתִּיחַ כַּסִּיר מְצוּלָה", וְאִלְמָלֵא מַכְנִיס רֹאשׁוֹ לְגַן עֵדֶן – אֵין כָּל בְּרִיָּה יְכוֹלָה לַעֲמוֹד בְּרֵיחוֹ, שֶׁנֶּאֱמַר: "יָם יָשִׂים כַּמֶּרְקָחָה", וּבְשָׁעָה שֶׁצָּמֵא – עוֹשֶׂה תְּלָמִים תְּלָמִים בַּיָּם, שֶׁנֶּאֱמַר: "אַחֲרָיו יָאִיר נָתִיב". אָמַר רַב אַחָא בַּר יַעֲקֹב: אֵין תְּהוֹם חוֹזֵר לְאֵיתָנוֹ עַד שִׁבְעִים שָׁנָה, שֶׁנֶּאֱמַר: "יַחְשֹׁב תְּהוֹם לְשֵׂיבָה", ב)וְאֵין שֵׂיבָה פְּחוּתָה מִשִּׁבְעִים. אָמַר רַבָּה א"ר יוֹחָנָן: עָתִיד הקב"ה לַעֲשׂוֹת סְעוּדָה לַצַּדִּיקִים מִבְּשָׂרוֹ שֶׁל לִוְיָתָן, שֶׁנֶּאֱמַר: "יִכְרוּ עָלָיו חַבָּרִים", וְאֵין כֵּרָה אֶלָּא סְעוּדָה, שֶׁנֶּאֱמַר: "וַיִּכְרֶה לָהֶם כֵּרָה גְדוֹלָה וַיֹּאכְלוּ וַיִּשְׁתּוּ", וְאֵין חַבָּרִים אֶלָּא תַּלְמִידֵי חֲכָמִים, שֶׁנֶּאֱמַר: "הַיּוֹשֶׁבֶת בַּגַּנִּים חֲבֵרִים מַקְשִׁיבִים לְקוֹלֵךְ הַשְׁמִיעִנִי"; וְהַשְּׁאָר מְחַלְּקִין אוֹתוֹ וְעוֹשִׂין בּוֹ סְחוֹרָה בְּשׁוּקֵי יְרוּשָׁלַיִם, שֶׁנֶּאֱמַר: "יֶחֱצוּהוּ בֵּין כְּנַעֲנִים", וְאֵין ג)כְּנַעֲנִים אֶלָּא תַּגָּרִים, שֶׁנֶּאֱמַר: "כְּנַעַן בְּיָדוֹ מֹאזְנֵי מִרְמָה לַעֲשֹׁק אָהֵב". וְאִי בָּעֵית אֵימָא, מֵהָכָא: "אֲשֶׁר סֹחֲרֶיהָ שָׂרִים כִּנְעָנֶיהָ נִכְבַּדֵּי אָרֶץ". וְאָמַר רַבָּה א"ר יוֹחָנָן: עָתִיד הקב"ה לַעֲשׂוֹת סוּכָּה לַצַּדִּיקִים מֵעוֹרוֹ שֶׁל לִוְיָתָן, שֶׁנֶּאֱ': "הַתְמַלֵּא (א) בְשֻׂכּוֹת עוֹרוֹ"; זָכָה – עוֹשִׂין לוֹ סוּכָּה, לֹא זָכָה – עוֹשִׂין לוֹ (ב) צִלְצַל, שֶׁנֶּאֱמַר: "וּבְצִלְצַל דָּגִים רֹאשׁוֹ"; זָכָה – עוֹשִׂין לוֹ צִלְצַל, לֹא זָכָה – עוֹשִׂין לוֹ עֲנָק, שֶׁנֶּאֱמַר: "וַעֲנָקִים לְגַרְגְּרֹתֶיךָ"; זָכָה – עוֹשִׂין לוֹ עֲנָק, לֹא זָכָה – עוֹשִׂין לוֹ קָמֵיעַ, שֶׁנֶּאֱמַר: "וְתִקְשְׁרֶנּוּ לְנַעֲרוֹתֶיךָ"; וְהַשְּׁאָר פּוֹרְסוֹ הקב"ה עַל חוֹמוֹת יְרוּשָׁלַיִם וְזִיווֹ מַבְהִיק מִסּוֹף הָעוֹלָם וְעַד סוֹפוֹ, שֶׁנֶּאֱמַר: "וְהָלְכוּ גוֹיִם לְאוֹרֵךְ וּמְלָכִים לְנֹגַהּ זַרְחֵךְ". § "וְשַׂמְתִּי כַּדְכֹד שִׁמְשֹׁתַיִךְ" – א"ר שְׁמוּאֵל בַּר נַחְמָנִי: פְּלִיגִי תְּרֵי מַלְאֲכֵי בִּרְקִיעָא, גַּבְרִיאֵל וּמִיכָאֵל; וְאָמְרִי לַהּ: תְּרֵי אֲמוֹרָאֵי בְּמַעַרְבָא, וּמַאן אִינּוּן? יְהוּדָה וְחִזְקִיָּה בְּנֵי רַבִּי חִיָּיא; חַד אָמַר: שׁוֹהַם, וְחַד אָמַר: יָשְׁפֵה. אָמַר לְהוּ הקב"ה לֶהֱוֵי כְּדֵין וּכְדֵין. "וּשְׁעָרַיִךְ לְאַבְנֵי אֶקְדָּח" – כִּי הָא ד)דְּיָתֵיב רַבִּי יוֹחָנָן וְקָא דָּרֵישׁ: עָתִיד הקב"ה לְהָבִיא אֲבָנִים טוֹבוֹת וּמַרְגָּלִיּוֹת שֶׁהֵם שְׁלֹשִׁים עַל שְׁלֹשִׁים, וְחוֹקֵק בָּהֶן עֶשֶׂר עַל עֶשְׂרִים וּמַעֲמִידָן בְּשַׁעֲרֵי יְרוּשָׁלַיִם. לִגְלֵג עָלָיו אוֹתוֹ תַּלְמִיד: הַשְׁתָּא כְּבֵיעֲתָא דְּצִיצְלָא לָא מַשְׁכְּחִינַן, כּוּלֵּי הַאי מַשְׁכְּחִינַן? לְיָמִים הִפְלִיגָה סְפִינָתוֹ בַּיָּם, חֲזָא מַלְאֲכֵי הַשָּׁרֵת דְּיָתְבִי וְקָא מִינַסְּרִי אֲבָנִים טוֹבוֹת וּמַרְגָּלִיּוֹת שֶׁהֵם ל' עַל ל' וְחָקוּק בָּהֶן עֶשֶׂר בְּרוּם עֶשְׂרִים, אֲמַר לְהוּ: הָנֵי לְמַאן? אֲמַרוּ לֵיהּ: שֶׁעָתִיד הקב"ה לְהַעֲמִידָן בְּשַׁעֲרֵי יְרוּשָׁלַיִם. אֲתָא לְקַמֵּיהּ דְּרַבִּי יוֹחָנָן, אֲמַר לֵיהּ: דְּרוֹשׁ, רַבִּי, לְךָ נָאֶה לִדְרוֹשׁ, כַּאֲשֶׁר אָמַרְתָּ כֵּן רָאִיתִי. אָמַר לוֹ: רֵיקָא! אִלְמָלֵא ה)(לֹא) רָאִיתָ לֹא הֶאֱמַנְתָּ, מְלַגְלֵג עַל דִּבְרֵי חֲכָמִים אַתָּה! ו)נָתַן עֵינָיו בּוֹ וְנַעֲשָׂה גַּל שֶׁל עֲצָמוֹת. מֵיתִיבֵי: "וָאוֹלֵךְ אֶתְכֶם קוֹמְמִיּוּת" – רַבִּי מֵאִיר אוֹמֵר: מָאתַיִם אַמָּה, כִּשְׁתֵּי קוֹמוֹת שֶׁל אָדָם הָרִאשׁוֹן; רַבִּי יְהוּדָה אוֹמֵר: מֵאָה אַמָּה, כְּנֶגֶד הֵיכָל וּכְתָלָיו, שֶׁנֶּאֱמַר: "אֲשֶׁר בָּנֵינוּ כִּנְטִעִים מְגֻדָּלִים בִּנְעוּרֵיהֶם בְּנוֹתֵינוּ כְזָוִיֹּת מְחֻטָּבוֹת תַּבְנִית הֵיכָל"! כִּי קָאָמַר ר' יוֹחָנָן – לְכַוֵּי דְּבֵי זִיקָא. וְאָמַר רַבָּה א"ר יוֹחָנָן: עָתִיד הקב"ה לַעֲשׂוֹת שֶׁבַע חוּפּוֹת לְכָל צַדִּיק וְצַדִּיק, שֶׁנֶּאֱמַר: "וּבָרָא ה' עַל כָּל מְכוֹן הַר צִיּוֹן וְעַל מִקְרָאֶהָ עָנָן יוֹמָם וְעָשָׁן וְנֹגַהּ אֵשׁ לֶהָבָה לָיְלָה כִּי עַל כָּל כָּבוֹד חֻפָּה", מְלַמֵּד שֶׁכָּל אֶחָד וְאֶחָד עוֹשֶׂה לוֹ הַקָּדוֹשׁ בָּרוּךְ הוּא חוּפָּה לְפִי כְבוֹדוֹ. עָשָׁן בְּחוּפָּה לָמָּה? אָמַר רַבִּי חֲנִינָא: שֶׁכָּל מִי שֶׁעֵינָיו צָרוֹת בְּתַלְמִידֵי חֲכָמִים בָּעוֹלָם הַזֶּה, מִתְמַלְּאוֹת עֵינָיו עָשָׁן לָעוֹלָם הַבָּא. וְאֵשׁ בְּחוּפָּה לָמָּה? אָמַר רַבִּי חֲנִינָא: מְלַמֵּד שֶׁכָּל אֶחָד וְאֶחָד נִכְוֶה מֵחוּפָּתוֹ שֶׁל חֲבֵירוֹ, אוֹי לָהּ לְאוֹתָהּ בּוּשָׁה, אוֹי לָהּ לְאוֹתָהּ כְּלִימָּה. כַּיּוֹצֵא בַּדָּבָר אַתָּה אוֹמֵר: "וְנָתַתָּה מֵהוֹדְךָ עָלָיו" – וְלֹא כָּל הוֹדְךָ, זְקֵנִים שֶׁבְּאוֹתוֹ הַדּוֹר אָמְרוּ: פְּנֵי מֹשֶׁה כִּפְנֵי חַמָּה, פְּנֵי יְהוֹשֻׁעַ כִּפְנֵי לְבָנָה, אוֹי לָהּ לְאוֹתָהּ בּוּשָׁה, אוֹי לָהּ לְאוֹתָהּ כְּלִימָּה. אָמַר רַבִּי חָמָא ז)(בַּר) חֲנִינָא: עֶשֶׂר חוּפּוֹת עָשָׂה הַקָּדוֹשׁ בָּרוּךְ הוּא לְאָדָם הָרִאשׁוֹן בְּגַן עֵדֶן, שֶׁנֶּאֱמַר: "בְּעֵדֶן גַּן אֱלֹהִים הָיִיתָ כָּל אֶבֶן יְקָרָה" וגו'. מָר זוּטְרָא אָמַר: אַחַת עֶשְׂרֵה, שֶׁנֶּאֱמַר: "כָּל אֶבֶן יְקָרָה". אָמַר רַבִּי יוֹחָנָן: וְגָרוּעַ שֶׁבְּכוּלָּן זָהָב, דְּקָא חָשֵׁיב לֵיהּ לְבַסּוֹף. מַאי "מְלֶאכֶת תֻּפֶּיךָ וּנְקָבֶיךָ בָּךְ"? אָמַר רַב יְהוּדָה אָמַר רַב, אָמַר לוֹ הַקָּדוֹשׁ בָּרוּךְ הוּא לְחִירָם מֶלֶךְ צוֹר: בְּךָ נִסְתַּכַּלְתִּי, וּבָרָאתִי נְקָבִים נְקָבִים בָּאָדָם. וְאִיכָּא דְּאָמְרִי, הָכִי קָאָמַר: בְּךָ נִסְתַּכַּלְתִּי, וְקָנַסְתִּי

תורה אור

איוב מ; שם; שם; שם מא; שם; שם; שם; שם מ; מ"ב ו; שיר ח; איוב מ; הושע יב; ישעיה כג; איוב מ; שם; משלי א; איוב מ; ישעיה ס; שם נד; שם; ויקרא כו; תהלים קמד; ישעיה ד; במדבר כז; יחזקאל כח; שם

רש"י

קִנִיגְיָא. לֵידַת חַיּוֹת בְּקֶשֶׁת וְרוֹמַח. כָּל מִינֵי לֵידָה קָרוּי כֵּן, וְכֵן בִּשְׁחִיטַת חוּלִּין (דף ס:): וְכִי מֹשֶׁה רַבֵּינוּ קִנִּיגִי אוֹ בַּלִּיסְטְרִי הָיָה? הִתְמְשׁוֹךְ כו'. וְכִי אַתָּה יָכוֹל לַעֲשׂוֹת קִנִיגְיָא עִם לִוְיָתָן? מִכְּלָל דַּעֲתִידָה [לְקִנִיגְיָא]. הָעוֹשׂוֹ יַגֵּשׁ חַרְבּוֹ. בִּבְהֵמוֹת כְּתִיב, בְּאִיּוֹב, וְה"ה עִם לִוְיָתָן. מִפְּנֵי רֵיחוֹ. שֶׁמִּתּוֹךְ שֶׁיֵּשׁ לוֹ הֶבֶל וַחֲמִימוּת הַרְבֵּה יוֹצֵא רֵיחַ קָשֶׁה. כַּמֶּרְקָחָה. כִּבְשָׂמִים, כְּמוֹ "רוֹקַח מִרְקַחַת" (שמות ל), מִתּוֹךְ שֶׁהִכְנִיס רֹאשׁוֹ לְגַן עֵדֶן. תְּלָמִים תְּלָמִים. שֶׁנִּרְאִים חֲפִירוֹת עֲמוּקוֹת בַּיָּם כִּתְלָמִים שֶׁל מַחֲרֵישָׁה. אַחֲרָיו. כְּשֶׁשּׁוֹתֶה, יָאִיר נָתִיב הַיָּם. אֵינוֹ חוֹזֵר לְאֵיתָנוֹ. מֵרוֹב הַמַּיִם שֶׁחָסְרוּ. סוּכָּה. הַיְינוּ: מִלְמַעְלָה גַּג, וְאַרְבַּע דְּפָנוֹת מֵאַרְבַּע רוּחוֹת. צֵל – הַיְינוּ סִיכּוּךְ בְּלֹא מְחִיצּוֹת. וְתִקְשְׁרֶנּוּ. הַיְינוּ דָּבָר מוּעָט, שֶׁקּוֹשְׁרוֹ לִתְלוֹת בְּצַוָּארוֹ כְּמִין קָמֵיעַ. שִׁמְשׁוֹתַיִךְ. חוֹמוֹתַיִךְ. פְּלִיגִי בָּהּ. בָּאֲבָנִים שֶׁל חוֹמוֹת יְרוּשָׁלַיִם, מָה יִהְיוּ אֵלּוּ אֲבָנִים שֶׁעֲתִידִים לִהְיוֹת. כְּדֵין וּכְדֵין. כְּדִבְרֵי זֶה וּכְדִבְרֵי זֶה. וְהַיְינוּ כַּדְכוֹד – מִשֹּׁהַם וְיָשְׁפֵה תִּבָּנֶה. וְאע"פ שֶׁמִּקְרָא זֶה קָדַם לִבְנֵי ר' חִיָּיא טוּבָא, יֵשׁ לוֹמַר שֶׁכָּךְ נִתְנַבֵּא יְשַׁעְיָה, שֶׁכְּדִבְרֵי כָּל הַמְפָרְשִׁים עֲתִידָה לְהִבָּנוֹת. וְחוֹקֵק עֶשֶׂר. שֶׁל רוֹחַב בְּרוּם עֶשְׂרִים. וְהַיְינוּ אֶקְדָּח – לְשׁוֹן קוֹדֵחַ, שֶׁחוֹקֵק בָּהֶם. וּמַשְׁמַע נַמִּי אֶבֶן טוֹבָה שֶׁמְּאִירָה כְּאֵשׁ קוֹדַחַת, כְּמוֹ "קוֹדְחֵי אֵשׁ" (ישעיהו נ). אֶקְדָּח. קרבונקל"א בְּלַעַ"ז, וּבְתַרְגּוּם יוֹנָתָן: אַבְנֵי גּוּמְרָא. כְּבֵיעֲתָא דְּצוּצִילְתָּא. בֵּיצַת עוֹף קָטָן שֶׁשְּׁמוֹ תְּאֵלִיל. קוֹמְמִיּוּת. שְׁתֵּי קוֹמוֹת, שְׁנֵי מֵמִי"ן דָּרֵישׁ. כִּשְׁתֵּי קוֹמוֹת שֶׁל אָדָם הָרִאשׁוֹן. שֶׁמִּיעֲטוֹ עַד ק' אַמָּה, בְּמַסֶּכֶת חֲגִיגָה (דף יב.). הַהֵיכָל. שֶׁל בַּיִת שֵׁנִי, שֶׁהָיָה רוּם מֵאָה אַמָּה. וּלְפִי קוֹמָתָן צָרִיךְ שְׁעָרִים גְּבוֹהִים, וְקַשְׁיָא לְר' יוֹחָנָן דְּאָמַר רוּם עֶשְׂרִים. לְכַוֵּי דְּבֵי זִיקָא. לַחַלּוֹנוֹת הָעֲשׂוּיִין לָאֲוִיר, וְהַיְינוּ "שְׁעָרַיִךְ" דִּקְרָא – חַלּוֹנוֹת הַחוֹמָה. עָנָן יוֹמָם. אֶחָד, וְ"עָשָׁן" – ב', וְ"נוֹגַהּ" – ג', "אֵשׁ" – ד', "לֶהָבָה" – ה', "כִּי עַל כָּל כָּבוֹד" – ו', "חוּפָּה" – ז'. וְל"נ: "כִּי עַל כָּל כָּבוֹד" אֵינוֹ מִן הַחֶשְׁבּוֹן, אֲבָל "וְסוּכָּה תִּהְיֶה לְצֵל יוֹמָם" דִּסְמִיךְ לֵיהּ לְסֵיפֵיהּ דְּהַאי קְרָא הֲוֵה הַשְּׁבִיעִי, וְהַאי "עַל כָּל כָּבוֹד" – לִכְדִמְפָרְשִׁי' בְּסָמוּךְ אַתָּה. שֶׁעֵינָיו צָרוֹת. שֶׁלֹּא לְהַהֲנוֹתוֹ מִנְּכָסָיו. נִכְוֶה. חוּפָּתוֹ שֶׁל קָטָן מֵחוּפָּתוֹ שֶׁל חֲבֵירוֹ הַגָּדוֹל מִמֶּנּוּ. שֶׁבְּאוֹתוֹ הַדּוֹר. שֶׁרָאוּ מֹשֶׁה וִיהוֹשֻׁעַ. אוֹי לָהּ לְאוֹתָהּ בּוּשָׁה. שֶׁבִּזְמַן מוּעָט נִתְמַעֵט הַכָּבוֹד כָּל כָּךְ. שֶׁהֲרֵי יְהוֹשֻׁעַ הָיָה נָבִיא וּמֶלֶךְ כְּמֹשֶׁה, וְלֹא יָכוֹל לְהַגִּיעַ לִכְבוֹדוֹ. בְּעֵדֶן גַּן אֱלֹהִים הָיִיתָ. בְּחִירָם מֶלֶךְ צוֹר כְּתִיב. וְכִי סָבוּר אַתָּה לִהְיוֹת כְּאָדָם הָרִאשׁוֹן שֶׁהָיָה בְּגַן עֵדֶן, וְהָיוּ לוֹ כָּל הַחוּפּוֹת הַלָּלוּ אוֹדֶם פִּטְדָה וגו' עַד זָהָב הֲרֵי עֶשֶׂר. אֲבָל "כָּל אֶבֶן יְקָרָה" לָא חָשֵׁיב, דְּכוֹלֵל וְאַח"כ מְפָרֵשׁ: מַאי כָּל אֶבֶן יְקָרָה דַּאֲמָרַן – אוֹדֶם פִּטְדָה וגו'. וְזָהָב א"ר יוֹחָנָן וְגָרוּעַ שֶׁבְּכוּלָּן זָהָב [וכו'. וְזָהָב אַקְּרָא קָא מְהַדַּר לְפָרוּשֵׁי, גָּרוּעַ שֶׁבְּכוּלָּן זָהָב] מִכְּלָל דַּחֲשׁוּבִין יוֹתֵר מִדַּאי. בְּךָ נִסְתַּכַּלְתִּי. כְּשֶׁבָּרָאתִי עוֹלָמִי, שֶׁאַתָּה עָתִיד לִמְרוֹד וְלַעֲשׂוֹת עַצְמְךָ אֱלוֹהַּ, וּבָרָאתִי בָּאָדָם נְקָבִים שֶׁמּוֹצִיאִין רֵיעִי. תּוֹף חָלוּל הוּא וּמְנוּקָּב. "בְּיוֹם הִבָּרַאֲךָ כּוֹנָנוּ" – בַּיּוֹם שֶׁנָּתַתִּי אֶל לִבִּי שֶׁאַתָּה נִבְרָא, בּוֹ בַּיּוֹם כּוֹנְנוּ הַנְּקָבִים בָּאָדָם. וְקָנַסְתִּי

תוספות

פְּלִיגִי בה תרי מלאכי ברקיע. ואליהו אמר להן, כדאמר פרק "מי שהוציאוהו" (עירובין דף מג.): לאו אליהו אמרינהו. חד אמר ישפה וחד אמר שהם ואמר הקב"ה כדין וכדין. ר"ת ל"ג לה. ואית דגרסי, ומפרשי דקאי אכתוב דלעיל: "הנני מרביץ בפוך אבניך ויסדתיך בספירים". פירוש: כדין וכדין – היינו פוך וספיר, דלעיל, יהיו שמשותיך. וכן מוכח בפסיקתא, דמפרש: מאי כדכד? רבי אבא אמר: כדין וכדין. והתם לא איירי לא מלאכי ולא אמוראי, אלא ודאי קאי אפוך וספיר כדכתיב לעיל.

רבינו גרשום

קניניא. מלחמה: שנאמר התמשוך לויתן בחכה. כלומר כך אמר לו הקב"ה לאיוב וכי אתה יכול למשוך לויתן בחכה: ובחבל תשקיע לשונו. כמו שעשה ע"י מלאכי: כמרקחה. דבר שמריח: עושה תלמים בים. כשהוא שותה מכאן התלם גדול מצד אחר שאינו שותה: שנאמר ואחריו יאיר נתיב. כלומר נראה נתיב של ים שהוא שותה: צלצל. צל מעל ראשון: עושין לו קמיע. דבר הנקשר ותלוי על צואר: אמר להן הקב"ה כדין וכדין. להכי איקרי כדכד כלומר כדברי זה וזה משוהם וישפה יהיו מתוקנים: וחוקק בהן עשר של רוחב ברום עשרים. כדי שיכנסו ויצאו באותה חקיקה כמו שעושין בפתח והכי משמע ליה עכשיו: כביעתא דצילצלא. כביצה של עוף [קטן] (שדומה לימה): קוממיות כשתי קומות. כשתי קומות של אדם הראשון שמיעטו הקב"ה עד מאה אמה. אלמא דכנגד קומתן צריך להם פתח שיצאו ויכנסו בזקיפה וקשיא לר' יוחנן דאמר לעיל חקק בהן עשר ברום עשרים ותו לא. ומשני כי אמר ר' יוחנן ברום עשרים לכווי דבי זיקא. כלומר לחלונות קאמר שתהא הרוח מנשבת בהן: ענן יומם א' ועשן ב' ונגה ג' אש ד' להבה ה' כי על כל כבוד ו' חופה ז': אוי לה לאותה בושה. שיהיה לו לאותו הנגרע מחבירו שלפי שחטא ילקה: אוי לה לאותה בושה. שנגרע יהושע ממשה: אודם א' פטדה ב' ויהלום ג' תרשיש ד' שהם ה' וישפה ו' ספיר ז' נפך ח' וברקת ט' וזהב י': בך נסתכלתי. כשבראתי עולמי שאתה עתיד למרוד ועושה עצמך אלוה. ובראתי באדם נקבים נקבים. שמוציא רעי.

וקנסתי מיתה על אדם הראשון. מאי "ועל מקראיה"? אמר רבה א"ר יוחנן: לא כירושלים של עולם הזה ירושלים של עולם הבא, ירושלים של עולם הזה — כל הרוצה לעלות עולה, של עולם הבא — אין עולין אלא המזומנין לה. (א) ואמר רבה א"ר יוחנן: עתידין צדיקים שנקראין על שמו של הקב"ה, שנאמר: "כל הנקרא בשמי ולכבודי בראתיו יצרתיו אף עשיתיו". א)(וא"ר) שמואל בר נחמני א"ר יוחנן: ג' נקראו על שמו של הקב"ה, ואלו הן: צדיקים, ומשיח, וירושלים. צדיקים — הא דאמרן. משיח — דכתיב: "וזה שמו אשר יקראו ה' צדקנו". ירושלים — דכתיב: "סביב שמונה עשר אלף ושם העיר מיום ה' שמה" אל תקרי "שמה" אלא: שמה. א"ר אלעזר: עתידין צדיקים שאומרים לפניהן "קדוש", כדרך שאומרים לפני הקב"ה, שנאמר: "והיה הנשאר בציון והנותר בירושלים קדוש יאמר לו". ואמר רבה א"ר יוחנן: עתיד הקב"ה להגביה את ירושלים ג' פרסאות למעלה, שנאמר: "וראמה וישבה תחתיה", מאי "תחתיה" — כתחתיה. וממאי דהאי תחתיה תלתא פרסי הויא? אמר רבה, אמר לי ההוא סבא: לדידי חזי לי ירושלים קמייתא, ותלתא פרסי הויא. ושמא תאמר: יש צער לעלות? ת"ל: "מי אלה כעב תעופינה וכיונים אל ארובותיהם". אמר רב פפא, ש"מ: האי עיבא — תלתא פרסי מידלי. אמר רבי חנינא בר פפא: בקש הקדוש ברוך הוא לתת את ירושלים במדה, שנאמר: "ואומר אנה אתה הולך ויאמר אלי למוד את ירושלים לראות כמה רחבה וכמה ארכה". אמרו מלאכי השרת לפני הקדוש ברוך הוא: רבש"ע, הרבה כרכים בראת בעולמך של אומות העולם — ולא נתת מדת ארכן ומדת רחבן, ירושלים ששמך בתוכה, ומקדשך בתוכה, וצדיקים בתוכה — אתה נותן בה מדה? מיד: "ויאמר אליו רוץ דבר אל הנער הלז לאמר פרזות תשב ירושלם מרוב אדם ובהמה בתוכה". אמר ריש לקיש: עתיד הקב"ה להוסיף על ירושלם אלף טפף גינואות, אלף קפל מגדלים, אלף ב)ליצוי בירניות, אלף ושני שילה טוטפראות, וכל אחת ואחת הויא כצפורי בשלוותה. תניא, א"ר יוסי: אני ראיתי צפורי בשלוותה, והיו בה מאה ושמונים אלף שווקים של מוכרי ציקי קדירה. "והצלעות צלע אל צלע שלש ושלשים פעמים" — מאי "שלש ושלשים פעמים"? א"ר לוי, (ג) אמר רב פפי משום ר' יהושע דסכני: אם ג' ירושלים הן — כל אחת ואחת יש בה שלשים מדורין למעלה, אם שלשים ירושלים הן — כל אחת ואחת יש בה שלשה מדורין למעלה.§ איתמר: ספינה — רב אמר: כיון שמשך כל שהוא — קנה; ושמואל אמר: א לא קנה עד שימשוך את כולה. לימא כתנאי: ג) ב כיצד במסירה? אחזה בטלפה, בשערה, באוכף שעליה, בשליף שעליה, בפרומביא שבפיה, בזוג שבצוארה — קנאה; ג כיצד במשיכה? קורא לה והיא באה, או שהכישה במקל ורצתה לפניו, ד כיון שעקרה יד ורגל — קנאה; רבי אחי, ואמרי לה ר' אחא אומר: עד שתהלך מלא קומתה; לימא, רב דאמר כתנא קמא, ושמואל דאמר כרבי אחא? אמר לך רב: אנא דאמרי אפילו לרבי אחא; עד כאן לא קאמר רבי אחא — אלא בבעלי חיים, דאע"ג דעקרה יד ורגל בדוכתה קיימא, אבל ספינה, כיון דנדה בה פורתא נדה לה כולה. ושמואל אמר: אנא דאמרי אפי' כתנא קמא; עד כאן לא קאמר תנא קמא — אלא בבעלי חיים, דכיון דמיעקרא יד ורגל — אידך למיעקר קיימא, אבל ספינה, אי משיך לה כולה — אין, אי לא — לא. לימא כהני תנאי; ד)דתניא: ספינה נקנית במשיכה, ר' נתן אומר: ספינה ואותיות נקנות במשיכה ובשטר

תורה אור: ישעיה ד | שם מג | ירמיה כג | יחזקאל מח | ישעיה ד | זכריה יד | ישעיה ס | זכריה ב | זכריה ב | יחזקאל מח

רשב"ם

וקנסתי מיתה. והיינו "תופיך" — הקבר שהוא חלול כמו תוף. נקראו על שמו. שיהא שמם ה'. אל תקרי. ה' שמה, אלא ה' שמה. לומר לפניהם. מלאכים יאמרו. שמע מינה. מדקמדמי עיבא להעלאת ירושלים, דהוי עיבא תלתא פרסי. מידלי. מארעא. למוד את ירושלים. לעשותה קטנה. פרזות תשב ירושלים. מה פרזות הללו אין להן שיעור בבנין ישובן, אלא כמה שרוצין בונין — אף ירושלים כן. אמר ריש לקיש. ירושלים דהויא תלתא פרסי, עתיד הקב"ה להוסיף בה מגדלים באלף פעמים בחשבון קפל, וגינאות באלף פעמים טפף. כל הני גימטריאות הן. והאי דהאריך בסימנין כי האי גוונא — היינו משום דלשון הגון הוא בעירם בלא חשבון, ויסד החשבון בתיבה המתפעלת. אלף ושני שיל"ה. שנים ואלף פעמים בחשבון בגימטריא שיל"ה. ליצו"י. גימטריא הוא. טוטפראות. קטנים מבירניות. הכי גרסינן: ק"פ אלף שווקים של מוכרי ציקי קדירה. מין מאכל. שלש ושלשים פעמים. פשטיה דקרא מיירי בתאים. והכא יתורא דכתיב "פעמים" קדריש, דמשמע: ג' ירושלים, ובכל אחת שלשים פעמים זו למעלה מזו. אי נמי: "פעמים" — אשלש קאי, והכי קאמר: שלש פעמים זה ע"ג זה בשלשים(ג). אם ירושלים. דלעולם הבא גדולה באורך כשלש ירושלים שהיתה כבר. כל אחת ואחת יהו בה. בכל בית ובית, שלשים מדורות למעלה, זה על גב זה. איתמר ספינה. מאימתי תהא קנויה ללוקח שלא יוכל מוכר לחזור בו. דהא במטלטלין אין מעות קונות, אלא משיכה, או רשותו. כל שהוא. טפח או חצי טפח. עד שימשוך את כולה. שיצא סוף הספינה במקום שהיה ראשה עומד, דהיינו שעקרה כולה חוץ למקומה. כיצד. בהמה גסה נקנית במסירה. *[דתנן בפרק ראשון דקדושין (כה:): בהמה גסה נקנית במסירה] והדקה במשיכה. וסברא בעלמא הוא, דהא אורחה בהכי והא אורחה בהכי. אחזה. הלוקח. בטלפה. ברגלה, במצות המוכר. ובשליף. אמתחת, וקשור לבהמה. ואע"פ שלא הזיזה ממקומה — קנאה. כיצד. דקה נקנית במשיכה. יד ורגל. היינו משיכה כל שהוא, כרב. מלא קומתה. דהיינו עקירת ארבע רגליה. בדוכתה קיימא. גוף הבהמה לא זזה ממקומה, שהרי נשען על אידך יד ורגל שלא עקרה. נדה כולה. גם ראשה השני נמשך ממקום שהיה שם. אידך. יד ורגל נמי למיעקר קיימי, וכמי שהיא עוקרת דמי. והיכא דעקרה ארבעתן — היינו עקירת כולה חוץ למקומה. אבל ספינה, דכי עקר לה משהו לא מימלא מיעקר כולה ממקומה, הלכך אי משיך לה כולה — קני, ואי לא — לא. לימא. רב ושמואל כהני תנאי דלקמן. ואותיות. שטר חוב, שמוכרו או נותנו לחבירו כדי לקנות את השטר ואת החוב שכתוב בו — קני ליה במשיכה, כשיבא לידו, שימסור לו המוכר. ובשטר.

תוספות

(ד) טפף גינאות. פי': גינות שוות שבנויות בנין שוה, שאין תוספת ומגרעת בזה ובזה, כמו "הלוך וטפוף תלכנה" (ישעיה ג), וכמו (יומא דף מח.): מדה לא מחוקה ולא גדושה שנקראת טפופה.

קפל מגדלין. קפל הן עמודין (ה) שוין למגדלין ובנין גבוה, כדאמר בהגדת ויקרא: קפלאות של ברזל, מה עמודים קפלאות מלמעלה ובסיסאות מלמטה והן באמצע, כך פרשיות(ו) נדרשות לפניהם ולאחריהם.

אחזה בטלפה. פריב"א: דמסירה בעינן מיד ליד. ומייתי ראיה מפ"ק דב"מ (דף ח: ושם) דאמר: מאי לשון מסירה — כאדם שמוסר דבר לחבירו. ואמר נמי התם: מסירה מחבירו קנה, במציאה ובנכסי הגר לא קנה, דמאן מסר ליה למיקני? משמע דבעינן מסירה מיד ליד. ואין נראה, דהא קתני הכא "אחזה בטלפה" — משמע דבעצמו אחזה. ורבינו שמואל פירש נמי "אחזה בטלפה" — במצות המוכר. ועוד, דאמר לקמן גבי מסירה: כל היכא דאמר ליה "לך חזק וקני" כ"ע ל"פ דקנה. ואי בעינן מסירה מיד ליד — לא הו"ל למימר "לך חזק וקני", אלא "תא חזק וקני". והאי דאמר בבבא מציעא (שם): כאדם המוסר דבר לחבירו — היינו שאומר לו "לך חזק וקני". והא דאמר: במציאה ונכסי הגר מאן מסר ליה — היינו: מי יאמר לו "לך חזק וקני", דליקני באחיזה בעלמא.

אע"ג דעקרה יד ורגל בדוכתה קיימא. וא"ת: אמאי נקט "מלא קומתה", כיון דסגי בעקירת שתי ידים ושתי רגלים? ויש לומר: דעקירת ידיה ורגליה קרי "מלא קומתה".

חסורי

רבינו גרשום

וקנסתי מיתה על אדם. היינו ונקביך בך כלומר בבריה ביום מיתה: שיתקראו על שמו. ה' ממש יקראו להם. אל תקרי ה' שמה אלא ה' שמה: ותלת פרסי הות. בארכה: אמר רב פפא ש"מ. מדקמדמי עיבא להעלאת ירושלים דהאי עיבא תלת פרסי מידלי מארעא: פרזות תשב ירושלים מה פרזות הללו שאין להם שיעור בבנין ישובן אלא כמה שרוצין האנשים כך ירושלים לא תהיה לה שיעור: אמר ריש לקיש עתיד הקב"ה להוסיף על ירושלים אלף קפל מגדלים אלף טפף גינאות וכו'. כל התיבות הללו בגימטריא הן שכל אות ואות כעין שהוא עולה בגימטריא כך אלף פעמים יהיה מדתה על כל פעם ופעם תלת פרסי וכן כל הני אותיות הללו עושין לחשבון הזה על כל אות ואות אלף פעמים וכל פעם ופעם תלת פרסי: והיו בשוק אחד פ' אלף מוכרי ציקי קדירה לבד משאר העם. וכן יהיה לכל תלת פרסי ותלת פרסי: אם שלש ירושלים הן. לעתיד יהיה לכל ירושלים וירושלים ל' מדורין זו למעלה מזו מפני רב בני אדם: ואם ל' ירושלים הן וכו'. שלשה מדורין זה על גב זה: המוכר ספינה לחבירו. כיון שמשך בה כל שהוא אפי' ראשה האחד במים קנה: אחזה בטלפה. שמסר לה ואחזה בטלפי הבהמה ובשליף שעליה אותו משוי שמשימין על גבה: אע"פ שלא הזיזה. לבהמה: לימא רב דאמר. כיון שמשך בה כל שהוא קנאה הוא דאמר כת"ק דאמר כיון דעקרה יד ורגל קנאה: ואע"ג דעקרה יד או רגל. אינך רגלים בדוכתא קיימין ולא הויא משיכה עד שתהלך מלא קומתה: אבל ספינה כיון דנייד לה פורתא. במים נייד לה כולה והויא משיכה מעליא: אידך נמי למיעקר קיימא. וכמו דעקר לה מכל וכל דמי והויא משיכה מעליא: אבל ספינה. דלא ממילא למיעקר קיימא אי משיך לה כולה קנאה ואי לא לא: ואותיות. כלומר שנותן אדם לחבירו שטרות כדי לקנות בהם כיון שמשכן קנאם:

עין משפט נר מצוה

ב א מיי' פ"ג מהל' מכירה הל' ג סמג עשין פב טוש"ע ח"מ סי' קלח סעיף ז:
ג ב טוש"ע ח"מ סי' קנז סעי' א בהג"ה וסי' קלח סעיף ח:
ד ג ד מיי' שם פ"ב הל' ו סמג שם טוש"ע ח"מ סי' קנז סעיף ג:

מסורת הש"ס

א) [בילקוט ירמיה כג. רמז ד"ש איתא א"ר שמואל בר נחמני א"ר יונתן]: ב) ס"א ולצוי: ג) קדושין כב: ע"ש [תוספתא דקדושין פ"א ע"ש]: ד) [תוספתא דקדושין פ"א]:

כ"ה בדפו"י

הגהות הב"ח

(א) גמ' אלא המזומנין לה שנאמר ועל מקראיה ואמר רבה: (ב) שם א"ר לוי ואיתימא א"ר פפי משום: (ג) רשב"ם ד"ה שלש ושלשים וכו' בשלשים ירושלים הס"ד: (ד) תום' ד"ה טפף. נ"ב עי' בערוך ערך טפף: (ה) ד"ה קפל וכו' עמודין חזקים שוין למגדלין ולבנין גבוה כדאמר באגדת. נ"ב אגדת חזית של בר קפרא: (ו) בא"ד פרשיות של תורה נדרשות:

א) [לקמן עז. קסט: קעג. יבמות קטז. קדושין מז: סנהדרין לא.]: ב) קדושין מז: סנהדרין לא.:

ה א מיי' פ"ג מהלכות מכירה הל' י סמג עשין פב טוש"ע ח"מ סי' סו סעיף א:

ו ב מיי' שם פ"ג הל' ג סמג שם טוש"ע ח"מ סי' קנה סעיף ו:

ובשטר. אותיות מאן דכר שמייהו? חסורי מחסרא והכי קתני: ספינה נקנית במשיכה, א)ואותיות במסירה; רבי נתן אומר: ספינה ואותיות נקנות במשיכה ובשטר. שטר לספינה למה לי? מטלטלי היא! אלא לאו הכי קתני: ספינה נקנית במשיכה, ואותיות במסירה. רבי נתן אומר: ספינה במשיכה, ואותיות בשטר; ספינה במשיכה היינו תנא קמא! אלא דרב ושמואל איכא בינייהו. לא, דכולי עלמא אי כרב אי כשמואל, ובספינה — כולי עלמא לא פליגי, כי פליגי — באותיות, והכי קאמר ליה ר' נתן לתנא קמא: בספינה ודאי מודינא לך; באותיות, אי איכא שטר — אין, אי לא — לא. ובפלוגתא דהני תנאי, דתניא: ב)אותיות נקנות במסירה, דברי רבי; וחכמים אומרים: אבין כתב ולא מסר, בין מסר ולא כתב — לא קנה עד שיכתוב וימסור. במאי אוקימתא, כרבי? ספינה נמי תיקני במסירה! דתניא: בספינה נקנית במסירה, דברי רבי; וחכ"א: לא קנה עד

רש"י

ובשטר. אם כתב לו שטר מכירה על שטרות הללו, כדאמר לקמן: "קני לך הוא וכל שעבודיה". אבל במסירה בלא שטר — לא קני אלא לצור ע"פ צלוחיתו, וכדלקמן, ומש"ה בעי שטר אחר עלוי' (א) זה. ולקמיה פריך: שטר בספינה למה? מסירה. דספינה, היינו שאחז בחבל שקשורה בו, ולא הזיזה ממקומה. ואותיות במסירה. אבל משיכה אינה אלא בדבר שגופו ממון, דמהני משך ליה זכה ביה. וה"נ לגבי לצור ע"פ צלוחיתו תיהני ליה משיכה כשאר מטלטלין, אבל כדי לגבות החוב — צריך שימסרנו מלוה ליד הלוקח. מטלטלי היא. ומהני משכה קנייה, כדין מטלטלין. אלא לאו הכי קתני. מילתיה דר' נתן. ואותיות בשטר. כלומר, אף בשטר. דתרוייהו בעי, מסירה ושטר. כרבנן דאמרי לקמן לא קנה עד שיכתוב וימסור. דאי בשטר לחוד קאמר דאותיות נקנות — א"כ רבי נתן דאמר כמאן? לא כרבי ולא כרבנן, ואם כן איכא שלש מחלוקות בדבר. ספינה במשיכה. למה ליה לרבי נתן למימר? היינו ת"ק! אלא לאו בדרב ושמואל קמיפלגי; דקאמר ת"ק: ספינה נקנית במשיכה כולה, כשמואל. ואתא ר' נתן, דהוא תנא בתרא, לטפויי, דאפילו במשיכה כל שהוא נקנית, כרב. באותיות. נקנות במסירה לחוד קמיפלגי, ולא בספינה. מודינא לך. דבמשיכה כדקאמרת, לרב כדאית ליה ולשמואל כדאית ליה. ובפלוגתא דהני תנאי. קמיפלגי ר' נתן ורבנן. דרבנן דהכא — רבי, ור' נתן היינו רבנן דלקמן. רבי ורבי נתן סוף משנה, וחברים היו. וגם אמוראי אליבייהו ניניהו, בהך ברייתא סתם כרבי, ובאידך כר' נתן. אותיות נקנות. לגבות הלוקח את החוב מן הלוה — במסירה שמסר לו המלוה את השטר. ולא מצי טעין לוה: לצור ע"פ צלוחיתך מסרו לך. כתב. לו מוכר ללוקח שטר מכירה על שטר זה, ומסר לו אותו שטר מכירה, אבל לא מסר לו עדיין שטר המלוה — לא קנה, עד שיכתוב וימסור. דמצי למימר ליה: נייר בעלמא זביני לך. ובשטר מכירה לחוד לא קני, דאין נקנין בשטר אלא קרקע ועבדים. במאי אוקימתא. לתנא קמא דר' נתן — כרבי. ספינה נמי תיקני במסירה. ואמאי בעי משיכה?

תוספות

חסורי מחסרא כו' ספינה נקנית במשיכה ואותיות במסירה רבי נתן אומר ספינה ואותיות נקנות במשיכה ובשטר. וא"ת: ואמאי מגיה במילתיה דתנא קמא ואותיות במסירה? לימא במילתיה דת"ק: דספינה ואותיות נקנות במשיכה. ולא פליגי, אלא שרבי נתן מצריך שטר עם המשיכה, ורבנן לא מצרכי! וי"ל: משום דא"כ ברייתא דקתני לקמן אותיות נקנות במסירה תיהוי דלא כחד.

רבי נתן אומר ספינה במשיכה ואותיות במסירה ובשטר. לא בעי למימר: ואותיות במשיכה ושטר, דכיון דבעי לפלוגי בין ספינה לאותיות לרבי נתן, ניחא ליה טפי למיתני מסירה לאותיות, כי היכי דאתיא ברייתא דלקמן דאותיות במסירה לכ"ע. וכל הנך אותיות דשמעתין צריך לפרש בשק מלא שטרות, שאין דרך להגביה. דאי לאו הכי — היכי מיקני במשיכה ובמסירה? הא אמר לקמן (דף פו.): דברים שדרכן להגביה — אין נקנין אלא בהגבהה. אלא דרב ושמואל איכא בינייהו. דר' נתן סבר לה כשמואל, דאמר: עד שימשוך את כולה, דכי היכי דבעי קנין חשוב באותיות טפי מתנא קמא — הכי נמי בספינה. בין שכתב ולא מסר. אילטריך להאריך כל זה, דאי לא הוה תני אלא "עד שיכתוב וימסור" — הוה אמינא: ודאי במסירה לחודה לא מהניא אא"כ יש כתיבה עמה, אבל בכתיבה לחודה סגי. אי כרבי ספינה נמי תיקני במסירה. לכאורה היה נראה להשוות מסירה דאותיות למסירה דספינה, וכן משמע מדקאמר "ספינה נמי תיקני במסירה" — משמע נמי כמו אותיות. ואומר ר"י: דאי אפשר לומר כן, דלא מצינו מסירה אלא בספינה ובעלי חיים, אבל שאר מטלטלי — לא מיקנו במסירה. כדתנן בפרק קמא דקדושין (דף כו.): נכסים שאין להם אחריות אין נקנין אלא במשיכה, משמע: אבל במסירה לא. (ג) א"כ, אפילו לקנות הקלף לצור ע"פ צלוחיתו — לא היה קונה במסירה, כל שכן לקנות גם השעבוד, דלא מהניא. ועוד, מדקאמר: עד שיכתוב וימסור — משמע דבעינן באותיות קנין חשוב טפי מבשאר דברים. ועוד, דקתני: ספינה במשיכה ואותיות במסירה, ומוקמינן לה בסימטא דלא קניא התם מסירה, וא"כ היכי קתני (ג) "נקנות במסירה"? ע"כ נראה לר"י: דעם המסירה דאותיות צריך משיכה, וכן משמע בפרק "מי שמת" (לקמן דף קנא.) דפריך גבי מלוגא דשטרות: והא לא משך! והא דמזכיר בכל מקום מסירה באותיות, אף על גב דבעי משיכה — היינו משום דבעינן מסירה מיד ליד. ואף על גב דבעלמא לא בעינן מיד ליד, כדפרישית לעיל* — הכא בעינן טפי, כדי לקנות השעבוד שבתוכו. אי נמי, לא בעינן מיד ליד, ומ"מ נקט מסירה, משום דבעינן דעת אחרת מקנה אותן, כמו שאר מסירות. לאפוקי *מפקיד שטרותיו, שאין מחזיק בהן קונה מה שכתוב בתוכו, כיון דליכא מסירה, שאין דעת אחרת מקנה אותן. ספינה נקנית במסירה. בסמוך מוקי לה ברה"ר. ופירש רבינו שמואל: דמסירה קונה ברה"ר, משום דלא אפשר התם במשיכה. אבל בסימטא דשייכא משיכה — לא קניא מסירה, שהוא קנין גרוע. וקשה לר"ת: וכי משיכה ומסירה מלות הן שאין לעשות אלא מן המובחר? ואור"י: דאין זו קשיא, דכי האי גוונא אמר לקמן דהגבהה החשובה יותר מבטלת שאר קניינים. עוד הקשה: דכל פרכי דפריך לקמן (דף פו.) למאן דאמר דהגבהה מבטלת שאר קניינים — הוה ליה למיפרך נמי הכא, כיון דמשיכה מבטלת מסירה! ואומר ר"י: דאין זו קשיא, דלאו בחדא מחתא מחתינהו? אם מסירה הגרועה בטילה מחמת משיכה — משיכה החשובה לא תיבטל מחמת הגבהה. ועוד מקשה רבינו תם: אי מסירה לא מהניא בסימטא, כי פריך בפרק קמא דקדושין (דף כה: ושם) לרב דאמר בהמה גסה נקנית במשיכה ממתניתין דהתם, דקתני: בהמה גסה במסירה — לישני דמתניתין איירי ברשות הרבים, דלא שייך משיכה, ורב איירי בסימטא! ואומר ר"י: כיון דמשיכה חשובה טפי ממסירה, אם כן לרב דאמר נקנית במשיכה — הוי במשיכה דוקא, ולא במסירה, אפילו ברשות הרבים. דאי מהניא לרב מסירה ברשות הרבים — א"כ לישמעי' מסירה ברשות הרבים, וכ"ש משיכה בסימטא. אלא ודאי למעוטי מסירה ברשות הרבים. והכא דקתני בברייתא: ספינה נקנה במשיכה, אף על גב דלא אתא למעוטי מסירה ברשות הרבים, איכא למימר דלהכי נקט משיכה — משום דבעי לאשמועינן דאפילו בסימטא דבעינן משיכה, אותיות נקנות במסירה. ושמעינן מינה דמסירה דאותיות — לאו היינו אחיזה בעלמא, דהא בסימטא לא מהניא מסירה, אלא עם המשיכה בעינן מסירה, כדפרישית לעיל. ור"ת פירש: דמסירה עדיפא ממשיכה, משום דמסירה מיד ליד, ובפניו, וקניא ברשות הרבים וכל שכן בסימטא. [דאפילו משיכה קונה בסימטא], כדאמרי אביי ורבא. ומתני' דקדושין (שם) דקתני: בהמה גסה נקנית במסירה — היינו דוקא במסירה, אבל במשיכה לא קני אפילו בסימטא. והשתא פריך לרב שפיר. ומה שפירש דמסירה מיד ליד — אין נראה לר"י, כדפרישית לעיל. והא דמצריך נמי בפניו — לא ידע ר"י מנא ליה. וע"ק לר"י: דלפי' ר"ת, מאי דוחקיה לשנויי: כאן בסימטא כאן ברה"ר, ולדחוק ולומר דעד שימשכנה מרה"ר לסימטא? לוקמינהו לתרוייהו בסימטא, ובקפידא פליגי, כדמסיק לקמן! וארשב"א: דלא קשה, כיון דמסירה חשובה, בכל מקום ששונה במסירה — הוי דוקא במסירה ולא במשיכה, הלכך לא אפשר לאוקומא לה אלא ברה"ר. ומיהו, הא דפריך: ספינה נמי תיקני במסירה — לא אתי שפיר, דמשמע נמי עם המשיכה, משמע דמשיכה עדיפא. דלפי' ר"ת הוה ליה למימר: והא לרבי ספינה אין נקנית אלא במסירה. וגם ממילתייהו דרבנן דאמרו: עד שימשכנה — משמע דוקא משיכה ולא מסירה. ומיהו י"ל, דלמאי דמסיק: כגון דאמר ליה "משוך וקני", וטעמא דרבנן משום קפידא — אתי שפיר דבעינן משיכה אע"ג דגריעא. ואין להקשות: דאי אפי' בגריעא הוי קפידא — א"כ אמאי מהני כשישכור מקומו? דשכירות מקום הוי כעין משיכה שמביאה לרשותו. ומעיקרא כי הוה סלקא דעתין דלא הוי טעמא משום קפידא — הוה ס"ד דטעמא דרבנן משום דמסירה לא קניא בסימטא, וכי מוקי לה ברה"ר מקמי דאוקי טעמא משום קפידא — בעי למימר דטעמייהו משום דסברי דמסירה לא קני ברה"ר. אבל אין לומר דמעיקרא ס"ד דפליגי דלרבי שייכא מסירה בספינה ולרבנן לא שייכא — דא"כ מאי קאמר: לימא אביי ורבא כרבי? כרבנן נמי מצו סברי, כיון דטעמא דרבנן משום דלא שייכא מסירה בספינה! אלא ודאי פשיטא ליה דשייכא. ועוד קשה לפר"ת: דמאי פריך בפ"ק דקדושין (שם) לרב: והא אנן במסירה דוקא תנן? הא נמי במשיכה תנן בפ"ק דב"מ (דף ב. וח: ושם ד"ה מנהיג): היו שנים רוכבין ע"ג בהמה, או שהיה אחד רוכב ואחד מנהיג — יחלוקו, דכל אחד קני מחצה. אלמא דנקנה במשיכה! וי"ל: דהתם דמיירי במציאה קני במשיכה, דלא אפשר למיקני במסירה, דמאן מסר ליה?

במאי

רבינו גרשום

ובשטר. אם כיתב לו שטר אחר על שטרות הללו כדאמר קני לך הוא וכל שעבודיה: ואותיות במסירה. ולא במשיכה דלא הוי כשאר מטלטלין דאין גופן ממון להכי במסירה או בשטר סגיא: מטלטלא היא. ובמטלטלי לא צריך שטרא אלא במשיכה או במסיר' סגי ובספינה ליכא מסירה שהרי אינו יכול להגביה אלא במשיכה נקנית: אלא לאו הכי קתני. א) תנא בתרא: ספינה נקנית במשיכה ואותיות בשטר: ספינה נקנית במשיכה היינו תנא קמא. ומאי אתא לאשמועינן ר' נתן: אלא דרב ושמואל איכא בינייהו. דת"ק סבר לה כרב דאמר כיון שמשך כל שהוא קנה ור' נתן ס"ל כשמואל דלא קני עד דמשיך לה כולה: לא דכ"ע. לא פליגי אליבא דרב ושמואל דלא ידעי' אי כרב אי כשמואל דליכא למיקם עלה דמלתא מאן ס"ל כרב ומאן כשמואל. ובספינה כולי עלמא לא פליגי דתרוייהו שוי שיעורייהו במשיכה: כי פליגי באותיות. היכי מיקני: והכי קאמר ת"ק. ספינה נקנית במשיכה ואותיות במסירה. ב) ספינה נקנית במשיכה ואותיות במשיכה: והכי קא"ל ר"נ לת"ק וכו': אי איכא שטרא. דמקני ליה הני שטרות קני ואי לא לא קני: וחכמים אומרים בין שכתב לו שטר. שמקנה אותן שטרות ולא מסר לו אותן השטרות. ובין שמסר לו ולא כתב כו'. רבי אומר כת"ק וחכמים כר' נתן: במאי אוקימתא. מלתא דת"ק כרבי: ספינה נמי. לתנא קמא תיקני במסירה כי היכי דסבירא ליה לרבי:

א) לכאורה נ"ל ר' נתן. ב) אולי נ"ל וקא"ל ר"נ לת"ק ספינה נקנית במשיכה ואותיות אי איכא שטרא וכו'.

הגהות הב"ח

(א) רשב"ם ד"ה ובשטר וכו' אחר עלוי' ולקמיה כצ"ל ותיבת זה נמחק: (ב) תום' ד"ה אי כרבי וכו' במסירה לא וא"כ: (ג) בא"ד היכי קתני אותיות נקנות:

דף עה: ד"ה אחוז

נ"ל מפקיר רש"ש

רש"א

עין משפט נר מצוה

ז א ב ג מיי' פ"ד מהל' מכירה הל' ג ועיין בהשגות ובכ"מ סמג עשין פב טוש"ע ח"מ סי' קצח סעיף ט:

ח ד ה מיי' שם פ"ג הל' ג ועיין בכ"מ טוש"ע שם סעיף ז:

ט ו מיי' שם פ"ו הל' י ועי' בהשגות ובכ"מ סמג שם טוש"ע ח"מ סי' סו סעיף ה:

עַד שֶׁיִּמְשְׁכֶנָּה אוֹ עַד שֶׁיִּשְׂכּוֹר אֶת מְקוֹמָהּ! לָא קַשְׁיָא: כָּאן בִּרְשׁוּת הָרַבִּים, כָּאן בְּסִימְטָא. בְּמַאי אוֹקִימְתָּא לְהָא בַּתְרַיְיתָא? בִּרְשׁוּת הָרַבִּים; אֵימָא סֵיפָא, וַחֲכָמִים אוֹמְרִים: לֹא קָנָה עַד שֶׁיִּמְשְׁכֶנָּה; וְאִי בִּרְשׁוּת הָרַבִּים, מִמַּאן אוֹגִיר? וְתוּ, מְשִׁיכָה בִּרְשׁוּת הָרַבִּים מִי קָנְיָא? וְהָא [א)]אַבָּיֵי וְרָבָא דְּאָמְרִי תַּרְוַיְיהוּ: [א]מְסִירָה קוֹנָה בִּרְשׁוּת הָרַבִּים וּבְחָצֵר שֶׁאֵינָהּ שֶׁל שְׁנֵיהֶם, [ב]מְשִׁיכָה קוֹנָה בְּסִימְטָא וּבְחָצֵר שֶׁהִיא שֶׁל שְׁנֵיהֶם, [ב)][ג]וְהַגְבָּהָה קוֹנָה בְּכָל מָקוֹם! מַאי "עַד שֶׁיִּמְשְׁכֶנָּה" נַמִי דְּקָאָמַר, וּמַאי "עַד שֶׁיִּשְׂכּוֹר אֶת מְקוֹמָהּ" דְּקָאָמַר – הָכִי קָאָמַר: עַד שֶׁיִּמְשְׁכֶנָּה מֵרה"ר לְסִימְטָא, וְאִם רְשׁוּת בְּעָלִים הִיא – לֹא קָנָה עַד שֶׁיִּשְׂכּוֹר אֶת מְקוֹמָהּ. לֵימָא, אַבָּיֵי וְרָבָא דְּאָמְרִי כְּרַבִּי? אֲמַר רַב אַשִׁי: (א) אִי דְּאָמַר לֵיהּ "לֵךְ חֲזֵק וּקְנֵי" הָכִי נַמִי. הָכָא בְּמַאי עָסְקִינַן – [ד]דְּאָמַר לֵיהּ "לֵךְ מְשׁוֹךְ וּקְנֵי", מָר סָבַר: [ג)][ה]קְפֵידָא, וּמָר סָבַר: מַרְאֶה מָקוֹם הוּא לוֹ. אֲמַר רַב פַּפָּא: [ד)][ו]הַאי מַאן דִּמְזַבֵּין לֵיהּ שְׁטָרָא לְחַבְרֵיהּ, צָרִיךְ לְמִיכְתַּב לֵיהּ: "קְנֵי (ב) הוּא וְכָל שִׁעְבּוּדָא דְּבֵיהּ". אֲמַר רַב אַשִׁי: אֲמַרִיתָהּ לִשְׁמַעְתָּא קַמֵּיהּ דְּרַב כָּהֲנָא, וַאֲמַרִית לֵיהּ: טַעְמָא דִּכְתַב לֵיהּ הָכִי, הָא לָא כְּתַב לֵיהּ הָכִי – לָא קָנֵי; [ה)]וְכִי לָצוּר עַל פִּי צְלוֹחִיתוֹ הוּא צָרִיךְ? אֲמַר לִי: אִין, לָצוּר וְלָצוּר. אֲמַר

רשב"ם

עַד שֶׁיִּמְשְׁכֶנָּה. לִרְשׁוּת הַמְיוּחָד לוֹ. עַד שֶׁיִּשְׂכּוֹר. דִּרְשׁוּתוֹ שֶׁל אָדָם קוֹנָה לוֹ, כִּדְנַפְקָא לָן מִוְּ"אִם הִמָּצֵא תִמָּצֵא בְיָדוֹ הַגְּנֵבָה". לָא קַשְׁיָא. הָא דְּאָמַר רַבִּי סְפִינָה בִּמְסִירָה – הַיְינוּ בִּרְשׁוּת הָרַבִּים, כְּגוֹן רַקָּק מַיִם שֶׁבִּרְשׁוּת הָרַבִּים, דְּאִי אֶפְשָׁר בִּמְשִׁיכָה. דְּאֵין מְשִׁיכָה אֶלָּא כְּשֶׁמּוֹשֵׁךְ לִרְשׁוּתוֹ, כְּגוֹן בְּחָצֵר שֶׁל שְׁנֵיהֶן אוֹ בְּסִימְטָא, כִּדִלְקַמָּן, וְכֵיוָן דְּאִי אֶפְשָׁר בִּמְשִׁיכָה – קָנָה לֵיהּ בִּמְסִירָה. וְהַאי דְּקָאָמַר ת"ק דְּר' נָתָן, דְּהַיְינוּ רַבִּי: סְפִינָה בִּמְשִׁיכָה – הַיְינוּ בְּסִימְטָא, כְּגוֹן מְבוֹאוֹת קְטַנִּים הַפְּתוּחִין לִרְשׁוּת הָרַבִּים וְיֵשׁ בָּהֶן מַיִם, וּסְפִינָה עוֹמֶדֶת שָׁם. דְּכֵיוָן דְּאֵינוּ רְשׁוּת הָרַבִּים מַמָּשׁ, אֶלָּא דִּזְמְנִין דְּדָחֲקִי בְּנֵי רְשׁוּת הָרַבִּים וְעָיְילִי לְהָתָם, וְיֵשׁ רְשׁוּת לְאָדָם לָשֶׁבֶת שָׁם – הֲרֵי הוּא בִּרְשׁוּת כָּל מִי שֶׁעוֹמֵד שָׁם, לִקְנוֹת בִּמְשִׁיכָה כְּאִילּוּ הוּא רְשׁוּתוֹ. וְכֵיוָן דְּאֶפְשָׁר בִּמְשִׁיכָה – לָאו אוֹרְחָא דְּסִימְטָא בִּמְסִירָה, וְלָא מִקְנְיָא בִּמְסִירָה. וּמִשּׁוּם הָכִי קָאָמַר: סְפִינָה בִּמְשִׁיכָה וְאוֹתִיּוֹת בִּמְסִירָה, דְּמַשְׁמַע: אֲבָל בִּסְפִינָה לָא מַקַּנְיָא בִּמְסִירָה, דְּהַאי כִּי אוֹרְחֵיהּ וְהַאי כִּי אוֹרְחֵיהּ, רה"ר בִּמְסִירָה וְסִימְטָא בִּמְשִׁיכָה. כֵּן נִרְאֶה בְּעֵינַי. הָכִי גָּרְסִינַן בְּפר"ח: אֵימָא סֵיפָא וַחֲכָמִים אוֹמְרִים לֹא קָנָה כו' וְאִי בְּרה"ר מִמַּאן אוֹגִיר וְתוּ מְשִׁיכָה בִּרְשׁוּת הָרַבִּים מִי קָנְיָא וְהָא אַבָּיֵי וְרָבָא וכו'. מַאי עַד שֶׁיִּמְשְׁכֶנָּה. דְּקָתָנֵי – מֵרה"ר לְסִימְטָא. וּמַאי (ג) שֶׁיִּשְׂכּוֹר אֶת מְקוֹמָהּ – הָכִי קָאָמַר: אִי בִּרְשׁוּת בְּעָלִים הִיא לֹא קָנָה עַד שֶׁיִּשְׂכּוֹר כו'. וְכֵן עִיקָּר, דִּתְרֵי פִּירְכֵי קָפָרֵיךְ בְּרֵישָׁא, וּלְבַסּוֹף מְתָרֵץ לְהוּ תַּרְוַיְיהוּ. וְהָכִי קָפָרֵיךְ: אִי בִּרְשׁוּת הָרַבִּים מַיְירֵי הַךְ בָּרַיְיתָא – הֵיכִי קָאָמְרִי רַבָּנַן: עַד שֶׁיִּשְׂכּוֹר אֶת מְקוֹמָהּ? מִי יוּכַל לְהַשְׂכִּירָהּ? וְתוּ, דְּקָאָמְרִי רַבָּנַן: עַד שֶׁיִּמְשְׁכֶנָּה – מְשִׁיכָה בּרה"ר מִי קָנְיָא? בִּתְמִיָּה. דְּאָמְרִי תַּרְוַיְיהוּ כו'. סְבָרוֹת נִינְהוּ. מְסִירָה. כְּגוֹן בִּסְפִינָה וּבִבְהֵמָה גַּסָּה. קוֹנָה בּרה"ר. דְּהָא לָא אֶפְשָׁר בִּמְשִׁיכָה. מְשִׁיכָה. בֵּין בִּסְפִינָה בֵּין בִּבְהֵמָה גַּסָּה, וְכ"שׁ בִּבְהֵמָה דַּקָּה – קוֹנָה בְּסִימְטָא, שֶׁהוּא מָקוֹם מְיוּחָד לָעוֹמְדִים שָׁם בְּאוֹתָהּ שָׁעָה, וּכְחָצֵר שֶׁל שְׁנֵיהֶן דָּמֵי. וְכֵיוָן דְּאֶפְשָׁר בִּמְשִׁיכָה – לָא מְהַנְיָא בֵּיהּ מְסִירָה כְּלוּם. דְּעִיקַּר מְסִירָה אוֹרְחָהּ בִּרְשׁוּת הָרַבִּים, וּמְשִׁיכָה אוֹרְחָהּ בִּרְשׁוּת שֶׁיֵּשׁ לוֹ חֵלֶק בּוֹ. אֲבָל הַגְבָּהָה קוֹנָה בְּכָל מָקוֹם. אֲפִילּוּ בִּרְשׁוּת הַמְיוּחָד לַמּוֹכֵר לְבַדּוֹ. וּמְשַׁנֵּי: מַאי עַד שֶׁיִּמְשְׁכֶנָּה כו'. לָא בִּרְשׁוּת הָרַבִּים מַיְירֵי, אֶלָּא שֶׁיִּמְשָׁכֶנָּה מֵרְשׁוּת הָרַבִּים לְסִימְטָא, דְּקָנְיָא בֵּיהּ מְשִׁיכָה. וּמַאי עַד שֶׁיִּשְׂכּוֹר כו' – לָאו בִּרְשׁוּת הָרַבִּים קָאֵי, אֶלָּא הָכִי קָאָמַר: וְהֵיכָא דְּבִרְשׁוּת מוֹכֵר הִיא – לֵית לֵיהּ תַּקָּנָה, לֹא בִּמְסִירָה וְלֹא בִּמְשִׁיכָה, עַד שֶׁיִּשְׂכּוֹר אֶת מְקוֹמָהּ. לֵימָא אַבָּיֵי וְרָבָא דְּאָמְרִי כְּרַבִּי. דְּאָמַר: סְפִינָה נִקְנֵית בִּמְסִירָה בִּרְשׁוּת הָרַבִּים, וְלֹא כְּרַבָּנַן, דְּאִילּוּ רַבָּנַן – לֵית לְהוּ מְסִירָה קוֹנָה בִּרְשׁוּת הָרַבִּים, דְּמִשּׁוּם הָכִי אָמְרִי: לֹא קָנָה עַד שֶׁיִּמְשָׁכֶנָּה מֵרְשׁוּת הָרַבִּים לְסִימְטָא. וְהֵיכִי שָׁבְקִי רַבָּנַן וְאָמְרִי כְּרַבִּי? כָּל הֵיכָא דְּאָמַר לֵיהּ בַּעַל הַסְּפִינָה לַלּוֹקֵחַ לֵךְ חֲזֵק וּקְנֵי. וְהוּא לְקָחָהּ וְאָחַז בָּהּ, דְּהַיְינוּ מְסִירָה – כּוּלֵּי עָלְמָא לָא פְּלִיגִי דְּקָנֵי, דְּוַדַּאי נִקְנֵית בִּמְסִירָה בִּרְשׁוּת הָרַבִּים. רַבָּנַן סָבְרִי קְפֵידָא. לֹא גָּמַר לְהַקְנוֹתוֹ אֶלָּא בִּמְשִׁיכָה וְלֹא בִּמְסִירָה, שֶׁאִם יִרְצֶה מוֹכֵר – יוּכַל לַחֲזוֹר בּוֹ כָּל זְמַן שֶׁלֹּא מְשָׁכָהּ זֶה לִרְשׁוּתוֹ. מַרְאֶה מָקוֹם. אִי בָּעֵית אֲפִילּוּ לְמָשְׁכָהּ מִיָּד לִרְשׁוּתְךָ – לֵךְ מְשׁוֹךְ, דְּהָא בִּמְסִירָה אַקְנִיתִיהָ לָךְ. צָרִיךְ לְמִיכְתַּב. שְׁטָר אַחֵר. קְנֵי לָךְ כו'. וּלְפָרוּשֵׁי אָתָא, דְּהִלְכְתָא כְּרַבָּנַן דִּפְלִיגִי עֲלֵיהּ דְּרַבִּי, וְאָמְרִי: עַד שֶׁיִּכְתּוֹב וְיִמְסוֹר. וְגַם בָּא לְפָרֵשׁ הֵיאַךְ יִכְתּוֹב לֵיהּ הַהוּא שְׁטָרָא. אֲמַרִיתָהּ לִשְׁמַעְתָּא. נִתְוַוכַּחְתִּי בִּשְׁמוּעָה זוֹ. וְרַב אַשִׁי כְּרַבִּי סְבִירָא לֵיהּ, דְּאוֹתִיּוֹת נִקְנוֹת בִּמְסִירָה, בְּלֹא שְׁטָר אַחֵר. הָא לָא כָּתַב לֵיהּ הָכִי. אֶלָּא מָסַר בְּלֹא שְׁטָר אַחֵר – לָא קָנֵי, כְּרַבָּנַן, וְאַמַּאי? וְכִי לָצוּר עַל פִּי צְלוֹחִיתוֹ קְנָאוֹ זֶה? הָא סְבָרָא הִיא דְּמִשּׁוּם גְּבִיַּית חוֹב הַכָּתוּב בּוֹ קָזָבֵין לֵיהּ, וְהִלְכָּךְ בִּמְסִירָה לְחוּד מִיקְנֵי, כְּרַבִּי! וַאֲמַר לִי אִין לָצוּר וְלָצוּר. וְאִי מִשּׁוּם אוֹנָאָה, יָתֵר מִשְּׁתוּת לֶיהֱוֵי בִּיטּוּל מִקָּח, וּמַחֲזִיר לוֹ דָּמָיו, וְזֶה יַחֲזִיר לוֹ שְׁטָר חוֹבוֹ. הָכִי

תוספות

במאי אוקימתא ברה"ר אימא סיפא. וא"ת: דמשמע דאי מיירי בסימטא ניחא, ואמאי? כיון דידע מילתא דאביי ורבא – תקשי ליה: היכי מהניא מסירה בסימטא לפירוש ר"י? וי"ל: דאי מיירי בסימטא – ניחא, דפליגי רבי ורבנן אי מהניא מסירה בסימטא או לא, ואביי ורבא כרבנן. אבל אי מיירי ברשות הרבים – לא הוו לא כרבי ולא כרבנן, דאפילו רבי מודה דמשיכה קניא. **ואי** ברה"ר ממאן אוגיר. תימה לרשב"א: ואי בסימטא נמי ממאן אגרה? וי"ל: דאפשר לאוקמה ברשות של שניהם. **ה"ק** [כו'] אי ברשות בעלים היא לא קני עד שישכור. מה שפירש בקונטרס דרשות בעלים היינו רשות מוכר – אין נראה לרשב"א, דהא משמע לא קנה במסירה עד שישכור את מקומה – מכלל דלרבי קני במסירה. וברשות מוכר פשיטא דלא קנה במסירה, דדוקא בחצר שאינה של שניהם קאמרי אביי ורבא דקניא מסירה! ונראה לרשב"א לפרש: דרשות בעלים לאו רשות מוכר קאמר, אלא כלומר: אי רשות שיש לה בעלים היא, כמו חצר שאינה של שניהם. וכן לר"י. **ומר** סבר מראה מקום הוא לו. וא"ת: אביי דחשיב לקמן בפרק "גט פשוט" (דף קסה.) רבן שמעון בן גמליאל [ו)](ורשב"א) כולהו סבירי להו מראה מקום הוא לו, אמאי לא חשיב רבי בהדייהו? וי"ל: דלא חשיב אלא השנויין במשנה. ולרשב"א נראה: משום דאיכא למידחי, דפליגי במסירה אי קניא בסימטא או לא. **אמר** רב פפא האי מאן דמזבין שטרא כו'. אומר רשב"א: דאין להביא ראיה דסבר רב פפא דאין אותיות נקנות במסירה. דדלמא סבר רב פפא דצריך להביא ראיה, ולהכי צריך לכתוב – שיהיה לו לראיה, ולא משום דאין נקנה במסירה. ומיהו, אי רב פפא אמר דצריך לכ"ע, דלרבי נמי דאותיות נקנות במסירה צ"ל לו "קני וכל שעבודא דאית ביה", יש להביא ראיה שאין הלכה כרבי. דתניא בפרק "האיש מקדש" (קדושין דף מז: ושם): "התקדשי לי בשטר חוב", ר"מ אומר: מקודשת, וחכמים אומרים: אינה מקודשת. ומפרש דפליגי בדרבי, דר"מ אית ליה דרבי דאותיות נקנות במסירה, ורבנן לית להו דרבי. ואבע"א: דכ"ע לית להו דרבי, והכא בדרב פפא קא מיפלגי, דאמר רב פפא: האי מאן דזבין (ד) מידי לחבריה צריך למכתב ליה כו'. ומדלא קאמר: דכ"ע אית להו דרבי – ש"מ דאין הלכה כרבי. אבל אי לא אמר למילתיה אלא אליבא דחכמים דאמרי עד שיכתוב וימסור, אבל לרבי דאמר במסירה לחודה קני, כיון שמיקל בקנין קני נמי אע"ג דלא אמר ליה "קני לך וכל שעבודיה" – אין ראיה משם, דלא מצי למימר דכולי עלמא אית להו דרבי, דתו לא הוה מצי למימר דקמיפלגי בדרב פפא. ומיהו, אכתי נראה לרשב"א שיש לדקדק מדקאמר בתר הכי: דכולי עלמא אית להו דרב פפא, והכא בדשמואל קא מיפלגי. ואי הלכה כרבי – הו"ל למימר: דכ"ע לית להו דרב פפא, דכיון דרב פפא לא איירי אלא לרבנן ואין הלכה כמותן. אלא ודאי הלכה כרבנן דאין אותיות נקנות במסירה. ומיהו, גם זה נראה לרשב"א לדחות, דאי הוה אמר דכ"ע לית להו דרב פפא – הוה משמע דדברי רב פפא אינם אמת, ודברי רב פפא הן אמת אליבא דרבנן. **קני** לך איהו וכל שעבודיה. בפ' "מי שמת" (לקמן דף קמז: ושם) משמע דמכירת שטר לא הוי אלא מדרבנן. דקאמר התם: אמר רבא אמר רב נחמן: מתנת שכיב מרע אינה אלא מדרבנן. ומי אמר רב נחמן הכי? והאמר רב נחמן: אע"ג דאמר שמואל המוכר שטר חוב לחבירו וחזר ומחלו מחול, ואפילו יורש מוחל – מודה שמואל שאם נתנו במתנת שכיב מרע שאין יכול למחול. אי אמרת בשלמא דאורייתא – היינו דאין יכול למחול. אלא אי אמרת דרבנן – אמאי אין יכול למחול? אלמא, מוכר שטר, מדיכול למחול – הוי מדרבנן. והאי דאיצטריך בפרק "הזהב" (ב"מ דף נו:) למעט שטרות מאונאה – היינו שמלא שטר לאחר יאוש ומוכרו לבעליו דיוקר, או לווה וקונה בלא שטר, ונותן לו דמים על מנת שיכתוב לו שטר. ואם תאמר: אמאי לא

רבינו גרשום

לא קשיא. היכא אמר רבי דספינה נקנית במסירה ברה"ר קונה לה במסירה ולא במשיכה משום דרה"ר היא ולית להני רשותא כלל ברה"ר ואמטו להכי אם מסר לו קנה משום דהוציא מחזקתו ומכחו. אבל במשיכה אינו קונה משום דכל משיכה דמשיך מרשותא דחבריה ומכניסה ברשותיה הוא והאי רה"ר לאו רשותא דתרוייהו הוא. והאי דקאמר ת"ק ספינה נקנית במשיכה היינו (טעמא). בסימטא. מקום שאינו רה"ר גמור אלא מקום הוא שיש בו רשות לשניהם לזה כמו לזה להכי קני ליה במשיכה ולא במסירה. משום דכיון דמשך ליה לספינה מרשות דהאי ומכניסה לרשות דהאי קני לה: במאי אוקימתא. להא דנקנית במסירה ברה"ר: והא אביי ורבא וכו' מסירה קונה ברה"ר. כדפרישית לעיל: ומשני לעולם מוקמי להההיא מלתא בתרייתא דרבי ברשות הרבים ודקא קשיא לך הא דסיפא הכי קתני לה: מאי עד שימשכנה. נמי דקתני לאו משום דמשיכה קונה ברה"ר. אלא עד שימשכנה מרה"ר לסימטא דהיינו רשותיה: אי הכי דמוקמת לה ברה"ר אימא סיפא או עד שישכור את מקומה הלוקח וכו'. הרי כבר תריץ לה עד שימשכנה מרה"ר לסימטא: ואם ברשותו של בעלים הוא. החפץ בביתו של מוכר הוא ברשות שאין יכול למושכו שם לא קנה הלוקח עד שישכור את מקומו שהחפץ מונח בו מן המוכר שעכשיו דומה כמו ברשותו של לוקח מונח: לימא אביי ורבא דאמרי. תרוייהו לעיל מסירה קונה ברה"ר וכו' דס"ל כרבי דכן הכי נמי אמר רבי לעיל ושבקי רבנן ועבדי כרבי: אמר רב אשי. לעולם אפי' כרבנן ס"ל. וכל היכא דאמר ליה המוכר ללוקח לך חזק וקני בהאי מקח כ"ע לא פליגי דאפי' רבנן מודו דבמסירה סגי אפי' ברה"ר: כי פליגי היכא דאמר ליה לך משוך וקני מר סבר קפידא. כלומר דאינו קונה עד שימשכנה מרה"ר לסימטא. ורבנן סברי הואיל דאמר ליה לך משוך וקני אע"ג דמסר לו [לא קני] דכל שעה הוה המוכר מקפיד דלא מיקני עד דמשיך ליה הכי ולא מהני ביה מסירה: ומר סבר. רבי דאמר במסירה סגי האי דקאמר ליה לך משוך וקני מראה מקום הוא לו כי היכי דליקני בעיקר קנינה במשיכה. וה"ה דקני ליה נמי במסירה ברה"ר: צריך למיכתב ליה בשטרא אחרינא קני לך איהו וכו'. וכי לצור על פי צלוחיתו הוא צריך לשטר זה המקבל שהיה קונה אותו בלא זכיות הממון שבו: אמר ליה אין. דודאי אי לא כתב ליה בשטר אחרינא קני ההוא שטרא וכל שעבוד דביה לא הוה שוה לו אותו השטר שקנה לבדו אלא לצור ע"פ צלוחיתו דאמרי' דלהכי מכרו לו ולא למגבי ביה:

אמר

מסורת הש"ס

א) לקמן פד: ב) קדושין כג: ג) לקמן קסה. קדושין מח. ד) [קדושין מז:] ה) [כ"ק מט: כ"מ ז: יג.] ו) [צ"ל וכו' שמעון ור' אלעזר]

הגהות הב"ח

(א) גמ' אמר רב אשי (אי דאמר וכו' במאי עסקינן) תא"מ. ונ"ב ס"א אי דאמר ליה לך חזק וקני כו"ע לא פליגי כי פליגי דאמר: (ב) שם קני לך הוא וכל: (ג) רשב"ם ד"ה מאי עד וכו' ומאי עד שישכור: (ד) תוס' ד"ה אמר וכו' דזבין שטרא לחבריה:

אמר אמימר, הלכתא: א)אותיות נקנות במסירה, כרבי. אמר ליה רב אשי לאמימר: ב)גמרא או סברא? א"ל: גמרא. אמר רב אשי: סברא נמי הוא, דאותיות מילי נינהו, ומילי במילי לא מיקנין. ולא? ג)והאמר רבה בר יצחק אמר רב, שני שטרות הם: א"זכו בשדה (א) לפלוני וכתבו לו את השטר" — חוזר בשטר ואינו חוזר בשדה, ב"ע"מ שתכתבו לו את השטר" — חוזר בין בשטר בין בשדה; ורב חייא בר אבין אמר רב הונא, שלשה שטרות הן: תרי — הא דאמרן; אידך — אם קדם מוכר וכתב את השטר.

כאותה

רשב"ם

הכי גרסינן: אמר אמימר הלכתא אותיות נקנות במסירה כרבי. וכן ריהטא דגמרא ומסקנא בהרבה מקומות, דאותיות נקנות במסירה, ולא צריך למכתב "קני לך וכל שעבודיה", ולא שום שטר. אמר רב אשי סברא היא. דאין השטר מועיל כלום לקנות שטר אחר על ידו, אלא במסירה תליא מילתא. דאותיות. מכירת שטר חוב. מילי נינהו. דברים הוא מוכר, ולא ממון ממש. הלכך מעשה בידים, דהיינו מסירה — הוא עיקר קנייתן. אבל שטר אחר לא מהני, דמילי במילי לא מיקנו, שטר לא יקנה בשטר. שני שטרות הן. חלוקין זה מזה. זכו בשדה זו לפלוני. אני מקנה לכם בסודר זה שדה זו לצורך פלוני. והן קנו לאותו פלוני כמו שצוה להם. חוזר בשטר. ואפי' אמר "כתבו ותנו". דכל זמן שלא בא ליד מקבל מתנה — יכול זה לעקור שליחותו, דאין עושין שטר בעל כרחו של נותן, דאם ייפה כחו במתנה בעל פה — לא ניחא ליה דתיהוי מתנה בשטר. ואע"ג דאמרי' ב"חזקת הבתים" (לעיל דף מ.): קנין בפני שנים ואין צריך לומר "כתבו", דסתם קנין לכתיבה עומד — הני מילי סתמא, דמסתמא ניחא ליה למקנה שיכתבו שטר לקונה. אבל היכא דמחי — לא כתבינן בעל כרחו. ואינו חוזר בשדה. שכבר זכו, וזכין לו לאדם שלא בפניו. על מנת שתכתבו כו'. הכי קאמר: לא יזכה עד שיבא השטר לידו. אם קדם מוכר כו'. מי שצריך למעות ורוצה למכור מנכסיו לחבירו, ופעמים שהוא מוצא סופר, וכותב שטר מכירה כדי שיהא מזומן ליתנו ללוקח כל שעה שירצה למכור.

כאותה

תוספות

לא קני מדאורייתא גם שעבוד הקרקע הכתובה בו? דהא קרקע נקנית בכסף ובשטר ובחזקה, ואפילו בלא מסירת שטר חוב יקנה! ויש לומר: דכמו שאינו יכול להקדישו, כדמוכח בפרק "כל שעה" (פסחים דף לא.) כיון שהקרקעות אינם ברשותו — כך אינו יכול להקנותן מן התורה. והא דלא תקינו רבנן שיוכל להקדישן כמו שתקנו שיכול להקנותן — לפי שאין הקדש כל כך צורך. ומיהו אור"ת: דיש לדחות ההיא ד"מי שמת", דהכי פריך: אא"ב דאורייתא, משום הכי אין יכול למחול — שאין כאן יורש אחר, דמקבל מתנה הוא היורש, דמתנת שכיב מרע דריש *ב"יש נוחלין" (לקמן דף קמז.) מקראי דירושה מ"והעברתם" — יש לך העברה אחרת שהיא כזו, ולעולם מכירת שטר איכא למימר דהוי מדאורייתא. ומכל מקום צריך טעם שפיר דאמאי לא הוי קנין גמור, ויכול לומר לו הלוה: לאו בעל דברים דידי את, ויקנה לגמרי שלא יוכל עוד למחול, כיון דאקני ליה שעבוד הקרקעות בשטר. **אמר** אמימר הלכתא אותיות נקנות במסירה. כתב רב יהודאי גאון דאין אותיות נקנות בחליפין. ולר"ת ולר"י נראה דגרס: "אין אותיות נקנות במסירה", כרבנן, דהכי הלכתא. ומייתי ראיה מסוף פרק "זה בורר" (סנהדרין דף לא.) דאמר: ההיא איתתא דנפק שטר מתותי ידה, אמרה: ידענא בהאי שטרא דפריע הוא. הימנה רב נחמן. אמר ליה רבא: כמאן — כרבי, דאמר אותיות נקנות במסירה? א"ל: לאו, משום דאי בעיא קלתיה. ואי הלכתא כרבי — מאי פריך רבא? ורב נחמן נמי, אמאי לא מהדר ליה דודאי נאמנת משום דאותיות נקנות במסירה? ועוד, דקאמר התם: איכא דאמרי לא הימנה רב נחמן, אמר ליה רבא: והא אי בעיא קלתיה? אמר ליה: כיון דאתחזק בבי דינא, אי בעיא קלתיה — לא אמרינן. והשתא, אי הלכתא כרבי, אמאי לא פריך רבא: כמאן דלא כרבי? ורב נחמן נמי אמאי לא הימנה? נהי דאי בעיא קלתיה לא אמרינן, כיון דאתחזק, מכל מקום להימנה משום דאותיות נקנות במסירה! אלא משמע דאין הלכה כרבי. והא דאמר ב"מי שמת" (לקמן דף קנא.): אימיה דרב עמרם חסידא הוה לה מלוגא דשטרי, אמרה: ליהוי לעמרם ברי. אתא לקמיה דרב נחמן, א"ל: הא לא משך. משמע דאי משך קנה — הני מילי מתנת שכיב מרע, שאינו יכול לכתוב, דדברי שכיב מרע ככתובים דמו. והיו סבורים דמשיכה מיהא בעי, כיון דבעלמא בעי מסירה ושטר, ולא דמי לשאר מילי דשכיב מרע. וב"הכותב" (כתובות דף פה. ושם) גבי ההיא איתתא דאפקידו גבה מלוגא דשטרי, משמע דאי תפסתינהו מחייס — קניא, ואע"ג דליכא כתיבה! אור"י: דהיא לא היתה רוצה לקנות המלוה, אלא התם רצתה לדחוק היתומים שיפרעו לה, על ידי שתעכב השטרות בידה, שלא יוכלו לגבות החוב. והא דאמר ב"גט פשוט" (לקמן דף קעג.): אותיות נקנות במסירה, אביי אמר: צריך להביא ראיה, רבא אמר: אין צריך להביא ראיה. לאו משום דסבר רבא דאותיות נקנות במסירה, דהא בסוף פרק "זה בורר" (סנהדרין דף לא.) משמע דסבר דאין אותיות נקנות במסירה כדפרישית, אלא אליבא דהנהו דהתם קיימי. ומיהו, אביי סבר ודאי דנקנה במסירה בפרק "האשה שלום" (יבמות דף קטו:), גבי הא דמייתי רבא ראיה דלא חיישינן לתרי יצחק, מדגבי רבה בר אבוה בהנהו שטרי דמחוזא דכתב בהו נאני בר חבי וחבי בר נאני, אע"ג דשכיחי טובא במחוזא. ואביי דאמר התם: למאי ניחוש להו? אי משום נפילה — מיזהר זהירי, ואי משום פקדון, כיון דשמיה כשמיה — לא מפקיד גביה. מאי אמרת? דלמא מסר ליה — אותיות נקנות במסירה. ומהתם יש להביא ראיה דרבא סבר אין נקנה, מדמייתי מהתם דלא חיישינן לתרי יצחק. דאי סבר נקנה — היכי מייתי מינה? הא התם ליכא למיחש למידי, כדקאמר אביי דלנפילה ופקדון לא חיישינן, דהא רבא אית ליה ב"גט פשוט" דא"צ להביא ראיה, והיינו משום דלא חייש לנפילה ופקדון. אלא ודאי אין נקנה, ולהכי מייתי דכי היכי דלא חיישינן דלמא מסר ליה — הכי נמי לא חיישינן לתרי יצחק. ואין לדחות דהכי מייתי: אם איתא דחיישינן לתרי יצחק, אע"ג דלא הוחזקו. דאי בהוחזקו — פשיטא דחיישינן, כדמוכח התם גבי הני שטרי — הוה לן למיחש לנפילה ופקדון, דשכיחי נאני בר חבי טובא במחוזא. מדקאמר: מאי אמרת דלמא מסר ליה — משמע דמכח זה דייק רבא. וא"ת: וכיון דסבר רבא דאין נקנה, א"כ הא דדייק רבא בריש "כל הגט" (גיטין דף כד: ושם) הא קטנה מלי מגרש, זאת אומרת: שני יוסף בן שמעון הדרים בעיר אחת מוציאין שטר חוב על אחרים. והיכי דייק? דלמא לעולם אין מוציאין, דחיישינן דלמא מסר ליה לקנות, ואין אותיות נקנות במסירה. אבל בגט ליכא למיחש, כי למה היתה מוסרת לחברתה, דלא שייך שום קנין במסירתה לחברתה! וי"ל: דגרסינן התם "רבה", מדאיירי אביי בתר הכי. ואפילו אי גרס "רבא" — נראה לרשב"א דשפיר דייק, דכי היכי דקטנה מלי מגרשה ולא חיישינן לפקדון ולשמא מסרה לה לגור ע"פ גלוחיתה — ה"נ שני יוסף בן שמעון מוציאין, ולא חיישינן [לשמא מסר ליה לקנות] ולשמא מסר לו לגור על פי גלוחיתו. דלגבות החוב הם יודעין דאין המסירה מועלת, דאין אותיות נקנות במסירה. **אותיות** מילי נינהו ומילי במילי לא מיקני. ואור"י: דמסירת השטר קרוי מילי, דקאמר ליה "קני לך שטר זה" דהיינו מילי בעלמא. אבל כשכותב שטר בשמו על השעבוד — אין לך מעשה גדול מזה. **חוזר** בשטר ואינו חוזר בשדה. וא"ת: כיון שאין מזיק לו כלום, בין במתנה בין במכר, נכתוב לו ממה נפשך(ב), שלא יוכל לכפור לו כיון דאין מפסיד בכתיבה אפילו במכר. דליכא למימר שאינו רוצה שיטרוף ממשעבדי, דאפילו בלא שטר גובה מנכסים משועבדים, כדאמר ב"חזקת הבתים" (לעיל דף מא:): המוכר שדהו בעדים — גובה מנכסים משועבדים! וי"ל: דמפסיד, לפי שע"י שטר יצא קול שמכר או נתן, ולא ילוו לו כל כך ברצון, לפי שאין לו כל כך קרקעות. ואע"פ שהלוקח ודאי יכול לחזור בו, דמצי אמר: אדעתא דלא תכתוב לי שטרא לא זבני — מ"מ מוכר יכול לחזור בו בשטר, ואם לא ירצה הלוקח ליקח בלא שטר — יניח. ורבינו תם מפרש: דבשטר מתנה דוקא מיירי, דלא ניחא ליה דליפוש שטרי עילויה, דהעולם לא ידעו שהוא שטר מתנה, אלא יסברו שהוא שטר חוב או שטר מכר, ושיעבד קרקעותיו, ולא יקנו ברצון ממנו לפי שיראים שיטרפו מהן. אבל בשטר מכר — אין יכול לחזור בו, דמסתמא אדעתא דכתיב ליה שטרא זבין ליה. וקשה: דלקמן ב"גט פשוט" (דף קסח:) *(תנן): מי שבא ואמר אבד שטר חובי, אע"פ שאמרו עדים כתבנו ונתננו — אין כותבין ונותנין אפילו בלא אחריות, דחיישינן שמא פרע לו ורוצה לגבות שנית. אבל בשטר מקח וממכר — כותבין, חוץ מאחריות שבו. והשתא ליכא למיחש דלמא טריף והדר טריף, ומשום אפושי שטרא לא חיישינן שמא לא ידעו העולם ששתי פעמים נכתב על שדה אחת, ויסברו שמכר שדה אחרת, או שהוא שטר חוב.

נקנה

עין משפט נר מצוה

י א מיי' פ"ו מהלכות מכירה הלכה יד סמג עשין פב טוש"ע ח"מ סי' רמג סעיף ו:

יא ב מיי' שם הל' טו טוש"ע שם סעיף ז:

נ"ל במי שמת

רבינו גרשום

אמר אמימר הלכתא אותיות נקנות במסירה. ואע"ג דכתב ליה קני לך וכל שעבודיה לא קני בלא מסירת השטר של שעבוד: חוזר בשטר. דלא אמר זכו וכתבו ותנו: ואינו חוזר בשדה. כיון שכבר זכו בשדה זו לפלוני: חוזר בזה ובזה. כל זמן שלא כתבו השטר: אם קדם וכתב לו את שטר המכירה. קודם שנתן לו המעות:

מסורת הש"ס

א) [לעיל עו. וש"נ]: ב) [יבמות כה:]: ג) קדושין כז. ע"ש לקמן קנ: ע"ש:

נ"ל תניא

הגהות הב"ח

(א) גמ' בשדה זו לפלוני: (ב) תום' ד"ה חוזר וכו' ממ"נ כדי שלא יוכל. נ"ב הלשון מגומגם ובאשר"י כתב כתיקונו וז"ל וא"ת ומה חובה יש לו בדבר אם שטר מתנה הוא אין מפסיד כלום דאין עליו אחריות ומצוה לכתוב כדי שלא יכפור הנותן ואם מכר הוא נמי אינו מפסיד דאי משום אחריות אפי' בלא שטר נמי דאמר בפ' ח"ה כו':

עין משפט נר מצוה

יב א מיי' פ"ו מהלכות מכירה הל' יג ועי' בהשגות ובמ"מ:
יג ב מיי' שם ועי' בהכ"ל סמג עשין פב טוש"ע ח"מ סי' סו סעיף י:
יד ג מיי' שם הלכה ו סמג עשין פב טוש"ע ח"מ סי' רג סעיף א:
טו ד מיי' שם טוש"ע שם סעיף ט:
טז ה מיי' שם סמג שם טוש"ע שם וסי' קכב סעיף א וע"ש:
יז ו מיי' פכ"ז מהלכות מכירה הל' ב סמג עשין פב טוש"ע ח"מ סי' רכ סעיף ב:
יח ז מיי' שם טוש"ע שם סעיף ד:
יט ח מיי' שם הל' ג טוש"ע שם סעיף ה:
כ ט י מיי' שם הל' ב טוש"ע שם סעיף ב ועיין בהג"ה:
כא כ מיי' שם טוש"ע שם סעיף ד:

גמרא

כאותה ששנינו: א)כותבין שטר למוכר אע"פ שאין לוקח עמו; אכיון שהחזיק זה בקרקע — נקנה שטר בכל מקום שהוא; וזו היא ששנינו: ב)נכסים שאין להן אחריות נקנין עם נכסים שיש להן אחריות — בכסף ושטר וחזקה! באגב שאני, דהא מטבע גדלא ניקני בחליפין דואגב ארעא ניקני. הכי הא ג)דרב פפא הוו ליה תריסר אלפי זוזי בי חוזאי, אקנינהו ניהליה לרב שמואל בר אחא אגב אסיפא דביתיה, כי אתא, נפק לאפיה עד תווך.§ "אבל לא מכר לא את העבדים ולא את המרצופין ולא את האנתיקי" וכו'.§ ד)מאי אנתיקי? אמר רב פפא: ה)עיסקא דבגווה.§ **מתני'** ו)ומכר את הקרון — לא מכר את הפרדות, מכר את הפרדות — לא מכר את הקרון. ז)זמכר את הצמד — לא מכר את הבקר, מכר את הבקר — לא מכר את הצמד. ח)ר' יהודה אומר: הדמים מודיעין; כיצד? אמר לו: "מכור לי צימדך במאתים זוז", הדבר ידוע שאין הצמד במאתים זוז. וחכמים אומרים: חאין הדמים ראיה.§ **גמ'** תני רב תחליפא בר מערבא קמיה דרבי אבהו: טמכר את הקרון — מכר את הפרדות. והא אנן "לא מכר" תנן! אמר ליה: איסמייה? אמר ליה: לא, תיתרגם מתניתיך יבאדוקין בו.§ "מכר את הצמד — לא מכר את הבקר" וכו'.§ היכי דמי? אילימא דקרו לצימדא צימדא, ולבקר בקר — פשיטא, צימדא זבין ליה, בקר לא זבין ליה! ואלא דקרו ליה נמי לבקר צימדא — כוליה זבין ליה! כלא צריכא, באתרא דקרו ליה לצימדא צימדא, ולבקר — בקר, ואיכא נמי דקרו לבקר צימדא; ר' יהודה סבר: הדמים מודיעין, ורבנן סברי: אין הדמים ראיה. ואי אין הדמים ראיה, ליהוי ביטול מקח! וכי

רשב"ם

כאותה ששנינו. שמותר לעשות כן, אע"ג דמיחזי כשיקרא. דאין כאן הפסד לשום אדם, אלא למוכר עצמו, שאם יאבד השטר וימצאנו לוקח שכתב בשמו – יטעון שלקחו מזה המוכר. ואי הוא לא חייש להכי – אנן לא חיישינן בשבילו. כיון שהחזיק זה. הלוקח, בקרקע. מסקנא דמילתיה דאמורא הוא, ולא מן המשנה. נקנה השטר. שנכתב קודם המכירה, לזה הלוקח, בכל מקום שהוא. שהרי דעתו של מוכר להקנות השטר ללוקח, וקני ליה לשטר אגב קרקע, כדין כל מטלטלין הנמכרין עם קרקע, שנקנין בחזקת קרקע כאילו עבד משיכה במטלטלין גופייהו, וכדמפרש. וזו היא ששנינו כו'. בקדושין (דף כו.) נפקא לן מקראי. שאין להם אחריות. מטלטלין ושטר. שיש להם אחריות. מקרקעי. בכסף בשטר ובחזקה. בכסף שקבל מן הקרקע, או שהחזיק בה, נקנין גם מטלטלין. וקס"ד השתא דהשטר במילי בעלמא מיקני, שנתרצה המוכר להקנות ללוקח, ואע"פ שלא בא השטר לידו דלוקח – קני ליה. כ"ש לעיל, דשטר בשטר מיקני. דאילו הכא – אפילו במילי גרידי קני ליה בלא שטר, וכ"ש דמיקני במילי הכתובים בשטר. ומשני: מאי דקני שטר אגב ארעא שאני. דכיון שהחזיק בקרקע, קני ליה לשטר אגב ארעא. דמקראי נפקא לן בקדושין. ולאו היינו מילי, אלא מעשה גדול הוא, כמשיכת הממון עצמו. דהא מטבע כו'. בפרק "הזהב". והתם מפרש טעמא. בחליפין. בקנין סודר. אגב אסיפא. סף ביתו, מקרקע, כדי שיביאם לו. והיינו הרשאה. ואילו לא אקנינהו ניהליה – לא הוו יהבי ליה, דלא ליחייבו באונסא דאורחא, כדאמר בב"ק. נפק לאפיה. מרוב שמחת מעותיו שהביא. עד תווך. מקום. במסכת נדה (דף לג:), וכך שמו. ולאשמועינן אתא דמשום קנין זה מסרו לו המעות, דכיון דנפק לאפיה – שמעינן דהביא המעות. העבדים. המשמרים והמנהיגים הספינה. המרצופין. שקין גדולים, שבהן משימין הפרקמטיא אשר בספינה. עיסקא דבגווה. פרקמטיא שבה. **מתני'** קרון. עגלה. הפרדות. המושכות בקרון. ובשאין אדוקין בו מיירי, כדמפרש בגמ'. דרך פרדות לקרון, וצמד לבקר, וכלים לחמור. צמד. הוא העול וכלי העגלה קטנה, והעגלה עצמה, המחברין את השוורים יחד. לא מכר את הצמד. דברי הכל היא. אלא דפליגי רבי יהודה ורבנן בפירוש דהך מילתא, דלרבי יהודה זימנין מכר זימנין לא מכר, ולרבנן לעולם לא מכר. אין הדמים ראיה. אלא במתנה ביקש ליתן לו המותר. אי נמי ליהוי מקח טעות, כדאמרינן בגמרא, ויחזיר לו מעותיו ויטול צמדו. **גמ'** איסמייה. מקמי מתניתין. תתרגם מתניתא בשאדוקין בו. שקשורין ביחד בשעת המכירה, הלכך הכל מכר. ומתניתין בשאין אדוקין. היכי דמי. דמיפלגי רבי יהודה ורבנן. אילימא דקרו ליה. באותה העיר לצימדא צימדא – העול קורין אותו באותה העיר צמד, ולא השוורים. ולבקר קורין בקר. ולא צמד. הכי גרסינן: צמד זבין ליה בקר לא זבין ליה. ואמאי קאמר רבי יהודה דדמים מודיעין שמכר את הבקר? והלא בקר אינו בכלל צמד כלל, דנימא לשון שלו כך הוא, שקרא גם לבקר צמד! ואפילו כשאדוקין בו נמי לא קני, דהא לא מפלגינן בין אדוקין לשאינן אדוקין, כדמפלגינן גבי קרון ופרדות. ולקמיה בשמעתין נמי אמרינן דמתניתין מילי מילי קתני. הכי גרסינן: ואלא דקרו ליה נמי לבקר צמד כולה זבין ליה. דכי האי גוונא גרסינן גבי המוכר בית לחבירו בבירה גדולה, בפרק "המוכר את הבית" (לעיל דף סח:). כולה זבין ליה. ואמאי אמרי רבנן אין הדמים ראיה? הא ודאי, כיון דכולי עלמא קורין גם לבקר צמד, וגם הדמים מודיעין – עליה דמוכר רמיא לגלויי דלא בקר קא מזבין אלא העול לבדו, ומדלא פירש – אמרינן שמכר הכל! ה"ג: לא צריכא באתרא דאיכא דקרו ליה לצמד צמד ולבקר בקר ואיכא דקרו נמי לבקר צמד. והשתא מספקא לן בהאי גברא מהי מינייהו הוא, אם קרא לבקר צמד אם לאו. רבי יהודה סבר הדמים מודיעין. שהוא מן הקורין לבקר צמד, ובקר מכר עם הצמד. ורבנן סברי. כיון דיש קורין לבקר בקר, ולא קרו ליה צמד – לא אמרינן הדמים מודיעין, דדלמא האי מינייהו הוא, ולא מכר את הבקר. דיד לוקח על התחתונה, דאוקי ממונא בחזקת מריה, ולא אמרינן דמים מודיעין. אבל היכא דכל בני העיר קורין לבקר צמד, כיון דפשיטא לן דהאי גברא רגיל לקרות גם לבקר צמד, וגם דמים הרבה יש – כולה זבין ליה. ואי אין הדמים ראיה. כלומר, נהי נמי דאין הדמים ראיה, ומכר את הצמד לא מכר את הבקר, דמשמע: אבל הצמד מכור, ואמאי? ליהוי ביטול מקח, שיבטל המקח ויחזיר לו דמיו ויטול צמדו, כדין כל אונאה יתר משתות, דבטל המקח, בפרק "הזהב" (ב"מ דף מט:)! ובשתות מלומלם אמרינן קנה ומחזיר אונאה, ובפחות הויא מחילה.

ה"ג

תוספות

נקנה השטר בכל מקום שהוא. ואם תאמר: והיכי מוכח מהכא דמילי במילי מיקנו? הא הכא לא קנו שעבוד השטר, דבלאו הכי שעבד נכסיו, דמוכר שדהו בעדים גובה מנכסים משועבדים, ואין מועיל אלא לקנות שטר עצמו! וי"ל: דמשמע ליה בכל ענין, בין החזיק בעדים בין בלא עדים, שלא נשתעבדו נכסיו, ובכל ענין קתני: נקנה השטר בכל מקום שהוא. אבל אכתי קשה: דהיכי מוכח מהכא דמיקנו מילי במילי? דהכא לא חזינן דמיקנו אלא לענין שטר מכר הכתוב בשם מוכר ללוקח, ובההיא ודאי מהניא מסירה בלא כתיבה לכולי עלמא. אבל מוכר או נותן שטר שיש לו על אחרים — לעולם לא מקנו במילי, במסירה לחודה, עד שיכתוב! ונראה לפרש דהכי פריך: והא אגב מילי נינהו, וקנין גרוע הוא, (א) דאפ"ה מקני בלא מסירה לקנות שעבוד שטר הכתוב בשמו — א"כ אפילו בשטר שאינו כתוב בשמו תועיל מסירה בלא כתיבה, כיון דשעבוד כל כך קל לקנות! ומשני: אגב שאני. דאין אגב קנין גרוע, דאלים קנין אגב כמסירה גמורה, דהא אפי' דבר דאין נקנה בחליפין נקנה אגב קרקע, וחשיב כמסירה ומשיכה והגבהה. ורבינו שמואל מפרש: דהשתא לא אסיק אדעתיה קנין אגב, וס"ד דקני במה שנתרצה לו. וקשה: דא"כ אמאי איצטריך למימר: כיון שהחזיק בקרקע נקנה כו'? כיון שאינו קונה ע"י כך! וי"ל: דס"ד דלא נתרצה לו עד שיחזיק, ומ"מ מילי נינהו, כיון דקני ע"י מה שנתרצה. **רב** פפא הוו ליה תריסר אלפי זוזי. לפי ספרים דגרסי ב"הגוזל" (ב"ק דף קד: ושם): "דהוה מסיק", קשה: דהיכי קנינהו ניהליה? ואנן נמי, היכי כתבינן הרשאה אמלוה? הא אמר בפ' "מי שמת" (לקמן דף קנב.): מתנת שכיב מרע שכתב בה קנין — ארכבה אתרי ריכשי כו', הרי היא כמתנת שכיב מרע שאם אמר הלואתו לפלוני — הלואתו לפלוני. משמע דבריא לא מצי למיקני הלואה אפי' בקנין, דהתם בקנין איירי! וליכא למימר דהתם מיירי בהלואת מטבע, שאינו נקנה בחליפין — דא"כ בחנם נקט הלואה, דהוה ליה למימר "מטבעותי לפלוני". ועוד, דאמרי' התם (דף קמח.): למימרא דסבר רב נחמן מילתא דליתא בבריא איתא בשכיב מרע, דליתא כו' והאמר רב נחמן: שכיב מרע שאמר הלואתי לפלוני כו'. ומשני: הואיל ויורש יורשה, אי נמי במעמד שלשתן. הוה ליה למימר: דאיתא בבריא, אפילו בהלואה דמטבע אגב קרקע! ואור"ת: דתקנת חכמים היא לענין הרשאה שיוכל לעשות שליח אפילו בהרשאת מלוה, אע"ג דאין יכול להקנותה. וכי

רבינו גרשום

כאותה ששנינו. כיון שנתן זה הלוקח המעות והחזיק בשדה אע"ג דעדיין לא בא השטר לידו נקנה לו השטר. אלמא דמילי במילי השטר קונה בלא מסירה: ומשני האי דקני השטר אגב ארעא שאני הואיל דהחזיק בקרקע דהא מטבע וכו' אבל בעלמא לא קני בלא מסירה: אגב אסיפא דביתיה. אגב חצירו שהיא לסוף ביתו: כי אתא. רב שמואל: נפק רב פפא לאפיה עד תווך. כלומר עד אותו מקום מרוב שמחה שהביא לו מעותיו: **פיסקא** העבדים. המשמרים את הספינה: ולא את המרצופין. שנושאים בהם הפרקמטיא מספינה ליבשה: אנתיקי עיסקא דבגוה. פרקמטיא: **פיסקא** מכר את הקרון. העגלה סתם: לא מכר את הפרדות. שמושכין את הקרון משום דלא שייכי לקרון. דרך פרדות למשוך קרונות ודרך שוורים לחרוש ודרך חמור למשוי ודרך סוס לרכיבה: א"ל איסמי. מקמי מתני': א"ל תתרגם מתניתך. בקשורין הפרדות בקרון בשעת מכירה מש"ה מכר הפרדות. אבל במתני' לא היו אדוקין בו: מכר את הצמד סתם לא מכר את הבקר. דהואיל דלא פירש. צמד היינו העול שמעמידין בו את השוורים: ר' יהודה אומר וכו' וחכ"א אין הדמים ראיה. שמא במתנה רצה ליתנם לו: ואיכא דקרו נמי לבקר צימדא. ומש"ה קאמרי רבנן הואיל דאיכא דוכתא דקרו לצימדא צימדא ולבקר בקר לא מכר את הבקר הואיל דלא פירש אע"ג דאיכא דקרו לבקר צימדא: ור' יהודה אומר הדמים מודיעין. אע"ג דלא אמר הוו מכורין: ולרבנן אם אין הדמים מודיעין היכי הוה המקח קיים והא אית ביה כמה וכמה אונאה מכל וכל ובדין הוי דיבטל כולו מקח דיותר משתות הוי אונאה ובטול מקח דהדבר ידוע שאין הצמד שוה מאתים: ולא

מסורת הש"ס

א) לקמן דף קסז: ב) [קדושין כו.] ג) ב"ק קד: ע"ש מו. לקמן קנ: ד) [לקמן עה.] ה) [פי' הוא הממון שבתוך הספינה. ערוך ערך אנתיקי] ו) [לקמן עה:] ז) ב"מ מו: ח) שם:

הגהות הב"ח

(א) תוס' ד"ה נקנה וכו' ואפ"ה מיקני:

כב א מיי' פי"ב מהל' מכירה הל' יג סמג לאוין קע טוש"ע ח"מ סי' רכז סעי' ז:

כג ב מיי' פכ"ז מהל' מכירה הל' ה סמג עשין פב טוש"ע ח"מ סי' רכ סעיף ח: [וצ"ל הלוקח מקדש]

כד ג ד ה ו ז מיי' שם הל' ד טוש"ע שם סעיף ז:

וכי תימא, ביטול מקח לרבנן לית להו, ולא? והתנן, *רבי יהודה אומר: המוכר ס"ת בהמה ומרגלית – אין להן אונאה; אמרו לו: [א] לא אמרו אלא את אלו! מאי "אין דמים ראיה" נמי דקתני – דהוי ביטול מקח. ואיבעית אימא: [ב] כי אמור רבנן אונאה וביטול מקח – בכדי שהדעת טועה, אבל בכדי שאין הדעת טועה – לא, אימור מתנה יהב ליה.§ **מתני'** [ג] המוכר את החמור – לא מכר כליו; נחום המדי אומר: מכר כליו; רבי יהודה אומר: פעמים מכורין פעמים אינן מכורין, כיצד? היה חמור לפניו וכליו עליו, ואמר לו: "מכור לי חמורך זה" – הרי כליו מכורין, "חמורך הוא" – אין כליו מכורין.§ **גמ'** אמר עולא: [ד] מחלוקת – בשק ודיסקיא וכומני, דתנא קמא סבר: סתם חמור לרכוב קאי, ונחום המדי סבר: סתם חמור למשאוי קאי; [ה] אבל אוכף ומרדעת, קילקלי וחבק – ד"ה מכורין. מיתיבי: "חמור וכליו אני מוכר לך" – ה"ז מכר את האוכף ואת המרדעת ואת הקילקלי ואת החבק, אבל לא מכר שק ודיסקיא וכומני. ובזמן שאמר לו: "היא וכל מה שעליה" – הרי כולן מכורין; טעמא דא"ל "חמור וכליו" הוא דקני אוכף ומרדעת, הא לא א"ל הכי – לא! (א) הוא הדין דאע"ג דלא אמר ליה "חמור וכליו" – נמי אוכף ומרדעת מכורין, והא קמ"ל, דאע"ג דאמר ליה "חמור וכליו", שק ודיסקיא וכומני לא קני. מאי כומני? אמר רב פפא בר שמואל: [ו] מרכבתא דנשי. איבעיא להו: [ז] בעודן עליו מחלוקת, אבל בשאינן עליו – מודה להו נחום המדי, או דלמא בשאינן עליו מחלוקת, אבל בעודן עליו – מודו ליה רבנן לנחום? ת"ש: ובזמן שאמר לו: "הוא וכל מה שעליו" – הרי כולן מכורין; אי אמרת בשלמא: בעודן עליו מחלוקת, הא מני – רבנן היא, אלא אי אמרת: בשאין עודן עליו מחלוקת, אבל בעודן עליו דברי הכל מכורין, הא מני? לעולם (ב) בשאין עודן עליו מחלוקת, ורבנן היא, ואימא: ובזמן שאמר לו "הוא וכל מה שראוי להיות עליו". תא שמע, רבי יהודה אומר: פעמים מכורין, פעמים שאינן מכורין; מאי לאו, אמאי דקאמר תנא קמא קאי רבי יהודה? לא, רבי יהודה

מילתא

ב"מ נו:

רשב"ם

ה"ג: וכ"ת ביטול מקח לרבנן לית להו. כלומר, דאונאה ודאי אית להו, דמן התורה היא, דכתיב: "לא תונו" (ויקרא כה). אבל ביטול מקח לית להו, אלא סבירא להו: יותר משתות כשתות עלמא דמי, וקנה, ומחזיר אונאה. והתנן. בפרק "הזהב". ר' יהודה אומר המוכר ס"ת בהמה ומרגלית אין להם דין אונאה ואמרו לו כו'. ואמרי' בגמרא: עד כמה לא הוי אונאה? אמר אמימר: עד כדי דמיהן. דהיינו, יתר משתות לא הוי אונאה אליבא דרבי יהודה, ואפילו להחזיר אונאה, אלא מחילה היא, דעביד איניש דזבין להו ביוקר. ומדקאמרי ליה: לא אמרו דאין להן אונאה אלא אלו המנוין במשנתנו, עבדים ושטרות וקרקעות, וטעמא יליף התם מקראי, אבל לכל מילי – אית להו דין אונאה וביטול מקח. כך פירשו רבותינו. ולא נהירא, דהא לא שמעינן להו מהכא דאית להו ביטול מקח ביתר משתות, אלא ש"מ דאיכא אונאה, וצריך להחזיר הדמים! ונראה בעיני לפרש כן: ואי אין הדמים ראיה לקנות בקר עם הצמד, אמאי מתקיימת מכירת הצמד לגמרי, שלא יחזיר לו זה כלום ללוקח מאונאתו? שכן משמע לשון המשנה: מכר את הצמד לא מכר את הבקר, אבל מכירת הצמד – מכירה מעלייתא היא, ואמאי? לא מיבעיא דאונאתו היה לו להחזיר אילו נתאנה שתות, אלא אפילו ביטול מקח ליהוי מן הדין, דהא נתאנה יותר משתות טובא! וכ"ת: רבנן לית להו לא חזרת אונאה בשתות ולא ביטול מקח ביתר משתות, אלא בכל ענין קנה, ולא יחזיר לו כלום, שאין לנו לכופו בב"ד לכך אם אינו רוצה לצאת ידי שמים – והתנן, אמרו לו: לא אמרו אלא את אלו, אבל שאר דברים יש להן אונאה, וצריך להחזיר. ואמאי אמרינן במתניתין: אין הדמים ראיה, דמשמע שהמכירה מתקיים לגמרי, ולא יחזיר לו מוכר ללוקח ממעותיו כלום? והאי דקאמר גמרא "וכ"ת ביטול מקח לית להו" – לאו דוקא, דהוא הדין דמאונאת שתות קפריך. אלא משום דקפריך: וליהוי ביטול מקח, דרבותא קפריך, מש"ה קאמר נמי: וכ"ת ביטול מקח כו'. ומשני: מאי אין הדמים. (ג) היינו ביטול מקח, שאין הדמים ראיה לקנות את הבקר להתקיים המכר. אלא לא מכר את הבקר, ויבטל המקח משום אונאת יתר משתות. בכדי שהדעת טועה. וסבור בלבו שכך שוה, כגון שוה ה' בז' או ו' בח'. והלכך בטל מקח, דמקח טעות הוא. אבל בכדי שאין הדעת טועה – כמתניתין, דצמד ששוה פרוטה אין קונין אותו במנה או מאתים. ומסתברא כתירוץ אחרון, וקמא שינויא דחיקא הוא. אימור מתנה כו'. יש לנו לומר דמתנה בעלמא הוא דיהיב ליה. **מתני'** כליו. בגמרא מפרש להו. רבי יהודה אומר כו'. כולה מיפרשא בגמרא. חמורך זו. כמות שהיא, עם כלים שעליה. חמורך היא. כלומר, אם זו היא חמורך – מכור אותה לי, דהיינו כמוכר את החמור סתם. וסבירא ליה לרבי יהודה דאין כליו מכורין, אפילו בעודן עליו. **גמ'** מחלוקת. דתנא קמא ונחום המדי – בכלים העשויין למשוי החמור, כגון שק ודיסקיא שעשויין *ליטול בתוכו משאוי ולתת על החמור. וכומני. מרכבתא דנשי, וכדלקמן. וגם הוא ממין משאוי, שהאשה יושבת כמשאוי, דסתם חמור לרכיבת אנשים קאי. דת"ק סבר. חמור לרכיבת אדם עומד ולא למשאוי. הלכך, המוכר את החמור סתם – לא מכר אותם כלים העשויין למשאוי, אלא אותם כלים העשויים לרכיבה, כגון אוכף ומרדעת. ונחום המדי סבר: חמור למשאוי עומד, וקנה כולן, גם האוכף ומרדעת, דלטעון משאוי על גבן עשויין. אוכף ומרדעת. בין לרכיבה בין למשאוי. קילקלי. ליגנל"ש, לקשור האוכף בחגישת החמור. חבק. פוטרי"ל, ודרכי רכיבה הן. הא לא אמר ליה. "חמור וכליו", אלא סתם מכר לו את החמור – לא קנה את האוכף ומרדעת. ואם איתא לדעולא – הא מני? לא רבנן ולא נחום המדי! אלא ע"כ באוכף ובמרדעת פליגי, והא ברייתא רבנן היא. לא הוא הדין כו'. ורבנן היא ולא נחום המדי. דלנחום מיקנא קני נמי שק ודיסקיא וכומני. והא קמ"ל דאע"ג דאמר ליה חמור וכליו. לא אהני האי ייתור לשון לטפויי שק ודיסקיא, ולא קני להו, כרבנן. בעודן עליו. הא שק ודיסקיא מחלוקת – בעודן עליו בשעת מכירה. אבל בשאין עודן עליו – מודה להו נחום (ד) לרבנן דאין מכורין, ואפילו אוכף ומרדעת נמי אין מכורין אם אינן עליו. או דלמא בשאין עודן עליו מחלוקת. ואפ"ה אוכף ומרדעת קנה. ת"ש ובזמן שאמר לו הוא וכל מה שעליו הרי כולן מכורין. אפילו שק ודיסקיא וכומני. ובע"כ בעודן עליו מיירי, דהא קתני "וכל מה שעליו", ואפ"ה קתני רישא דאינן מכורין בכלל החמור עד דא"ל בהדיא "וכל מה שעליו", כדקתני סיפא. אי אמרת בשלמא בעודן עליו מחלוקת הא מני רבנן היא. דאמרי: לא מכר את כליו אע"פ שעודן עליו. הא מני. לא נחום ולא רבנן, דהא בעודן עליו מיירי, ואפ"ה לא מכר מסתמא עד דא"ל בהדיא "וכל מה שעליה". וכי היכי דפריך מסיפא ה"ל לפרוכי מרישא, דקתני בהדיא: לא מכר. אלא משום דעיקר פירכיה ממה דקתני "וכל מה שעליה", דמשמע: בעודן עליו – מש"ה אלימא פרוכי מינה דסיפא. ת"ש רבי יהודה אומר פעמים מכורין ורבי יהודה בעודן עליו מיירי, דהא קתני: "חמורך זו" – כליו מכורין. דמשום דאמר "זו", דמשמע: כמו שהיא טעונה – מש"ה כליו מכורים. ואמאי דקאמר ת"ק קאי, דשמעינהו דמיפלגי בעודן עליו, למר מכר ולמר לא מכר, ואתא איהו למימר: פעמים מכורין כו', ולהכריע ביניהם אתא.

מילתא

[בס"י לטעון]

תוספות

וכי תימא לרבנן ביטול מקח ליה להו כו'. הוה מצי למיפרך מרישא, דקתני: אלו דברים שאין להם אונאה העבדים והקרקעות כו', מכלל דשאר דברים יש להן אונאה! אלא משום דהוי מצי לדחויי: הא מני ר' יהודה היא. **אבל** בכדי שאין הדעת טועה [לא אימור] מתנה כו' אומר ריב"ס: דליכא למיפרך מהכא לרב, דאמר בפרק "האשה" (קדושין דף מו: ושם) גבי מקדש אחותו: אדם יודע שאין קדושין תופסין באחותו, וגמר ונתן לשם פקדון. דהתם אין המעשה קיים כל עיקר. אבל הכא – לענין צמד המקח קיים. ואין סברא שמעות הצמד לא יחזיר והמותר יחזיר. ומיהו, האי שינויא לא שייך ב"איזהו נשך" (ב"מ דף סג:) גבי האי מאן דיזיף פשיטי מחבריה ואשכח יתירתא, אם בכדי שאין הדעת טועה – לא צריך לאהדורי, אימור במתנה יהבה ניהליה. וי"ל: דהתם ליכא למימר דפקדון הוא, שאינו יודע שיחזור וימנה אותם. ועוד: אפילו יודע, מסתמא כיון דלא הודיעו שהן יתירות – אין דעתו לתבעו. **אבל** בשאין עודן עליו מודה להו נחום המדי. לרבנן, דלא קנה. והיינו דוקא בשק ודיסקיא וכומני, אבל באוכף ומרדעת – אפילו אין עודן עליו קנה, דתכסיסי דחמור הוו, וקני להו כל היכא דאיתנהו. ובקונט' לא פירש כן. **או** דלמא בשאין עליו מחלוקת. ה"נ הוה מצי למימר: או דלמא בין בזו ובין בזו מחלוקת. **יש** ספרים שכתוב כאן: מאי לאו ר' יהודה טעמא דנחום קא מפרש. לא, ר' יהודה טעמא דנפשיה קאמר. *והכי פריך: מאי לאו ר' יהודה שמע לנחום דלא מחלק בעודן עליו בין א"ל "חמורך זה" בין א"ל "חמורך הוא", אלא לעולם קנה בעודן עליו. וא"ל ר' יהודה דיש הפרש. א"נ, מפרש ממש. ולא פליגי.

כולהו

הגהות הב"ח

(א) גמ' לא א"ל הכי לא הוא הדין: (ב) שם לעולם אימא לך בשאין עודן עליו: (ג) רשב"ם ד"ה ומשני וכו' הדמים ראיה היינו: (ד) ד"ה בעודן וכו' נחום המדי לרבנן:

רבינו גרשום

ולא והתנן (ב"מ נו:) ר' יהודה אומר אף המוכר ס"ת. בדמים יקרים וכו'. אמרו לו לא אמרן. דאין להם אונאה: אלא את אלו. העבדים והשטרות והקרקעות וההקדשות אבל בהמה ושאר מילי אמרו דיש להן אונאה ומתבטל המקח: ומשני מאי אין הדמים ראיה. דקתני מתני' דודאי הוי בטול מקח הואיל שנתאנה. אבל אכתי להיכא דמכר את הצמד לא מכר את הבקר: ואי בעית אימא כי אמור רבנן אונאה ובטול מקח. הני מילי בכדי שהדעת טועה דהיינו כגון שתות דלא קים ליה לאינש אם נתאנה או לאו. אבל מתני' להיכא דמכר לו את הצמד במאתים זוז דאפ"ה לא מכר לו את הבקר ודאי אין הדעת טועה בכך דודאי ידעי ליה דלא שויא כולי האי ומתנה היא. ומאי דקאמר ויהיב מאתים זוז מתנה הוא דקא יהיב ליה: **פיסקא** המוכר את החמור. סתם לא מכר את כליו: אמר עולא מחלוקת. דרבנן ונחום דמתני' בהני כלים: בשק. שאוכל בו החמור: ודיסקא. אותו מרצוף שנושאין בו התבן לצורך אכילתו ומן עור עשוי: כומני. מפרש לקמן מרכבתא דנשים אוכף של נשים דכל הני למשוי נינהו. דת"ק סבר דמש"ה לא מכר הני דסתם חמור לרכיבה עומד ולא למשוי ומש"ה לא מכר הני דלאו כלי רכיבה הן: למשוי עומד. והני נמי משוי נינהו: אבל אוכף ומרדעת. היינו לבד דלרכיבה עומד דברי הכל אפי' רבנן מודי דמכורין: חבק. לועזין צינגל"א: קילקלי. פושל"א: טעמא דאמר וכו'. מש"ה מכר את האוכף ואת המרדעת הואיל ופירש: הא לא אמר ליה. חמור וכליו אוכף ומרדעת אין מכורין בסתמא וקשיא לעולא דאמר אבל אוכף ומרדעת דברי הכל מכורין: ומשני ה"ה וכו' והא קמ"ל דאע"ג דאמר לו חמור וכליו כומני ודיסקא לא קני. דלא לרכיבת אדם עומדין ולאו כליו ממש נינהו: מרכבתא דנשי. בלע"ז שנבוג"א: אלא דרכיבת אשה. ששתי שוקיה מצד אחד לא חשיב רכיבה אלא משוי: איבעיא להו בעודן. על החמור בשעת מכירה אותו שק ודיסקא וכומני: מחלוקת. דרבנן ונחום דרבנן סברי אע"ג דבשעת מכירה עודן עליו לא מכרן משום דלאו לרכיבה עומד אלא למשוי ונחום המדי סבר הואיל דבשעת מכירה עודן עליו ובין ליה: או דילמא בשאין עודן עליו מחלוקת. דרבנן סברי לא שייכא לחמור ונחום סבר שייכא: ת"ש. דקתני סיפא דברייתא דחמור וכליו (דקתני) ובזמן שאמר לו הוא וכל מה שעליו דהיינו כשעודן עליו כולן מכורין אי אמרת בשלמא בעודן עליו מחלוקת דרבנן והכא אמאי כולן מכורין משום דפירש לו ואמר לו הוא וכל שעליו. הא סיפא דקתני בזמן שאמר לו דיקא כרבנן דטעמא דאמר לו הא לא אמר לו לא. ואילו נחום סבירא ליה כיון דעודן עליו אע"ג דלא אמר ליה הוא וכל מה שעליו מכורין. אלא אי אמרת בשאין עודן עליו מחלוקת אבל בעודן עליו אע"ג דלא אמר ליה הוא וכל מה שעליו הרי אלו מכורין הא סיפא דקתני בזמן שאמר דמשמע דאמר הכי מכורין הא לא אמר לא הוי מכורין אע"ג דעודן עליו. מני לא רבנן ולא נחום הואיל דתרוייהו מודו דכי עודן עליו אע"ג דלא אמר דהוו מכורין. ומשני לעולם אימא לך בשאין עודן עליו מחלוקת אבל בעודן עליו דברי הכל הוא מכורין. ודקא קשיא לך הא סיפא מני. אליבא דמאן איצטרכא למתניא. לעולם אליבא דרבנן. ולא תימא בזמן שאמר הוא וכל מה שעליו דאי עודן עליו אע"ג דלא אמר הוי מכורין. אלא אימא בזמן שאמר הוא וכל מה שראוי להיות עליו דמשמע דבשעת מכירה אינן עליו דהשתא ודאי טעמא דאמר הוא וכל מה שראוי להיות עליו דמי כמו שישנן עליו והרי הן מכורין הא לא אמר לא: ת"ש רבי יהודה [אומר] פעמים מכורין וכו'. א) מאי לאו ר' יהודה טעמא דנחום מפרש דכי אמר נחום דמכורין בשעוד עליו דהיינו חמורך זה בכליו. אלמא דבעודן עליו פליג נחום עליה דרבנן: לא ר' יהודה.

טעמא

א) גי' רבינו כאן הוא כמו שכ' התוס' כאן בשם יש ספרים וכפי' השני שכ' דר"י מפרש ממש ולא פליגי.

בה א מיי' פכ"ז מהל' מכירה הל' ז סמג עשין פב טוש"ע ח"מ סי' רכ סעיף יח:

בו ב מיי' שם הלכה י טוש"ע שם סעיף טז וע"ש שהוא היפך המשנה בדין כור:

בז ג ד מיי' שם הלכה שם טוש"ע שם סעיף יז:

בח ה מיי' שם הל' ז טוש"ע שם סעיף יח:

א) לעיל עז: ב) [שם] ג) לעיל סז: [וע"ש ועי' תוס' לעיל סה: ד"ה מתוחות] ד) [לעיל סח. ה) [לעיל סה:] ו) [לעיל עג.] ז) [לקמן עט:] ח) [נ"ל בר נחמני:] ט) [נ"ל יונתן] י) [אבות פ"ב מ"א] כ) [לעיל י: ע"ש ועי' יח: ע"ש ועי' עוד סוטה ד:] ל) [נ"ל חמישי דף נה:] מ) [וע"ע תוס' סוכה ז: ד"ה כולהו:]

מִילְּתָא אַחֲרִיתִי קָאָמַר. אִינְהוּ אַיְירוּ בְּשֶׁאֵין עוֹדָן עָלָיו, אֲבָל בְּעוֹדָן עָלָיו – דִּבְרֵי הַכֹּל מָכוּר. וְאָתָא ר' יְהוּדָה לְאַפְלוּגֵי אַדּוּקְיָא דִּידְהוּ, דַּאֲפִי' בְּעוֹדָן עָלָיו פְּעָמִים שֶׁאֵין מְכוּרִין. וְאָמַר רַב פַּפָּא עִיסְקָא. דְּאִית בָּהּ מִיקְרֵי אַנְתִּיקֵי, אֲבָל עִיסְקָא דְּחוּץ לַסְּפִינָה – לָא מִיקַּרְיָא אַנְתִּיקֵי. הִלְכָּךְ, עַל כָּרְחָךְ בְּעוֹדָן עָלָיו מַיְירֵי. וְא"נ, כָּל פְּרַקְמַטְיָאוֹת מִיקְרֵי אַנְתִּיקֵי, מִיהוּ, מַתְנִי' לָא אִיצְטְרִיךְ לְמִיתְנֵי דְּלָא מָכַר אֶלָּא עִיסְקָא דִּבְגַוָּהּ, אֲבָל עִיסְקָא דִּלְבַרַאי מִינָּהּ – מֵימַר בָּעֵי? בְּתְמִיָּה. מִילֵּי מִילֵּי קָתָנֵי. חֲדָא בְּעוֹדָן עָלָיו וַחֲדָא בְּשֶׁאֵין עוֹדָן עָלָיו. שֶׁהַכֹּל הוֹלֵךְ אַחַר מִנְהָגוֹ שֶׁל עוֹלָם, יֵשׁ דָּבָר שֶׁהוּא בִּכְלַל חֲבֵירוֹ בְּעוֹדָן עָלָיו, וְיֵשׁ דָּבָר שֶׁאֵין בִּכְלָלוֹ אֲפִי' בְּעוֹדָן עָלָיו. כּוּלְּהוּ סְבִירָא לְהוּ כּוּ'. לָאו מִשּׁוּם דְּכוּלְּהוּ סְבִירָא לְהוּ כִּי הֲדָדֵי, דְּהַאי לֵית לֵיהּ סְבָרָא דְּהַאי, דִּלְמָר הָא מִילְּתָא בָּטֵל לְגַבֵּי דְּהַךְ, וּלְמָר אִידָךְ מִילְּתָא בָּטֵל לְגַבֵּי אִידָךְ. וּמִיהוּ, בַּחֲדָא שִׁיטָה הוֹלְכִין, שֶׁמּוֹסִיפִין מְכִירַת תַּשְׁמִישִׁין טְפֵי מֵרַבָּנַן דִּידְהוּ. חוּץ מֵר"מ לְבַדּוֹ, דְּס"ל דְּכוּלְּהוּ מְכוּרִין, שֶׁהֲרֵי אָמַר: כָּל תַּשְׁמִישֵׁי כֶּרֶם. וּמִשּׁוּם הָכִי לָא קָאָמַר אַבַּיֵי "אָמְרוּ דָּבָר אֶחָד". וּבְכָל מָקוֹם שֶׁאָמַר אַבַּיֵי "אָמְרוּ דָּבָר אֶחָד" בַּגְּמָ' – כֵּן צָרִיךְ לְפָרֵשׁ. דר"א וְר"ש. בְּ"הַמּוֹכֵר אֶת הַבַּיִת". ה"ג: דְּתַנְיָא ר"מ אוֹמֵר מָכַר אֶת הַכֶּרֶם כּוּ'. דְּלָא תְּנַן לָהּ בְּמַתְנִי'. *וּכְהַאי שָׁאוּל אַשְׁכַּחַן לָהּ בַּתּוֹסֶפְתָּא. ר' נָתָן וְסוּמָכוּס. בְּרֵישׁ פִּירְקָא. אָמַר רָבָא. כְּשֶׁאָמַר "חֲמוֹרְךָ זוֹ" וַדַּאי יוֹדֵעַ הוּא שֶׁחֲמוֹר זֶה שֶׁלּוֹ הוּא, וְהָכִי ה"ל לְמֵימַר: "מְכוֹר לִי חֲמוֹרְךָ", דְּהָא לֵיכָּא קַמֵּיהּ שְׁנֵי חֲמוֹרִים, שֶׁיֹּאמַר "אֶת זֶה מְכוֹר לִי". וְהִלְכָּךְ, הַאי דְּקָאָמַר "זֶה" – מִשּׁוּם כֵּלָיו. כְּלוֹמַר, חֲמוֹר זֶה כְּמוֹת שֶׁהוּא. חֲמוֹרְךָ הוּא. מַשְׁמַע לְשׁוֹן שְׁאֵלָה אָמַר לוֹ: אִם חֲמוֹרְךָ הוּא וְתִמְכְּרֵהוּ לִי? הִלְכָּךְ לֹא מָכַר אֶת כֵּלָיו, דְּס"ל לְר' יְהוּדָה דְּהַמּוֹכֵר אֶת הַחֲמוֹר סְתָם לֹא מָכַר אֶת כֵּלָיו, אֲפִי' בְּעוֹדָן עָלָיו. **מתני'** הַמּוֹכֵר אֶת הַחֲמוֹר. סְתָם. סַיָּח. בְּנוֹ שֶׁל חֲמוֹר קָרוּי סַיָּח. לֹא מָכַר בְּנָהּ. בַּגְּמָרָא מְפָרֵשׁ מַאי שְׁנָא פָּרָה מֵחֲמוֹר. מָכַר אַשְׁפָּתוֹ. מָקוֹם עָמוֹק ג' אוֹ גָּבוֹהַּ שְׁלֹשָׁה, שֶׁרָגִיל לָתֵת שָׁם זֶבֶל בְּהֵמוֹתָיו. בּוֹר. שֶׁל מַיִם מְכוּנָּסִין. מָכַר כַּוֶּורֶת מָכַר דְּבוֹרִים. דְּכָל הָנֵי דְּקָחָשֵׁיב בְּטִילֵי לְהָנֵי דִּקְבִיעֵי. אֲבָל מָכַר זִבְלוֹ לֹא מָכַר אַשְׁפָּתוֹ, מָכַר מֵימָיו לֹא מָכַר בּוֹרוֹ, וְכֵן כּוּלָּן. וּמִילְּתָא דִּפְשִׁיטָא הִיא, וְלָא אִצְטְרִיךְ לְמִיתְנֵי. מָכַר יוֹנִים. שׁוֹבָכוֹ וְשֶׁבָּאִים לְתוֹכוֹ.

כולהו סבירא להו. לאו ממש אמרו דבר אחד, דאין דבריהם שוין, אלא כלומר בשיטה אחת הן. וכי האי גוונא איתא ביבמות פרק ל)(שלישי) (דף ל) כולהו סבירא להו מאמר קונה קנין גמור מ).

מִלְּתָא אַחֲרִיתִי קָאָמַר. א"ל רָבִינָא לְרַב אַשִׁי, ת"ש: א)מָכַר אֶת הַקָּרוֹן – לֹא מָכַר אֶת הַפְּרָדוֹת; וְתָנֵי רַב תַּחְלִיפָא בַּר מַעַרְבָא קַמֵּיהּ דְּרַבִּי אַבָּהוּ: מָכַר אֶת הַקָּרוֹן – מָכַר אֶת הַפְּרָדוֹת, וַא"ל: וְהָא אֲנַן "לֹא מָכַר" תְּנַן! וַא"ל: אִיסְמְיֵיהּ? וַא"ל: לָא, תִּתַרְגֵּם מַתְנִיתָךְ בַּאֲדוּקִים בּוֹ; מִכְּלָל דְּמַתְנִי' בְּשֶׁאֵין אֲדוּקִים בּוֹ, וּמִדְּרֵישָׁא בְּשֶׁאֵין עוֹדָן עָלָיו, סֵיפָא נַמִי בְּשֶׁאֵין עוֹדָן עָלָיו! אַדְּרַבָּה, אֵימָא רֵישָׁא: אֲבָל לֹא מָכַר לֹא אֶת הָעֲבָדִים וְלֹא אֶת הָאַנְתִּיקִי; וְאָמְרִינַן, ב)מַאי אַנְתִּיקֵי? אָמַר רַב פַּפָּא: עִיסְקָא דִּבְגַוָּהּ; וּמִדְּרֵישָׁא בְּעוֹדָן עָלָיו, סֵיפָא נַמִי בְּעוֹדָן עָלָיו! אֶלָּא, תַּנָּא מִילֵּי מִילֵּי קָתָנֵי. [סִימָן: זגם נסן] אָמַר אַבַּיֵי: ר"א וְרשב"ג וְר' מֵאִיר וְרַבִּי נָתָן וְסוּמָכוֹס וְנַחוּם הַמָּדִי, כּוּלְּהוּ סְבִירָא לְהוּ: כִּי מְזַבֵּין אִינִישׁ מִידֵי, אִיהוּ וְכָל תַּשְׁמִישְׁתֵּיהּ מְזַבֵּין. ר"א – דִּתְנַן, ג)ר"א אוֹמֵר: הַמּוֹכֵר אֶת בֵּית הַבַּד – מָכַר אֶת הַקּוֹרָה. רשב"ג – דִּתְנַן, ד)רשב"ג אוֹמֵר: הַמּוֹכֵר אֶת הָעִיר – מָכַר אֶת הַסַּנְטָר. ר' מֵאִיר – דְּתַנְיָא, ה)ר' מֵאִיר אוֹמֵר: מָכַר אֶת הַכֶּרֶם – מָכַר תַּשְׁמִישֵׁי הַכֶּרֶם. ו)רַבִּי נָתָן וְסוּמָכוֹס – בִּיצִית וְדוּגִית. נַחוּם הַמָּדִי – הָא דַּאֲמַרַן.§ "רַבִּי יְהוּדָה אוֹמֵר: פְּעָמִים מְכוּרִין" וכו'.§ מַאי שְׁנָא "חֲמוֹרְךָ זוֹ", וּמַאי שְׁנָא "חֲמוֹרְךָ הוּא"? אָמַר רָבָא: "חֲמוֹרְךָ זוֹ" – יָדַע דַּחֲמָרָא דִּידֵיהּ הוּא, וְהַאי דְּקָא א"ל "זוֹ", מִשּׁוּם כֵּלָיו קא"ל; "חֲמוֹרְךָ הוּא" – דְּלָא יָדַע דַּחֲמָרָא דִּידֵיהּ הוּא, וְהָכִי קא"ל: חֲמוֹרְךָ הוּא, שֶׁתִּמְכְּרֶנָּה לִי?§

מתני' אהַמּוֹכֵר אֶת הַחֲמוֹר – מָכַר אֶת הַסַּיָּח. מָכַר אֶת הַפָּרָה – לֹא מָכַר אֶת בְּנָהּ. במָכַר אַשְׁפָּה – מָכַר זִבְלָהּ. ז)מָכַר בּוֹר – מָכַר מֵימֶיהָ. גמָכַר כַּוֶּורֶת – מָכַר דְּבוֹרִים. דמָכַר שׁוֹבָךְ – מָכַר יוֹנִים.§ **גמ'** הֵיכִי דָּמֵי? אִי דְּאָמַר לֵיהּ הִיא וּבְנָהּ – אֲפִילּוּ פָּרָה וּבְנָהּ נַמִי, אִי דְּלָא א"ל הִיא וּבְנָהּ – אֲפִילּוּ חֲמוֹר נַמִי לָא! אָמַר רַב פַּפָּא, הדְּאָמַר לֵיהּ: חֲמוֹר מֵנִיקָה וּפָרָה מֵנִיקָה אֲנִי מוֹכֵר לְךָ; בִּשְׁלָמָא פָּרָה, אִיכָּא לְמֵימַר לַחֲלָבָהּ בָּעֵי לָהּ, אֶלָּא חֲמוֹר מַאי קא"ל? ש"מ: הִיא וּבְנָהּ קָאָמַר לֵיהּ. וְאַמַּאי קָרֵי לֵיהּ סַיָּח? שֶׁמְּהַלֵּךְ אַחַר סִיחָה נָאָה. א"ר שְׁמוּאֵל בַּר ח)נַחְמָן א"ר ט)יוֹחָנָן, מַאי דִּכְתִיב: °"עַל כֵּן יֹאמְרוּ הַמּוֹשְׁלִים" וגו'? "הַמּוֹשְׁלִים" – אֵלּוּ הַמּוֹשְׁלִים בְּיִצְרָם; "בּוֹאוּ חֶשְׁבּוֹן" – בּוֹאוּ וְנַחֲשֵׁב חֶשְׁבּוֹנוֹ שֶׁל עוֹלָם, י)הֶפְסֵד מִצְוָה כְּנֶגֶד שְׂכָרָהּ, וּשְׂכַר עֲבֵירָה כְּנֶגֶד הֶפְסֵדָהּ; "תִּבָּנֶה וְתִכּוֹנֵן" – אִם אַתָּה עוֹשֶׂה כֵּן, תִּבָּנֶה בָּעוֹלָם הַזֶּה וְתִכּוֹנֵן לָעוֹלָם הַבָּא; "עִיר סִיחוֹן" – אִם מֵשִׂים אָדָם עַצְמוֹ כְּעַיִר זֶה שֶׁמְּהַלֵּךְ אַחַר סִיחָה נָאָה, מַה כְּתִיב אַחֲרָיו? "כִּי אֵשׁ יָצְאָה מֵחֶשְׁבּוֹן" וגו' – תֵּצֵא אֵשׁ מִמְּחַשְּׁבִין וְתֹאכַל אֶת שֶׁאֵינָן מְחַשְּׁבִין; "וְלֶהָבָה מִקִּרְיַת סִיחוֹן" – מִקִּרְיַת צַדִּיקִים שֶׁנִּקְרְאוּ שִׂיחִין; "אָכְלָה עָר מוֹאָב" – זֶה הַמְּהַלֵּךְ אַחַר יִצְרוֹ כְּעַיִר זֶה שֶׁמְּהַלֵּךְ אַחַר סִיחָה נָאָה; "בַּעֲלֵי בָּמוֹת אַרְנוֹן" – אֵלּוּ גַּסֵּי הָרוּחַ. דְּאָמַר מָר: כ)כָּל אָדָם שֶׁיֵּשׁ בּוֹ גַּסּוּת הָרוּחַ נוֹפֵל בַּגֵּיהִנָּם; "וַנִּירָם" – אָמַר רָשָׁע: אֵין רָם; "אָבַד חֶשְׁבּוֹן" – אָבַד חֶשְׁבּוֹנוֹ שֶׁל עוֹלָם; "עַד דִּיבוֹן" – (א) אָמַר הקב"ה הַמְתֵּן עַד שֶׁיָּבֹא דִּין; "וַנַּשִּׁים

עד

במדבר כא

גמ' הֵיכִי דָּמֵי. הַךְ מְכִירָה דַּחֲמוֹר וּפָרָה, דְּבַחֲמוֹר מָכַר סַיָּח וּבְפָרָה לֹא מָכַר בְּנָהּ. וְאִי דְּלָא א"ל הִיא וּבְנָהּ. וְהִלְכָּךְ לֹא מָכַר אֶת בְּנָהּ, דְּס"ל לְהַאי תַּנָּא דְּאֵין הַבֵּן נִמְכָּר בִּכְלַל הָאֵם מִשּׁוּם דְּגוּפִין מְחוּלָּקִין הֵן, וְאֶפְשָׁר לַבֵּן לִהְיוֹת בְּלֹא הָאֵם – אֲפִילּוּ חֲמוֹר נַמִי, לֹא יִמָּכֵר סַיָּח בִּכְלַל חֲמוֹר! אָמַר רַב פַּפָּא. כָּל הֵיכָא דְּזַבֵּין חֲמוֹר וּפָרָה – פְּשִׁיטָא לֵיהּ לְתַנָּא דְּמַתְנִי' דְּאֵין הַבָּנִים מְכוּרִין. וְהָכָא בְּמַאי עָסְקִינַן דְּא"ל "חֲמוֹר מֵנִיקָה" וּ"פָרָה מֵנִיקָה". וְהִלְכָּךְ, בִּשְׁלָמָא פָּרָה – בְּדִין הוּא דְּלָא מָכַר בְּנָהּ, כְּדִין הַמּוֹכֵר פָּרָה סְתָם. דְּהַאי דְּאָמַר לֵיהּ מֵנִיקָה – לָאו לְטַפּוּיֵי בְּנָהּ קָאָתֵי, אֶלָּא לַחֲלָבָהּ קָאָמַר, דְּאִי לָא לֶיהֱוֵי לָהּ חָלָב – לֶיהֱוֵי מִקַּח טָעוּת. הִלְכָּךְ מִסְתָּמָא אֵין בְּנָהּ מָכוּר, עַד שֶׁיְּפָרֵשׁ. אֶלָּא חֲמוֹר. שֶׁאֵין צוֹרֶךְ לַחֲלָבָהּ, הַאי דְּא"ל "מֵנִיקָה" – שֶׁיֵּשׁ לָהּ וָלָד קָאָמַר, וְעִם הַוָּלָד מוֹכְרָהּ לוֹ, וּכְמַאן דְּפָרֵישׁ בְּהֶדְיָא הִיא וּבְנָהּ דָּמֵי. שֶׁמְּהַלֵּךְ אַחַר סִיחָה נָאָה. בִּקְרִיאָה בְּנַחַת וּבִרְמִיזָה הוֹלֵךְ לְמָקוֹם שֶׁהָאָדָם חָפֵץ, אֲבָל זָקֵן צָרִיךְ מַרְדֵּעַ. אָמַר שְׁמוּאֵל בַּר נַחְמָן כּוּ'. מִשּׁוּם דְּמַיְירֵי לְקַמֵּיהּ בְּסַיָּח נָקֵט לָהּ. מַאי דִּכְתִיב עַל כֵּן יֹאמְרוּ הַמּוֹשְׁלִים וגו'. פְּשָׁטֵיהּ דִּקְרָא מַיְירֵי שֶׁכְּשֶׁנִּלְחַם סִיחוֹן "בְּמֶלֶךְ מוֹאָב הָרִאשׁוֹן וַיִּקַּח אֶת כָּל אַרְצוֹ מִיָּדוֹ", נִתְנַבֵּא בִּלְעָם וַחֲבֵירָיו שֶׁיְּנַצַּח סִיחוֹן לְמוֹאָב. וּמִיהוּ, פָּרָשָׁה יְתֵירָה הִיא, דְּמָה צָּרִיךְ לִיכָּתֵב זֶה? אִם לְהַשְׁמִיעֵנוּ דְּעַמּוֹן וּמוֹאָב טִיהֲרוּ בְּסִיחוֹן – הֲרֵי כְּבָר כְּתִיב "וְהוּא נִלְחַם בְּמֶלֶךְ מוֹאָב הָרִאשׁוֹן" וְאֵין צָרִיךְ יוֹתֵר! הִלְכָּךְ לִדְרָשָׁה כְּתָבָהּ מֹשֶׁה רַבֵּינוּ. הַמּוֹשְׁלִים בְּיִצְרָן. לַצַּדִּיקִים, כִּדְכְתִיב: "וּמוֹשֵׁל בְּרוּחוֹ מִלֹּכֵד עִיר" (משלי טז), "צַדִּיק מוֹשֵׁל יִרְאַת אֱלֹהִים" (שמואל ב כג). הֶפְסֵד מִצְוָה. שֶׁמִּתְבַּטֵּל מֵרֶיוַח בִּשְׁבִיל שֶׁעוֹסֵק בְּמִצְוָה, אוֹ נָתַן לִצְדָקָה וּמְחַסֵּר מָמוֹנוֹ, כְּנֶגֶד שְׂכָרָהּ הַמְרוּבֶּה לֶעָתִיד. וּשְׂכַר עֲבֵירָה. שֶׁלֹּא לְהִשְׂתַּכֵּר בַּעֲבֵירָה עַכְשָׁיו, כְּנֶגֶד הֶפְסֵדָהּ – שֶׁמַּפְסִיד יוֹתֵר לֶעָתִיד. אִם אַתָּה עוֹשֶׂה כֵּן. לַחֲשׁוֹב הֶפְסֵד כְּנֶגֶד שָׂכָר. כְּעַיִר זֶה. שֶׁמִּתְפַּתֶּה בְּיִצְרוֹ וּבְדִבְרֵי הָאֶפִּיקוֹרְסִים וְאֵינוֹ מוֹשֵׁל בְּיִצְרוֹ. תֵּצֵא אֵשׁ מִן הַמְחַשְּׁבִים. הַצַּדִּיקִים, וְתֹאכַל אֶת שֶׁאֵינָם מְחַשְּׁבִים. כִּדְאָמְרִינַן בְּפִירְקִין לְעֵיל (דף עה.): [כָּל אֶחָד וְאֶחָד נִכְוֶה מֵחוּפָּתוֹ שֶׁל חֲבֵירוֹ], חוּפָּתוֹ שֶׁל קָטָן מֵחוּפָּתוֹ שֶׁל חֲבֵירוֹ הַגָּדוֹל מִמֶּנּוּ. שֶׁנִּקְרְאוּ שִׂיחִין. אִילָנוֹת, כִּדְכְתִיב (תהלים צב): "צַדִּיק כַּתָּמָר יִפְרָח כְּאֶרֶז בַּלְּבָנוֹן יִשְׂגֶּה". וּכְתִיב: "וְהוּא עוֹמֵד בֵּין הַהֲדַסִּים" (זכריה א) וְאָמַר ר' יוֹחָנָן (סנהדרין דף צג.): אֵין הֲדַסִּים אֶלָּא הַצַּדִּיקִים, כִּדְכְתִיב "וַיְהִי אוֹמֵן אֶת הֲדַסָּה". וּכְתִיב: (שיר ז): "אָמַרְתִּי אֶעֱלֶה בְתָמָר" וגו', וְאָמוּר רַבָּנַן (סנהדרין דף צג.): אֲנִי אָמַרְתִּי אֶעֱלֶה בְּתָמָר וְלֹא עָלְתָה בְּיָדִי אֶלָּא סַנְסַן, וּמַנּוּ – חֲנַנְיָה מִישָׁאֵל וַעֲזַרְיָה. "תַּחַת אַחַד הַשִּׂיחִים" (בראשית כא) מְתַרְגְּמִינַן: תְּחוֹת חַד מִן אִילָנַיָּא, וּכְתִיב נַמִי: "וְכֹל שִׂיחַ הַשָּׂדֶה טֶרֶם" (שם ב) וּמְתַרְגְּמִינַן: וְכָל אִילָנֵי חַקְלָא. עָר מוֹאָב. כְּעַיִר שֶׁמְּהַלֵּךְ אַחַר תַּאֲוָתוֹ. וְאָכְלָה נַמִי הָאֵשׁ. גַּסֵּי הָרוּחַ, הַמַּגְבִּיהִין דַּעְתָּן כְּבָמוֹת אַרְנוֹן הַלָּלוּ. בַּעֲלֵי בָּמוֹת. בַּעֲלֵי גַסּוּת, דְּאָמַר מָר: כָּל הַמֵּגִיס דַּעְתּוֹ כּוּ'. בְּפ"ק דְּע"ז (דף יח: ע"ש) אָמַר ר"ל: כָּל הַמִּתְלוֹצֵץ נוֹפֵל בַּגֵּיהִנָּם, שֶׁנֶּאֱמַר: "זֵד יָהִיר לֵץ שְׁמוֹ" וגו', וְכָל הַמִּתְיַיהֵר נוֹפֵל בַּגֵּיהִנָּם, שֶׁנֶּאֱמַר: "זֵד יָהִיר לֵץ שְׁמוֹ עוֹשֶׂה בְּעֶבְרַת זָדוֹן", וְאֵין עֶבְרָה אֶלָּא גֵּיהִנָּם, שֶׁנֶּאֱמַר: "יוֹם עֶבְרָה הַיּוֹם הַהוּא". אָבַד חֶשְׁבּוֹנוֹ שֶׁל עוֹלָם. כְּלוֹמַר, לֵית דִּין וְלֵית דַּיָּין.

עד

בדפו"י וכהבה שאול

רבינו גרשום

טעמא דנפשיה מפרש אבל אכתי אימא דנחום ורבנן אפי' באין עודן עליו פליגי: תתרגם מתני'. דמכר את הפרדות כשאדוקים בו בקרון. ומתני' דקתני דלא מכר את הפרדות בשאין אדוקין בו דהיינו בשאין עודן עליו: ומדרישא הוא בשאין עודן עליו סיפא נמי מכר את החמור מכר את כליו בשאין עודן עליו ושמעת מהכא (א) ולטעמך וכו'. עיסקא דבגווה היינו בעודן עליו: סיפא נמי. דפרדות בעודן עליו. והא לא מצית למימר דהא תרצינן סיפא דבפרדות באין אדוקין בו אלמא לא מצית לתרוצי כולה מתני' בשאין עודן עליו ולא בעודן עליו דתנא מילי מילי קתני דגבי ספינה אע"ג [דעודן] עליו לא מכר האנתיקי משום דלא שייך כלל לספינה. ולגבי פרדות מש"ה לא מכר דאין עודן עליו הא עודן עליו מכר משום דשייכי לקרון. ולגבי חמור אע"ג דעודן עליו לא מכר משום דסתם חמור לרכיבה עומד ולא למשוי. ונחום המדי סבר הואיל דעודן עליו מכר: איהו וכל תשמישתיה זבין. אי עודן עליו: ר' נתן וסומכוס ביצית ודוגית. כדקתני בריש פירקין דהיינו תשמישי הספינה: נחום המדי כדאמרן. מכר חמור מכר כליו שק ודיסקא וכומני דהיינו תשמישתיה: אמר רבא. מש"ה להיכא דאמר ליה חמורך זה קנה כליו שעליו בסתמא דודאי ידיע להאי גברא דהאי חמור דמוכר והאי דאמר ליה זה לטפויי מלתא קאתי משום כליו קאמר ודאי מכרו. אבל להיכא דאמר ליה חמורך הוא. כלומר מישאל קא שאיל ליה אם חמורך הוא זה ותוכל למכור לי משום דלא ידע אי דידיה הוא והכי קאמר ליה חמורך הוא שתמכרנו לי ולא לטפויי מלתא קאתי ומש"ה לא מכר לו כליו: **פיסקא** המוכר את החמור. סתם: את הסיח. זהו בנה. לבנים של חמור קרי להו סייחין: אפי' פרה ובנה נמי. מכרה לו היא ובנה: בשלמא פרה איכא למימר. להכי קאמר מניקה דלחלבה בעי לה. לצורך אכילת החלב ולא משום דמוכר לו את בנה. אבל גבי חמור כי אמר ליה חמורה מניקה ליכא למימר הכי לחלב דאי לא דלסיח קאמר ליה דמניקה היא לחלבה לא קבעי לה מינה דאינו ראוי לאכילה ומש"ה בנה זבין: שמהלך אחר סיחה נאה. שאם משורר אדם לפניו הולך אחריו ברצון: אלו המושלים ביצרן. שכופין את יצרן: הפסד מצוה. שאם עוסק במצוה ומתבטל מלהרויח וחושב אותו הפסד כנגד אותו שכר שמתקן לו לעוה"ב בשביל המצוה ואותו שכר הוה מרובה ושכר עבירה שנהנה בה בעוה"ז חושב בלבו שאותו שכר הנאה מפסידו לעוה"ב: עיר סיחון. משמע הכי אם אדם הולך אחרי יצרו הרע כעייר זה המהלך אחר סיחה נאה: מה כתיב אחריו כי אש יוצאה מחשבון. תצא אש מן אותן המחשבין הפסד מצוה כנגד שכרה וכו': שנקראו שיחין. כלומר אילנות. (כלומר) [כדכתיב] תחת אחד השיחים: וצדיקים. נקראו אילנות כדכתיב צדיק כתמר יפרח: אכלה ער מואב. אכלה אש אותו בן אדם שמהלך אחר יצרו כעייר זה שמהלך אחר סיחה נאה ושולט יצרו עליו שאינו יכול לכובשו ואינו יכול לשלוט עליו: מואב. כמו אב השולט על הבן: אלו גסי הרוח. המרימין דעתן עליהן כבמות ארנון הללו. ומהאי קרא ב)לא איתפרש לי אי נדרש מהאי קרא. מהאי קרא דנופל בגיהנם: אין רם. כלומר שכינה קאמר: אבד חשבונו של עולם. שלא נתבע חטאתם: עד דיבון. כלומר אמור לו לרשע המתן עד שיבוא יום הדין: ונשים. כמו אש: שאינה

הגהות הב"ח

(א) גמ' עד דיבון אמר לו רשע המתן:

א) נראה דצ"ל ושמעת מהכא דבאין עודן עליו מחלוקת. ב) נראה דצ"ל ולא אתפרש לי אם נדרש נמי מהאי קרא דנופל בגיהנם.

בט א מיי' פ"ה מהל' מעילה הלכה ח:
ב ג ד ה ו מיי' שם הלכה ו:

תורה אור

עַד נֹפַּח" — עַד שֶׁתָּבֹא אֵשׁ שֶׁאֵינָהּ צְרִיכָה נִיפּוּחַ; "עַד מֵידְבָא" — עַד שֶׁתַּדְאִיב נִשְׁמָתָן, וְאָמְרִי לָהּ: עַד דְּעָבֵיד מַאי דְּבָעֵי. אָמַר רַב יְהוּדָה אָמַר רַב: כָּל הַפּוֹרֵשׁ מִדִּבְרֵי תוֹרָה — אֵשׁ אוֹכַלְתּוֹ, שֶׁנֶּאֱמַר: (יחזקאל טו) °"וְנָתַתִּי [אֶת] פָּנַי בָּהֶם מֵהָאֵשׁ יָצָאוּ וְהָאֵשׁ תֹּאכְלֵם". כִּי אֲתָא רַב דִּימִי א"ר יוֹנָתָן: כָּל הַפּוֹרֵשׁ עַצְמוֹ מד"ת — נוֹפֵל בַּגֵּיהִנָּם, שֶׁנֶּאֱמַר: (משלי כא) °"אָדָם תּוֹעֶה מִדֶּרֶךְ הַשְׂכֵּל בִּקְהַל רְפָאִים יָנוּחַ", וְאֵין רְפָאִים אֶלָּא גֵּיהִנָּם, שֶׁנֶּאֱמַר: (שם ט) °"וְלֹא יָדַע כִּי רְפָאִים שָׁם בְּעִמְקֵי שְׁאוֹל קְרוּאֶיהָ".§ מָכַר אַשְׁפָּה — מָכַר זִבְלָהּ" וכו'.§ *תְּנַן הָתָם: [א]כָּל הָרָאוּי לַמִּזְבֵּחַ וְלֹא לְבֶדֶק הַבַּיִת, לְבֶדֶק הַבַּיִת וְלֹא לַמִּזְבֵּחַ, לֹא לַמִּזְבֵּחַ וְלֹא לְבֶדֶק הַבַּיִת — מוֹעֲלִין בָּהֶן וּבְמַה שֶּׁבְּתוֹכָן; כֵּיצַד? הִקְדִּישׁ בּוֹר מְלֵאָה מַיִם, אַשְׁפּוֹת מְלֵאוֹת זֶבֶל, שׁוֹבָךְ מָלֵא יוֹנִים, שָׂדֶה מְלֵאָה עֲשָׂבִים, אִילָן נְשׂוּי פֵּירוֹת — מוֹעֲלִין בָּהֶן וּבְמַה שֶּׁבְּתוֹכָן; אֲבָל הִקְדִּישׁ בּוֹר וְאַחַר כָּךְ נִתְמַלֵּא מַיִם, אַשְׁפָּה וְאַחַר כָּךְ נִתְמַלְּאָה זֶבֶל, שׁוֹבָךְ וְאח"כ נִתְמַלֵּא יוֹנִים, אִילָן וְאַחַר כָּךְ נָשָׂא פֵּירוֹת, שָׂדֶה וְאַחַר כָּךְ נִתְמַלְּאָה עֲשָׂבִים — מוֹעֲלִין בָּהֶן וְאֵין מוֹעֲלִין בְּמַה שֶּׁבְּתוֹכָן, דִּבְרֵי רַבִּי יְהוּדָה; רַבִּי יוֹסֵי אוֹמֵר: הַמַּקְדִּישׁ אֶת הַשָּׂדֶה וְאֶת הָאִילָן — מוֹעֲלִין בָּהֶן וּבְגִידּוּלֵיהֶם, מִפְּנֵי שֶׁהֵן גִּידּוּלֵי הֶקְדֵּשׁ. תַּנְיָא, אָמַר רַבִּי: [ב]נִרְאִין דִּבְרֵי ר' יְהוּדָה בְּבוֹר וְשׁוֹבָךְ, [ג]וְדִבְרֵי ר' יוֹסֵי בְּשָׂדֶה וְאִילָן. הַאי מַאי? בִּשְׁלָמָא נִרְאִין דִּבְרֵי ר' יְהוּדָה בְּבוֹר וְשׁוֹבָךְ — מִכְּלָל דִּפְלִיג אַשָּׂדֶה וְאִילָן, אֶלָּא נִרְאִין דִּבְרֵי רַבִּי יוֹסֵי בְּשָׂדֶה וְאִילָן — מִכְּלָל דִּפְלִיג בְּבוֹר וְשׁוֹבָךְ? וְהָא רַבִּי יוֹסֵי שָׂדֶה וְאִילָן קָאָמַר! וְכִי תֵּימָא, לְדִבְרָיו דְּרַבִּי יְהוּדָה קָאָמַר — וְהָתַנְיָא, אָמַר רַבִּי יוֹסֵי: אֵין אֲנִי רוֹאֶה דִּבְרֵי שֶׁל ר' יְהוּדָה בְּשָׂדֶה וְאִילָן, מִפְּנֵי שֶׁהֵן גִּידּוּלֵי הֶקְדֵּשׁ; בְּשָׂדֶה וְאִילָן הוּא דְּאֵינוֹ רוֹאֶה, הָא בְּבוֹר וְשׁוֹבָךְ רוֹאֶה! הָכִי קָאָמַר: נִרְאִין דִּבְרֵי רַבִּי יְהוּדָה לְרַבִּי יוֹסֵי בְּבוֹר וְשׁוֹבָךְ, שֶׁאַף רַבִּי יוֹסֵי לֹא נֶחֱלַק עָלָיו אֶלָּא בְּשָׂדֶה וְאִילָן, אֲבָל בְּבוֹר וְשׁוֹבָךְ מוֹדֵי לֵיהּ. תָּנוּ רַבָּנַן: [ד]הִקְדִּישָׁן רֵיקָנִין וְאח"כ נִתְמַלְּאוּ — מוֹעֲלִין בָּהֶן וְאֵין מוֹעֲלִין בְּמַה שֶּׁבְּתוֹכָן; רַבִּי אֶלְעָזָר בְּרַבִּי שִׁמְעוֹן אוֹמֵר: אַף מוֹעֲלִין בְּמַה שֶּׁבְּתוֹכָן. אָמַר רַבָּה: מַחֲלוֹקֶת — בְּשָׂדֶה וְאִילָן, דְּתַנָּא קַמָּא סָבַר לָהּ כְּרַבִּי יְהוּדָה, וְרַבִּי אֶלְעָזָר בְּרַבִּי שִׁמְעוֹן סָבַר לָהּ כְּר' יוֹסֵי, אֲבָל בְּבוֹר וְשׁוֹבָךְ — [ה]דִּבְרֵי הַכֹּל מוֹעֲלִין בָּהֶן וְאֵין מוֹעֲלִין בְּמַה שֶּׁבְּתוֹכָן. א"ל אַבַּיֵי, וְאֶלָּא הָא דְּתַנְיָא: הִקְדִּישָׁן מְלֵאִין — מוֹעֲלִין בָּהֶן וּבְמַה שֶּׁבְּתוֹכָן, וְרַבִּי אֶלְעָזָר בְּרַבִּי שִׁמְעוֹן מַחֲלִיף; וְאִי

עַד נוֹפַּח. כְּלוֹמַר אֵשׁ שֶׁמְּנוּפָּח מֵעַצְמוֹ, כְּדִכְתִיב: "תְּאָכְלֵהוּ אֵשׁ לֹא נוּפָּח" (איוב כ). שֶׁתַּדְאִיב נִשְׁמָתָן. כְּמוֹ "וְדַאֲבוֹן נָפֶשׁ" (דברים כח) "וְלַאֲדִיב [אֶת] נַפְשֶׁךָ" (שמואל א ב). עַד דְּעָבֵד. קוּדְשָׁא בְּרִיךְ הוּא מַאי דְּבָעֵי לְמֶיעְבַּד לָרְשָׁעִים לָעוֹלָם הַבָּא, דְּאִילּוּ בָּעוֹלָם הַזֶּה דַּרְכָּם צָלֵחָה כְּדֵי לְטָרְדָם לָעוֹלָם הַבָּא. "עַד" דָּרֵישׁ לֵיהּ: עַד דְּעָבֵד, וּ"מֵידְבָא" דָּרֵישׁ לֵיהּ: מַאי דְּבָעֵי, וּבְלָשׁוֹן קָצָר. מֵהָאֵשׁ יָצָאוּ. מִן הַתּוֹרָה פֵּירְשׁוּ, דִּכְתִיב (ירמיהו כג): "הֲלֹא כֹה דְבָרִי כָּאֵשׁ", וּכְתִיב (דברים לג): "מִימִינוֹ אֵשׁ דָּת לָמוֹ" (ופסוק הוא בירמיהו). רְפָאִים בְּעִמְקֵי שְׁאוֹל. כָּפוּל לָשׁוֹן הוּא. תְּנַן הָתָם. בְּמַסֶּ' מְעִילָה פ"ג. כָּל הָרָאוּי לַמִּזְבֵּחַ וְלֹא לְבֶדֶק הַבַּיִת. כְּגוֹן שׁוֹר וָכֶשֶׂב וָעֵז תְּמִימִים. דְּהַמַּתְפִּיס תְּמִימִים לְבֶדֶק הַבַּיִת עוֹבֵר בַּעֲשֵׂה, וְכֵן תּוֹרִים וּבְנֵי יוֹנָה סוֹלֶת וּלְבוֹנָה וְיַיִן וְשֶׁמֶן, כָּל הָנָךְ גּוּפָן רָאוּי לַמִּזְבֵּחַ, וְאֵינוֹ רָאוּי לְכָנְסָן בְּבִנְיָן. לְבֶדֶק הַבַּיִת וְלֹא לַמִּזְבֵּחַ. כְּגוֹן זָהָב וָכֶסֶף וַאֲבָנִים יְקָרוֹת, וְכַיּוֹצֵא בָּהֶן. לֹא לָזֶה וְלֹא לָזֶה. כְּגוֹן חָלָב, גְּבִינָה, מוּרְיָיס, אַשְׁפָּה, עֲשָׂבִים, וְכַיּוֹצֵא בָּהֶן. וְכָל הָנֵי דְּקָתָנֵי — רִאשׁוֹן רִאשׁוֹן חָשׁוּב, דְּקָדְשֵׁי מִזְבֵּחַ חֲשִׁיבִי מִקָּדְשֵׁי בֶּדֶק הַבַּיִת, וְקָדְשֵׁי בֶּדֶק הַבַּיִת חֲשִׁיבִי מִקָּדְשֵׁי דָמִים, שֶׁאֵין רְאוּיִן גּוּפָן לֹא לַמִּזְבֵּחַ וְלֹא לְבֶדֶק הַבַּיִת, אֶלָּא לִימָּכֵר וְלִיקַּח בִּדְמֵיהֶן צָרְכֵי מִזְבֵּחַ אוֹ בֶּדֶק הַבַּיִת, הַכֹּל כְּמוֹ שֶׁפֵּירֵשׁ בְּשָׁעָה שֶׁהִקְדִּישׁ. הִלְכָּךְ, לֹא זוֹ אַף זוֹ קָתָנֵי, דְּלָא מִיבָּעֲיָ' הָנָךְ קַמָּאֵי דַּחֲמִירֵי, דְּמוֹעֲלִין בַּמֶּה שֶׁבְּתוֹכָן, אֶלָּא אֲפִילּוּ הָנָךְ בַּתְרָאֵי — מוֹעֲלִין נַמִי בַּמֶּה שֶׁבְּתוֹכָן. בּוֹר מָלֵא מַיִם. כְּשֶׁהִקְדִּישׁ לֹא הִזְכִּיר אֶלָּא אֶת הַבּוֹר. מַיִם. רְאוּיִין לְבֶדֶק הַבַּיִת לַעֲשׂוֹת טִיט. וְלֹא לַמִּזְבֵּחַ, דְּמַיִם מְכוּסִּין פְּסוּלִין לְנִיסּוּךְ הַמַּיִם, וְגַם אֵין מְדִיחִין בְּשַׂר הַקָּרְבָּנוֹת אֶלָּא מֵאַמַּת הַמַּיִם שֶׁבָּעֲזָרָה. אַשְׁפּוֹת מְלֵאוֹת זֶבֶל.(א) לֹא לַמִּזְבֵּחַ וְלֹא לְבֶדֶק הַבַּיִת. שׁוֹבָךְ מָלֵא יוֹנִים. רָאוּי לַמִּזְבֵּחַ וְלֹא לְבֶדֶק הַבַּיִת, דְּלָא חֲזוּ לְשַׁקְעָן בְּבִנְיָן. וְהַשּׁוֹבָךְ עַצְמוֹ לֹא הוּקְדַּשׁ אֶלָּא לְדָמָיו, דְּאִם עוֹקְרִין אוֹתוֹ מִמְּקוֹמוֹ לִיתְּנוֹ בְּבִנְיָן — זֶהוּ הֶפְסֵד גָּדוֹל, שֶׁהַשּׁוֹבָךְ נִמְכָּר בְּיוֹקֶר. וְעוֹד, כָּל הָנֵי דְּקָתָנֵי לַמִּזְבֵּחַ וְלֹא לְבֶדֶק הַבַּיִת כו' — אַמַּה שֶׁבְּתוֹכָם קָאֵי. וה"ק: לָא מִיבַּעְיָא אִי הָווּ מַה שֶּׁבְּתוֹכוֹ קָדְשֵׁי מִזְבֵּחַ — דְּקָדִישִׁי, אֶלָּא אִי הָווּ נַמִי קָדְשֵׁי בֶּדֶק הַבַּיִת — קָדְשֵׁי. אִילָן מָלֵא פֵּירוֹת. לֹא לַמִּזְבֵּחַ וְלֹא לְבֶדֶק הַבַּיִת. דִּלְבִנְיָן לָא חֲזוּ, וּלְקָרְבָּן נַמִי לָא חֲזוּ, כְּדִכְתִיב: "כָּל שְׂאוֹר וְכָל דְּבַשׁ לֹא תַקְטִירוּ" (ויקרא ב). וּבִכּוּרִים לְכֹהֵן הֵן, כִּתְרוּמָה. שָׂדֶה מְלֵאָה עֲשָׂבִים. עֲשָׂבִים לָא חֲזוּ לֹא לַמִּזְבֵּחַ וְלֹא לְבֶדֶק הַבַּיִת. מוֹעֲלִין בָּהֶן. אִם נֶהֱנָה מֵהֶן שָׁוֶה פְּרוּטָה, כְּגוֹן הִצְנִיעַ חֲפָצָיו בְּבוֹר, אוֹ הוֹרִיד שָׁם חָבִית שֶׁל מַיִם לְקָרֵר. וְכֵן אִם תָּלָה חֲפָצָיו בְּאִילָן, אוֹ נָתַן יוֹנִים בְּשׁוֹבָךְ, וְהִנִּיחַ זִבְלוֹ בִּמְקוֹם אַשְׁפָּתוֹ. וּבְמַה שֶּׁבְּתוֹכָן. אִם נֶהֱנָה מִגּוּפָן, שֶׁאָכַל מִן הַפֵּירוֹת וּמִן הַיּוֹנִים וּמִן הַמַּיִם. כִּדְנַפְקָא לָן בְּמַסֶּכֶת מְעִילָה בְּפֶרֶק "הַנֶּהֱנֶה מִן הַהֶקְדֵּשׁ" (דף יח: ע"ש) דִּבְמְחוּבָּר לַקַּרְקַע יֵשׁ מְעִילָה אִם נֶהֱנָה, אע"פ שֶׁלֹּא פָּגַם, וּבְתְלוּשִׁין לָא הָוְיָא מְעִילָה עַד שֶׁיִּפְגּוֹם. אֵין מוֹעֲלִין בְּמַה שֶּׁבְּתוֹכָן. דְּס"ל לְר' יְהוּדָה אֵין מְעִילָה בְּגִידּוּלִין, דְּמִשּׁוּם גְּרָמָא דְּקַנְגְּרֵיס לֵיהּ קַרְקַע הֶקְדֵּשׁ לִיגְדַּל — אֵין לָנוּ לַעֲשׂוֹתוֹ הֶקְדֵּשׁ, דְּמ"מ אֵין (ב) מָמוֹן דְּהֶקְדֵּשׁ מְעוֹרָב בָּהֶן. נִרְאִין דִּבְרֵי ר' יְהוּדָה. בְּמַקְדִּישׁ בּוֹר וְשׁוֹבָךְ רֵיקָנִין וְאח"כ נִתְמַלְּאוּ, דְּאֵין מוֹעֲלִין בְּמַה שֶּׁבְּתוֹכָן. בִּשְׁלָמָא. מַאי דְּקָאָמַר רַבִּי: נִרְאִין לִי דִּבְרֵי ר' יְהוּדָה בְּבוֹר וְשׁוֹבָךְ, דְּמַשְׁמַע: אֲבָל בְּשָׂדֶה וְאִילָן אֵין נִרְאִין לִי אֶלָּא דִּבְרֵי ר' יוֹסֵי — שַׁפִּיר קָאָמַר, דְּהָא חָזִינַן דִּפְלִיג ר' יְהוּדָה אַדְּר' יוֹסֵי בְּשָׂדֶה וְאִילָן. אֶלָּא הַאי דְּקָאָמַר: נִרְאִין לִי דִּבְרֵי ר' יוֹסֵי בְּשָׂדֶה וְאִילָן, דְּמַשְׁמַע: אֲבָל בְּבוֹר וְשׁוֹבָךְ אֵין נִרְאִין לִי — מִכְּלָל דִּפְלִיג בְּבוֹר וְשׁוֹבָךְ? בִּתְמִיָּה. וְהָא רַבִּי יוֹסֵי בְּשָׂדֶה וְאִילָן קָאָמַר. בְּהֶדְיָא, וּבְבוֹר וְשׁוֹבָךְ מוֹדֵי לֵיהּ. וְהָכִי הֲוָה לְמֵימַר: הֲלָכָה כְּר' יוֹסֵי, אוֹ: רוֹאֶה אֲנִי דִּבְרֵי ר' יוֹסֵי. וּמִיהוּ, בְּמַאי דְּקָאָמַר: נִרְאִין דִּבְרֵי ר' יְהוּדָה בְּבוֹר וְשׁוֹבָךְ — אִיכָּא לְאַקְשׁוּיֵי נַמִי, דְּהָא מַשְׁמַע: מִכְּלָל דִּפְלִיג עֲלֵיהּ ר' יוֹסֵי בְּבוֹר וְשׁוֹבָךְ. וְכֵיוָן דְּמְסֵיפָא פָּרֵיךְ לָהּ בְּהֶדְיָא טְפֵי, הָךְ פִּירְכָא גּוּפָא לָא חָיֵישׁ לְפָרוּכֵי מֵרֵישָׁא. הָכִי קָאָמַר כו'. כְּלוֹמַר, הַאי "וְדִבְרֵי ר' יוֹסֵי" דְּקָאָמַר רַבִּי — לָאו אַנִּרְאִין קָאֵי, לוֹמַר: וְנִרְאִין דִּבְרֵי ר' יוֹסֵי. אֶלָּא כֵּן תְּפָרֵשׁ אוֹתוֹ: שֶׁדִּבְרֵי ר' יוֹסֵי בְּשָׂדֶה וְאִילָן, אֲבָל בְּבוֹר וְשׁוֹבָךְ מוֹדֵי לֵיהּ. וְרַבִּי לְפָרוּשֵׁי אֲתָא, דִּבְבוֹר וְשׁוֹבָךְ לָא פְּלִיגֵי. דְּלָא תֵּימָא ר' יוֹסֵי בְּבוֹר וְשׁוֹבָךְ נַמִי פָּלֵיג, וס"ל כְּר' אֶלְעָזָר בְּר' שִׁמְעוֹן לְקַמָּן בְּשְׁמַעְתִּין, דְּאָמַר: מוֹעֲלִין בַּמֶּה שֶׁבְּתוֹכָן הֵיכָא דְּהִקְדִּישָׁן לַבּוֹר וְשׁוֹבָךְ רֵיקָנִין וְאח"כ נִתְמַלְּאוּ, וְלְדִבְרָיו דְּר' יְהוּדָה קָאָמַר: לְדִידִי מוֹעֲלִין נַמִי בְּבוֹר וְשׁוֹבָךְ, דְּאָדָם מַקְנֶה דָּבָר שֶׁלֹּא בָּא לָעוֹלָם דְּקָנָה לוֹ רְשׁוּת הֶקְדֵּשׁ, אֶלָּא לְדִידָךְ — אוֹדֵי לִי מִיהָא בְּשָׂדֶה וְאִילָן, דְּמוֹעֲלִין בַּגִּידּוּלִין הַבָּאִין לְאַחַר מִיכָּן, מִשּׁוּם דְּקָיְנְקֵי מֵהֶקְדֵּשׁ. וְקָא"ל ר' יְהוּדָה: לָא. קמ"ל רַבִּי דִּבְבוֹר וְשׁוֹבָךְ מוֹדֵי, דְּלָא אַלִּים רְשׁוּת הֶקְדֵּשׁ לִקְנוֹת מִן רְשׁוּתוֹ כְּיַד הֶדְיוֹט, דְּאִילּוּ בְּהֶדְיוֹט אִתְרַבַּאי רְשׁוּת מ"וְאִם הִמָּצֵא תִמָּצֵא בְיָדוֹ" (שמות כב), אֲבָל לֹא בְּהֶקְדֵּשׁ. הִקְדִּישָׁן רֵיקָנִין. לְקַמָּן מְפָרֵשׁ אִי בְּבוֹר וְשׁוֹבָךְ אִי בְּשָׂדֶה וְאִילָן. דִּבְרֵי הַכֹּל כו'. כְּר' יְהוּדָה וְר' יוֹסֵי, דְּלָא פְּלִיגֵי בְּהוּ נַמִי לְעֵיל. א"ל אַבַּיֵי. לְרַבָּה רַבּוֹ הִקְשָׁה. הִלְכָּךְ גָּרְסִי' לְקַמָּן: אֶלָּא אֲמַר רַבָּה. כְּלוֹמַר, חָזַר בּוֹ וּפֵירֵשׁ כֵּן. וְלָא גָּרְסִי' "אֶלָּא אִי אִיתְּמַר הָכִי אִיתְּמַר". הִקְדִּישָׁן מְלֵאִין. סֵיפָא דְּהָךְ בָּרַיְיתָא דְּהִקְדִּישָׁן רֵיקָנִין הִיא, כִּדְקָתָנֵי. וְר' אֶלְעָזָר מַחֲלִיף. הֶחֱלִיף שִׁיטָתוֹ, דִּלְעֵיל גַּבֵּי הִקְדִּישָׁן רֵיקָנִין — מוֹעֲלִין בַּמֶּה שֶׁבְּתוֹכָן, וְהָכָא קָאָמַר: אֵין מוֹעֲלִין בַּמֶּה שֶׁבְּתוֹכָן. וּמִשּׁוּם דְּמִילְּתָא דְּתִימַהּ הִיא, דְּכ"ש הָכָא הֲוָה לֵיהּ לְמֵימַר מוֹעֲלִין בַּמֶּה שֶׁבְּתוֹכָן, הִלְכָּךְ קָתָנֵי: מַחֲלִיף.

וְאִי

מעילה יג. ע"ש

מועלין בו. פי' בקונט': שיש מעילה במה שהניח חפליו בבור. ואין נראה לר"ת, דאמר ב"השולח" (גיטין דף לט.) ובפרק קמא דסנהדרין (דף טו. ושם) דהמקדיש עבדו אין מועלין בשערו, משום דאיתקש לקרקעות. אלמא דאין מעילה במחובר. ואמר נמי בפרק "ולד חטאת" (מעילה דף יג. ושם ד"ה ומועלין בהן): הדש קלעילין בשדה הקדש — מעל. ואמר: שמע מינה אבק מעלי לה. משמע דוקא אבק שנתלש כבר, אבל מחמת השדה — לא מעל, כיון שהוא מחובר. ואר"ת: דשייכא מעילה בבור — כגון שעקר חוליא מן הבור ונהנה ממנה. **ואין** מועלין במה שבתוכו. דלא אמרינן שיקנה חצר הקדש כמו שקונה חצר הדיוט. דחצר משום יד איתרבאי, ולא מצינו יד להקדש. **דברי** רבי יהודה. ל"ג, שאינו בסדר המשנה במסכת מעילה (דף יג.). והא דקתני רבי בברייתא "נראין דברי רבי יהודה" — יודע היה רבי דרבי יהודה היא. **בשלמא** נראין דברי ר' יהודה בבור ושובך כו'. אין להקשות: אמאי? בשלמא הוא דקאמר נראין — מכלל דר' יוסי פליג עליה בבור ושובך, ורבי יוסי לא פליג אלא בשדה ואילן. דודאי נראין דברי רבי יהודה בבור ושובך — ניחא, דמצי לפרש שאף ר' יוסי לא נחלק אלא בשדה ואילן. אבל נראין דברי רבי יוסי בשדה ואילן — אי אפשר לקיים, אם לא נמחק "נראין". **הכי** קאמר נראין דברי רבי יהודה כו' ואיצטריך רבי לאשמועי', דלא נימא: לדבריו דר' יהודה קאמר ליה.

ואי

רבינו גרשום

שאינה צריכה ניפוח. זו אש של גיהנם: עד דעבד. האש: מאי דבעי. שאין מי שיכבנה: מהאש יצאו. מאש של תורה יצאו כדכתיב מימינו אש דת למו: והאש. של גיהנם תאכלם: מדרך השכל. מן התורה: **פיסקא** מכר אשפה. מקום עמוק ג"ט שמתאספים לשם הזבל: תנן התם. במס' מעילה: הקדיש בור מלא מים. ראוי לבדק הבית כדי לעשות חומר לתקון הבית ולא למזבח דלא קא עביד נסוך המים כי אם ממי שילוח דנובעין הן. ולא מדיחין בשר המזבח אלא מאמת המים שהיה בעזרה: אשפה מלאה זבל. לא חזי לבדק הבית דלא חזי לתקען בבנין במקום אבן ולא למזבח: שובך מלא יונים. ראוי למזבח לקרבן עולה ולא לבדק הבית. דלא חזי לשקועי בבנין: אילן מלא פירות. לא חזין הפירות לתקען בבנין ולא למזבח דבכורים לא הוו קרבין כלום על המזבח כי אם לפני המזבח דכתיב והנחתו לפני מזבח ה' וגו' וכהן הוה אכיל להו. וה"נ שדה מלאה עשבים לא חזיא לא לבדק הבית ולא למזבח. ואם הקדיש מכל הני כלום מועלין בהן ובמה שבתוכן הואיל דאקדיש להו בכה"ג מלאין. אבל הקדיש בור ואח"כ נתמלא מים וכו' מועלין בהם ואין מועלין במה שבתוכן משום דבשעה שהקדיש ליתנייהו כל הני: ר' יוסי אומר המקדיש את השדה ואת האילן מועלין בהן ובגידוליהן מפני שהן גידולי הקדש. ומגופייהו דהקדש נפקי. אבל בור ואשפה ושובך אם הקדישן ריקנין ואח"כ נתמלאו אין מועלין בהן הואיל דלא מגופייהו קאתי: ודברי ר' יוסי בשדה ואילן. דמועלין משום דמגופייהו של שדה ואילן קאתי הפירות גופייהו: מכלל דפליג. ר' יהודה אפי' בשדה ואילן דאין מועלין אע"ג דגופייהו דקרקע נינהו. אבל בבור ושובך קאמר. דנראין דבריו: אלא הא קשיא לי. מדקאמר רבי נראין דבריו של רבי יוסי בשדה ואילן מכלל דר' יוסי פליג אפי' בבור ושובך עליה דר' יהודה דמועלין. והיכי מצית למימר הכי והא ר' יוסי שדה ואילן לחודייהו קאמר דמועלין מכלל דלא פליג בבור ושובך. וכי תימא ודאי פליג ר' יוסי אפי' בבור ושובך דר' יוסי דלא נקיט אלא שדה ואילן לחודייהו לדבריו דר' יהודה קאמר לדידי אפי' בבור ושובך מועלין אע"ג דלאו מגופייהו קאתי. אלא לדידך דאמרת דבכולהו אין מועלין אודי לי זה מיהא בשדה ואילן דמגופייהו קאתי א) ואין מועלין בהם. אלא הכי קאמר רבי נראין דברי ר' יהודה לר' יוסי בבור ושובך שנתמלאו דאין מועלין בהם שר' יוסי לא נחלק וכו'. ולא תימא ונראין דברי יוסי אלא נראין דברי ר' יהודה לר' יוסי: ת"ר הקדישן. האי בור ושובך ושדה ואילן ריקנין ואח"כ נתמלאו: דתנא קמא. דר' יהודה דאמר לעיל דאין מועלין ור"א סבר לה כר' יוסי דהואיל דמגופייהו דהקדש הן מועלין אבל בור ושובך דלאו מגופייהו קאתי דברי הכל וכו': ור"א בר"ש מחליף. דאין מועלין במה שבתוכו

ואי

א) נראה דצ"ל דמגופייהו קאתי דמועלין בהם: אלא הכי קאמר וכו'.

הגהות הב"ח

(א) רשב"ם ד"ה אשפות מלאות זבל אינן ראוי' לא למזבח: (ב) ד"ה אין מועלין וכו' דמ"מ אין ממשות דהקדש:

לא א מיי׳ פכ״ז מהל׳ מכירה הל׳ י סמג עשין פב טוש״ע ח״מ סי׳ רכ סעיף טז:

ואי בשדה ואילן, אמאי מחליף? אלא אמר רבה: מחלוקת — בבור ושובך, אבל בשדה ואילן — דברי הכל מועלין בהן ובמה שבתוכן. ובבור ושובך, בריקנין במאי פליגי, ובמלאין במאי פליגי? בריקנין פליגי בפלוגתא דרבי מאיר ורבנן, דתנא קמא סבר לה כרבנן, דאמרי: אין אדם מקנה דבר שלא בא לעולם; ור״א ברבי שמעון סבר כר״מ, דאמר: *אדם מקנה דבר שלא בא לעולם. אימור דשמעת ליה לרבי מאיר — כגון פירות דקל דעבידי דאתו, הני מי יימר דאתו? אמר רבא, משכחת לה במים הבאין דרך חצרו לבור, ויונים הבאין דרך שובכו לשובך. ובמלאים במאי פליגי? אמר רבא: כגון שהקדיש בור סתם, ור׳ אלעזר ברבי שמעון סבר לה כאבוה, דאמר: דנין דין גבוה מדין הדיוט, מה דין הדיוט — מצי אמר: (א) בירא זביני לך מיא לא זביני לך, אף דין גבוה — בירא אקדיש מיא לא אקדיש; (ות״ק סבר: אין דנין דין גבוה מדין הדיוט.) ודין הדיוט לא? והתנן: *מכר בור — מכר מימיו! אמר רבא: מתני׳ יחידאה היא, דתניא: א מכר בור — לא מכר מימיו, ר׳ נתן אומר: מכר בור — מכר מימיו.§

מתני׳

ואי בשדה ואילן. פליגי לעיל גבי הקדישן ריקנין, וה״ה בסיפא — אמאי מחליף? כ״ש הכא דמועלין במה שבתוכן, דאיכא תרתי: גידולי הקדש, וגם הקדיש הכל ביחד, דלא גרע ממוכר! (ב) אלא אי בבור ושובך מוקמת לה — איכא לפרושי טעם מחלוקתן במלאין וריקנין, כדמפרש לקמן. אבל בשדה ואילן ליכא למיתב טעמא אמאי מחליף. ה״ג: אלא אמר רבה מחלוקת כו׳. מחלוקת דמלאין וריקנין בבור ושובך, כדמפרש ואזיל. אבל בשדה ואילן, בין מלאין בין ריקנין — דברי הכל מועלין בהן ובמה שבתוכן, כרבי יוסי דנימוקו עמו. פלוגתא דר״מ ורבנן. גבי האומר לאשה ״הרי את מקודשת לי ע״מ שאתגייר, ע״מ שתתגיירי״ כו׳, בהרבה מקומות. אימור דשמעת ליה לר״מ כגון פירות דקל. שהמוכר פירות דקל לחבירו, אע״פ שעדיין לא באו לעולם — אינו יכול לחזור בו משיבואו לעולם, דהא ודאי עבידי דאתו, דומיא ד״ע״מ שאתגייר״, דדעתיה לאיגיורי. וכי האי גוונא נמי מפרשינן ל״ע״מ שאשתחרר״, ״ע״מ שתשתחררי״ כו׳ — שהבטיחו רבו לשחררו. ומיהו, ר״מ לא איירי בפירות דקל, אלא רב הונא דקאי כוותיה במסכת יבמות בפ׳ ״האשה רבה״ (דף צג:). דאמר רב נחמן בר יצחק: רב הונא כרב, ורב כרבי ינאי, ורבי ינאי כרבי חייא, ורבי חייא כר״מ, וכולהו סבירא להו אדם מקנה דבר שלא בא לעולם. רב הונא מאי היא — דאיתמר: המוכר פירות דקל לחבירו, אמר רב הונא: עד שלא באו לעולם — יכול לחזור בו, משבאו לעולם — אינו יכול לחזור בו. הני מי יימר דאתו. אם לא יביא מים וישפוך לתוך הבור, או יביא יונים לשובך. הבאים דרך חצירו. שהבור עשוי במקום מדרון, דממילא אתו לבור. דרך שובכו. הסמוך לזה, דודאי עבידי דאתו יונים הנולדים לשובך ריקן זה. ודוקא שובכו, אבל שובך של אחרים — יכולין הן לעכב שלא יבואו לכאן (ולא דמי לפירות דקל) בשם רבינו זקני מ״כ. סבר לה כאבוה. בשילהי ״המוכר את הבית״, דאמר: המקדיש את השדה לא הקדיש אלא חרוב המורכב כו׳. ומפרשי בגמ׳ דסבירא (ג) בעין רעה מקדיש, דדנין דין גבוה מדין הדיוט כו׳. והלכך, כי היכי דהדיוט המוכר בור סתם לא מכר את מימיו, כדמפ׳ בסמוך, ודלא כמתני׳ דאמר: מכר בור מכר מימיו — אף דין גבוה כו׳. ומיהו, היכא דאין בו מים בשעת הקדש — קדשי המים הבאין לאחר מכאן, דאדם מקנה דבר שלא בא לעולם, ודעתו היה להקדישן. דבדבר שלא זכה בו עדיין ליכא למימר עין רעה. אבל כשהבור מלא מים, והמים והבור שלו הן, והוא הקדיש הבור — איכא למימר דהמים שייר לעצמו. ורבנן דפליגי עליה סבירא להו דבעין יפה מקדיש. אי נמי, סבירא להו כרבי נתן דאמר: מכר בור מכר מימיו, ולא גרע הקדש מהדיוט. מתני׳ יחידאה היא. רבי נתן קאמר לה, אבל רבנן פליגי עליה. מיהו, הלכתא כמתני׳, כדאמר ביבמות (דף מב:): דסתם במתני׳ ומחלוקת בברייתא — הלכה כסתם דמתני׳. ואע״ג דקאמר: יחידאה היא — לאו למימר דלא סבירא לן כוותיה, אלא לאשמועינן דרבי אלעזר ברבי שמעון סבירא ליה כרבנן. אבל כשאמורא אומר דבר מדעתו לפסוק הלכתא, היתר או איסור או דין, ומקשי ליה ממתני׳ ומשני: יחידאה היא — לא סבירא לן כי ההיא משנה, דאאמורא סמכינן, וכמ״ד האמורא: לית הלכתא כמתני׳ דמי.

מתני׳

ואי בשדה ואילן אמאי מחליף. הא כ״ע מודו דמכר אילן מכר פירותיו! דבבור ושובך ודאי הויא פלוגתא אם מכר מה שבתוכו, כדאמר לקמן. אבל בשדה ואילן ד״ה מועלין בו ובמה שבתוכו. הוה מצי למימר: ד״ה מועלין בו ולא במה שבתוכו, למ״ד אין מעילה בגידולין. ומיהו, הא לא מצי למימר דבין בזה בין בזה פליגי, בבור ושובך ושדה ואילן בהקדישן ריקנין(ד) ונתמלאו, לפי מה שמפרש ר״י בסמוך דאין בידו להקדיש דבר שלא בא לעולם, אם לא שזוכה בהן תחלה. ומיהו, הוה מצי למימר דפליגי אם יקדשו פירות האילן והשדה אם יבואו לרשותו. אבל לא ניחא ליה למימר דפליגי אלא בבור ושובך דוקא, דומיא דסיפא. אימור דשמעינן ליה לרבי מאיר כגון פירות דקל כו׳. תימה: מהיכא שמעינן לר״מ דאמר אדם מקנה דבר שלא בא לעולם — היינו מדתנא: האומר לאשה ״הרי את מקודשת לי לאחר שאשתחרר״ כו׳, דאמר ר״מ מקודשת, כדאמר ב״האשה רבה״ (יבמות דף צג:), וההוא לא עביד דאתו, דמי יודע דישחררנו רבו? ומפרש רבינו שמואל: דמיירי שהבטיחו רבו לשחררו, כדאמר בס״פ ״ארבעה אחין״ (שם דף לה.) דשמעה מפי מרה. וריב״ן מפרש: דכל הנהו עבידי דאתו, כגון חציו עבד וחציו בן חורין. ושפחה נמי — חציה שפחה וחציה בת חורין ונהגו בה מנהג הפקר, שכופין את רבה לעשותה בת חורין, כדאמרי׳ ב״הבא על יבמתו״ (שם דף סו.). ו״לאחר שימות בעליך ואחותיך״ — בגוססין, ו״שיחלוץ לך יבמיך״ — דמצות חליצה קודמת למצות יבום. א״נ, בחולנית ולא מתייבמת. וקשה: דאמר בפ׳ ״אע״פ״ (כתובות דף נח:): המותר, ר״מ אומר: הקדש. ומפרש בגמ׳ דקדוש לאחר מיתה קאמר, דאמר ר״מ: מקדיש דבר שלא בא לעולם, אע״ג דלא עביד דאתו שתמות היא קודם הבעל. ולא אפשר לאוקומי בגוססת — שהרי עושה מלאכה, כדתנן: הרי זו עושה ואוכלת! וי״ל: בחולה וזקנה. וה״ר אליעזר מפליר״א אומר: דכיון שהגוף בעולם, אלא שאינו ראוי לקנין, כמו כל הנך — חשוב כמו עבידי דאתו. ומותר דקדוש אע״פ שאינו בעולם, ולא עביד דאתי שתמות האשה קודם, מ״מ, כיון שהמותר מיהו עביד דאתי — חשוב הוא כאילו בעולם כבר. ואם היה בעולם לא הוי בעינן שיהא זה עביד דאתי שתמות היא לפני הבעל. וא״ת, והא דפריך הכא: מי יימר דאתו — הא לא בעינן דעביד דאתו בדבר שישנו בעולם, והמים הן בעולם! וי״ל: הא לא חשיב בעולם, כיון דליתנהו קמן. עוד י״ל: דפירות דקל וכולהו דליכא בהו אלא ״מי יימר״ אחד — חשיב עביד דאתו. ובפרק ״המפקיד״ (ב״מ דף לג: ושם) לא חשיב כפל עביד דאתי — משום דאיכא טובא ״מי יימר״, כדאמר התם: מי יימר דמיגנבא, ואת״ל דמיגנבא מי יימר דמשתכח גנבא, ואת״ל דמשתכח גנבא דלמא מודה ומיפטר. אבל קשה מהך דהכא, אע״ג דליכא אלא חד ״מי יימר״ — לא חשיב ליוני שובך ולמי הבור עבידי דאתו! ומיהו, בלאו הכי קשיא לר״י: אמאי לא חשיב להו עבידי דאתו כמו פירות דקל, שהרי אורחא דמילתא הוא שמתמלא שובך יונים, וכן הבור מתמלא מים כשהגשמים יורדין, שלא היו שותים בכל א״י אלא מי גשמים! ועוד קשה, דמשמע: אי הוו עבידי דאתו הוה ניחא ליה — אכתי תקשי ליה: היאך המים והיונים קדושים, אפי׳ אדם מקדיש דבר שלא בא לעולם? שהרי מכח חצרו של הקדש אינם קדושים, דאין חצר להקדש, כדפרישית לעיל. ומכח מה שמקדיש נמי אינן קדושים — דהיאך יכול להקדיש דבר שלעולם לא יבא ברשותו ולא יזכה בו לעולם! ונראה לר״י, דה״פ: מי יימר דאתו לרשותו שיזכה בהן, דודאי לא יבואו לעולם לרשותו, ואמאי מועלין במה שבתוכן? והלא אין כח בידו להקדישן כיון שלא באו לרשותו! ומשני: בבאין דרך חצרו לבור, ודרך שובכו לשובך. שזוכה בהן תחלה, לפיכך יש כח בידו להקדישן. ורשב״א פירש: דאי עבידי דאתו — ניחא דמצי להקדישן, דמצינו לפרש: כגון שהקדיש בור ושובך על מנת שיש לו כח בבור ושובך לזכות במים וביונים לצורך הקדש. ויונים הבאים דרך שובכו לשובך. תימה לרשב״א: דאיך יכול להקדישן הקדש גמור שימעלו בהן? והלא אינו זוכה בהן זכיה גמורה, דקי״ל *ב״הניזקין״ (גיטין דף נט) דאין בהן גזל אלא מפני דרכי שלום! ואומר רבינו יצחק: דבבילים ואפרוחים זוכין מן התורה. ורבי אלעזר סבר כר״מ דאמר אדם מקנה דבר שלא בא לעולם. תימה: דלא חשיב רבי אלעזר ברבי שמעון בפ׳ ״האומר״ בקדושין (דף סב: ושם), דאמר אביי: ר״א בן יעקב ור״מ ורבי כולהו סבירא להו אדם מקנה דשלב״ל. ופריך נמי התם: וליחשוב נמי רבי יהודה הנשיא ור״ע? ומשני להו. ונראה לרשב״א: דדוקא מהנהו פריך, מרבי יהודה הנשיא — משום דהוזכר באותה ברייתא גופא שהוזכר ר״מ, ומרבי עקיבא פריך — משום שהיה רבו של רבי אליעזר בן יעקב, ומסתמא ר׳ אליעזר בן יעקב מר״ע רבו שמיעא ליה, דאמר ביבמות (דף צג.): רבי כר״מ, ור״מ כרבי אליעזר [ב״י], ור״א [ב״י] כר״ע.

רבינו גרשום

ואי. מוקמת לפלוגתייהו בשדה ואילן אמאי מחליף הא מגופייהו קאתי: אלא אי איתמר הכי איתמר מחלוקת בבור ושובך דת״ק סבר אין מועלין וכדמפרש לפלוגתייהו לקמן. והשתא קא שייל תלמודא בריקנין פליגי דת״ק סבר [אין] מועלין ור״א סבר (אין) מועלין: אין אדם מקנה דבר שלא בא לעולם. ומש״ה לא הקדישן ואין מועלין: ור״א סבר לה כר״מ. א) במים הבאים מאמת המים דרך חצירו בבור או שעשה כל חצירו במדרון דודאי ירדו מי גשמי החצר לבור. וכן יונים נמי דאתי דרך שאר שובכין לשובך זה של הקדש. דהני כגון פירות דקל דודאי אזיל ומקני לשם הקדש ומש״ה מועלין: כגון דאקדיש בור סתם. דלא אמר בור זה עם מימיו אני מקדיש ור״א בר״ש סבר לה כאבוה דאמר בסוף פירקין דלעיל המקדיש את השדה לא הקדיש אלא חרוב המורכב וסדן שקמה משום דהמקדיש בעין רעה מקדיש: מה דין הדיוט. אי זבין ליה בור סתם מצי למימר בירא זביני לך מיא לא זביני לך: אף דין גבוה נמי. הואיל דהוו מים בבור ולא פירש מצי למימר בירא אקדישית מיא לא אקדישית. מש״ה מחליף דאין מועלין ורבנן סברי דמועלין: ומקשי׳ וכי דין הדיוט. אם מכר הבור לא מכר מימיו והאנן תנן וכו׳: יחידאה הוא. ולא הוי עיקר כוותיה:

א) נראה דחסר כאן וצ״ל דס״ל דאדם מקנה דבר שלב״ל ולפיכך מועלין בהן:

[יבמות צג. קדושין סב: עח: גיטין יג: מב: ב״מ טז: לג: לקמן קכז: קלח. קמח: קנז.:]

רש״ל מ״ז

[לעיל עח:]

רש״ל מ״ז

הגהות הב״ח

(א) גמ׳ מצי אמר ליה בירא: (ב) רשב״ם ד״ה ואי בשדה כו׳ דלא גרע ממוכר אבל אי בבור: (ג) ד״ה סבר וכו׳ דסבירא ליה בעין: (ד) תוס׳ ד״ה אבל וכו׳ ריקנין ואח״כ נתמלאו:

הא

עין משפט
נר מצוה

לב א ב מיי' פכ"ג מהל' מכירה הל' יא יב יג טוש"ע ח"מ סי' ריג סעיף א וסימן רכ סעיף יח:
לג ג מיי' שם הל' יד:
לד ד מיי' שם הל' טו וסמג שם טוש"ע חו"מ סי' רעז סעיף יד:
לה ה ו מיי' שם הל' יב יג וסמג שם טוש"ע ח"מ סימן רכ סעיף יח ועיין שם:

מתני' הלוקח פירות שובך מחבירו — מפריח בריכה ראשונה; ב פירות כוורת — נוטל ג' נחילים ומסרס; ג חלות דבש — מניח ב' חלות; ד זיתים לקוץ — מניח שתי גרופיות.§ גמ' והתניא: בריכה ראשונה ושניה! אמר רב כהנא, ה לא קשיא: הא לה, הא לאמה. מאי שנא אמה? דמיצטוותא אברתא ואזוגא דשבקינן לה — איהי נמי תיצטוותא אאמה ואזוגא דשבקינן לה! אמה אברתא מיצטוותא, ברתא אאמה לא מיצטוותא.§ "פירות כוורת — נוטל ג' נחילין ומסרס".§ במה מסרסן? אמר רב יהודה אמר שמואל: בחרדל. אמרי במערבא משמיה דר' יוסי בר חנינא: לא חרדל מסרסן, אלא מתוך שפיהן חד, חוזרות ואוכלות את דובשנן. ר' יוחנן אמר: נוטל שלשה נחילין בסירוס. במתניתא תנא: ו נוטל ג' נחילין בזה אחר זה, מכאן ואילך — נוטל אחת ומניח אחת.§ "חלות דבש — מניח שתי חלות" וכו'.§ אמר רב כהנא: דבש בכוורת אינו יוצא מידי מאכל לעולם. אלמא קסבר: לא בעי מחשבה. מיתיבי: דבש בכוורת — אינו לא אוכל ולא משקה! אמר אביי: לא צריכא אלא לאותן שתי חלות. רבא אמר: רבי אליעזר היא; דתנן

רש"י

מתני' הלוקח פירות שובך. כגון שאמר לו בניסן: מכור לי פירות שנה זו מה שילדו בכל חדש. אבל האמהות לא קנה. ודרך היונים לעשות שני ולדות בכל חדש, זכר ונקבה, חוץ מחדש אדר שאין יולדין. והנהו ולדות גם הם לסוף ב' חדשים עושים ולדות בכל חדש, וכל שני ולדות קרוין בריכה. מפריח. הלוקח. בריכה ראשונה מניח לפרוח עם האם, שאותן לא מכר. שכן דרך המוכרין פירות שובך לעכב בריכה ראשונה להיות צוות לאמהות להתקיים השובך, פן יברחו האמהות. והוא שובכו לא מכר, הלכך מסתמא גם בריכה ראשונה של שנה זו עיכב עם השובך, דזו היא קיום השובך. ובגמ' מפרש דגם פירות הראשונים דהאי בריכה ראשונה שייר המוכר, להיות צוות להך עם בריכה ראשונה פן תברח, דהא האמה לא מלטוותא, ומכיון שתברח בריכה ראשונה — תברח גם האם, ונמצא מפסיד שובכו. כך דעתי לפרשה בגמ'. פירות כוורת. של שנה אחת, דבורים הנולדים מן הכוורת. נוטל ג' נחילים. ג' חבורות הנולדות ראשונה בג' זמנים, מט' ימים או י' ימים זה אחר זה. שכן דרך הכוורת בתחלת ימות הקיץ יוצא מן הכוורת נחיל של דבורים ילדות שילדו האמהות, ויושבין על ענף האילן. ומביא כוורת חדש, ומכניסן לתוכו. וכן לסוף ט' או י' ימים יוצא נחיל של דבורים אחר, ומביא כוורת אחרת ריקנית, ומכניסן לתוכו. וכן השלישי, וקורין לו טירלי"ל. ויש שעושין עד ז' וח' פעמים במלכות יון. ובמלכות זו רובן עושין ג' פעמים. והשלישי גרוע מכולן, דאחרון אחרון גרוע. הלכך די בג' נחילין ראשונים, שהן חשובין. ומסרס. כלומר, מכאן ואילך יגרום להם המוכר שיסתרסו מאליהן ולא יעשו עוד פירות, כדי שיהיו טרודין ועסוקין לעשות דבש, וכל זמן שעושין דבש — אין עושין ולדות. והדבש של מוכר הוא, שכן דרך הכוורת לאחר שילאו כל הנחילין עושה דבש. ויש שהורגין אותן ולוקחין הדבש, ויש שמריקין אותן לכוורת ריקנית. ומסרס. בגמרא מפרש. חלות דבש. הכוורת לאחר שעשתה פירות וילאו הנחילין, לוקחין את הדבש. והוא עשוי חלות חלות, ויש בו י' חלות או עשרים זה בלד זה משעוה ודבש מעורב יחד. והמוכר חלות כוורתו ולא מכר את הכוורת — רוצה הוא להכניסה בימות הגשמים להגיעה לשנה הבאה לעשות פירות, והלכך מסתמא שייר ב' חלות להתפרנס בהן הדבורים בימות הגשמים. גרופיות. ענפים. וחוזר ולומח, כדאמרי' בבראשית רבה: "ויטע כרם", לא היה לו ליטע לא ייחור אחד, ולא גרופית אחת, ומהיכן היה לו? א"ר אבא בר כהנא: הכניס עמו זמורות לנטיעות, וייחורים לתאנים, וגרופיות לזיתים. גמ' והתניא. הלוקח פירות שובך מפריח בריכה ראשונה ושניה. וקס"ד דשתי בריכות הללו מן האמהות, כגון בריכה ראשונה של ניסן ובריכה שניה של אייר. והלכך קשיא למתניתין, דלא משיירא אלא בריכה ראשונה של אמהות לבדה, אבל כל מה שילדו האמהות עוד — הכל מכור. ה"ג בפי' ר"ח מרומי: לא קשיא הא לה הא לאמה. האי שניה — אבריכה ראשונה קאי, שיפריח גם בריכה ראשונה שתלד ההיא בריכה ראשונה לסוף ב' חדשים, כדי שיהו צוות (א) לבריכת אמן ראשונה. וכן משמע "הא לה": האי שניה — לה, לבריכה ראשונה משיירין אותה, כדי שתתקיים היא. והא לאמה. האי בריכה ראשונה דקתני במתני' ובברייתא — לאמה קאמר, שמשיירין לה לאם בריכה ראשונה ממנה להיות לה לצוותא. ובאה הברייתא להשמיענו דמההיא בריכה ראשונה של אם משיירין גם ממנה בריכה ראשונה, ומאי דלא פירש במתני' פירש בברייתא. והאי דקרי לפירות בריכה ראשונה "שניה" — משום דשניים הם לאמהות של אמן, בני בנים שניים הם לזקנים. ובין מתני' ובין ברייתא במוכר פירות שובכו סתם מיירי, והמשנה והברייתא במכירה אחת מיירי ובשובך אחד, כמו שפירשתי, אלא שהברייתא פירשה יותר מן המשנה, דמתני' לא איירי בבני בריכה ראשונה אם יפריח גם מהם או לא. וכן נראה בעיני, ועיקר. ויש לשונות הרבה דמוקי לה בשני שובכין או בשתי מכירות, ואין בהן ממש, ושיטת השמועה אינה מתיישבת בהן כלל. ופריך גמרא: לאמה מ"מ די בבריכה ראשונה, כדקתני מתני': מפריח בריכה ראשונה, ולא קתני ב' בריכות? פשיטא דמשום דמלטוותא אברתא, כלומר אבריכה ראשונה דשבקינן לה, ואזוגא הוא הזכר בן זוגה. כן פר"ח. ולא הוה צריך הגמ' להזכיר דבר זה, אלא משום דלא תקשי: מה לנו לצוותא דברתא? הלא יש לה בן זוג דמלטוותא בהדיה. הלכך פירש לך דלכל היותר שני מיני צוות בעי מתני', בן זוגה ובניה. איהי נמי. בריכה ראשונה, תלטוות אאמה ואבן זוגה, שהרי יש לה שני מיני צוות, ולמה אנו מלריכין להניח לה בריכה ראשונה כדי שלא תברח היא ומתוך כך תברח גם האם ויחרב השובך? ומשני: אמה אברתא. לבד מלטוותא, שרחמי האם על הבת. אבל ברתא, דהיינו בריכה ראשונה — לא מלטוותא אאמה לבד ואבן זוגה, אלא אם כן יש לה בנים. הלכך מניחין גם לבריכה ראשונה בנים, דהשתא איכא חבורות טובא: אמה ובן זוגה, ובריכה ראשונה, ובריכה של בריכה ראשונה בת הבת. דכיון דאיכא ג' חבורות אפי' בני בריכה ראשונה לא ערקי, דמלטוותי אאמם ואבי אמם. ואין להניח להם בנים לאלטוותי בהדייהו, דהשתא האם מלטוותא אברתא בריכה ראשונה, ובריכה ראשונה מלטוותא נמי אברתא בריכה שניה לאם, שהיא ראשונה לה, והיא מלטוותא אאמה ואאם אמה, דהוו להו חבורות טובא. כן נראית בעיני שיטת שמועה זו. ויש לשונות רבות וא"א ליישבן. במה מסרסן. דלשון סירוס זכרות משמע פשוטה של משנה. בחרדל. להאכילן חרדל, כדמפרש לקמיה. לא חרדל מסרסן אלא. גרמא בעלמא קגרים להו, כדמפרש. חד. מר. ואוכלות את דובשנן. ומתוך שביעותן בטילות מפריה ורביה, וחוזרות ועושות דבש. ורבינו חננאל פירש: אוכלות דבש שבנקבי החלות וחוזרות ומגדלות בנקבים, ואיכא למימר דלשנה הבאה יולדו אותן הדבורים, ויהיו של מוכר. ור' יוחנן. לאו אסירוס של זכרות מיירי כלל. אלא האי סירוס לשון דילוג הוא, כמו "קראה סירוסין" במסכת מגילה ירושלמית,* וה"ק מתני': נוטל ג' נחילין ע"י דילוג, ראשון שלישי וחמישי, והמוכר יטול השאר. שיהיה לשניהן מן הטובים ומן הכחושין, שכן דרך סתם מוכרי כוורת. במתניתא תנא. והכי הלכתא. דברייתא עיקר, וגם לשון המשנה דקתני: ומסרס — כן משמע, שתחלה נוטל ג' נחילין רלופין ואחר כך מסרס, זה נוטל אחד [הלוקח] נוטל אחד, ומניח אחד לצורך המוכר. דבש. אפי' בכוורתו, אינו יוצא מידי מאכל. ואע"פ שיש עת שהדבורים אוכלין דובשנן, אפילו הכי אינו יוצא מידי מאכל עד שיקלהו בפירוש למאכל דבורים. א"נ, (ב) דוקא בכוורתו הוי אוכל, אבל אם זב מכוורתו הוי משקה מסתמא, אלא אם כן חישב עליו לאכילה, כדתניא בהדיא ברא"ש ברייתא דמסכת טהרות. לא אוכל. לטמא בכביצה. ולא משקה. לטמא ברביעית. ומיהו, לעצמו מקבל אוכל טומאה בכל שהוא, כדמפרש בתורת כהנים: "מכל האוכל אשר יאכל" (ויקרא יא). אבל האי דבש בכוורתו — אין לו תורת אוכל כלל, אפילו לקבל טומאה. שתי חלות. שמניחין לימות הגשמים לפרנסת הדבורים. ומפורש בתוספתא שהן חלות חיצונות, בפירוש ר"ח. רבא אמר ר' אליעזר היא. משום דסתם דבש לא משמע ליה שתי חלות, אלא כל דבש של כוורת. הלכך ניחא ליה לרבא טפי לאוקומה כיחידאה.

[פ"ב הלכה כ]

רס"א

דתנן

תוספות

הא באמה (ג) והא בברתא. כלומר, משנה וברייתא חד הוא, ומפריח בריכה ראשונה דמתני' — היינו בריכה ראשונה של כל אם ואם. [והא בברתא — כלומר, כל אם ואם, בין בנות בין אמהות]. וברייתא נמי ה"ק: מפריח בריכה ראשונה ושניה — היינו ראשונה לבריכה שהפריח, והיא שניה לאמה — לבריכה הראשונה שבשבילה מפריח אלו. והוא הדין שניה ושלישית ורביעית, אלא דאטו כי רוכלא ליחשיב וליזל. דבש בכוורתו אינו יוצא מידי מאכל לעולם. פ"ה: עד שיקלהו למאכל דבורים בפירוש. ואין נראה לר"י, דאין לך דבר ראוי לאכילה שיועיל בו שום דבר, עד שיפסל מאכילת כלב. אינו יוצא מידי מאכל לעולם. תימה לר"י: דבמס' מכשירין (פ"ו מ"ד) חשיב דבש בהדי ז' משקים! ואומר ר"י: דהיינו אחר שהופרש מן השעוה, אבל בכוורתו שהוא עם השעוה — יש עליו תורת אוכל, ולא תורת משקה.

תריץ

רבינו גרשום

פיסקא הלוקח פירות שובך. כלומר הגוזלות ולא האמהות. יניח ומפריח המוכר בריכה ראשונה לאחר שמכר לצורך צוות האמהות שלא יברחו האמהות. מיכן ואילך הכל של לוקח הפירות: והתניא מפריח בריכה ראשונה ושניה: הא באימא. שיש לה בנות כבר מפריחות וקנה פירות האם מה שהיא עתידה עוד לעשות כיון דיש להאם בנות גדולות מפריחות אין צריך הלוקח אלא להפריח בריכה ראשונה שיעשו האמהות אחר שלוקחן משום דבהכי אית להו לאמהות צוות בבנות ובבריכה אחת משום דאימא קרובה דעתה עם בנותיה: הא בברתה. אבל אם קנה פירות הבנות צריך הלוקח להפריח להן שתי בריכות משום דברתא לא מצוות כלום עם אימה אלא עם בנותיה: ומקשי' מאי שנא אמה. דבבריכה אחת סגי לה משום דמצוות אברתא דאית לה ואזוגה דבריכה ראשונה דשביק (א)לה ואמאי מפריח שתי בריכות: ומשני אימא בברתא מצטוותא וכו': והלוקח פירות כוורת. כלומר הוולדות: לוקח המוכר ג' נחילין. לצרכו דהכי קים לן בתלת נחילין הוו צוות להו ולא יברחו האמהות מרשות מוכר. נחילין אלו הבריכות של דבורים קרי להו נחילין: ומסרס. כלומר אפי' הכי אי רוצה המוכר לסרסן כדמפרש בגמ' רשאי לסרסן דלא מצי הלוקח לעכב על ידו ולומר לו הואיל שמכרת לי הולדות (ב)אם אתה מסרם לאלו וגו' האמהות שיהיו לי הולדות: לא חרדל מסרסן. לגמרי דאינו רשאי לסרסן לגמרי אלא מתוך שפיהן חד וחמוץ מן החרדל שאוכלות חוזרות ואוכלות כדי להמתיק פיהן ומתעסקות מחמת כן לעשות דבש הרבה ומתבטלות מפריה ורביה. והך סירום יכול לעשות כדי להרבות לו דבש ובתר הכי יזדווגו: ור' יוחנן אמר. מפרש למתני' מאי מסרם דהכי קתני דמסרם להו לא סירום ממש אלא נוטל ג' נחילין בסירום שלוקח המוכר נחיל ראשון והלוקח השני והמוכר שלישי והלוקח רביעי והמוכר חמישי. דהכי מסרם להן לוקח (ומוכר) ג' נחילין רצופין בזה אחר זה. מיכן ואילך נוטל הלוקח אחת ומניח אחת לצורך. וכל הני משום צוותא הוא שלא יברחו לא זה ולא זה: מכר לו חלות דבש לצורך הדבורים שלא ימותו: מניח הלוקח שתי חלות דבש של כוורותיו. דבש שהוא בכוורתו אינו יוצא מידי מאכל לעולם. שאע"פ שלא חישב עליו לאוכלו מטמא טומאת אוכלין: אינו לא מאכל ולא משקה. דלא מטמא טומאת אוכלין בכביצה ולא טומאת משקין ברביעית אלמא דיוצא מידי מאכל לעולם: אמר אביי. כי תניא ההיא דאינו לא אוכל ולא משקה אותן ב' חלות דמוקצות נינהו קאמר. אבל שאר דבש אינו יוצא מידי מאכל לעולם: רבא אמר. הא דקתני אינו לא מאכל ולא משקה מני ר' אליעזר היא דכקרקע דמי:

דתניא

הגהות הב"ח

(א) רשב"ם ד"ה ה"ג בפי' ר"ח וכו' כדי שיהו לוות לאמן וכן משמע כל"ל ותיבת לבריכת ותיבת ראשונה נמחק: (ב) ד"ה דבש וכו' א"נ הכי קאמר דוקא בכוורתו: (ג) תוס' ד"ה הא באמה. נ"ב ר"ל ברייתא והא בברתא ר"ל מתניתין:

א) נ"ל איהו נמי תילטוות אאימה וכו' ואמאי מפריח שתי בריכות. ב) נראה דצ"ל אין אתה רשאי לסרס האמהות כדי שיהיו לי הוולדות:

עין משפט
נר מצוה

לו א ב מיי' פ"א מהל' טומאת אוכלין הלכה יח:

לז ג מיי' פכ"ג מהל' מכירה הלכה טו סמג עשין פב טוש"ע ח"מ סי' רטז סעיף יז:

לח ד ה מיי' פ"א מהל' שמיטין הלכה כא כב:

*דתנן: כוורת דבורים — ר"א אומר: הרי היא כקרקע, וכותבין עליה פרוזבול, ואינה מקבלת טומאה במקומה, והרודה ממנה בשבת — חייב חטאת; וחכ"א: אין כותבין עליה פרוזבול, ואינה כקרקע, ומקבלת טומאה במקומה, והרודה ממנה בשבת — פטור. *א"ר אלעזר: מאי טעמא דרבי אליעזר? דכתיב: °"ויטבול אותה ביערת הדבש", וכי מה ענין יער אצל דבש? אלא לומר לך: מה יער — התולש ממנו בשבת חייב חטאת, אף דבש — הרודה ממנו בשבת חייב חטאת. מיתיבי: דבש הזב מכוורתו — אינו לא אוכל ולא משקה; בשלמא לאביי ניחא, אלא לרבא קשיא! אמר רב זביד: כגון שזב ע"ג כלי מאוס. רב אחא בר יעקב אמר: כגון שזב על גבי קשקשין. מיתיבי: אדבש בכוורתו — אינו לא אוכל ולא משקה, חישב עליו לאכילה — מטמא טומאת אוכלין, למשקין — מטמא טומאת משקין; בשלמא לאביי ניחא, אלא לרבא קשיא! אמר לך רבא, תריץ הכי: חישב עליו לאכילה — אינו מטמא טומאת אוכלין, למשקין — אינו מטמא טומאת משקין. תניא כוותיה דרב כהנא: *בדבש בכוורתו — מטמא טומאת אוכלין שלא במחשבה. § "זיתים לקוץ — מניח שתי גרופיות". § *תנו רבנן: גהלוקח אילן מחבירו לקוץ — מגביה מן הקרקע טפח וקוצץ, בתולת השקמה — ג' טפחים, סדן השקמה — ב' טפחים, בקנים ובגפנים — מן הפקק ולמעלה, בדקלים ובארזים — חופר ומשרש, לפי שאין גזען מחליף. ובתולת השקמה ג' טפחים בעינן? ורמינהי: *דאין קוצצין בתולת השקמה בשביעית, מפני שהיא עבודה; ר' יהודה אומר: הכדרכו אסור, אלא מגביה י' טפחים וקוצץ, או גומם מעם הארץ; מעם הארץ הוא דקשי, הא אידך מעלי לה! אמר אביי: ג' טפחים מעלי לה, מעם הארץ ודאי קשי לה, מכאן ואילך — לא מקשי קשי לה ולאו עלויי מעלי לה; גבי שביעית עבדינן מידי דודאי קשי לה, גבי מקח וממכר עבדינן מידי דודאי מעלי לה. "בדקלים ובארזים חופר ומשרש, לפי שאין גזען מחליף". וארז אין גזעו מחליף? והא *דריש ר' חייא בר לולייני, מאי דכתיב: °"צדיק כתמר יפרח כארז בלבנון ישגה"? אם נאמר תמר למה נאמר ארז, ואם נאמר ארז, למה נאמר תמר? אילו נאמר ארז ולא נאמר תמר, הייתי אומר: מה ארז אין עושה פירות, אף צדיק אין עושה פירות, לכך נאמר תמר; ואם נאמר תמר ולא נאמר ארז, הייתי אומר: מה תמר אין גזעו מחליף, אף צדיק אין גזעו מחליף, לכך נאמר ארז! אלא הב"ע — בשאר מיני ארזים, כדרבה בר רב הונא. *דאמר רבה בר רב הונא, אמרי בי רב: י' מיני ארזים הן, שנאמר: °"אתן במדבר ארז שיטה והדס ועץ שמן אשים" וגו'; ארז — ארזא, שיטה — תורניתא, הדס — אסא, עץ שמן — אפרסמא, ברוש — ברתי, תדהר — שאגא, ותאשור — שורבינא. הני ז' הוי! כי אתא רב דימי אמר, הוסיפו עליהן: אלונים, אלמונים, אלמוגים; אלונים — בוטני, אלמונים — בלוטי, אלמוגים — כסיתא

תורה אור: שמואל א יד (ויטבול אותה ביערת הדבש); תהלים צב (צדיק כתמר יפרח); ישעיה מא (אתן במדבר ארז)

עין משפט שוליים (Gemara margin): עוקצין, שבת, ערמונים

תוספות

תריץ ואימא הכי חישב עליו כו'. אינו מגיה הברייתא. אלא ה"ק: דבש בכוורתו אינו לא אוכל ולא משקה — לענין זה, שאם חישב לאכילה שיהא מטמא טומאת אוכלים. **בקנים** ובגפנים מן הפקק ולמעלה. וא"ת: בלא קנייה נמי יש לו מן הפקק ולמעלה מתנאי יהושע, כדאמר בס"פ "מרובה" (ב"ק דף פא.)! וי"ל: דלאו פירכא היא כלל, דאין לו רשות לחתוך בחנם, אלא בשביל נטיעה. ודוקא מן החדש שאינו עושה פירות, וממקום שאינו עושה פירות, וממקום שאין רואה את החמה, כדאמר התם. ועוד, דכמה פקקים יש בגפנים וקנים, והכא מן התחתון והתם מן העליון. **לא** מקשי קשי לה ולא עלויי מעלי לה. לאו דוקא, דא"כ גבי שביעית אמאי אסור? הא אמר בע"ז (דף נ:): אוקמי אילנא — שרי, אברויי אילנא — אסור. אלא: לא ודאי מיקשי קשיא ולא עלויי מעלי לה. **מה** ארז אינו עושה פירות. וא"ת: הא אמר בפ"ק דע"ז (דף יד. ושם ד"ה פירי): מאי אינטרובל — פירא דארזא! וי"ל: דהתם בשאר מיני ארזים, שעושין פירות, והכא בההיא שאין עושין פירות. **שיטה** תורניתא. והא דאמר בפרק קמא דע"ז (שם) דתורניתא אין לו עיקר — לאו היינו תורניתא דהכא, אלא מין אחר. אבל האי שהוא מין ארז — יש לו עיקר.

רשב"ם

דתנן כוורת דבורים כו'. כבר פירשתי בפ' "המוכר את הבית". הרי היא כקרקע. והלכך, אפי' אם חישב עליה — לא הוי מאכל לקבל טומאה, כדנפקא לן מ"יערת הדבש". ה"ג: דבש שזב מן הכוורת אינו לא אוכל ולא משקה בשלמא לאביי ניחא אלא לרבא קשיא. ולא גרסינן: בשלמא לאביי אע"ג דזב מוקצה הוא. ופירוש משובש היה בספרים, שטעו לומר דלענין שבת מיירי. ולאו מילתא היא, דלא שייך למימר האי לישנא, דאינן לא אוכל ולא משקה, אלא לענין טומאה, אבל לענין איסור מוקצה דשבת — ה"ל למימר: דבש שזב מכוורת אסור. אלא לענין הלכות טומאה מיתניא, כדתניא נמי כי האי גוונא בתוספתא, בתחלת מס' טהרות (פ"ג): דבש שזב מכוורת דבורים מטמא טומאת משקין, חשב עליו לאוכלין — מטמא טומאת אוכלין. אינו לא אוכל כו'. כלומר, לא מקבל טומאה. בשלמא לאביי. דמוקי דבש כוורת בשתי חלות — ה"נ בשתי חלות, הלכך ניחא, ולא תקשי לרב כהנא, דכיון דאיתקנו לדבורים, אע"ג דזב — בעי מחשבה. אלא לרבא. דלא בעי לאוקומי בשתי חלות — קשיא לרב כהנא, דאפי' אי מוקי לה כר"א, כיון דזב — לא חשיב כקרקע. ע"ג כלי מאוס. והלכך, כיון דבתוך הכוורת לא הוי חשיב אוכל כר"א, והשתא כשיוצא הרי זב ע"ג כלי מאוס — הלכך צריך מחשבה. אבל אליבא דרבנן, דחשיבי ליה אוכל בתוך הכוורת — לא מיבטיל שם אוכל מיניה משום כלי מאוס עד שיפסל מלאכול הכלב, כדאמרינן בשחיטת חולין (דף עא.). כן נראה בעיני. קשקשין. קיסמין דקין, שאין ראוי לאספו. אבל גבי כלי מאוס חשיב אוכל. בשלמא לאביי ניחא. דמוקי לה בשתי חלות, ולא תקשי לרב כהנא. אלא לרבא קשיא. לרב כהנא, דבעל כרחך לאו ר"א היא, דמחשבה לא מהניא ליה לשווייה כתלוש, כי היכי דלא מהני לפירות מחוברים לקרקע לקבולי טומאה במחשבה. טפח. דהדר וצמח, ואע"ג דלא הניח שום גרופית. בתולת השקמה. שלא נקצצה מעולם. סדן. שכבר נקצץ פעם אחרת וגדל. לפי שאין גזעו מחליף. אם יניח ממנו חוץ לקרקע, הואיל ונקצץ בראשו. ובתולת השקמה ג' טפחים. בתמיה, והלא די בפחות! מפני שהיא עבודה. שיגדל יותר, וכתיב "וכרמך לא תזמור" (ויקרא כה). כדרכו אסור. כדמפרש לקמיה. מן הקרקע עד י' טפחים. ולת"ק איכא למימר דלית ליה האי שיעורא, אלא שיעור אחרינא, כגון מג' ולמעלה אסור. וקוצץ. מלמעלה מעשרה היזק הוא לאילן, ומכחישו. הא אידך. טפח או ב' טפחים מעליא ליה, ואמאי קתני לעיל ג' טפחים? במאי סגיא! מכאן ואילך. מן הקרקע עד ג' ומג' עד י'. לא מקשי קשי. כל כך, ולא עלויי מעלי. אלא מספקא לן, משום דזימנין קשי וזימנין מעלי. הלכך גבי שביעית, שאסור לזמור אילן כדי שישביח, עבדינן מידי דודאי קשי, דפשיטא לן ביה דלא ישביח בזימור זה, משום דספק איסור דאורייתא לחומרא. אבל גבי מקח וממכר — דעת המוכר לשייר לעצמו כדי מחיית האילן ודאי. אם נאמר תמר. שעושה פירות ואין גזעו מחליף, למה נאמר ארז — שגזעו מחליף ואין עושה פירות. קשו קראי אהדדי, אם מדמהו לארז ותמר מכל וכל. אף צדיק אין עושה פירות. שאוכל לדקותיו בעוה"ז ואין לו (א) לעוה"ב. א"נ, שאין מאכילין אותו פרי מעלליו. לכך נאמר תמר, כדכתיב נמי קרא אחרינא: "אמרו צדיק כי טוב כי פרי מעלליהם יאכלו" (ישעיהו ג). אין גזעו מחליף. אם נקצץ. אף צדיק אין גזעו מחליף. אם מת, שלא יוליד בן כמותו. א"נ, אם יפול לא יקום. לכך נאמר ארז. כדכתיב: "כי שבע יפול צדיק וקם" (משלי כד). ארזא. קיל"א בלע"ז. תורניתא. פי"ן. כל שמות הללו הם היו בקיאים בהם. אפרסמא. (ב) שף, שממנו עושין הזפת, כן נראה בעיני. ברתי. בוי"ש. שאגא. איכא דאמר: (ג) שף, וא"כ אפרסמא הוא, שממנו יוצא שמן אפרסמון. שורבינא. לא איתפרש. ומקשינן: הני שבעה הוו. הוסיפו עליהן. חכמים, על אותן שבאותו פסוק. אלונים. בוטמי, כדמתרגמא "תחת האלה" — בוטמא (בראשית לה). בלוטי. קייסנ"א, שקורין גלונ"ד. כסיתא.

רבינו גרשום

(דתניא) [דתנן] וכו' א)משום דבקרקע דמי: ביערת הדבש. מדשני קרא בדיבורא דמצי למימר בצפיחית הדבש וקאמר יערת הדבש להכי מפרש ליה ר' אליעזר הכי: מיתיבי דבש הזב מכוורת אינו לא אוכל ולא משקה. דליכא תורת אוכל ותורת משקה עליו: בשלמא לאביי. דמתרץ לעיל באותן שתי חלות דמשום דמוקצה ניחא. הא קמ"ל דאע"ג דזב מוקצה הוא. החלות וליכא תורת אוכל עליו. אלא לרבא דמתרץ לה כר' אליעזר דבקרקע דמי אמאי אינו לא אוכל ולא משקה דהא לאו כקרקע דמי הואיל דזב ופירש מכוורת: אמר רב זביד כגון שזב על גבי כלי מאוס. דאינו ראוי לא לאוכל ולא למשקה ומוקצה מחמת מיאוס הוא: קשקשין. שנפל על הקש ועל התבן דמטושטש הוא ומוקצה הוא: מיתיבי דבש בכוורת כו' בשלמא לאביי. דמוקים לה באותן ב' חלות ניחא דמש"ה אינו לא אוכל ולא משקה. הא נמי מצי לתרוצי בב' חלות דמוקצות נינהו ולהיכא דחישב עליה לאוכלה מטמא טומאת אוכלין. אלא לרבא דמוקים לה כר' אליעזר דבקרקע דמי אע"ג דחישב עליה אמאי מטמא טומאת אוכלין הא דבש כוורת כקרקע דמי ובדין הוא לא מטמא: אמר לך רבא תריץ הכי חישב עליו לאכילה אינו מטמא טומאת אוכלין. דבקרקע דמי: תניא כוותיה דרב כהנא. דאמר לעיל דבש בכוורת אינו יוצא מידי מאכל לעולם אע"ג דלא חשיב לאכילה: מכר לו זיתים לקוץ. להיות שלו העצים: מניח שתי גרופיות. טפחים סמוך לקרקע כדי שיחניט אחר באותו גזע: הלוקח שאר אילן מחבירו לקוץ מגביה מן הקרקע טפח וקוצץ דבכך יחניט אחר באותו שיור טפח: בתולת השקמה. אם מכר לו לקצוץ ענפיה מיכן ומיכן ולא הסדן עצמו מגביה ג' טפחים וקוצץ כל הענפים קטנים שהן מג' טפחים ולמעלה מן הארץ ולא אותן הענפים שבתוך ג' טפחים סמוך לארץ דקשה לאילן אם קוצצן: וסדן שקמה. אם קנהו לקוץ לפי שחזקה היא וכבר השרישה יפה בארץ מגביה ב' טפחים וקוצץ הכל הסדן עצמו לפי שמאותן ב' טפחים יכול להחליף ב) מן הקשר הסמוך לקרקע וקוצץ הכל: חופר ומשרש. אפי' השרשים וקוצץ משום דלית להו תקנתא: שאין גזעו מחליף. מאחר קציצתו. וכן בתולת השקמה יקצוץ ג' טפחים ותו לא. כלומר שמג' טפחים ולמעלה קוצץ ולא בתוך ג': ורמינהו כו' מפני שהיא עבודה. בשביעית: אלא קוצץ למעלה מי' טפחים. דאין מועיל כלום לאילן. או גומם. או יחתוך כל הענפים עד הארץ בסמוך לארץ. למימרא דאי קוצץ למעלה מי' או גומם הענפים מעם הארץ הוא דקשי לה לבתולת שקמה. אבל אי עביד לה באידך גיסא שמגביה ב' טפחים וקוצץ מעלי לה. והיכי אמרת דמגביה ג' טפחים וקוצץ [דמשמע] דבתוך ג' טפחים לא מעלי. מכאן ואילך כלומר מעם הארץ ולמעלה ועד ג' טפחים לא מעלי מה שקוצץ בתוך ג' הלכך כו'. דודאי קשי לה אם הוא גומם עם הארץ: מידי דמעלי לה. היינו מג' טפחים ולמעלה: אף צדיק. חם ושלום אין גזעו מחליף שלא יהא לו בן שימלא מקומו: אף הצדיק אין עושה פירות. שכר לעולם הבא: לכך נאמר [ארז] דגזעו מחליף. והיכי אמרת דארז אין גזעו מחליף: הכא במאי עסקינן דאין גזעו מחליף בשאר ארזים. אבל ארז גופו ודאי מחליף: ברוש. ברתא. שיטה. תורניתא. שורבינא לא איתפרש לן: ומקשי' הני ז' הוי. ולא י': בוטני. כדמתרגמינן תחת האלה תחות בוטני. אותו אילן שלועזין

א) נראה דל"ל והרודה ממנו בשבת חייב. משום כו'. ב) נראה דל"ל בקנים ובגפנים מן הפקק ולמעלה מן הקשר כו'.

לעיל סה: שביעית פ"ד מ"ז עוקצין פ"ג מ"י

שבת נה. לעיל סו. ע"ש

[בכורות ז:]

תענית כה:

שביעית פ"ד מ"ה ע"ש נדה ח:

[תענית כה.]

תענית כה: ר"ה כג. [סוכה לז.]

הגהות הב"ח

(א) רשב"ם ד"ה לא לדיק וכו' ואין לו חלק לעולם הבא: (ב) ד"ה אפרסמא שרף שממנו: (ג) ד"ה שאגא איכא דאמר שרף וא"כ:

כְּסִיתָא. אִיכָּא דְּאָמְרִי: עֲרוֹנִים, עַרְמוֹנִים, אַלְמוּגִּים; עֲרוֹנִים – עֲרֵי, עַרְמוֹנִים – דּוּלְבֵי, אַלְמוּגִּים – כְּסִיתָא.§

מתני' א)אהַקּוֹנֶה שְׁנֵי אִילָנוֹת בְּתוֹךְ שְׂדֵה חֲבֵירוֹ – הֲרֵי זֶה לֹא קָנָה קַרְקַע; רַבִּי מֵאִיר אוֹמֵר: קָנָה קַרְקַע. הִגְדִּילוּ – לֹא יְשַׁפֶּה. ב)בוְהָעוֹלֶה מִן הַגֶּזַע – שֶׁלּוֹ, וּמִן הַשָּׁרָשִׁים – שֶׁל בַּעַל הַקַּרְקַע, גוְאִם מֵתוּ – אֵין לוֹ קַרְקַע. דקָנָה שְׁלֹשָׁה – קָנָה קַרְקַע. ההִגְדִּילוּ – יְשַׁפֶּה. ווְהָעוֹלֶה מִן הַגֶּזַע וּמִן הַשָּׁרָשִׁין – שֶׁלּוֹ. זוְאִם מֵתוּ – יֵשׁ לוֹ קַרְקַע.§

גמ' ג)תְּנַן הָתָם: חהַקּוֹנֶה שְׁנֵי אִילָנוֹת בְּתוֹךְ שֶׁל חֲבֵירוֹ – מֵבִיא וְאֵינוֹ קוֹרֵא, ר"מ אוֹמֵר: מֵבִיא וְקוֹרֵא. אָמַר רַב יְהוּדָה אָמַר שְׁמוּאֵל: מְחַיֵּיב הָיָה ר"מ אַף בְּלוֹקֵחַ פֵּירוֹת (א) מִן הַשּׁוּק. מִמַּאי? מִדְּקָתָנֵי מִשְׁנָה יְתֵירָא; מִכְּדִי תְּנָא לֵיהּ דְּיֵשׁ לוֹ קַרְקַע, פְּשִׁיטָא דְּמֵבִיא וְקוֹרֵא! אֶלָּא ש"מ: מְחַיֵּיב הָיָה ר"מ אַף בְּלוֹקֵחַ פֵּירוֹת מִן הַשּׁוּק. וְהָא כְּתִיב: °"אֲשֶׁר תָּבִיא מֵאַרְצְךָ"! (דברים כו) הַהוּא טלְמַעוּטֵי חוּצָה לָאָרֶץ. וְהָא כְּתִיב: °"אַדְמָתְךָ"! (שמות כג) לְמַעוּטֵי אַדְמַת גּוֹי. וְהָכְתִיב: "אֲשֶׁר נָתַתָּה לִּי"! דִּיהַבְתְּ לִי זוּזֵי וּזְבַנִי בְּהוּ. מֵתִיב רַבָּה: יהַקּוֹנֶה אִילָן אֶחָד בְּתוֹךְ שֶׁל חֲבֵירוֹ – ד)מֵבִיא וְאֵינוֹ קוֹרֵא, לְפִי שֶׁלֹּא קָנָה קַרְקַע, דִּבְרֵי ר"מ! תְּיוּבְתָּא. א"ל ר"ש בֶּן אֶלְיָקִים לְר' אֶלְעָזָר: מַאי

כסיתא. אילן שגדל בים ויקר הרבה, וקורין קוריי"ל. **ערי.** אילן שגדילין בו בי"ש, וקורין לדיי"ר. **ודולבי.** קיסטניי"ר. **מתני' הקונה שני אילנות.** סתמא לא קנה קרקע סבידיו כלל, ואפי' מקום האילן. והרי הוא כמי שקנאן לפירותיו, שכשייבש יעקרנו וילך. **קנה קרקע.** דחשבי להו שדה האילן. **הגדילו.** הרחיבו הענפים הרבה. **לא ישפה.** לא יקצוץ אותן בעל הקרקע, אע"פ שהצל רע לבית השלחין. דכיון דאין לו קרקע לבעל האילנות, שהרי שעבד לו שדהו לצורך האילנות כל צרכן, שעל מנת כן לקחן. **גזע.** בגמרא מפרש. **שלו.** של בעל האילן, דמגוף אילנות קאתי. **של בעל הקרקע.** דכיון דמתפשט לקרקע יוצא – מקרקעו גדל. **אם מתו.** יבשו. **אין לו קרקע.** ליטע אילן אחר במקומן. **קנה קרקע.** דחשיבי שדה האילן. ובגמ' מפרש כמה יש לו קרקע, והיאך נטועים, דמצטרפי. **הגדילו.** חוץ לקרקע שלהן. **ישפה.** המוכר. דכיון דאין נטועין בשל מוכר כי אם בקרקע של לוקח, והמוכר לא שעבד לו קרקע שלו – אינו מניחן ליכנס בשלו, מאחר שמזיקין לו. **גמ' תנן התם.** במסכת בכורים. **ואינו קורא.** לפי שלא קנה קרקע, ולא קרינא ביה "פרי האדמה אשר נתתה לי" (דברים כו). ולקמיה פריך: א"כ למה מביא? **מביא וקורא.** ור"מ לטעמיה, דס"ל קנה קרקע. אבל באילן אחד מודה. **מחייב.** להביא בכורים בלוקח פירות שבאילן, ואותה שביכרה תחלה קושר בה גמי לידע שמבכרת היא. והאי דקתני הקונה שני אילנות – משום רבנן נקט להו, דאילו רבי מאיר, אפי' באילן אחד, שאין לו קרקע, מביא וקורא. **משנה יתירא.** הך דבכורים. **אלא ש"מ מחייב היה ר"מ כו'.** והכי קאמר: אפי' אם כדבריכם כן הוא, דשני אילנות אין להן קרקע – אפי' הכי מביא וקורא, דלא חיישינן לקרקע גבי מקרא בכורים. **והכתיב אשר תביא מארצך.** אבל לוקח פירות לא מביא ולא קורא. **והכתיב אדמתך.** "ראשית בכורי אדמתך תביא". **למעוטי אדמת גוי.** שאם יש לו לגוי קרקע בארץ ישראל, ולקח ממנו פירות – אין מביא מהן בכורים. ונראה בעיני דהכי גרסינן: והכתיב: "אדמתך" "אדמתך"! שני פעמים כתיב "ראשית בכורי אדמתך", בספר "ואלה שמות" ב"ואלה המשפטים", וב"כי תשא". וקמשני: חד למעוטי אדמת גוי, וחד למעוטי אדמת גר. שהרי הגר עצמו מן המביאין ולא קורין הוא, כדתנן במסכת בכורים (פ"א מ"ד), שאין יכול לומר "אשר נשבע לאבותינו לתת לנו". ואתא האי קרא למעוטי, דהקונה מפירות קרקע שלו לא מביא ולא קורא. **תיובתא.** וכל הנך קראי דלעיל מידרשי בספרי, ובמסכת בכורים בפרק קמא.

ערמונים. מכאן מוכיח רבינו תם דערמונים אין זה שקורין קשטניי"ס, דהא בפ' "לולב הגזול" (סוכה דף לב:) אמר: "ענף עץ עבות" – שענפיו חופין את עצו, ואיזה (זה) הוי אומר זה הדס. ופריך: ואימא זיתים? בעינן "עבות" וליכא. ואימא דולבא! ואי ערמון שהוא דולבא היינו קשטניי"ס – מאי פריך? הלא אינו "עץ עבות". **ממאי** מדקתני משנה יתירה. ה)וא"ת: והא דתנא בסיפא במסכת בכורים (פ"א משנה יא): הקונה שלשה אילנות בתוך של חבירו – מביא וקורא, ר"מ אומר: אפי' שנים. אמאי איצטריך ההיא משנה? כיון דלרבנן קונה קרקע – א"כ פשיטא דמביא וקורא! וכי תימא, איידי דנקט ר"מ שנים מביא וקורא נקט נמי שלשה לרבנן דמביא וקורא – מ"מ אמאי איצטריך תו דברי ר"מ בסיפא, דקתני: ר"מ אומר אפי' שנים מביא וקורא? וכי תימא: איידי דתנא רבנן תנא נמי ר"מ – א"כ מאי קשיא ליה הכא משנה יתירא? דלמא איידי דתנא רבנן תנא נמי ר"מ, דלרבנן איצטריך לאשמועינן דמביא ואינו קורא. דלקמן בעי מאי טעמא דרבנן בשני אילנות! ועוד תימה לרשב"א: דאי מחייב ר"מ בלוקח פירות מן השוק, בסיפא דקאמר ר"מ אפי' שנים – הוה ליה למימר: אפי' לקח פירות מן השוק! **ההוא** למעוטי חוצה לארץ. והכי נמי דריש בפרק "ראשית הגז" (חולין דף קלו. ושם): "ארצך" – למעוטי חוצה לארץ. ותימה: אמאי איצטריך מיעוטא? הא אמר בסוף פ"ק דקדושין (דף לו:): כל מצוה שהיא תלויה בארץ – אינה נוהגת אלא בארץ! ויש מפרשים: משום דבכורים איתקשו לבשר בחלב, דכתיב (שמות כג) "ראשית בכורי אדמתך וגו' לא תבשל גדי בחלב אמו"ו), ובמכלתא בהדיא מקיש להו, וס"ד שיהו נוהגין אף בחוצה לארץ כמו בשר בחלב. ולרשב"א נראה דלא חשיבי בכורים מצוה תלויה בארץ. דלא דמי לתרומה ומעשר וחלה, דהתם גוף הפירות מחויבין בתרומה, דטבל נינהו ואסורין באכילה, ולכך חשובין הן תלוין בארץ. אבל בכורים – אין החיוב תלוי בפירות אלא באדם, דאין נאסרין באכילה אע"פ שלא הפריש מהן בכורים. ועוד, מדלא חייב תרומה ומעשר עד שיתמרח בכרי – מוכח שהחיוב תלוי בפירות, לפי שלא הגיע עדיין זמן חיובן. אבל בכורים – ודאי חובת הגוף נינהו, כע"ז דילפינן מינייהו בקדושין (דף לז.), שאין החיוב תלוי בפירות אלא באדם, ואפי' בעודן באילן מתחייב, כדתנן במסכת בכורים (פ"ג מ"א) כיצד מפרישין בכורים? יורד אדם לתוך שדהו ורואה תאנה שביכרה, אשכול שביכר – קושרו בגמי, ואומר "הרי אלו בכורים". ואע"ג דאם אין לו [אינו] חייב לקנות – מ"מ חובת הגוף נינהו, כמו חובת ציצית, דאע"ג דאין חייב לקנות טלית כשאין לו – חשיב חובת הגוף. **למעוטי** אדמת גוי. רשב"ס גרס: והא תרי "אדמתך" כתיבי. ולפי שקשה לו אידך "אדמתך" למה לי, מגיה הספרים: והא כתיבי תרי אדמתך? חד למעוטי אדמת גוי, וחד למעוטי אדמת גר. ובחנם דחק עצמו, דחד "אדמתך" דרשינן בפ"ק דבכורים: הנוטע בתוך שלו והבריך לתוך של חבירו או לתוך של רבים – הרי זה אינו מביא, משום דכתיב "אדמתך" – עד שיהו כל הגידולים מאדמתך. ודוקא לוקח פירות מביא וקורא לר"מ, ולא מבריך בשל חבירו. דכיון דקנה מחבירו – חשיב "אדמתך". ועוד, לית לן למעוטי לוקח מגר, כיון דגר עצמו בר הבאה הוא, כדתנן (שם פ"א מ"ד): אלו מביאים ולא קורין, הגר מביא ואינו קורא, לפי שאינו יכול לומר "אשר נשבע לאבותינו לתת לנו". ומכח ההיא משנה לא היה מניח רבינו תם לגרים לברך ברכת הזימון, לפי שאינו יכול לומר "שהנחלת לאבותינו ארץ טובה", וקתני נמי (שם): כשהוא מתפלל בינו לבין עצמו אומר "אלהי אבות ישראל", וכשהוא מתפלל בבית הכנסת אומר "אלהי אבותיכם", ואם היתה אמו מישראל אומר "אלהי אבותינו". ולר"י נראה דשפיר מצי אמר גר "לאבותינו", ולא קיימא לן כההיא משנה, אלא כר"י דפליג עלה, כדאיתא בירושלמי (בכורים פ"א) דאמר, תני בשם ר"י: גר עצמו מביא וקורא, מאי טעמא – דאמר קרא (בראשית יז) "כי אב המון גוים נתתיך", לשעבר היה אב לארם, מכאן ואילך לכל גוים. ר' יהושע בן לוי אמר: הלכה כר"י. עובדא אתא קומי רבי אבהו, ואורי כר"י. והא דאמר בפרק בתרא דמכות (דף יט.): כיון דאיכא גר, דבעי למימר "אשר נשבע לאבותינו" ולא מצי אמר – אתי שפיר כר"י, וסמיך א"לתת לנו" דסיפיה דקרא. והא דאמר ר"י בירושלמי דמביא וקורא – דוקא גר מבני קיני חותן משה, דמצי אמר "לתת לנו", שנטלו חלק בארץ, כדכתיב "והיה הטוב ההוא אשר ייטיב וגו' והטבנו לך" (במדבר י) שנתנו להן דושנה דיריחו, כדאמר בספרי. והכי נמי תניא בתוספתא דבכורים: ר"י אומר כל הגרים מביאים ואינם קורים, ובני קיני חותן משה מביאים וקורים. ור"ת אומר: דההיא דירושלמי משבשתא היא, דהיכי מצי למימר גר קורא אפי' מבני קיני? "ארמי אובד אבי" דהיינו יעקב, "וירד מצרימה" "וירעו אותנו" "ויוציאנו"! וההיא דתוספתא מוקי באמו מישראל, דמצי אמר "לאבותינו", וכן "לתת לנו" אם הוא מבני קיני. ופליג אמתניתין דמס' בכורים דקתני באמו מישראל מביא וקורא. ולר"י נראה: דמתניתין נמי איירי בבני קיני, ולא פליג. משום דאמו מישראל לא מהני ליה למימר "לתת לנו", דהא אמו עצמה אינה קוראה, כדתנן במתניתין (בכורים פ"א מ"ה): האשה והשליח והעבד וטומטום ואנדרוגינוס אין קורין, דלא נטלו חלק בארץ, דממעט להו בספרי מ"איש לפי פקודיו" (במדבר כו) אע"פ שהיה להן חלק ע"י ירושה. כ"ש הוא דלא קרי דלא עדיף מאמו. **ההוא** למעוטי אדמת גוי. תימה לרשב"א: אמאי איצטריך? הא לר"מ יש קנין לגוי בארץ ישראל להפקיע מיד מעשר, דתנן (ע"ז דף כ:): אין משכירין בתים לגוי בארץ ישראל, ואין צריך לומר שדות. ומפרש בגמ' (שם כא.): מאי ואין צריך לומר שדות – דמפקיע להו ממעשר נמי! ונראה לר"י: דדלמא מהכא הוא דגמר בכל דוכתי דיש קנין. מיהו, אומר רשב"א: דההיא דע"ז (דף כא. ושם) יש לומר אפי' כמאן דאמר אין קנין, ושם מפורשז).

ודלמא

מסורת הש"ס

א) [לעיל עא.]: ב) [ב"מ קיח: דעת רבי יהודה]: ג) ביכורים פ"א מ"ו לעיל כז. גיטין דף מח.: ד) [עי' תוספות לעיל כז. ד"ה לא]: ה) [עמ"ש על הגליון בתוס' ב"מ סא. ד"ה אלא]: ו) [וע"ע תוס' חולין קג: ד"ה כל]: ז) [בתוס' דה הא אמר וכו' וע"ש]:

הגהות הב"ח

(א) גמ' ר"מ אף בלוקח פירות האילן ממאי כצ"ל ותיבות מן השוק נמחק וכן בסמוך:

עין משפט נר מצוה

לט א מיי' פכ"ד מהל' מכירה הלכה ו סמג עשין פב טוש"ע ח"מ סימן רטז סעיף ח:

מ ב מיי' שם הלכה ז טוש"ע שם סעיף י:

מא ג מיי' שם הלכה ו טוש"ע שם סעיף ט:

מב ד מיי' שם הל' ה טוש"ע שם סעיף ו:

מג ה ו מיי' שם הלכה ה טוש"ע שם ס"ח:

מד ז טוש"ע שם סו:

מה ח מיי' פ"ד מהל' בכורים ה"ד:

מו ט מיי' שם פ"ב הלכה א:

מז י מיי' שם הל' יג ע"ש השגות וכ"מ:

רבינו גרשום

שלועזין שפ"א. ערי. ביי"ש: כסיתא. בלע"ז קוריי"ל. קורלו: פים' אם הגדילו. הנופות שהיו מתרחבות הרבה לכאן ולכאן אע"ג שהצל רע לבית השלחין לא ישפה המוכר לענפין. כלומר לא יקצוץ אותן ענפין דמצי למימר הלוקח כי היכי דאין לי בקרקע שלך כלום שאם ייבש האילן אין [לי] רשות לנטוע אחר במקומו ה"נ אין לך רשות באילנות כלום לשפות. ואותן בדי אילן העולין מן הגזע היינו שעולין מן האילן עצמו בסמוך לארץ דלוקח הוי משום דהאילן שלו: ומן השרשין: שהן א) ברחוק האילן של בעל הקרקע משום דבקרקע דמי: ואם מתו. האילנות שיבשו אין להם קרקע ליטע אחרים במקומן: הגדילו. הענפים חוץ מקרקע שלו ב)ששייר לאילנות: ישפה. המוכר מפני שהצל רע לבית השלחין: מביא. בכורים: ואינו קורא. משום דלא קנה קרקע: אפי' בלוקח פירות מן השוק. מביא וקורא: מכדי תנא ליה. ר' מאיר במתני' דהקונה ב' אילנות יש לו קרקע כיון דאשמועינן דיש לו קרקע ממילא שמעי' לטעמי' דמביא וקורא למה למיתנא בדוכתא אחריתא דמביא וקורא. אלא לאו ש"מ להכי דלוקח פירות מן השוק דמביא וקורא: והא כתיב אשר תביא מארצך. ולהיכא דלקחן מן השוק לאו ארצו היא: למעוטי אדמת גוי. דאי קבלה באריסות או בקבלנות אינו מביא וקורא דלאו אדמתך קרינן ביה: והא כתיב אשר נתתה לי ה'. ולהיכא דלקחן מן השוק לא מצי למקרי הכי: ומשני היינו דיהבת לי זוזי וזבני בהו פירי: תיובתא. דרב יהודה אמר שמואל דאמר לעיל

א) אולי צ"ל שהן בתוך הקרקע של בעל הקרקע. ב) נראה דצ"ל ששייך לאילנות.

עין משפט
נר מצוה

מח א ב ג ד ה מיי' פ"ד מהל' בכורים הלכה ד סמג עשין קמ:
מט ו מיי' פ"ו מהל' תרומות הלכה א סמג לאוין רכב טור י"ד סימן שלא:
נ ז מיי' פ"א מהל' מעשר הלכה ד:
נא ח מיי' פ"ד מהלכות בכורים הלכה ד:
נב ט מיי' פי"ז מהל' מעשה קרבנות הלכה ו:
נג י מיי' פ"ד מהלכות בכורים הלכה ד:
נד כ מיי' שם הלכה ח:

מאי טַעֲמָא דְּר"מ בְּאִילָן אֶחָד, וּמ"ט דְּרַבָּנַן בִּשְׁנֵי אִילָנוֹת? אָמַר לוֹ: דָּבָר שֶׁהָרִאשׁוֹנִים לֹא אָמְרוּ בּוֹ טַעַם, תִּשְׁאָלֵנִי בְּבֵית הַמִּדְרָשׁ כְּדֵי לְבַיְּישֵׁנִי? אָמַר רַבָּה: מַאי קוּשְׁיָא? דִּלְמָא ר"מ בְּאִילָן אֶחָד סְפוּקֵי מְסַפְּקָא לֵיהּ, וְרַבָּנַן א בִּשְׁנֵי אִילָנוֹת סְפוּקֵי מְסַפְּקָא לְהוּ! וּמִי מְסַפְּקָא לֵיהּ? וְהָא קָתָנֵי: לְפִי שֶׁלֹּא קָנָה קַרְקַע, דִּבְרֵי ר"מ! אֵימָא: שֶׁמָּא לֹא קָנָה קַרְקַע. וְלֵיחוּשׁ דְּדִלְמָא לָאו בִּיכּוּרִים נִינְהוּ, א) וְקָא מְעַיֵּיל חוּלִּין לָעֲזָרָה! ב דְּמַקְדִּישׁ לְהוּ. וְהָא בָּעֵי מֵיכְלִינְהוּ! ג דְּפָרֵיק לְהוּ. וְדִלְמָא לָאו בִּכּוּרִים נִינְהוּ, וְקָא מַפְקַע לְהוּ מִתְּרוּמָה וּמַעֲשֵׂר! ד דְּמַפְרִישׁ לְהוּ. בִּשְׁלָמָא תְּרוּמָה גְּדוֹלָה יָהֵיב לָהּ לְכֹהֵן, מַעֲשֵׂר שֵׁנִי נַמִּי יָהֵיב לֵיהּ לְכֹהֵן, מַעֲשַׂר עָנִי נַמִּי יָהֵיב לֵיהּ לְכֹהֵן עָנִי, אֶלָּא מַעֲשֵׂר רִאשׁוֹן דְּלֵוִי הוּא, לְמַאן יָהֵיב לֵיהּ? ה דְּיָהֵיב לֵיהּ לְכֹהֵן, כְּר"א בֶּן עֲזַרְיָה; ב) דְּתַנְיָא: ו תְּרוּמָה גְּדוֹלָה לְכֹהֵן, מַעֲשֵׂר רִאשׁוֹן לְלֵוִי, דִּבְרֵי ג) רַבִּי עֲקִיבָא; רַבִּי אֶלְעָזָר בֶּן עֲזַרְיָה אוֹמֵר: ז מַעֲשֵׂר רִאשׁוֹן (א) אַף לְכֹהֵן. וְדִלְמָא בִּכּוּרִים נִינְהוּ וּבָעוּ קְרִיָּיה! ח קְרִיָּיה לֹא מְעַכֶּבֶת. וְלָא? ד) וְהָאָמַר ר' זֵירָא: ט כָּל הָרָאוּי לְבִילָּה — אֵין בִּילָּה מְעַכֶּבֶת בּוֹ, וְשֶׁאֵינוֹ רָאוּי לְבִילָּה — בִּילָּה מְעַכֶּבֶת בּוֹ! י דְּעָבֵיד לְהוּ ה) כְּר' יוֹסֵי בַּר חֲנִינָא, דְּאָמַר: כ בְּצָרָן וְשִׁגְּרָן בְּיַד שָׁלִיחַ, וּמֵת שָׁלִיחַ בַּדֶּרֶךְ — מֵבִיא וְאֵינוֹ קוֹרֵא; מַאי טַעֲמָא? דִּכְתִיב: ° "וְלָקַחְתָּ וְהֵבֵאתָ", (דברים כו) עַד

מאי טַעֲמָא דְּר"מ בְּאִילָן אֶחָד. כֵּיוָן דְּאֵינוֹ קוֹרֵא, מִשּׁוּם דִּכְתִיב: "אֲשֶׁר תָּבִיא מֵאַרְצְךָ", לָמָּה מֵבִיא? הָא מֵהֲבָאָה נַמִּי מְמַעֵט לֵיהּ קְרָא! מְסַפְּקָא לְהוּ. אִי קָנָה קַרְקַע מִן הַדִּין אוֹ לָא. וְהַאי דְּאָמְרִי לָא קָנָה קַרְקַע – הַיְינוּ מִשּׁוּם דְּיַד הַמּוֹכֵר עַל הָעֶלְיוֹנָה, דְּמִסְּפֵיקָא לָא מַפְּקִינַן מִינֵּיהּ.

תורה אור דִּלְמָא לָאו בִּכּוּרִים נִינְהוּ. דְּשֶׁמָּא לֹא קָנָה קַרְקַע, וְקָמְעַיֵּיל חוּלִּין לָעֲזָרָה. וְדָרְשִׁינַן ו) וּבְסִיפְרֵי: "כִּי יִרְחַק מִמְּךָ הַמָּקוֹם וְזָבַחְתָּ" (דברים יב) — בְּרִיחוּק מָקוֹם אַתָּה זוֹבֵחַ, וְאִי אַתָּה זוֹבֵחַ בְּקֵירוּב מָקוֹם חוּלִּין שֶׁלְּךָ. וְהוּא הַדִּין לְכָל הֲבָאַת חוּלִּין בָּעֲזָרָה שֶׁאָסוּר. אִי נַמִּי – מִדְּרַבָּנַן, דִּלְמָא אִיכָּא דְּחָזֵי לֵיהּ דְּנוֹהֵג בָּהֶן מִנְהַג חוּלִּין כְּדִינָן, וְסָבוּר קָדָשִׁים הֵן, הוֹאִיל וְאַיְיתִינְהוּ בָּעֲזָרָה, וְאָתֵי לְזַלְזוּלֵי בְּקָדָשִׁים. דְּמַקְדִּישׁ לְהוּ. עַל הַתְּנַאי, אִי הָווּ בִּיכּוּרִים – שַׁפִּיר, וְאִי לָאו – לִיקְדְּשׁוּ לִקְנוֹת בָּהֶן קָרְבָּן. הָא בָּעֵי מֵיכְלִינְהוּ. לְכֹהֵן, וְשֶׁמָּא קְדוּשַּׁת דָּמִים יֵשׁ בָּהֶן, וְנֶהֱנֶה מִן הַהֶקְדֵּשׁ, וּמָעַל! וּמְשַׁנֵּי: דְּפָרֵיק לְהוּ. אַחַר שֶׁהִכְנִיסָם לִפְנֵי הַמִּזְבֵּחַ וְהֵנִיף. וְקָא מַפְקַע לְהוּ מִתְּרוּמָה כו'. וְנִמְצָא אוֹכֵל טְבָלִים. אֲבָל בִּכּוּרִים הֲרֵי הֵן כִּתְרוּמָה, דִּכְתִיב (דברים יב): "תְּרוּמַת יָדֶךָ" — אֵלּוּ הַבִּכּוּרִים. וְכָל שֶׁהוּא יָכוֹל לַעֲשׂוֹת בִּכּוּרִים, כִּדְתְנַן בְּמַסֶּכֶת בִּכּוּרִים (פ"ב מ"ד) וּמְשַׁנֵּי: דְּמַפְרִישׁ. לְמַאן יָהֵיב לֵיהּ. וְאֵין לָנוּ לַעֲשׂוֹת תַּקָּנָה לִגְזוֹל אֶת הַלְוִיִּם. מַעֲשֵׂר שֵׁנִי נַמִּי. אִם שָׁנָה רִאשׁוֹנָה אוֹ שְׁנִיָּיה שֶׁל שְׁמִיטָּה הוּא. דְּיָהֵיב לֵיהּ לְכֹהֵן – דְּאִיהוּ (ב) לָא מָצֵי אָכֵיל לֵיהּ דִּלְמָא בִּכּוּרִים נִינְהוּ. מַעֲשַׂר עָנִי נַמִּי. אִם שְׁנַת שָׁלֹשׁ הִיא. מַעֲשֵׂר רִאשׁוֹן לְכֹהֵן. וְלֹא לְלֵוִי, כִּדְמְפָרֵשׁ בִּכְתוּבּוֹת בְּפֶרֶק "הָאִשָּׁה שֶׁנִּתְאַרְמְלָה", וּמוֹקֵי לָהּ לְבָתַר דְּקַנְסִינְהוּ עֶזְרָא. וּמַשְׁמַע לֵיהּ לְר' אֶלְעָזָר בֶּן עֲזַרְיָה: לְוִיִּם דִּקְרָא — אַף כֹּהֲנִים בְּמַשְׁמַע, דְּבְעֶשְׂרִים וְאַרְבָּעָה מְקוֹמוֹת נִקְרְאוּ כֹּהֲנִים לְוִיִּם. וּבָעֵי קְרִיָּיה. וְהֵיאָךְ יֹאכַל מֵהֶם בְּלֹא קְרִיָּיה? לֹא מְעַכֶּבֶת. כִּדְאָמְרִינַן בְּפֶ' בַּתְרָא דְּמַסֶּכֶת מַכּוֹת. כָּל הָרָאוּי לְבִילָּה. בִּמְנָחוֹת, בְּפֶרֶק "הַמְּנָחוֹת" תְּנַן: מִתְנַדֵּב אָדָם מִנְחָה שֶׁל שִׁשִּׁים עִשָּׂרוֹן וּמֵבִיא בִּכְלִי אֶחָד. וְאִם אָמַר "הֲרֵי עָלַי שִׁשִּׁים וְאֶחָד" – מֵבִיא שִׁשִּׁים בִּכְלִי אֶחָד, וְאֶחָד בִּכְלִי אֶחָד. וּמְפָרְשִׁינַן טַעֲמָא בַּגְּמָ' מִשּׁוּם דְּשִׁשִּׁים נִבְלָלִין כְּיַחַד יָפֶה בְּלוֹג שֶׁמֶן, אֲבָל שִׁשִּׁים וְאֶחָד אִי אֶפְשָׁר לְהִבָּלֵל. וּפָרְכִינַן: וְכִי לֹא בָּלַל נַמִּי מַאי הָוֵי? וְהָתְנַן: אִם לֹא בָּלַל כָּשֵׁר! וּמְשַׁנֵּי, א"ר זֵירָא: כָּל הָרָאוּי לְבִילָּה, כְּגוֹן שִׁשִּׁים עִשָּׂרוֹן, אִם לֹא בָּלַל – כָּשֵׁר. אֲבָל שִׁשִּׁים וְאֶחָד, שֶׁאֵין רָאוּי לְבִילָּה – בִּילָּה מְעַכֶּבֶת בּוֹ. כְּלוֹמַר, מַה שֶּׁאִי אֶפְשָׁר לְהִבָּלֵל מְעַכֶּבֶת בּוֹ. דְּכֵיוָן דִּכְתִיב: "וְיָצַק עָלֶיהָ שֶׁמֶן", וְצִוָּה לִבְלוֹל, דִּכְתִיב "בְּלוּלָה" — ש"מ שֶׁצִּוָּה הקב"ה לְהָבִיא מִנְחָה שֶׁיָּכוֹל לְקַיֵּים בָּהֶן מִצְוַת בְּלִילָה. וּכְשֶׁהוּא מֵבִיא שִׁשִּׁים וְאֶחָד – מִנְחָה כָּזוֹ לֹא צִוָּה לְהָבִיא, וַהֲרֵי הוּא כְּמֵבִיא מִנְחָה מִן הַקְּטָנִיּוֹת, דְּאֵינָהּ כְּלוּם. שֶׁכָּל דָּבָר שֶׁצִּוָּה הקב"ה לְהָבִיא – יֵשׁ עִיכּוּב בְּעִיקַּר הֲבָאָתוֹ לְהָבִיא כְּאוֹתוֹ עִנְיָן שֶׁצִּוָּה הַכָּתוּב, וְלֹא בְּעִנְיָן אַחֵר. אֲבָל מִצְוֹת הָאֲמוּרוֹת בְּאוֹתָהּ מִצְוָה, כְּגוֹן תְּנוּפָה בְּקָרְבָּן, בְּלִילָה בְּמִנְחָה – יֵשׁ שֶׁמְּעַכְּבִין, אִם גִּילָּה הַכָּתוּב לִשְׁנוֹת עָלָיו וּלְעַכֵּב, וְיֵשׁ שֶׁאֵין מְעַכְּבִין. וְגַבֵּי בִּכּוּרִים נַמִּי – דַּחֲזוּ לִקְרִיָּיה בָּעֵינַן. וְאע"ג דְּאִיכָּא מְבִיאֵי בִּכּוּרִים (ג) שֶׁמְּבִיאִין וְלֹא קוֹרִין, בְּמַסֶּכֶת בִּכּוּרִים (פ"א מ"ד) – ה"מ כְּגוֹן גֵּר, דִּמְעִיקָּרָא כִּי מַיְיתֵי ע"מ שֶׁלֹּא לִקְרוֹת מַיְיתֵי לְהוּ, וּכְגוֹן מֵחָג וְעַד חֲנוּכָּה דְּמֵבִיא וְאֵינוֹ קוֹרֵא, כִּדְנָפְקָא לָן מִקְּרָאֵי בְּסִיפְרֵי. אֲבָל הָנָךְ בִּכּוּרִים, דְּמַיְיתֵי לְהוּ מִסְּפֵיקָא – שֶׁמָּא טְעוּנִין קְרִיָּיה מִן הַתּוֹרָה, דְּשֶׁמָּא קָנָה קַרְקַע, וְהִלְכָּךְ חֲזוּ לִקְרִיָּיה בָּעֵינַן. בְּצָרָן וְשִׁיגְּרָן בְּיַד שָׁלִיחַ. אוֹ שֶׁמֵּת שָׁלִיחַ בַּדֶּרֶךְ, שֶׁהַשָּׁלִיחַ עַצְמוֹ בְּצָרָן וּמֵת בַּחֲצִי הַדֶּרֶךְ, וּמִינָּה שָׁלִיחַ אַחֵר תַּחְתָּיו עַד לִירוּשָׁלַיִם. אוֹ שֶׁהֱבִיאוּהוּ הַבְּעָלִים עַצְמָן מִשָּׁם וָאֵילָךְ. מֵבִיא וְאֵינוֹ קוֹרֵא. אֵין הַבְּעָלִים קוֹרִין, כִּדְמְפָרֵשׁ טַעֲמָא. וְלָקַחְתָּ וְהֵבֵאתָ. דִּכְתִיב: "וְלָקַחְתָּ מֵרֵאשִׁית כָּל פְּרִי הָאֲדָמָה אֲשֶׁר תָּבִיא", וְהַאי "וְלָקַחְתָּ" קְרָא יְתֵירָא הוּא, דְּמָצֵי לְמִיכְתַּב "וְהֵבֵאתָ מֵאַרְצְךָ". וְדָרְשִׁינַן בֵּיהּ: מִי שֶׁלּוֹקֵחַ, דְּהַיְינוּ בּוֹצֵר – הוּא מֵבִיא, דְּבָעֵינַן הַבְּצִירָה וַהֲבָאָה (ד) כּוּלָּהּ עַד לִירוּשָׁלַיִם בְּאָדָם אֶחָד. הִלְכָּךְ, הֵיכָא דִּבְצָרָן אִיהוּ וְהַשָּׁלִיחַ הֱבִיאָן – לָא הָוְיָא לְקִיחָה וַהֲבָאָה בְּאֶחָד אֶלָּא בִּשְׁנַיִם. וְכֵן הֵיכָא דְּמִית בַּדֶּרֶךְ – לָא הָוְיָא לְקִיחָה וְגָמַר הֲבָאָה בְּאֶחָד. אֲבָל הֵיכָא דִּבְצָרָן שָׁלִיחַ וֶהֱבִיאָן לִירוּשָׁלַיִם – אָז קוֹרִין הַבְּעָלִים, דִּשְׁלוּחוֹ שֶׁל אָדָם כְּמוֹתוֹ וְיָכוֹל לִקְרוֹת "הִנֵּה הֵבֵאתִי" וגו'. וּמִיהוּ, שָׁלִיחַ עַצְמוֹ לָא בַּר קְרִיָּיה הוּא, כִּדְתְנַן בְּמַסֶּ' בִּכּוּרִים, שֶׁאֵין יָכוֹל לוֹמַר "אֲשֶׁר נָתַתָּה לִּי ה'". וְה"נ – בְּצָרָן וּשְׁלָחָן ע"י שָׁלִיחַ, דְּפָטַר לְהוּ מִקְּרִיָּיה. וְהָא לֵיכָּא לְמִיפְרַךְ דְּמֵהֲבָאָה נַמִּי יִפָּטֵר – שֶׁהֲרֵי בְּקַרְקַע קָדְשׁוּ, כִּדְתְנַן בְּמַסֶּ' בִּכּוּרִים. מִכְּדֵי

ודלמא לאו בכורים נינהו וקא מעייל חולין לעזרה. בכל מקום שיש כעין הקרבה, כי הכא, שיש הגשה או תנופה למ"ד ז) וכן בפרק "הזרוע" (חולין דף קל: ושם ד"ה אי) גבי חזה ושוק, דקאמר: אי מאברא — "לפני ה'" כתיב, ואי מגואי — קא מעייל חולין בעזרה, ויש בהן תנופה. אבל דבר שאין עושין בו הקרבה כלל — בההוא אין שייך איסור הכנסת חולין בעזרה, דאל"כ לא ילבש כהן בגדי חול ויכנס בעזרה, וגם ישראל לא יכנס בעזרה! ועוד: דקאמר ב"הקומץ רבה" (מנחות דף כא: ושם ד"ה חולין): "יאכלוה" — שיאכלו עמה חולין ותרומה כדי שתהא נאכלת על השבע ח). אלא מעשר ראשון דלוי הוא. ואע"ג דדמאי אינו מחייב ליתנו מספק, משום דמצי אמר: אייתי ראיה דלא מתוקן הוא, ושקול. אומר רשב"א: דלא דמי, דהכא אין הכהן מוחזק יותר מן הלוי. ושל ישראל ממה נפשך אינם, דאם בכורים הם — דכהן הם, ואם לאו בכורים נינהו — א"כ מעשר ראשון הוא, והוי דלוי. ועוד: דמאי, דלא הוי אלא ספיקא דרבנן — אין צריך לקיים מצות נתינה. דמקדיש להו. תימה: דבפ' "התודה" (מנחות דף פ: ושם ד"ה וכי) גבי תודה שנתערבה בתמורה, דמשני: דלמא לאו תודה היא, והוי לחם חולין בעזרה — ואמאי לא פריך: דלקדיש ליה על תנאי, שאם אינה תודה — יקדש הלחם לבדק הבית, או לדמי נסכים! וי"ל: דגבי תודה, כיון שעשה ארבעים חלות מארבעה מינים — מוכחא מילתא טובא שלשם תודה מביאם, ולהכי, אפי' הקדיש על תנאי — חשיבי חולין בעזרה, כיון שאין דרך לעשות משאר הקדש מה שעשה מזה. אבל הכא, בכורים כי מקדיש להו לדמי — לא מיחזי חולין בעזרה, אלא כשאר הקדש. שדרך להביא הקדש בעזרה, כדאמר (תמיד כט. מדות פ"ג מ"ח): גפן של זהב היתה שם, שכל מי שמתנדב גרגיר מביא ותולה בה. שאינו עושה בכורים, אלא הגשה אצל המזבח לרבנן. ואפי' לראב"י דמצריך תנופה — אין הוכחה כל כך מתנופה שלשם בכורים מביאן. ואפי' בקריאת הפסוקים אין הוכחה כל כך, אלא הוי כקורא בתורה, הואיל ואינו עושה בגוף הפירות כלום. תרומה לכהן ומעשר ראשון ללוי דברי רבי עקיבא. ולא כפ"ה, דפירש דפליגי בתר דקנסינהו עזרא. אלא מדאורייתא פליגי, כדאמר ב"יש מותרות" (יבמות דף פו:) דמפיק טעמא מקראי, והוי לר"ע דוקא ללוי, ולרבי אלעזר אף לכהן. אבל בתר קנסא — הוי לר"ע אף לכהן, ולרבי אלעזר בן עזריה דוקא לכהן. וה"מ לשנויי הכא אפילו כר"ע ובתר קנסא. אי נמי, שיפריש עליה ממקום אחר על תנאי, שאם אינן בכורים — יהו פירות הללו מעשר, ואם הם בכורים — יהא מעשר של אלו בצפונם או בדרומם. ומעשר עני שלהם יהיב ללוי עני, ואם מעשר שני — יעלה ויאכל בירושלים. ובחד מהנך שנויי צריך לשנויי אליבא דר"מ דמאי טעמא באילן אחד מביא ואינו קורא, דלדידיה ליכא למימר כר' אלעזר בן עזריה, דבהדיא פליג עלה ב"יש מותרות" (שם). כל הראוי לבילה כו' עיקר מלתא בפ' "המנחות והנסכים" (מנחות דף קג: ושם) גבי "הרי עלי ס"א" כדפירש הקונטרס. וא"ת: ומאי פריך התם: וכי לא בלל מאי הוי? והתנן: אם לא בלל כשר. נהי דבלילה לא מעכבא, מ"מ לכתחלה מצוה לבלול! וטוב שיביאו בשני כלים, דיכול להביא בין בכלי אחד בין בשני כלים כמו שירצה, כיון דנדר סתם. דדוקא כי אמר "הרי עלי שני עשרונים להביא בכלי אחד" תנן התם (דף קג: ע"ש) דאם הביא בשני כלים פסול! ואומר ר"י: דהך דס"א קאי אהך דקתני רישא: מתנדב אדם מנחה ששים עשרון ומביא בכלי אחד, ואם אמר "הרי עלי ס"א", כלומר מנחה של ס"א. דהשתא צריך להביא בכלי אחד, דכיון דאמר "מנחה" — לקרבן גדול קא מכוין. דעביד להו כר' יוסי בר חנינא. פי': שלא עשה לקיחה והבאה כאחד. וא"ת: ומי דחקו לומר דעביד כר' יוסי בר חנינא? לימא דעביד כמתני', ששיגרם לגמרי ביד שליח, כדתנן במסכת בכורים (פ"א מ"ה) דשליח מביא ואינו קורא! ויש לומר: דהכי קאמר ר"מ: מביא ואינו קורא, משמע שמביא הוא בעצמו, ולא שמשגרם ביד שליח. בצרן ושגרן ביד שליח ומת שליח בדרך

רבינו גרשום

דמביא וקורא: מאי טעמא דר' מאיר באילן אחד. דאמר ואינו קורא אי ס"ל דהקונה אילן אחד קנה קרקע למה אינו קורא ואי לא קנה קרקע אמאי מביא: ומאי טעמא דרבנן בשני אילנות. אי קנה קרקע אמאי אינו קורא ואי לא קנה קרקע אמאי מביא. אמר רבה. מאי קושיא כלומר אמאי לא אמרי' בהם טעם דלמא לר' מאיר באילן אחד מספקא ליה אי קנה קרקע אי לאו ומש"ה מייתי ולא קרי. וכן הכי נמי לרבנן בב' אילנות: ומי מספקא ליה. לר' מאיר אי קנה קרקע: והא קתני לפי וכו' אימא שמא וכו'. ולא מצי למיקרי מספיקא מן האדמה אשר נתתה לי ה':ואמאי מביא מספיקא והאיכא למיחש דלמא לא קנה הקרקע ולאו בכורים נינהו וקא מעייל חולין לעזרה. וקיימא לן דאין מביאין חולין לעזרה: ומשני דמקדיש להו. לפירות דהוי קדשים והדר מעייל להו: והא בעי לבכורים למיכלינהו. כהן והקדש לא מצי כהן למיכל דסתם הקדש לבדק הבית הוא: ומשני דפריק להו. המביא והדר מצי למיכלינהו: ודלמא לאו בכורים נינהו וקא מפיק להו מתרומה ומעשר. דלא קא יהיב מינייהו תרומה [ומעשר] ומשני א)דמפרי' מע"ש דדידיה הוא. דמש"ר מצי יהיב ליה לכהן. אלא מעשר ראשון דלוי הוא וללוי לא מצי יהיב ליה משום דכבר בכורים הוא ולא מצי למיכל בכורים כי אם כהן: ומשני דיהיב ליה לכהן כדר' אלעזר וכו': וליחוש דלמא קנה קרקע וביכורים גמורין נינהו ובעי קריאה ואמאי אינו קורא: ומשני קרייה לא מעכבא. דאע"ג דלא קרא לא מעכבא: ולא והאמר ר' זירא. במס' מנחות: כל הראוי לבילה אין בילה מעכבת. כלומר ששים עשרונים בכלי אחד ראוין לבלול בלוג שמן ששים ואחד אין נבללין בכלי אחד ולא בלוג אחד ואם הן ששים בלבד בכלי אחד הואיל וראוין לבלול אע"פ שלא בללן אין בילה מעכבת בהן. ושאין ראוין לבילה בילה מעכבת בהן. הכא נמי הואיל דהני בכורין אין ראוין לקריאה קריאה מעכבת: ומשני דעביד בהו כדר' יוסי בר' חנינא דפוטרין מן הקריאה דאמר ר' יוסי בר' חנינא בצרן. לבכורים ושגרן ביד שליח ומת שליח בדרך והביאן שליח אחר מביא ואינו קורא מאי טעמא וכו' והכא ליעבד הכי שישגרן ביד שליח ובחצי הדרך ישגר שליח אחר שיקבלן מידו: ואינו קורא מאי טעמא דכתיב ולקחת

מסורת הש"ס

א) [מנחות מח. וש"נ]: ב) יבמות פו. ע"ש כתובות כו. חולין קלא: ג) נ"א ר' מאיר: ד) חולין פג: קדושין כה. יבמות קד: נדה סו: מנחות יח: קג: מכות יח: נדרים עג.: ה) [גיטין מז:]: ו) [בקדושין נז:]: ז) [לר"א בן יעקב ועי' תוס' מנחות פ: ד"ה וכי]: ח) [וע"ע תוס' פסחים סו: ד"ה מביאה ובמנחות כא: ד"ה חולין ודף פ: ד"ה וכי ובזבחים עז. ד"ה ותולין כו' ובחולין קל: ד"ה אי ובתמורה כג. ד"ה אוכלין]:

הגהות הב"ח

(א) גמ' ר"א בן עזריה אומר מעשר ראשון לכהן כצ"ל ותיבת אף נמחק: (ב) רשב"ם ד"ה מעשר שני וכו' לא מצי אכיל. נ"ב ותימה לי הא איתא בקדושין דף נג ע"ב וכן בכמה מקומות דר"מ ס"ל דמעשר שני ממון גבוה הוא ואין רשאי ליתן במתנה וכאן אי אפשר לתרץ כמו שמתרץ בגמרא שם ואין לומר דלזה פרשב"ם דאיהו לא מצי אכיל ואז מודה ר"מ דיכול ליתנו לכהן זה אינו דא"כ ה"ל לגמרא לתרץ כך בקדושין דף הנ"ל הא דתנינן הפודה מעשר שני שניתן לו במתנה ר"ל כהן שפודה מעשר שני מפירות בכורים שניתן לו במתנה דזה שרי ולמה נכנס בדחוקים וצ"ע וצ"ל דנ"ל פודה המעשר שני ואח"כ נותנו לכהן שפודה משום הוא בכורים: (ג) ד"ה כל הראוי וכו' דאיכא מביאי ביכורים וכו': (ד) ד"ה ולקחת וכו' הבצירה והבאה עד לירושלים כולה באדם אחד:

א) נ"ל דמפריש להו: מעשר שני נמי. כיון דדידיה נינהו ומשו"ה מצי יהיב להו לכהן: אלא מעשר ראשון.

עַד שֶׁתְּהֵא לְקִיחָה וַהֲבָאָה *כְּאֶחָד, וְהָא לֵיכָּא. א"ל רַב אַחָא בְּרֵיהּ דְּרַב אָוְיָא לְרַב אַשִׁי: מִכְּדֵי פְּסוּקֵי נִינְהוּ, לִיקְרֵי! א"ל: מִשּׁוּם דְּמֶחֱזֵי כְּשִׁיקְרָא. רַב מְשַׁרְשִׁיָּא בְּרֵיהּ דְּרַב חִיָּיא אֲמַר: דִּלְמָא אָתֵי לְאַפְקוּעִינְהוּ מִתְּרוּמָה וּמַעֲשֵׂר. §"הִגְדִּילוּ — לֹא יְשַׁפֶּה" כו'. § הֵיכִי דָּמֵי "מִן הַגֶּזַע", וְהֵיכִי דָּמֵי "מִן הַשָּׁרָשִׁין"? א"ר יוֹחָנָן: אכָּל שֶׁרוֹאֶה פְּנֵי חַמָּה — זֶהוּ "מִן הַגֶּזַע", וְשֶׁאֵינוֹ רוֹאֶה פְּנֵי חַמָּה — זֶהוּ "מִן הַשָּׁרָשִׁין". וְלֵיחוּשׁ דִּלְמָא מַסְּקָא אַרְעָא שִׁירְטוֹן, וְא"ל: תְּלָתָא זַבֵּינְתְּ לִי וְאִית לִי אַרְעָא! אֶלָּא אָמַר רַב נַחְמָן: ביָקוֹץ. וְכֵן אָמַר רַבִּי יוֹחָנָן: יָקוֹץ. אָמַר רַב נַחְמָן, נְקִיטִינַן: דֶּקֶל אֵין לוֹ גֶּזַע. סָבַר רַב זְבִיד לְמֵימַר: אֵין לוֹ גֶּזַע לְבַעַל דֶּקֶל, דְּכֵיוָן דִּלְמֶחְפַּר וּלְשָׁרֵשׁ קָאֵי — אַסּוּחֵי מַסַּח דַּעְתֵּיהּ; מַתְקִיף לָהּ רַב פַּפָּא: וְהָא קוֹנֶה שְׁנֵי אִילָנוֹת, דִּלְמֶחְפַּר וּלְמִשְׁרַשׁ קַיְימִי, וְקָתָנֵי דְּיֵשׁ לוֹ גֶּזַע! אֶלָּא אֲמַר רַב פַּפָּא: גאֵין לוֹ גֶּזַע לְבַעַל דֶּקֶל, לְפִי שֶׁאֵין מוֹצִיא גֶּזַע. וּלְרַב זְבִיד קַשְׁיָא מַתְנִיתִין! דְּזַבֵּין לְחָמֵשׁ שְׁנִין. § "קָנָה שְׁלֹשָׁה — קָנָה קַרְקַע". § וְכַמָּה? א"ר חִיָּיא בַּר אַבָּא א"ר יוֹחָנָן: דהֲרֵי זֶה קָנָה תַּחְתֵּיהֶן וּבֵינֵיהֶן וְחוּצָה לָהֶן כִּמְלוֹא

רש"י

מִכְּדֵי פְּסוּקֵי נִינְהוּ לִיקְרֵי. וְאַמַּאי עָבִיד לְהוּ כְּדִר' יוֹסֵי? כְּמוֹ שֶׁמֵּבִיא מִסָּפֵק כָּךְ יְהֵא קוֹרֵא מִסָּפֵק, כְּאָדָם שֶׁקּוֹרֵא בַּתּוֹרָה! מִשּׁוּם דְּמִיחֱזֵי כְּשִׁיקְרָא. שֶׁהֲרֵי בִּשְׁבִיל הֲבָאַת בִּיכּוּרִים קָא קָרֵי, וְשֶׁמָּא לָאו בְּקַרְקַע שֶׁלּוֹ גָּדְלוּ וְקָא מְשַׁקֵּר, וּכְתִיב: "דּוֹבֵר שְׁקָרִים לֹא יִכּוֹן לְנֶגֶד עֵינָי" (תהלים קא). אֲבָל כְּשֶׁקּוֹרֵא בַּתּוֹרָה לָא מֵיחֱזֵי כְּשִׁיקְרָא. דִּלְמָא אָתֵי לְאַפְקוּעִינְהוּ כו'. מַאן דְּחָזֵי דְּקָרֵי עֲלַיְיהוּ כְּבִיכּוּרִים וַדָּאִים, כְּשֶׁיִּהְיוּ לוֹ בִּיכּוּרִים כָּאֵלּוּ – לֹא יַפְרִישׁ מֵהֶן תְּרוּמָה, דְּקָסָבַר בִּיכּוּרִים וַדָּאִין הֵן. אִי נַמִי, הַאי גַּבְרָא גּוּפֵיהּ. הִלְכָּךְ עֲבוּד בְּהוּ הֶיכֵּרָא שֶׁלֹּא לִקְרוֹת. כָּל שֶׁרוֹאֶה פְּנֵי חַמָּה. הַיְינוּ כָּל הָאִילָן חוּץ מִן הַקַּרְקַע. וְשֶׁאֵינוֹ רוֹאֶה פְּנֵי חַמָּה. הַיְינוּ מִתַּחַת לַקַּרְקַע. וְלֵיחוּשׁ דְּמַסְּקָא כו'. כֵּיוָן דְּאָמְרַתְּ "מִן הַגֶּזַע" – הַיְינוּ כָּל שֶׁרוֹאֶה פְּנֵי הַחַמָּה, וַאֲפִילּוּ סָמוּךְ לַקַּרְקַע הֲרֵי הוּא שֶׁל בַּעַל הָאִילָן – וְא"כ הֵיכִי תַּקִּון רַבָּנַן מִילְּתָא דְּאָתֵי בָּהּ מוֹכֵר לִידֵי פְּסֵידָא? וְהָא זִימְנִין שֶׁיֵּשׁ לוֹ אִילָן אֶחָד בְּתוֹךְ שָׂדֶה שֶׁל חֲבֵירוֹ, וַאֲמוּר רַבָּנַן דְּהַיּוֹצֵא מִן הַגֶּזַע שֶׁלּוֹ, וּמַסְּקָא אַרְעָא שִׁירְטוֹן וּמַגְבִּיהַּ הַקַּרְקַע עַד שֶׁיִּתְכַּסֶּה אִילָן הַיּוֹצֵא מִן הַגֶּזַע מִקְּלָתוֹ בַּקַּרְקַע, וְיֵרָאוּ כִּשְׁלֹשָׁה אִילָנוֹת. וּכְגוֹן שֶׁהָיָה רוֹחַב בֵּין הַגֶּזַע לָאִילָן כְּשִׁיעוּר הַמְפוֹרָשׁ לְפָנֵינוּ. וְיִטְעוֹן לוֹקֵחַ שֶׁיֵּשׁ לוֹ קַרְקַע, וְיַפְסִיד הַמּוֹכֵר, דְּהָוֵי כִּשְׁלֹשָׁה אִילָנוֹת וְקָנָה קַרְקַע. וַהֲוָה לְהוּ לְרַבָּנַן לְמֵימַר: הַיּוֹצֵא מִן הַגֶּזַע יַחְתּוֹךְ בַּעַל הָאִילָן פֶּן יַפְסִיד הַמּוֹכֵר! אָמַר רַב נַחְמָן יָקוֹץ. מַתְנִיתִין דְּקָתָנֵי: הַיּוֹצֵא מִן הַגֶּזַע שֶׁלּוֹ – לֹא שֶׁיַּנִּיחֶנּוּ כָּךְ וְיִגְדַּל, אֶלָּא הֲרֵי הוּא שֶׁלּוֹ עַל מְנָת לִקְצוֹץ וְלִשְׂרוֹף. נְקִיטִינַן. מֵרַבּוֹתֵינוּ: דֶּקֶל אֵין לוֹ גֶּזַע. לְקַמֵּיהּ מְפָרֵשׁ. אֵין לוֹ. הַיּוֹצֵא מִן הַגֶּזַע לְבַעַל הַדֶּקֶל. דְּכֵיוָן דְּלַחְפּוֹר וּלְשָׁרֵשׁ קָאֵי כְּשֶׁיִּיבַשׁ הָאִילָן, דְּהָא לֹא קָנָה קַרְקַע. אַסּוּחֵי מַסַּח דַּעְתֵּיהּ. בַּעַל הַדֶּקֶל, מִן הֶעָתִיד לָצֵאת מִן הַגֶּזַע, דְּסָבוּר הוּא שֶׁמָּא יִיבַשׁ הַדֶּקֶל מְהֵרָה וְלֹא יוֹצִיא גֶּזַע. דְּלָא דָּמֵי לִשְׁאָר אִילָנוֹת, שֶׁאִם יָבְשׁוּ בְּרֹאשָׁן קוֹצְצָן לְמַטָּה, וְחוֹזְרִין וּגְדֵילִין, שֶׁהֲרֵי גִּזְעָן מַחֲלִיף כְּדְאָמְרִינָא לְעֵיל (דף פ:). אֲבָל דֶּקֶל, מֵאַחַר שֶׁיִּיבַשׁ – אֵין לוֹ תַּקָּנָה, כִּדְתַנְיָא לְעֵיל: בִּדְקָלִים וּבַאֲרָזִים חוֹפֵר וּמְשָׁרֵשׁ. הִלְכָּךְ מִיָּאֵשׁ מִן הַיּוֹצֵא מִן הַגֶּזַע, וְלֹא נִתְכַּוֵּין לִקְנוֹתוֹ. וְהָא הַקּוֹנֶה שְׁנֵי אִילָנוֹת. דְּמַתְנִי' בְּכָל אִילָנוֹת מַיְירֵי, וַאֲפִילּוּ בִּדְקָלִים. וְאע"ג דְּלַחְפּוֹר וּלְשָׁרֵשׁ קָיְימִי כְּשֶׁיָּמוּתוּ, דְּהָא אֵין לוֹ קַרְקַע – אֲפִי' הָכִי קָתָנֵי מַתְנִי' דְּיֵשׁ לוֹ גֶּזַע! אֶלָּא אָמַר רַב פַּפָּא. לָא תִּיתְלֵי טַעֲמָא דְּאַסּוּחַ דַּעְתָּא בְּחוֹפֵר וּמְשָׁרֵשׁ. אֶלָּא, אֵין לוֹ גֶּזַע לְבַעַל הַדֶּקֶל כִּדְקָאָמְרַתְּ, וְלָא מִטַּעְמִיךְ. אֶלָּא לְפִי שֶׁאֵין דֶּרֶךְ. דֶּקֶל לְהוֹצִיא מִן הַגֶּזַע כְּלוּם, אֶלָּא מִלְמַעְלָה בְּרֹאשׁוֹ גְּדֵילִים כָּל עֲנָפָיו. וְהִלְכָּךְ עוֹלִין לוֹ בְּחֶבֶל, כְּדַאֲמָרַן בְּ"הַמּוֹכֵר אֶת הַבַּיִת" (לעיל דף סט:). וּמִשּׁוּם הָכִי הִסִּיחַ דַּעְתּוֹ. וַאֲפִי' אִי מִיקְרֵי וְיוֹצֵא מִן הַגֶּזַע – הֲרֵי הוּא שֶׁל בַּעַל הַקַּרְקַע. וּמַתְנִי' – בְּאִילָנוֹת הָרְגִילִין לְהוֹצִיא גֶּזַע מַיְירֵי, וְלֹא בְּדֶקֶל, הוֹאִיל וְלֹא שָׁכִיחַ לְהוֹצִיא גֶּזַע. דְּכָל מִילְּתָא דְּלָא מַסֵּיק לוֹקֵחַ אַדַּעְתֵּיהּ – לָא קָנֵי. וּלְרַב זְבִיד. דִּסְבִירָא לֵיהּ דְּמוֹצִיא גֶּזַע. קַשְׁיָא מַתְנִי'. דִּבְכָל אִילָנוֹת הַמּוֹצִיאִין גֶּזַע מַיְירֵי. דְּזַבֵּין לֵיהּ לְחָמֵשׁ שְׁנִין. שֶׁאַף אִם יָמוּת יִטַּע אַחֵר בִּמְקוֹמוֹ. וְהִלְכָּךְ, כֵּיוָן דִּמְשַׁעְבְּדָא לֵיהּ אַרְעָא לִזְמַן קָצוּב – לָא מַסַּח דַּעְתֵּיהּ מִן הַגֶּזַע. אֲבָל הֵיכָא דְּזַבֵּין סְתָמָא, שֶׁאֲפִילּוּ אִם יָמוּת לְסוֹף יוֹם אוֹ יוֹמַיִם לַעֲקוֹר וּלְשָׁרֵשׁ קָאֵי – הָתָם וַדַּאי מַסַּח דַּעְתֵּיהּ. תַּחְתֵּיהֶן. תַּחַת עִיקַּר הָאִילָנוֹת וְהַנּוֹפוֹת. וּבֵינֵיהֶן. קַרְקַע מְגוּלָּה שֶׁבֵּין נוֹפוֹת אִילָן זֶה לְנוֹפוֹת אִילָן זֶה. וְחוּצָה לָהֶן. סְבִיב הָאִילָנוֹת, (א) מָקוֹם שֶׁכָּלִין נוֹפוֹתֵיהֶן וְלַחוּץ. בִּמְלוֹא

נ"ל באחד

תוספות

בדרך מביא ואינו קורא. תימה: הא נראו לקריאה ונדחו, והוה לן למימר ירקבו, כדא"ר זירא בפרק בתרא דמכות (דף יח: ושם): הפריש ביכורים לפני החג, ועבר עליהם החג — ירקבו, משום דקודם החג הוו חזו לקריאה, ואחר החג תו לא חזו. ותשיב להו מטעם זה התם אין ראוים לבילה, דבילה מעכבת בהן! ותירץ רבינו חיים: דהכא איירי כגון שהיה בדעתו מתחלה כשבלרן לשגרן ביד אחר, דאז יכול לשגרן ביד אחר כאילו לא נראו לקריאה מעולם. כדמוכח בירושלמי דביכורים (פ"א), דגרס התם: ר' יוחנן ור"ש לקיש בשם רבי אושעיא אומר: כשלקטן לשלחן ביד אחר, אבל אם לקטן להביאן הוא — לא ישלחנו ביד אחר, דכל הביכורים שנראו להיתר קריאה אין נתרין אלא בקריאה. וקאמר בתר הכי: מתניתין פליגא, הפריש ביכוריו ומכר שדהו — מביא ואינו קורא. קיימונה שנתן דעתו למכור משעה ראשונה. והא דתנינא: יבש אילן או נקצץ מביא ואינו קורא — כשייבש משעה ראשונה. ולפי זה, הפריש ביכורים לפני החג על מנת להביאן לאחר החג — לא ירקבו, אלא אחר החג מביא ואינו קורא. ומה שפירש הקונטרס דבלירה היא הלקיחה — אין נראה לרבינו תם, דלקיחה לא משמע בלירה, אלא לקיחה מתוך הבית. ועוד: דלא קתני "או מת שליח", אלא "ומת" — משמע דמת הויא לקיחה והבאה בתרתי. ועוד: דהכי הוה ליה למיתני: בלרן ושגרן ביד שליח או בלרן שליח והוליכן הוא. אלא נראה לר"ת: דלקיחה שהיא מתוך הבית הויא לקיחה, ובלרן אורחא דמילתא נקט, שהוא רגיל ללקט מה *(שנראה בעיניו) ולא שליח, משום דביכורים אין להם שיעור.

עד שתהא לקיחה והבאה באחד. פ"ה: דבלרן שליח והביאן לירושלם — קורין בעלים, דשלוחו של אדם כמותו, ויכול לקרות "הנה הבאתי" וגו'. ואין נראה שיקראו בעלים כדמשמע בירושלמי.

מתקיף לה רב פפא והא קונה שני אילנות דלחפור ולשרש קיימי כו'. פי' הקונטרס: דפריך משום דמתניתין לא מפלגא, ומיירי אפילו בדקל. ותימה: דאם כן, מאי משני רב פפא? לדידיה נמי תקשי! ומה שתירץ בקונטרס זהו דוחק. ועוד: דמפרש דמזבין ליה לחמש שנים, שאם ימות תוך כך יטע אחר במקומו. הא קתני: ואם מתו — אין לו קרקע, היינו שלא יטע אחר במקומו. דאי לזרוע תחתיו קאמר דאין לו קרקע כשמתו — פשיטא, דהא אפי' בעודן האילנות חיות קתני דלא קנה קרקע! ונראה לרבינו תם: (ב) דרב זביד נקט דקל וכל דדמי ליה, כגון ארזים ושאר אילנות שכבר נקללו פעם אחת, דתו אי יבשי — אין גזען מחליף. והשתא פריך ליה רב פפא שפיר, דמסתמא מתני' איירי ברוב אילנות דקלים וארזים ושאר אילנות שנקללו, (ג) מרובין משאר אילנות שלא נקללו. ומשני: דמתני' איירי דזבין ליה לחמש שנים, ומסתמא לפי שהן נטיעות ואין דרכן למות בה' שנים איירי, ולא אסח דעתיה. ומיהו, אם מתו תוך ה' שנים — לא יטע אחרים במקומן. ובג' אילנות דקנה קרקע — יטע אחרים במקומן. עוד מפרש ר"ת לפי שיטת ר"ח, דלא גרס במילתיה דרב זביד "אין לו גזע לבעל הדקל", אלא: סבר רב זביד למימר אין לו גזע. כלומר: אין לו דין גזע, דנימא העולה משרשים לבעל הקרקע, אלא הכל לבעל הדקל, ואפי' העולה מן השרשים. כיון דלחפור ולשרש קיימי, דכשיבש האילן יקח בעל האילן את השרשין ויחפור וישרש את הכל — אסוחי אסח דעתיה בעל הקרקע. ולאו דוקא נקט דקל, דהוא הדין שאר אילנות. והיינו טעותא, דא"כ אמאי קאמר רב נחמן דקל? ומתני' לא קשיא, דהא משני ליה בדזבין ליה לה' שנים, ובתר חמש שנים הדרי למוכר, דלא קיימי השתא לחפור ולשרש. ואין להקשות לכל הפירושים: דכיון דלוקח מסתלק מן האילנות לאחר ה' שנים, היכי אית ליה העולה מן הגזע שהיא שלו לקוץ, כדאמר רב נחמן לקוץ? הא אפי' ענפים שבאילן אין יכול לקוץ, כדאמרינן ב"המקבל" (ב"מ קט. ושם): המקבל שדה מחבירו לשנים מועטות — אין לו קורות שקמה. ואמר אביי: שקמה אין לו, שבח שקמה יש לו. ורבא אמר: אפי' שבח שקמה אין לו. פי': ענפים שגדלו אחר שקבל שדהו. והלכה כרבא! דשאני הכא, דאם לא היה קוצץ — היה לוקח פירות הגדילים ביוצא מן הגזע, ולכך כשאומר לו לקוץ, משום דחיים דלא לימא "תלת זבנת לי" — הרי הוא של לוקח תחת הפירות. ולר"י נראה, דסלקא דעתיה דרב פפא דרב זביד ה"ק: דוקא דקל אין לו גזע לבעל הדקל, דאסוחי אסח דעתיה, לפי שכשמתייבש בראשו וקוללין אותו שוב אין מחליף גזעו, דסבור הוא שלא יעלה כלום מן הגזע קודם שיתייבשו. אבל שאר אילנות, שיכול לקוץ כשיתייבשו בראשן, ויחליפו גזע — לא מסח דעתיה. ומשום הכי פריך ליה רב פפא ממתניתין דקנה ב' אילנות יש לו גזע: והא קיימי לחפור ולשרש, אפי' שאר אילנות כשמתייבשין בראשן, ואע"ג דגזען מחליף — אין מועיל לו כלום, דאין יכול לקוץ כדי להחליף גזע, כדמוכח לקמן (דף פג.), דתניא גבי שני אילנות: לפיכך יבש או נקצץ — אין לו קרקע. משמע: נקצץ אע"פ שלא יבש עדיין וראוי להחליף גזע. וא"כ, מה לי דקל מה לי שאר אילנות? כך זה עומד לשרש ולחפור כשייבש בראשו כמו זה! ולבסוף מסיק רב זביד: מתניתין דזבנה לה' שנים, שאם יבש בתוך ה' יקללו להחליף גזעו, ומכר לו האילן בחייו, לפיכך לא מסח דעתיה. והשתא רב זביד דנקט דקל — לאו דוקא, דהוא הדין שאר אילנות. אלא משום דשאר אילנות לא פסיקא ליה, דפעמים יש להם גזע — כשמוכרן לה' שנים לקללן כדי להחליף גזע, אבל דקל לא שייך למכרו לה' שנים כדי לקללו כדי להחליף גזעו, דאין גזעו מחליף. ומיהו, קשה לפי' זה, דבקנה ג' אמאי קתני דאם מתו יש לו קרקע ויטע אחר במקומו? כיון דמתני' איירי דזבין לה' שנים שהתנה

עין משפט נר מצוה

נה א מיי' פכ"ד מהל' מכירה הל' ז סמג עשין פב טוש"ע ח"מ סי' רטז סעיף י:
נו ב מיי' שם טוש"ע שם ס"ע:
נז ג מיי' שם טוש"ע שם סעיף י:
נח ד מיי' שם הל' א ב טוש"ע שם סעיף ו:

רבינו גרשום

ולקחת והבאת וצריך שיהא לקיחה והבאה בחד והא ליכא דהא הביאן אחר: ומקשי' ואמאי אינו קורא מכדי פסוקי נינהו. אותו וידוי ליקרי ומה בכך: אמר ליה משום דמחזי כשקרא. דמספיקא היכי מצי למיקרי מן האדמה אשר נתת לי ה': ורב משרשי' בריה דרב חייא אמר. משום הכי לא מצי למקרי דכי קרי בכי האי גוונא אתי לאפקועינהו מתרומה ומעשר דביכורים לאו בני תרומה ומעשר נינהו: כל שרואה פני החמה. כל שעולה וגדל מן הקלח של עץ מאותו שרואה פני חמה היינו הגזע והוי של בעל האילן וכל שעולה מאותו שאינו רואה פני חמה. שמכוסה מן הקרקע היינו מן השרשים והרי הן בקרקע: והעולה מן הגזע אמאי שלו וליחוש דלמא מסקא ארעא שירטון גרבי ל"א בלע"ז א)מן הגזע וקלחו כלומר שהגדילו ומיחזו כג' בדי אילנא יאמר הלוקח אלו ג' אילנות זבינת לי ואית לי ארעא: יקוץ. כלומר כשיגדיל מן הגזע יכול בעל הבית לכופו לבעל האילן לקוצצו כדי שלא יחזיק בקרקע: דקל אין לו גזע. שאם מכר דקל לחבירו ויבש אין לו ללוקח בגזעו ולא כלום. דכיון דלחפור ולשרש קיימי כדאמר לעיל בדקלים ובארזים חופר ומשרש אסוחי מסח דעתי' הלוקח דקסבר דבעל הקרקע שיחפור ויקח השרשים יקח נמי הגזע. אותן שרשים הרואין פני החמה: והא קונה שני אילנות. בתוך של חבירו דלחפור ולשרש קיימי כדקתני מתני' הרי זה לא קנה קרקע ואי' ואם מתו אין לו קרקע ואפ"ה הכי העולה מן הגזע שלו: אלא אמר רב פפא. הכי תריץ לה אין לו גזע לבעל דקל לפי שאינו מוציא גזע ואינו יכול לכוף לבעל הקרקע לומר לו אל תעקרהו שמא יעלה כלום מן הגזע לפי שאין גזעו מחליף: ולרב זביד. דאמר לעיל אין לו גזע לבעל דקל משום דאסוחי מסח דעתי' קשי' מתני' דקתני העולה מן הגזע שלו. אלמא הוי לבעל האילן של לוקח: ומשני מתני' מתוקמא בכגון דזבין ליה קרקע של מקום האילנות לחמש שנין שאם מתו רשאי לנטוע אחרים תחתם עד סוף ה' שנים דהשתא בתוך שנים הללו לא מסח דעתי' מיניה ויש לו גזע אבל להכא דלא זבין להן אלא דקל לחוד אסוחי מסח דעתי' ואין לו גזע: פיסקא/ וכמה. קני מן הקרקע תחתיהן באותו שיעור שהנופות נוטות: וביניהן. בין כל אילן ואילן קנה אותו קרקע כשיעור דמפ' לקמן: וחוצה להן. לחוץ מרובה הנופות כדי

א) נראה דל"ל למעלה מן הגזע והקלח: וה"ל תלתא זבינת לי. כלומר לאחר שיגדילו ומחזו וכו'

הגהות הב"ח

(א) רשב"ם ד"ה וחוצה וכו' ממקום שכלין: (ב) תוספות ד"ה מתקיף וכו' ונראה לר"ת דרב זביד: (ג) בא"ד שנקללו שאם מרובין:

כמלוא אורה וסלו. מתקיף לה ר' אלעזר: השתא דרך אין לו, (א) אורה וסלו יש לו? דרך אין לו – דארעא אחריתי היא, אורה וסלו יש לו?! א"ר זירא, מדברי רבינו נלמד: שלשה – הוא דאין לו דרך, הא שנים – יש לו, דא"ל: בארעא דידך קיימי. א"ל רב נחמן בר יצחק לרבא: לימא, ר' אלעזר לית ליה דשמואל רביה, א)דאמר שמואל: הלכה כר' עקיבא, דאמר: ב)מוכר בעין יפה מוכר? א"ל: לא מתוקמא מתני' כר' עקיבא. ממאי? מדקתני: הגדילו – ישפה, ואי ס"ד רבי עקיבא היא, אמאי ישפה? האמר: מוכר בעין יפה מוכר! א"ל: אימור דא"ר עקיבא – ג)גבי בור ודות דלא מכחשי ארעא, גבי אילן מי שמעת ליה? מי לא מודי ר' עקיבא, ד)באילן הנוטה לתוך שדה חבירו, שקוצץ מלא מרדע מעל גבי מחרישה? תניא כוותיה דר' חייא בר אבא: הרי זה קנה תחתיהן וביניהן וחוצה להן כמלוא אורה וסלו. א"ל אביי לרב יוסף: אותן אורה וסלו מי זורען? א"ל: תניתוה: ה)החיצון זורע את הדרך. א"ל: מי דמי? התם לית ליה פסידא ללוקח, אבל הכא אית ליה פסידא (ב) ללוקח, דא"ל: קמיטנפי פירי! הא לא דמיא אלא לסיפא: ו)וזה וזה אינן רשאין לזורעה. תניא כוותיה דאביי: הרי זה קנה תחתיהן וביניהן וחוצה להן כמלוא אורה וסלו, א)וזה וזה אינן רשאין לזורעה. וכמה יהא ביניהן? (ג) רב יוסף אמר רב יהודה אמר שמואל: מארבע אמות ועד שמונה; רבא אמר רב נחמן אמר שמואל: משמונה ועד שש עשרה. א"ל אביי לרב יוסף: לא תפלוג עליה דרב נחמן, דתנן מתניתין כוותיה; דתנן: ז)הנוטע את כרמו שש עשרה אמה על שש עשרה אמה – מותר להביא זרע לשם; אמר רבי יהודה: מעשה בצלמון, באחד שנטע את כרמו שש עשרה על שש עשרה אמה, והיה הופך שער שתי שורות לצד אחד וזורע את הניר, לשנה אחרת היה הופך את השער למקום הזרע וזרע את הבור, ובא מעשה לפני חכמים והתירוהו. א"ל: אנא לא ידענא, אלא עובדא הוה בדורא

רשב"ם

כמלוא אורה. המלקט, וסל בידו ללקט פירות הנופות החיצונות. כמו "וארוה כל עוברי דרך" (תהלים פ) "אריתי מורי" (שיר ה). ולקמן מפרש כמה יהא ביניהן ויצטרפו. כמלוא אורה וסלו. אחוזה להן קמי. אורה שייך למימר בתאנים, ובוצר בענבים, וקוצר בתבואה, וגודר בתמרים, ומוסק בזיתים, ומלקט בשאר אילנות. מתקיף לה רבי אלעזר. לר' יוחנן, דיהיב ליה דרך חוצה להן כמלוא אורה וסלו, כדי להלך סביבות האילנות ללקט פירותיו. השתא דרך אין לו ליכנס דרך שדהו של בעל שדה לילך לאילנותיו, אלא יפרח באויר או יקח לו דרך מבעל הקרקע, כדתנן ד"המוכר את הבית" (לעיל דף סד.) דאמרי גבי מוכר בור ודות: בעין רעה מוכר, וצריך (ד) ליקח לו דרך לבורו ולדותו, והוא הדין הכא גבי שלשה אילנות, דדמי לבור ודות. משום דארעא אחריתי היא, שאין האילנות נטועין בקרקע של בעל השדה – שהרי יש להן קרקע, וחשיבי שדה האילן בפני עצמו, דומיא דבור ודות שהוא קרקע בפני עצמו. ולא אישתעבד שדהו לאילנותיו של לוקח, דנימא גם לכל צרכיהן אישתעבד, אפי' לתת לו דרך, כדלקמן גבי שני אילנות. כמלוא אורה וסלו. שאין צריך לו כל כך, כמו דרך, יש לו? בתמיה, הרי אפשר לעלות באילן וללקוט, אי נמי מתחתיו ילקטו! מדברי רבינו. ר' אלעזר, שפירש טעמו משום דארעא אחריתי היא. הא שנים יש לו. דרך, דהא אין לו קרקע. דא"ל. לוקח: בארעא דידך קיימי, ושיעבדת לי קרקע שלך לצורך אילנות, כאדם שמשאיל מקום לחבירו בביתו להניח חפציו. כן גם זה (ה) משאיל לו. דאמר שמואל. ב"המוכר את הבית". א"ל. לעולם כרבי עקיבא סבירא ליה. ומיהו, מתני' דפריש עלה רבי יוחנן כמלוא אורה וסלו – רבנן היא, והלכך קפריך ליה. דלא מכחשי בארעא. לא הבור ולא הדרך שאנו נותנין לו, הלכך בעין יפה זבין ויהיב ליה דרך. גבי אילן מי אמר. בתמיה, מי אית ליה עין יפה גבי אילן כל כך לשעבד לו קרקע שלו לכל מה שיגדלו נופותיו ויאבד קרקע שלו? שהצל רע לבית השלחין, וגם לא יוכל לחרוש בבקר בשביל בד המרדע. דנהי נמי דאית ליה עין יפה גבי אילן במכר אילנות ושייר קרקע לפניו, שיש לו קרקע לרבי עקיבא על מנת ליטע (ו) תחתיהן, כדאמרן ב"חזקת הבתים" (לעיל דף לז.). מיהו, היזק גדול כל כך, כגון שמאבד לגמרי קרקע שלו – לית ליה עין יפה. מי לא מודי ר' עקיבא. בהך סתמא, דתנן ב"לא יחפור": אילן הנוטה לתוך שדה חבירו כו'. והא נמי להוא דמי, שהרי האילנות הללו אינן נטועין בקרקעו של מוכר, דהא יש להן קרקע בפני עצמן, ואיסתלק ליה מיניה לגמרי. ולעולם הא סיפא מתוקמא כר"ע. ומיהו, שיעורא דאורה וסלו אית ליה לר"ע, דלר"ע דרך יש לו דומיא דבור ודות, דלא דמי להיזק גדול של אילן הנוטה. ולעולם לית ליה דשמואל רביה. ומיהו, רישא ודאי דקתני גבי שני אילנות: אם מתו אין לו קרקע – לא מתוקמא כרבי עקיבא, דאמרן ב"חזקת הבתים": מכר אילנות ושייר קרקע לפניו – פלוגתא דר' עקיבא ורבנן כו'. מלא מרדע. בגבהו. אותן אורה וסלו מי זורען. בעל האילן, דשלו הן. או בעל השדה – דהא לא נשתעבדו לבעל האילנות אלא בשעת לקיטת פירותיו לדרוס עליהן. וא"כ בעל השדה זורען, ובעת הלקיטה ידרוס הלוקח אפילו בזרעים. אבל תחתיהן וביניהן – פשיטא לך דבעל האילן זורען. תניתוה. בפרק "המוכר פירות" לקמן: מי שיש לו גינה לפנים מגינתו של חבירו כו' והחיצון זורע הדרך. הכא נמי בעל השדה זורע את הדרך, כלומר אורה וסלו. התם לית ליה פסידא ללוקח. לבעל הגינה הפנימית, שידרוס יפה כשיצטרך על זרעיו של זה. הכא, גבי אורה וסלו, אם בעל השדה זורען – אית ליה פסידא לבעל האילן. קמיטנפי. כשיפלו על הזרעים. הא לא דמיא. הא דאורה וסלו לא דמיא אלא לסיפא דההיא, דקתני: נתנו לו ב"ד דרך מן הצד מדעת שניהן כו' וזה וזה אין רשאין לזורעה, הואיל ונתרצו שניהן ובחרו להן דרך זה על ידי ב"ד, ואע"ג דהפסד מועט הוא, שהזרעים יעכבו הליכתן קצת. וכל שכן גבי אורה וסלו, דהוי כמדעת שניהן, דמסתמא הקונה אילנות יש לו שיעור אורה וסלו, והוי פסידא טובא טינוף פירות. וכמה יהא ביניהן. דנימא: קנה כל מה שביניהן. דאי קרובין יותר מדאי – הרי הן כיער העומד ליתלש, ולא חשיבי. ואם רחוקים נמי יותר מדאי – לא מצטרפי. מארבע אמות. לכל הפחות בין כל אילן לאילן מן השלשה, שתהא ראויה המחרישה לחרוש ביניהם, לבד עובי האילנות, כדמוכח לקמיה. ועד ח' אמות. ולא עד בכלל. ועד ט"ז. ולא ט"ז בכלל. לא תפלוג עליה דרב נחמן דתנן כו'. ואתה חלית ושכחת. ה"ג במס' כלאים: הנוטע כרמו (ז) על ט"ז אמה מותר כו'. שאם כל הכרם נטוע שורות שורות זו בצד זו, רחוקות זו מזו ט"ז אמה שלימות – לא מיצטרפי למיהוי כרם. דשורה בפ"ע אינה כרם, אא"כ יש שתים כנגד שתים ואחת יוצאה זנב, כדתנן במס' כלאים. מותר להביא זרע לשם. בין שורה לשורה, דלא הוה כרם. אבל בפחות מט"ז – הוי כרם, ואסור להביא זרע לשם. ומיהו, אנן הלכתא קיימא לן כרבי יאשיה בכלאים: עד שיזרע חטה ושעורה וחרצן במפולת יד, בשחיטת חולין (דף קלו:). א"ר יהודה. סייעתא לת"ק. בצלמון. שם מקום. שנטע את כרמו ט"ז אמה על ט"ז והפך שער שתי שורות לצד אחד. שער היינו הענפים הנוטים, הפכן לצד אחד, כגון שאורך שתי השורות מן המזרח למערב, וסדורות זו כנגד זו מצפון לדרום. והפך זמורה של שורה דרומית לצד צפון, ושל צפונית לצד דרום – נמצא אויר שבין שתי שורות הללו מלא, ושחוצה להן ריקן, וכן כל הכרם. וזרע את הניר. החרישה ריקנית, דהוי ט"ז ריקנות. אבל אם לא היה מהפך – נמצא שכל שורה תופסין זמורותיה מאויר הט"ז, ואסור להביא זרע לשם. למקום הזרע. שזרע בו אשתקד. וזרע את הבור. שהיה בור אשתקד מחרישה וזריעה. והתירוהו. משום דהיפך. אבל אם לא היפך, דבציר ליה אויר ט"ז אמות – אסור, דהוי כרם, כדרב נחמן. אנא לא ידענא. כלומר, לא סבירא לי כי ההיא מתנה, אלא עובדא הוה כו'. וכר' שמעון סבירא ליה, כדלקמן.

בדורא

תוספות

שהתנה עמו לקוץ כדי שיחליף — א"כ ודאי לא מכר לו את הקרקע ליטע אחר במקומו! ובדוחק יש לומר: דרישא איירי בזבין לחמש שנים, ולא סיפא. ואין להקשות: דהכא משמע דשאר אילנות מתקיימי טפי מן הדקלים, ובפ' "האשה שנפלו" (כתובות דף עט. ושם ד"ה דקלי.) אמר: ארעא ובתי — בתי, אילני ודיקלי — דיקלי. דהתם לאו משום דדיקלי מתקיימי טפי, אלא משום דחשיבי טפי מאילני, אע"ג דאין מתקיימי כ"כ. ואע"ג דקאמר התם: דיקלי וגופני — דיקלי, ואע"ג דגופני חשיבי מדיקלי, כדאמרי' ב"החובל" (ב"ק דף צב. ושם ד"ה למחר) דשמואל אייתי ליה אריסיה תמרי ואכל טעם בהו טעמא דחמרא, אמר: קא מכחשי גופני כולי האי? למחר אייתי לי מקורייהו. דדיקלי לא קנו גופני, וגופני קנו דיקלי. מכל מקום טוב הוא לקנות דיקלי מגופני, דגופני אית בהו טרחא, וצריך להוציא עליו הוצאות הרבה, אבל דקלים אין בהן טורח, ובא לו הריוח מאליו.

מדברי רבינו נלמד שלשה אין להן דרך הא שתים יש להן דרך. פי': משמע מתוך דברי ר' אלעזר דיותר יש להן דרך מאורה וסלו. ומדתנן בשנים: הגדילו לא ישפה — אלמא יש לו אורה וסלו, כיון דאפילו משפה אינו. ומדיש לו אורה וסלו בשנים — כל שכן דרך.

וזורע את הניר. ואינו מרחיק הזרעים מן השורה אלא כדי עבודת הכרם, ששתי שורות שסערן לצד אחד חשיבי כרם. אע"פ שמן העיקר אנו מודדין ט"ז ויש בין שני השורות ט"ז אמה, והוו מפוזרין, והוי גפן יחידי דאין צריך להרחיק אלא שלשה טפחים, מכל מקום ביניהן תחת ענפי הגפנים — אסור לזרוע מדרבנן, וחשיבי כרם.

זיל

עין משפט נר מצוה

נט א מיי' פכ"ד מהל' מכירה הל' א ב סמג עשין פב טוש"ע ח"מ סי' רט"ז סעיף ו:

מסורת הש"ס

א) [לעיל סה.]: ב) [שם לז. וש"נ]: ג) [שם ודף עא.]: ד) שם כז.: ה) לקמן לט.: ו) ג"ז שם: ז) כלאים פ"ד מ"ט:

רבינו גרשום

כדי שיכול להלך האורה סביב. [דהיינו] הלוקח פירות עם סלו של לוקח: ופריך השתא דרך אין לו. לטעמא דרבנן כדאמר בחזקת הבתים מכר האילנות ושייר קרקע לפניו לרבנן אין לו קרקע דאמרינן מוכר בעין רעה מוכר. וכי היכי דאמרינן דאין [לו] קרקע אמרי' נמי דאין לו דרך לאילנותיו וצריך לקנות אלמא ארעא אחריתי הוא ושל מוכר הוא. וכמלוא אורה וסלו יש לו. בלשון קושיא: מדברי רבינו. לר' אלעזר הוה קרי ליה רבינו: נלמוד הקונה ג' אילנות. שקנה קרקע הוא דאין לו דרך וצריך ליקח. הא קנה שנים דלא קנה קרקע יש לו דרך מאי טעמא משום דמצי למימר ליה הלוקח כיון דבארעא דידך קיימי האילנות אית לי דרך עלך: לימא ר' אלעזר. דאמר לעיל דאין לו דרך לקונה אילנות בתוך של חבירו משום דמוכר בעין רעה מוכר לית ליה דשמואל רבו: אלא הא דקאמר דדרך אין לו אליבא דר' עקיבא דמוכר בעין יפה מוכר ה"מ גבי בור ודות דלא מכחשו בארעא להכי מכר לו כל השדה וצריך ליקח לו דרך למוכר דלא מצי למימר ליה מוכר מדקמזיק לך בור ודות ואין אתה יכול ורשאי לסותרן הכי נמי יש לי דרך עליך. הא לא יכול למטען משום דלא מזקי ליה מידי שיכול לחרוש בסמוך להם להכי מכר לו הכל אבל היכא דאית ליה פסידא למוכר כגון גבי מתני' דקתני הגדילו ישפה המוכר מפני כי צל הענפים שאין מניחים המטר לירד על בית השלחין. מי אמר דבעין יפה מוכר. ומי לא מודי ר' עקיבא דאילן הנוטה לתוך שדה חבירו וכו'. ולעולם גבי דרך ס"ל לר' עקיבא דיש לו דרך הואיל דלית ליה פסידא למוכר דמוכר בעין יפה מוכר ור' אלעזר לית ליה דשמואל רביה: אותו מקום אורה וסלו מי זורעו. הלוקח או המוכר: א"ל תניתוה. באידך פירקן דלקמן במשנה דהמוכר פירות. מי שיש לו גנה לפנים מגנתו של חבירו וכו' החיצון זורע את הדרך. הכא נמי המוכר דהוי חיצון זורע את הדרך: מי דמי התם. כשהוא זורע הדרך לא קא מפסיד בארעא דהאי פנימי אבל הכא מפסיד בארעא דלוקח האילן משום דקא מיטנפי פירי מחמת הזריעה והזבל שנופלין הפירות ביניהן: אלא הא מלתא לא דמי אלא להך דקתני בסיפא דההיא משנה וזה וזה אינן רשאין לזורעה הכי נמי תרוייהו אינן רשאין לזורעה: וכמה. צריך ריוח בין האילנות הללו שקונה הקרקע: מד' עד ח'. כלומר אם נטועין הן בתוך ד' אמות חשוב יער ואין לו קרקע ללוקח אבל אם נטועין הן מד' ועד ח' אמות ולא ח' בכלל שיש בין אילן לאילן ד' אמות חשוב שדה אילן ומכר את הקרקע ואם מפוזרין הן יותר מכדי שיעור זה לא חשיב שדה אילן אלא שדה לבן הוא ולא מכר הקרקע משום דמפוזרין הן ודמי כמאן דמכר אילן אחד או ב' אילנות דלא מכר קרקע הא חשבון מד' ועד ח' לא אתי שוה להההוא חשבון מטע עשרה לבית א) סאה ואמר רבי דההוא לא איירי אלא לענין מחזיק או לענין מקדיש. ורבה אמר רב נחמן אמר שמואל מח' אמות אם נטועין הן בתוך שמונה לא חשוב שדה אילן אלא יער ולא מכר קרקע אבל אם נטועין הן מח' ועד ט"ז חשוב שדה ולא ט"ז בכלל. ואם נטועין הן יותר מכדי שיעור הזה אין לו קרקע ללוקח דמפוזרין נינהו: על ט"ז אמה דבין שורה לשורה איכא ט"ז אמה לאו שמיה כרם אותו החלק ומותר להביא זרע לשם דלא חשיב כלאים הואיל דאיכא הרחקה כולי האי. אבל בציר מהאי שיעור חשוב כרם ואסור להביא זרע לשם: מעשה בצלמון על ט"ז אמה. שבין שורה לשורה של גפן הניח ט"ז אמה והיו לו שורות הרבה של גפנים והיה רגיל להפוך השער של ב' שורות כלומר הנופות של שורה זו ושל שורה שסמוכין ביחד היה מהפכן ומחזירן לצד אחר ומחברן יחד הענפים של גפנים הללו והענפים של גפנים הללו: והיה זורע את הניר. כלומר אותו חלק אותן ט"ז אמה שמצד השני לגפנים היה זורען ולא היה בהן שום איסור כלאים. כלומר שלא היו מסתבכין ענפי הגפנים בענפי הזרעים ולשנה אחרת היה הופך את השער למקום הזרע למקום שהיה זורע אשתקד וזורע את הבור אותן ט"ז אמה שהיה השער הפוך על גביהן אשתקד לפי שכך מנהג בני אדם שבמקום שזורעין בו שנה אחת לשנה שניה מברין שלא לזורעה כדי שתוציא תבואתה יותר וכך היה נוהג זה: ובא מעשה לפני חכמים והתירוהו. אלמא לא חשיב כרם אותן הבינים מהרחקת ט"ז אמות ולית בה משום כלאים אבל חשוב שדה: אמר ליה. אביי לרב יוסף: אנא לא ידענא אלא שמעשה היה

א) וכן כתב ג"כ הרשב"ם ז"ל לעיל ד' עב. ד"ה ממטע י' ע"ש ומיהו לקמן דף פג ברשב"ם ד"ה כמה כתב להיפך. ועי' היטב לעיל לז: תד"ה ממטע שהעירו על הרשב"ם בזה ע"ש היטב.

הגהות הב"ח

(א) גמ' מתקיף לה ר' אלעזר השתא דרך אין לו לארעא אחריתי היא כמלא אורה וסלו יש לו כצ"ל ותיבות אורה וסלו יש לו דרך אין לו נמחק: (ב) שם אית ליה פסידא לבעל האילן דא"ל קמיטנפי: (ג) שם וכמה יהא ביניהן אמר רב יוסף: (ד) רשב"ם ד"ה מתקיף וכו' וצריך לוקח ליקח לו דרך וכו' קרקע לעצמן וחשיבי שדה: (ה) ד"ה דא"ל לוקח וכו' גם זה דרך משאיל לו: (ו) ד"ה גבי אילן וכו' ליטע אחרים תחתיהן וכו' כגון זה שמאבד: (ז) ד"ה ה"ג וכו' כרמו ט"ז אמה על ט"ז אמה:

בְּדוּרָא דְּרַעֲוָתָא, וַאֲתוּ לְקַמֵּיהּ דְּרַב יְהוּדָה, וַא"ל: "זִיל הַב לֵיהּ כִּמְלֹא בָקָר וְכֵלָיו", וְלָא הֲוָה יָדַעְנָא כִּמְלֹא בָקָר וְכֵלָיו כַּמָּה; (א) כֵּיוָן דִּשְׁמַעְתְּ' לְהָא דִּתְנַן: [א]לֹא יִטַּע אָדָם אִילָן סָמוּךְ לִשְׂדֵה חֲבֵירוֹ אא"כ הִרְחִיק מִמֶּנָּה ד' אַמּוֹת, וְתָנֵי עֲלָהּ: ד' אַמּוֹת שֶׁאָמְרוּ — כְּדֵי עֲבוֹדַת הַכֶּרֶם, אָמֵינָא, ש"מ: כִּמְלֹא בָקָר וְכֵלָיו — ד' אַמּוֹת. וּכְרַב יוֹסֵף מִי לָא תְּנַן: [ב](ב) ר"מ וְר"ש אוֹמְרִים: [א]הַנּוֹטֵעַ אֶת כַּרְמוֹ שְׁמוֹנֶה אַמּוֹת עַל שְׁמוֹנֶה — מוּתָּר לְהָבִיא זֶרַע לְשָׁם? אֲפִי' הָכִי [ג]מַעֲשֶׂה עָדִיף. בִּשְׁלָמָא לְרַב יוֹסֵף אַלִּיבָּא דְּר"ש, שָׁמְעִינַן לֵיהּ מְפוּזָּרִין וְשָׁמְעִינַן לֵיהּ רְצוּפִין; מְפוּזָּרִין — הָא דַּאֲמָרַן, רְצוּפִין — דִּתְנַן: [ד]כֶּרֶם הַנָּטוּעַ עַל פָּחוֹת מד"א — אֵינוֹ כֶּרֶם, דִּבְרֵי ר"ש. וַחכ"א: כֶּרֶם, וְרוֹאִין אֶת הָאֶמְצָעִיִּים כְּאִילּוּ אֵינָן; אֶלָּא לְרַב נַחְמָן אַלִּיבָּא דְּרַבָּנַן, מְפוּזָּרִין שָׁמְעִינַן לֵיהּ, רְצוּפִין מִי שָׁמְעִינַן לֵיהּ? סְבָרָא הוּא: מִדִּלְר"ש פַּלְגָא, לְרַבָּנַן נַמִי פַּלְגָא. אָמַר רָבָא, [ב]הִלְכְתָא: מֵאַרְבַּע אַמּוֹת וְעַד שֵׁשׁ עֶשְׂרֵה. תַּנְיָא כְּוָותֵיהּ דְּרָבָא: [ג]כַּמָּה יְהוּ מְקוֹרָבִין? אַרְבַּע אַמּוֹת, וְכַמָּה יְהוּ מְרוּחָקִין? שֵׁשׁ עֶשְׂרֵה — הֲרֵי זֶה קָנָה קַרְקַע וְאֶת הָאִילָנוֹת שֶׁבֵּינֵיהֶן, לְפִיכָךְ יָבַשׁ הָאִילָן אוֹ נִקְצַץ — יֵשׁ לוֹ קַרְקַע; פָּחוֹת מִכָּאן אוֹ יָתֵר עַל כָּאן, אוֹ שֶׁלְּקָחָן בָּזֶה אַחַר זֶה — הֲרֵי זֶה לֹא קָנָה לֹא אֶת הַקַּרְקַע וְלֹא אֶת הָאִילָנוֹת שֶׁבֵּינֵיהֶן, לְפִיכָךְ יָבַשׁ הָאִילָן אוֹ נִקְצַץ — אֵין לוֹ קַרְקַע. בָּעֵי רַבִּי יִרְמְיָה: כְּשֶׁהוּא מוֹדֵד, מִמָּקוֹם קָצָר הוּא מוֹדֵד אוֹ מִמָּקוֹם רָחָב הוּא מוֹדֵד? א"ל רַב גְּבִיהָה מִבֵּי כְתִיל לְרַב אַשִׁי: [ד]תָּא שְׁמַע, דִּתְנַן: [ה][ה]הָרְכוּבָה שֶׁבַּגֶּפֶן — אֵינוֹ מוֹדֵד אֶלָּא מֵעִיקָּר הַשֵּׁנִי. בָּעֵי רַבִּי יִרְמְיָה: מָכַר לוֹ שְׁלֹשָׁה בַּדֵּי אִילָן, מַהוּ? אֲמַר לֵיהּ רַב גְּבִיהָה מִבֵּי כְתִיל לְרַב אַשִׁי: [ו]ת"ש, דִּתְנַן: [ו]הַמַּבְרִיךְ ג' גְּפָנִים וְעִקְּרֵיהֶן נִרְאִין — ר"א בְּרַבִּי צָדוֹק אוֹמֵר: [ז]אִם יֵשׁ בֵּינֵיהֶן מד' אַמּוֹת וְעַד שְׁמוֹנֶה — מִצְטָרְפִין, וְאִם לָאו — אֵין מִצְטָרְפִין. בָּעֵי רַב פַּפָּא: מָכַר לוֹ שְׁנַיִם בְּתוֹךְ שָׂדֵהוּ וְאֶחָד עַל הַמֶּצֶר, מַהוּ? שְׁנַיִם בְּתוֹךְ שֶׁלּוֹ וְאֶחָד בְּתוֹךְ שֶׁל חֲבֵירוֹ, מַאי? [ח]תֵּיקוּ.

בָּעֵי

רשב"ם

בדורא דרעותא. בעיר של רועים. שמכר אחד לחבירו שלשה אילנות, ולא היה ח' אמות ביניהן, ואמר ליה רב יהודה למוכר: זיל הב ליה ללוקח הקרקע, ואע"ג דאין ביניהן אלא כמלא בקר וכליו. **כיון דשמעת' להא דתנן.** כלומר, כיון דשמעת' לברייתא השנויה על הא דתנן ב"לא יחפור": לא יטע אדם אילן בקלה שדהו סמוך לשדה חבירו, כדי שלא תלך מחרישתו לחרוש אילן זה דרך שדה חבירו. **וכרב יוסף מי לא תנן.** בתמיה, ואמאי אמר ליה אביי לא תפלוג עליה דרב נחמן, דתנן כו'? ה"ג לה במסכת כלאים: רבי מאיר ורבי שמעון אומרים אף הנוטע כרמו על ח' אמות מותר. וסיפא דהך דרבי יהודה היא. **אפי' הכי מעשה.** דצלמון, רב. והלכך אמר ליה אביי: לא תפלוג עליה דרב נחמן, דמעשה השנוי במשנה מסייעיה. והאי משנה עיקר טפי מהך דר"ש דסמכינן אעובדא. וקמפרש גמרא: **בשלמא לרב יוסף.** דאמר מד' ועד ח', וסבירא ליה כר"ש – שמעינן דאיירי ר"ש מתרוייהו שיעורי כרב יוסף. **מפוזרין.** ח' אמות, דהיינו לכל [ז] (היותר). **רצופין.** ד' אמות לכל [ח] (הפחות). **אינו כרם.** אלא יער, ומותר בכלאים. **רואין את האמצעיים כו'.** דכל העומד ליעקר כעקור דמי, וחומרא היא גבי כלאים. **אלא לרב נחמן.** דסבירא ליה ט"ז, כרבנן. בשלמא מפוזרין ט"ז – שמעינן ליה ממעשה דצלמון. ומשני: סברא הוא. דא' הוו רצופין. מדלר"ש הוי שיעורא דרצופין פלגא דמפוזרין – לרבנן נמי פלגא דט"ז הוי רצופין. **אמר רבא הלכתא מד' אמות.** כעובדא דרעותא. **ועד ט"ז אמות.** כעובדא דצלמון. וכולה כרבנן קפסיק, דסבירא: (ג) במאי דפליגי – פליגי, ובמאי דלא פליגי – לא פליגי; פליגי בח' אמות מפוזרין דר"ש ואמרי ט"ז, אבל ברצופין ד' אמות – מודו ליה. ולא נאמר: מדלר' שמעון פלגא – לרבנן נמי פלגא. **כמה יהו מקורבין כו'.** נראה בעיני דהוא הדין למקדיש אילנות, דאיכא נמי האי שיעורא. והך ברייתא דקתני גבי הקדש: ממטע עשרה לבית סאה, בשילהי "המוכר את הבית" (לעיל דף עב.) – פליגא אהך ברייתא, דלא שנא מוכר ממקדיש. וראיה לדברי מתוספתא דבבא בתרא (פ"ד) דקתני בתרוייהו: ממטע י' לבית סאה. **שש עשרה אמות.** כלומר, עד ט"ז אמות, ולא ט"ז בכלל. **ואת האילנות.** קטנים. **לפיכך יבש האילן או נקצץ אין לו קרקע.** ליטע אחר במקומו. **ממקום קצר.** מגובה גזע האילן הוא מודד הט"ז אמות והד' אמות. **או ממקום רוחב.** סמוך לקרקע הוא עב. ואית דפתרי: מקום קצר – כל הגזע עד הענפים, מקום רחב – מקום הנופות, הענפים שמרחיבין אילך ואילך. ולא נהירא. **ת"ש.** דמן הבינוני הוא מודד. **הרכובה שבגפן.** גפן בחור מרכיבין בגפן זקן. **כשהוא מודד.** ד' אמות בינתיים, כדי שיהו שתים כנגד שתים ואחת יוצאה זנב. **עיקר השני.** פקק השני, כדתניא:* (לעיל פ:) בקנים ובגפנים מן הפקק ולמעלה. אבל לא מן העיקר הראשון שרחב יותר, ולא מן השלישי שקצר הרבה, אלא מן הבינוני. והוא הדין לאילנות. **ג' בדי אילן.** אילן אחד מכר לו, שיש לו שלש בדים מרוחקין זה מזה ד' אמות, והעלה הקרקע שירטון, ונראין בשעת מכירה כשלשה אילנות. מי אזלינן בתר גוף האילן דמיניה קא רבו – ואין לו קרקע, או דלמא כיון דנשרשו כל אחד בקרקע – קנה קרקע, ואע"ג דמיחברי מתחת לקרקע. ואית דמוקמי לה בג' אילנות ומכר לו בד בכל אחד. ולא נהירא, דכיון דשייר לעצמו רוב (ד)כל בדי אילן ואילן – שייר גם הקרקע לעצמו. **המבריך.** כופף אמצעית הגפן בקרקע ומכסהו בקרקע באמצעיתו, וכשנשרש באמצעיתו חותכין עיקר הראשון, ונעשו שתי גפנים. **ג' גפנים.** כשהוברכו בקרקע נעשו ו' והוי כרם, דבכל ו' איכא שתים כנגד שתים ואחת יוצאה זנב. והלכך נקט ג', דאינו יכול למלאות ה' גפנים בפחות מג', דשתי גפנים מוברכות לא הוו אלא ד'. **ועיקריהן נראין.** כלומר, שהשרישו. **מד' אמות ועד ח'.** כרבי מאיר ור"ש לעיל. **מצטרפין.** ואע"ג דכל שתי גפנים ינקי משורש אחד. והוא הדין לשלש בדי אילן, דקנה קרקע. **ואחד על המצר.** מי הויא הפלגה ולא מצטרף. דלא דמי לשדה האילן, ולא קנה קרקע. או דלמא קנה. **ואת"ל** דקנה שתים בתוך שלו ואחד בתוך של חבירו מהו. כגון שיש לו שני אילנות בקלה שדהו, ויש לו עדיין אילן אחד שקנה בשדה חבירו הסמוך לאילנות הללו, ויש לו גם הקרקע עם האילן.

תוספות

זיל הב ליה כמלא בקר וכליו. פ"ה: אי איכא כמלא בקר וכליו בין אילן לאילן — זיל הב ליה ארעא. ולפירושו לא מייתי רב יוסף ראיה אמאי דאקשי ליה אביי. ויש ליישב: דמייתי סייעתא לריש מילתיה דרב יוסף, דמד' אמות לא הוו רצופין, ואם כן ריש מילתיה דרב נחמן משבשתא היא, ומדרישא ליתא — סיפא נמי ליתא. ועוד: דעובדא דרבי יהודה כרבי שמעון אתיא, ור"ש אית ליה מד' ועד ח'. דלא מסתבר ליה לאוקמה דאתיא כרבנן, ורבנן סברי מד' ועד ט"ז, כדאמר בסמוך, דסבר ליה: מדלרבי שמעון פלגא — לרבנן נמי פלגא. ויש מפרשים: אי איכא לכל אילן כמלא בקר וכליו, דהיינו ח' אמות — תן לו קרקע, אבל בטפי הוו מפוזרים. ורב יוסף שמיע ליה בהדיא מרב יהודה למעוטי יותר מח' אמות אתא שהן מפוזרין, ולא למעוטי פחות מח', ולומר שהן רצופין. ולכל הפירושין כמלא בקר וכליו לא נקטי אלא לשיעורא בעלמא, ולא משום דצריך שיעור שיעבור לבקר וכליו, דהא בדורא דרעותא בבבל הוה, ובבבל שיעור בקר וכליו לא הוי אלא שתי אמות, כדאמר ב"לא יחפור" (לעיל דף כו.). ואע"ג דלענין הרחקה משדה חבירו (ה) חלקנו בין בבל לארץ ישראל — לענין רצופה דשמעתין אין חילוק. תדע, דאמר רב נחמן אמר שמואל דפחות מח' הוו רצופין, ואילו לענין הרחקה לא בעינן אלא ד' אמות, כדאמר ב"לא יחפור". וקצת יש גמגום אמאי נקט האי לישנא[ט]. **אפי'** הכי מעשה רב. ואם תאמר: ממעשה אין להוכיח כלום, דשמא ביותר מח' נמי היו מתירים, ומעשה שהיה כך היה? וי"ל: דסברא הוא דעל פי חכמים עשו, וכל מה שהיו יכולין להתיר לו התירו.

כמה יהו מרוחקים ט"ז אמה הרי זה קנה קרקע כו'. ותימה: דגבי מכר בט"ז לא חשיבי מפוזרים, וקנה קרקע. וגבי כלאים חשיבי מפוזרים, דקתני לעיל: כרם הנטוע על ט"ז אמה — מותר להביא זרע לשם! ויש לומר: דגבי מכר מודדין אמות מלומלמות, אבל אמות כלאים הן אמות שוחקות, ואי אפשר שלא יהא יותר מט"ז, לכך חשיבי מפוזרים. והשתא הא דקאמר לעיל מד' ועד ח', וכן מח' ועד ט"ז — הוי עד ועד בכלל.

הרכובה שבגפן כו'. לפ"ה דמפרש לשון הרכבה, קשה. חדא: דבמשנת כלאים גרס הארכובה. ועוד: דלא איירי ההיא משנה בהרכבה כלל. ועוד: דמאי נפקא מינה בהך הרכבה לענין כלאים? ונראה דארכובה היינו הברכה, כאדם הכורע על ברכיו, כן כורעין הגפן בארץ כשהוא זקן הרבה, ומכסין אותו בקרקע באמצע כדי שתשתרש. וקאמר דאין מודדין לענין כלאים אלא מעיקר השני, ומדנקט לשון עיקר — מוכח שמודדין ממקום רוחב.

רשות

מסורת הש"ם

א) לעיל כו. [וקף יח.]: ב) כלאים פ"ד מ"ט: ג) [שבת כא. וש"נ]: ד) לעיל לז: לקמן קב: עירובין ג: כלאים פ"ה מ"ב: ה) כלאים פ"ז מ"א: ו) שם מ"ב: ז) נ"א היותר: ח) נ"א הפחות: ט) [וע' תוס' לעיל כו. ד"ה אבל בבבל]:

הגהות הב"ח

(א) גמ' בקר וכליו כמה הוי כיון: (ב) שם מי לא תנן והתנן ר"מ ור"ש אומרים אף הנוטע וכו' על שמונה אמות מותר: (ג) רשב"ם ד"ה ועד ט"ז וכו' דסבירא ליה במאי: (ד) ד"ה ג' בדי וכו' רוב בדי כל אילן: (ה) תוס' ד"ה זיל וכו' משדה חברו יש חילוק בין בבל וכו' אין חילוק ביניהן תדע:

עין משפט נר מצוה

נט א מיי' פ"ז מהל' כלאים הל' ד סמג לאוין רפ טוש"ע י"ד סי' רצו סעיף לד:

סא ב ג ד מיי' פכ"ד מהל' מכירה הל' ד סמג עשין פב טוש"ע ח"מ סי' רטז סעיף ז:

סב ה מיי' פ"ח מהל' כלאים הל' יוד סמג לאוין רפ טוש"ע י"ד סי' רצו סעיף סד:

סג ו מיי' פכ"ד מהל' מכירה הל' א סמג עשין פב טוש"ע ח"מ סי' רטז סעיף ו:

סד ז מיי' פ"ו מהלכות כלאים הל' ט ועיין בהשגות ובכסף משנה סמג לאוין רפ טוש"ע י"ד סי' רצו סעיף כו:

סה ח מיי' פכ"ד מהל' מכירה הל' ד סמג עשין פב טוש"ע ח"מ סי' רטז סעיף ז ואין לו:

רבינו גרשום

בדורא. בשדה אילן שהיה נטוע מד' אמות ועד ח' ולא ח' בכלל ומכר האילנות לאחד ואתא לקמיה דרב יהודה ואמר ליה זיל הב ליה בין אילן לאילן כמלא בקר וכליו דהיינו ד' אמות כדי עבודתו מכלל דהכי חשוב שדה אילן אבל טפי לא חשוב שדה: הנוטע את כרמו [ח' אמות] על ח' אמות. שמניח ח' אמות בור בין שורה לשורה: מותר. דלא חשיב כרם אותה הרחקה ומותר להביא זרע לשם: אפי' הכי מעשה רב. ממעשה שהיה בצלמון טפי עיקר למילף: בשלמא רב יוסף. דאמר מד' עד ח' אמות ולא ח' אמות בכלל חשוב כרם אליבא דר' שמעון כדקתני במשנה זו ר"ש ור"מ אומרים הנוטע את כרמו על ח' וכו': שמעינן ליה. לר' שמעון דמפוזרין מח' אמות לא חשיב כרם שמעינן ליה רצופין. מפוזרין הא דאמרן. לעיל הנוטע את כרמו על ח' אמות דמפוזרין נינהו לא חשוב כרם ולהיכא דנטועין רצופין נמי שמעינן ליה דלא חשיב כרם ומותר לזרוע הבינים דתני הנוטע וכו': אליבא דרבנן מפוזרין שמעינן להו. דלהיכא דנטועין מפוזרין מט"ז לא חשוב כרם כההוא מעשה דצלמון שהיה ואמרו חכמים מותר להביא זרע לשם. אלא דהיכא דנטועין רצופין בתוך ח' אמות מי שמעי' להו. דלא חשיב כרם. ומשני סברא הוא מדלר"ש פלגא לא דהיינו ד' אמו' הויין רצופין ולא חשיב כרם דלית ליה דין כרם ומותר לזרוע הבינים. לרבנן נמי פלגא מט"ז אמות אם נטועין בתוך ח' אמות הויין רצופין ולא חשוב כרם: אמר רבה הלכתא מד' אמות. דהיינו פחות מן השיעורין הללו: עד ט"ז אמה. דהיינו שיעור גדול מהני שיעורין. אם נטועין הכי הוי כרם אבל פחות מד' אמו' הויין (מפוזרין) [רצופין] ולא חשיב כרם ולא קנה קרקע פחות מיכן מד' אמות ויותר מט"ז והוא הדרין נמי לשדה אילן: בעי ר' ירמיה. כשהלוקח מודד מד' אמות ועד ט"ז אמות ממקום קצר הוא מודד היינו סמוך לענפים היכא דמתחיל להקלש ולהתקצר ויש לו ללוקח פחות מן הקרקע. או דלמא ממקום רחב מודד היינו סמוך לעיקרין מקום שהאילן עב יותר ויש לו יותר מקרקע: הרכובה שבגפן: כגון שמרכיבין גפן בחור בגפן זקן. שכשמזקין הגפן קוצצו בעל הבית סמוך לקרקע ועושה למעלה במקום חתך חור במקדח ומרכיב לשם גפן בחור ועכשיו כשהוא מודד הכרם שתים כנגד שתים ואחד יוצא זנב הנטוע על ארבע אמות אינו מודד אלא מעיקר השני הבחור דהיינו ממקום קצר. ותפשוט לך מהא: בעי ר' ירמיה מכר לו ג' בדי אילן. בג' אילנות מהו שיצטרפו ויש לו קרקע. מי אמרי' הואיל דג' אילנות נינהו מצטרפין וקנה הקרקע או דלמא הואיל ולא אילנות ממש נינהו כי אם בדין לא מצטרפין ולא קנה הקרקע. ואית דאמרי הכי בעי מכר לו ג' בדין שעלו מגזע אחד וביניהן שירטון הפסקת עפר שנראין כג' אילנות מי אזלינן בתר דנראין או בתרה דגזע: ת"ש המבריך ג' גפנים בארץ. כמו שעושין בני אדם להרחיב הכרם חופרין בקרקע וכופין גפן שלמה באמצע ונוטעין אותה כפופה באותה חפירה וכשרואין שקלטה פוסקין אותה מכנה הראשון ואז שני ראשי' למעלה נזקפין. והיינו ועיקריהן נראין. כלומר ראשיהן נראין מבחוץ ובאמצע במקום כפיפה נקלטת בארץ. ר' אלעזר בר' צדוק אומר רואין אם יש ביניהם של גפנים למעלה מן הארץ ריוח מד' אמות ועד ח' דלאו רצופין נינהו בתוך ד' מצטרפין וחשוב כרם ואי לא לא מצטרפין. הכי נמי אם יש ריוח מד' אמות ועד ח' בהנהו בדים מצטרפין ויש לו קרקע. ואם לאו אין מצטרפין. ולהכי נקט ג' גפנים דהיינו כרם. ב' כנגד ב' ואחד יוצא זנב דראשיהן דג' גפנים הללו היינו ו' אבל מפני דלא סגי בלאו הכי היכא דמבריך ג' ועולות לו' ולא מצי למימר המבריך ב' גפנים דהא ליכא שיעור כרם. ולא ד' דהא איכא טפי מכרם בעי רב פפא מכר לו ב' דקלים בתוך שדהו ואחד על המצר מהו. מי אמרינן הואיל דמכר לו ג' אילנות יש לו קרקע ומצטרפין או דלמא הואיל דההוא חד על המיצר הוא לא מצטרפי ולא קנה קרקע דלא אהדדי נינהו. אם תמצי לומר דמצטרפי הואיל דבתוך שלו הוא אכתי הא מיבעי לי מכר לו ב' בתוך שלו ואחד אילן שהיה לו בתוך של חבירו מהו. מי אמרינן דמצטרפין

סו א מיי' פכ"ז מהל' מכירה הל' ד סמג עשין פב טוש"ע ח"מ סי' רטז סעיף ד ואולי לו:
סז ב מיי' שם הל' ה טוש"ע שם סעיף ו:
סח ג ד מיי' שם הל' ג טוש"ע שם סעיף ז:
סט ה מיי' פכ"ג מהל' מכירה הלכה ה טוש"ע ח"מ סי' רכ סעיף יד:
ע ו מיי' פי"ג מהל' מכירה הלכה ה סמג עשין פב ולאוין קע טוש"ע ח"מ סי' רלג:
עא ח מיי' פי"ב מהל' מכירה הל' יג סמג לאוין קע טוש"ע ח"מ סי' רכז סעיף י:

*בָּעֵי רַב אַשִׁי: בּוֹר מַהוּ שֶׁתַּפְסִיק? אַמַּת הַמַּיִם מַהוּ שֶׁתַּפְסִיק? (א) רְשׁוּת הָרַבִּים מַהוּ? רִיכְבָּא דְּדִיקְלֵי מַהוּ? אתֵּיקוּ. בְּעָא מִינֵּיהּ הִלֵּל מֵרַבִּי: עָלָה אֶרֶז בֵּינֵיהֶן, מַהוּ? עָלָה, בִּרְשׁוּתָא דִּידֵיהּ נְפַק! אֶלָּא, הָיָה אֶרֶז בֵּינֵיהֶן מַהוּ? אָמַר לֵיהּ: בקָנָה וְקָנָה.§ כֵּיצַד הֵן עוֹמְדִים? רַב אָמַר: כְּשׁוּרָה, וּשְׁמוּאֵל אָמַר: גכַּחֲצוּבָא. מ"ד כְּשׁוּרָה, כ"ש כַּחֲצוּבָא; וּמ"ד כַּחֲצוּבָא, דאֲבָל כְּשׁוּרָה — לָא, מ"ט? מִשּׁוּם דְּמִיזְדְּרַע בֵּינָתַיְיהוּ. מַתְקִיף לָהּ רַב הַמְנוּנָא: וּלְמ"ד כַּחֲצוּבָא, מ"ט — דְּלָא מִיזְדְּרַע בֵּינָתַיְיהוּ? אֶלָּא מֵעַתָּה, זַבֵּין לֵיהּ תְּלָת הִיגֵי רוֹמַיְיתָא דְּלָא מִיזְדְּרַע בֵּינָתַיְיהוּ, הָכִי נַמִי דְּיֵשׁ לוֹ קַרְקַע? א"ל: הָנָךְ לָא חֲשִׁיבִי, הָנָךְ חֲשִׁיבִי.§ **מתני'** ההַמּוֹכֵר רֹאשׁ בְּהֵמָה גַּסָּה — לֹא מָכַר אֶת הָרַגְלַיִם, מָכַר אֶת הָרַגְלַיִם — לֹא מָכַר אֶת הָרֹאשׁ. מָכַר אֶת הַקָּנֶה — לֹא מָכַר אֶת הַכָּבֵד, מָכַר אֶת הַכָּבֵד — לֹא מָכַר אֶת הַקָּנֶה; ואֲבָל בְּדַקָּה, מָכַר אֶת הָרֹאשׁ — מָכַר אֶת הָרַגְלַיִם, מָכַר אֶת הָרַגְלַיִם — לֹא מָכַר אֶת הָרֹאשׁ, מָכַר אֶת הַקָּנֶה — מָכַר אֶת הַכָּבֵד, מָכַר אֶת הַכָּבֵד — לֹא מָכַר אֶת הַקָּנֶה.§ זאַרְבַּע מִדּוֹת בַּמּוֹכְרִין: מָכַר לוֹ חִטִּין יָפוֹת וְנִמְצְאוּ רָעוֹת — הַלּוֹקֵחַ יָכוֹל לַחֲזוֹר בּוֹ; רָעוֹת וְנִמְצְאוּ יָפוֹת — מוֹכֵר יָכוֹל לַחֲזוֹר בּוֹ; רָעוֹת וְנִמְצְאוּ רָעוֹת, יָפוֹת וְנִמְצְאוּ יָפוֹת — אֵין אֶחָד מֵהֶם יָכוֹל לַחֲזוֹר בּוֹ; שְׁחַמְתִּית וְנִמְצֵאת לְבָנָה, לְבָנָה וְנִמְצֵאת שְׁחַמְתִּית, עֵצִים שֶׁל זַיִת וְנִמְצְאוּ שֶׁל שִׁקְמָה, שֶׁל שִׁקְמָה וְנִמְצְאוּ שֶׁל זַיִת, יַיִן וְנִמְצָא חוֹמֶץ, חוֹמֶץ וְנִמְצָא יַיִן — שְׁנֵיהֶם יְכוֹלִין לַחֲזוֹר בָּהֶן.§ **גמ'** אָמַר רַב חִסְדָּא: חמָכַר לוֹ שָׁוֶה חָמֵשׁ בְּשֵׁשׁ, וְהוּקַר וְעָמַד עַל שְׁמֹנֶה, מִי נִתְאַנָּה? לוֹקֵחַ, לוֹקֵחַ יָכוֹל לַחֲזוֹר בּוֹ וְלֹא מוֹכֵר. מִשּׁוּם דְּא"ל

בָּעֵי רַב אַשִׁי. אִם תִּימְצֵי לוֹמַר דְּהָנָךְ אֵין מַפְסִיקִין — מִשּׁוּם דְּלֵיכָּא שׁוּם הֶפְסֵק בֵּינֵיהֶם. אֲבָל אִם יֵשׁ בּוֹר שֶׁל מַיִם מְכוּנָּסִים בֵּין ג' אִילָנוֹת, מַהוּ שֶׁמַּפְסִיק? וְאִת"ל דְּאֵינוֹ מַפְסִיק, דְּהָא לָא מִיתְחֲזוּ הַמַּיִם מִבְּרָא, אֲבָל אַמַּת הַמַּיִם מַהוּ? וְאִת"ל דְּלָא מַפְסִיק, רְשׁוּת הָרַבִּים, כְּגוֹן מִד' אַמּוֹת עַד ט"ז וְלֹא ט"ז בִּכְלָל, מַהוּ שֶׁתַּפְסִיק? רִיכְבָּא דְּדִיקְלֵי. הַרְכָּבַת דְּקָלִים הַרְבֵּה בְּיַחַד, דָּמֵי לְהַפְסָקָה טְפֵי מִכּוּלְּהוּ. עָלָה אֶרֶז בֵּינֵיהֶן. לְאַחַר מְכִירָה, מַהוּ? מִי הָוֵי הַפְסָקָה וְלֹא יִקְנֶה קַרְקַע? הָכִי ס"ד הָשְׁתָּא. וּמַתְמַהּ עֲלַהּ: הָא בִּרְשׁוּתֵיהּ דְּלוֹקֵחַ קָאֵי! דְּכֵיוָן דִּמְעִיקָּרָא לֹא הָיָה שׁוּם הֶפְסֵק — קָנָה קַרְקַע, וְכֵיוָן דְּקָנָה קַרְקַע — הָאֶרֶז שֶׁלּוֹ הוּא, דִּבְקַרְקַע שֶׁלּוֹ גָּדַל. הָיָה אֶרֶז. בִּשְׁעַת מְכִירָה. קָנָה וְקָנָה. וְגַם הָאֶרֶז קָנוּי לוֹ, כִּדְתַנְיָא לְעֵיל: וְאֶת הָאִילָנוֹת שֶׁבֵּינֵיהֶן. כֵּיצַד הֵן עוֹמְדִין. הֵיאַךְ הֵן נְטוּעִין הָנֵי ג' אִילָנוֹת שֶׁיֵּשׁ בָּהֶן מֵאַרְבַּע וְעַד ט"ז? הֵיאַךְ סֵדֶר נְטִיעָתָן דְּקָנֵי קַרְקַע? כְּשׁוּרָה. כָּזֶה: ***, וְהָוֵי ד' אַמּוֹת אוֹ עַד י"ו בֵּין כָּל אֶחָד לַחֲבֵירוֹ. כַּחֲצוּבָא. קַנְקַן שֶׁיֵּשׁ לוֹ שָׁלֹשׁ רַגְלַיִם, אֶחָד כְּנֶגֶד אֲוִיר הַשְּׁתַּיִם, כָּזֶה: *‏*‏*. כָּל שֶׁכֵּן כַּחֲצוּבָא. דְּאֵין הַקַּרְקַע רָאוּי לַחֲרִישָׁה, וְלֹא שִׁיְּרָהּ לְעַצְמוֹ. תְּלָת הִיגֵי רוֹמַיְיתָא. סְנָאִים אוֹ אֲטָדִים גְּדוֹלִים, כַּחֲלוּבָּא. וְלִי נִרְאֶה: אֲפִילּוּ כְּשׁוּרָה נַמִי לָא מִיזְדַּרַע בֵּינָתַיִם, שֶׁדּוֹאֲגִים לָלֶכֶת בְּסָמוּךְ לָהֶם, מִפְּנֵי שֶׁנּוֹעֲלִים בַּגּוּף כְּקוֹץ, וּמַכְאִיב. הָנָךְ לָא חֲשִׁיבִי. הִיגֵי רוֹמַיְיתָא. וַאֲנַן תַּרְתֵּי בָּעֵינַן: חֲשִׁיבוּת דְּאִילָנוֹת, וְהוּא דְּלָא מִיזְדַּרַע. **מתני'** לֹא מָכַר אֶת הָרַגְלַיִם. וּבַתּוֹסֶפְתָּא (פ"ד) תָּנֵי: בד"א — בְּמָקוֹם שֶׁלֹּא נָהֲגוּ, אֲבָל בְּמָקוֹם שֶׁנָּהֲגוּ — הַכֹּל כְּמִנְהַג הַמְּדִינָה. הַקָּנֶה. הִיא הָרֵיאָה, וְנִקְרֵאת עַל שֵׁם קָנֶה שֶׁלָּהּ. ד' מִדּוֹת בַּמּוֹכְרִין. ד' דִּינִין חֲלוּקִין זֶה מִזֶּה. וְאֵלּוּ הֵן: לוֹקֵחַ יָכוֹל לַחֲזוֹר בּוֹ, מוֹכֵר יָכוֹל לַחֲזוֹר בּוֹ, אֵין אֶחָד מֵהֶן יָכוֹל לַחֲזוֹר בּוֹ, שְׁנֵיהֶן יְכוֹלִין לַחֲזוֹר בָּהֶן — הֲרֵי ד'. וְהַשְׁתָּא מְפָרֵשׁ לְהוּ וְאָזֵיל. וּמִנְיָינָא לָא לְמַעוּטֵי מִידֵּי אָתָא, אֶלָּא לְהוֹדִיעֲךָ שֶׁצָּרִיךְ לָתֵת טַעַם לְכָל אַרְבַּעְתָּן, לָמָּה הֵן חֲלוּקִין זֶה מִזֶּה. מָכַר לוֹ חִטִּים יָפוֹת. הִתְנָה לוֹ לִמְכּוֹר חִטִּים יָפוֹת וְנִמְצְאוּ רָעוֹת — אֵין זֶה מִקַּח טָעוּת שֶׁיּוּכְלוּ שְׁנֵיהֶם לַחֲזוֹר, שֶׁהֲרֵי חִטִּין הִתְנָה לוֹ לִמְכּוֹר וְחִטִּין מְכָרוֹ. וְאִי מִשּׁוּם דְּרָעוֹת נִינְהוּ — אֵין זוֹ אֶלָּא אוֹנָאָה(ב) כְּגוֹן אוֹנָאַת שְׁתוּת, וְיָכוֹל לוֹקֵחַ לַחֲזוֹר שֶׁהֲרֵי נִתְאַנָּה. אֲבָל מוֹכֵר שֶׁלֹּא נִתְאַנָּה — לֹא יָכוֹל לַחֲזוֹר, אֲפִי' אִם הוּקִיר הַשַּׁעַר, דִּבְשַׁעַת מְכִירָה לֹא נִתְאַנָּה הוּא, אֶלָּא לוֹקֵחַ, וּתְנַן בְּ"הַזָּהָב" (ב"מ דף נח.): מִי שֶׁהוּטַל עָלָיו אוֹנָאָה — יָדוֹ עַל הָעֶלְיוֹנָה, רָצָה אוֹמֵר לוֹ "תֵּן לִי מְעוֹתַי" אוֹ "תֵּן לִי מַה שֶּׁאוֹנֵיתַנִי". וְהָכָא נַמִי, מִי שֶׁנִּתְאַנָּה יָכוֹל לַחֲזוֹר בּוֹ. וְאע"ג דְּלֵית הִלְכְתָא כִּי הַהִיא מִשְׁנָה, דְּהָא פָּסֵק רָבָא בְּ"הַזָּהָב" (שם דף נ:): שְׁתוּת — קָנָה, וּמַחֲזִיר אוֹנָאָה, וְאֵינוֹ יָכוֹל לוֹמַר "תֵּן לִי מְעוֹתַי". וְהַהִיא מִשְׁנָה מוֹקֵי לָהּ רָבָא כְּר' יְהוּדָה הַנָּשִׂיא, וְאִיהוּ סְבִירָא לֵיהּ כְּרַבִּי נָתָן — אֲפִילּוּ הָכִי, הָכָא גַּבֵּי יָפוֹת וְנִמְצְאוּ רָעוֹת כ"ע מוֹדוּ דְּיָכוֹל לַחֲזוֹר, שֶׁהֲרֵי הִטְעָהוּ וְלֹא הָיָה דַּעְתּוֹ לִיקַּח רָעוֹת. אֲבָל גַּבֵּי אוֹנָאַת שְׁתוּת, שֶׁקָּנָה מַה שֶּׁרוֹצֶה לִקְנוֹת וְלֵיכָּא שׁוּם טָעוּת אֶלָּא מְכִירַת יוֹקֶר — הָתָם מַחֲזִיר אוֹנָאָה, מִשּׁוּם דִּכְתִיב "אַל תּוֹנוּ", אֲבָל הַמִּקָּח קַיָּים, כְּרַבִּי נָתָן, וּכְדִפְסַק רָבָא. רָעוֹת וְנִמְצְאוּ יָפוֹת. מוֹכֵר נִתְאַנָּה, וְהִלְכָּךְ יָכוֹל לַחֲזוֹר. וְלֹא לוֹקֵחַ, וַאֲפִי' אִם הוּזַל הַשַּׁעַר. אֵין אֶחָד מֵהֶן יָכוֹל לַחֲזוֹר בּוֹ. וַאֲפִי' אִם הוּקַר הַשַּׁעַר דְּנִתְאַנָּה מוֹכֵר, אוֹ הוּזַל הַשַּׁעַר וְנִתְאַנָּה הַלּוֹקֵחַ. דְּסד"א, דְּהֵיכָא דְּהוּזַל הַשַּׁעַר וְרוֹצֶה לוֹקֵחַ לַחֲזוֹר — מָצֵי טָעֵין גַּבֵּי רָעוֹת וְנִמְצְאוּ רָעוֹת: אֲנִי לְיָפוֹת נִתְכַּוַּונְתִּי, וְהַאי דְּאָמְרִי לָךְ "רָעוֹת" — לָאו מִשּׁוּם דְּנִתְרַצֵּיתִי, אֶלָּא מִשּׁוּם דְּ"רַע רַע יֹאמַר הַקּוֹנֶה", כִּדְאָמַר בַּגְּמָ'. וְכֵן הֵיכָא דְּהוּקַר הַשַּׁעַר וְרוֹצֶה מוֹכֵר לַחֲזוֹר, מָצֵי טָעֵין גַּבֵּי יָפוֹת וְנִמְצְאוּ יָפוֹת: רָעוֹת הָיִיתִי סָבוּר לִמְכּוֹר, וְהָא דְּאָמְרִי "יָפוֹת" — מִשּׁוּם דְּ"טוֹב טוֹב יֹאמַר הַמּוֹכֵר". דְּמִדְּרַע רַע יֹאמַר הַלּוֹקֵחַ — הַמּוֹכֵר אוֹמֵר טוֹב טוֹב. קמ"ל דְּתַרְוַויְיהוּ לָא מָצוּ הָדְרֵי, הוֹאִיל וְנִמְצָא כְּמוֹ שֶׁאָמְרוּ שְׁנֵיהֶן. וְהוּא הַדִּין בְּמוֹכֵר סְתָם, שֶׁלֹּא פֵּירְשׁוּ לֹא רָעוֹת וְלֹא יָפוֹת — דְּאֵין אֶחָד מֵהֶן יָכוֹל לַחֲזוֹר. שְׁחַמְתִּית. אֲדוּמָּה, עַל שֵׁם חַמָּה שֶׁמַּאֲדִימָתָן. **וְנִמְצֵאת** לְבָנָה. שְׁנֵיהֶן טָעוּ. דְּכֵיוָן דְּהִתְנָה לוֹ לִמְכּוֹר שְׁחַמְתִּית — חָפֵץ הָיָה לַעֲבַד הַלְּבָנָה, וְגַם הַלּוֹקֵחַ לֹא הָיָה חָפֵץ בַּלְּבָנָה כִּי אִם בַּשְּׁחַמְתִּית. וְכֵן כָּל הָנָךְ דְּקָתָנֵי וְאָזֵיל, דְּהָווּ שְׁנֵי מִינִין, וְאִיכָּא דְּנִיחָא לֵיהּ בְּהַאי וְלָא נִיחָא לֵיהּ בְּהַאי, הִלְכָּךְ הָוֵי מִקַּח טָעוּת. וּשְׁנֵיהֶן נִתְאַנּוּ, הִלְכָּךְ שְׁנֵיהֶן חוֹזְרִין. וְאע"פ שֶׁשָּׁוֶה יָפֶה (ג) מִמַּה שֶּׁקְּנָאוֹ — מִיהוּ אֵין חֲפֵצִים בִּמְכִירָה זוֹ לֹא לוֹקֵחַ וְלֹא מוֹכֵר. אֲבָל גַּבֵּי חִטִּין יָפוֹת וְרָעוֹת — כּוּלֵּי עָלְמָא נִיחָא לְהוּ בַּיָּפוֹת וְלֹא בָּרָעוֹת, וּרְצוֹן הַמּוֹכֵר לַעֲבַד הַיָּפוֹת וְלִמְכּוֹר הָרָעוֹת, וְדַעַת הַלּוֹקֵחַ בַּיָּפוֹת וְלֹא בָּרָעוֹת. יַיִן וְנִמְצָא חוֹמֶץ. אֵין זֶה יָפוֹת וְנִמְצְאוּ רָעוֹת, דְּאִיכָּא דְּנִיחָא לֵיהּ בְּחַלָּא וְאִיכָּא דְּנִיחָא לֵיהּ בְּחַמְרָא, כִּדְמְפָרֵשׁ בַּגְּמָ'. **גמ'** אָמַר רַב חִסְדָּא מָכַר לוֹ שָׁוֶה חָמֵשׁ בְּשֵׁשׁ. שֶׁעַתָּה נִתְאַנָּה לוֹקֵחַ שְׁתוּת מָעוֹת, שֶׁהֲרֵי ו' מָעוֹת שֶׁנָּתַן לוֹ לַמּוֹכֵר לֹא הָיָה לוֹ לִיתֵּן כִּי אִם ה', דְּאֵינוֹ שָׁוֶה אֶלָּא ה'. אֲבָל שָׁוֶה ו' בְּה' דִּלְקַמֵּיהּ — הָוֵי שְׁתוּת מִקָּח, שֶׁנִּתְאַנָּה הַמּוֹכֵר מִפְּשׁוּט אֶחָד שֶׁהוּא חֵלֶק שֵׁשׁ מִשָּׁוְויוֹ שֶׁל מִקָּח, שֶׁשָּׁוֶה שִׁשָּׁה וּבַה' מְכָרוֹ, וְקָרֵי לֵיהּ רַב חִסְדָּא אוֹנָאָה. וְקָאָמַר בְּתַרְוַויְיהוּ: שֶׁנִּתְאַנָּה יָכוֹל לַחֲזוֹר בּוֹ, דִּסְבִירָא לֵיהּ כִּשְׁמוּאֵל, דְּאָמַר בְּפֶרֶק "הַזָּהָב" (שם דף מט:): אַף שְׁתוּת מָעוֹת שָׁנִינוּ, דְּלָא שְׁנָא אוֹנָאַת שְׁתוּת דְּמָעוֹת אוֹ אוֹנָאַת שְׁתוּת דְּמִקָּח — דְּהָוְיָא אוֹנָאָה, וְיָכוֹל לַחֲזוֹר מִי שֶׁנִּתְאַנָּה, כִּדְתְנַן: מִי שֶׁהוּטְלָה הָאוֹנָאָה עָלָיו — יָדוֹ עַל הָעֶלְיוֹנָה. וְתַנְיָא כְּווֹתֵיהּ דִּשְׁמוּאֵל וְרַב חִסְדָּא בְּפ' "הַזָּהָב" (שם): מִי שֶׁהוּטַל עָלָיו יָדוֹ עַל הָעֶלְיוֹנָה, כֵּיצַד? מָכַר לוֹ שָׁוֶה ה' בְּו' מִי נִתְאַנָּה? לוֹקֵחַ, יַד לוֹקֵחַ עַל הָעֶלְיוֹנָה, רָצָה אוֹמֵר לוֹ "תֵּן לִי מְעוֹתַי" אוֹ "תֵּן לִי מַה שֶּׁאוֹנִיתַנִי". מָכַר לוֹ שָׁוֶה ו' בְּה'(ד) — נִתְאַנָּה מוֹכֵר, יַד הַמּוֹכֵר עַל הָעֶלְיוֹנָה, רָצָה אוֹמֵר לוֹ "תֵּן לִי מִקָּחִי" כו'. וּמִיהוּ, לֵית הִלְכְתָא כְּרַב חִסְדָּא, אֶלָּא כְּרָבָא דְּפָסֵק הָתָם: הִלְכְתָא, שְׁתוּת — קָנָה וּמַחֲזִיר אוֹנָאָה. וּמִיהוּ, רַב חִסְדָּא כִּסְתָם מַתְנִי' דְּהָתָם ס"ל, דְּמִי שֶׁהוּטַל עָלָיו יָדוֹ עַל הָעֶלְיוֹנָה. וְאַתָּא לְמֵימַר דְּהֵיכָא דְּמָכַר לוֹ שָׁוֶה חָמֵשׁ בְּו' דְּנִתְאַנָּה לוֹקֵחַ, וְהָיָה יָכוֹל לַחֲזוֹר בִּכְדֵי שֶׁיַּרְאֶה לַתַּגָּר אוֹ לִקְרוֹבוֹ, כִּדְאָמַר בַּגְּמָ' בְּ"הַזָּהָב" (שם): הוּקְרוּ בְּתוֹךְ אוֹתוֹ זְמַן וְעָמְדוּ עַל שְׁמֹנֶה, דְּהַשְׁתָּא לְבַסּוֹף נִתְאַנָּה מוֹכֵר אֲפִילּוּ בְּיוֹתֵר מִשְּׁתוּת, דְּהָוֵי בִּיטּוּל מִקָּח, וְרוֹצֶה מוֹכֵר לַחֲזוֹר עַתָּה, מִשּׁוּם דַּעֲדַיִין לֹא נִתְקַיֵּים הַמִּקָּח לְגַמְרֵי כָּל זְמַן שֶׁיָּכוֹל לוֹקֵחַ לַחֲזוֹר, דַּעֲדַיִין לֹא הֶרְאָה לַתַּגָּר אוֹ לִקְרוֹבוֹ. וְהִלְכָּךְ, הוֹאִיל וּבְתוֹךְ כָּךְ נִתְאַנָּה גַּם הוּא — רוֹצֶה לַחֲזוֹר, שֶׁהֲרֵי עַתָּה נִתְאַנּוּ שְׁנֵיהֶם — אפ"ה אֵינוֹ חוֹזֵר, דְּמִי הוּא שֶׁנִּתְאַנָּה מֵעִיקָּרָא בִּשְׁעַת מְכִירָה — לוֹקֵחַ, הִלְכָּךְ יָכוֹל לַחֲזוֹר בּוֹ כָּל שָׁעָה שֶׁיִּרְצֶה בְּתוֹךְ זְמַן הַקָּצוּב לוֹ. אֲבָל לֹא מוֹכֵר, שֶׁהֲרֵי הוּא הָיָה הַמְאַנֶּה וְיָדוֹ עַל הַתַּחְתּוֹנָה. וְאע"פ שֶׁלֹּא נִתְקַיֵּים הַמִּקָּח עֲדַיִין כְּשֶׁחָזַר וְנִתְאַנָּה גַּם הוּא. מִשּׁוּם דְּא"ל

רשות הרבים מהו שתפסיק. לאו ברוחב ט"ז איירי, אע"פ שסתמו כן. **מכר** את הקנה כו'. קנה היא ריאה עם הלב, ומספקא ליה לר"י אם מכר הלב אם מכר ריאה, אם מכר ריאה אם מכר הלב. **לוקח** יכול לחזור בו ולא מוכר. אור"ת: דרבא, דפסיק בפ' "הזהב" (ב"מ דף נ: ושם ד"ה אמר): שתות קנה ומחזיר אונאה — אתי שפיר כרב חסדא. ולא בעי למימר דקנה בעל כרחו, אלא: רצה — קנה ומחזיר אונאה. אלא שלא חש רבא לפרש "רצה", משום דקאי אמתניתין דהתם, דקתני: ידו על העליונה. ותניא כוותיה דרבא דקא מייתי התם — היינו מרבי יהודה הנשיא, דאמר: רצה — אומר "תן לי מקחי", ולא כר' נתן. אע"ג דלכאורה משמע דהוי כר"נ, דנקט רבא ממש לישנא דנקט ר"נ — מכל מקום רבא הוי כרבי יהודה הנשיא, ו"קנה" דרבא לא הוי כ"קנה" דר"נ, ד"קנה" דרבא — אם רצה, ו"קנה" דר' נתן — על כרחו. והא דאמר התם בתר הכי: מתני' דלא כרבי נתן ולא כרבי יהודה הנשיא כו'. וקאמר רבה: לעולם רבי נתן, ותני נמי בברייתא: רצה. רבא אמר: לעולם כרבי יהודה הנשיא. מה שלא רצה רבא להעמיד כר"נ ותני רצה, אע"ג דרבא גופיה קאמר קנה ובעי למימר — רצה היינו משום דאיהו קאי אמתניתין, אבל ר"נ דלא קאי אמתניתין — הוה ליה לפרושי.

אי

רבינו גרשום

דמצטרפין וקנה קרקע. או דלמא הואיל וההוא שלישי לאו בדידיה קאי לא מצטרפי: בעי רב אשי. מכר לו ג' אילנות בתוך שלו ובור אחד מפסיק בין האילנות הללו מהו מי אמרינן הואיל דבתוך שלו מכרן קנה קרקע או דלמא כיון דבור מפסיק כשתי שדות דמיין ולא קנה. והכי נמי מפרשי גבי אמת המים וריכבא דדיקלי בין האילנות הללו אלא שבור עמוק והוי טפי הפסקה מאמת המים. ואמת המים הוי הפסקה טפי מן ריכבא דדקלי: בעי מיניה הלל מרבי לא הלל הזקן הוא זה לפי שלא היה בימי רבי א) שרבי היה בחורבן ראשון והלל הזקן בחורבן השני: עלה ארז בין אילנות הללו מהו. מפסיק או לא מפסיק: ומקשי ליה מאי קא תיבעי לך. עלה ברשותא דידיה דלוקח נפיק ושלו הוא: אלא היה ארז ביניהן. בשעת מכירה מהו אמר ליה קנה וקונה קרקע דלא מפסיק: כיצד האילנות עומדין. דקנה הקרקע כשורה: ור' יוחנן אמר כחצובא. כלומר כמו בקבוק שהוא עגול כך הם עומדים בעגול. מאן דאמר כשורה הן עומדין קנה קרקע תחתיהן וביניהן וחוצה להן כמלא אורה וסלו אע"ג דכשורה עומדין כ"ש כחצובה דודאי קנה קרקע: ומאן דאמר כחצובה. מאי טעמא יש לו קרקע משום דלא מזדרע ביניהן להכי מכר לו הקרקע שביניהן שאין יכול לחרוש בצמד בקר ביניהן להיות תלם שלו שלם אבל כשורה דמצי למזדרע מיכן ומיכן סמוך לאילנות וביניהן לא קנה קרקע: תלת רומיתא. אילנות של אטד בעגול אחד דלא מזדרע בינתייהו הכי נמי דיש לו קרקע ללוקח. רומיתא גדולות וגבוהות. אמר ליה. הכא ודאי יש לו קרקע משום דחשיבי הני אילנות ומכר לו קרקע אבל גבי היני אין לו קרקע דלא חשיבי:

פיסקא המוכר את הראש. סתם בבהמה גסה לא מכר את הרגל משום דהנהו חשיבי לחוד והני חשיבי לחוד והכי נמי כל הני מכר האי לא מכר האי דכל חדא וחדא מלתא חשובה באנפי נפשה היא: מכר את הקנה. הריאה קרי לה על שם קנה: אבל בבהמה דקה מכר את הראש מכר את הרגלים. משום דלא חשיבי כלום לגבי הראש דדבר מועט הוא והכי רגילי אינשי למיקני: מכר את הרגלים לא מכר את הראש. משום דראש חשוב בפני עצמו הוא: מכר את הכבד לא מכר את הקנה. משום דקנה מלתא חשובה באפי נפשה היא: מכר לו חטים יפות. שהתנה לו לתת חטין יפות ונמצא שנתן לו רעות עכשיו נתאנה לוקח ויכול לחזור בו הלוקח. אבל אם מוכר רצה לחזור בו שנתייקרו אחר מיכן אינו יכול לחזור בו כדמפר' בגמ': התנה לתת לו חטין רעות. ונמצא שנתן לו יפות שנתאנה מוכר. מוכר יכול לחזור כדמפר' בגמ': התנה לתת לו יפות ונמצאו יפות כתנאם אין אחד מהם יכול לחזור בו הואיל שהשלים לו תנאו. וכל מי שנתאנה ב) יכול לחזור בו וידו על העליונה משום דמין אחד הן. אבל התנה עמו לתת לו שחמתית. כלומר חטין אדומים שנתאדמו מחמת החמה הזורחת עליהן ועל שם החמה קרויים שחמתית. ונמצאו לבנות. או לבנות התנה ונמצאו שחמתית והואיל דכל הני שני מינין הן יכולין לחזור בהן שלא כזה התנה ליתן לו: אמר רב חסדא מכר לו שוה חמש בשש. דהשתא איכא אונאה וסבירא ליה לרב חסדא דשתות כיותר על שתות ובטל מקח. ושוב הוקרו ברשות הלוקח ועמדו על ח'. מי נתאנה מעיקרא הלוקח והלוקח אע"ג דנתיקרו ועמדו על ח' אם רצה יכול לחזור בו הואיל דמעיקרא הוה בו חזרה. אבל המוכר אם רצה לחזור בשביל שנתייקרו דהשתא מיהא נתאנה אינו יכול לחזור בו משום דמצי

הגהות הב"ח

(א) גמ' רשות הרבים מהו. נ"ב עיין לקמן דף קד ע"ב גרסינן דרך וכו'. (ב) רשב"ם ד"ה מכר וכו' אלא אונאה כעין אונאת שתות וכו' בזהאבי הלכתא שתות קנה: (ג) ד"ה ונמצאת וכו' שוה יפה מה שקנאו: (ד) ד"ה אמר וכו' שוה ו' בה' מי נתאנה וכו' הלכך לוקח יכול לחזור:

לקמן קד:

א) נ"ל שרבי סי' אחר חורבן הבית והלל הזקן קודם החורבן היה. ב) כ"ל אם נתאנה בפחות כשיעור אונאה. או אפשר דרבינו קאי אריפא אופות ונמצאו רעות.

דא"ל: אילו לא אוניתן לא הוה מצית הדרת בך, השתא דאוניתן מצית הדרת בך? ותנא תונא: יפות ונמצאו רעות — לוקח יכול לחזור בו ולא מוכר. ואמר רב חסדא: [א]מכר לו שוה שש בחמש, והוזלו ועמדו על ג' מי נתאנה? מוכר, מוכר יכול לחזור בו ולא לוקח, דא"ל: אילו לא אוניתן לא הוה מצית הדרת בך, השתא מצית הדרת בך? ותנא תונא: רעות ונמצאו יפות — מוכר יכול לחזור בו ולא לוקח. מאי קא משמע לן? מתני' היא! אי ממתני' הוה אמינא: דלמא דרב חסדא תרווייהו מצו הדרי בהו, ומתני' (א) הא אתא לאשמועינן — דלוקח יכול לחזור בו, דס"ד אמינא משום דכתיב: °"רע רע יאמר הקונה". § [ב]"שחמתית ונמצאת לבנה" כו'. § אמר רב פפא: מדקתני "לבנה", ש"מ: האי שמשא סומקתי היא; תדע, דקא סמקא צפרא ופניא. והאי דלא קא חזינן כוליה יומא — נהורין הוא דלא בָּרִי. מיתיבי: °"ומראהו עמוק מן העור" — [א][ג]כמראה חמה עמוקה מן הצל, והתם לבן הוא! כמראה חמה ולא כמראה חמה; כמראה חמה — דעמוקה מן הצל, ולא כמראה חמה — דאילו התם לבן והכא אדום. ולמאי דסליק דעתין מעיקרא, הא קא סמקא צפרא ופניא! בצפרא — דחלפא אבי וורדי דגן עדן, בפניא — דחלפא אפתחא דגיהנם. ואיכא דאמרי איפכא. § [ד]"יין ונמצא חומץ — שניהן יכולין לחזור בהן". § לימא, מתניתין רבי היא ולא רבנן? דתניא:

יין

רש"י

דא"ל. לוקח למוכר. אי לאו דאוניתן. בשעת מכירה – היה מתקיים המקח, ולא מצית הדרת בך, ואע"פ שהוקר אחרי כן. והשתא מצית הדרת? בתמיה, וכי בשביל שאוניתני וייפו חכמים את כחי לחזור אם ארצה, ונתנו ידי על העליונה, תחזור בך גם אתה כשהוקר לבסוף ותהי גם ידך על העליונה? א"כ מצינו חוטא נשכר! (ב) ועמדו על שמונה. רבותא נקט ביטול מקח, והוא הדין דהוה מצי למימר: ועמדו על שבעה, דאיכא אונאת שתות מעות, ורוצה גם מוכר לחזור. (ג). ותנא תונא. תנא דידן, כמו "אבונא" "אחונא". ולשון קצר הוא. יפות ונמצאו רעות. הרי נתאנה לוקח – לוקח יכול לחזור בו ולא מוכר, אע"ג דהוקרו. דלהך רבותא איצטריך למתנייה. שוה ו' בה'. שתות מקח הוא. והוא הדין לשוה ז' בשש, דהוי שתות מעות. והוזל. אחר זמן מרובה. ורוצה לוקח לחזור, דהא אכתי לא נתקיים המקח, דהא מוכר לעולם חוזר, כדאמרינן ב"הזהב" (ב"מ דף נא.). על שלש. ה"נ הוי מצי למימר: על ד', דהוי ביטול מקח. הכי גרסינן בסיפא כמו שכתוב בספרים: מאי קא משמע לן מתניתין היא אי ממתניתין הוה אמינא דרב חסדא תרווייהו הדרי בהו ומתניתין היינו טעמא משום דרע רע יאמר הקונה. כלומר, דרב חסדא, דאיכא אונאה – תרווייהו הדרי, הואיל ונתאנה המתאנה לבסוף, בתוך זמן שהיה המתאנה יכול לחזור. וכיון דלא נתקיים המקח לגמרי עד דנתאנה גם המתאנה – תרווייהו הדרי. ומתניתין. בדליכא אונאה כלל, אלא בשווייהן מכרו, ועכשיו טוען: איני חפץ באלו. הלכך, במכר יפות ונמצאו רעות – יכול לוקח לחזור בו, דא"ל: יפות בקשתי, ומקחי טעות. אבל אם בא מוכר לחזור, ולומר: גם אני אחזור, שמקח טעות הוא – הלוקח אומר לו: אינו טעות, שאף אני בחזקת רעות לקחתים, ד"רע רע יאמר הקונה". וסיפא נמי, רעות ונמצאו יפות – המוכר חוזר, דאמר: טעיתי, ולא היה בדעתי למכור אלו. אבל אם בא הלוקח לחזור בעלילה זו מפני שהוזלו חטין, ורוצה לומר לו: אלו לא מכרת לי – אומר לו: (ג) בחזקת רעות לקחתם, ואני מודה לך. וכן פירש רבינו זקני מ"כ. ולי נראה דהכי מצי טעין ליה: אני לא הטעיתיך, דבחזקת יפות מכרתים לך, ד"טוב טוב יאמר המוכר" בשעת מכירה. אבל גבי אונאת שתות דרב חסדא, שאין אדם יודע שויו של מקח עד שיראה לתגר – התם ליכא למימר "רע רע יאמר הקונה" ויודע היה שקנאו ביוקר. דאי הוה יודע – לא הוה זבין אלא בשוויין. דהוא נאמן לטעון: יודע הייתי שרעות הן, ואעפ"כ גמרתי בדעתי לקונתן, דכיון ששוות הדמים – דעתי לקונתן. אבל בהא לא מהימן, אי טעין: הייתי יודע דאיכא אונאה, וגמרתי בדעתי לקונתן. דהא ודאי לא עביד איניש. מדקתני לבנה ש"מ. שחמתית – אדומה ולא שחורה. דהא שני מראות יש בחטין ולא יותר, לבנות ואדומות, ומדקרי לחדא לבנה ולאידך שחמתית – ש"מ שחמתית אדומה, ועל שם חמה שהיא אדומה, קרי לחטין אדומות שחמתית. נהורין דלא ברי. מאור עינינו אינו ברור כל כך, מתוך אור היום שמכהה עינינו. אבל לצפרא ופניא, שהיום חשוך – ניכר אדמומית החמה. ורב פפא לפרש משנתנו בא, אמאי מקרי שחמתית. עמוק. הלבן נראה עמוק אצל השחור. לבן הוא. כדכתיב (ויקרא יג): "ואם בהרת לבנה היא". ומדמדמי ליה לחמה – שמע מינה לבנה היא. ולמאי דס"ד מעיקרא. דהוה פרכינן לרב פפא מברייתא דלבנה היא, אמאי לא הויא קשיא לן האי דסמקא צפרא ופניא? מה הייתו יכולין לפרש אמאי סמקא, אם לבנה היא? בפניא. ששוקעת במערב – דחלפא אפתחא דגיהנם ומאדמת מכח אש גיהנם, בצפרא, דחלפא במזרח – אוורדי דגן עדן שהוא במזרח, כדכתיב: "גן בעדן מקדם" (בראשית ג). ואיכא דאמרי איפכא. בצפרא סמקא משום דעומדת במזרח, ומאירה החמה כנגדה במערב, ומאדמת מכח גיהנם שבמערב, לפי שעמוד של אור החמה מכה כנגד גיהנם. ומאדים החמה מכחו. בפניא דחלפא במערב, ועמוד שלה הולך לצד מזרח ומכה בגן עדן, ומאדים מכח אדמומית וורדי דגן עדן. לימא מתניתין רבי היא ולא רבנן. דכיון דאמרי מין אחד (ג) הן – אין שניהן חוזרין, אלא המתאנה. דדמי לחטין יפות ונמצאו רעות, רעות ונמצאו יפות.

מין

תוספות

אי לאו דאוניתן לא הדרת בך. וא"ת: ביתר משתות, דקיימא לן דבטל מקח, ואפילו המאנה יכול לחזור, אמאי לא אמר נמי התם "אי לאו דאוניתן" כו' כמו בשתות? וי"ל: לפי שהוא רחוק מן המקח יותר מדאי, וכאילו לא מכר כלל, שאין ראוי מקח כזה להתקיים. וריב"ם פי': דאפילו ביתר משתות אין המאנה חוזר בו, אלא כשהמתאנה תובע אונאתו. כיון שתובע יותר משתות, דהוי ביטול מקח — הוי מקח טעות, ויכול גם המאנה לחזור בו. אבל אם המתאנה אינו תובע אונאתו, ורוצה להחזיק המקח כמו שקנה — אין סברא שיוכל המאנה לחזור בו, דמצי א"ל: "אי לאו דאוניתן" כו', כמו בשתות.

ותנא תונא יפות ונמצאו רעות. שוה בשוה איירי. ומאי קא משמע לן — שיוכל לוקח לחזור בו ולא מוכר? פשיטא! אלא הא קא משמע לן, דאפילו הוקרו אחרי כן — אין המוכר יכול לחזור.

והוזלו ועמדו על שלש. ה"מ למימר על ד', דהוי נמי ביטול מקח. אלא איידי דנקט לעיל שהוקרו שניס, נקט נמי שהוזלו שניס.

מאי קא משמע לן רב חסדא היינו מתניתין. דע"כ מתניתין להכי הוא דאתא. דאי לאו הכי — מאי קא משמע לן? וכי תימא: אע"ג דלא קא משמע לן מידי — יש לו לשנות, (ד) כי היכי דקתני יפות ונמצאו יפות, ואע"ג דהוקרו והוזלו אלף פעמים — ברשות לוקח הוקרו והוזלו, שלגמרי נתקיים המקח לאלתר! וי"ל: דאי רישא (ה) חידוש הוה — ניחא הא דנקט סיפא, אע"ג דפשיטא, כדי למנות ארבע מדות. אבל אי ברישא נמי ליכא חידוש — א"כ בחנם הזכיר במתניתין כל דין יפות ורעות.

אי ממתניתין ה"א דרב חסדא תרווייהו מצו הדרי בהו. בהוקרו והוזלו. ומתניתין היינו טעמא ביפות ונמצאו רעות, דלוקח מצי הדר ביה ולא מוכר אע"פ שהוקרו, משום דאם בא מוכר לחזור א"ל לוקח: לא נתאניתי. אע"פ (ו) שאמר יפות — יודע היה שהן רעות, ד"טוב טוב יאמר המוכר". אבל במוכר לו שוה חמש בשש והוקרו דרב חסדא — לא שייך למימר הכי, ולכך יכול לחזור בו אפי' מוכר. וסיפא מתניתין, דרעות ונמצאו יפות, דמוכר מצי הדר ביה ולא לוקח אע"פ שהוזלו — משום דא"ל מוכר: לא נתאניתי, יודע הייתי שהן יפות אע"פ שהיית אומר דרעות הן, ד"רע רע יאמר הקונה". אבל מכר לו שוה שש בחמש והוזלו — יכול לחזור בו אפילו לוקח, דלא שייך למימר הכי. כן פ"ה[ד] בשם רש"י. ועוד פר"י בע"א: דלרב חסדא מצו הדרי תרווייהו. דממתניתין ליכא למשמע מידי, דאפשר דמתניתין איירי דלא הוקרו ולא הוזלו. וכי תימא: מאי קא משמע לן — איצטריך, סד"א דיפות ונמצאו רעות לא יוכל לחזור בו אפילו לוקח, שיודע שהן רעות אע"פ שהמוכר אמר שהן יפות, ד"טוב טוב יאמר המוכר". וכענין זה יש לפרש סיפא.

האי שימשא סומקתי היא. פי' ה"ר מנחם: דנפקא מיניה לנודר מן האדום.

בצפרא חלפא אבי וורדי דג"ע. ומשמע דג"ע במזרח הוא. ואפילו למאי דאמר איפכא — הוי במזרח, כדפ"ה. וכן משמע במדרש, דארץ כוש במזרחו של עולם, כדכתיב (בראשית ב) "הוא הסובב את כל ארץ כוש" וזה הנהר יוצא מעדן — א"כ (ז) עומד במזרח מסתמא. והא דאמר בבראשית רבה בפ"כ שרוח מזרחית קולטת, היא קלטה אדם הראשון, כדכתיב (שם ג) "ויגרש את האדם וישכן מקדם לגן עדן" וגו', קלטה קין כדכתיב "וישב בארץ נוד קדמת עדן" — משמע דאדם הראשון וקין במזרחו של עולם היו, ושם אנו עומדים, א"כ ג"ע היה במערב העולם! צריך לומר (ח) דמזרח דקרא היינו קדם של עולם שאצל ג"ע, והיינו קדמת עדן — קדם העולם שאצל גן עדן. והא דאמר בב"ר שרוח מזרחי קולטת — היינו רוח מזרחי של עולם, ולא של גן עדן[ה].

יין

מסורת הש"ס

א) [שבועות ו: בכורות מח. חולין סג.]: ב) שייך לעיל: ג) ע"כ: ד) אינו וכן בפ"ה שלפנינו במקום טוב טוב כו' פי' רע רע יאמר כו' ועי' רש"ל: ה) [וע"ע תוס' בכורות נה: ד"ה מטרא ועיין תוס' קדושין עא: ד"ה עד היכן]:

תורה אור

מִשלי כ — ויקרא יג

עין משפט נר מצוה

עב א מיי' פי"ג מהל' מכירה הל' יד סמג לאוין קע טוש"ע ח"מ סי' רכז סעיף יח:

עג ב מיי' פי"ז מהל' מכירה הל' ב סמג עשין קע טוש"ע ח"מ סי' רלג:

עד ג מיי' פי"ח מהל' טומאת צרעת הלכה י סמג עשין רלב:

עה ד מיי' פי"ז מהל' מכירה הל' ב סמג לאוין קע טוש"ע ח"מ סי' רלג:

הגהות הב"ח

(א) גמ' מאי קמ"ל מתני' היא אי ממתניתין ה"א דלמא דרב חסדא תרווייהו מצו הדרי בהו ומתניתין ה"ט משום דכתיב וכו' כצ"ל ותיבות הא אתא לאשמועינן דלוקח יכול לחזור בו דס"א נמחק ונ"ב זו היא גירסת רשב"ם אבל ס"א ממאי דלמא דרב חסדא תרווייהו מצו הדרי בהו ומתניתין ה"ט משום דכתיב רע רע יאמר הקונה וגירסת ר"י מאי קמ"ל מתניתין וכו': (ב) רשב"ם ד"ה ומתניתין וכו' אומר לו זה אתה בחזקת רעות: (ג) ד"ה לימא וכו' מין אחד הוא אין: (ד) תוס' ד"ה מאי קמ"ל וכו' יש לו לשנות כדי למנות ד' מדות כי היכי דקתני יפות ונמצאו יפות ואף על גב דמילתא דפשיטא הוא דאע"ג דהוקרו והוזלו: (ה) בא"ד רישא הוי חידוש ניחא: (ו) ד"ה אי ממתניתין וכו' אע"פ שאמרת שהן יפות יודע הייתי שהן רעות: (ז) ד"ה בצפרא וכו' א"כ מסתמא עומד במזרח והא דאמר: (ח) בא"ד צריך לומר למקדם דקרא היינו קדם של עולם שאצל גן עדן במערבו וכו':

רבינו גרשום

דמצי למימר לי' אי לאו דאוניתני מעיקרא לא [מצית] הדרת בך. כלומר אם לא בשביל שהוניתני מתחלה מן המקח שאלמלא היית מוכרו שוה בשוה והוקר ברשותי לא היית יכול לחזור בך ועכשיו בשביל שהוניתני תרצה לחזור בך כשם שבתחלה בשעה שהוניתני לא חזרת בך לא תחזור בך עכשיו: ותנא תונא. ממתני' מייתי סייעתא לרב חסדא: התנה לו למכור חטין יפות ונמצאו רעות. הואיל שנתאנה לוקח יכול לחזור בו אבל לא מוכר ואף על גב דשוב הוקרו אותן רעות הוקרו ברשות לוקח. ואע"ג דהשתא הוי אונאה למוכר ועדיין לא קבל דמיהן אינו יכול לחזור בו משום ההוא טעם דרב חסדא: ואמר רב חסדא מכר לו שוה שש בה' והוזלו. לאחר שמכרו לו קודם שקבל הדמים: מי נתאנה. מעיקרא המוכר. מוכר יכול לחזור בו אם רוצה אף על גב דהשתא לבסוף נתאנה לוקח שהוזלו. משום דמצי למימר ליה המוכר ללוקח אי לאו דאוניתני שנתתי לך שוה ו' בה' משום ההיא טענה דהואי בה אונאה מעיקרא ובטול מקח בשביל ההוא טענה קא בעית למיהדר בך השתא הואיל דהוזלו כיון דמעיקרא בעידנא דאוניתני לא הדרת בך השתא לא תיהדר בך השתא משום דברשותך הוזלו: ותנא תונא. ממתניתין מסייע ליה לרב חסדא: התנה לו למכור לו רעות ונמצאו יפות דנתאנה מוכר. מוכר יכול לחזור בו משום דנתאנה אבל לוקח אינו יכול לחזור בו אע"ג דשוב הוזלו אותן יפות ברשותו הרבה יותר מב' שתותין. אפי' הכי לא מצי למיהדר ביה משום טעמא דרב חסדא: ומקשינן ממאי מצית למימר דההיא מלתא דרב חסדא בההיא לישנא בתרייתא דמיא למתני' ודלמא במלתא דרב חסדא איכא למשמע מינה דתרווייהו מצו למיהדר בהן ודקא מייתית סיוע ממתני' לעולם ממתניתין לא תסייעה. דמתני' היינו טעמא דמוכר יכול לחזור בו ולא לוקח משום דרע רע יאמר הקונה כלומר מעיקרא כשהתנה הלוקח עם המוכר למכור לו חטין רעות בקש ממנו ובתורת רעות באו לידו הואיל שנתאנה מוכר יכול לחזור בו אבל לא

רע רע בשעת קניה ואע"ג דהוזלו מכדי דמיהן לאחר מיכן לא מצי למיהדר ביה דמצי למימר ליה המוכר מה אתה מתרעם עלי דידי והא מעיקרא בחזקת רעות קניתם והשתא נמי רעות נינהו ומש"ה לא מצי
אבל לגבי מלתא דרב חסדא איכא למימר דתרווייהו מצי למיהדר בהו היכא דמכר לו שוה ו' בה'. המוכר לא היה בדעתו ליתן לו אלא שוה ה' וטעה ונתן לו ו'. להכי מוכר יכול לחזור בו. ולוקח נמי שנתן
שלא יהיה שוה פחות מה'. וכיון שהוזלו ועמדו על ב' דנתאנה מוכר מעיקרא ולוקח השתא שניהן יכולין לחזור בהן המוכר משום דנתאנה מעיקרא והלוקח משום דמצי למימר למוכר מעיקרא מיהא בתורת
לי ונמצא עכשיו דלא מקח יפה הוא דהוזל יותר משתות ומצינא למיהדר ביה אבל גבי מלתא קמייתא דרב חסדא ליכא למימר הכי ומילתא דווקא הוא. וממתני' מצי לסייע שפיר דלהיכא דמכר ליה שוה ה'
הוא לקנות יפה שוה ו' דמעיקרא נתאנה לוקח. דהכא ליכא למימר רע רע יאמר הקונה דמעיקרא בתורת יפות לקחן והשתא נמי דנתייקרו יפות נינהו ומיבעי למיהדר לוקח דנתאנה מעיקרא מצי למיהדר אבל
תונא נמי מתני' דמסייע ליה דוקא הוא ש"מ. ל"א מאי קמ"ל רב חסדא במלתא בתרייתא דמוכר יכול לחזור בו ולא ליקח. מתני' היא ומאי קמ"ל. אי ממתני' הוה אמינא דרב חסדא תרווייהו מצו הדרי בהו
דמתני' היינו טעמא דמוכר מצי הדר ולא לוקח משום דרע רע יאמר הקונה והשתא דהוו יפות לא רעות נינהו ואין כאן מקח טעות להכי אצטריך לאשמועינן רב חסדא אע"ג דלא דמיא למתני' כדאמרן
מוכר יכול לחזור בו ולא לוקח. א) ואזל לו כשהולך לו המוכר. אז יתהלל הלוקח במקחו: אגב דקתני שחמתית קאמר רב פפא במלתא דחמה ג): והאי דלא חזינא כולי יומא. דתיהוי סומקא: משום נהורין הוא
שמאור היום הוא גדול אין כח לראות אדמדומית החמה ג) נגד הערב: מיתיבי ומראהו של נגע עמוק מן העור ולא עמוק עמוק ממש אלא כמראה החמה שנראית עמוקה מן הצל היכא דזורחת בתוך
ה והתם לבן הוא הנגע ומדמה החמה לנגע עמוקה אלמא דחמה לבנה היא וקשיא לרב פפא. ומשני דל"ק דהאי דמדמה לה לנגע לעומקא ולא כמראה חמה דאילו התם הנגע לבן הוא והכא אדום החמה
דסליק אדעתא מעיקרא דקא סמקא צפרא ופניא. משמע לפי הלשון שאותן שעות מאדימות מכל היום ומאי שנא. בפניא חלפא כו'. וכן ללשנא קמא משמע דגיהנם במזרח וגן עדן במערב:
ר'

א) גי' רבינו רע רע יאמר הקונה ואזל לו אז יתהלל. ב) נ"ל לחמה סומקתי היא. ג) אולי צ"ל רק סמוך לערב.

תורה אור

יין וחומץ מין אחד הוא, רבי אומר: שני מינין? אפילו תימא רבנן, עד כאן לא פליגי רבנן עליה דרבי – אלא לענין מעשר ותרומה, וכדר' אלעא; דאמר רבי אלעא: מנין לתורם מן הרעה על היפה שתרומתו תרומה? שנאמר: "ולא תשאו עליו חטא בהרימכם את חלבו ממנו" (במדבר יח), אם אינו קדוש – נשיאות חטא למה? מכאן לתורם מן הרעה על היפה שתרומתו תרומה; אבל לענין מקח וממכר, דכולי עלמא – איכא דניחא ליה בחמרא ולא ניחא ליה בחלא, ואיכא דניחא ליה בחלא ולא ניחא ליה בחמרא.§ **מתני'** המוכר פירות לחבירו, משך ולא מדד – קנה, מדד ולא משך – לא קנה; אם היה פיקח – שוכר את מקומן. הלוקח פשתן מחבירו – הרי זה לא קנה עד שיטלטלנו ממקום למקום, ואם היה מחובר לקרקע ותלש כל שהוא – קנה.§ **גמ'** א"ר אסי א"ר יוחנן: מדד והניח על גבי סימטא – קנה. א"ל ר' זירא לרבי אסי: שמא לא שמע רבי אלא במודד לתוך קופתו? א"ל: דמי האי מרבנן כדלא גמרי אינשי שמעתא, מדד לתוך קופתו מימרא בעי?! קיבלה מיניה או לא קיבלה מיניה? תא שמע, דאמר ר' ינאי אמר רבי: חצר השותפין – קונין זה מזה; מאי לאו על גבי קרקע? לא, לתוך קופתו. הכי נמי מסתברא, דא"ר יעקב א"ר יוחנן: מדד והניח על גבי סימטא – לא קנה; קשיין אהדדי! אלא לאו ש"מ: כאן במודד לתוך קופתו, כאן במודד על גבי קרקע, שמע מינה. תא שמע: מדד ולא משך – לא קנה; מאי לאו בסימטא? לא, ברשות הרבים. אי הכי, אימא רישא: משך ולא מדד – קנה; משיכה ברשות הרבים מי קניא? והא אביי ורבא דאמרי תרווייהו: מסירה קונה ברשות הרבים ובחצר שאינה של שניהן, משיכה קונה בסימטא ובחצר שהיא של שניהן, והגבהה קונה בכל מקום! מאי משך נמי דקתני? מרה"ר לסימטא. אי הכי, אימא סיפא: אם היה פיקח – שוכר את מקומן; ואי ברה"ר, ממאן אגר? הכי קאמר: ואם ברשות בעלים היא, אם היה פיקח – שוכר את מקומן. רב ושמואל דאמרי תרווייהו:

כליו

רשב"ם

מין אחד הוא. ואם תרם מזה על זה – תרומתו תרומה, דקרינא ביה "והרמותם ממנו" (במדבר יח) וכן לענין הודאה ממין הטענה, דאם טענו יין וחומץ, והודה לו באחד מהן – חייב שבועה על השני, דאיכא הודאה מקצת הטענה וממין הטענה. **לא תשאו עליו חטא.** אם תרימו חלבו. כלומר, מן היפה. הא אם תרימו מן הרע שבאותו המין – תשאו חטא. שהתרומה תקדש כמו שהיא רע, ואין תקנה להחליפה, ולא לחזור ולתרום. **נשיאות חטא למה.** הא לא עבד ולא מידי, ויחזור ויתרום מן היפה! **אבל לענין מקח.** שזה רוצה לקנות יין או חומץ, אע"ג דמין אחד הוא – לא קני, דאיכא דניחא ליה בטעם יין, ואיכא דניחא ליה בטעם חומץ. ולא דמי לחטין יפות ורעות, דהתם חד טעמא אית להו וחד שמא אית להו, ומה ששאל מכר לו, אלא שאינהו קלות. **מתני'** המוכר פירות לחבירו. ופסק לו הדמים (א) בשער הידוע, כל איפה בכך וכך, ומשך, כגון בסימטא ובחצר של שניהן – קנה, ואע"פ שלא מדד. דמדידה לא מעכבא, דאינה אלא גלויי מילתא בעלמא כמה מכר. אבל אם לא פסק, אע"פ שמדד ומשך – לא קנה, כדאמרינן בגמרא דלא סמכא דעתייהו, שעדיין המוכר יכול להעלות דמיהן כל מה שירצה, וזה יכול לומר: לא אקנה אלא בזול. **מדד ולא משך לא קנה.** וכגון שמדד בכליו של מוכר והניח ע"ג סימטא. אבל מדד ונתן לתוך כליו של לוקח – קנה, כדאמר בגמ'. **אם היה פיקח.** הלוקח. **שוכר את מקומו.** אם ברשות בעלים הם, כדאמרינן בגמ'. ובשליפי רברבי מוקי לה בגמ', והלכך קתני בהו משך, דאין דרכם בהגבהה. דלא שייכא משיכה אלא במידי דלאו בר הגבהה הוא, כדאמרינן בגמ'. **אבל הלוקח פשתן.** דהיינו שליפי זוטרי, כדאמרינן בגמ'. **הרי זה לא קנה.** במשיכה. **עד שיטלטלנו כו'.** כלומר, שיגביהם ויטלם ממקומם למקום אחר. ואורחא דמילתא נקט, דאין דרך להגביה מקחו אלא כדי ליטלו ולילך. **ואם היה מחובר כו'.** בגמרא מפרש לה. **גמ'** מדד. בכליו של מוכר. **והניח ע"ג סימטא קנה.** הלוקח, כאילו הניחם מוכר ברשותו של לוקח. וכגון שפסק הדמים. וסימטא – אית דאמר: שביל של יחידים. ואני שמעתי: כניסה בולטת מרה"ר, ויש רשות לבני אדם להעמיד שם חפצים שלהם, כחצר השותפים, דאינו עשוי להילוך בני רשות הרבים. **שמא לא** (ב) **שמעת.** כלומר, שמא לא שמעת מר' יוחנן אלא במודד והניח לתוך קופתו של לוקח, דקני ליה כליו בסימטא, שהרי יש לו רשות להניח שם כליו כבחצר השותפין. אבל סימטא בלא כלי – לא קני, דלא משיכה איכא ולא רשות המיוחדת ללוקח איכא. וכן כלי בלא סימטא לא קני, כגון כליו ברשות הרבים, דאין לו רשות להושיבם שם. **מודד לתוך קופתו.** בסימטא. **מימרא בעי.** בתמיה, הא אפי' ברשות מוכר קני ליה כליו דלוקח! **קיבלה מיניה.** רבי זירא מרבי אסי, או לא קיבלה מיניה? **תא שמע.** דקיבלה מיניה. **דאמר רבי ינאי.** רבו של רבי יוחנן. **חצר השותפין.** והוא הדין לסימטא. **קונין.** מקח זה מזה, כדמפרש ואזיל. **מאי לאו על גבי קרקע.** כרבי אסי. אלמא קיבלה בתר הכי, כי שמעה (ג) מרבי ינאי. **קשיין אהדדי.** דרבי אסי ודר' ינאי קשיין אהך דרבי יעקב. **אלא ש"מ כו'.** ר' אסי אמת אמר ששמע מרבי יוחנן קנה, וגם ר' יעקב שמע לא קנה, כדאמר משמיה דר' יוחנן. ולכדמפרשי: כאן במודד כו'. ורבי אסי טעה בפירוש שמועתו. ואיכא למימר דלא קיבלה. ת"ש. קשיא לרבי אסי, משום הכי לא קיבלה. **מדד ולא משך לא קנה.** ובעל כרחך במדד והניח על גבי קרקע מיירי. דאי בתוך קופתו – קשיא לכולהו, בין לרבי ינאי בין לר' יעקב בין לרבי אסי. אלא בלא כלי מיירי, וקשיא לרבי אסי לבדו דאמר קנה, והכא קתני לא קנה. **לא ברשות הרבים.** ואפילו אם מדד לתוך קופתו נמי לא קנה, דאין כליו של לוקח קונה לו ברשות הרבים, כדלקמן. **והאמר אביי ורבא כו'.** בפירקין לעיל (דף עו:) פרישית לה. **מסירה.** כגון בספינה ובהמה גסה. **אי הכי.** דלא בסימטא מיירי אלא ברשות הרבים, אימא סיפא: אם היה פיקח שוכר את מקומו. ואי ברשות הרבים היא – ממאן אגר? אלא ודאי בסימטא או בחצר השותפים מיירי, דמצי אגר מבני ההוא מבוי הפתוח להיא סימטא. **הכי קאמר ואי ברשות בעלים כו'.** דהאי דקתני "ואם היה פיקח" – מילתא באפי נפשה היא, לאשמועינן דיש מקום שאם יהיה פיקח ישכור רשות בעלים כדי לקנות מקחו. ומשפטי קנייה בא להשמיענו, דמשיכה קונה. ושכירות מקום *כהגבהה גבי פשתן. [כש"י והגבהה]

כליו

תוספות

יין וחומץ. וא"ת: והא אמר לקמן ב"המוכר את הפירות" (דף צו. ושם): הבודק את החבית להיות מפריש עליה תרומה, ואח"כ נמצאת חומץ, כל ג' ימים (הראשונים) — ודאי תרומה, מכאן ואילך — ספק. פי': שלא תהא תרומתו תרומה. ואמאי? והא לרבנן אמרי' מין אחד הן! וי"ל: דהתם טעמא משום דלא נתכוין להפריש אלא יין, ונמצא חומץ, דהוי טעות. אבל נתכוין להפריש חומץ — הוי תרומה. וכן משמע בתוספתא דתרומה (פ"ד). אבל קשה: דאמר ב"האשה רבה" (יבמות דף פט.): התורם קישות ונמצאת מרה — תרומתו תרומה, ויחזור ויתרום. וכן מן הטמא על הטהור אמר התם דבשוגג תרומתו תרומה, אע"פ שטעה. ושם פירשתי. **מדד** והניח ע"ג סימטא קנה. כשהמוכר מודד איירי. אע"פ שמשיכת המוכר אינה מועלת ללוקח — הכא שאני, (ד) כשמודד ומניח על גבי סימטא. אבל מדד לוקח — פשיטא, ובהא לא הוה ס"ד דא"ר זירא: שמא לא שמע רבי אלא במודד לתוך קופתו, אבל על גבי קרקע לא. אע"ג דמשיכה מועלת בסימטא כאילו מושך ברשותו, בלא משיכה מיהא לא קנה בסימטא. **חצר** השותפין קונין זה מזה. משמע מתוך הלשון שהחצר קונה בלא זכיית כליו, ומשמע ליה דקנה אף בלא משיכה. **תא** שמע מדד ולא משך לא קנה מאי לאו בסימטא. וקשה לר' אסי. וא"ת: דלמא בכליו של מוכר איירי, ולא הניח על גבי סימטא, ומשום הכי לא קנה! וכי תימא: אי בכליו של מוכר — היכי מהניא משיכה? דודאי מהניא, כמו שאפרש לקמן (ה). ונראה, דמדנקט "מדד ולא משך" — משמע דלא מהני מידי אלא משיכה, מדלא קתני: מדד ולא הניח ע"ג קרקע ולא משך. **ואי** ברה"ר ממאן אגר. אבל בסימטא מלי אגר מבני ההוא מבוי דפתוח להאי סימטא. **הכי** קאמר אי ברשות בעלים היא כו'. כולה ה"מ לאוקמה ברשות בעלים, ולפרש: משך מרשות בעלים לסימטא. אלא דלא הוה שייך לשון "משך", דהוה ליה למימר "הוציאו מרשות בעלים". **כאן** ברה"ר כאן בסימטא. וא"ת: אם כן, מאי "אפילו"? ויש לומר דהכי קאמר: לא מיבעיא בחצר של שניהם, אלא אפילו בסימטא נמי קנה.

כל

עין משפט נר מצוה

עו א מיי' פ"ה מהל' תרומות הל' כא טוש"ע י"ד סי' שלא סעיף סד:

עז ב מיי' שם הל' ג טוש"ע שם סעיף נג:

עח ג מיי' פ"ד מהל' מכירה הל' ה סמג עשין פב טוש"ע ח"מ סי' ר סעיף ו:

עט ד מיי' שם פ"ג הלכה ז סמג שם טוש"ע שם סי' קלח סעיף ה:

פ ה מיי' שם הל' ב וסמג שם טוש"ע שם סעיף א ועיין בהשגות:

פא ו מיי' שם הל' יח סמג שם:

פב ז ח מיי' שם פ"ד הלכה ז סמג שם טוש"ע ח"מ סי' ר סעיף ז:

מסורת הש"ס

א) לקמן קמג. יבמות פט: קדושין מו: ב"מ ט. תמורה ה.: ב) כתובות קג.: ג) [גיטין לט. וש"נ]: ד) לעיל עו: ה) [לקמן פו.]

הגהות הב"ח

(א) רשב"ם ד"ה המוכר וכו' הדמים כל איפה בכך וכך אי נמי בשער הידוע כצ"ל ונ"ב כצ"ל וכן פירש לקמיה בדף פ"ו ע"ב דלא בעינן פיסוק דמים אלא כשאין דמיהן קצובין אבל כשדמיהן קצובין אפי' בלא פיסוק קני וכן כתב"י פ"ה סי' ע"ט: (ב) ד"ה שמא לא שמע רבי כו' כצ"ל: (ג) ד"ה מאי לאו וכו' כי שמעה לרבי ינאי: (ד) תוס' ד"ה מדד וכו' הכא שאני שמסתלק כשמודד וכו' והכא לא הוה אמר ר' זירא כצ"ל ותיבת ס"ד נמחק: (ה) ד"ה ת"ש וכו' שאפרש לקמן. נ"ב בדף פה ע"ב בד"ה בכליו:

רבינו גרשום

ר' אומר שני מינין הן. משום הכי יכולין לחזור בהן: אלא לענין מעשר. חשוב מין אחד דתורם מן החומץ על היין וכדר' אילעא: ולא תשאו עליו חטא. כשאתם צריכין להרים חלבו ממנו שלא תשנו ותרימו הרע: אבל לענין מקח וממכר. מודה דהוו ב' מינים ואיכא דניחא ליה בחלא וכו' ומש"ה שניהן יכולין לחזור בהן: **פים'** משך. הלוקח ברשותו אע"פ שלא מדד לו המוכר עדיין קנה: אם היה פיקח. הלוקח כיון שמדדו לו והן ברשות המוכר שוכר את מקומו של מוכר שמונח שם הפירות ונחשב כמו רשות הלוקח הוא וקנאן: מדד לו מוכר והניח הפירות על גבי סימטא. היינו מקום שיש לו רשות למוכר ולוקח בלבד קנה דדמי כמונח ברשות לוקח: שמא לא שמע רבי. מיניה דר' יוחנן דקנה לוקח בשביל סימטא אי לאו דקופתו של לוקח הוא בסימטא ומדד לו בתוכה: אי מודד לתוך קופתו מאי למימרא כל היכא דמנחא קניא. דכליו של לוקח קונה בכל מקום: קיבלה מיניה ר' זירא. דבלא קופתו קניא ליה סימטא או לא: ת"ש דאמר רבי דחצר השותפין קונין בו מקח זה מזה. שותף מן חבירו והוא הדין לסימטא דשל שניהן היא אלא שאינה מוקפת מחיצות. מאי לאו על גבי קרקע מדד לו וקונין: ת"ש דלא קבלה. דקתני במתני' מדד ולא משך לא קנה. מאי לאו מדד על גבי סימטא ולא קנה. לא מדד ברה"ר קתני דבלא משך (ברה"ר) לא קנה: אי ברה"ר משיכה מי קניא. מסירה קונה ברה"ר אם הוא דבר שאינו יכול להגביהו כיון שמסרו בידו קנאו. משיכה קונה בסמטא וכל מקום שיש בו רשות ללוקח והגבהה קונה בכל מקום. אלמא דמשיכה ברה"ר לא קניא: לעולם ברה"ר קתני מדד ולא משך להכי לא קנה. הא אם מדד על גבי סימטא קנה כדר' אסי. ודקא קשיא לך היכי מצית מוקמת לה ברה"ר משיכה ברה"ר מי קניא. תריץ מאי משך דקתני מרה"ר לסימטא וקנה. ומדד היינו ברה"ר: אי הכי דמוקמת לה למתני' ברה"ר אימא סיפא אם היה פיקח וכו'. הכי קאמר כלומר חסורי מחסרא מתני'. והכי צריך לאוסופי עלה דסיפא ואם ברשות בעלים ברשות של מוכר מדד לו לא קנה ואם היה פיקח כו'. אבל לעולם אם מדד לו בסימטא קנה כדר' אסי:

ולא

כֵּלָיו שֶׁל אָדָם קוֹנֶה לוֹ בְּכָל מָקוֹם, חוּץ מֵרה"ר; וְרַבִּי יוֹחָנָן וְר"ש בֶּן לָקִישׁ דְּאָמְרִי תַּרְוַיְיהוּ: אֲפִילּוּ בִּרה"ר. אָמַר רַב פַּפָּא, לָא פְּלִיגִי: כָּאן – בִּרה"ר, כָּאן – בְּסִימְטָא, וְאַמַּאי קָרוּ לָהּ רה"ר – שֶׁאֵין רה"י. ה"נ מִסְתַּבְּרָא, דְּא"ר אַבָּהוּ א"ר יוֹחָנָן: אכֵּלָיו שֶׁל אָדָם קוֹנֶה לוֹ בְּכָל מָקוֹם שֶׁיֵּשׁ לוֹ רְשׁוּת לְהַנִּיחוֹ; יֵשׁ לוֹ רְשׁוּת – אִין, אֵין לוֹ רְשׁוּת – לָא, ש"מ. ת"ש: אַרְבַּע מִדּוֹת בַּמּוֹכְרִין: בעַד שֶׁלֹּא נִתְמַלְּאָה מִדָּה – לַמּוֹכֵר, מִשֶּׁנִּתְמַלְּאָה מִדָּה – לַלּוֹקֵחַ; בד"א – גבְּמִדָּה שֶׁאֵינָהּ שֶׁל שְׁנֵיהֶן, אֲבָל אִם הָיְתָה מִדָּה שֶׁל אֶחָד מֵהֶן – רִאשׁוֹן רִאשׁוֹן קָנָה; בַּמֶּה דְּבָרִים אֲמוּרִים – בִּרה"ר וּבְחָצֵר שֶׁאֵינָהּ שֶׁל שְׁנֵיהֶן, אֲבָל דבִּרְשׁוּת מוֹכֵר – לֹא קָנָה עַד שֶׁיַּגְבִּיהֶנָּה אוֹ עַד שֶׁיּוֹצִיאֶנָּה מֵרְשׁוּתוֹ; הבִּרְשׁוּת לוֹקֵחַ, כֵּיוָן שֶׁקִּבֵּל עָלָיו מוֹכֵר – קָנָה לוֹקֵחַ; ובִּרְשׁוּת הַלָּה הַמּוּפְקָדִים אֶצְלוֹ – לֹא קָנָה עַד שֶׁיְּקַבֵּל עָלָיו אוֹ עַד שֶׁיִּשְׂכּוֹר אֶת מְקוֹמָן. קָתָנֵי מִיהָא: בִּרְשׁוּת הָרַבִּים וּבְחָצֵר שֶׁאֵינָהּ שֶׁל שְׁנֵיהֶן; מַאי

רש"י

כֵּלָיו שֶׁל אָדָם. שֶׁל לוֹקֵחַ. קוֹנֶה לוֹ – אִם פָּסַק דָּמִים. בְּכָל מָקוֹם אֲפִי׳ בִּרְשׁוּת מוֹכֵר. וּכְגוֹן דְּאָמַר לֵיהּ בְּהֶדְיָא "יִקְנֶה כֵּלֶיךָ", כִּדְאָמַר לְקַמָּן בִּשְׁמַעְתִּין. אֲבָל בִּסְתָמָא מִיבָּעְיָא לָן לְקַמָּן, וְלָא אִיפְּשִׁיטָא. חוּץ מֵרה"ר. וְהוּא הַדִּין לְחָצֵר שֶׁאֵינָהּ שֶׁל שְׁנֵיהֶן, כִּדְמוּכַח לְקַמָּן בַּבָּרַיְיתָא דְּד׳ מִדּוֹת. כָּאן בְּסִימְטָא. הָא דְּר"ל וְר׳ יוֹחָנָן. כָּל מָקוֹם שֶׁיֵּשׁ לוֹ רְשׁוּת. כְּגוֹן סִימְטָא וַחֲצַר הַשּׁוּתָּפִין וּרְשׁוּת מוֹכֵר. וּכְגוֹן דְּאָמַר לֵיהּ "זִיל קְנֵי" כִּדְלְקַמָּן, דְּהַיְינוּ יֵשׁ לוֹ רְשׁוּת. אֵין לוֹ רְשׁוּת. כְּגוֹן רה"ר – לָא. ה"ג בַּתּוֹסֶפְתָּא: אַרְבַּע מִדּוֹת בַּמּוֹכְרִין עַד שֶׁלֹּא נִתְמַלְּאָה מִדָּה לַמּוֹכֵר מִשֶּׁנִּתְמַלְּאָה מִדָּה לַלּוֹקֵחַ, בד"א בְּמִדָּה שֶׁאֵינָהּ שֶׁל שְׁנֵיהֶן אֲבָל אִם הָיְתָה מִדָּה שֶׁל אֶחָד מֵהֶן רִאשׁוֹן רִאשׁוֹן קָנָה. בד"א בִּרה"ר אוֹ בְּחָצֵר שֶׁאֵינָהּ שֶׁל שְׁנֵיהֶן, אֲבָל בִּרְשׁוּת הַלּוֹקֵחַ כֵּיוָן שֶׁקִּיבֵּל עָלָיו מוֹכֵר ה"ז קָנָה. בִּרְשׁוּת מוֹכֵר לֹא קָנָה עַד שֶׁיַּגְבִּיהַּ אוֹ עַד שֶׁיּוֹצִיא מֵרְשׁוּת הַבְּעָלִים. בִּרְשׁוּת זֶה הַמּוּפְקָדִין אֶצְלוֹ לֹא קָנָה עַד שֶׁיְּקַבֵּל עָלָיו אוֹ עַד שֶׁיִּשְׂכּוֹר אֶת מְקוֹמָן. וּפֵירוּשׁ אַרְבַּע מִדּוֹת בַּמּוֹכְרִים – לָאו ד׳ רְשׁוּיוֹת קָחָשִׁיב: רה"ר, רְשׁוּת מוֹכֵר, רְשׁוּת לוֹקֵחַ, רְשׁוּת הַמּוּפְקָדִין אֶצְלוֹ. דְּהָא רְשׁוּת מוֹכֵר וּרְשׁוּת נִפְקָד חֲדָא הוּא, דְּהָכָא וְהָכָא שַׁיָּיךְ לְמֵימַר קַבָּלָה וּשְׂכִירוּת מָקוֹם וְהוֹצָאָה וְהַגְבָּהָה, דְּהָא תְּנַן בְּמַתְנִיתִין גַּבֵּי רְשׁוּת מוֹכֵר שְׂכִירוּת מָקוֹם, דְּקָתָנֵי: וְאִם הָיָה פִּיקֵּחַ שׂוֹכֵר אֶת מְקוֹמוֹ, וְאוֹקִימְנָא בִּרְשׁוּת בְּעָלִים, וְכֵיוָן דְּדִינָן שָׁוֶה לֵיכָּא ד׳ מִדּוֹת. וּמַה הֵן אַרְבַּע מִדּוֹת – ד׳ חִלּוּקִין שֶׁל דִּינִין שֶׁחֲלוּקִין זֶה מִזֶּה, וְאֵלּוּ הֵן: מִדָּה שֶׁאֵינָהּ שֶׁל שְׁנֵיהֶן – בִּרה"ר וּבְחָצֵר שֶׁאֵינָהּ שֶׁל שְׁנֵיהֶן, דְּאָמְרִינַן בָּהּ: עַד שֶׁלֹּא נִתְמַלֵּאת הַמִּדָּה – לַמּוֹכֵר, מִשֶּׁנִּתְמַלֵּאת הַמִּדָּה – לַלּוֹקֵחַ, הֲרֵי אַחַת. מִדָּה שֶׁל אֶחָד מֵהֶן – רִאשׁוֹן רִאשׁוֹן קָנָה, הֲרֵי שְׁתַּיִם. רְשׁוּת לוֹקֵחַ – מִיָּד כְּשֶׁקִּיבֵּל מוֹכֵר קָנָה, הֲרֵי ג׳. רְשׁוּת מוֹכֵר וּרְשׁוּת נִפְקָד, דְּקָמְפָרֵשׁ בָּהֶן דִּין הַגְבָּהָה וְהוֹצָאָה קַבָּלָה וּשְׂכִירוּת, הֲרֵי ד׳. וְסֶמֶךְ מָצָאתִי לִי מִדִּבְרֵי רַבֵּינוּ זְקֵנִי מ"כ. עַד שֶׁלֹּא נִתְמַלֵּאת הַמִּדָּה לַמּוֹכֵר. שֶׁאִם נִשְׁפַּךְ הַיַּיִן אוֹ הַשֶּׁמֶן, אוֹ הוּקַר – לַמּוֹכֵר, וְיָכוֹל לַחֲזוֹר בּוֹ. דְּמוֹקֵי לָהּ לְקַמֵּיהּ בְּמִדָּה שֶׁהִשְׁאִילוּ שְׁנֵיהֶן, הִלְכָּךְ כָּל זְמַן שֶׁלֹּא נִתְמַלֵּאת הַמִּדָּה – הֲרֵי הִיא בִּרְשׁוּת מוֹכֵר. מִשֶּׁנִּתְמַלֵּאת הֲרֵי הִיא בִּרְשׁוּת לוֹקֵחַ. לְקַחְתָּהּ וְלִיטּוֹל בָּהּ מִקָּחוֹ עַד שֶׁיְּרִיקֶנּוּ אוֹ יַנִּיחֶנּוּ בְּכֵלָיו. דִּלְדַעַת כֵּן הִשְׁאִילוּהָ לָהֶם, לָזֶה לִמְדִידָה וְלָזֶה לְהַכְנִיס אֶת שֶׁלּוֹ. וְכָל זְמַן שֶׁעוֹסֵק בִּמְדִידָה לְמַלְּאוֹת הַמִּדָּה – הֲרֵי הִיא בִּרְשׁוּתוֹ דְּמוֹדֵד, דְּהַיְינוּ מוֹכֵר, וְאֵין הַלּוֹקֵחַ יָכוֹל לִקְנוֹת בְּתוֹךְ כֵּלָיו שֶׁל מוֹכֵר כָּל זְמַן שֶׁלֹּא מָשַׁךְ אוֹ שֶׁלֹּא הִגְבִּיהַּ. מִשֶּׁנִּתְמַלֵּאת הַמִּדָּה – לַלּוֹקֵחַ, כִּדְפָרֵישִׁית, שֶׁעַכְשָׁיו נַעֲשֵׂית כֵּלָיו שֶׁל לוֹקֵחַ, דִּלְדַעַת כֵּן נִשְׁאֲלָה לוֹ. וס"ל לְהַאי תַּנָּא דְּכֵלָיו שֶׁל לוֹקֵחַ קוֹנֶה בִּרה"ר כִּדְמְפָרֵשׁ וְאָזֵיל, וּדְלָא כְּרַב וּשְׁמוּאֵל. וּמִיהוּ, בְּסִימְטָא וּבְחָצֵר שֶׁל שְׁנֵיהֶן מוֹקֵי לָהּ לְקַמֵּיהּ, דְּהָתָם קָנֵי כֵּלָיו שֶׁל לוֹקֵחַ. בְּמִדָּה שֶׁאֵינָהּ שֶׁל כו׳. וּכְדִפְרֵישׁ טַעְמָא. אֲבָל אִם הָיְתָה הַמִּדָּה שֶׁל אֶחָד מֵהֶם. אוֹ שֶׁל לוֹקֵחַ אוֹ שֶׁל מוֹכֵר. רִאשׁוֹן רִאשׁוֹן. שֶׁנּוֹתְנִין לְתוֹךְ הַמִּדָּה – קָנָה בַּעַל הַמִּדָּה. שֶׁאִם הַמִּדָּה שֶׁל מוֹכֵר, אע"פ שֶׁנִּתְמַלֵּאת הַמִּדָּה – הֲרֵי הִיא שֶׁל מוֹכֵר, וְלֹא קָנָה לוֹקֵחַ. וְאע"פ שֶׁפָּסַק הַדָּמִים – לֹא קָנָה עַד שֶׁיִּמְשׁוֹךְ. דִּבְכֵלָיו שֶׁל מוֹכֵר בִּרה"ר, אִי נַמִּי בְּסִימְטָא – לָא קָנֵי לוֹקֵחַ, דְּהָא אֲפִי׳ בִּרְשׁוּת לוֹקֵחַ נַמִּי אָמְרִינַן לְקַמָּן דְּלֹא קָנָה לוֹקֵחַ כָּל זְמַן שֶׁהַפֵּירוֹת בְּכֵלָיו דְּמוֹכֵר, עַד שֶׁיִּשְׁפְּכֵם לַקַּרְקַע. וְאִם הַמִּדָּה שֶׁל לוֹקֵחַ, אַף עַל גַּב דְּלֹא נִתְמַלֵּאת נַמִּי – רִאשׁוֹן רִאשׁוֹן קָנָה, דְּדָמֵי לְמָשַׁךְ אע"פ שֶׁלֹּא מָדַד, דְּקָתָנֵי מַתְנִי׳ דְּקָנָה, דְּכֵלָיו שֶׁל לוֹקֵחַ קוֹנֶה לוֹ. בִּרה"ר. וְקַשְׁיָא לְמ"ד חוּץ מֵרה"ר. וּבְחָצֵר שֶׁאֵינָהּ שֶׁל שְׁנֵיהֶן. וּכְגוֹן שֶׁלֹּא נָתַן בַּעַל חָצֵר לָהֶם רְשׁוּת לִמְדּוֹד שָׁם, דְּהַיְינוּ דּוּמְיָא דרה"ר. אֲבָל. אִם הָיוּ מוֹדְדִין בִּרְשׁוּת מוֹכֵר – לֹא קָנָה לוֹקֵחַ, אע"פ שֶׁהַמִּדָּה שֶׁלּוֹ. דְּכֵלָיו שֶׁל לוֹקֵחַ בֵּי מוֹכֵר לֹא קָנָה, וְאע"פ שֶׁפָּסַק וּמָדַד וּמָשַׁךְ. דִּמְשִׁיכָה לָא מְהַנְיָא בֵּי מוֹכֵר עַד שֶׁיַּגְבִּיהֶנָּה, דְּהַגְבָּהָה קוֹנָה בְּכָל מָקוֹם, אוֹ עַד שֶׁיּוֹצִיאֶנָּה מֵרְשׁוּת שֶׁל מוֹכֵר לִרְשׁוּת שֶׁל לוֹקֵחַ, אוֹ לְסִימְטָא, אוֹ שֶׁיְּצָרֵף יָדוֹ לְמַטָּה מג׳ בִּרה"ר סָמוּךְ לְאִיסְקוּפַּת הַבַּיִת וְקִיבְּלָהּ, כִּדְאָמְרִי׳ בִּכְתוּבּוֹת (דף לא.) גַּבֵּי הָיָה מְגָרֵר וְיוֹצֵא, וּלְקַמָּן בִּשְׁמַעְתִּין (דף פו.) מַיְיתֵי לָהּ. וּמִיהוּ, לְקַמָּן מוֹקֵי לָהּ בְּמִדָּה דְּמוֹכֵר בֵּי מוֹכֵר, וּמִדָּה דְּלוֹקֵחַ בֵּי לוֹקֵחַ. דְּבֵי מוֹכֵר שְׁכִיחֵי מָאנֵי דְּמוֹכֵר, וּבֵי לוֹקֵחַ שְׁכִיחֵי מָאנֵי דְּלוֹקֵחַ. בִּרְשׁוּת לוֹקֵחַ. שֶׁהֵבִיא הַמּוֹכֵר תְּבוּאָתוֹ לִמְכּוֹר בְּבֵית לוֹקֵחַ. כֵּיוָן שֶׁקִּיבֵּל עָלָיו מוֹכֵר. שֶׁנִּתְרַצָּה, וא"ל "כָּל תְּבוּאָה זוֹ קְנוּיָה לְךָ בְּכָךְ וְכָךְ כָּל סְאָה וּסְאָה". קָנָה לוֹקֵחַ. מִיָּד, אע"פ שֶׁלֹּא מָדַד. דְּקָנֵי לֵיהּ רְשׁוּתוֹ, וְאע"פ שֶׁהַמִּדָּה שֶׁל מוֹכֵר – דְּהַכְּלִי בָּטֵל אֶגֶל הָרְשׁוּת. וּמִיהוּ, לְקַמֵּיהּ מוֹקֵי לָהּ בְּמִדָּה דְּלוֹקֵחַ, וְלָא גָּרַע מִמָּשַׁךְ וְלֹא מָדַד, דְּקָתָנֵי מַתְנִי׳ דְּקָנָה. הַמּוּפְקָדִין אֶצְלוֹ. שֶׁהִפְקִיד שָׁם מוֹכֵר פֵּירוֹתָיו, וּמִסְּתָמָא הִקְנָה לוֹ נִפְקָד לַמַּפְקִיד אֶת רְשׁוּתוֹ לְצוֹרֶךְ פֵּירוֹתָיו, לִמְכּוֹר וְלִמְדּוֹד פֵּירוֹתָיו בְּבֵיתוֹ כְּדֶרֶךְ כָּל הַמַּפְקִידִים. עַד שֶׁיְּקַבֵּל עָלָיו. נִפְקָד בְּמַאֲנוֹת מַפְקִיד לְיַיחֵד לוֹ רְשׁוּת לַלּוֹקֵחַ לִקְנוֹת הַפֵּירוֹת בַּאֲשֶׁר הוּא שָׁם, אוֹ שֶׁיִּשְׂכּוֹר. וְהוּא הַדִּין נַמִּי גַּבֵּי רְשׁוּת מוֹכֵר שַׁיָּיךְ קַבָּלָה וּשְׂכִירוּת, וְהָכָא נַמִּי שַׁיָּיךְ הַגְבָּהָה וְהוֹצָאָה, אֶלָּא תַּנָּא אוֹרְחָא דְּמִילְּתָא קָתָנֵי, דִּסְתַם מוֹכֵר כְּשֶׁמּוֹכֵר רוֹצֶה הוּא לְפַנּוֹת אֶת בֵּיתוֹ, הִלְכָּךְ קָתָנֵי הָתָם הַגְבָּהָה וְהוֹצָאָה, דְּאֵינוֹ חָפֵץ לְהַשְׁאִיל וְלֹא לְהַשְׂכִּיר רְשׁוּתוֹ. וְגַבֵּי נִפְקָד שַׁיָּיךְ קַבָּלָה וּשְׂכִירוּת, דְּכִי הֵיכִי שֶׁהָיָה נִפְקָד שֶׁל זֶה הָרִאשׁוֹן הָכִי נַמִּי יִשְׁמוֹר פִּקְדוֹנוֹ שֶׁל שֵׁנִי. וּרְבוּתָא תְּנָא הָכָא קַבָּלָה וּשְׂכִירוּת, וְכָל שֶׁכֵּן הַגְבָּהָה וְהוֹצָאָה. וּלְמַאן דְּמוֹקֵי לְקַמָּן בְּמָאנֵי דְּמוֹכֵר בֵּי מוֹכֵר, וּמָאנֵי דְּלוֹקֵחַ בֵּי לוֹקֵחַ – אִיכָּא לְאוֹקוּמֵי נַמִּי בְּמָאנֵי דְּמוּפְקָד בֵּי מוּפְקָד, וְהִלְכָּךְ לָא קָנֵי לוֹקֵחַ בְּכֵלָיו דְּנִפְקָד.

מַאי

תוספות

כל מקום שיש לו רשות להניח. וא"ת: והא דאמר לעיל: מדד והניח ע"ג סימטא – קנה, ואוקימנא לתוך קופתו. משמע: דוקא מדד, אבל לא מדד – לא קנה לו כליו! ואומר ר"י: דבעי למימר "זיל קני", וכיון דמדד – כדאמר ליה "זיל קני" דמי. והשתא ניחא, דצריכי הני תרי מילי דר׳ יוחנן. ומיהו, ההיא דלעיל דקאמר: אפילו ברשות הרבים, ואוקימנא בסימטא – תימה למאי איצטריכא? וי"ל: דשמא חדא מכלל חברתה אתמר.

ארבע מדות במוכרים. פירש רבינו שמואל דאין לפרש ד׳ רשויות, דהא רשות מוכר ונפקד חדא היא, דהכא והכא שייך למימר קבלה ושכירות מקום הוצאה והגבהה. וקשה לפירושו: דאם כן ליערבינהו וליתנינהו: ברשות מוכר ורשות נפקד – לא קנה עד שקבל עליו, או יגביהנה, או יוציאנה, או ישכור מקומו! ועוד: דאין נראה שתועיל קבלה ברשות מוכר, דאין אדם מקנה רשותו לאחרים ע"י עצמו, כדתנן בפ׳ "חלון" (עירובין דף עט: ושם) דמזכה להן על ידי בנו ובתו הגדולים, אבל לא ע"י בנו ובתו הקטנים, מפני שידן כידו! ומ"מ אין לפרש דחשיב רשויות, דלמאי דבעי למימר השתא דמדה של לוקח קני אפילו ברה"ר, כל שכן ברשות מוכר דקני. דהא לבסוף, דמסקינן דברה"ר לא קנה – אפ"ה מיבעיא לן אי קנה ברשות מוכר כליו של לוקח אי לא, ואם כן מיבעי לן לפרושי דהא דקאמר: ברשות מוכר לא קנה עד שיגביהנה – דבכליו של מוכר איירי. ובלאו הכי צ"ל כן, לקמן, כי אמר דכליו של לוקח קנה ברשות מוכר – א"כ לא חשיב אלא רשות אחד, כיון דכליו של לוקח קנה בכל מקום, דהשתא אין חילוק בין רה"ר לרשות מוכר. אלא (א) דחשיב ד׳ מדות דכלים: מדת סרסור, ומדת מוכר, ומדת לוקח, ומדת נפקד.

הכי גרסינן בתוספתא (רפ"ה): ברשות הלה הנפקדים אצלו – לא קנה עד שקיבל עליו, או עד שישכור את מקומו. אבל לפי ספרים דגרסי: עד שיגביהנה או עד שיוציאנה – קשה, ליערבינהו וליתנינהו רשות מוכר בהדי נפקד! והשתא משמע דבקבלה כדי זוכה לו לקונה. וא"ת: בסוף פ"ק דגיטין (דף יג. ושם:) דאמר: "מנה לי בידך תנהו לפלוני במעמד שלשתן" – קנה. ומה צריך מעמד ג׳? הא מוכח התם ד"תן" כ"זכי" דמי, דתנן (שם יא: ושם ד"ה כל): האומר "תן גט זה לאשתי, ושטר שחרור זה לעבדי" – חוזר בגט, ואינו חוזר בשחרור, משום ד"תן" כ"זכי". וא"כ, בלא מעמד ג׳ יקנה לו, כדאמר הכא! ולמאי דפירש ר"ת דמעמד שלשתן קנה אפילו בעל כרחו של נפקד – אתי שפיר, דאיצטריך לכך מעמד ג׳. ולמאי דמפרש נמי ר"ת, דלא אמרינן "תן" כ"זכי" אלא היכא דבשעה שנותן לו אומר לו "תן", אבל אם כבר היה בידו לא אמרינן "תן" כ"זכי" – אתי שפיר. ועוד י"ל: דהאי נמי מעמד ג׳, דאפי׳ אין הפקדון ביד הנפקד – דקני. דאי לאו מעמד ג׳ – אינו יכול לזכות לו אלא כשהוא ברשותו.

כליו

עין משפט נר מצוה

פג א מיי׳ פ"ד מהל׳ מכירה הלכה א סמג עשין פב טוש"ע ח"מ סימן ר סעיף ג:

פד ב ג מיי׳ שם הל׳ ח טוש"ע שם סעיף ט:

פה ד מיי׳ שם הלכה ו טוש"ע שם סעיף ב:

פו ה מיי׳ שם טוש"ע שם סעיף א:

פז ו מיי׳ שם טוש"ע שם סעיף ב ובהג"ה:

הגהות הב"ח

(א) תום׳ ד"ה ארבע וכו׳ אלא צריך לומר דחשיב ד׳ מדות:

רבינו גרשום

לא פליגי כאן ברה"ר. כולהו מודי דאם מדד לו בכליו של לוקח ברה"ר דלא קנה לו כליו. וכולהו מודי דאם מדד לו בכליו בסמטא דקנה. והא דקאמר רב ושמואל חוץ מרה"ר ממש קאמרי הא בסמטא קנה והא דקאמר ר׳ יוחנן וריש לקיש ברה"ר לא רה"ר ממש קאמרי אלא בסמטא ואמאי קרו ליה רה"ר לפי שאינה רה"י דאינה מוקפת מחיצה. ה"נ מסתברא דבסמטא מיירי דאמר ר׳ אבהו וכו׳. והאי דקאמר ליה ר׳ זירא לר׳ אסי שמא לא שמע רבי וכו׳. משום דס"ל לר׳ זירא כר׳ אבהו א) אמר ר׳ יוחנן ור׳ אסי אמר אפי׳ בלא כליו ס"ל לר׳ יוחנן דבסמטא קנה: עד שלא נתמלאה מדה כולה למוכר. דהמוכר יכול לחזור בו: ומשנתמלאה מדה ללוקח. הרי הוא ברשות לוקח ואם רצה קנה: בד"א דעד שלא נתמלאה למוכר שמדד לו במדה שאינה של שניהן. אלא ששאלוה אבל אם היתה מדה של אחד מהן של לוקח ראשון ראשון שמדד לתוכו קנה הלוקח. בד"א דקנה ראשון ראשון ברה"ר ובחצר ב) מפרש לקמן בסמטא. וזו מדה אחת. ומדה ב׳ אם ברשות מוכר מדד לו במדת לוקח לא קנה עד שיגביה דהגבהה קונה בכל מקום או עד שיוציא מרשותו כגון דשוכר את מקומו: ואם ברשות לוקח הן. שהיו מופקדין בידו כיון שקבל עליו מוכר למכרן לו אע"פ שלא מדד לו עדיין קנה לו לוקח רשותו וזו מדה ג׳. מדה ד׳ אם היו הפירות ברשות הלה המופקדין אצלו. כלומר שהיו מופקדין ביד אחר ולא ביד לוקח לא קנה הלוקח עד שיקבל עליו זה המופקד שישאיל לו ללוקח מקום שהפירות מונחין שם או עד שישכור את מקומו של מופקד שהפירות שם:

א) ר"ל דס"ל כר׳ אבהו לאפי׳ בסימטא בעינן כליו לוקח. ב) נראה דצ"ל ברה"ר ובחצר שאינה של שניהם ולקמן מפרש דרה"ר דקאמר היינו בסימטא.

מַאי לָאו בִּרה"ר מַמָּשׁ? א) לָא, סִימְטָא. וְהָא דּוּמְיָא דְּחָצֵר שֶׁאֵינָהּ שֶׁל שְׁנֵיהֶם קָתָנֵי! מַאי חָצֵר שֶׁאֵינָהּ שֶׁל שְׁנֵיהֶם נַמִי? דְּלָא דְּהַאי כּוּלָּהּ וְלָא דְּהַאי כּוּלָּהּ, ב) אֶלָּא דְּתַרְוַיְיהוּ. בְּעָא מִינֵּיהּ רַב שֵׁשֶׁת מֵרַב הוּנָא: א) כֵּלָיו שֶׁל לוֹקֵחַ בִּרְשׁוּת מוֹכֵר, קָנָה לוֹקֵחַ אוֹ לֹא? אָמַר לֵיהּ, תְּנִיתוּהָ: ב) ג) זְרָקוֹ לָהּ לְתוֹךְ חֵיקָהּ אוֹ לְתוֹךְ קַלְתָּהּ — הֲרֵי זוֹ מְגוֹרֶשֶׁת. אֲמַר לֵיהּ ר"נ: מַאי טַעֲמָא פָּשְׁטַתְּ לֵיהּ מֵהַהִיא ג) דְּמָחוּ לָהּ מְאָה עוּכְלֵי בְּעוּכְלָא? דְּאָמַר ד) רַב יְהוּדָה אָמַר שְׁמוּאֵל: וְהוּא שֶׁהָיְתָה קַלְתָּהּ תְּלוּיָה בָּהּ; וְר"ל אָמַר: קְשׁוּרָה וְאע"פ שֶׁאֵינָהּ תְּלוּיָה בָּהּ; ה) רַב אַדָּא בַּר אַהֲבָה אָמַר: כְּגוֹן שֶׁהָיְתָה קַלְתָּהּ מוּנַּחַת לָהּ בֵּין יַרְכוֹתֶיהָ; רַב מְשַׁרְשְׁיָא בְּרֵיהּ דְּר' אַמִי אָמַר: כְּגוֹן שֶׁהָיָה בַּעְלָהּ מוֹכֵר קְלָתוֹת; רַבִּי יוֹחָנָן אָמַר: ד מְקוֹם חֵיקָהּ קָנוּי לָהּ, מְקוֹם קַלְתָּהּ קָנוּי לָהּ. אָמַר רָבָא: מַאי טַעֲמָא דְּר' יוֹחָנָן? ה לְפִי שֶׁאֵין אָדָם מַקְפִּיד לֹא עַל מְקוֹם חֵיקָהּ וְלֹא עַל מְקוֹם קַלְתָּהּ. אֶלָּא פְּשׁוֹט לָהּ מֵהָא: בִּרְשׁוּת מוֹכֵר — לֹא קָנָה עַד שֶׁיַּגְבִּיהֶנָּה אוֹ עַד שֶׁיּוֹצִיאֶנָּה מֵרְשׁוּתוֹ; מַאי לָאו ו בְּכֵלָיו דְּלוֹקֵחַ? לָא, בְּכֵלָיו דְּמוֹכֵר. וּמִדְּרֵישָׁא בְּכֵלָיו דְּמוֹכֵר, סֵיפָא נַמִי בְּכֵלָיו דְּמוֹכֵר; אֵימָא סֵיפָא: בִּרְשׁוּת לוֹקֵחַ, כֵּיוָן שֶׁקִּיבֵּל עָלָיו מוֹכֵר — קָנָה לוֹקֵחַ; וְאִי בְּכֵלָיו דְּמוֹכֵר, ז אַמַּאי קָנָה לוֹקֵחַ? סֵיפָא אֲתָאן לְכֵלָיו דְּלוֹקֵחַ. וּמַאי פִּסְקָא? סְתָמָא דְּמִילְּתָא, בֵּי מוֹכֵר מָאנֵי דְּמוֹכֵר שְׁכִיחִי, בֵּי לוֹקֵחַ מָאנֵי דְּלוֹקֵחַ שְׁכִיחִי. אָמַר רָבָא, ת"שׁ: ו) ח מָשַׁךְ חֲמָרָיו וּפוֹעֲלָיו וְהִכְנִיסָן לְתוֹךְ בֵּיתוֹ, בֵּין פָּסַק עַד שֶׁלֹּא מָדַד וּבֵין מָדַד עַד שֶׁלֹּא פָּסַק — שְׁנֵיהֶן יְכוֹלִין לַחֲזוֹר בָּהֶן;

פירקין

רשב"ם

מַאי לָאו רְשׁוּת הָרַבִּים מַמָּשׁ. וַאפ"ה קָתָנֵי דְּאִם הָיְתָה מִדָּה שֶׁל אֶחָד מֵהֶן — רִאשׁוֹן רִאשׁוֹן קָנָה. אַלְמָא: כֵּלָיו שֶׁל לוֹקֵחַ בִּרה"ר קוֹנֶה, וְקַשְׁיָא לְמ"ד חוּץ מֵרה"ר, וּלְר' אַבָּהוּ א"ר יוֹחָנָן. **אֶלָּא** דְּתַרְוַיְיהוּ. חֲצַר הַשּׁוּתָּפִין. כֵּלָיו שֶׁל לוֹקֵחַ בִּרְשׁוּת מוֹכֵר. כְּגוֹן פָּסַק וְנָתַן לְתוֹךְ מִדָּה שֶׁל לוֹקֵחַ, אוֹ מָדַד בַּמִּדָּה שֶׁלּוֹ וּשְׁפָכָן לְכֵלָיו שֶׁל לוֹקֵחַ, וְהַבַּיִת שֶׁל מוֹכֵר הוּא. קָנָה לוֹקֵחַ. כְּאִילּוּ נָתַן לְתוֹךְ רְשׁוּתוֹ שֶׁל לוֹקֵחַ. אוֹ לֹא קָנָה. דִּרְשׁוּת עִיקָּר, וְהַכְּלִי בָּטֵל לְגַבֵּי הָרְשׁוּת. תְּנִיתוּהָ. מִשְׁנָה הִיא בְּגִיטִּין, בְּפֶרֶק "הַזּוֹרֵק" (דף עז.). לְתוֹךְ חֵיקָהּ. כְּלוֹמַר, עַל בְּגָדֶיהָ שֶׁהִיא מְלוּבֶּשֶׁת. קַלְתָּהּ. סַל שֶׁהַנָּשִׁים נוֹתְנוֹת לְתוֹכוֹ מַחְטִין וְלִינוֹרִיּוֹת. הֲרֵי זוֹ מְגוֹרֶשֶׁת. דְּקוֹנָה לָהּ קַלְתָּהּ בִּרְשׁוּת הַמְגָרֵשׁ. דְּמָחוּ [לָהּ] מְאָה עוּכְלֵי בְּעוּכְלָא. כְּלוֹמַר, שֶׁדּוֹ בָּהּ נַרְגָּא, מְאָה הַכָּאוֹת (א) בְּמִשְׁקָל שֶׁשְּׁמוֹ עוּכְלָא, שֶׁשִּׁיבְּרוּ הַטַּעַם הַזֶּה. דִּבְפֶרֶק "הַזּוֹרֵק" פָּרְכִינַן: ש"מ כֵּלָיו שֶׁל לוֹקֵחַ בִּרְשׁוּת מוֹכֵר קָנָה לוֹקֵחַ! וּמְתָרְצֵי כָּל הָנֵי אֲמוֹרָאֵי הָתָם, דְּלָאו מִילְּתָא הִיא. תְּלוּיָה בָּהּ. וְאֵינָהּ נִגְרֶרֶת בַּקַּרְקַע. וּלְכָךְ קוֹנֶה לָהּ קַלְתָּהּ, דְּדָמֵי לְהַגְבָּהָה שֶׁקּוֹנָה בְּכָל מָקוֹם. תְּלוּיָה בָּהּ — הַיְינוּ קְשׁוּרָה וּתְלוּיָה. קְשׁוּרָה אַף עַל פִּי שֶׁאֵינָהּ תְּלוּיָה. אֶלָּא נִגְרֶרֶת בַּקַּרְקַע וּקְשׁוּרָה בָּהּ. וְלָא גָּרְסִי': תְּלוּיָה אע"פ שֶׁאֵינָהּ קְשׁוּרָה. בֵּין יַרְכוֹתֶיהָ. וְאַף עַל פִּי שֶׁמּוּנַּחַת בַּקַּרְקַע — אֵין מַקְפִּיד עַל מְקוֹם מוֹשַׁב אִשְׁתּוֹ, וְעַד עַכְשָׁיו הָיָה אוֹתוֹ מָקוֹם קָנוּי לָהּ. מוֹכֵר קְלָתוֹת. לְכָךְ אֵינוֹ מַקְפִּיד עַל מְקוֹמָם, שֶׁיֵּשׁ לוֹ בַּיִת לְכָךְ. כָּךְ פֵּירְשָׁהּ רַבֵּינוּ מ"כ בְּמַסֶּ' גִּיטִּין. לֹא עַל מְקוֹם חֵיקָהּ. כְּשֶׁנִּגְרָרִין בְּגָדֶיהָ עַל הַקַּרְקַע. **אֶלָּא** פְּשׁוֹט לָהּ מֵהָא. דְּלָא קָנָה. מַאי לָאו בְּכֵלָיו דְּלוֹקֵחַ. שֶׁמְּדָדוֹ בּוֹ בְּבֵית מוֹכֵר, וַאפ"ה לָא קָנָה לוֹ כֵּלָיו. וּמְשַׁנֵּי: לָא בְּכֵלָיו דְּמוֹכֵר. וּמשמ"ה לָא קָנָה לוֹקֵחַ עַד שֶׁיַּגְבִּיהָּ, דַּאֲכַתִּי לָא נָפַק מֵרְשׁוּתֵיהּ דְּמוֹכֵר כְּלָל. וּמַקְשִׁינַן:

מִדְּרֵישָׁא בְּכֵלָיו דְּמוֹכֵר כו'. וּלְפִי סֵדֶר הַתּוֹסֶפְתָּא אִיכָּא לְאַקְשׁוּיֵי הָכִי: וּמִדְּסֵיפָא בְּכֵלָיו דְּמוֹכֵר רֵישָׁא נַמִי בְּכֵלָיו דְּמוֹכֵר. **וְאִי** בְּכֵלָיו דְּמוֹכֵר **אַמַּאי** קָנָה לוֹקֵחַ. לְדִידָךְ דְּקָלָתְ בָּתַר כְּלִי, וְלָא מְבַטְּלַתְּ לֵיהּ אֵצֶל הָרְשׁוּת שֶׁהוּא בְּתוֹכוֹ — א"כ אַמַּאי קָנָה לוֹקֵחַ בְּקַבָּלַת מוֹכֵר? הָא אַכַּתִּי לָא נָפַק מֵרְשׁוּתֵיהּ דְּמוֹכֵר כְּלָל! אֶלָּא וַדַּאי בָּתַר רְשׁוּת אָזְלִינַן וְלָא בָּתַר כְּלִי. וְהִלְכָּךְ, בֵּי מוֹכֵר — הֲרֵי הוּא שֶׁל מוֹכֵר עַד שֶׁיַּגְבִּיהֶנָּה לוֹקֵחַ, לָא שְׁנָא בְּכֵלָיו דְּלוֹקֵחַ וְלָא שְׁנָא בְּכֵלָיו דְּמוֹכֵר. וּבֵי לוֹקֵחַ — קָנָה לוֹקֵחַ, וַאֲפִילּוּ אִי הָוֵי בְּכֵלָיו דְּמוֹכֵר! וּמְשַׁנֵּי: סֵיפָא אֲתָאן כו'. וּמִתְמַהּ: **וּמַאי פִּסְקָא**. כִּי פָּסְקַתְּ אֶת הַדָּבָר כֵּן, דִּלְעוֹלָם בֵּי מוֹכֵר אֵין מוֹדְדִין כִּי אִם בְּכֵלָיו דְּמוֹכֵר, וּבֵי לוֹקֵחַ בְּכֵלָיו דְּלוֹקֵחַ? בִּתְמִיָּה. וּמְשַׁנֵּי: סְתָמָא דְּמִילְּתָא כו'. וְהַיְינוּ שְׁתֵּיִם מִדּוֹת מִד' מִדּוֹת שֶׁל מוֹכְרִין. דְּהָכִי קָאָמַר: בִּרְשׁוּת מוֹכֵר לְעוֹלָם לֹא יִקְנֶה לוֹקֵחַ כִּי אִם בְּהַגְבָּהָה, מִשּׁוּם דְּדַרְכָּךְ לִמְדּוֹד שָׁם בְּכֵלָיו דְּמוֹכֵר. וּלְעוֹלָם בִּרְשׁוּת לוֹקֵחַ קוֹנֶה בְּקַבָּלַת מוֹכֵר, שֶׁהֲרֵי נְתוּנִים בְּכֵלָיו דְּלוֹקֵחַ. **מָצָאתִי** מוּגָּה בְּהַגָּהַת רַבֵּינוּ וְקָנֵי מ"ב בֵּן: מָשַׁךְ חֲמָרָיו וּפוֹעֲלָיו וְהִכְנִיסָן לוֹקֵחַ לְתוֹךְ בֵּיתוֹ וְהִתְבּוּאָה עַל גַּבָּן. בֵּין פָּסַק עַד שֶׁלֹּא מָדַד. אִם בָּאוּ לַחֲזוֹר קוֹדֶם מְדִידָה — יַחְזְרוּ. דְּבַמֶּאי נִקְנְיָה? לָא מְשִׁיכַת תְּבוּאָה יֵשׁ, וְלָא רְשׁוּת לוֹקֵחַ יֵשׁ, דְּעוֹדָם עַל גַּבֵּי הַחֲמוֹרִים וְלֹא הוּנְּחוּ לִרְשׁוּתוֹ. שֶׁהֲרֵי לֹא פֵּירְקָן, כִּדְמוֹכַח סֵיפָא, דְּקָתָנֵי בָּהּ פֵּירְקָן — מִכְּלָל דְּרֵישָׁא בְּלֹא פֵּירְקָן. אֶלָּא הַכְנָסָה בְּעָלְמָא, שֶׁמְּשָׁכָן וְהִכְנִיסָן לְתוֹךְ בֵּיתוֹ קָתָנֵי. וְהָךְ מְשִׁיכָה לָאו מְשִׁיכָה הִיא לִקְנוֹת, שֶׁהֲרֵי הֶחָמוֹר הוּא מוֹשֵׁךְ, וּמְשִׁיכַת אָדָם טָעוּן פֵּירוֹת לָא מְהַנְּיָא לִקְנוֹת אֶת הַפֵּירוֹת, עַד שֶׁיִּמְשׁוֹךְ הַפֵּירוֹת עַצְמָן. בֵּין מָדַד. דְּהוּנְחוּ לִרְשׁוּתוֹ. עַד שֶׁלֹּא פָּסַק. אִם בָּאוּ לַחֲזוֹר קוֹדֶם פִּיסּוּק — חוֹזְרִין, אע"פ שֶׁהוּנְחָה עַתָּה בִּשְׁעַת מְדִידָה בִּרְשׁוּתוֹ דְּלוֹקֵחַ וּבְכֵלָיו דְּלוֹקֵחַ. דְּלָא קָנְיָא רְשׁוּתוֹ קוֹדֶם פִּיסּוּק, וַאֲפִילּוּ מְשִׁיכָה קוֹדֶם פִּיסּוּק לָא מְהַנְּיָא, כִּדְמִפָרֵשׁ לְקַמֵּיהּ, דְּלָא סָמְכָה דַּעְתֵּיהּ לֹא דְּמוֹכֵר וְלֹא דְּלוֹקֵחַ. שֶׁהַמּוֹכֵר — שֶׁמָּא יִפְסוֹק דָּמֶיהָ יָקְרִים יוֹתֵר. וְהַלּוֹקֵחַ — יִשַּׁלֵּם בְּזוֹל יוֹתֵר. וּמַתְנֵי' דְּקָתָנֵי: מָשַׁךְ וְלֹא מָדַד קָנָה — כְּשֶׁפָּסַק קוֹדֶם מְשִׁיכָה.

פירקין

תוספות

כליו של לוקח ברשות מוכר קנה לוקח או לא. אע"ג דברשות הרבים אמרינן לעיל דלכ"ע לא קנה, התם ה"ט — משום דלא ניחא להו לבני רה"ר שיהיו כליו שם, דמאן פייש (ג) ודמאן שביק? אבל ברשות מוכר מיבעיא. דאע"ג דא"ר יוחנן דכל מקום שיש לו רשות להניחו קנה — דלמא לא אתא למעט אלא רה"ר, אבל מוכר — שמא משאיל לו מקום ללוקח שיקנה מה שהוא מוכר לו. וא"ת: ואמאי לא פשיט מהא דאמר ר' יוחנן לעיל (דף פד:): מדד והניח ע"ג סימטא — קנה. ואסיק לעיל: במודד לתוך קופתו. ודוקא בסימטא, אבל ברשות מוכר — לא! ויש לומר: דרבי יוחנן דנקט סימטא — היינו משום דברשות מוכר מיבעי ליה. וכן משמע בגיטין ב"הזורק" (דף עח. וסם ד"ה כגון) דקאמר אהא דתנן: זרקו לה לתוך חיקה או לתוך קלתה מגורשת. ודייק: אמאי מגורשת? כליו של לוקח ברשות מוכר הוא! שמע מינה: כליו של לוקח ברשות מוכר קנה לוקח! ומשני עלה ר' יוחנן: מקום חיקה קנוי לה, מקום קלתה קנוי לה. **כגון** שהיה בעלה מוכר קלתות. וא"ת: נהי דנותן לה רשות ומשאילה, מ"מ הא בעי חזקה, כדאמרינן ב"השואל" (ב"מ דף קב: וסם): כשם שהקרקע נקנה בכסף בשטר ובחזקה כו', כך שכירות קרקע כו'! ותירץ ריב"א: דאע"ג דאין המקום קנוי לה, (ג) דכיון דיש לה רשות להניח קלתה שם — קני לה קלתה, דכליו של אדם קונה לו בכל מקום שיש לו רשות להניח. כמו גבי סימטא, אע"פ שאין סימטא קנוי לו — מ"מ הכלי עצמו קונה לו. **לא** בכליו דמוכר. משמע הכא דמשיכה מועלת ללוקח בכליו של מוכר, דקתני דקנה כשמוליאה מרשותו. (ד) **בכליו** דמוכר אמאי קנה לוקח. דכי היכי דכליו של לוקח לא מבטל אגב רשות מוכר — ה"א לן למימר דכליו של מוכר לא מבטל אגב רשות לוקח. והוי מלי לדחויי: אע"ג דכליו של לוקח לא בטל אגב רשות מוכר, כלי של מוכר בטל אגב רשות לוקח, דניחא ליה למוכר שיתבטל כליו אגב הרשות, שיתקיים המקח. **משך** חמריו ופועליו. בנו"ן, ול"ג "חמריו ופועליו" בוי"ו, דאם כן הוה משמע דמיירי בחמריו ופועליו דלוקח, ולא יתכן, דאם כן בלא פירקן נמי. וא"ת: הא דבעי ר' אלעזר בפ"ק דבבא מליעא (דף ט: וסם ד"ה משוך): האומר לחבירו "משוך בהמה זו וקני כלים שעליה" מהו, מי מהניא משיכה דבהמה לאקנויי כלים שעליה או לא? תפשוט מהכא דלא מהניא, דקתני: שניהן יכולין לחזור בהן! וי"ל: דהכא כשמשך החמרים, אבל החמורים לא משך, אלא החמרים משכו את החמורים עמהן. א"נ, התם דוקא מיבעי ליה, דאמר ליה שע"י משיכת בהמה יקנה הכלים. אבל הכא דלא מיירי בהכי, אלא דאמר ליה "זיל וקני" גרידא, ומשום הכי לא קנה תבואה במשיכת בהמה. **בין** פסק עד שלא מדד בין מדד עד שלא פסק. ואפי' מדד ופסק נמי — שניהן יכולין לחזור, כיון דעדיין לא פירקן. אלא נקט הכי משום דבעי לפלוגי בסיפא בין פסק עד שלא מדד, למדד עד שלא פסק. ומדכליו

רבינו גרשום

מאי לאו ברשות הרבים ממש. קנה אם מדד לו במדתו של לוקח הא בסמטא אפי' בלא כליו קנה וכו' אמי: לא. שמדד לו במדתו בסמטא וכדר' זירא: והא רה"ר דומיא דחצר שאינה של שניהם קתני. וקא ממעט סמטא. לעולם סמטא ומאי דומיא דחצר שאינה של שניהן. שאינה דחד לחוד אלא דתרוייהו והיינו נמי סמטא דהיינו דתרוייהו: כליו של לוקח ברשות מוכר. ומדד לו בתוכו קנה בלא הגבהת לוקח או לא: זרקו לה. הגט והיא יושבת בביתו: לתוך חיקה או לתוך קלתה. היינו כלי ופעמים מנחת בו חפצים שמשימה בראש שלוגין קרנ"ק: הרי זו מגורשת. אלמא דכליה קונה לה ברשות בעלה ותפשוט מהא דכליו של לוקח ברשות מוכר קנה לוקח: דמחייה מאה עוכלי בעוכלא. כלומר כמה מדות (א) מדד כאן. כלומר תמהו עליה ותירצו בה תירוצין הרבה: דאמר רב יהודה אמר רב שמואל. אמאי מגורשת כגון שהיתה קלתה תלויה בה בצוארה דהויא הגבהה. קשורה. בראשה. אע"פ שאינה תלוי. באויר אלא מונחת או תלויה אע"פ שאינה קשורה מגורשת כיון דמחברא בה בגופה דמי ורשותה הוא: (או) שהיתה מונחת. בקרקע בין ירכותיה ודמי כמו חיקה ורשות שלה: כגון שהיה בעלה מוכר קלתות. וקנתה ממנו קלתה ובהויא הנאה שקנתה ממנו אקני לה מקום הקלתה: ר' יוחנן אמר. כל זמן שהיא בביתו מקום חיקה ומקום קלתה קנוי לה לפי שאין אדם מקפיד גבי אשתו לא על מקום כו': מאי לאו כליו של לוקח. ואפ"ה הכי לא קני עד שיגביה: ומדרישא מוקמת בכליו דמוכר סיפא נמי בכליו דמוכר. ואי בכליו של מוכר אמאי קנה לוקח בקיבל גרידא: ומאי פסקא. התנא למתני' דרישא אוקים בכליו של מוכר. סיפא אוקים בכליו של לוקח: אין דוראי. פסקא דסתמא דמילתא כו': משך חמריו ופועליו. שנתן להן תבואה בשכרן ושוב רצה לחזור ולקנותה מהן או חמרין ופועלין דעלמא מוכרי פירות: והכניסן לתוך ביתו בין פסק. שקצץ לו דמיהן קודם שהכניסן עד שמדד. כלומר ועדיין לא מדד או מדד הפירות ועדיין לא פסק שניהן יכולין לחזור בהן הואיל ולא משך התבואה עצמה. אע"פ שפסק כיון שלא מדד יכולין לחזור בם שניהם. אבל

עין משפט נר מצוה

פח א ב מיי' פ"ד מהל' מכירה הלכה ו ז וסי' בהשגות ובמגיד משנה סמג עשין פב טוש"ע ח"מ סי' ר סעיף ט:

פט ג ד ה מיי' פ"ה מהל' גירושין הלכה ח סמג עשין נ טוש"ע אה"ע סי' קלט סעיף ז:

צ ו מיי' פ"ד מהלכות מכירה הלכה ו סמג עשין פב טוש"ע ח"מ סימן ר סעיף ג:

צא ז מיי' שם הלכה ב ועי' בה"מ וכסף משנה טוש"ע שם ס"ה:

צב ח מיי' שם הלכה יג טוש"ע שם סעיף ח:

מסורת הש"ס

א) [גיטין עח. עט: ב"מ ט:] ב) ע"ז עא: קדושין כה: ב) גיטין עז.) [כתובות נג.] ד) [גיטין עח.] ה) שם: ו) ע"ז עב.

הגהות הב"ח

(א) רשב"ם ד"ה דמחו וכו' הכאות הכי במשקל: (ב) תוס' ד"ה כליו וכו' דמאן פייש ומאן שביק: (ג) ד"ה כגון וכו' קני לה מ"מ כיון דיש לה רשות: (ד) ד"ה ואי בכליו וכו' אגב הרשות כדי שיתקיים:

א) רבינו ז"ל מפרש מאה לשון מדידה וכ"ה בערוך ערך עכל א' כלשון רבינו כאן אות באות (וע"ש במוסף הערוך) ובערך מ"ם לא הביא הערוך לשורש הזה דמאה הוא לשון מדידה וצ"ע.

מסורת הש"ס

א) [גירס' הערוך ערך מסכלן במסובלי דתומי פי' מתחרוזות של שומין שאין נותנין בכלים] ב) [לעיל פ:] ג) קדושין דף כו. לעיל דף נג. לקמן קנ: ד) שבת דף צא. כתובות דף לא. סנהדרין דף עב. [תוספתא ב"ק פ"ט]

עין משפט נר מצוה

צג א מיי' פ"ד מהל' מכירה הל' יג סמג עשין פב טוש"ע ח"מ סי' ר סעיף ז:

צד ב ג מיי' שם הל' א ב טוש"ע שם סעיף ג:

צה ד מיי' שם פ"א הלכה ג סמג שם טוש"ע ח"מ סי' קצ סעיף א:

צו ה ו מיי' שם פ"ג הלכה א ז סמג שם טוש"ע ח"מ סי' קצח סעיף ה:

צז ז ח מיי' פ"ג מהל' גניבה הל' ב טוש"ע ח"מ סי' שנ:

גמרא

פֵּירְקָן וְהִכְנִיסָן לְתוֹךְ בֵּיתוֹ, [א]פָּסַק עַד שֶׁלֹּא מָדַד — אֵין שְׁנֵיהֶן יְכוֹלִין לַחֲזוֹר בָּהֶן, מָדַד עַד שֶׁלֹּא פָּסַק — שְׁנֵיהֶן יְכוֹלִין לַחֲזוֹר בָּהֶן; וּמִדְּכֵלָיו דְּמוֹכֵר בִּרְשׁוּת לוֹקֵחַ לֹא קָנָה, [ב]כֵּלָיו דְּלוֹקֵחַ נַמִי בִּרְשׁוּת מוֹכֵר לֹא קָנָה! אָמַר רַב נַחְמָן בַּר יִצְחָק: בְּשֶׁשְּׁפָכָן. אִיקְפַּד רָבָא, מִידֵי "שְׁפָכָן" קָתָנֵי? "פֵּירְקָן" קָתָנֵי! אֶלָּא אֲמַר מָר בַּר רַב אַשִׁי: א)בְּמִתַאכְלֵי דְּתוּמֵי. א"ל הוּנָא בְּרֵיהּ דְּמָר זוּטְרָא לְרָבִינָא: מִכְּדֵי "פֵּירְקָן" קָתָנֵי, מַה לִּי פָּסַק וּמַה לִּי לֹא פָּסַק? א"ל: פָּסַק — סָמְכָא דַּעְתֵּיהּ, לֹא פָּסַק — לָא סָמְכָא דַּעְתֵּיהּ. א"ל רָבִינָא לְרַב אַשִׁי: ת"ש, ב)דְּרַב וּשְׁמוּאֵל דְּאָמְרִי תַּרְוַיְיהוּ: כֵּלָיו שֶׁל אָדָם קוֹנֶה לוֹ בְּכָל מָקוֹם; לְאַתּוּיֵי מַאי? לָאו לְאַתּוּיֵי רְשׁוּת מוֹכֵר? הָתָם [ג]דְּא"ל: זִיל קְנֵי. תְּנַן הָתָם: ג)[ד]נְכָסִים שֶׁיֵּשׁ לָהֶן אַחֲרָיוּת — נִקְנִין בְּכֶסֶף וּבִשְׁטָר וּבַחֲזָקָה, [ה]וְשֶׁאֵין לָהֶן אַחֲרָיוּת — אֵין נִקְנִין אֶלָּא בִּמְשִׁיכָה. בְּסוּרָא מַתְנוּ לָהּ לְהָא שְׁמַעְתָּא מִשְּׁמֵיהּ דְּרַב חִסְדָּא, בְּפוּמְבְּדִיתָא מַתְנוּ לָהּ מִשְּׁמֵיהּ דְּרַב כָּהֲנָא, וְאָמְרִי לָהּ מִשְּׁמֵיהּ דְּרָבָא: [ו]לֹא שָׁנוּ אֶלָּא דְּבָרִים שֶׁאֵין דַּרְכָּן לְהַגְבִּיהַּ, אֲבָל דְּבָרִים שֶׁדַּרְכָּן לְהַגְבִּיהַּ, בְּהַגְבָּהָה — אִין, בִּמְשִׁיכָה — לָא. יָתֵיב אַבַּיֵי וְקָאָמַר לְהָא שְׁמַעְתָּא. אֵיתִיבֵיהּ רַב אַדָּא בַּר מַתְנָה לְאַבַּיֵי: ד)[ז]הַגּוֹנֵב כִּיס בְּשַׁבָּת — חַיָּיב, שֶׁכְּבָר נִתְחַיֵּיב בִּגְנֵיבָה קוֹדֶם שֶׁיָּבֹא לִידֵי אִיסּוּר שַׁבָּת; [ח]הָיָה מְגָרֵר וְיוֹצֵא מְגָרֵר וְיוֹצֵא — פָּטוּר, שֶׁהֲרֵי אִיסּוּר שַׁבָּת וּגְנֵיבָה בָּאִין כְּאֶחָד; וַהֲרֵי כִּיס דְּבַר הַגְבָּהָה הוּא, וַאֲפִי' הָכִי קָנֵי בִּמְשִׁיכָה! א"ל: בְּמִיתְנָא. אֲנָא נַמִי בְּמִיתְנָא קָא אָמִינָא! א"ל: בְּמִידֵי דְּבָעֵי מִיתְנָא. תָּא שְׁמַע: בִּרְשׁוּת מוֹכֵר לֹא קָנָה עַד שֶׁיַּגְבִּיהֶנָּה אוֹ עַד שֶׁיּוֹצִיאֶנָּה מֵרְשׁוּתוֹ; אַלְמָא, מִידֵי דְּבַר הַגְבָּהָה, אִי בָּעֵי — בְּהַגְבָּהָה קָנֵי לֵיהּ, וְאִי בָּעֵי — בִּמְשִׁיכָה קָנֵי לֵיהּ! אֲמַר רַב נַחְמָן בַּר יִצְחָק: לִצְדָדִין קָתָנֵי, מִידֵי דְּבַר הַגְבָּהָה — בְּהַגְבָּהָה, מִידֵי דְּבַר מְשִׁיכָה — בִּמְשִׁיכָה.

ת"ש

רשב"ם

פירקן. בין מוכר בין לוקח, והכניסן לרשותו, דיש כאן הנחה ברשות לוקח – יש כאן חילוק. ואע"ג דאכתי בהך הכנסה לא קנה, משום דלא פסק, אהני לכי פסק בתר הכי, דקניא ליה רשותיה שמונחין בו. הלכך, פסק אחרי כן, אע"פ שלא מדד – קניא ליה רשותיה, ואין יכול לחזור ואפי' קודם מדידה, דבשעת פיסוק קניא ליה רשותיה, ואין כליו של מוכר מעכב עליו. אלמא: כלי לא חשיב רשותיה. ומדידה נמי לא מעכבא, כדתנן: משך ולא מדד – קנה, דהואיל ופסק דמים על כולן – מדידה גלוי מילתא בעלמא היא. ולא דמי להיכא דלא מכר לו אלא כור אחד, דאמרי' לקמן (א) מדידת הכור מעכבא, ויכול לחזור בו אפילו בסאה אחרונה – דהתם מעכבא מדידה, דלא קניא רשותיה אלא מאי דזבין ליה. מדד עד שלא פסק לא קנה. ויכולין לחזור קודם שיפסקו, אבל משיפסוק – קנה. ואית דמפרשי: פירקן והכניסן לתוך ביתו – היינו משיכה. והאי דקתני: פסק עד שלא מדד אין שניהן יכולין לחזור – מוקמי לה כשפסק קודם שפירקן, וקני במשיכה שאחר פיסוק. וטעות הוא בידם, דא"כ היכי יליף מיניה דכליו של מוכר לא מעכב קנייה רשות לוקח? דלמא הא דקנה לוקח – לאו משום קניית רשותו הוא, אלא משום משיכה! ומדכליו של מוכר ברשות לוקח לא קנה. מוכר. כלומר: אין כליו של מוכר מעכב על רשות לוקח לקנותן הלוקח, כדקתני: פירקן ופסק – קנה. דקנה רשות (ב) קודם מדידה ואע"פ שעדיין הפירות בתוך שקין של מוכר. וכיון דאהני רשות לוקח לבטל כליו של מוכר, ולהוציאן מרשות מוכר – כל שכן וכל שכן כליו דלוקח נמי ברשות מוכר יבטל הרשות את כלי של לוקח, שלא להוציאן מחזקת המוכר שמוחזק בהן עד עתה. בששפכן. האי "פירקן" – היינו שפירקן לשפכן מן השקין לקרקע ביתו של לוקח. דליכא כליו דמוכר, והלכך קניא ליה ללוקח רשותו. איקפד רבא. דאיהו אמר האי ת"ש. פירקן קתני. דמשמע: כמות שהיו מונחין החבילות כן פירקן. במתאכלי דתומי. חבילות שומים, דליכא שקין. מכדי פירקן קתני. שהונחו ברשות לוקח, וקני ליה רשותו מיד שקיבל עליו מוכר למכרן לו, כדקתני בברייתא לעיל. לא סמכא דעתיה. דמי יימר שיתקיים המכר? שמא המוכר יעלה בדמיהן, והלוקח יזלזל בדמיהן, שהרי אין דמיהן קצובין. התם דאמר ליה. מוכר: "זיל קני" – אני רוצה שיקנה לך כליך, דכמאן דמושיל ליה מקום הנחת כליו דמי. כי קמיבעיא לן – סתמא. תנן התם. בפ"ק דקדושין. שיש להן אחריות. שקיימין לעולם. בכסף. במתן מעות. בשטר. אם כתב לו "שדי מכורה לך" או "נתונה לך" ומסר לו את השטר. ובחזקה. נעל וגדר ופרץ כל שהוא. והתם יליף טעמא מקראי. ושאין להם אחריות. מטלטלי. במשיכה. שמושכן לרשותו, או לרשות שיש לו חלק בו, כגון סימטא וחצר השותפין. וכל שכן בהגבהה, דהגבהה קונה בכל מקום ובכל דבר, דמשהגביהה הניחה ברשותו, אפי' בלא משיכה. כן נראה לי. להא שמעתא. דלקמיה, האי "לא שנו". שאין דרכן להגביה. שכבידין. שדרכן להגביה. דברים קלים. הגונב כיס בשבת. והוציאו לרשות הרבים. חייב. בתשלומין. דליכא למימר קם ליה בדרבה מיניה, דליכא הכא שתי רשעיות כיחד. שכבר נתחייב בגניבה. משעת הגבהה. דהגבהה בכל מקום קונה, ואיסור שבת ליכא עד שעת הוצאה. היה מגרר. בקרקע, דהגבהה ליכא, ולא קני ליה אלא בשינוי רשות, שימשכנה לרשותו. פטור. מן התשלומין, דקם ליה בדרבה מיניה, וכתיב "כדי רשעתו" (דברים כה) – משום רשעה אחת אתה מחייבו, ואי אתה מחייבו משום שתי רשעיות. שהרי איסור שבת וחיוב גניבה באין כאחד. דבשעת הוצאת חוץ קנייה, ונתחייב בסקילה. ובכתובות בפרק "אלו נערות" פרכינן: דמשכיה להיכא? אי לרשות הרבים – איסור שבת איכא, איסור גניבה ליכא! ומוקמינן לה כשצירף ידו למטה מג' וקבלה, וידו של אדם חשובה לו כד' על ד' וקניא ליה, ולא בטלה לגבי רה"ר לגבי קנייה, ויש כאן [איסור] שבת וגניבה באין כאחד. והך קנייה לאו משום הגבהה היא, אלא משיכה לתוך ידו, שהרי ידו סמוכה בתוך ג' לקרקע. ואית דמוקי ליה התם בצידי רשות הרבים, דלענין גניבה מיקנא קני, ולענין שבת הוי רשות הרבים כרבי אליעזר. והא כיס דבר הגבהה הוא. ואפילו הכי, אי לאו משום איסור שבת – הוה קני ליה במשיכה, כגון אם היה מגרר ויוצא בחול. אמר ליה במיתנא. כך השיבו סתם. וסבור רב אדא דכיס קטן הוא, ותמה על תירוץ זה. ואמר ליה: אנא נמי מיתנא קאמינא לך. דאע"ג דאיכא ביה מיתנא – דרכו להגביהו הוא. א"ל דחזי למיתנא קאמינא לך. כיס גדול מאד. [כך שיטת הגמרא נכונה, וכך מצאתי הגהת רבינו זקני מ"כ]. או עד שיוציאנה. היינו משיכה. אלמא מידי דבר הגבהה. דבר קל. לצדדין קתני. עד שיגביהנה אם דבר קל הוא, או עד שיוציאנה אם דבר כבד הוא. ולפי עניות דעתי נראה לי דהוה מצי לתרוצי: הכא במידי דבר משיכה עסקינן. הלכך, אי בעי – בהגבהה ליקני, דהגבהה עדיפא ממשיכה, וקונה בכל דבר, ואי בעי – במשיכה ליקני, דהא אורחיה במשיכה. אלא דניחא (ג) טפי לאורויי דין תרוייהו, דמידי דבר הגבהה בהגבהה ולא במשיכה, ומידי דבר משיכה אפי' במשיכה. וכן נראים הדברים, דהא בפ"ק דקידושין (דף כה:) תנן, אמר רבי מאיר: בהמה גסה במסירה, והדקה בהגבהה ולא במסירה ומשיכה. ואמרי ליה רבנן: בהמה דקה נקנית במשיכה. כלומר, אף במשיכה. ובגמרא אמרי רבנן אחרים: זו וזו במשיכה. ואמר להו רבי שמעון: זו וזו בהגבהה. אלמא הגבהה עדיפא ממשיכה, דהא אפילו [גסה] לרבי שמעון בהגבהה ולא במשיכה, כדמפרש התם.

תא

תוספות

ומדכליו של מוכר ברשות לוקח לא קנה כו'. וא"ת: מנא ליה דמתורת רשותו קנה? דלמא מתורת משיכה קנה, דהא משיכה מועלת בכליו של מוכר, כדמפרש לעיל! וי"ל: דהכא דייק דמתורת רשותו קנה, כדפירש לעיל בקונטרס, דפירקן והכניסן לתוך ביתו משמע בין מוכר בין לוקח. וא"ת: בלא פירקן נמי, כיון שהכניסן — ליקני, דליבטיל אגב רשות לוקח! ואור"י: דדוקא כלי הוא דבטיל אגב הרשות, אבל בהמה — לא.

אבל דברים שדרכן בהגבהה אין נקנים אלא בהגבהה. והא דפריך ב"מי שמת" (לקמן דף קנא.) גבי מלוגא דשטרי: והא לא משך! ודוחק לומר שהיה כל כך הרבה שטרות שלא היה דרכן להגביה! אלא לאו דוקא נקט משך, אלא כלומר: והא לא הגביה. והא כיס דבר הגבהה הוא כו'. לא פריך להאי לישנא דמשני בריש "אלו נערות" (כתובות דף לא:) כשצירף ידו למטה מג' וקבלה, דלא קנה מטעם משיכה אלא מטעם חצר, וידו כחצרו. אלא להאי לישנא דהתם דקני משום משיכה פריך. וא"ת: והיכי ס"ד דמיירי בכיס דבר הגבהה הוא — א"כ היכי מיחייב לענין שבת? הא אין דרך הוצאה בכך, כדדייק בריש "אלו נערות" (שם): אי בזוטרי — אין דרך הוצאה בכך, אלא במילעי! ויש לומר: דיש דברים שדרך הוצאה בכך לענין שבת, ואפי' הכי לענין קנין אין נקנין אלא בהגבהה, שדרכן להגביה. אי נמי: במגרר דרך מחתרת, דהוי דרך הוצאה. אי נמי: הוה ליה למימר "וליטעמיך". לצדדין קתני. תימה לרשב"א: אמאי לא מוקי לה בכלים שאין דרכן להגביה, שגם הן נקנין בהגבהה, כדמשמע לעיל דאוקמינן במידי דבעי מיתנא, וקתני: הגונב כיס בשבת — חייב, שכבר נתחייב בגניבה, דהיינו בהגבהה.

אמו

הגהות הב"ח

(א) רשב"ם ד"ה פירקן וכו' לקמן למדידת כל הכור מעכבא: (ב) ד"ה ומדכליו וכו' דקנה רשות לוקח קודם מדידה: (ג) ד"ה לצדדין וכו' דניחא ליה טפי:

רבינו גרשום

אבל פירקן. המשואות הלוקח ברה"ר והכניסן בביתו שמשך התבואה עצמה לרשותו אם פסק קודם ושוב הכנים ועדיין לא מדד אין שניהן יכולין לחזור הואיל וקצץ ושוב הכנים. אבל מדד קודם והכנים ועדיין לא פסק שניהן יכולין לחזור בהן: מדכליו דמוכר ברשות לוקח לא קנה מוכר. דהיכא דפירקן והכניסן דעדיין הן בתוך כליו בתוך שקו של מוכר. ואפ"ה כיון דפסק אע"ג דלא מדד א)אין מועיל לו כלום שעדיין הן בו שיהא יכול לחזור בו אלמא אין שניהן יכולין לחזור: כליו דלוקח. בעלמא ברשות מוכר נמי לא קנה לוקח: אמר רב נחמן בר יצחק. לעולם כליו דמוכר ברשות לוקח קנה מוכר דכליו דלוקח ברשות מוכר קנה [לוקח] והכא ליכא כליו של מוכר לפי ששפכן לפירות מן החמור לארץ והכניסן הלוקח בכלי שלו להכי אין יכול לחזור בו: אקפד רבא אדברי רב נחמן והא פירקן והכניסן קתני. דמשמע דהכנים המשואות כמו שהן בכליו של מוכר: אלא אמר מר בר רב אשי. אנא מתרץ לך פירקן ובלא שפכן ואפי' הכי ליכא כליו של מוכר דמאי פירות הללו במסובלי דתומי. חבילות של שומין שנושאין אותן על גבי החמור בלא כלי: מכדי פירקן קתני. דמשך הפירות עצמן מאי שנא דפסק קנה מאי שנא דמדד ולא פסק לא קנה: פסק סמכא דעתיה. דמוכר ומקני לו דאומר לו זיל קני: כי קמבעיא לן שאין דרכו להגביה דנקנין במשיכה: בשבת חייב. לשלם שכבר נתחייב בגניבה משעת הוצאה דקנייה ואיסור שבת לא הוי עד דמוציאה לרה"ר: היה מגררו. בארץ ויוצא וכך הוציאן פטור מתשלומין שאיסור שבת וגניבה באין כאחת וקם ליה בדרבה מיניה: והא כיס דבר הגבהה הוא. ואמאי קאמר איסור [שבת ואיסור] גניבה באין באחת דהא לא אגביה עדיין כשהוציא: אמר ליה במיתנא. כלומר בההוא כיס כגון ארנקי גדולה יש רצועה בתוכה ונוהגין שגוררין אותו באותה רצועה: אמר ליה רב אדא אנא נמי במיתנא קאמינא. ההוא כיס דיש לו מיתנא לרה"ר באותו מיתנא אמאי הוי איסור גניבה והא יכול להגביהו ודרכן של רוב בני אדם להגביה כיסן יותר מאותן שגוררין: א"ל אביי. האי דקאמרי לך מיתנא לא בכל כיס קטן שיש לו מיתנא אמינא. לא דצריך מיתנא. שהיה כיס כמו שק גדול שאין אדם יכול להגביהו אלא קושרן בחבל או ברצועה ומושכן ובההוא מיירי היה מגרר ויוצא: ת"ש ברשות מוכר לא קנה. דמשמע אפי' מידי דבר משיכה לא קנה עד שיגביהנה או עד שיוציאנה מרשותו ואפי' מידי דבר הגבהה משמע דקנה במשיכה וקשיא לרב חסדא: ומשני רב נחמן לצדדין קתני. האי דקאמר עד שיגביהנה במידי דבר הגבהה ולא בר משיכה ודקתני עד שיוציאנה מיירי במידי דבר משיכה הוא ולא בר הגבהה:

בשליפי

א) נראה דצ"ל אע"ג דלא מדד שעדיין הן בו אין מועיל לו כלום שיהא יכול לחזור בו.

ת"ש: הַמּוֹכֵר פֵּירוֹת לַחֲבֵירוֹ, מָשַׁךְ וְלֹא מָדַד – קָנֵי; וְהָא פֵּירוֹת דִּבְנֵי הַגְבָּהָה נִינְהוּ, וְקָתָנֵי דְּקָנֵי בִּמְשִׁיכָה! הָכָא בְּמַאי עָסְקִינַן – [א]בִּשְׁלִיפֵי רַבְרְבֵי. אִי הָכִי, אֵימָא סֵיפָא: הַלּוֹקֵחַ פִּשְׁתָּן מֵחֲבֵירוֹ – (א) לֹא קָנָה עַד שֶׁיְּטַלְטְלֶנּוּ מִמָּקוֹם זֶה לְמָקוֹם אַחֵר; אַטּוּ פִּשְׁתָּן בִּשְׁלִיפֵי רַבְרְבֵי מִי לָא עָבְדִי? [ב]שָׁאנֵי פִּשְׁתָּן, דְּמִשְׁתַּמֵּיט. א"ל רָבִינָא לְרַב אַשִׁי, ת"ש: [א]בְּהֵמָה גַּסָּה נִקְנֵית בִּמְסִירָה, וְהַדַּקָּה – בְּהַגְבָּהָה, דִּבְרֵי ר"מ וְר"ש בֶּן אֶלְעָזָר, וַחכ"א: בְּהֵמָה דַּקָּה – [ג]בִּמְשִׁיכָה; וְהָא בְּהֵמָה דַּקָּה דְּבַר הַגְבָּהָה הִיא, וְקָתָנֵי דְּקָנֵי בִּמְשִׁיכָה! שָׁאנֵי בְּהֵמָה, דְּסָרְכָא. [ב]רַב וּשְׁמוּאֵל דְּאָמְרִי תַּרְוַיְיהוּ: [ד]"כּוֹר בִּשְׁלֹשִׁים אֲנִי מוֹכֵר לְךָ" – יָכוֹל לַחֲזוֹר בּוֹ אֲפִילּוּ בַּסְּאָה הָאַחֲרוֹנָה; "כּוֹר בִּשְׁלֹשִׁים, סְאָה בְּסֶלַע אֲנִי מוֹכֵר לְךָ" – רִאשׁוֹן רִאשׁוֹן קָנָה. ת"ש: אִם הָיְתָה מִדָּה שֶׁל אֶחָד מֵהֶן – רִאשׁוֹן רִאשׁוֹן קָנָה, [ה]וְאע"ג דְּלֹא נִתְמַלְּאָה הַמִּדָּה! (ב) כְּגוֹן דַּאֲמַר לֵיהּ: "הִין בִּשְׁנֵים עָשָׂר סְלָעִים, לוֹג בְּסֶלַע אֲנִי מוֹכֵר לְךָ", [ג]וְכִדְאָמַר רַב כָּהֲנָא: שְׁנָתוֹת הָיוּ בַּהִין, ה"נ [ו]שְׁנָתוֹת הָיוּ בַּמִּדּוֹת. ת"ש: [ז]הַשּׂוֹכֵר אֶת הַפּוֹעֵל לַעֲשׂוֹת עִמּוֹ לַגּוֹרֶן הַיּוֹם בְּדִינָר, וְלַגּוֹרֶן

תָּא שְׁמַע. מַתְנִיתִין: הַמּוֹכֵר פֵּירוֹת כו'. וְהָא פֵּירוֹת דִּבְנֵי הַגְבָּהָה נִינְהוּ. דְּבִשְׁלִיפֵי זוּטְרֵי מַשְׁמַע מַתְנִיתִין, (ג) מִדְּקָמִפַּלְגֵי תַּנָּא גַּבֵּי פִּשְׁתָּן. דְּהָכִי קָתָנֵי: הַמּוֹכֵר פֵּירוֹת, מָשַׁךְ וְלֹא מָדַד – קָנָה. דִּמְשִׁיכַת כָּל שֶׁהוּא מְהַנְּיָא בְּפֵירוֹת, שֶׁהֲרֵי דָּבָר מוּעָט הוּא, וּבִמְשִׁיכַת כָּל שֶׁהוּא נֶעֱקָר כּוּלּוֹ מִמְּקוֹמוֹ, כִּדְאָמַר שְׁמוּאֵל לְגַבֵּי סְפִינָה (לעיל דף עה:): עַד שֶׁיִּמְשׁוֹךְ אֶת כּוּלָּהּ. אֲבָל הַמּוֹכֵר פִּשְׁתָּן, שֶׁהוּא אָרוֹךְ, אע"ג דְּהָוֵי שְׁלִיפֵי זוּטְרֵי – לֹא קָנָה בִּמְשִׁיכַת פּוּרְתָּא, דַּעֲדַיִין לֹא נֶעֱקָר כּוּלּוֹ מִמְּקוֹמוֹ עַד שֶׁיְּטַלְטְלֶנּוּ מִמָּקוֹם זֶה לְמָקוֹם אַחֵר, כְּלוֹמַר שֶׁיִּמְשָׁכֶנּוּ אוֹ יַגְבִּיהֶנּוּ לְמָקוֹם אַחֵר, שֶׁיִּהְיֶה נֶעֱקָר כּוּלּוֹ מִמָּקוֹם שֶׁהָיָה שָׁם. דְּאִיכָּא לְמֵימַר דַּאֲפִילּוּ רַב דְּפָלֵיג בִּסְפִינָה – הָכָא מוֹדֶה. דְּהָתָם מַיִם יֵשׁ תַּחְתָּיו, וּמִדְּנָיְידָא פּוּרְתָּא חֲשִׁיבָא כְּנֶעֶקְרָה כּוּלָּהּ מִמְּקוֹמָהּ, אֲבָל עַל גַּבֵּי קַרְקַע אִיכָּא לְמֵימַר דְּמוֹדֵי. הָכָא בְּמַאי עָסְקִינַן בִּשְׁלִיפֵי רַבְרְבֵי. וְהָכִי קָא מַפְלִיג בֵּין פֵּירוֹת לְפִשְׁתָּן: הַמּוֹשֵׁךְ פֵּירוֹת, פְּעָמִים שֶׁאִם מָשַׁךְ קָנָה – כְּגוֹן בִּשְׁלִיפֵי רַבְרְבֵי, דְּהָתָם וַדַּאי מְהַנְּיָא מְשִׁיכָה, וְכָל שֶׁכֵּן הַגְבָּהָה. אֲבָל הַמּוֹכֵר פִּשְׁתָּן, דְּאִי אֶפְשָׁר בִּשְׁלִיפֵי רַבְרְבֵי כִּדְמְפָרֵשׁ לְקַמָּן, אֶלָּא שְׁלִיפֵי זוּטְרֵי נִינְהוּ – לֹא קָנָה עַד שֶׁיְּטַלְטְלֶנּוּ מִמָּקוֹם לְמָקוֹם, כְּלוֹמַר שֶׁיַּגְבִּיהֶנּוּ, וְלֹא בִּמְשִׁיכָה, כִּדְלְעֵיל. וְדֶרֶךְ הַמַּגְבִּיהִין מִקְחָן אֵין מַגְבִּיהִין ע"מ לְהַחֲזִירוֹ בַּמָּקוֹם שֶׁהִגְבִּיהוֹ, אֶלָּא מַגְבִּיהוֹ וְהוֹלֵךְ לוֹ וְנוֹטְלוֹ לִרְשׁוּתוֹ, וְהִלְכָּךְ נָקַט מִמָּקוֹם לְמָקוֹם. וְהַיְינוּ דְּקָפָרֵיךְ: אִי הָכִי אֵימָא סֵיפָא כו'. דִּבְשְׁלָמָא לְדִידִי דְּמוֹקְמִינַן לָהּ אֲפִי' בִּשְׁלִיפֵי זוּטְרֵי – אִיכָּא לְפַלּוֹגֵי בֵּין רֵישָׁא לְסֵיפָא בִּמְשִׁיכַת כָּל שֶׁהוּא, כִּדְפָרֵישִׁית. אֶלָּא לְדִידָךְ, דְּמוֹקְמַתְּ נַמִי לְרֵישָׁא בִּשְׁלִיפֵי רַבְרְבֵי, אֲרוּכִּין – לֵיכָּא לְפַלּוֹגֵי בֵּין רֵישָׁא לְסֵיפָא, אֶלָּא דִּבְרֵישָׁא מְהַנְּיָא מְשִׁיכָה דִּרְגִילִין לִהְיוֹת שְׁלִיפֵי רַבְרְבֵי, וּבְפִשְׁתָּן לָא מְהַנְּיָא מְשִׁיכָה אֶלָּא הַגְבָּהָה מִשּׁוּם דְּלָא הָווּ רַבְרְבֵי אֶלָּא זוּטְרֵי. **אַטּוּ פִּשְׁתָּן** בִּשְׁלִיפֵי רַבְרְבֵי מִי לָא עָבְדִי. כְּמוֹ פֵּירוֹת? בִּתְמִיָּה. וּתְהַנֵּי בְּהוּ נַמִי מְשִׁיכָה! [כֵּן נִרְאֶה שִׁיטָה זוֹ בְּעֵינַי, וְעִיקָּר]. **שָׁאנֵי פִּשְׁתָּן** דְּמִשְׁתַּמֵּיט. שֶׁמַּחֲלִיק, וְאֵין יְכוֹלִין לַעֲשׂוֹת מִמֶּנּוּ מַשָּׂאוֹת גְּדוֹלוֹת. הִלְכָּךְ בָּעֵי הַגְבָּהָה, דְּדַרְכּוֹ בְּכָךְ. וְרַבֵּינוּ חֲנַנְאֵל פֵּי': שָׁאנֵי פִּשְׁתָּן דְּמִשְׁתַּמֵּיט – כֵּיוָן שֶׁאִם יִמָּשֵׁךְ מִתְנַתֵּק – אֵין דַּרְכּוֹ לְהִמָּשֵׁךְ, לְפִיכָךְ קָנֵי בְּטִלְטוּל. וּלְפִי הַלָּשׁוֹן הַזֶּה אִיכָּא לְאוֹקוּמַהּ אֲפִי' בִּשְׁלִיפֵי רַבְרְבֵי, וַאֲפִי' הָכִי לֵיתֵיהּ בִּמְשִׁיכָה אֶלָּא בְּהַגְבָּהָה, מִשּׁוּם דְּמִתְנַתֵּק בִּמְשִׁיכָה. ה"ג בְּפֵירוּשֵׁי רַבֵּינוּ חֲנַנְאֵל: ת"ש בְּהֵמָה גַּסָּה נִקְנֵית בִּמְסִירָה וְהַדַּקָּה בְּהַגְבָּהָה דִּבְרֵי ר"מ וְר' שִׁמְעוֹן בֶּן אֶלְעָזָר וַחכ"א בְּהֵמָה דַּקָּה בִּמְשִׁיכָה. וְהָא בְּהֵמָה דַּקָּה דְּבַר הַגְבָּהָה הִיא וְתָנוּ חֲכָמִים בִּמְשִׁיכָה. וּמִשְׁנָה הִיא בְּפ"ק דְּקִידּוּשִׁין. וּמִדְּרַבָּנַן קָפָרֵיךְ, דִּבְהֵמָה דַּקָּה מִיקַּנְיָא נַמִי בִּמְשִׁיכָה, וְאע"ג דְּבַת הַגְבָּהָה הִיא. **דְּסָרְכָא.** מִסְתָּרֶכֶת וּמִתְדַּבֶּקֶת בְּרַגְלֶיהָ בַּקַּרְקַע, וְלֹא אֶפְשָׁר בְּהַגְבָּהָה כִּי אִם בְּקוֹשִׁי, הִלְכָּךְ אוֹרְחָהּ בִּמְשִׁיכָה. וְרַבֵּינוּ חֲנַנְאֵל פֵּירֵשׁ: דְּסָרְכָא – שׂוֹרֶטֶת, מִלְּשׁוֹן "שְׂרוֹךְ נַעַל" (בראשית יד). **כּוֹר בִּשְׁלֹשִׁים אֲנִי מוֹכֵר לְךָ.** צָרִיךְ הָיָה לוֹ לְמָעוֹת כְּנֶגֶד דְּמֵי הַכּוֹר, וְלֹא נִתְכַּוֵּין שֶׁיְּהֵא זֶה קוֹנֶה פָּחוֹת מִכּוֹר וְלֹא יוֹתֵר מִכּוֹר, אֶלָּא כּוֹר בְּצִמְצוּם מַקְנֶה לוֹ, לֹא פָּחוֹת וְלֹא יוֹתֵר. הִלְכָּךְ (ד) אִם מָשַׁךְ, וְאע"פ שֶׁפָּסַק, וַאֲפִילּוּ בִּרְשׁוּת לוֹקֵחַ וּבְכֵלָיו שֶׁל לוֹקֵחַ – לֹא קָנָה, עַד שֶׁיְּהֵא הַכּוֹר מָדוּד כּוּלּוֹ. דְּהָכָא מְדִידָה מְעַכְּבָא, הוֹאִיל וְהִקְפִּיד בִּמְכִירָה פָּחוֹת מִכּוֹר וְיוֹתֵר מִכּוֹר, וּמִשּׁוּם הָכִי יָכוֹל לַחֲזוֹר בּוֹ מִכָּל הַמְּכִירָה. אֲפִילּוּ כְּשֶׁמָּדַד לוֹ כ"ט סְאִין – חוֹזֵר הוּא כָּל זְמַן שֶׁלֹּא נִמְדַּד סְאָה אַחֲרוֹנָה. וְאע"פ שֶׁמָּשַׁךְ הַכ"ט סְאִין – אֵינָהּ מְשִׁיכָה מְעַלְּיָא, דְּכוֹר זֶה חַד מִקָּח הוּא, וְעַד דְּמָשֵׁיךְ כּוּלֵּיהּ לָא קָנֵי. כִּדְאָמְרִי' בְּפֶרֶק "הַזָּהָב" (ב"מ דף מז.) דְּהֵיכָא דְּמָכַר לוֹ חֲמוֹר בְּפָרָה וְטָלֶה, וּמָשַׁךְ אֶת הַפָּרָה וְלֹא מָשַׁךְ אֶת הַטָּלֶה – שְׁנֵיהֶם יְכוֹלִין לַחֲזוֹר בָּהֶם, מִשּׁוּם דְּלָא הָוֵי מְשִׁיכָה מְעַלְּיָיתָא. וּמַתְנִיתִין דְּקָתָנֵי: מָשַׁךְ וְלֹא מָדַד קָנָה – הַיְינוּ כְּשֶׁמַּקְנֶה לוֹ כָּל הַחֲבִילָה כְּמוֹת שֶׁהִיא, וְהַמְּדִידָה גִּלּוּיֵי מִילְּתָא בְּעָלְמָא הִיא, לְהוֹדִיעַ כַּמָּה מָכַר. **רִאשׁוֹן רִאשׁוֹן קָנָה.** שֶׁכָּל אֶחָד מְכִירָה בִּפְנֵי עַצְמוֹ הִיא. וּכְגוֹן דַּהֲוָיָא מִדָּה דְּלוֹקֵחַ, וּבְסִימְטָא, דְּקָנֵי לֵיהּ כֵּלָיו. א"נ בִּרְשׁוּת מוֹכֵר, וּכְגוֹן דַּאֲמַר לֵיהּ מֵעִיקָּרָא "יִקְנוּ לְךָ כֵּלֶיךָ בִּרְשׁוּתִי". **תָּא שְׁמַע.** מִשּׁוּם דִּפְרַכִינַן מִינַּהּ טוּבָא בִּשְׁמַעְתִּין לְעֵיל, לָא קָאָמַר "מֵיתִיבִי". מָצָאתִי גִּירְסָא זוֹ עַל הָעִיקָּר בְּפֵירוּשֵׁי רַבֵּינוּ חֲנַנְאֵל אִישׁ רוֹמִי: ת"ש אִם הָיְתָה הַמִּדָּה שֶׁל אֶחָד מֵהֶן רִאשׁוֹן רִאשׁוֹן קָנָה וְאע"ג דְּלֹא נִתְמַלְּאת הַמִּדָּה. הָכָא בְּמַאי עָסְקִינַן בִּדְאָמַר לֵיהּ הִין בִּי"ב סְלָעִים לוֹג בְּסֶלַע אֲנִי מוֹכֵר לְךָ וּכְדְאָמַר רַב כָּהֲנָא שְׁנָתוֹת הָיוּ בַּהִין הָכָא נַמִי כו'. וְכֵן עִיקָּר, דְּמֵהַהִיא רֵישָׁא שַׁיָּיךְ לְמִפְרַךְ (ה) הָא, דְּקָתָנֵי בָּהּ בְּהֶדְיָא: עַד שֶׁלֹּא נִתְמַלֵּאת הַמִּדָּה לַמּוֹכֵר כו', אֲבָל בְּמִדָּה שֶׁל אֶחָד מֵהֶן – לָא חָיְישִׁינַן לְנִתְמַלֵּאת הַמִּדָּה, אֶלָּא רִאשׁוֹן רִאשׁוֹן הַנִּכְנָס בְּכֵלָיו שֶׁל לוֹקֵחַ קָנָה לוֹקֵחַ. דַּאֲפִי' בַּחֲצִי מִדָּה שֶׁהִיא חֲסֵירָה, וְאֵין יָדוּעַ כַּמָּה יֵשׁ הוֹאִיל וְלֹא נִתְמַלֵּאת (ו) – אֵין יָכוֹל לַחֲזוֹר בּוֹ, וְאע"ג דְּאָ"ל "כּוֹר אֲנִי מוֹכֵר לְךָ בְּיַחַד", אוֹ "סְאָה אֲנִי מוֹכֵר לְךָ בְּיַחַד" – כָּל שֶׁכֵּן הָכָא, דְּזַבֵּין לֵיהּ כּוֹר וּמָדַד כ"ט סְאִין מְלֵאִין, שֶׁקָּנָה כָּל מִדָּה וּמִדָּה כְּשֶׁנִּתְמַלֵּאת. וְקַשְׁיָא לְתַרְוַיְיהוּ! וּפָרְקִינַן: בִּדְאָמַר לֵיהּ "הִין בִּי"ב סְלָעִים, לוֹג בְּסֶלַע אֲנִי מוֹכֵר לְךָ", וְהָיוּ י"ב שְׁנָתוֹת, כְּעֵין בְּלִיטוֹת יוֹצְאִין בְּדוֹפְנֵי הַכְּלִי מִתּוֹכוֹ לְסִימָנִים, כֵּיוָן שֶׁמַּגִּיעַ הַשֶּׁמֶן אוֹ הַיַּיִן בְּכָל בְּלִיטָה יָדוּעַ שֶׁהוּא לוֹג, וְכֵיוָן שֶׁהִגִּיעַ לַבְּלִיטָה – נִתְמַלֵּאת הַמִּדָּה קָרֵינָא בֵּיהּ. וְדָמְיָא מַמָּשׁ לְ"כוֹר בִּשְׁלֹשִׁים, סְאָה בְּסֶלַע אֲנִי מוֹכֵר לְךָ", דְּקָנָה כָּל סְאָה וּסְאָה – ה"נ כָּל לוֹג וְלוֹג קָנֵי כְּשֶׁמַּגִּיעַ לַסִּימָן. וְרֵישָׁא דְּקָתָנֵי חִילּוּק בֵּין נִתְמַלֵּאת לְלֹא נִתְמַלֵּאת, נְהִי נַמִי דְּמַיְירֵי כְּמוֹ בְּסֵיפָא בִּדְאָמַר לֵיהּ "הִין בִּי"ב לוֹג בְּסֶלַע" אֲפִי' הָכִי לָא קָנֵי לוֹקֵחַ רִאשׁוֹן רִאשׁוֹן הַמַּגִּיעַ לַסִּימָן. דְּכֵיוָן דִּבְמִדָּה שֶׁאֵינָהּ שֶׁל שְׁנֵיהֶן עָסְקִינַן, וְהוּא רוֹצֶה לִמְדּוֹד וּלְמַלְּאוֹתָהּ כּוּלָּהּ – הֲרֵי הִיא מוּשְׁאֶלֶת לוֹ עַד שֶׁיִּגְמוֹר אֶת מְדִידָתוֹ. דְּלָא הָוְיָא שְׁאוּלָה לַלּוֹקֵחַ עַד שֶׁתִּתְמַלֵּא, כִּדְפָרֵישִׁית לְעֵיל, דְּעַל מְנָת כֵּן שְׁאָלוּהָ שְׁנֵיהֶן, זֶה – לִמְדִידָה, וְזֶה – לְקַחְתָּהּ מִשֶּׁתִּתְמַלֵּא, לְשָׁפְכָהּ בְּכֵלָיו אוֹ בִּרְשׁוּתוֹ. וְהַאי דְּקָפָרֵיךְ בַּסְּפָרִים שֶׁלָּנוּ מִסֵּיפָא, דְּקָתָנֵי: בִּרְשׁוּת לוֹקֵחַ כֵּיוָן שֶׁקִּיבֵּל כו' – לָאו פִּירְכָא הִיא כְּלָל, דְּהָתָם כְּשֶׁהִקְנָה לוֹ כָּל הַתְּבוּאָה מַיְירֵי, דְּקָנֵי לֵיהּ רְשׁוּתָא בְּלֹא מְדִידָה, כִּדְקָתָנֵי נַמִי מַתְנִי' מָשַׁךְ וְלֹא מָדַד – קָנָה. וְעוֹד: אַדְּרַבָּה, הֲוָה לֵיהּ לְפָרוֹכֵי מִמַּתְנִיתִין דְּקָתָנֵי בְּהֶדְיָא: מָשַׁךְ וְלֹא מָדַד קָנָה. דְּאִילּוּ הָתָם לֹא מָדַד כְּלָל, וַאֲפִי' הָכִי קָנָה. וְעוֹד: שִׁינּוּיָא דְּקָמְשַׁנֵּי, לְפִי לְשׁוֹן הַסְּפָרִים דְּלָא מְפָרְשֵׁי דִּבְהָכִי מַיְירֵי, דְּקָאָמַר "הִין בִּי"ב לוֹג בְּסֶלַע" – לָאו שִׁינּוּיָא הוּא, דְּמָה מְהַנְּיָא שְׁנָתוֹת הֵיכָא דַּאֲמַר לֵיהּ סְתָם "הִין אֲנִי מוֹכֵר לְךָ"? אֲפִי' אִם מָדַד לוֹ הִין בִּי"ב לוּגִּין לָא קָנֵי לִשְׁמוּאֵל עַד דְּאָמַר בְּהֶדְיָא "הִין בִּי"ב לוֹג בְּסֶלַע אֲנִי מוֹכֵר לְךָ". **כִּדְאָמַר רַב כָּהֲנָא.** בְּמַסֶּכֶת מְנָחוֹת. (ד.) שְׁנָתוֹת הָיוּ בַּהִין. שֶׁל קֹדֶשׁ: עַד כָּאן לְפַר עַד כָּאן לְאַיִל עַד כָּאן לְכֶבֶשׂ. כְּלוֹמַר, סִימָנִים לְמִדַּת חֲצִי הַהִין לְפַר, וּשְׁלִישִׁית הַהִין לְאַיִל, וּרְבִיעִית הַהִין לְכֶבֶשׂ יַיִן. **הַשּׂוֹכֵר אֶת הַפּוֹעֵל.** וְנוֹתֵן לוֹ שְׂכָרוֹ עַכְשָׁיו דִּינָר, כְּדֵי לַעֲשׂוֹת עִמּוֹ בַּגּוֹרֶן. **הַיּוֹם בְּדִינָר.** כְּלוֹמַר, כָּל יוֹם שֶׁל יְמוֹת הַגּוֹרֶן בְּדִינָר, וְנָתַן לוֹ עַכְשָׁיו ל' דִּינָר לְל' יְמֵי הַגּוֹרֶן. וְלָא גָּרְסִינַן "מֵהַיּוֹם בְּדִינָר" בִּפְי' רַבֵּינוּ חֲנַנְאֵל.

וְלַגּוֹרֶן

אטו פשתן בשליפי רברבי מי לא עבדי ליה. בשלמא אי מוקמינן רישא בשליפי זוטרי, וכן פשתן בשליפי זוטרי, ובעינן ביה בהגבהה משום שאין דרכו במשיכה כלל, אבל שאר דברים אע"פ שדרכן בהגבהה נקנית נמי במשיכה. אבל השתא, דמוקמינן בשליפי רברבי – אמאי פשתן אינו נקנה אלא עד שיטלטלנו, דהיינו בהגבהה? והא אורחיה במשיכה, כיון שהוא בשליפי רברבי! **ראשון** ראשון קנה. פ"ה: דלא מצי למיפרך מסיפא, דקתני: ברשות לוקח, כיון שקיבל עליו מוכר – קנה. דאיכא לאוקומי כשנתמלאה המדה. ואין נראה לר"י, דלא מצי למימר דאיירי כשנתמלאה המדה – דא"כ ליתני בהדי' בבא דסרסור, ולתני: ברה"ר ובחצר שאינו של שניהן וברשות לוקח כו'. ומיהו, לא ניחא ליה למיפרך מסיפא, כיון דמצי פריך מרישא. **כדאמר** רב כהנא שנתות היו בהין. תימה לרבינו חיים: והלא לא רב כהנא אמרה, אלא משנה היא בפ' "ב' מדות" (מנחות דף פז:)! ואר"י: דבפ' "המוציא יין" (שבת דף עח:) תנן: סיד כדי לעשות אנדיפי, ומפרש רב כהנא (שם פ:): מאי אנדיפי – שנתות, כדתנן: שנתות היו בהין כו'. הלכך מביא הכא רב כהנא, דאשמעי' דאפילו במדות של חול עושין. ולכך מיחייב המוציא סיד כשיעור לעשות בו שנתות. אבל ממתניתין דמנחות לא חזינן שיש שנתות אלא במדות של קודש. **דינר** ליום כו'. נראה לרשב"א: דהא דתנן ב"איזהו נשך" (ב"מ דף סה.): מרבין על השכר ואין מרבין על המכר, האי דשרי להרבות על השכר – כגון שנכנס מיד לתוך הבית. דבענין אחר לא שרי להרבות, דמיחזי כאגר נטר, כדאמרינן הכא.

לך

א) רבינו מפרש דהקושיא הוא מדברי ר"מ דאמר והדקה בהגבהה ולא אורחה בהגבהה ומשני דבהמה א"א במשיכה משום מסרכא ועי' רשב"ס.

צח א ב מיי' פ"ג מהל' מכירה הל' ב ועיין בהשגות ובמגיד משנה סמג עשין פב טוש"ע ח"מ סי' קנח סעיף א:
צט ג מיי' שם פ"ג הל' ו סמג שם טוש"ע ח"מ סי' קנז סעיף ה:
ק ד מיי' פ"ד שם הל' ז ועיין בהשגות ובמ"מ סמג שם טוש"ע ח"מ סי' ר סעיף ז:
קא ה ו מיי' שם הל' י טוש"ע שם סעיף י:
קב ז מיי' פ"ו מהל' מלוה ולוה הל' יב ועיין במ"מ סמג לאוין קצג טוש"ע י"ד סי' קעו סעיף ח:

רבינו גרשום

בשליפי. בשמואות של פירות שקושרין בחבילות שאין יכול להגביהן: עד שיטלטלנו. היינו עד שיגביהו ואע"ג דעביד בשליפי רברבי: שאני פשתן דמשתמיט. שיכול לשומטו ולהשליך ממנו עד שיכול לטלטלו מה שאין כן בשאר חבילות: שאני בהמה דסרכא. שכשרוצין למושכה נמשכת היא עצמה לאחריה ופעמים לסבור שמשכה לפנים ולא משכה אלא לאחור א) להכי קתני והדקה בהגבהה: רב ושמואל דאמרי תרוייהו. נמי לענין מדות מוכר אם אמר לו כור סתם שהוא ל' סאין בל' סלעין אני מוכר לך יכול לחזור בו המוכר אפי' בסאה אחרונה כל זמן שלא מדד לו כור שלם. אבל אם אמר לו כור בל' אני מוכר לך כל סאה וסאה בסלע: ראשון ראשון קנה. הלוקח ואינו יכול לחזור המוכר במה שכבר מדד לו ללוקח: ומשני להכי קנה לוקח אע"פ שלא נתמלאה המדה. ואע"ג דאמר ליה כור סתם ולא אמר ליה סאה בסלע קנה לוקח ואין יכול לחזור המוכר: ומשני להכי קנה אע"פ שלא נתמלאה המדה לפי שנתות היו בה סימנין עד כאן סאה עד כאן סאתים ועד כאן ג' וכן עד ל' ולהכי דמי כמאן דאמר ליה סאה בסלע ראשון ראשון לשנתות קנה. כדאמר רב (הונא) [כהנא] במס' מנחות שנתות היו בהין עד כאן לפר עד כאן לאיל עד כאן לכבש: השוכר את הפועל. וקוצץ עמו שיעשה עמו מלאכה לזמן הגורן לקצור. ובאותו זמן שקוצץ עמו הפועל בזול שאינו עושה מלאכה כל כך ומשכיר עצמו בדינר ולשעת הגורן מוצא מלאכה הרבה ומשכיר עצמו בסלע. והיינו דקאמר הכא לר' בעה"ב אם תרצה אני אשכירך היום שבשמלאכתך אינה שוה אלא דינר על מנת שתעשה עמי בזמן הגורן ואיני נותן לך אלא דינר כמו עכשיו אע"ג שבשעת הגורן יכול לטול שמלאכתך יפה סלע ועל מנת כן אקדים לך שכרך מיד

א) ב"ק דף יא: קדושין דף כה: ב) ב"מ דף קב: לקמן קה. קו: ג) שבת דף פ: מנחות דף פז: ד) לעיל שם לגמרי וע' תוס' מנחות פז: ד"ה שנתות ותוס' דהכא:

הגהות הב"ח

(א) גמרא פשתן מחברו ה"ז לא קנה: (ב) שם דלא נתמלאה המדה הכא ב' כגון: (ג) רשב"ם ד"ה והא פירות וכו' דמקמפלגי בסיפא: (ד) ד"ה כור כו' הלכך אפי' אם משך: (ה) ד"ה מלאתי וכו' שייך למפרך דקתני כו' ותיבת הא נמחק: (ו) בא"ד ולא נתמלאת המדה אין יכול וכו' לבליטה העליונה נתמלאת:

וְלַגּוֹרֶן יָפֶה סֶלַע — אָסוּר לֵהָנוֹת הֵימֶנּוּ; אאֲבָל אִם שְׂכָרוֹ מֵהַיּוֹם בְּדִינָר לְיוֹם, וְלַגּוֹרֶן יָפֶה סֶלַע — מוּתָּר; וְאִי ס"ד "כּוֹר בִּשְׁלֹשִׁים סְאָה בְּסֶלַע אֲנִי מוֹכֵר לָךְ" רִאשׁוֹן רִאשׁוֹן קָנָה — ה"נ קַמָּא קַמָּא מִיפְסַק פָּסַק, וְאָסוּר לֵהָנוֹת הֵימֶנּוּ, מִדִּינָר לְיוֹם וְלַגּוֹרֶן יָפֶה סֶלַע — מוּתָּר, אַמַּאי? וְהָא אֲגַר "נְטַר לִי" הוּא! אֲמַר רָבָא: וְתִסְבְּרָא, זִלְזוּלֵי בִּשְׂכִירוּת מִי אֲסִיר? מַאי שְׁנָא רֵישָׁא וּמַאי שְׁנָא סֵיפָא? רֵישָׁא דְּלָא קָא עָבֵיד בַּהֲדֵיהּ מֵהָשְׁתָּא — מִיחֲזֵי כִּי אֲגַר "נְטַר לִי", סֵיפָא דְּקָא עָבֵיד בַּהֲדֵיהּ מֵהָשְׁתָּא — לָא מִיחֲזֵי כִּי אֲגַר "נְטַר לִי".§ "וְאִם הָיָה מְחוּבָּר בַּקַּרְקַע וְתָלַשׁ כָּל שֶׁהוּא — קָנָה".§ מִשּׁוּם דְּתָלַשׁ כָּל שֶׁהוּא קָנָה? אֲמַר רַב שֵׁשֶׁת: בהָכָא בְּמַאי עָסְקִינַן — דַּאֲמַר לֵיהּ: לֵךְ, יַפֵּה לָךְ קַרְקַע כָּל שֶׁהוּא, וּקְנֵי כָּל מַה שֶּׁעָלֶיהָ.§ **מתני'** גהַמּוֹכֵר יַיִן וְשֶׁמֶן לַחֲבֵירוֹ וְהוּקְרוּ אוֹ שֶׁהוּזְלוּ, אִם עַד שֶׁלֹּא נִתְמַלֵּאת הַמִּדָּה — לַמּוֹכֵר, מִשֶּׁנִּתְמַלֵּאת הַמִּדָּה — לַלּוֹקֵחַ; דוְאִם הָיָה סַרְסוּר בֵּינֵיהֶן, נִשְׁבְּרָה הֶחָבִית — נִשְׁבְּרָה לַסַּרְסוּר. (א) הוְחַיָּיב לְהַטִּיף לוֹ שָׁלֹשׁ טִיפִּין. הִרְכִּינָהּ וּמִיצֵּית — הֲרֵי הוּא שֶׁל מוֹכֵר. ווְהַחֶנְוָונִי אֵינוֹ חַיָּיב לְהַטִּיף שָׁלֹשׁ טִיפִּין. רַבִּי יְהוּדָה אוֹמֵר: עֶרֶב שַׁבָּת עִם חֲשֵׁכָה — פָּטוּר.§ **גמ'** הָא מִדָּה דְּמַאן? אִילֵימָא מִדָּה דְּלוֹקֵחַ, עַד שֶׁלֹּא נִתְמַלֵּאת מִדָּה לַמּוֹכֵר? מִדָּה דְּלוֹקֵחַ הִיא! וְאֶלָּא מִדָּה דְּמוֹכֵר, מִשֶּׁנִּתְמַלֵּאת מִדָּה לַלּוֹקֵחַ? מִדָּה דְּמוֹכֵר הִיא! אָמַר ר' אֶלְעָא: זבְּמִדַּת סַרְסוּר. וְהָא מִדְּקָתָנֵי סֵיפָא: וְאִם הָיָה סַרְסוּר בֵּינֵיהֶם, נִשְׁבְּרָה הֶחָבִית — נִשְׁבְּרָה לַסַּרְסוּר, מִכְּלָל דְּרֵישָׁא לָאו בְּסַרְסוּר עָסְקִינַן! רֵישָׁא — מִדָּה בְּלֹא סַרְסוּר, סֵיפָא — חבְּסַרְסוּר עַצְמוֹ.§ "הִרְכִּינָהּ וּמִיצֵּית — הֲרֵי הוּא שֶׁל מוֹכֵר".§ א)כִּי סְלֵיק רַבִּי אֶלְעָזָר אַשְׁכְּחֵיהּ לִזְעֵירִי, אֲמַר לֵיהּ: מִי כָּאן תַּנָּא דְּאַתְנְיֵיהּ רַב מִדּוֹת? אַחְוְויֵהּ רַב יִצְחָק בַּר אַבְדִּימִי. א"ל: מַאי קָא קַשְׁיָא לָךְ? דִּתְנַן: הִרְכִּינָהּ וּמִיצֵּית — הֲרֵי הוּא שֶׁל מוֹכֵר, וְהָתְנַן

וְלַגּוֹרֶן יָפֶה. שְׂכָרוֹ סֶלַע בְּכָל יוֹם. שֶׁבְּסֶלַע הָיָה יָכוֹל לְהַשְׂכִּיר עַצְמוֹ, אֲבָל בִּשְׁבִיל הַקְדָּמַת הַמָּעוֹת אוֹזִיל גַּבֵּיהּ. **אָסוּר.** מִשּׁוּם דְּמֶיחֱזֵי כִּי אֲגַר "נְטַר לִי", שֶׁנּוֹתֵן לוֹ זֶה הַפּוֹעֵל סֶלַע (ב) בִּימוֹת הַגּוֹרֶן בִּשְׁבִיל דִּינָר שֶׁנָּתַן לוֹ בְּנִיסָן וְהִמְתִּין לוֹ עַד עַכְשָׁיו. **אֲבָל אִם שְׂכָרוֹ מֵהַיּוֹם.** מֵאָה יוֹם בְּמֵאָה דִּינָר, וְנָתַן לוֹ שְׂכָרוֹ עַכְשָׁיו, וְלַגּוֹרֶן הָיָה יָכוֹל לְהִשְׂתַּכֵּר הַפּוֹעֵל בְּסֶלַע, דְּהַיְינוּ ד' דִּינָרִין לְיוֹם. כֵּיוָן שֶׁמֵּאוֹתוֹ הַיּוֹם שֶׁשְּׂכָרוֹ עוֹשֶׂה עִמּוֹ — מוּתָּר, שֶׁכָּל פְּעוּלַּת הַמֵּאָה יָמִים כְּיוֹם אֶחָד חָרוּךְ דָּמְיָין, וְלָא הָוֵי אֲגַר נְטַר לִי, שֶׁהֲרֵי מִיָּד הִתְחִיל בִּפְעוּלָּתוֹ, וּכְמוֹ שֶׁהִתְחִיל בִּפְעוּלַּת יְמֵי הַגּוֹרֶן דָּמֵי. וְהָא הָכָא, דְּכִי "כּוֹר בִּשְׁלֹשִׁים סְאָה בְּסֶלַע" הוּא, שֶׁהֲרֵי הִזְכִּיר לָתֵת לוֹ דִּינָר לְיוֹם, וְלָא קָאָמַר לֵיהּ סְתָמָא "עַד יְמוֹת הַגּוֹרֶן אֲנִי שׂוֹכֶרְךָ בְּמֵאָה דִּינָר", וַאֲפִי' הָכִי קָתָנֵי מוּתָּר, וְחַיָּיב לְהַשְׁלִים. וְקַשְׁיָא לְהָנֵי דְּאָמְרִי רִאשׁוֹן רִאשׁוֹן קָנָה וְהַשְּׁאָר לֹא קָנָה: וְכֵיוָן שֶׁזֶּה לֹא קָנָה — אַמַּאי מוּתָּר? הָא כֵּיוָן דְּיָכוֹל לַחֲזוֹר בּוֹ, דְּכָל יוֹם וְיוֹם חָשׁוּב *מְכִירָה בִּפְנֵי עַצְמָהּ — הָוֵי נַמִי אֲגַר "נְטַר לִי" לְעִנְיַן יְמוֹת הַגּוֹרֶן, שֶׁהֲרֵי בְּנִיסָן נָתַן לוֹ שְׂכַר יְמוֹת הַגּוֹרֶן, וְאִינְהוּ לָא חָיְילֵי עַד שֶׁיַּגִּיעַ יְמוֹת הַגּוֹרֶן! **וְתִסְבְּרָא.** דְּלֶיהֱוֵי אָסוּר? וְכִי זִלְזוּלֵי בִּשְׂכִירוּת מִי אָסוּר? בִּתְמִיָּה. וַאֲפִי' הֵיכָא דְּהִקְדִּים לוֹ הַדִּינָר מִנִּיסָן, וְלֹא עָשָׂה עִמּוֹ עַד לַגּוֹרֶן — מִדְּאוֹרַיְיתָא שָׁרֵי, דְּלָא דָּמֵי לֹא לְהַלְוָאָה, וְלֹא לְמִקָּח וּמִמְכָּר דְּאִית בֵּיהּ אוֹנָאָה וּבִיטּוּל מִקָּח. דְּהָתָם וַדַּאי כִּי מוֹזִיל גַּבֵּיהּ מִכְּדֵי שָׁוְיוֹ בִּשְׁבִיל הַקְדָּמַת הַמָּעוֹת, נִמְצָא שֶׁנּוֹתֵן לוֹ יוֹתֵר מִכְּדֵי הַדָּמִים שֶׁקִּבֵּל. אֲבָל שְׂכַר טָרְחוֹ שֶׁל אָדָם לֵיכָּא אֲגַר "נְטַר לִי", דְּדֶרֶךְ פּוֹעֵל לְהַשְׂכִּיר עַצְמוֹ בְּכָל שֶׁהוּא כְּשֶׁאֵין לוֹ מַה יֹּאכַל, וְכָל מַה שֶּׁמְּקַבֵּל הַפּוֹעֵל מִבַּעַל הַבַּיִת — רֶיוַח הוּא אֶצְלוֹ, וְהִלְכָּךְ, הַךְ סֵיפָא לֵיכָּא לַד רִבִּית כְּלָל. וְהַיְינוּ דְּקָפָרֵיךְ: מ"ש רֵישָׁא וּמ"ש סֵיפָא, כֵּיוָן דְּזִלְזוּלֵי בִּשְׂכִירוּת שָׁרֵי — רֵישָׁא אַמַּאי אָסוּר לֵיהָנוֹת מִמֶּנּוּ? וּמְשַׁנֵּי: **רֵישָׁא.** חוּמְרָא בְּעָלְמָא הוּא, דְּכֵיוָן דְּלָא קָעָבֵיד בַּהֲדֵיהּ מְלָאכָה עַד שֶׁיָּבֹא הַגּוֹרֶן, וְהוּא כְּבָר נָתַן הַמָּעוֹת מִקּוֹדֶם — מֶחֱזֵי כְּרִבִּית. וּמַתְמְהִין: מִשּׁוּם דְּתָלַשׁ כָּל שֶׁהוּא. מִן הַפִּשְׁתָּן, קָנָה כָּל הַשְּׁאָר הַמְּחוּבָּר בַּקַּרְקַע? וְאַמַּאי, מִי קָנֵי הַאי בִּמְשִׁיכָה דְּהָאֵיךְ? דא"ל. מוֹכֵר לַלּוֹקֵחַ. **לֵךְ וְיַפֵּה לָךְ קַרְקַע כָּל שֶׁהוּא.** כָּךְ כָּתוּב בִּסְפָרִים יְשָׁנִים. כְּלוֹמַר: לֵךְ וְהַחֲזֵק בַּקַּרְקַע לִקְנוֹת פִּשְׁתָּן הַמְּחוּבָּר בָּהּ. דְּקַרְקַע נִקְנֶה בַּחֲזָקָה, וְכָל הַמְּחוּבָּר לַקַּרְקַע הֲרֵי הוּא כַּקַּרְקַע. וְאַתָּא מַתְנִי' לְאַשְׁמוּעִינַן דַּחֲזָקַת קַרְקַע מְהַנֵּי לְפִשְׁתָּן, וְאַע"ג דְּלָא זַבֵּין לֵיהּ אַרְעָא. וְאַשְׁמוּעִינַן נַמִי: חֲזָקָה קַלָּה דִּבְלִקִיטַת הַפִּשְׁתָּן מִקְצָתוֹ יָכוֹל לִקְנוֹת הַשְּׁאָר הַמְּחוּבָּר. וּכְגוֹן דְּא"ל הַמּוֹכֵר: לְקֹט מִן הַפִּשְׁתָּן עַצְמוֹ קְצָת וְיִתְיַיפֶּה הַקַּרְקַע, וִיהֵא נָקִי לַחֲרִישָׁה, כִּדְאָמְרִינַן בְּ"חֶזְקַת הַבָּתִּים" (לעיל דף נד.): הַאי מַאן דְּזָבֵי זִיבְלָא אַדַּעְתָּא דְאַרְעָא — קָנֵי, וְה"נ אִם לְקֹט מִן הַפִּשְׁתָּן קְצָת וְנִתְכַּוֵּין (ג) לִקְנוֹת הַקַּרְקַע — קָנֵי לָהּ לִקְנוֹת כָּל מַה שֶּׁעָלֶיהָ. כֵּן נִרְאֶה בְּעֵינַי. **מתני'** הַמּוֹכֵר יַיִן וְשֶׁמֶן. וְה"ה לְפֵירוֹת. אֶלָּא אַגַּב דְּבָעֵי לְאוֹרוּיֵי בְּסֵיפָא חַיָּיב לְהַטִּיף שָׁלֹשׁ טִיפִּין, נָקַט יַיִן וָשֶׁמֶן. וְהוּקְרוּ **אוֹ** שֶׁהוּזְלוּ. לְאַחַר פִּיסּוּק הַדָּמִים. **עַד שֶׁלֹּא נִתְמַלֵּאת הַמִּדָּה.** וּבְמִדָּה שֶׁאֵינָהּ שֶׁל שְׁנֵיהֶם מוֹקֵי לָהּ בַּגְּמָ' וְתַנְיָא מַה דְּתַנְיָא לְעֵיל בַּבָּרַיְיתָא. וְטַעַם (ד) כִּדְהָתָם: כָּל זְמַן שֶׁלֹּא נִתְמַלֵּאת — הָוֵי כֵּלָיו שֶׁל מוֹכֵר, וּמִשֶּׁנִּתְמַלֵּאת — הָוֵי כֵּלָיו שֶׁל לוֹקֵחַ. וּמַיְירֵי בְּסִימְטָא, אוֹ בְּחָצֵר שֶׁל שְׁנֵיהֶם. הָיָה סַרְסוּר בֵּינֵיהֶן. וְהַמִּדָּה שֶׁלּוֹ, כִּדְמְפָרֵשׁ בַּגְּמָ'. וְדֶרֶךְ הַסַּרְסוּר לִקְנוֹת מִבַּעַל הַבַּיִת וּמוֹכֵר לַאֲחֵרִים, וּמַרְוִיחַ. נִשְׁבְּרָה לַסַּרְסוּר. דְּקָנֵי לֵיהּ כֵּלָיו שֶׁל סַרְסוּר לַסַּרְסוּר, כִּדְתַנְיָא לְעֵיל: וְאִם הָיְתָה מִדָּה שֶׁל אֶחָד מֵהֶן — רִאשׁוֹן רִאשׁוֹן קָנָה. וְקָא מַשְׁמַע לָן דְּלָא אָמְרִינַן דְּסַרְסוּר אֵינוֹ אֶלָּא שְׁלוּחוֹ שֶׁל לוֹקֵחַ, וּכְשֶׁנִּתְמַלֵּאת נִשְׁבְּרָה לַלּוֹקֵחַ. הִרְכִּינָהּ. הִטָּה עַל לִדָּהּ אַחַר שֶׁהִטִּיף מִמֶּנָּה שָׁלֹשׁ טִיפִּין לַלּוֹקֵחַ. וּמִיצֵּית. שֶׁנִּתְאַסֵּף מִצּוּי הַשֶּׁמֶן לְשׁוּלֵי הַכְּלִי. הֲרֵי **הוּא** שֶׁל מוֹכֵר. מִשּׁוּם דְּהַלּוֹקֵחַ נִתְיָאֵשׁ, כִּדְאָמְרִי' בַּגְּמָ'. וְחַיָּיב לְהַטִּיף לוֹ שָׁלֹשׁ טִיפִּין. לְאַחַר עִירוּי הַשֶּׁמֶן וְהַיַּיִן חַיָּיב עוֹד לְהַטִּיף שָׁלֹשׁ טִיפִּין מִן הַדָּבוּק בְּדוֹפְנֵי הַכְּלִי. וְהַחֶנְוָונִי. טָרוּד הוּא בִּמְכִירָתוֹ, וּלְכָךְ לֹא הִזְקִיקוּהוּ לְהַטִּיף, דְּאֵין לוֹ פְּנַאי. ר' יְהוּדָה **אוֹמֵר** כו'. בַּגְּמָ' בָּעֵי: ר' יְהוּדָה אַהֵיכָא קָאֵי? **גמ'** אִי מִדָּה דְּלוֹקֵחַ **הִיא.** וְלִיקְנֵי לֵיהּ כֵּלָיו, כִּדְתַנְיָא לְעֵיל: אִם הָיְתָה מִדָּה שֶׁל אֶחָד מֵהֶן — רִאשׁוֹן רִאשׁוֹן קָנָה! דְּהָכָא נַמִי, בְּשֵׁשׁ שְׁנָתוֹת בַּמִּדָּה עָסְקִינַן, כִּדְאוֹקִימְנָא לְהַהִיא דִּלְעֵיל, דְּהָא סְתָמָא קָתָנֵי, אֲפִילּוּ בְּמִדָּה שֶׁיֵּשׁ לָהּ שְׁנָתוֹת, וְאָמַר לֵיהּ "הִין בִּשְׁתַּיִם עָשָׂר סְלָעִים לוֹג בְּסֶלַע". מִדָּה דְּמוֹכֵר **הוּא.** וְאַמַּאי קָנָה לוֹקֵחַ? דְּהָא אֲפִילּוּ אִם תִּמְצָא לוֹמַר דְּבִרְשׁוּת לוֹקֵחַ מַיְירֵי — הָא אִיבַּעְיָא לָן לְעֵיל אִם הַכְּלִי חָשׁוּב הַפְסָקַת רְשׁוּת, וְלָא אִיפְּשִׁיטָא. וְא"כ תִּפְשׁוֹט מִמַּתְנִי' דְּכֵלָיו שֶׁל מוֹכֵר בִּרְשׁוּת לוֹקֵחַ קָנָה לוֹקֵחַ, וְהוּא הַדִּין לְכֵלָיו שֶׁל לוֹקֵחַ בִּרְשׁוּת מוֹכֵר, דְּקָנָה מוֹכֵר! **בְּמִדַּת סַרְסוּר.** שֶׁהִשְׁאִילָהּ לִשְׁנֵיהֶן, וּכְדְתַנְיָא לְעֵיל בַּבָּרַיְיתָא. וְטַעְמָא כִּדְפָרֵישִׁית. וְתַנְיָא בְּמַתְנִיתִין מַאי דְּתָנֵי בַּבָּרַיְיתָא לְעֵיל דְּאַרְבַּע מִדּוֹת. **רֵישָׁא.** שֶׁהִשְׁאִיל לָהֶם הַמִּדָּה, וְהַסַּרְסוּר אֵינוֹ שָׁם. וְקָא מַשְׁמַע לָן דְּאֵינָן שְׁלוּחָיו שֶׁל סַרְסוּר לִהְיוֹת הַמִּקָּח בִּרְשׁוּתוֹ, וְאַף עַל גַּב דְּהַמִּדָּה שֶׁלּוֹ וְדֶרֶךְ סַרְסוּר לִמְדּוֹד בְּמִדָּתוֹ לְהִשְׂתַּכֵּר בַּלּוֹקֵחַ הַלּוֹקֵחַ מִמֶּנּוּ. **סֵיפָא.** שֶׁהַסַּרְסוּר בֵּינֵיהֶן. דְּכֵיוָן שֶׁהוּא שָׁם וְהַמִּדָּה שֶׁלּוֹ — הַמִּקָּח בִּרְשׁוּתוֹ, דְּאִיהוּ לוֹקֵחַ מִן הַמּוֹכֵר וּמוֹכֵר לַלּוֹקֵחַ. וּמִשּׁוּם הָכִי, כִּי נִשְׁבְּרָה — נִשְׁבְּרָה לַסַּרְסוּר, דְּכֵלָיו קָנֵי לֵיהּ, כִּדְתַנְיָא לְעֵיל: רִאשׁוֹן רִאשׁוֹן קָנָה. הָכִי גָּרְסִינַן: מִי **כָּאן תַּנָּא דְּאַתְנְיֵיהּ רַב מִדּוֹת.** כְּלוֹמַר, הֲיֵשׁ כָּאן בְּאֶרֶץ יִשְׂרָאֵל תַּנָּא שׁוֹנֶה מִשְׁנָיוֹת וּבָרַיְיתוֹת שֶׁשָּׁנָה לוֹ רַב מִדּוֹת מַתְנִי' דְּמַיְירֵי בְּדִין מִדּוֹת? *)וְהָתְנַן. גַּבֵּי מַפְרִישׁ תְּרוּמָה שְׁתֵּי מִדּוֹת מִמֶּנָּה: אִם הִרְכִּינָהּ בַּעַל הַבַּיִת לְאוֹתָהּ מִדָּה שֶׁמָּדַד בָּהּ הַתְּרוּמָה, וְנוֹתְנוֹ לַכֹּהֵן. וּבְמַתְנִיתִין נַמִי, תֶּיהֱוֵי שֶׁל לוֹקֵחַ!

*) שייך לע"ב

מִשּׁוּם

לך ויפה לך קרקע כל שהוא וקני כל מה שעליה. כלומר, החזק בקרקע ע"י יפוי, דהוי כעין נעל וגדר כל שהוא, ותהא שאולה לך להיות כמלרך, לענין זה שתקנה מה שעליה.

המוכר יין ושמן לחבירו והוקרו והוזלו. לאו דוקא הוקרו והוזלו, אלא שאין דרך לחזור בתנס.

נשברה לסרסור. פי' הקונטרס: לפי שהסרסור קונהו לעצמו, וחוזר ומוכר לבעל הבית. ותימה: דאם כן, אמאי נקט נשברה, ושבק יוקרא וזולא דאיירי בה רישא? הוי ליה למימר: היה סרסור ביניהן, והוקרו והוזלו! ופי' ריב"ס: היה סרסור ביניהם ומדד להן כדרך סרסורים שמודדין בשכר שנותנין להן, ונשברה החבית ע"י מדידה — נשברה לסרסור, וכגון שלא היה מחמת אונס, אלא ע"י שלא נזהר יפה במדידה.

מי כאן תנא דליתנייה רב מדות. רבינו שמואל מגיה: דאתנייה רב. כלומר, ששנה לו רב מדות. משום דקשיא לי' היאך יתכן שהיה רבו של רב, והא בימי רבא הוה, כדאמרינן ביבמות (דף ג. ושם ד"ה דאמר): אמר רבא אמר לי רב יצחק בר אבדימי. וקשה לר"ת: דבפ' "כל הבשר" (חולין דף קי. ושם ד"ה איכא) אמר: איכא תנא דאתניי' לרב כחל? אחוי ליה לרב יצחק בר אבדימי. א"ל: אני לא שניתי לו כחל כל עיקר. ולדבריו הוה לי' למימר "ממנו"! ב)ואמר רבינו תם: דשני רב יצחק בר אבדימי הוו, חד בימי רב וחד בימי רבא, כדאמרינן בפ' "כירה" (שבת דף מ:): אמר רב יצחק בר אבדימי פעם אחת נכנסתי אחר רבי לבית המרחץ, ואותו היה רבו של רב. ומיהו, הכא אומר רשב"א, דעל כרחך רב יצחק בר אבדימי הוא תלמידו של רב. דאי ס"ד רבו של רב — (ה) היכי קאמר לר"א: הא איתמר עלה אמר ר' אבהו ג)(א"ר יוחנן?) והא אפי' ר' יוחנן שהיה רבו של רבי אבהו, היה קורא את רב שהיה תלמידו של רב יצחק בר אבדימי, "רבינו", כדאמרי' ד) ב"אלו טריפות" (חולין דף נד).

והתנן

רבינו גרשום

אסור. דמיחזי כרבית שבשכר שמקדים שכרו וממתין לו עד אותו זמן מיקל לו בשכרו. אבל אם אמר לו אני אשכירך בדינר היום כמו ששוה מלאכתך עכשיו ואתן לך דינר מותר לעשות כן אע"פ שלגורן מלאכתו יפה סלע. ולטעמך אם איתא דראשון ראשון קנה האי פועל כל יום ויום דומה כשנתות ולערב קנה שכירות של כל יום. כיון דיכול לחזור בו בכל ערב וערב מה שמקיל לו בשכירותו שיכול ליטול בגורן מאחרים דמי כמאן דיהיב ליה רבית האי פועל בההיא הנאה דקא יהיב ליה השתא מלאכה שלא בזמן גורן ואמאי מותר: אמר רבא ותסברא. דהוי רבית כי האי גוונא וכי לזלזולי בשכירות. אם פועל מקיל ומזלזל בשכירותו ומשכיר עצמו בפחות מפועלים אחרים מי אסור ודאי אינו אסור ולא קשיא לרב ושמואל. ומקשה כיון דאמרת דלזלזולי בשכירות לא אסור א"כ מאי שנא רישא מסיפא דברישא קאמר אסור. היינו טעמא רישא כיון דלא עביד בהדיה דבעל הבית השתא מלאכה אבל מתנה עמו בשכירות דהשתא שיעש' עמו לגורן ומלוהו שכרו עד הגורן מיחזי כי אגר [נטר] יהיב ליה פועל דנטר וממתין לו עד הגורן. וסיפא הואיל דעבד מלאכה כל יומא עד הגורן לא מיחזי כאגר נטר ליה: **פים'** לך ויפה לי שם במקום הפשתן קרקע כל שהוא תלוש העשבים ויפהו וקנהו לי ובההיא הנאה קנה לך שאר הקרקע לקנות (יד) הפשתן שעליה: **פים'** עד שלא נתמלאת המדה למוכר דיכול לחזור בו. אבל משנתמלאת מדה ללוקח ברשות לוקח היא ואין יכול לחזור בה המוכר. ואם היה סרסור ביניהן שהסרסור קונה מבעל הבית ומוכר ללוקח בריוח ועד שהוא מודד לו נשברה החבית בידו נשברה לסרסור ומשלם הסרסור. והמוכר יין ושמן חייב להטיף לו המוכר ג' טיפין. ללוקח אחרי שמריק לו הכלי. ואם אחר שהטיף לו הג' טיפין הרכינה המדה שהטה אותה אצל הכותל ומיצית שנתמצה השיור שבתוכה ונתקבץ למקום אחד אותו המיצוי הרי הוא של מוכר. והחנוני שטרוד הוא אינו חייב להטיף ג' טיפין ללוקח. וכן בעל הבית ערב שבת עם חשיכה פטור מלהטיף ג' טיפין לפי שטרוד הוא לצורך שבת. הא מדה דלוקח הוא וראשון ראשון קנה: הכא במדת סרסור עסקינן שהשאילה לשניהן. מכלל דרישא לאו במדת סרסור מיירי כלל. ומתרץ רישא מיירי במדה של סרסור ובלא סרסור דאין הסרסור מודד אלא בעה"ב וסיפא מיירי נמי במדת סרסור ובסרסור עצמו דאיהו מודד להכי נשברה החבית נשברה לסרסור: לרב מדות. מתני' דהכא דמיירי רב במדות שמודדין בהן:

והתנן

פי' הרשב"ם העקרי *)

מתני' המוכר יין ושמן לחבירו. ה"ה לפירות ומשום סיפא דבעי לאשמועינן חייב להטיף לו שלש טיפין נקט יין ושמן: והוקרו או שהוזלו. אחר פיסוק דמי': עד שלא נתמלאת המדה למוכר. דבמדה שאינה של שניהם יש חילוק בין נתמלאת המדה ללא נתמלא' וטעמ' כדפרישי' התם משנתמלאת המדה הוקרו ללוקח דהשתא הו"ל כליו וקני בסימטא ובחצר שהיא של שניהם: היה סרסור ביניהם. והמדה שלו היא כדאמרינן בגמרא ודרך הסרסור לקנות מבעה"ב ומוכר לאחרים ומרויח וקני ליה כליו של סרסור הואיל ולעצמו מודד ואח"כ מוכר ללוקח והלכך נשברה החבית נשברה לסרסור כדתניא נמי לעיל אבל אם היתה מדה של אחד מהם ראשון ראשון קנה ה"נ קנתה לו מדתו לסרסור ולא אמרינן מאחר שנוטל מזה ונותן לזה הרי הוא שלוחו של לוקח ואם נתמלאת נשברה ללוקח קמ"ל: הרכינה. הטה על צדה לאחר שעירה ממנה את היין או השמן והטיף שלשה טיפין ללוקח: ומיצת. שנתאסף מיצוי המדה לשולי הכלי במקום אחד הרי הוא של מוכר ולא של לוקח דמתיאש בכך כדאמרי' בגמרא: וחייב המוכר להטיף שלשה טיפין. מן הדבוק בדופני המדה לכליו של לוקח לאחר שעירה ממנה את היין והשמן לכליו של לוקח: החנוני. טרוד הוא שמוכר כל שעה ולא הזקיקוהו להטיף שלשה טיפין דאין לו פנאי: ר' יהודה אומר כו'. בגמ' בעי אי ארישא קאי אי אסיפא קאי:

[גמ'] אילימא מדה דלוקח. ומשום הכי קתני נתמלאת המדה ללוקח: א"ה עד שלא נתמלאת המדה נמי אמאי למוכר ליקני ליה נמי כליו של לוקח כדתני' לעיל אם היתה מדה של אחד מהן ראשון ראשון קנה דאוקימנא לההיא דא"ל הין בשנים עשר סלעים לוג בסלע אני מוכר לך ה"נ הוה מוקמינן למתני' דהא סתמא קתני דבכל עניני' קנה מוכר כל זמן שלא נתמלאת המדה ואפי' היכא דא"ל הין בשנים עשר סלעים לוג בסלע ואמאי הא מדה דלוקח היא: מדה דמוכר היא. ואמאי קנה לוקח דמתני' אפי' בסימטא מיירי ובסימטא לא קני לוקח בלא כליו או עד שימשוך או יגביה כדאמרינן מדד ע"ג סימטא לא קנה וכ"ש שהיה בכליו דמוכר ואפי' את"ל דברשות אחד מהן מיירי הא מיבעיא לן לעיל אם הכלי חשוב הפסקת רשות או לא ולא איפשיטא וא"כ תפשוט ממתני' דכליו של מוכר ברשות לוקח קנה לוקח וה"ה לכליו של לוקח ברשות מוכר דקנה מוכר: במדת סרסור. שהשאילה לשניהם ותנינא במתני' מאי דת"ר לעיל ארבע מדות במוכרין עד שלא נתמלאת המדה כו' בד"א במדה שאינה של שניהם אבל אם היתה כו': רישא. שהשאיל להם מדתו בלא סרסור כלומר שלא היה הוא לשם ואתא לאשמועינן דלאו שליחותיה דסרסור קא עביד לוקח ואע"ג שדרך סרסור למדוד במדתו ולהשתכר בלוקח הלוקח ממנו הנ"מ בשישנו בשעת מדידה אבל ההיא היכא דליתיה לא קני שהרי עכשיו אין הלוקח קונה ממנו אלא מן המוכר: סיפא. בסרסור עצמו לשם והמדה שלו דזבין ממוכר ומזבין ללוקח הלכך נשברה לסרסור דראשון ראשון קנה כדתניא נמי לעיל ואם היתה מדה של אחד מהן כו': נראה לי דה"ג מי כאן תנא דאתנייה רב מדות. היש כאן בארץ ישראל שום תנא שונה משניות ובריתות דמתני ליה רב מתניתא דמיירי רב במדות שמודדין בהן:

והתנן

קג א מיי' פ"ז מהל' מלוה ולוה הל' יב סמג לאוין קצג טוש"ע יו"ד סי' קעו סעיף ח:

קד ב מיי' פ"ד מהל' מכירה הלכה יח:

קה ג מיי' פ"ד מהל' מכירה הל' ח ועיין בהשגות סמג עשין פב טוש"ע ח"מ סי' ר ס"ט:

קו ד מיי' פ"ב מהלכות שלוחין ושותפין הל' ו סמג שם טוש"ע ח"מ סי' קפה סעיף ח:

קז ה ו טוש"ע ח"מ סי' רלא סעיף ז:

קח ז מיי' פ"ד מהל' מכירה הל' ח סמג עשין פב טוש"ע ח"מ סי' ר סעיף ט:

קט ח מיי' פ"ב מהל' שלוחין הל' ז סמג שם טוש"ע ח"מ סי' קפה סעיף ז:

מסורת הש"ס

א) חולין דף קי.: ב) [ועי' תוס' יבמות ג. ד"ה דאמר וכו']: ג) [לפנינו ליתא]: ד) [שם לא נמצא כלל ואפשר לצ"ל בגיד הנשה לה: וע"ע תוס' כתובות נו. ד"ה אמר ותוס' חולין קי. ד"ה איכא]:

ל"ל בשכירות

---

*) בכל הדפוסים השמיטו בטעות פירוש הרשב"ם העקרי מכאן עד דף פ"ט ע"ב ד"ה ת"ר אין עושין את המחק כו' ועד קל"א ע"ב ד"ה פשיטא בנו ואחר. ותחתיו הכניסו פי' אחר כמ"ש בדף פ"ט ע"א בהערה לפי' הרשב"ם בסוף העמוד. וח"ל בפי' זה העמוד יש פריקות נכריות כו' וכן יש עוד שלש הלכות כו'. כ"ז נעשה בד' ויניציא שנת רפ"א ואחריו נגררו על הדפוסים. ואנחנו ראינו להדפיס במקומות הנ"ל גם את פי' הרשב"ם העקרי כמ"ש בלפוס פיזרו בשנת רע"א וכלמוכח מתוס' רי"ד שמביא פי' הגוה בשם הרשב"ם בדף פ"ח ע"א ד"ה אטו משום דגמר בלבו. ובדף פ"ט ע"ב ד"ה כך אמרו לענין עומדתן. כ"ז הוכיח בס' ד"ם בהקדמת מס' זו וכתב שגם בפי' הראב"ד כ"י שבידו מביא את הפי' הזה בשם הרשב"ם וכ"ה ברש"י שבר"ף כו'. ע"ש וכב"ז לא השמטנו גם את הפי' שנדפס בכל הדפוסים. ומשנה לא זזה ממקומה.

הגהות הב"ח (א) במשנה נשברה לסרסור הרכינה ומילת הרי הוא של מוכר וחייב להטיף לו שלש טיפין והחנוני אינו חייב להטיף לו שלש: (ב) רשב"ם ד"ה אסור וכו' סלע ליום בימות הגורן: (ג) ד"ה לך ויפה וכו' קצת ונתכוין (לקנות) תז"מ ונ"ב כ"ל לנקות: (ד) ד"ה עד שלא וכו' וטעם כדפרישית התם: (ה) תום' ד"ה מי וכו' רבו של רב היאך קאמר:

עין משפט
נר מצוה

קי א מיי' פי"א מהל' תרומות הל' טו:
קיא ב ג מיי' פ"ב מהל' שלוחין ושותפין הל' ב סמג עשין פב טוש"ע ח"מ סי' קפח סעיף ב:

א)וְהָתְנַן: אהִרְכִּינָה וּמִיצָּה — הֲרֵי זוֹ תְּרוּמָה! א"ל: הָא אִיתְּמַר עֲלָהּ, אָמַר רַבִּי אַבָּהוּ: (א) מִשּׁוּם יֵאוּשׁ בְּעָלִים נָגְעוּ בָּהּ.§ "וְהַחֶנְוָנִי אֵינוֹ חַיָּיב לְהַטִּיף" וכו'.§ אִיבַּעְיָא לְהוּ: רַבִּי יְהוּדָה אַרֵישָׁא קָאֵי וּלְקוּלָּא, אוֹ דִּלְמָא אַסֵּיפָא קָאֵי וּלְחוּמְרָא? ת"ש: דְּתַנְיָא, רַבִּי יְהוּדָה אוֹמֵר: עֶרֶב שַׁבָּת עִם חֲשֵׁכָה — חֶנְוָנִי פָּטוּר, מִפְּנֵי שֶׁחֶנְוָנִי טָרוּד.§

מתני' בהַשּׁוֹלֵחַ אֶת בְּנוֹ אֵצֶל חֶנְוָנִי ב)(וּפוּנְדְּיוֹן בְּיָדוֹ,) וּמָדַד לוֹ בְּאִיסָּר שֶׁמֶן וְנָתַן לוֹ אֶת הָאִיסָּר, שָׁבַר אֶת הַצְּלוֹחִית וְאִבֵּד אֶת הָאִיסָּר — חֶנְוָנִי חַיָּיב; רַבִּי יְהוּדָה פּוֹטֵר, שֶׁעַל מְנָת כֵּן שְׁלָחוֹ. וּמוֹדִים חֲכָמִים לְר' יְהוּדָה, בִּזְמַן שֶׁהַצְּלוֹחִית בְּיַד הַתִּינוֹק וּמָדַד חֶנְוָנִי לְתוֹכָהּ — שֶׁחֶנְוָנִי פָּטוּר.§

גמ' בִּשְׁלָמָא בְּאִיסָּר וְשֶׁמֶן — בְּהָא פְּלִיגִי, דְּרַבָּנַן סָבְרִי: גלְאוֹדוּעֵי שַׁדְרֵיהּ, וְר' יְהוּדָה סָבַר: לְשַׁדּוּרֵי לֵיהּ שַׁדְרֵי', אֶלָּא (ב) שָׁבַר צְלוֹחִית — אֲבֵדָה מִדַּעַת הִיא! אֲמַר רַב הוֹשַׁעְיָא: הָכָא בְּבַעַל הַבַּיִת מוֹכֵר צְלוֹחִיּוֹת עָסְקִינַן, וּכְגוֹן שֶׁנְּטָלָהּ חֶנְוָנִי עַל מְנָת לְבַקְּרָהּ, וּכְדִשְׁמוּאֵל, ג)דְּאָמַר שְׁמוּאֵל: הַנּוֹטֵל כְּלִי מִן הָאוּמָּן עַל מְנָת לְבַקְּרוֹ וְנֶאֱנַס בְּיָדוֹ — חַיָּיב. לֵימָא, דִּשְׁמוּאֵל תַּנָּאֵי הִיא? אֶלָּא רַבָּה וְרַב יוֹסֵף דְּאָמְרִי תַּרְוַיְיהוּ: הָכָא בְּחֶנְוָנִי מוֹכֵר צְלוֹחִיּוֹת עָסְקִינַן, וְאָזְדָא רַבִּי יְהוּדָה לְטַעֲמֵיהּ וְרַבָּנַן לְטַעֲמַיְיהוּ. אִי הָכִי, אֵימָא סֵיפָא: מוֹדִים חֲכָמִים לְר' יְהוּדָה, בִּזְמַן שֶׁהַצְּלוֹחִית בְּיַד הַתִּינוֹק וּמָדַד חֶנְוָנִי לְתוֹכָהּ — שֶׁחֶנְוָנִי פָּטוּר; וְהָא אָמְרַתְּ: לְאוֹדוּעֵי שַׁדְרֵיהּ! אֶלָּא אַבַּיֵי בַּר אָבִין וְר' חֲנִינָא בַּר אָבִין דְּאָמְרִי תַּרְוַיְיהוּ: הָכָא בְּמַאי עָסְקִינַן — כְּגוֹן

מִשּׁוּם יֵאוּשׁ בְּעָלִים. שֶׁהַלּוֹקֵחַ מִתְיָאֵשׁ וּמַפְקִיר אוֹתוֹ מִילּוּי, מִפְּנֵי שֶׁטּוֹרַח לוֹ לְהַמְתִּין עַד שֶׁיִּתְמַצֶּה. אֲבָל (ג) תְּרוּמָה לֹא שַׁיָּיךְ יֵאוּשׁ, דְּמ"מ תְּרוּמָה הִיא, וַאֲסוּרָה לְזָרִים. **אַרֵישָׁא קָאֵי.** דְּקָתָנֵי: חַיָּיב לְהַטִּיף שָׁלֹשׁ טִיפִּין לְעוֹלָם, וַאֲתָא רַבִּי יְהוּדָה לְמֵימַר דְּבְעֶרֶב שַׁבָּת אֵינוֹ חַיָּיב. **אוֹ אַסֵּיפָא קָאֵי.** דְּקָתָנֵי דְּחֶנְוָנִי פָּטוּר מִלְּהַטִּיף, וַאֲתָא אִיהוּ לְמֵימַר דְּאֵינוֹ פָּטוּר אֶלָּא בְּעֶרֶב שַׁבָּת עִם חֲשֵׁיכָה. ת"ש. דְּאַסֵּיפָא קָאֵי. **מתני'** מָצָאתִי הַגָּהַת רַבֵּינוּ זְקֵנִי אֲבִי אִמִּי מ"כ. הַשּׁוֹלֵחַ בְּנוֹ אֵצֶל חֶנְוָנִי וּפוּנְדְּיוֹן בְּיָדוֹ, שֶׁהוּא שְׁנֵי אִיסָּרִין, לְהָבִיא לוֹ בְּאִיסָּר שֶׁמֶן, וְאִיסָּר יִתֵּן לוֹ הַחֶנְוָנִי. וְכֵן עָשָׂה, מָדַד לוֹ בְּאִיסָּר שֶׁמֶן, וְהָאִיסָּר מָסַר לַתִּינוֹק לְהָבִיא לְאָבִיו הָאִיסָּר וְהַשֶּׁמֶן. (ד)וּמִי שֶׁמְּפָרֵשׁ וְנָתַן לוֹ תִּינוֹק אֶת הָאִיסָּר לַחֶנְוָנִי, וְגַם מְפָרֵשׁ וְאִבֵּד אֶת הָאִיסָּר הוּא הַשֶּׁמֶן הַלָּקוּחַ בְּאִיסָּר — טָעוּת הוּא, וְאֵינוֹ לְשׁוֹן מִשְׁנָה. וְגַם כְּשֶׁבַּעַל הַגְּמָרָא תָּמֵיהַּ: בִּשְׁלָמָא בְּאִיסָּר וְשֶׁמֶן בְּהָא פְּלִיגֵי. מַאי קָאָמַר? מִי אִיכָּא פְּלוּגְתָּא בְּאִיסָּר? וַהֲלֹא לֹא אִבֵּד אֶלָּא הַשֶּׁמֶן! וְאִם תֹּאמַר: (ה) לִתְנֵיי' לְפוּנְדְּיוֹן בְּמַתְנִי' לֹא הוּלְרַךְ! שֶׁכֵּן דֶּרֶךְ רוֹב סְחוֹרוֹתָן, כִּי אִיסָּרִין לֹא הָיוּ מְצוּיִין כְּפוּנְדְּיוֹנִין, כְּמוֹ שֶׁנּוֹהֲגִין בְּמַחֲלִיּוֹת, שֶׁנּוֹתֵן פָּשׁוּט וּמְקַבֵּל מָעָה וְאוֹכֵל בִּדְמֵי מָעָה. כֵּן פֵּירֵשׁ זְקֵנִי מ"כ. **וְשָׁבַר הַתִּינוֹק אֶת הַצְּלוֹחִית.** וְנִשְׁפַּךְ הַשֶּׁמֶן. **וְאִבַּד הָאִיסָּר.** שֶׁנָּתַן לוֹ הַחֶנְוָנִי עִם הַשֶּׁמֶן בִּדְמֵי הַפּוּנְדְּיוֹן שֶׁהֵבִיא לוֹ. הַחֶנְוָנִי חַיָּיב לְשַׁלֵּם. הַצְּלוֹחִית וְהַשֶּׁמֶן וְהָאִיסָּר. וְטַעְמָא מְפָרֵשׁ בַּגְּמָ'. **שֶׁעַל מְנָת כֵּן** שְׁלָחוֹ. הָאָב לַבֵּן אֵצֶל חֶנְוָנִי, שֶׁיִּמְסוֹר הַחֶנְוָנִי לַבֵּן הָאִיסָּר וְהַשֶּׁמֶן. **וּמוֹדִים** חֲכָמִים לְר' יְהוּדָה כו' שֶׁחֶנְוָנִי **פָּטוּר.** בִּצְלוֹחִית לְבַד, אֲבָל בְּשֶׁמֶן וְאִיסָּר חַיָּיב.(ו) ה"ג בְּפֵי' רַבֵּינוּ חֲנַנְאֵל וּבִסְפָרִים יְשָׁנִים. **גמ' בִּשְׁלָמָא בְּאִיסָּר וְשֶׁמֶן** בְּהָא פְּלִיגֵי כו'. הָאִיסָּר שֶׁנָּתַן הַחֶנְוָנִי לַתִּינוֹק, וְהַשֶּׁמֶן שֶׁבַּצְּלוֹחִית. **לְאוֹדוּעֵיהּ.** לַחֶנְוָנִי שֶׁצָּרִיךְ לַשֶּׁמֶן שְׁדָרֵיהּ הָאָב לִבְנוֹ, כְּדֵי שֶׁיִּשְׁלַח לוֹ חֶנְוָנִי מַה שֶּׁיִּשְׁלַח לוֹ עַל יְדֵי שְׁלוּחוֹ פִּקֵּחַ. וְרַבִּי יְהוּדָה סָבַר: לְשַׁדּוּרֵי לֵיהּ בְּיַד בְּנוֹ שְׁדָרֵיהּ. **אֶלָּא צְלוֹחִית.** אַמַּאי חַיָּיב חֶנְוָנִי לְשַׁלֵּם? **אֲבֵדָה מִדַּעַת הִיא.** דְּכִי מְסָרָהּ לְתִינוֹק שֶׁאֵינוֹ יוֹדֵעַ לְשָׁמְרָהּ — הֶפְקֵר הוּא זֶה, וְאֵינוֹ חוֹשֵׁשׁ אִם יַחֲזִירֶנָּה בְּנוֹ בְּיָדוֹ רֵיקָנִית, אֶלָּא שֶׁיִּשְׁלַח לוֹ הַחֶנְוָנִי מַה שֶּׁיִּשְׁלַח מִשֶּׁלּוֹ, הֵן שֶׁמֶן הֵן אִיסָּר בְּיַד פִּקֵּחַ. וּפוּנְדְּיוֹן שֶׁנָּטַל בְּנוֹ בַּהֲלִיכָה, נְהִי נַמִּי דַּאֲבֵדָה מִדַּעַת הִיא, מִכָּל מָקוֹם בַּחֲזָרָה יָפֶה מְחַיְּיבִין חֲכָמִים, הוֹאִיל וְאָמְרִינַן לְאוֹדוּעֵיהּ שְׁדָרֵיהּ. **בְּבַעַל הַבַּיִת.** הַאי שׁוֹלֵחַ בְּנוֹ מוֹכֵר צְלוֹחִיּוֹת הוּא, וְנִיחָא לֵיהּ שֶׁיִּקְנֶה אוֹתָהּ חֶנְוָנִי אִם יִרְצֶה לִקְנוֹתָהּ. **שֶׁנְּטָלָהּ** חֶנְוָנִי. מִיַּד הַתִּינוֹק. **לְבַקְּרָהּ.**(ז) אִם שְׁלֵימָה הִיא, עַל מְנָת לִקְנוֹתָהּ. **כִּדְשְׁמוּאֵל.** הִיא פְּלוּגְתָּא דְּרַבָּנַן וְרַבִּי יְהוּדָה. דְּבִנְטִילָה קְנָאָהּ מִיָּד, שֶׁהֲרֵי מִסְתָמָא יִמְלָאֶנָּה שְׁלֵימָה וְיִתְכַּוֵּין לִקְנוֹתָהּ. וְהוּא דְּקִיצֵּי דָּמֶיהָ, כִּדְלְקַמָּן, דְּקָנֵי לֵיהּ מִיָּד. וּכְשֶׁמַּחֲזִירָהּ לְיַד הַתִּינוֹק — הֲרֵי הוּא כְּמַשְׁלִיכָהּ לְאִיבּוּד, וְנֶאֱנַס בְּיָדוֹ קָרֵינָא בֵּיהּ, וְלָא מִיפְּטַר עַד שֶׁיַּחֲזִירֶנָּה לְיַד בְּעָלִים עַצְמָן, שֶׁהֲרֵי מִשֶּׁנְּטָלָהּ נִתְחַיֵּיב בְּאַחֲרָיוּתָהּ. ד) (וְאַע"ג דְּתַנְיָא כְּוָותֵיהּ דִּשְׁמוּאֵל בְּפֶ' "ד' נְדָרִים" (נדרים לג:) בַּהֲלִיכָה חַיָּיב כו'). **ע"מ** (ח) **לְבָדְקוֹ.** וּלְעַכְּבוֹ. **וְנֶאֱנַס בְּיָדוֹ.** כְּגוֹן שֶׁנָּפַל מִיָּדוֹ וְנִשְׁבַּר. **חַיָּיב.** וְהוּא דְּקִיצֵּי דָּמֶיהָ, כִּדְמְפָרֵשׁ לְקַמָּן, דְּסָמְכָה דַּעְתֵּיהּ לִקְנוֹתָהּ אַחֲרֵי שֶׁפָּסַק דָּמָיו. וַאֲפִילּוּ אִם חוֹזֵר בּוֹ, וְאוֹמֵר "אֵינִי חוֹשֵׁשׁ בִּכְלִי זֶה לִקְנוֹתוֹ" וְנֶאֱנַס בְּיָדוֹ קוֹדֶם שֶׁהֶחֱזִירוֹ לִבְעָלָיו — חַיָּיב, דְּמִדְּאַגְבְּיהּ ע"מ לְבָדְקוֹ וְלִקְנוֹתוֹ אַחֲרֵי כֵן — הוּא דְּאִיחַיַּיב לֵיהּ בְּאַחֲרָיוּתוֹ, וְכֵיוָן דְּאִיחַיַּיב בְּאַחֲרָיוּתוֹ — הֵיכִי מִיפְּטַר תּוּ עַד שֶׁיַּחֲזִירֶנּוּ לִבְעָלָיו? וְה"נ רַבָּנַן מְחַיְּיבֵי כִּדְשְׁמוּאֵל, וְרַבִּי יְהוּדָה לֵית לֵיהּ דִּשְׁמוּאֵל. וְהַיְינוּ דְּקָתָנֵי סֵיפָא: וּמוֹדִים חֲכָמִים לְר"י כו', הָכִי קָאָמַר: מוֹדִים חֲכָמִים לְרַבִּי יְהוּדָה שֶׁאִם נְטָלָהּ עַל מְנָת שֶׁלֹּא לְבָדְקָהּ – הֲרֵי הוּא כְּאִילּוּ צְלוֹחִית בְּיַד תִּינוֹק וּמָדַד חֶנְוָנִי לְתוֹכָהּ, שֶׁפָּטוּר. **הָכָא בְּחֶנְוָנִי מוֹכֵר צְלוֹחִיּוֹת.** וְהַךְ צְלוֹחִית דְּמַתְנִיתִין שֶׁל חֶנְוָנִי הִיא, שֶׁשָּׁלַח לוֹ בַּעַל הַבַּיִת הַדָּמִים בְּיַד בְּנוֹ לִקְנוֹת צְלוֹחִית מִמֶּנּוּ וּלְהָבִיא בָּהּ שֶׁמֶן, וְהִלְכָּךְ הַאי צְלוֹחִית לֵיכָּא אֲבֵדָה מִדַּעַת. דְּרַבָּנַן לְטַעֲמַיְיהוּ. דְּאָמְרֵי גַּבֵּי אִיסָּר וְשֶׁמֶן: חַיָּיב, דִּלְאוֹדוּעֵיהּ שְׁדָרֵיהּ, וְהוּא הַדִּין לִצְלוֹחִית. וְרַבִּי יְהוּדָה לְטַעֲמֵיהּ, דִּלְשַׁדּוּרֵי יַיִן וְשֶׁמֶן וּצְלוֹחִית בְּיַד בְּנוֹ שְׁדָרֵיהּ לִבְנוֹ. **וְהָאָמְרַתְּ לְאוֹדוּעֵיהּ שְׁדָרֵיהּ.** וְלֹא הָיָה לוֹ לִמְסוֹר הַצְּלוֹחִית לִבְנוֹ שֶׁל בַּעַל הַבַּיִת! **אֶלָּא אַבַּיֵי בַּר אָבִין וְרַב חֲנִינָא בַּר אָבִין דְּאָמְרֵי תַּרְוַיְיהוּ.** לָא תּוֹקְמָהּ לֹא בְּחֶנְוָנִי מוֹכֵר צְלוֹחִיּוֹת, וְלֹא בְּבַעַל הַבַּיִת מוֹכֵר צְלוֹחִיּוֹת. אֶלָּא הָכָא בִּצְלוֹחִית הַמְיוּחֶדֶת לְמִדָּה עָסְקִינַן, וּנְטָלָהּ חֶנְוָנִי מִיַּד תִּינוֹק לָמוֹד בָּהּ לְצוֹרֶךְ הַתִּינוֹק. וְאַע"ג דַּאֲבֵדָה מִדַּעַת הִיא, כֵּיוָן שֶׁנְּטָלָהּ – נִתְחַיֵּיב בִּשְׁמִירָתָהּ, עַד שֶׁיַּחֲזִירֶנָּה לְיָדוֹ שֶׁל בַּעַל הַבַּיִת.
כְּגוֹן

והתנן הרכינה ומיצה הרי היא של תרומה. תימה: אמאי הוי של תרומה? והא אינו חייב לתרום אלא אחד מן נ', א"כ כמו אותן מדות של חולין — תהיה של תרומה, ושל חולין היו בלא הרכינה ומילה! וי"ל: דכשקרא שם על אותה מדה — גמר בדעתו שתהיה כולה תרומה עם המילוי. ודוקא בתרומה אמר: הרכינה ומילה הוי תרומה, אבל לענין מעשרות — לא, דהמרבה במעשרות מעשרותיו מקולקלין. **משום** יאוש בעלים נגעו. הוי מצי לשנויי דהוי תרומה משום דאין ברירה, דכשקרא שם אין ידוע איזה יהא למטה.

אלא צלוחית אבדה מדעת היא. ואע"ג דפונדיון נמי אבדה מדעת היא שמשלחו ביד תינוק, מ"מ כיון שהפונדיון של בעל הבית נשאר ביד החנוני אינו פוטרו עד שיגיאו לידו שוה פונדיון שמן ואיסר, ואם היה מחזיר אותו פונדיון עצמו לתינוק — הכי נמי דהוה פטור. **וכגון** שנטלה חנוני על מנת לבקרה כדשמואל כו'. וסיפא דקתני: ומודים חכמים לרבי יהודה בזמן שהצלוחית ביד תינוק דפטור — לאו דוקא ביד תינוק, אלא אפי' נטלה נמי ע"מ שלא לבקרה.

הלוקח כלי מבית האומן ע"מ לבקרו ונאנס בידו חייב. לכאורה נראה לחייב משום דחשיב כשואל. דס"פ "ד' נדרים" (נדרים דף לג.) מפרש טעמא דשמואל דקסבר הנאת לוקח היא — היינו כשואל, שכל ההנאה שלו. ועוד, דבפ' "האומנין" (ב"מ דף פ:) גבי הא דאמר רב חסדא: לא שנו הא דקתני שלחה ומתה חייב — אלא כשהחזיר' בתוך ימי שאלתה, אבל לאחר ימי שאלתה — פטור. ומסיק אמימר דמסתברא דפטור משואל וחייב כנושא שכר, הואיל ונהנה מהנה. תניא כוותיה [דאמימר]: הלוקח כלי מבית האומן כו' ונאנסו, בהליכה — חייב, בחזרה — פטור, מפני שהוא כנושא שכר. פירוש: לכך פטור (ט) בחזרה כשנאנסו — שאינו אלא שומר שכר. ומדמייתי מינה אההיא דהחזירה לאחר ימי שאלתה, משמע דהא דקתני נאנסו בהליכה חייב — דהוי מטעם שואל, א"כ מילתיה דשמואל נמי הוי מטעם שואל, דהא מההיא ברייתא מייתי בנדרים (שם:) סייעתא לשמואל. מיהו, רש"י פירש בב"מ (שם) דנאנסו בהליכה חייב — משום דחשיב כלוקח. ומ"מ מייתי מינה שפיר (י) אההיא דאמימר, כי היכי דחשיב ליה ברייתא נושא שכר בחזרה אע"פ שבטל המקח, משום דעד השתא היה כלוקח — הכי נמי שואל אחר שכלו ימי שאלתה הוי שומר שכר, כיון שנהנה בשאלה עד עכשיו. וכן נראה לר"י דחשיב לוקח. ומייתי ראיה מההיא דלקמן דאייתי קרי לפום נהרא, דאמר רב כהנא: אין אדם מקדיש דבר שאינו שלו. ואי שואל הוי — אמאי לא יוכל להקדיש מה שהשאיל ביד אחרים, כמו שהמשכיר יכול להקדיש, כדאמרי' בפ' "האומר משקלי עלי" (ערכין דף כא. ושם). ואין נראה לרשב"א ראיה, דהתם לא על מנת לבקרם נטלם אלא על מנת לקנות מיד, ולכך אין יכול המוכר להקדישו. והשיב לו ר"י: דמשמע שנטלם כדי לבקרם, מדמייתי ליה אדשמואל. ואין להקשות: אי שואל הוי — אמאי לא פטור החנווני כשנטלה על מנת לבקרה והחזירה ליד התינוק, דכלתה שאלתו, כיון שהחזירה למקום שלקחה! דהא אמר בסמוך: לרבי יהודה שואל שלא מדעת שואל הוי, החזירה ליד התינוק — פטור. דהתם ודאי הוי שואל שלא מדעת אינו חייב להחזירה אלא למקום שנטל, אבל הכא דשואל מדעת הוא — חייב להחזיר ליד בעלים.

אי הכי אימא סיפא ומודים חכמים לר' יהודה כו'. ורבה ורב יוסף סברי כו' בזמן שהצלוחית ביד התינוק, דהיינו שהביאה מבית אביו.
מר

רבינו גרשום

דמיירי בה דין דמדות: הרי היא של תרומה. דמה שמיצת לא הוי דבעל הבית דלהוי חולין אלא כיון שמדד בה תרומה הרי היא תרומה המצוי. ומתני' קאמר דמוכר הוי דהיינו בעל הבית: אמר ר' אבהו התם במתני' להכי של מוכר הוי דמשום יאוש בעלים נגעו בה. שמתיאש הלוקח מאותו מצוי שאינו רצונו להמתין עד שיתמצה כולו אבל הכא בתרומה לא ידע מאן נינהו בעלים דתרומה דלייאשו מיניה להכי הרי הוא של תרומה. ר' יהודה ארישא קאי ולקולא דקתני רישא המוכר חייב להטיף לו ג' טיפין בכל עת מכירה ואתא ר' יהודה למימר ערב שבת עם חשיכה פטור דהיינו קולא. או דלמא אסיפא אחנוני קאי ולחומרא דר' יהודה אומר ע"ש עם חשיכה החנווני פטור מלהטיף אבל בשאר זמן חייב להטיף. הוו שמעינן דאחנווני קאי כדאמר מפני שחנווני טרוד אותה שעה שקונין ממנו רבים: **פיס'** השולח את בנו כו' ונתן לו את האיסר שיוליך לחנווני. שיבר התינוק את הצלוחית בחזירתו עם השמן ואיבד את השמן שקנה באיסר. חנווני חייב לשלם האיסר והצלוחית לבעל הבית. ר' יהודה פוטר חנווני שעל מנת כן שלחו. כלומר בעל הבית פשע ששילח ביד תינוק ואבידה מדעת היא: ומודים חכמים לר"י. אע"פ שמחייבין החנווני כששיבר התינוק בחזירתו שהיה לו לחנווני להוליך מודים אם כל זמן שהצלוחית עדיין ביד תינוק ועד שחנווני מודד לתוכה נשברה פטור החנווני: בשלמא איבד את האים'. כלומר את השמן באיסר כו' בהא פליגי דרבנן סברי לאודועי לחנווני שגר ליה ביד תינוק כדי שיבין שתינוק אינו בר הבאת שמן ושלח בידו כדי שיביא לו החנווני עצמו או שלוחו. ור' יהודה סבר לשדורי ממש שדרי' לתינוק ואם שפך התינוק מה פשע יש לחנווני בכך: אלא שיבר תינוק לצלוחית. אמאי מחייבי רבנן לחנווני והלא אבידה מדעת היא שעשה בעל הבית ששלחה אפילו ריקנית ביד תינוק שדרכו לשבור: אמר רב הושעיא. האי דמחייבי רבנן לחנווני בששיבר צלוחית לא בשיבר תינוק מיירי אלא בלא תינוק מיירי ובשיבר חנווני עצמו מיירי. והכא בבעה"ב מוכר צלוחיות עסקינן ובא חנווני לקנות צלוחית ונטלה על מנת לבקרה אם יפה היא ונפלה מידו ונשברה וכדשמואל דאמר כו'. לימא הא מלתא דשמואל תנאי היא דר' יהודה דפטר חנווני לית ליה דשמואל: לעולם דברי הכל היא. ובהא לא פליגי ר' יהודה ורבנן בצלוחית בחנווני מוכר צלוחית עם השמן ושלח בנו אצל חנווני למוד לו באיסר שמן ובצלוחית של חנווני דהכא לא מצי למימר אבידה מדעת היא דהא לא שיגר אביו בידו שום כלי. ושיגר לו החנווני השמן עם הצלוחית ביד תינוק ושיברו. ואזדא ר' יהודה לטעמי' דאמר לשדורי השמן והצלוחית שדריה אביו ופטור החנווני. ורבנן לטעמייהו וכו': אי הכי. דכי מוקמת לה בחנווני מוכר הצלוחית: אימא סיפא ומודים חכמים לר' יהודה כו'. והאמרת דחנווני מוכר צלוחיות ולאודועיה שדריה. אי הכי מאי כל זמן שהצלוחית ביד תינוק. מאי בעי צלוחית ביד תינוק ואמאי פטור והא צלוחית

מסורת הש"ס

א) תרומות פי"א מ"ח: ב) רש"ל מ"ז: ג) נדרים דף לג.: ד) ס"א ל"ג ועיין רש"א:

פי' הרשב"ם העקרי

והתנן. גבי מפריש תרומה שתי מדות מן המאה שאם הרכינה למדה ונתמצה שמן בשולי הכלי הרי הוא של תרומה ונותנו לכהן ובמתני' נמי תהוי של לוקח: הא אתמר עלה. דמתני' דהכא משום יאוש בעלים נגעו בה שהלוקח מפקיד אותו המיצוי וקני ליה מוכר ביאוש בעלים ומיהו מן הדין הרי הוא של לוקח וגבי תרומה אע"ג דמתיאש בהן הרי הוא של תרומה ואסורה לזרים: ארישא קאי. ולקולא דקתני גבי בעה"ב חייב להטיף לו שלש טיפין ואפי' בע"ש ואתא ר' יהודה לאקולי גבי' דבע"ש מיהא פטור: או אסיפא קאי. ולחומרא דפטריה ת"ק לחנוני מכל וכל ואתא ר"י לאחמורי עליה דאינו פטור אלא ע"ש אם חשיכה אבל בשאר ימים חייב: ת"ש. דאסיפא קאי מצאתי הגהת רבנ' זקנ' מנ' כב' כן כך נראה לי: **מתני'**. השולח את בנו:

הגהות הב"ח

(א) גמ' אמר ר' אבהו אמר רבי יוחנן משום יאוש: (ב) שם אלא צלוחית כצ"ל ותיבת שבר נמחק: (ג) רשב"ם ד"ה משום יאוש וכו' אבל גבי תרומה: (ד) ד"ה מצאתי וכו' ומי שמפרש. נ"ב ונ"ל לפי פירוש זה דלא גרסינן במשנה ופונדיון בידו וכך היא גירסת הרי"ף והרא"ש: (ה) בא"ד וא"ת הא דתנייה לפונדיון במתניתין דידן לא הולרך יש לומר שכן לכך: (ו) ד"ה ומודים וכו' חייב הס"ד ואח"כ מתחיל גמרא ה"ג וכו' ישנים בשלמא הל"א: (ז) ד"ה לבקרה לבודקה אם שלימה: (ח) ד"ה ע"מ לבקרו לבדקו: (ט) תוס' ד"ה הלוקח וכו' לכך פטור כשנאנסו בחזרה לפי שאינו אלא שומר שכר ומדמייתי מינה סייעתא אההיא דהחזירה: (י) בא"ד שפיר סייעתא אההיא דאמימר:

מסורת הש"ס

א) ב"מ ל: ב) [שבת קיח: וש"נ]. ג) ב"מ מח. מג.: ד) מכות כד. ה) ובתוס' ב"מ מח. ד"ה נתנה לסיטון פי' דסיטון הוא מוכר דבר לח דהיינו יין ושמן והרמב"ם (בפ"ב דדמאי מ"ד) פי' סיטון הוא המוכר מאכלים רבים במדה גסה:

עין משפט נר מצוה

קיב א מיי' פי"א מהל' גזילה ואבדה הל' יד סמג עשין עד טוש"ע ח"מ סי' רסג סעיף ב:
קיג ב ג מיי' שם פ"ג הלכה טו סמג שם טוש"ע ח"מ סי' שנט סעיף ה:
קיד ד ה מיי' פ"ד מהל' מכירה הל' יד סמג עשין פב טוש"ע ח"מ סי' ר סעיף יא:
קטו ו מיי' שם וסמג שם טוש"ע שם סעיף ז:
קטז ז מיי' פ"ו מהל' ערכין הלכה כא:
קיז ח מיי' שם הל' כה:
קיח ט י מיי' פ"ה מהל' מעשר הל' א סמג עשין קלה [טוש"ע י"ד סי' שלא סעיף לה]:
קיט כ ל מיי' פ"ח מהל' גניבה הל' יח סמג עשין עב טוש"ע ח"מ סי' רלא סעיף ז:
קכ מ נ מיי' שם טוש"ע שם סעיף יב:

תורה אור

כְּגוֹן שֶׁנְּטָלָהּ לָמוֹד בָּהּ, וְכִדְרַבָּה, א)דְּאָמַר רַבָּה: אהִכִּישָׁהּ — נִתְחַיֵּיב בָּהּ. אֵימוּר דְּאָמַר רַבָּה — בְּבַעֲלֵי חַיִּים, דְּאַנְקְטִינְהוּ נִיגְרָא בָּרֵייתָא, כִּי הַאי גַּוְונָא מִי אֲמַר? אֶלָּא אָמַר רָבָא: ב)אֲנִי וַאֲרִי שֶׁבַּחֲבוּרָה תַּרְגִּימְנוּהָ, וּמַנּוּ? ר' זֵירָא: הָכָא בְּמַאי עָסְקִינַן — בכְּגוֹן שֶׁנְּטָלָהּ לָמוֹד בָּהּ לַאֲחֵרִים, וּבְשׁוֹאֵל שֶׁלֹּא מִדַּעַת קָא מִיפַּלְגִי, מָר סָבַר: ג)שׁוֹאֵל הָוֵי, וּמָר סָבַר: גגַּזְלָן הָוֵי. גּוּפָא, אָמַר שְׁמוּאֵל: דהַנּוֹטֵל כְּלִי מִן הָאוּמָּן לְבַקְּרוֹ וְנֶאֱנַס בְּיָדוֹ — חַיָּיב. וְהָנֵי מִילֵּי הוּא — הדְּקִיצֵי דְּמֵיהּ. הַהוּא גַּבְרָא דְּעָל לְבֵי טַבָּחָא, אַגְבַּהּ אַטְמָא דְּבִישְׂרָא, בַּהֲדֵי דְּקָא אַגְבַּהּ אֲתָא פָּרָשָׁא מַרְמָא מִינֵּיהּ; אֲתָא לְקַמֵּיהּ דְּרַב יֵימָר, חַיְּיבֵיהּ לְשַׁלּוּמֵי דְּמֵיהּ. וְהָנֵי מִילֵּי הוּא — דְּקִיצֵי דְּמֵיהּ. והַהוּא גַּבְרָא דְּאַיְיתֵי קָארֵי לְפוּם נַהֲרָא, אֲתוּ כּוּלֵּי עָלְמָא שְׁקוּל קָרָא קָרָא, אֲמַר לְהוּ: הֲרֵי הֵן מוּקְדָּשִׁין לַשָּׁמַיִם; אֲתוּ לְקַמֵּיהּ דְּרַב כָּהֲנָא, אֲמַר לְהוּ: זאֵין אָדָם מַקְדִּישׁ דָּבָר שֶׁאֵינוֹ שֶׁלּוֹ. חוְהָ"מ הוּא — דְּקִיצֵי דְּמַיְיהוּ, אֲבָל לָא קִיצֵי דְּמַיְיהוּ — בִּרְשׁוּת מָרַיְיהוּ קַיְימֵי, וְשַׁפִּיר אַקְדֵּישׁ. ת"ר: טהַלּוֹקֵחַ יָרָק מִן הַשּׁוּק, וּבֵירֵר וְהִנִּיחַ, (א) אֲפִילּוּ כָּל הַיּוֹם כּוּלּוֹ — לֹא קָנָה וְלֹא נִתְחַיֵּיב בְּמַעֲשֵׂר. גָּמַר בְּלִבּוֹ לִקְנוֹתוֹ — קָנָה וְנִתְחַיֵּיב בְּמַעֲשֵׂר; לְהַחֲזִירוֹ אִי אֶפְשָׁר — שֶׁכְּבָר נִתְחַיֵּיב בְּמַעֲשֵׂר, וּלְעַשְּׂרוֹ א"א — (ב) שֶׁכְּבָר מַפְחִיתָן בְּדָמִים, הָא כֵּיצַד? מְעַשְּׂרוֹ וְנוֹתֵן לוֹ דְּמֵי מַעֲשֵׂר. אַטּוּ מִשּׁוּם דְּגָמַר בְּלִבּוֹ לִקְנוֹת, קָנָה וְנִתְחַיֵּיב בְּמַעֲשֵׂר? אָמַר רַב הוֹשַׁעְיָא: הָכָא ביְרֵא שָׁמַיִם עָסְקִינַן, דכְּגוֹן רַב סָפְרָא, דִּמְקַיֵּים בְּנַפְשֵׁיהּ °"וְדוֹבֵר אֱמֶת בִּלְבָבוֹ". § (תהלים טו)

מתני' כהַסִּיטוֹן מְקַנֵּחַ מִדּוֹתָיו אֶחָד לִשְׁלֹשִׁים יוֹם, וּבַעַל הַבַּיִת — אֶחָד לִשְׁנֵים עָשָׂר חֹדֶשׁ; רַבָּן שִׁמְעוֹן בֶּן גַּמְלִיאֵל אוֹמֵר: חִילּוּף הַדְּבָרִים. לחֶנְוָנִי מְקַנֵּחַ מִדּוֹתָיו פַּעֲמַיִם בְּשַׁבָּת, מוּמְמַחֶה מִשְׁקְלוֹתָיו פַּעַם אַחַת בְּשַׁבָּת, נוּמְקַנֵּחַ מֹאזְנַיִם עַל כָּל מִשְׁקָל וּמִשְׁקָל; אָמַר רשב"ג: בַּמֶּה דְּבָרִים אֲמוּרִים — בְּלַח, אֲבָל בְּיָבֵשׁ — אֵינוֹ צָרִיךְ.

וְחַיָּיב

כְּגוֹן שֶׁנְּטָלָהּ לָמוֹד בָּהּ. כְּלוֹמַר, מַתְנִיתִין לָאו בְּבַעַל הַבַּיִת וְלָא בְּחֶנְוָנִי מוֹכְרֵי צְלוֹחִית מַיְירֵי, אֶלָּא כְּגוֹן שֶׁנְּטָלָהּ לָמוֹד בְּתוֹכָהּ הַשֶּׁמֶן. וְאַע"ג דְּלָא לְדַעַת (ג) הַחֶנְוָנִי שְׁלָחָהּ, דְּשֶׁמָּא לָא יִטְּלֶנָּה — מִשֶּׁנְּטָלָהּ מִתְחַיֵּיב בָּהּ, וְכִדְרַבָּה. הִכִּישָׁהּ. בְּמַקֵּל, גַּבֵּי זָקֵן וְאֵינָהּ לְפִי כְּבוֹדוֹ מַיְירֵי, בְּב"מ (דף ל:), דְּאַע"פ שֶׁאֵינוֹ חַיָּיב לַהֲחֲזִירָהּ, כֵּיוָן שֶׁהִכִּישָׁהּ — נִתְחַיֵּיב בָּהּ. וְהַשְׁתָּא אִיכָּא לְפָרוּשֵׁי: מוֹדִים חֲכָמִים לְרַבִּי יְהוּדָה — כְּשֶׁלָּא נְטָלָהּ וכו'. אֵימוּר דְּאָמַר רַבָּה. אִי בָּעֵי הֲוָה פָּרֵיךְ: לֵימָא דְּרַבָּה תַּנָּאֵי הִיא, אֶלָּא דַּעֲדִיפָא מִינָּהּ קָפָרֵיךְ. דְּאַנְקְטָהּ נִיגְרֵי בָּרֵייתָא. הַלְּקִיחָה פְּסִיעוֹת חִיצוֹנִיּוֹת. כְּלוֹמַר, הִרְגִּילָהּ לִבְרוֹחַ וְלֵילֵךְ לְמֶרְחוֹק. וּמִשּׁ"ה נִתְחַיֵּיב בָּהּ. כְּגוֹן שֶׁנְּטָלָהּ. מִיַּד תִּינוֹק. לָמוֹד בְּתוֹכָהּ לַאֲחֵרִים. שֶׁהַצְּלוֹחִית מִדָּה, וּמָדַד בָּהּ לַאֲחֵרִים. וּבְשׁוֹאֵל שֶׁלֹּא מִדַּעַת. בַּעַל הַצְּלוֹחִית, פְּלִיגִי. דְּמָר סָבַר. רַבָּנַן, גַּזְלָן הָוֵי, וְקַנְיָיהּ לְהִתְחַיֵּיב בָּהּ עַד שֶׁתָּבֹא (ד) לְיַד בְּעָלִים. דְּבָעֵינַן "וְהֵשִׁיב אֶת הַגְּזֵלָה", וַהֲשָׁבָה לְיַד תִּינוֹק לָאו הֲשָׁבָה הִיא. וְהָכִי אָמְרִי' בְּ"הַגּוֹזֵל וּמַאֲכִיל" (ב"ק דף קיח.): הַגּוֹנֵב טָלֶה מִן הָעֵדֶר וְהֶחֱזִירוֹ וּמֵת אוֹ נִגְנַב — חַיָּיב בְּאַחֲרָיוּתוֹ. דְּבָעֵינַן דַּעַת בְּעָלִים, וְאֵין זֶה דַּעַת בְּעָלִים כְּשֶׁמּוֹסְרוֹ לְיַד תִּינוֹק. וְרַבִּי יְהוּדָה סָבַר שׁוֹאֵל הָוֵי. וְכִי מַחֲזִירוֹ לַמָּקוֹם שֶׁשְּׁאָלוֹ מִשָּׁם — דַּי. וְהִלְכָּךְ, מִשֶּׁהֶחֱזִירוֹ לַתִּינוֹק פָּטוּר. וְהָא דְּאָמְרִי' בְּ"הַמַּפְקִיד":(ה) הָא דְּאָמַר רָבָא שׁוֹאֵל שֶׁלֹּא מִדַּעַת גַּזְלָן הָוֵי — הַיְינוּ לְרַבָּנַן דְּהָכָא. וּמוֹדִים חֲכָמִים לְרַבִּי יְהוּדָה — הָכִי יֵשׁ לְפָרֵשׁ: מוֹדִים חֲכָמִים לְר' יְהוּדָה הֵיכָא דְּלָא נְטָלָהּ לָמוֹד בָּהּ לַאֲחֵרִים, אֲפִילּוּ נְטָלָהּ לָמוֹד לְתִינוֹק. וְהַיְינוּ דְּקָתָנֵי: בִּזְמַן שֶׁהַצְּלוֹחִית בְּיַד הַתִּינוֹק — שֶׁלֹּא מָדַד בָּהּ אֶלָּא לְצוֹרֶךְ הַתִּינוֹק, וְאִם כֵּן לָא אַפְקָהּ מֵרְשׁוּת בְּעָלִים, וּמִשּׁ"ה פָּטוּר מִן הַצְּלוֹחִית. וְאִית דִּמְפָרֵשׁ' לָהּ לְהָא סוּגְיָא לְחֶנְוָנִי הָרָגִיל אֶצְלוֹ, וּמָסַר לוֹ בַּעַל הַבַּיִת כִּכַּר הַפּוּנְדְּיוֹן, וְשָׁלַח בִּשְׁבִיל הַשֶּׁמֶן וְהָאִיסָּר, וְלָא שָׁלַח בְּיַד בְּנוֹ כִּי אִם הַצְּלוֹחִית לְבַדָּהּ. וּבְכָךְ הַסּוּגְיָא פְּשׁוּטָה. וְהָנֵי מִילֵּי דְּקִיצֵי דְּמֵיהּ. (ו) שֶׁדָּמָיו קְצוּבִים. כְּגוֹן רֵחַיִים שֶׁל פִּלְפְּלִין, וּשְׁאָר כֵּלִים קְטַנִּים, שֶׁדַּרְכָּן לְעוֹלָם לָתֵת בְּפָשׁוּט פָּשׁוּט. וּבִנְדָרִים מוֹקֵי לָהּ לְהָא דִּשְׁמוּאֵל בִּתְרֵעָא חֲרִיפָא, וּבְדָבָר שֶׁלּוֹקְחִין קוֹפְצִין עָלָיו, דְּאֵין הֲנָאָה לַמּוֹכֵר בִּלְקִיחָתוֹ שֶׁל זֶה, דְּהַרְבֵּה יִמְצָא קוֹפְצִין, וּמִשּׁוּם דַּהֲנָאָתוֹ שֶׁל לוֹקֵחַ הִיא — הָוֵה לֵיהּ הַלּוֹקֵחַ כְּשׁוֹאֵל עָלָיו, וּמִיחַיֵּיב בְּאוֹנְסָא. וְתַנְיָא הָתָם בְּבָרַיְיתָא כְּוָותֵיהּ, דְּקָתָנֵי: נֶאֶנְסוּ בַּהֲלִיכָה — חַיָּיב, בַּחֲזָרָה — פָּטוּר, מִפְּנֵי שֶׁהוּא כְּנוֹשֵׂא שָׂכָר. וְנִרְאֶה בְּעֵינַי דְּלָאו דַּוְקָא נוֹשֵׂא שָׂכָר, דְּא"כ לָא לִיחַיֵּיב בְּאוֹנֶס אֶלָּא בִּגְנֵיבָה וַאֲבֵידָה. וְטַעֲמָא, מִשּׁוּם דְּקַיְילֵי דָּמֵיהּ וְזִבְנָא חֲרִיפָא הוּא — הֲרֵי הוּא בִּנְטִילָה זוֹ כְּמוֹ לוֹקֵחַ גָּמוּר. אִי נַמִי, כְּמוֹ שׁוֹאֵל, שֶׁכָּל הֲנָאָה שֶׁלּוֹ בּוֹ. אַגְבַּהּ אַטְמָא. הִגְבִּיהַּ יָרֵךְ לִקְנוֹתָהּ, וְלִרְאוֹת אִם שְׁמֵנָה הִיא אוֹ כְּחוּשָׁה. אֲבָל לָא קַיְיצֵי דְּמֵיהּ כו'. לָא גָּרְסִי'. קָרָא. דְּלַעַת. שְׁקוּל קָרָא. לִקְנוֹת. אָמַר לָהֶן הֲרֵי הֵן מוּקְדָּשִׁין לַשָּׁמַיִם. לְפִי שֶׁלֹּא הָיָה יוֹדֵעַ מִמִּי יִשְׁאַל מְעוֹתָיו, הָיָה רוֹצֶה לְאָסְרָן לָהֶם. אֵין אָדָם מַקְדִּישׁ כו'. ד"כִּי יַקְדִּישׁ אִישׁ אֶת בֵּיתוֹ" כְּתִיב (ויקרא כז), וְה"נ כֵּיוָן דְּקַיְילֵי דְּמַיְיהוּ — זָכוּ בְּהוּ, כִּדִשְׁמוּאֵל. בִּרְשׁוּתָא דְּמָרַיְיהוּ קַיְימֵי. וְיָכוֹל לְהַקְדִּישָׁן. דְּלָא דָּמֵי (ז) לְגַזְלָן, דְּאָמְרִי' (ב"ק סח:): שְׁנֵיהֶן אֵינָן יְכוֹלִין לְהַקְדִּישׁ, זֶה לְפִי שֶׁאֵינוֹ שֶׁלּוֹ וְזֶה לְפִי שֶׁאֵינוֹ בִּרְשׁוּתוֹ. דְּהָכָא לָאו אַדַּעְתָּא לְמִיגְזַל שַׁקְלִינְהוּ, אֶלָּא לִקְנוֹתָן, וְכֵיוָן דְּלָא קַיְילֵי דְּמַיְיהוּ — לָא סָמְכָא דַּעְתַּיְיהוּ, דְּשֶׁמָּא יִרְצֶה לְמָכְרָן בְּיוֹתֵר וְדַעְתָּן לְהַחֲזִירָן. וּמִשּׁ"ה בִּרְשׁוּתָא דְּמָרַיְיהוּ קַיְימֵי. הַלּוֹקֵחַ יָרָק. חָבֵר מֵעַם הָאָרֶץ. בֵּירֵר וְהִנִּיחַ. וְלֹא גָּמַר לִקְנוֹת. אֵינוֹ חַיָּיב בְּמַעֲשֵׂר. דְּהָא אֵינוֹ מִתְכַּוֵּין אֶלָּא לְבָרֵר הַיָּפוֹת. אֲבָל גָּמַר לִקְנוֹת — נִתְחַיֵּיב מִיַּד לְעַשְּׂרוֹ דְּמַאי. וְאִם רוֹצֶה לַחֲזוֹר מִמִּקְחוֹ, לְהַחֲזִירוֹ א"א. בְּלֹא הַפְרָשַׁת מַעֲשֵׂר, שֶׁכְּבָר נִתְחַיֵּיב בְּמַעֲשֵׂר, וְאֵין חָבֵר מוֹצִיא מִתַּחַת יָדוֹ דָּבָר שֶׁאֵינוֹ מְתוּקָּן. וּלְעַשְּׂרוֹ א"א. וְאַחַ"כ יַחֲזִירוֹ לַמּוֹכֵר — שֶׁהֲרֵי מַפְחִיתוֹ בְּדָמִים, שֶׁנִּתְמַעֵט הַחֲבִילָה כְּדֵי מַעֲשֵׂר. מְעַשְּׂרָן וְנוֹתֵן. לַלֵּוִי, וְנוֹתֵן לוֹ דְּמֵי מַעֲשֵׂר, וּמַחֲזִיר אֶת הַמּוֹתָר בְּעַיִן. אַטּוּ מִשּׁוּם דְּגָמַר בְּלִבּוֹ לִקְנוֹת קָנֶה וּמְעַשֵּׂר. בִּתְמִיָּה, אַמַּאי? הָא אֲפִילּוּ אִי קַיְילֵי דְּמַיְיהוּ יָכוֹל לְהַחֲזִירָן, וְלֵיהַדְרִינְהוּ, וְלִיפָּטַר! רַב סָפְרָא. הֲוָה קָרֵי קְרִיאַת שְׁמַע, וַאֲמַר לֵיהּ הַהוּא גַּבְרָא: הַב לִי עִסְקָךְ בְּכָךְ וְכָךְ מָעוֹת, וְסָבַר דְּמִשּׁוּם מִיעוּט דָּמִים הֲוָה שָׁתִיק, וְהֶעֱלָה לוֹ דָּמִים מְרוּבִּים. וּלְאַחַר תְּפִלָּתוֹ לֹא רָצָה לְקַבֵּל אֶלָּא בְּמִיעוּט מָעוֹת הָרִאשׁוֹנוֹת, מִשּׁוּם דְּגָמַר בְּלִבּוֹ לְהַקְנוֹתוֹ בְּכָךְ. וְה"נ גַּבֵּי מַעֲשֵׂר, כֵּיוָן דִּירֵא שָׁמַיִם הוּא, כֵּיוָן שֶׁגָּמַר בְּלִבּוֹ — זָכָה בַּמִּקָּח, וְנִתְחַיֵּיב (ח) בַּמֶּכֶר. וְכִי מַחֲזִירוֹ — כְּחוֹזֵר וּמוֹכֵר לוֹ דָּמֵי.

מתני' הַסִּיטוֹן. הוּא חֶנְוָנִי גָּדוֹל, שֶׁקּוֹנֶה הַרְבֵּה יַחַד וּמוֹכֵר לַחֶנְוָנִים קְטַנִּים. סִיטוֹן. חִטִּין בִּלְשׁוֹן יָוָן. וּמִשּׁוּם שֶׁקּוֹנֶה הַרְבֵּה חִטִּין בְּיַחַד קוֹרְאוֹ לוֹ סִיטוֹן(ה). מְקַנֵּחַ מִדּוֹתָיו. בִּשְׁבִיל שֶׁנִּקְפָּד בָּהֶן הַיַּיִן וְהַשֶּׁמֶן וְנִקְרָשׁ לְתוֹכָן, וּמִתְמַעֶטֶת הַמִּדָּה. וּבִכְלֵי הַלַּח מוֹקֵי לָהּ לְקַמָּן. בַּעַל הַבַּיִת. שֶׁאֵינוֹ מוֹכֵר תָּדִיר כְּסִיטוֹן — דַּי בְּפַעַם אַחַת בְּשָׁנָה, שֶׁאֵינוֹ נִדְבָּק בּוֹ כָּל כָּךְ. חִילּוּף הַדְּבָרִים. סִיטוֹן פַּעַם אַחַת בְּשָׁנָה, דְּכֵיוָן שֶׁמּוֹכֵר תָּדִיר — אֵין הַמַּשְׁקֶה נִקְרָשׁ בְּתוֹכוֹ. אֲבָל בַּעַל הַבַּיִת שֶׁאֵינוֹ מוֹכֵר תָּדִיר — נִקְרָשׁ (ט) וּמִייַבֵּשׁ הַמַּשְׁקֶה בְּתוֹכוֹ. הַחֶנְוָנִי מְקַנֵּחַ פַּעֲמַיִם בְּשַׁבָּת. לְפִי שֶׁתָּדִיר לִמְכּוֹר יוֹתֵר מִסִּיטוֹן וּבַעַל הַבַּיִת. וַאֲתָאן לְת"ק, כָּךְ פֵּירְשׁוּ רַבּוֹתֵינוּ. וְלָא נְהִירָא, דְּא"כ לָא ס"ל הָכִי, שֶׁהֲרֵי הֲלָכָה כְּרשב"ג בְּמִשְׁנָתֵנוּ. וְעוֹד, דְּקַמַסְכִּים בָּהּ רשב"ג, כִּדְקָאָמַר: אָמַר רַבָּן שִׁמְעוֹן בֶּן גַּמְלִיאֵל בַּמֶּה דְּבָרִים אֲמוּרִים כו'. וְעוֹד: אִם אִיתָא דִּפְלִיג עֲלָהּ — אַמַּאי לָא קָתָנֵי שִׁיעוּרֵיהּ, כִּדְקָתָנֵי לְעֵיל? אֶלָּא נִרְאֶה דַּאֲפִילּוּ רשב"ג מוֹדֶה בְּחֶנְוָנִי, אַע"פ שֶׁמּוֹכֵר תָּדִיר, דְּכֵיוָן שֶׁאֵינוֹ חַיָּיב לְהַטִּיף ג' טִיפִּין — נִקְרָשׁ בְּתוֹכוֹ יוֹתֵר. וּמְמַחֶה. מְקַנֵּחַ, כְּמוֹ "וּמָחָה ה' דִּמְעָה מֵעַל כָּל פָּנִים" (ישעיהו כה). מִשְׁקְלוֹתָיו. אַבְנֵי מִשְׁקָל שֶׁשּׁוֹקֵל בָּהֶן דָּבָר לַח וּבָשָׂר. עַל כָּל מִשְׁקָל (י) וּמִשְׁקָל. בְּכָל פַּעַם וּפַעַם שֶׁשּׁוֹקֵל בָּהֶן. שֶׁנִּדְבָּק בָּהֶן יוֹתֵר מִן הַמִּשְׁקוֹלוֹת, לְפִי שֶׁיֵּשׁ לָהֶן בֵּית קִיבּוּל, צָרִיךְ לְקַנְּחָן בְּכָל פַּעַם וּפַעַם. בַּמֶּה דְּבָרִים אֲמוּרִים. קִינּוּחִין הַלָּלוּ — בְּדָבָר לַח, כְּגוֹן בָּשָׂר וְיַיִן וְשֶׁמֶן. אֲבָל בְּדָבָר יָבֵשׁ. כְּגוֹן פֵּירוֹת כַּמּוֹן וּפִלְפְּלִין — אֵינוֹ צָרִיךְ לְקַנֵּחַ, שֶׁלֹּא נִדְבָּק בָּהֶן מְאוּמָה.

וְחַיָּיב

מר סבר גזלן הוי. וחייב להחזירה ליד הבעלים. תימה: הא תנן ב"הגוזל בתרא" (ב"ק דף קיח.) גבי הגונב טלה מן העדר, ולא ידעו בעלים לא בגניבתו ולא בחזירתו, ומנו הצאן והיא שלמה — פטור. וא"ר יוחנן: לדעת — מנין פוטר, שלא לדעת — אפילו מנין לא צריך. א"כ ה"נ (כ) הכא, אף על גב דגזלן הוי, כשהחזירה ליד התינוק שלקחה הימנו — יהיה פטור! אומר ר"י: שאני התם, דמחזירה למקום המשתמר. אבל הכא — מאבדה בידים, שמוסרה ליד התינוק, כדאמרי' לעיל דאבידה מדעת היא.

לעשרו אי אפשר מפני כו'. במעשר ראשון ובמעשר עני אינו מפחיתו, דבדמאי מעשרן והן שלו. אלא מפחיתו במעשר שני שחייב לאכלו בירושלים, ובתרומת מעשר דנותנו לכהן, כדאמרי' בפרק בתרא דסוטה (דף מח.). **בירא** שמים עסקינן כגון רב ספרא כו'. ואם תאמר: כשגמר בלבו לקנות היאך מחזיר? וי"ל: דמחזיר מדעת המוכר.

אחד

פי' הרשב"ם העקרי

דבור (כגון שנטלה למוד בה כו') ליתא כל הדבור ומתחיל הדבור כדרבה דאמרינן באלו מציאות גבי השבת אבדה פעמים שאתה מתעלם ופעמים שאי אתה מתעלם הא כיצד זקן ואינה לפי כבודו פטור ואמר רבה הכישה אותו זקן אע"פ שאינה לפי כבודו נתחייב בה להביאה ליד הבעלים ואם אבדה אבדה לו הואיל והכניס עצמו בשמירתה ה"נ כיון שבאה לידו חייב משום השבת אבדה ואי משום דאבדה מדעת אין אדם חייב בהשבתה הני מילי כי לא נגע בה אבל נטלה חייב דומיא דזקן ואינה לפי כבודו דפטור וכי הכישה חייב משום דהראה עצמו בשמירתה ואבדה מהגרמתו גם זה הגיה רב' מג' כב' והשתא אתיא סיפא שפיר דמודים חכמים היכא דלא נטלה חנוני כלל אלא מדד לתוכה כשהיא ביד תינוק פטור: אימור דאמר רבה כו'. ה"נ הוה מצי למיפרך כדלעיל לימא רבה תנאי היא אלא דעדיפא מיניה פריך: דאנקטא נגרי ברייתא. הלקיחה פסיעות חיצונות שהרי בע"ח היא והבריחה ואבדה בידים: כגון שנטלה. חנוני מיד תינוק למוד בה שלא לצורך תינוק אלא למוד בה לאחרים מה שהוא מוכר להם דהוה ליה שואל שלא מדעת בעל הצלוחית: דרבנן סברי גזלן הוי. וקניה להתחייב בה עד שישיב ליד הבעלים עצמן דבעינן השבה מעלייתא כדכתיב והשיב את הגזלה והשבה ליד תינוק אין זו השבה אלא איבוד והכי תנן בהגוזל ומאכיל הגונב טלה מן העדר והחזירו ומת או נגנב חייב באחריותו כיון שלא החזירו בידיעת בעלים דהיינו החזירו לעדר ולא לבעלים ה"נ בעינן דעת בעלים וכשיחזירו לתינוק לא ידעי הבעלים: ור' יהודה סבר דינו כשואל. ויחזיר למקום שהשאילוהו ודיו והלכך משהחזיר' לתינוק פטור והאי דאמרי' בשלהי המפקיד הא דאמר רבה שואל שלא מדעת לרבנן גזלן הוי היינו הכא וסיפא הכי קתני ומודים חכמים לר' יהודה שאם לא נטלה על מנת למוד בה לאחרים ולא הוציאה מרשות הבעלים אע"פ שנטלה למוד בה לתינוק הרי הוא כאילו צלוחית ביד תינוק דהא לא אפקה מרשות בעלים ופטור מן הצלוחית: שואל הוי. דינו כשואל ומיהו איסורא מיהא איכא דלא גרע משולח יד בפקדון ואסור: והנ"מ דקיצי דמיה. שכבר קצב ופסק דמים קודם שנטלו א"נ כגון כלים קטנים הנמכרים לעולם באיסר איסר ששיעור שלהם ידוע כגון קדרות או ריחים של פלפלין שדמיהם קצובין מסתמא ובמס' נדרים בפ' ארבעה נדרים מוקי לה להא דשמואל בזבינא חריפא דהנאת לוקח הוא ואע"ג דתניא התם כוותיה בברייתא דקתני ונאנסו בהליכה חייב בחזירה פטור מפני שהוא כנושא שכר נראה בעיני דלאו דוקא נושא שכר דא"כ לא לחייב באונסין אלא בגנבה ואבדה וטעמא משום דקיצי דמיה וזבינא חריפא הרי הוא בנטילה זו כמו לוקח גמור א"נ כמו שואל שכל הנאה שלו שחייב באונסין דכיון דזבינא חריפא אין כאן הנאה למוכר כלל בנטילתו של זה שהרבה ימצא לוקחים הלכך הו"ל מוכר כמו משאיל דלית ליה הנאה כלל: אגבה אטמא. ירך לראות אם שמנה היא ויש בה בשר הרבה: אבל לא קיצי דמיה כו' לא גרסי': קארי. דלעת: שקיל קרא. לקנות: אמר להם הרי הן מוקדשין. לפי שלא ידע למי ישאל מעותיו אחרי שכולם לקחו: אין אדם מקדיש כו'. דכי יקדיש את ביתו כתיב וה"נ כיון דקיצי דמיה זכו בהן כדשמואל שהרי ברשותו לקחו ולא בע"כ מכרן: ברשותא דמרייהו קיימי. וקדשי שהרי לא לגזלו נתכונו דנימא שניהן אינן יכולין להקדיש זה לפי שאינו שלו וזה לפי שאינו ברשותו שהרי על מנת להחזירם לקחום אם יעלה בדמיהם והלכך אכתי ברשותיה קאי דהיינו משך ולא פסק דלא קני: הלוקח ירק. חבר מעם הארץ: בירר והניח. לא שגמר לקנות אלא לראות את הטיבות ואח"כ יקח מה שירצה: לא קנה. להתחייב במעשר: קנה מעשר. דכיון דגמר בלבו לקנות הרי הן שלו כדלקמן ומיד איחייב ליה חבר להפרישן דמאי: להחזירם אי אפשר. אם רצה לחזור ממה שגמר בלבו אי אפשר להחזירם למוכר בלא הפרשת מעשרות דחזקה על חבר שאין מוציא דבר שאין מתוקן מתחת ידו: ולעשרו אי אפשר. ואח"כ יחזירם בלא מעשר: שמפחיתן. שנתמעטה החבילה כדי מעשר: מעשרן. ונותן ללוי ולעניים ונותן לו דמי מעשר וגם מחזיר את המותר בעין: אטו משום דגמר בלבו קנה מעשר. בתמיה

רבינו גרשום

צלוחית דחנוני היא. אלא אביי בר אבין כו' הכא במאי עסקינן. דפליגי ר' יהודה ורבנן: כגון ששלח בעל הבית ביד בנו צלוחית למוד לו בתוכה. ונטלה החנוני מיד התינוק למוד לו לתוכה דכיון דנטלה מיד התינוק נתחייב באחריותה כדרבה דאמר רבה הכישה במקל לבהמת חבירו שהיתה תועה וברחה נתחייב באחריותה. ואם שיברה שוב התינוק בחזירה [נתחייב החנווני] לרבנן: מי דמי אימור דאמר רבה. אמאי חייב באחריותה כשהכישה משום דבעלי חיים היא ואינקטה נגרי ברייתא שהבריחה: כי האי גוונא. כשנטלה חנוני: מי אמר. רבה דנתחייב בה: ובשואל שלא מדעת שמדד בה לאחרים שלא מדעת בעל הצלוחית פליגי רבנן סברי שואל הוי ונתחייב באונסיה כל זמן שלא חזרה ביד לבעליה. ור' יהודה סבר שואל שלא מדעת גזלן הוי ואין לו דין שואל ופטור מן האונסין: והני מילי הוא דקיצי דמיה. שידע בכמה הוא נותנו ועל מנת כן הגביהו לקנותו באותן דמים אם יכשר בעיניו. ולהכי כי נאנס ברשות לוקח נאנס אבל אם לא קץ דמים קצובין היה נאנס ברשות מוכר. והני מילי הוא דבעי לה לכולה אטמא לקנות והיה יודע מה היו דמיה. אבל לא בעי לה כולה אלא חציה מאי דבעי מיניה חייב לשלומי: קארי. קישואין: והני מילי. דאינו מקדיש הוא דקיצי דמיה של כל אחת דכשהגביה קנאה זה החוטף. ואע"ג דלא נתנו דמים עדיין קנאום ולא היה יכול להקדישן שאינן שלו: אבל לא קיצי דמיה אע"ג דחטפה ברשותי' דמוכר קאי ומצי מקדיש: הלוקח ירק מן השוק. מן עם הארץ שחייב לעשר מעשר ירק מדרבנן. מדד חבילה אחת והניח אחת אפי' כל היום כולו שלא היה יודע עדיין איזה יקח לא קנה ולא נתחייב במעשר: גמר בלבו. לוקח אחת מהן אע"פ שלא הגביהה עדיין ושוב נמלך שאין צריך להם אעפ"כ קנה מעשר דחייב לעשר אותה חבילה: מה יעשה כיון שאין צריך להן. להחזירו אותה אגודה אצל שאר האגודות אי אפשר שכבר נתחייב במעשר משעה שגמר בלבו לקנות ואם מחזירו אצל האחרות יהיו טבל וחולין מעורבין ואסירין כולן. וליעשרן אי אפשר שאם יטול המעשר מאותה אגודה מפסיד המוכר שמפסידו בדמים כיצד יעשה בזה יעשר אותו שבירר ויתן לו למוכר דמי מה ששוה המעשר שנוטל ויחזיר לו השאר: אטו משום דגמר בלבו לקנות. יקנה מעשר והלא לא הוציא בשפתיו לומר זה אני רוצה ולא הגביהו א"כ במה קנאו: דמקיים בנפשו ודובר אמת בלבבו. כדרב ספרא שהיה לו חמור למכור ובשעה שהיה קורא ק"ש בא אחד ואמר לו תנהו לי בכך וכך דמים ונתרצה בלבו ולא היה יכול להשיבו והוסיף לו עוד הלוקח דמים וכשגמר קריאת שמע אמר ליה בדמים ראשונים אמרתי בלבי לתנו לך לא אטול ממך התוספת ונתנו לו בדמים

הגהות הב"ח (א) גמ' ובירר והניח ובירר והניח אפילו כל היום: (ב) שם ולעשרו א"א מפני שמפחיתן בדמים: (ג) רשב"ם ד"ה כגון וכו' דלא לדעת שיטלנה החנוני: (ד) ד"ה דמר סבר וכו' ליד בעלים. נ"ב ודמי להא דלעיל דף לה ע"ב: (ה) ד"ה ורבי יהודה וכו' בהמפקיד אלא הא דאמר רבא. נ"ב כלומר דמלאוקי רבא לרבנן דמתניתין דס"ל גזלן הוה ש"מ דס"ל לרבא גזלן הוה והדר לאוקמה מילתיה כרבנן דהלכתא כרבים וכ"פ רש"י בפ' המפקיד: (ו) ד"ה והני מילי דקיצי דמיה [illegible] שנוטלן אי נמי שדמיו קטנים כגון רחיים: (ז) ד"ה כרשותא דמרייהו וכו' דלא דמי לגזל ולא נתיאשו הבעלים דלאמרינן שניהן: (ח) ד"ה רב ספרא וכו' ונתחייב במעשר וכי מחזירו: (ט) ד"ה חילוף וכו' ומתייבש המשקה: (י) ד"ה על כל משקל ותיבת ומשקל נמחק: (כ) תוס' ד"ה מר וכו' ה"נ נימא הכי:

אחד מעשרה בליטרא לי' ליטרא. מלישנא דמתני' דייק, דקתני: "אחד לעשרה", ולא קתני "אחד מעשרה". וא"ת: אמאי לא תני במתני' "אחד ממאה"? ונראה לרשב"א לפרש דלא מחייב גירומיו כלל מדאורייתא אלא כששוקל עשר ליטרין, אבל בפחות מכאן — אינו חייב מדאורייתא. והא דתניא לקמן: היה מבקש ממנו שלשה רבעי ליטרא, לא יאמר "שקול לי ג' רבעי ליטרא" כו', לפי שהיה חייב הכרע על כל משקל ומשקל — הני מילי גבי הכרעה דלאו דאורייתא, ובמקום שנהגו.

התם אפשר בתשובה. ודוקא בעריות שאין בהן ממזרות. אבל הבא על אשת איש והוליד ממנה בן, או שאר עריות שיש בהן ממזרות — זהו מעוות לא יוכל לתקן, כדאמר ג) (ביבמות (דף כא)) וא"א בתשובה. וה"ר חיים אומר: אע"ג שהוא מעוות לא יוכל לתקן — מ"מ אפשר בתשובה (ד) שלוה לו הקב"ה, ד)דלא נוה אלא לעשות לו תשובה. אבל גזלן שתשובתו הוא שיחזיר הגזילה, כדכתיב "והשיב את הגזלה" וגו', והיכא דגזל לרבים אינו יודע למי ישיב. דאע"ג דאמרי' (ב"ק דף צד:): יעשה בהן צרכי רבים — מ"מ לאו תשובה מעלייתא היא.

וקללם בעשרים ושתים. מ"והיה אם לא תשמעו" וגו'. מכאן אין נראה לר"י פירוש רב נסים גאון, דפירש: דהאי דמחלקים "וילך" מ"אתם נצבים" כשיש שתי שבתות בין ר"ה לסוכות בלא יו"ט, אע"פ שהיא פרשה קטנה, ומחברין מטות ומסעי שגדולות יותר — היינו משום דבעינן שיתמו שנה וקללותיה, שיש קללות ב"אתם נצבים" ואין אנו רוצים שיכנסו תוכחות של שנה שעברה בשנה הבאה. דהא הכא משמע דלא קרי קללות אלא ב"אם בחקותי" וב"והיה כי תבוא", דקאמר מ"ואם לא תשמעו" עד "ואין קונה", אבל משם ואילך — לא חשיבי קללות. אבל נראה לר"י דלהכי אנו קורין לעולם "אתם נצבים" לפני ר"ה — כדי להפסיק בפרשה בין קללות דשנה שעברה ד"והיה כי תבוא" לשנה הבאה. ולכך נמי לעולם אנו קורים "במדבר" לפני עצרת — כדי להפסיק בה בין קללות ד"אם בחקותי" לעצרת, שהוא ר"ה לפירות האילן, שנדונין על הפירות. והכי איתא במס' מגילה (דף לא: ושם): דקורין קללות שבתורת כהנים לפני עצרת.

מנין

תורה אור

א)וְחַיָּיב לְהַכְרִיעַ לוֹ טֶפַח. הָיָה שׁוֹקֵל לוֹ עַיִן בְּעַיִן — ב)נוֹתֵן לוֹ גֵּירוּמִין, אֶחָד לַעֲשָׂרָה בְּלַח, וְאֶחָד לְעֶשְׂרִים בְּיָבֵשׁ. ג)מָקוֹם שֶׁנָּהֲגוּ לָמוֹד בְּדַקָּה — לֹא יָמוֹד בְּגַסָּה, בְּגַסָּה — לֹא יָמוֹד בְּדַקָּה, לִמְחוֹק — לֹא יִגְדּוֹשׁ, לִגְדּוֹשׁ — לֹא יִמְחוֹק.§ **גמ'** מְנָהָנֵי מִילֵּי? אֲמַר ר"ל, דְּאָמַר קְרָא: °"אֶבֶן שְׁלֵמָה וָצֶדֶק", צַדֵּק מִשֶּׁלְּךָ וְתֵן לוֹ. א"ה, אֵימָא סֵיפָא: הָיָה שׁוֹקֵל לוֹ עַיִן בְּעַיִן — נוֹתֵן לוֹ גֵּירוּמִין; וְאִי הַכְרָעָה דְּאוֹרַיְיתָא, הֵיכִי יָהֵיב לֵיהּ עַיִן בְּעַיִן? אֶלָּא, רֵישָׁא — ד)בְּמָקוֹם שֶׁנָּהֲגוּ, וְכִי אִיתְּמַר דְּר"ל — אַסֵּיפָא אִיתְּמַר: הָיָה שׁוֹקֵל לוֹ עַיִן בְּעַיִן — נוֹתֵן לוֹ גֵּירוּמִין; מְנָהָנֵי מִילֵּי? אֲמַר ר"ל, דְּאָמַר קְרָא: "וָצֶדֶק", צַדֵּק מִשֶּׁלְּךָ וְתֵן לוֹ. וְכַמָּה גֵּירוּמִין? א"ר אַבָּא בַּר מָמֵל אָמַר רַב: אֶחָד מֵעֲשָׂרָה בְּלִיטְרָא בְּלַח לַעֲשָׂרָה לִיטְרִין.§ "אֶחָד לַעֲשָׂרָה בְּלַח, וְאֶחָד לְעֶשְׂרִים בְּיָבֵשׁ" וכו'.§ אִיבַּעְיָא לְהוּ: הֵיכִי קָאָמַר? אֶחָד מֵעֲשָׂרָה בְּלַח ה)לַעֲשָׂרָה דְּלַח, וְאֶחָד מֵעֶשְׂרִים בְּיָבֵשׁ ו)לְעֶשְׂרִים דְּיָבֵשׁ. אוֹ דִּלְמָא: אֶחָד מֵעֲשָׂרָה לַעֲשָׂרָה דְּלַח וּלְעֶשְׂרִים דְּיָבֵשׁ? תֵּיקוּ.

א)א"ר לֵוִי: ז)קָשֶׁה עוֹנְשָׁן שֶׁל מִדּוֹת יוֹתֵר מֵעוֹנְשָׁן שֶׁל עֲרָיוֹת, שֶׁזֶּה נֶאֱמַר בָּהֶן °"אֵל" וְזֶה נֶאֱמַר בָּהֶן °"אֵלֶּה". וּמַאי מַשְׁמַע דְּהַאי "אֵל" קָשֶׁה הוּא? דִּכְתִיב: °"וְאֶת אֵילֵי הָאָרֶץ לָקַח", ב)גַּבֵּי עֲרָיוֹת נַמִּי הָכְתִיב: "אֵלֶּה"! הַהוּא לְמַעוּטֵי מִדּוֹת מְכַּרֵת. וְאֶלָּא מַאי עוּדְפַיְיהוּ? דְּהָתָם אֶפְשָׁר בִּתְשׁוּבָה, וְהָכָא ח)לָא אֶפְשָׁר בִּתְשׁוּבָה. וְא"ר לֵוִי: קָשֶׁה גֶּזֶל הֶדְיוֹט יוֹתֵר מִגֶּזֶל גָּבוֹהַּ, שֶׁזֶּה הִקְדִּים חֵטְא לִמְעִילָה, וְזֶה הִקְדִּים מְעִילָה לְחֵטְא. וְאָמַר רַבִּי לֵוִי: בּוֹא וּרְאֵה שֶׁלֹּא כְּמִדַּת הקב"ה מִדַּת בָּשָׂר וָדָם; הקב"ה בֵּרֵךְ יִשְׂרָאֵל בְּעֶשְׂרִים וּשְׁתַּיִם וְקִלְּלָן בִּשְׁמֹנֶה, בֵּרְכָן בְּעֶשְׂרִים וּשְׁתַּיִם — °מֵ"אִם בְּחֻקֹּתַי" עַד "קוֹמְמִיּוּת", וְקִלְּלָן בִּשְׁמוֹנֶה — °מִ"וְאִם בְּחֻקֹּתַי תִּמְאָסוּ" עַד "וְאֶת חֻקּוֹתַי גָּעֲלָה נַפְשָׁם"; וְאִילּוּ מֹשֶׁה רַבֵּינוּ בֵּרְכָן בִּשְׁמוֹנֶה וְקִלְּלָן בְּעֶשְׂרִים וּשְׁתַּיִם, בֵּרְכָן בִּשְׁמוֹנֶה — מִ"וְהָיָה

(דברים כה; ויקרא יח; דברים כה; יחזקאל יז; ויקרא כו; שם)

וְחַיָּיב לְהַכְרִיעַ (א). הַמֹּאזְנַיִם מִצַּד הַבָּשָׂר טֶפַח, שֶׁיְּהֵא הַבָּשָׂר שׁוֹקֵל יוֹתֵר מִן הַלִּיטְרָא. וּבַגְּמָ' מוֹקֵי לָהּ בְּמָקוֹם שֶׁנָּהֲגוּ לְהַכְרִיעַ, וה"ה לַעֲשָׂרָה לִיטְרוֹת בְּיַחַד — לְהַכְרִיעַ טֶפַח, כִּדְאָמְרִי' בַּבָּרַיְיתָא בַּגְּמָרָא: וְנוֹתֵן הֶכְרֵעַ אֶחָד לְכוּלָּן. וְנִרְאֶה בְּעֵינַי דִּלְפָחוֹת מִלִּיטְרָא לָא בָּעֵי' הֶכְרֵעַ טֶפַח, דִּנְפִישׁ יוֹתֵר מִדַּאי הֶכְרֵעַ טֶפַח בְּדָבָר קַל. הָיָה שׁוֹקֵל לוֹ עַיִן בְּעַיִן. בְּלֹא כְלוּם, כְּגוֹן בְּמָקוֹם שֶׁאֵין מַכְרִיעִין — נוֹתֵן לוֹ לְבַד הַמִּשְׁקָל אֶת גֵּרוּמָיו הֶכְרֵעוֹ, כִּדְקָתָנֵי: אֶחָד מֵעֲשָׂרָה בְּלַח כו'. וּבַגְּמָ' מְפָרֵשׁ לָהּ. וּבַגְּמָרָא נָפְקָא לָן מִקְּרָאֵי דְּחַיָּיב לִיתֵּן לוֹ מוֹכֵר מִשֶּׁלּוֹ לְבַד הַמִּשְׁקָל. וְגֵירוּמָיו לְשׁוֹן הַכְרָעָה הוּא, וְכֵן הַגְרָמָה דִּשְׁחִיטָה נַמִּי לְשׁוֹן הַכְרָעָה וְהַטָּיָיה הוּא, שֶׁמַּכְרִיעַ וּמַטֶּה אֶת הַסַּכִּין חוּץ לִמְקוֹם שְׁחִיטָה. בְּדַקָּה. קַב. לֹא יָמוֹד בְּגַסָּה. בִּסְאָה, דְּהָוֵי הֶפְסֵד דְּלוֹקֵחַ, דְּאֵין לוֹ מִשְּׁשָּׁה קַבִּין כִּי אִם הֶכְרֵעַ אֶחָד, וְאוֹבֵד ה' הַכְרָעוֹת. וַאֲפִילּוּ בְּמָקוֹם שֶׁמּוֹחֲקִין נַמִּי, אִי אֶפְשָׁר לִמְחוֹק כָּל כָּךְ בְּלֹא כְלוּם. (ג) [א"נ, מִשּׁוּם שֶׁמּוֹדֵד לוֹ בְּרֶיוַח, וּבְדַקָּה מוֹדֵד יוֹתֵר, וּכְשֶׁמּוֹדֵד בְּגַסָּה — מַפְסִיד הַקּוֹנֶה]. לֹא יָמוֹד בְּדַקָּה. דְּמַפְסִיד מוֹכֵר, מִשּׁוּם שֶׁאֵינוֹ יָכוֹל לִמְחוֹק כָּל כָּךְ. לִמְחוֹק. אֶת הַמִּדָּה. לֹא יִגְדּוֹשׁ. קונבלי"ר בְּלַעַ"ז. אַע"פ שֶׁמּוֹסִיף לוֹ שְׁלִישׁ בִּשְׁבִיל גּוּדְשָׁא, כִּדְמְפָרֵשׁ בַּגְּמָרָא. וְכֵן לֹא יִמְחוֹק, אַע"פ שֶׁפּוֹחֵת מִן הַדָּמִים. **גמ'** מְנָהָנֵי מִילֵּי. קָא סָלְקָא דַּעְתָּךְ דְּבָעֵי אַהָא דְּצָרִיךְ לְהַכְרִיעַ טֶפַח. וָצֶדֶק. מְיוּתָּר הוּא, לְמִדְרַשׁ: אַע"פ שֶׁאֵיפָה שְׁלֵימָה מְדַדְתָּ — צַדֵּק מִשֶּׁלְּךָ וְתֵן לוֹ, וְהַיְינוּ הַכְרָעָה. וּבְמִדָּה נַמִּי — לִמְדּוֹד בְּרֶיוַח, כְּדֵי שֶׁיְּהֵא יָתֵר עַל מִדָּתוֹ. הֵיכִי יָהֵיב לֵיהּ עַיִן בְּעַיִן. הָאָמְרַתְּ דִּגְזֵירַת הַכָּתוּב הוּא שֶׁיַּכְרִיעַ בִּשְׁעַת הַמִּשְׁקָל! אֶלָּא [רֵישָׁא] בְּמָקוֹם שֶׁנָּהֲגוּ. כְּלוֹמַר, אֵין גְּזֵירַת הַכָּתוּב לְהַכְרִיעַ בִּשְׁעַת הַמִּשְׁקָל, אֶלָּא בְּמִנְהָגָא תַּלְיָא מִילְּתָא, דְּאִם רוֹצִין לְהַכְרִיעַ בִּשְׁעַת הַמִּשְׁקָל תַּחַת גֵּירוּמָיו דְּאַחַר מְדִידָה — הָרְשׁוּת בְּיָדוֹ. וְאוֹתוֹ הֶכְרֵעַ צָרִיךְ טֶפַח, דְּאֵין הַכָּתוּב מַקְפִּיד אֶלָּא שֶׁיּוֹסִיף עַל הַמִּשְׁקָל, אוֹ בִּשְׁעַת הַמִּשְׁקָל אוֹ לְאַחֲרֵי כֵן. מְנָהָנֵי מִילֵּי. דְּצָרִיךְ לְהוֹסִיף עַל הַמִּשְׁקָל. **אחד** מֵעֲשָׂרָה בְּלִיטְרָא. כְּשֶׁשּׁוֹקְלִין י' לִיטְרִין, דְּהַיְינוּ אֶחָד מִמֵּאָה. (ס"א: וּמִדְּמַצְרִיךְ הַכְרָעַת טֶפַח בְּמָקוֹם שֶׁמַּכְרִיעִין דָּיֵיק הָכִי, דְּשִׁיעוּר אֶחָד מִמֵּאָה בְּמִשְׁקָל מַכְרִיעַ טֶפַח, וְהַגֵּירוּמִין בִּמְקוֹם הַכְרָעָה קָיְימִי. ע"כ) וּמִלִּישְׁנָא דְּמַתְנִיתִין דְּקָתָנֵי: אֶחָד לַעֲשָׂרָה בְּלַח, וְלָא קָתָנֵי "אֶחָד מֵעֲשָׂרָה בְּלַח" דָּיְיקִינַן לֵיהּ. הִלְכָּךְ חַסּוּרֵי מִחַסְּרָא, וְהָכִי קָתָנֵי: אֶחָד מֵעֲשָׂרָה לַעֲשָׂרָה בְּלַח, כֵּן נִרְאֶה בְּעֵינַי. וְטוֹרַח הָיָה לַתַּנָּא לְהַזְכִּיר ב' פְּעָמִים עֲשָׂרָה וְחִיסֵּר הָאֶחָד. מַתְנִי' דְּקָתָנֵי: אֶחָד לְי' בְּלַח וְאֶחָד לְכ' בְּיָבֵשׁ, אִיבַּעְיָא לְהוּ הֵיכִי קָתָנֵי כו'. וּלְפָרוּשֵׁי סֵיפָא קָאָתֵי, הֵיכִי קָאָמַר מַתְנִי' אֶחָד מִי' בְּלַח לְי' דְּלַח, וְהוּא הַדִּין אֶחָד מִכ' בְּיָבֵשׁ לְכ' דְּיָבֵשׁ, דְּהַיְינוּ חֵלֶק אֶחָד מִד' מֵאוֹת. אוֹ דִּלְמָא אֶחָד מִי' בְּלַח לְי' דְּלַח וְכֵן אֶחָד מִי' בְּיָבֵשׁ לְכ' דְּיָבֵשׁ. דְּהַיְינוּ חֵלֶק אֶחָד מִמָּאתַיִם, וְאֶחָד מִי' אַתַּרְוַיְיהוּ קָאֵי. וְנִרְאֶה, מִשּׁוּם שֶׁהַלַּח נִדְבָּק בִּכְלִי וְאֵינוֹ מֵטִיף לוֹ הַכֹּל — צָרִיךְ לְהוֹסִיף לוֹ יוֹתֵר מִבְּיָבֵשׁ. עוֹנְשָׁן שֶׁל מִדּוֹת. אִם עוֹשֶׂה בָּהֶן עָוֶל. מֵעוֹנְשָׁן שֶׁל עֲרָיוֹת. אִם נִכְשַׁל בָּהֶן. שֶׁזֶּה נֶאֱמַר בָּהֶן אֵל. עֲרָיוֹת, דִּכְתִיב "אֶת הַתּוֹעֵבֹת הָאֵל", וּבְמִדּוֹת כְּתִיב "אֵלֶּה", דִּכְתִיב "כָּל עוֹשֵׂה אֵלֶּה כֹּל עוֹשֵׂה עָוֶל". וְאֵלֶּה קָשֶׁה מֵאֵל. דְּמִשּׁ"ה הוֹסִיף הַכָּתוּב בָּהֶן ה', לְרַבּוֹת וּלְהַגְדִּיל הַקִּישּׁוּי. בַּעֲרָיוֹת נַמִּי כְּתִיב. "כָּל אֲשֶׁר יַעֲשֶׂה מִכֹּל הַתּוֹעֵבוֹת הָאֵלֶּה וְנִכְרְתוּ". לְמַעוּטֵי מִדּוֹת מִכָּרֵת. דְּס"ד אָמֵינָא: כֵּיוָן דְּעָוֶל מִדּוֹת נִקְרְאוּ תּוֹעֵבוֹת, ה"א הֲרֵי הֵן בִּכְלָל "כָּל אֲשֶׁר יַעֲשֶׂה מִכֹּל הַתּוֹעֵבוֹת" אִי לָא כְּתַב "אֵלֶּה" דְּמַשְׁמַע מִיעוּט. וְלָא מִשּׁוּם ג"ש, דַּאֲפִי' לָא כָּתַב "אֵלֶּה" לָא דָּיְינִינַן, דְּאֵין אָדָם דָּן גְּזֵירָה שָׁוָה מֵעַצְמוֹ אא"כ לְמָדוֹ מֵרַבּוֹתָיו. וְלָא מִק"ו, דְּהַאי אֶפְשָׁר בִּתְשׁוּבָה וְהַאי לָא אֶפְשָׁר בִּתְשׁוּבָה, דְּאֵין עוֹנְשִׁין מִן הַדִּין. אֶלָּא מִמַּשְׁמָעוּתוֹ, כִּדְפָרֵישִׁית. וְאֶלָּא מַאי עוּדְפַיְיהוּ. דְּמִדּוֹת, כֵּיוָן דְּבַעֲרָיוֹת אִיכָּא כָּרֵת וּבְדִידְהוּ לֵיכָּא כָּרֵת. אֶפְשָׁר לֵיהּ בִּתְשׁוּבָה. עֲרָיוֹת מוֹעֶלֶת תְּשׁוּבָה אִי עָבֵיד לֵיהּ תְּשׁוּבָה מַעַלְיָיתָא, כְּדִכְתִיב (הושע יד): "שׁוּבוּ בָּנִים שׁוֹבָבִים אֶרְפָּא מְשׁוּבוֹתֵיכֶם" וְאָמְרִי' נַמִּי (מכות דף כג.): כָּל חַיָּיבֵי כְּרֵיתוֹת שֶׁלָּקוּ — נִפְטְרוּ מִידֵי כְּרֵיתָתָן. אֲבָל מִדּוֹת, שֶׁגּוֹזֵל אֶת הָרַבִּים — א"א לוֹ בִּתְשׁוּבָה, שֶׁהֲרֵי תְּשׁוּבָתוֹ תְּלוּיָה בַּהֲשָׁבַת גְּזֵילָה, דִּכְתִיב: "וְהֵשִׁיב אֶת הַגְּזֵלָה" (ויקרא ה) וְהוּא אֵינוֹ יוֹדֵעַ לְמִי יַחֲזִיר. וְאַע"ג דְּאָמְרִינַן יַעֲשֶׂה בָּהֶן צָרְכֵי רַבִּים — אֵין זוֹ תְּשׁוּבָה מַעַלְיָא, מֵאַחַר שֶׁאֵינוֹ מֵשִׁיב לַבְּעָלִים, אֶלָּא שֶׁבֵּירְרוּ לוֹ הַמּוֹעָט. גֶּזֶל הֶדְיוֹט. הִקְדִּים בּוֹ חֵטְא לִמְעִילָה, דִּכְתִיב (שם): "נֶפֶשׁ כִּי תֶחֱטָא וּמָעֲלָה מַעַל בַּה' וְכִחֵשׁ בַּעֲמִיתוֹ" וגו' (ג) — מִיַּד הַתְחָלַת הַגֶּזֶל קָרֵי לֵיהּ חוֹטֵא, מִשְּׁעַת כְּפִירָה. וְגַבֵּי הֶקְדֵּשׁ כְּתִיב: "כִּי תִמְעוֹל מַעַל וְחָטְאָה בִּשְׁגָגָה" — דְּאֵינוֹ נִקְרָא חוֹטֵא עַד שֶׁנֶּהֱנָה. **שֶׁלֹּא** כְּמִדַּת הקב"ה מִדַּת בָּשָׂר וָדָם. שֶׁהקב"ה רַחֲמָן, וּבִרְכָתוֹ מְרוּבָּה מִקִּלְלָתוֹ. אֲבָל אָדָם — קִלְלָתוֹ מְרוּבָּה מִבִּרְכָתוֹ. בְּעֶשְׂרִים וּשְׁתַּיִם. מֵ"אִם בְּחֻקֹּתַי" עַד "קוֹמְמִיּוּת", מֵאָלֶ"ף שֶׁבְּ"אִם" עַד תָּי"ו שֶׁבְּ"קוֹמְמִיּוּת", וְהַיְינוּ בְּעֶשְׂרִים וּשְׁתַּיִם אוֹתִיּוֹת שֶׁבָּאָלֶ"ף בֵּי"ת לְבַד הַכְּפוּלוֹת, וּמִוָּי"ו עַד מֵ"ם — שְׁמֹנָה אוֹתִיּוֹת.

מוהיה

פי' הרשב"ם העקרי

רבינו גרשום

כל עושה אלה כל עושה עול: גבי עריות נמי הא כתיב אלה. כמו במדות דכתיב כי כל אשר יעשה מכל התועבות האלה ונכרתו וגו'. ההוא אלה דעריות לא אתי אלא לאורויי דעריות אפשר בכרת למעוטי מדות מכרת. אלא הואיל דבמדות ליכא כרת מאי עודפיהו מדעריות איכא: דעריות אפשר בתשובה. דכל חייבי כריתות שלקו נפטרו מידי כרת: ומדות לא אפשר בתשובה דאין תשובה מועלת עד שיחזור הגזילה וזה גזל הרבה בני אדם ואין יודע [מאיזה] מהן: דגזל הדיוט הקדים חטא למעילה. דכתיב ונפש כי תחטא ומעלה מעל בה' וכחש בעמיתו: ובגזל גבוה הקדים מעילה לחטא. דכתיב כי תמעול מעל וחטאה בשגגה מקדשי ה': מאם בחקותי תלכו עד קוממיות. היינו מא' ועד ת': קללן בשמונה אותיות. ואם לא תשמעו ועד געלה נפשם הוי ח'

ומשקל. כל פעם שהוא שוקל שנדבק בו הרבה יותר ממשקלות והלכך על כל ליטרא וליטרא שהוא שוקל צריך לקנח מאזנים: בר"א. כל קנוחים הללו: בבלי לח. יין ושמן: ביבש. כמון ופלפלין: וחייב כו' כבדפוס: מנה"מ. קס"ד דאהכרעה טפח קאי: וצדק. מיותר הוא לדרשה שאע"פ שמדה שלימה מדדת לו צדק משלך עוד ותן לו דהיינו הכרעה ומיהו במדה לא שייך הכרעה כי אם במשקל והוא הדין למדה שימדוד יותר מן המדה כגון אם נהגו למחוק יגדוש מעט: היכי יהיב ליה עין בעין. והא איסורא קא עביד אע"פ שמשלם לו לבסוף דבשעה שהוא מודד בעינן צדק משלך כדכתיב ואיפה שלמה וצדק האי האיפה צדק: אלא רישא במקום שנהגו. להכריע תחת גירומיו דאחר מדידה ואתא לאשמועינן דאותה הכרעה ליהוי טפח: מנה"מ. דצריך ליתן יותר מכדי מדה אחד מעשרה בליטרא כששוקל עשר ליטרין דהיינו חלק אחד ממאה ומלישנא דמתני' קא דייק דקתני אחד לעשרה בלח ולא קתני אחד מעשרה בלח הלכך חסורי מחסרא והכי קתני אחד מעשרה לעשרה בלח כן נראה בעיני וטורח היה לתנא להזכיר שני פעמים עשרה וחסר האחד: אחד לעשרה בלח ואחד לעשרים ביבש איבעיא להו היכי קתני כו' ולפרושי סיפא קאתי היכי קאמר מתני' אחד מעשרה בלח לעשרה בלח וכן אחד מעשרים ביבש לעשרים דיבש דהיינו חלק א' מארבע מאות חלקים או דלמא האי שיעורא דא' מעשרה קאי נמי אעשרים דיבש והכי קאמר א' מעשרה לעשרה דלח וה"ה לעשרים דיבש שנוטל א' מעשרה במדה שיש עשרים מדות דהיינו חלק א' ממאתים ונראה בעיני משום דמן הלח נשאר בכלי ולא מן היבש הלכך בעי הכרעה יתירא טפי מיבש: קשה עונשן של מדות. כשמודד במדה שאינה ישרה או כשעושה בו שום עול ולקמיה מפרש משום דלא אפשר בתשובה ומקרא יליף לה כדמפרש ואזיל: עריות נאמר בהן אל. כי את כל התועבות האל: במדות כתב כל עושה אלה כל עושה עול אלה משמע לשון רבים: בעריות נמי הכתיב. כי כל אשר יעשה מכל התועבות האלה ונכרתו הנפשות וגו': למעוטי מדות מכרת. דסד"א נילף התועבות תועבות לג"ש ופרכינן לרבי והא אמרינן דאין אדם דן ג"ש מעצמו אא"כ למדה מרבו ורבו מרבו והלכה למשה מסיני ותירץ לי דהכי אית לפרושי מכל התועבות מכל דברים שכתוב בהן תועבות ואפי' מדות כיון דכתיב בהן תועבות אתא אלה ומיעט ולא קאי מכל אלה התועבות דכתב לעיל מכל התועבות: ואלא כיון דבעריות איכא כרת ובמדות ליכא כרת מאי חומרייהו מעריות ואמאי כתב בהו אלה: אפשר בתשובה. דכל חייבי כריתות שלקו נפטרו מדין כרתן א"נ בלא מלקות תשובה מועלת בכל דבר כדכתיב שובו בנים שובבים ארפא משובותיכם אי עבוד תשובה מעלייתא כל ימיו כו' אבל מדות דאינו יודע למי ישיב ותשובתן תלויה בהשיב את הגזלה ואינו יכול לקיים מקרא זה הלכך אי אפשר בתשובה מעלייתא דכל ימיו והשיב את הגזלה קאי: גזל הדיוט הקדים בו חטא למעילה כדכתיב ונפש כי תחטא ומעלה מעל וכחש בעמיתו דמיד התחלת הגזל קרי ליה חטא גבי הקדש כתיב תמעול מעל וחטאה בשגגה מקדשי וגו' לא מיקרי חוטא עד שנהנה כבר: בעשרים ושתים אותיות. כדמפרש לקמיה אם בחקותי קוממיות אל"ף שבתחלת הפרשה ותי"ו שבסופה הרי כ"ב אותיות ומוי"ו עד מ"ם שמנה אותיות

והיה

א) נ"ל ואחד מעשרים בליטרא לעשרים ליטרין דיבש. דהיינו אחד מד' מאות. ב) נראה דנ"ל כי שקיל ליה אחד י' משקלות דלח ואחד כ' דיבש נמי.

הגהות הב"ח

מ"והיה אם שמוע תשמע" ועד "לעבדם", וקללן בעשרים ושתים — מ"והיה אם לא תשמע" עד "ואין קונה". § "מקום שנהגו למוד בגסה" כו'. § (סימן: אין מעיינין ואין גודשין באגרדמין ובליטרא שלשה ועשר נפש משקלות ממחק עבה לא תעשו לא יעשה). ת"ר: מנין שאין מוחקין במקום שגודשין, ואין גודשין במקום שמוחקין? ת"ל: "איפה שלמה". ומנין שאם אמר: הריני מוחק במקום שגודשין ולפחות לו מן הדמים, והריני גודש במקום שמוחקין ולהוסיף לו על הדמים, שאין שומעין לו? ת"ל: "איפה שלמה וצדק יהיה לך". ת"ר: מנין שאין מעיינין במקום שמכריעין, ואין מכריעין במקום שמעיינין? ת"ל: "אבן שלמה". ומנין שאם אמר: הריני מעיין במקום שמכריעין ולפחות לו מן הדמים, והריני מכריע במקום שמעיינין ולהוסיף לו על הדמים, שאין שומעין לו? ת"ל: "אבן שלמה וצדק". אמר רב יהודה מסורא: "לא יהיה לך בביתך" — מה טעם? משום איפה ואיפה, "לא יהיה לך בכיסך" — מה טעם? משום אבן ואבן, אבל "אבן שלמה וצדק" — "יהיה לך", "איפה שלמה וצדק" — "יהיה לך". ת"ר: (לא) "יהיה לך" מלמד שמעמידין אגרדמין למדות, ואין מעמידין אגרדמין לשערים. דבי נשיאה אוקימו אגרדמין בין למדות בין לשערים; א"ל שמואל לקרנא, פוק תני להו: מעמידין אגרדמין למדות, ואין מעמידין אגרדמין לשערים. נפק דרש להו: מעמידין אגרדמין בין למדות בין לשערים. א"ל: מה שמך? קרנא. תיפוק ליה קרנא בעיניה. נפקא ליה קרנא בעיניה. ואיהו כמאן סבר? כי הא דאמר רמי בר חמא א"ר יצחק: מעמידין אגרדמין בין למדות בין לשערים, מפני הרמאין. ת"ר: היה מבקש ממנו ליטרא — שוקל לו ליטרא, חצי ליטרא — שוקל לו חצי ליטרא, רביע ליטרא — שוקל לו רביע ליטרא. מאי קמ"ל? דמתקנינן מתקלי עד הכי. ת"ר: היה מבקש ממנו שלשה רבעי ליטרא, לא יאמר לו: שקול לי שלשה רבעי ליטרא אחת אחת, אלא שוקל ליטרא ומניח רביע ליטרא עם הבשר. ת"ר: היה מבקש ממנו עשר ליטרין, לא יאמר לו: שקול לי אחת אחת והכריע, אלא שוקל לו כולן בבת אחת, ונותן הכרע אחד לכולן. ת"ר: נפש מאזנים — תלויה באויר ג' טפחים, וגבוהה מן הארץ שלשה טפחים, וקנה ומתנא שלה שנים עשר טפחים; ושל צמרים ושל זגגין — תלויה באויר שני טפחים, וגבוהה מן הארץ שני טפחים, וקנה ומתנא שלה ט' טפחים; ושל חנווני ושל בעה"ב — תלויה באויר טפח, וגבוהה מן הארץ טפח, וקנה ומתנא שלה ששה טפחים; ושל טורטני — תלויה באויר שלש אצבעות, וגבוהה מן הארץ שלש אצבעות, וקנה ומתנא שלה איני יודע. ואלא הך קמייתא דמאי?
אמר

מנין שאין מוחקין במקום שגודשין. שאם הקנה לו סאה חטין אינו רשאי לומר לו "מחוקה הקניתי לך". ואין גודשים במקום שמוחקין — אפילו הלוקח מוחזק לא יאמר "הריני לוקחה גדושה".
כדרך

מוהיה אם שמוע. בפרשת "והיה כי תבוא". מוהיה אם לא תשמע עד ואין קונה. חשוב מוי"ו עד ה' כל האלפ"א בית"א, דהיינו שתים ועשרים אותיות. מנין שאין מוחקין במקום שגודשין. ואפי' מחיל קונה. ואין גודשין במקום שמוחקין. ואפילו מחיל מוכר. ת"ל איפה שלמה וצדק. משמע דלא גרסינן הכא "וצדק". אלא משלמה נפקא לן, שצריך שיהא האיפה שלימה, שלא יבא לידי רמאות. דאם עושין כן — שמא יראו אותן אחרים, ויאמרו: כך המנהג, וירמה הלוקח את המוכר, או המוכר את הלוקח. והא ליכא למימר דבלא מחיל מיירי ברייתא, דההוא מ"לא תעשו עול" נפקא, שגוזל לו את שלו בידים. ולפחות לו מן הדמים. תילתא. דגודשא תילתא. דהשתא לא אתי לרמות, כיון דפחת לו משער היוצא — כולי עלמא ידעי דבשביל כך פחת לו, דאין מנהג בעיר למחוק. וכן כשמוסיף — יודעין שבשביל כך מוסיף, דאין דרך לגדוש. ת"ל איפה שלמה וצדק. לטפויי אתא — וצדק מכל מקום, דאף זה יכול לבא לידי רמאות, דאיכא דחזי במדידה ולא ידע לא בפחת ולא בתוספת. ובספרי יליף לכולהו מ"וצדק" שהוא מיותר. מעיינין. לשקול עין בעין. לא יהיה בביתך. ממון. מה טעם — משום איפה ואיפה, שלוקח בגדולה ומוכר בקטנה. "בביתך" קרא יתירא קדריש. אבל אבן שלמה. ואם בביתך אבן שלמה וצדק — יהיה לך. ממון, כדאמרינן בעלמא (נדה דף ע:): מה יעשה אדם ויתעשר — ישא ויתן באמונה. ת"ר (לא) יהיה לך (בכיסך) וגו'. אב"ד קמזהר. וקרא יתירא קא דריש, דמצי למיכתב: לא יהיה לך אבן ואבן כי אם אבן שלמה וצדק. אגרדמין. ממונה להלקות ולענוש מעוותי המדות. ואין מעמידין אגרדמין לשערים. שלא ימכרו ביוקר. סברא הוא דאינו צריך, דאם זה רוצה למכור ביוקר — אותו הצריך למעות יתן בזול, וילכו הלוקחין אצלו, וימכור זה בזול על כרחו. נפקא ליה קרנא בעיניה. ואע"ג דאמרינן במסכת שבת (דף קח.) דרב לטייה כשבא מבבל, ותהא ליה קרנא אקנקניה — איכא למימר דגרמא ליה הא והא. מפני הרמאין. שממתינין עד שימכור אותו המוכר בזול, ואח"כ מוכרין ביוקר. ל"א: מפני הרמאין המוכרים ביוקר ואומרים שהוסיפו במדה, או שנתן חטין יפות למעלה ורעות למטה, או כל מיני רמאות. וכדאשכחן שהיו מעמידים פרהדרין שהיו מכין בעלי חנויות, והיו אומרים להם: מכרו בזול, במסכת יומא (דף ט.) (בירושלמי פ"א). מאי קא משמע לן. הא ודאי מה שקונה שוקל לו! הכי גרסינן: דמתקני מתקלי עד הכי. בית דין הקדמונים התקינו המדות עד כאן, ופחות מכאן שוקלים במטבעות. ואם יבא אדם לתקן בפחות — אין שומעין לו, פן יבואו לרמות ולומר: זהו רביע ליטרא. אי נמי: מתקני מתקלי בענין זה, ולא שליש ליטרא ולא חמישית ליטרא, מפני שמטעין בהן. בפירוש רבינו חננאל. לא יאמר לו שקול לי אחת אחת. כל רביע בפני עצמו. שאי אפשר לו שלא ישקול בריוח, ומפסיד, שאי אפשר לצמצם. ואית דמפרש: בשביל ההכרעות. ולא היא, דאם היה יכול לצמצם ההכרעות — חד שיעורא הוה, דרביע הכרע ליטרא הוא מכריע, שהרי ההכרעות הוא טפח מכריע רבע ליטרא, שהוא דבר קל. ואפילו במקום שנוהגין למוד בדקה — הני מילי מדות, אבל משקלות — אין דרך לשקול כי אם הכל ביחד, במשקל הגדול. אלא שוקל לו ליטרא. ונותן ליטרא בכף מאזנים אחד, והבשר ורביע ליטרא בכף שניה, דהשתא איכא ג' רבעי בשר. ובמקום שאין מכריעין עסקינן, דאי מכריעין — נמצא נותן לו הכרע של אותו רביע שנותן עם הבשר בחנם. ובמקום שמכריעין — נותן ג' רבעים באחת, ומניח בשר בשניה, (א) ומכריע. ג) (קא משמע לן דמתקנינן מתקלי עד הכי. שהתקינו מדת משקל עד כאן, ואין המוכר יכול לומר ללוקח: לא אשקול לך דבר מועט כזה, שאתן לך הכרע בשביל מקח מועט זה. אבל בפחות מכאן — אין דרך לשקול, ולא יתן לו שום הכרע, דלא חשיב מקח בפחות. ורבינו שמואל פירש: דלא מתקנינן משקלות מועטין, דלמא אתי למיטעי בהו. ואע"ג דבמדות קטנות אמרינן לקמן דלא טעו אינשי, שזה חללו מרובה מזה ואיכא היכרא טובא — במשקלות טעו. ולא נהירא לי). ונותן הכרע אחד לכולן. משום דאי אפשר לצמצם, ומפסיד המוכר, כדפרישית. נפש של מאזנים. הוא ברזל החלול שהלשון קבוע בו. תלויה באויר ג' טפחים. שיהו ג' טפחים מן הקנה לגג הבית. ובמאזנים גדולות ששוקלין בהן נחשת וברזל עסקינן, כדלקמן, שהן תלויות בגג הבית וקבועות שם. לפיכך צריך הרחקת שלשה טפחים מן הגג, שלא תגע בגג כשיכריעם. וקנה. הוא הקנה שהלשון קבוע באמצעיתו, ושתי המיתנות תלויין בראשיו. ומיתנא. הן החבלים שהכפות תלויות בהן. י"ב טפחים. ד' טפחים הקנה, וארבעה טפחים כל אחד מן החבלים התלויות בשני ראשי הקנה. אבל אי הוי פחות — אין מכריע המאזנים בשביל דבר מועט, מתוך שהמשקל מרובה. וגבוה מן הארץ שלשה טפחים. שלא יגע בקרקע בשעת הכרעה. צמרים. מוכרי צמר במשקל. וזגגין. מוכרי כלי זכוכית. טורטני. מאזנים של כסף וזהב, וקטנות הן. טורטני — הצורף קרוי כן. וכל אחת לפי מה שהן גדולות צריכות להרחיק מן הגג ומן הקרקע, לפי ששוקל בהן משקל כבד, ומכריע יותר. וגבוה מן הארץ טפח. דכך צריך להכריע. שלש אצבעות. ואף על גב דאינו יכול להכריע כי אם שלש אצבעות. דכי אמרינן דצריך להכריע טפח — הני מילי בשר ומיני מאכל, אבל באלו — אינו צריך כי אם דבר מועט. איני יודע. תנא דברייתא קאמר ליה. ומתמה תלמודא: ואלא הך קמייתא דמאי. כיון דקחשיב צמרים וזגגין וחנוונים ובעל הבית וצורפי זהב וכסף. (בפירוש זה העמוד יש פרישות נכריות מהופך ומבולבל והספרים שונות זה אומר בכה וזה בכה, וכן יש עוד שלש הלכות בפרק זה אשר הם כאלו, וכאשר מצאנו בהעתק ישן דפסנו והלכנו אחריו).

דיגרומי

מסורת הש"ס

א) [שבת קח.]: ב) ס"א ל"ג נפקא ליה קרנא בעיניה דלא הוה ליה הכי [ובערוך ערך קרן א' גרס נפקא ליה ופי' קרן של בשר יצא בעינו]: ג) רש"ל מוחק מן קמ"ל עד ולא נהירא לי:

עין משפט נר מצוה

קכה א מיי' פ"ח מהל' גניבה הלכה טז סמג עשין עב טוש"ע ח"מ סי' רלא סעיף ח:
קכו ב מיי' שם הל' כ טוש"ע שם ס"ב:
קכז ג מיי' שם טוש"ע שם ס"כ:
קכח ד טוש"ע שם ס"ט:
קכט ה ו מיי' שם הל' טו יט טוש"ע שם סעיף יד:
קל ז ח ט י מיי' שם הלכה ח ט י טוש"ע שם סעיף יג:

פי' הרשב"ם העקרי

והיה אם שמוע בפ' כי תבוא מוהיה אם לא תשמע עד ואין קונה חשוב אל"ף בי"ת מוי"ו דמוהיה אם לא תשמע עד סופו וחזור חלילה עד הוי"ו דואין קונה הרי כ"ב: ת"ל איפה שלימה. כמו שמודדין בעיר: לפחות. תילתא דקיי"ל גודשא תילתא והלכך יפחות שליש הדמים ת"ל וצדק לטפויי אתא וצדק מכל מקום ובספרי יליף כולהו מוצדק וכן נראה בעיני דמשלמה לא ילפינן אלא שלא יעשה חסרה אבל מחוקה או גדושה שלמה קרינא ביה: מעיין. לשקול עין בעין: במקום שמכריעין. טפח: לא יהיה לו. ממון בביתו מה טעם משום איפה ואיפה שלוקח בגדולה ומוכר בקטנה בביתך יתירא קא דריש אבל שלמה וצדק יהיה לך ממון: ת"ר. יהיה לך לב"ד קא מזהר רחמנא וקרא יתירא קא דריש דמצי למיכתב לא יהיה לך בכיסך אבן ואבן גדולה וקטנה כי אם איפה שלימה וצדק: אגרדמים. ממונה על המדות להלקות ולענוש מעוותי המדות: ואין מעמידין אגרדמים לשערים. שלא ימכרו ביוקר מילתא באנפי נפשה היא ולאו מקרא קא יליף אלא סברא היא שאם זה ימכור ביוקר יהו נמנעין מלקנות ממנו: נפק ליה קרנא בעיניה לא גרסינן דלא הוה הכי: מפני הרמאין. שמוכרין ביוקר ואומרים שהוסיפו במדה או שנתן חטין יפות מלמעלה ורעות מלמטה או כל מיני רמאות וכדאשכחן שהיו מעמידין פרהדרין שהיו מכין בעלי חנויות והיו אומרים להם מכרו בזול במס' יומא: לא יאמר לו שקול לי אחת אחת. כל רביע בפני עצמו דאיכא הכרעות טובא ואפי' בעיר שנהגו למוד בדקה ה"מ מדות אבל משקלות דרך לשקול הכל ביחד במשקל הגדול: אלא שוקל לו ליטרא. בכף מאזנים אחד ורביע ליטרא ובשר בכף שניה דהשתא איכא שלשה רביעי בשר: מאי קמ"ל. הא ודאי מה שקונה שוקל לו נראה בעיני דה"ג הא קמ"ל דמתקני מתקלי עד הכי ב"ד קדמונים התקינו המדות עד כאן ובפחות מכאן שוקלים במטבעות ואם יבא אדם לתקן בפחות אין שומעין לו פן יבאו לרמות ולומר זהו רביע ליטרא ואע"ג דבמדות כלים מעוטין לקמן דלא אתי למיטעי שזה חללו מרובה מזה ואיכא היכרא טובא איכא למימר דבמשקלות אתי למיטעי א"נ דמתקני מתקלי בענין הזה ולא שליש ליטרא ולא חמישית ליטרא מפני שמטעין בהן וכן פירש רבינו חננאל: נפש של מאזנים. הוא הברזל חלול שהלשון חלול וזקוף בתוכו: תלויה באויר שלשה טפחים. במאזנים גדולים מיירי שהשוקלים בו ברזל ונחשת כדלקמן ותולין אותן ביתד או בעמוד והן קבועין ותלויין לשם וצריך שתהא המיתנא שהיא תלויה בהם ארוכה שלשה טפחים דהו"ל תלוי באויר שלשה טפחים אבל כשהחבל קצר יכול להטות המאזנים אילך ואילך א"נ לכך תלוי באויר שלשה טפחים שלא יגע בגג של מעלה: וגבוה מן הארץ. כפות המאזנים פן יגעו בקרקע הכל לפי מה שהמאזנים גדולות זו מזו צריך הרחקה יתירא שהרי מכריעים למעלה ולמטה הרבה מתוך שהמיתנא של כף ארוכה: וקנה. הוא שיש לו שתי מיתנות ששני כפות מאזנים תלויין בו והלשון קבוע מלמעלה באמצעיתן: מיתנא. שהכף תלוי בו: שנים עשר. אבל אי הוי פחות אין מכריעין המאזנים בשביל דבר מועט מתוך שמשקל מרובה: צמרים. מוכרי צמר שישקל (צ"ל במשקל): זגגין. עושי כלי זכוכית ואין שוקלין הרבה ביחד כדלעיל: טורטני. הצורף קרוי כן שאומנתו לשקול כסף וזהב: איני יודע. תנא דברייתא קאמר ליה: ומתמה תלמודא ואלא הך קמייתא דמאי. כיון דחשיב של צמרים ושל זגגים ושל חנוונים ושל בעה"ב הך קמייתא דקתני רישא נפש מאזנים כו' מה שוקלין בה: דמוטטני. הם צורפי

רבינו גרשום

אותיות מן ו' ועד מ"ם: וקללן בכ"ב מוהיה ועד ואין קונה מן ו' ועד סוף א"ב וחוזר חלילה עד ה' היינו כ"ב אותיות: פים' איפה שלמה וצדק. כפי ששאר בני המקום מודדין כן יעשה ולא יפחות ולא יוסיף. שאם יגדוש והיה נותנו בדמי מחוק היה עון ללוקח ואם היה מוחק במקום שגודש ומוכרו בדמי גדוש היה עון למוכר: ומניין שאם אמר הריני גודש במקום וכו' ת"ל איפה שלמה וצדק. כשאר בני המקום שלא ישנה: שאין מעיינין. היינו גבי משקל: לא יהיה לך בביתך. ליטול שום ממון מה טעם משום אותו עון שהיה לו איפה ואיפה ואבן ואבן אבל אם יהיה לישראל אבן שלמה וצדק יהיה לו בביתו כל טוב: יהיה להאי דרשא נמי שמעמידין בית דין אגרדמים ממונה שוטר למדות שיעיין שיהיו כולן ישרות. ולא לשערים שכל אדם יש לו רשות להוקיר תבואתו אם יפה הוא משל חבירו וכל כך שלא ימעט המדה: מפני הרמאין. שלא יערב רעה ביפה וימכרנה ביוקר כיפה אלא היפה ימכור ביפה והרעה ברעה: דעד הכי. עד רביע: מתקנינן מתקלי. (לאוכלי נשפת). לפחות אין צריך משקל אלא לפי אומד: שקול לי ג' רבעים ליטרא כל אחת לבדו. מפני ההכרעות אלא שוקל לו במשקל הליטרא ומניח משקל רביע ליטרא עם הבשר הרי ג' רביעי בשר שוקלין ביחד: נפש של מאזנים. גדולה ששוקלין בה דבר גדול כמו נחשת ובדיל. נפש היינו הלשון אותו צבת שאוחזין בו צריך להיות ארוך ג' טפחים והוא תלוי באויר ולאותו צבת תלוין המאזנים. וצריך להגביה כפות המאזנים ששוקלין בהן מן הארץ ג' טפחים שלא יבעט הכף שבה המשקל לארץ בכח ויחזיר מהרה למעלה ונראה הכף האחד מכריע ויאמר הרי כבר שקל. וקנה היינו הברזל הארוך שתליין בו הכפות צריך להיות ארוך י"ב טפחים: ומיתנא. היינו הרצועות שתולין בהן הכפות: י"ב טפחים. ושל חנוני ושל בעל הבית שמוכרין בהן חפצים: טורטני. משקלות ששוקלין בהן כסף וזהב: אלא הך קמייתא דקאמר של חנוני ושל בעה"ב דמאי. כלומר מה שוקלין בהן:

הגהות הב"ח (א) רשב"ם ד"ה אלא וכו' ומכריע הס"ד ואח"כ מ"ה מאי קמ"ל הא ודאי מה שקונה שוקל לו הא קמ"ל דמתקנין.

אמר רב פפא: א)אדיגרומי. א"ר מני בר פטיש: כדרך שאמרו לענין איסורן, כך באמרו לענין טומאתן. מאי קמ"ל? תנינא: ב)גחוט מאזנים של חנוני ושל בעלי בתים — טפח! קנה ומתנא שלה איצטריכא ליה, דלא תנן. ת"ר: דאין עושין משקלות לא של בעץ ולא של אבר, ולא של גיסטרון ולא של שאר מיני מתכות, אבל עושה הוא של צונמא ושל זכוכית. ת"ר: האין עושין המחק של דלעת — מפני שהוא קל, ולא של מתכת — מפני שהוא מכביד, אבל עושהו של זית ושל אגוז, של שקמה ושל ג)אשברוע. ת"ר: ואין עושין את המחק צדו אחד עב וצדו אחד קצר; זלא ימחוק בבת אחת, שהמוחק בבת אחת — רע למוכר ויפה ללוקח, ולא ימחוק מעט מעט — שרע ללוקח ויפה למוכר; ד)על כולן אמר רבן יוחנן בן זכאי: אוי לי אם אומר, אוי לי אם לא אומר; אם אומר — שמא ילמדו הרמאין, ואם לא אומר — שמא יאמרו הרמאין: אין תלמידי חכמים בקיאין במעשה ידינו. איבעיא להו: אמרה או לא אמרה? אמר רב שמואל בר רב יצחק: אמרה, ומהאי קרא אמרה: °"כי ישרים דרכי ה' וצדיקים ילכו בם ופושעים יכשלו בם". ה)ת"ר: °"לא תעשו עול במשפט במדה במשקל ובמשורה", "במדה" — חזו מדידת קרקע, טשלא ימדוד לאחד בימות החמה ולאחד בימות הגשמים; "במשקל" — ישלא יטמין משקלותיו במלח; "במשורה" — כשלא ירתיח; וק"ו: ומה משורה לשהיא אחד משלשים וששה בלוג — הקפידה עליו תורה, ק"ו להין וחצי הין ושלישית ההין ורביעית ההין, ולוג וחצי לוג ורביעית, (א) וחצי תומן, ועוכלא. אמר רב יהודה אמר רב: מאסור לאדם שישהה מדה חסרה או יתרה בתוך ביתו, ואפילו היא עביט של מימי רגלים. אמר רב פפא: לא אמרן אלא נבאתרא דלא חתימי, אבל באתרא דחתימי — אי לא חזי חתימה לא שקיל. ובאתרא דלא חתימי נמי — לא אמרן אלא דלא ו)מהנדסי, אבל מהנדסי לית לן בה. ולא היא, זימנין דמיקרי בין השמשות ומיקרי ושקיל. תניא נמי הכי: לא ישהה אדם מדה חסרה או יתרה בתוך ביתו, ואפי' היא עביט של מימי רגלים; סאבל עושה הוא סאה, תרקב, וחצי תרקב, וקב וחצי קב ורובע, ותומן וחצי תומן, ועוכלא

הושע יד / ויקרא יט

תורה אור

כדרך שאמרו לענין איסור כך אמרו לענין טומאה. מפרש ר"י בר מרדכי: דלענין ידות קתני לה: נטמא החוט — נטמאו המאזנים. אבל כף המשקלות וקנה שיש להן בית קיבול — הרי אלו טמאים אפילו הן בפני עצמן. ופריך: מאי קמ"ל? ומשני: קנה ומיתנא דידיה איצטריכו ליה, דלא תנן. אע"פ שהחוט עשוי כתיקון — אינו חשוב יד, אא"כ קנה ומיתנא עשויין כתיקונן.

ולא בשל בעץ. אומר ר"ת: דוקא משקולת ששוקלים בשר ושומן, שהאלאוחית מדבק בהן ומתייבש. ולא מטעם שחיקה כדפ"ה. אבל משקלות ששוקלין בהן כסף וזהב — מותר לעשותן של מתכת, אלא שצריך לחפותו עור, מדאמר ב"המוציא יין" (שבת דף עט.): שלש עורות הן, מלה חיפה ודיפתרא. ומפרש — כדי לצור בה משקולת קטנה. ואי בשל צונמא וזכוכית — אמאי צריך עור? אלא בשל מתכת איירי. וטעמא דהני — לפי שהן חלוקין ואין מדבק בהן, ויכול להדיחן או לקנחן. ועוד, דאמרינן ב"הזהב" (ב"מ דף נב. ושם) תנן התם: סלע שנפסלה *התקינו שיהא שוקל בה. אלמא עושין משקל מסלע של מתכת. ודוקא משקולת קטנה ששוקלין בה כסף וזהב צריך לחפות עור, שבשחיקה מועטת יבא לידי הפסד גדול. אבל שאר משקלות גדולות, ששוקלין בהן נחושת וברזל ועופרת, שאין בא לידי הפסד גדול אא"כ ישחקו יותר מדאי — אין צריך לחופן. וכן משמע בפ' "ד' מיתות" (סנהדרין דף סח.) שלא היו מכסין אלא משקולת קטנה, דאמר: הכדור והאימוס והקמיע ומשקולת קטנה, מהו? [וע"ע תוספות ב"מ נב: ד"ה שיהא].

שלא יטמין משקלותיו במלח. פ"ה: מפני שהוא מכביד. ואין נראה לר"ת, דמשמע דבמוכר איירי, דומיא דבמשורה שלא ירתיח. ומפרש רבינו תם: לפי שהמלח מיקל המשקלות ושואב, כדאמרינן בירושלמי דמלח שואב את המשקלות.

ובמשורה שלא ירתיח. וא"ת: פשיטא, דגזל גמור הוא, תיפוק ליה משום לא תגזול! וי"ל: דאתא קרא להתחייב משעת הרתחה, ואע"פ שעדיין לא מדד. וכי האי גוונא אמרינן בריש "איזהו נשך" (ב"מ דף סא:) דלאו דכתיב במשקלות ל"ל? לטומן משקלותיו במלח. האי גזילה מעלייתא היא! לעבור עליו משעת עשייה.

במקדש

דיגרומי. הן צורפי נחושת וברזל, נפחים ששוקלין חתיכות גדולות של מאה ליטראות ביחד. לענין איסורן. דאסור לשקול אם לא עשויין בענין זה. כך אמרו לענין טומאתן. דאין מקבלין טומאה אם אין עשויין כך, דלא חשיבי כלי, כיון דאסור לשקול בהן. תנינא. במסכת כלים פרק כ"ט, ולענין טומאה נשנית. חוט המאזנים של חנוני. הוא החבל שתלויות בו (ב) בגג, כדתניא לעיל. ושל בעל הבית תלויה באויר טפח. וכיון דאשמעינן דשל בעל הבית דמקפיד בחוט שיהא ראוי לשקול — הוא הדין לכל הני דלעיל. קנה ומיתנא. שיעור קנה ומיתנא אשמועינן ר' מני, דאית להו הקפדה לענין טומאה כמו למשקל. ובמקום דקתני "איני יודע" — הוי ספק טומאה, והשאר — כדקתני בברייתא דלעיל. דלא תנן. במסכת כלים. בעץ. בדיל אשטיי"ן. אבר. פלומב"א. גיסטרון. מיני מתכות מעורבבים. ולא של שאר מיני מתכות. מפני שפוחתין והולכין. צונמא. אבן. מחק. רשטוייר"א בלע"ז, שמוחקין בו את המדה. שהוא קל. ואינו נכנס כל כך במדה, ולכך אינו מוחק יפה, ומפסיד המוכר. אשברוע. בוייש"ל. צדו אחד עב וצדו אחד קצר. מפני שהקצר נכנס בתוך התבואה ומוחק יפה, והעב אינו נכנס כל כך ואינו מוחק יפה, ואם לצדו אחד עב ולצדו אחד קצר, כשהוא קונה — ימחוק בעב, וכשהוא מוכר — ימחוק בקצר. אלא שניהן עבים או שניהן קצרים, כפי המנהג. בבת אחת. בפעם אחת ובמהרה, שאינו מוחק יפה. מעט מעט. כגון מוחק רוחב טפח לבד, ומגביה את המחק, וחוזר וכובש את המחק ומוחק טפח. אלא בפעם אחת ובנחת. א"נ, בשתי פעמים, כגון מוחק עד חצי המדה, ומגביה המחק וחוזר ומוחק חצי המדה השני. על כולן. על כל מיני עוולות הללו. ילמדו שמא יאמרו כו'. ומתוך כך יבאו לרמות יותר. וקבעי גמרא: אמרה רבן יוחנן לבסוף או לא אמרה. דמעיקרא הוה מספקא ליה אם יאמר או לא, ולבסוף מי איפשיט ליה? דרכי ה'. דברי תורה. וצדיקים ילכו בם. יזהרו בם שלא לרמות הבריות. יכשלו בם. ילמדו לרמות. זו (ג) מדת קרקע. שהרי מדת כלי כתב לקמיה, דהיינו משורה, כדכתיב: "ומים במשורה תשתה" (יחזקאל ד). שלא ימדוד. לשני לקוחות שלקחו קרקע בשותפות, או לאחד משני אחין שחלקו. לאחד בימות החמה. ולאחר באותו חבל עצמו בימות הגשמים. שבימות החמה החבל יבש וקצר יותר מבימות הגשמים. ורבינו חננאל פירש: בימות הגשמים הקרקע כווץ, ובימות החמה הקרקע מתבקע בפתיחיו ומוסיף במדתו. במלח. שמכבידן. שלא ירתיח. שלא ישפוך המוכר את היין בחוזק, ומגביה לתוך משורתו של לוקח. מפני שעולה הקצף = אשקומ"א בלע"ז, ונראה כמלא. ומה משורה שהיא. קטנה כל כך, שלשים וששה יש בהן בלוג — הקפידה תורה ברתיחה שלה, שהיא פחותה ממנה בלוג — קל וחומר ברתיחת כלי גדול, כגון הין, או אפי' חצי הין, או אפי' שלישית ההין כו'. וחצי תומן ועוכלא. גרסינן בתוספתא. תומן. שמינית הקב, חצי לוג. עוכלא. לקמן מפרש. שישהה. דזימנין דאתי למדוד. ומיהו, קרא לא אזהר גדולה וקטנה אלא כשיתקנה לו על מנת למוד בהן. דאי לא תימא הכי — מאי אצטריך ליה למימר? ואפילו היא עביט. דאיכא למיחש, פעמים שרוחצו ומעביר טינופו ומודד בו, הלכך אין לו תקנה אלא שבירה. דלא חתימי. שאין ממונה של מלך עושה חותם במדות. הלכך אסור, דאתי לרמויי. לא שקיל. לוקח ומותר לשהות. מהנדסי. הולכין ובאין ממונים של מלך לבדוק את המדות. כמו: זימנין דמהנדסי בהדי הדדי, ב"אלו טריפות" (חולין דף מג.)*. דמתרמי בין השמשות. שהכל טרודין ואין רואהו. א"נ, הלוקח עצמו מתוך טורדו אינו נותן אל לבו, ומיקרי ושקיל, והלכך יבא המוכר לרמות בו. וחצי סאה. לא גרסי', דהיינו תרקב — תרי וקב, היינו ג' קבין. וחצי תרקב. קב ומחצה. וקב. דלא אתי למיטעי בחצי תרקב, כדלקמיה דבתילתא לא טעו אינשי. וחצי רובע. היינו שמינית הקב, חצי לוג. תומן. איכא למימר: היינו שמינית הלוג דלקמן. ועוכלא — לקמיה מפרש: אחד *מחמשה ברובע. וקשיא לי, דא"כ כמו שכתוב בספרים שלנו, מאי האי דקפריך לקמן: תומן ועוכלא לא ליעבד, ומשום דטעו אינשי ברבעא קפריך לה? והאי לאו קושיא היא, שהרי התומן גדול מן העוכלא יותר מכפלים אם שמינית הקב הוא, ואם שמינית הלוג הוא — היינו עוכלא! ועוד, אם שמינית הקב הוא — היינו חצי רובע! אלא הכי גרסינן בתוספתא ובפירושי רבינו חננאל: קב וחצי קב ורובע ותומן וחצי תומן ועוכלא, וכמה היא עוכלא — אחד מה' ברובע. ופירושה: קב — ד' לוגין, ולוג — ו' ביצים, נמצא הקב כ"ד ביצים. וחצי קב — שני לוגין, ורובע — היינו לוג, ו' ביצים. כל רובע — רובע הקב, וכל רביעית שבגמרא — רביעית הלוג. וכן תומן — שמינית הקב, דהיינו חצי רובע. וחצי רובע לא גרס ליה

ס"א מתמשה

פי' הרשב"ם העקרי

צורפי נחשת וברזל: דיגרומני. נפחים שמוכרין חתיכות גדולות של מתכות ושוקלין מאה ליטרות ביחד: כדרך שאמרו. הני שיעורין המאזנים: לענין איסורין. שאסור לשקול בהן: כך אמרו לענין טומאתן. דאינן מקבלין טומאה אא"כ עשויין כענין הזה דכיון דאסור לשקול בהן אינן כלי וכשבורין דמיין: חוט מאזנים. הוא החוט שתלויין בו המאזנים כדקתני לעיל: של חנוני ושל בעה"ב תלויה באויר טפח. ולענין טומאה נשנית במס' כלים בפ' כ"ט: קנה ומיתנא שלה איצטריכא ליה. לאשמועינן דכי היכי דהכא קתני איני יודע לגבי טומאה נמי איני יודע והוי טמא מספק ושארא כמו שמפרש השיעורים בברייתא דלא תנן במס' כלים:

א) [נ"ל בגרמיני פי' מאזנים ששוקלין בהן ברזל שחוק וזכוכית שחוקה. ערוך ערך גרמן א] ב) כלים פ' כ"ט מ"ה: ג) [נ"ל אשכרוע. ערוך]: ד) [כלים פי"ז מט"ז תוספתא דכלים ב"מ פ"ז]: ה) ב"מ דף ס"א: ע"ש: ו) נ"ל מהנדזי. ערוך ערך הנדז]:

רבינו גרשום

אמר רב פפא דגורמני. ששוקלין בהן ברזל שחוק וזכוכית שחוק: כדרך שאמרו לענין איסורין. כלומר באותן שיעורין עצמן שנתנו חכמים בנפש ובקנה ומיתנא שלא יבואו לידי איסור אונאה (אם יש להן) באותו שעור עצמו מקבלין טומאה שחשוב כלי: מאי קמ"ל תנינא. נמי לענין טומאה כי האי שיעורא. החוט של חנוני ושל בעה"ב. החוט. היינו תלויה באויר טפח ומאי קמ"ל ר' מני: קנה ומתנא שלה איצטריכא ליה דלא תני. לענין טומאה שיעורייהו וקמ"ל דילפי' להו מאיסורין: בעץ. בדיל: גיסטרון. מיני מתכות מעורבין יחד שלועזין מטל"ו מפני שמתחסרין אגב משמושן: מפני שהוא מיקל. והוי פסידא דמוכר: שמכביד. והוי פסידא דלוקח: אשכרוע. לועזין בוס"ו: צדו אחד עב. למחוק בו כשמוכר: שמוחק. הרבה ברוחק: בבת אחת. במשיכה אחת: רע למוכר. שאין מוחק כל הצורך מעט מעט: רע ללוקח. א) שמדקדק הרבה: שלא ימוד לאחד. בחבל קרקע חלקו: בימות החמה. שהחבל יבש ונכווץ ומתקצר לא ימדוד לחבירו באותו חבל עצמו בימות הגשמים מפני שהקרקע מלוחלחת מתפשט החבל והוי חלק של זה יתר משל חבירו אלא לשניהן מודד בימות החמה או בימות הגשמים: שלא יטמין משקלותיו במלח. מפני שנעשין כבדין: ובמשורה. זו מדת הלח: שלא ירתיח. כלומר שלא ישפוך לו כדי שיעלה חלאת הקצף למעלה לפי שנראית המדה כמו מלאה: שהיא אחד מל' וששה בלוג. שכך שיערו חכמים: ואפי' היא. שעשאה אותה עביט של מימי רגלים. משום שמא אינו מוצא אחרת ויקחנה: דאסור: לא אמרן. אלא באתרא דלא חתימי. המדות כעין ששורפין אותן כולן בברזל אחד ומסמנין אותן: אלא דלא מהנדזי. שאין בני אדם ממונין שחוקרין ומחפשין על כל מי שמעוול ב)מי זה ומענישין אותן: אפי' באתרא דמהנדזי. שמזריזין לעיין: לא ישהה. דזימנין דמתרמי ערב שבת בין השמשות שהממונין בבתיהן ואין מחפשין ומיקרי ושקיל האי באותה מדה: אבל עושה. מדות גדולות וקטנות כגון מדות סאה ותרקב. תרי וקב ג' קבין דהיינו חצי סאה וחצי תרקב וחצי רובע היינו רובע הקב שהוא לוג דהיינו ליטרא וחצי רובע היינו חצי ליטרא: ותומן. ב' אונקיות אחת מי' ברובע: עוכלא

א) אולי צ"ל שמוחק הרבה ב) נראה דצ"ל על כל מי שמעוול ועושה כמו זה ומענישין אותן.

הגהות הב"ח

(א) גמ' וחצי לוג ורביעית ותומן וחצי תומן: (ב) רשב"ם ד"ה חוט וכו' שתלויות בו המאזנים כגג כדתניא לעיל של חנוני ושל בעל הבית: (ג) ד"ה זו מדידת קרקע:

קלא א מיי' פ"ח מהל' גניבה הל' ח ט י סמג עשין עב טוש"ע ח"מ סי' רלא סעיף א:
קלב ב ג מיי' פכ"א מהל' כלים הל' ה:
קלג ד מיי' פ"ח מהל' גניבה הל' ד סמג עשין עב טוש"ע ח"מ סי' רלא סעיף ו:
קלד ה ו ז מיי' שם הל' ה ו טוש"ע שם סעיף ה:
קלה ח מיי' שם פ"ז הלכה ט:
קלו ט מיי' שם פ"ח הל' ג סמג שם טוש"ע שם סעיף יח:
קלז י מיי' שם הל' ז טוש"ע שם סעי' יח:
קלח כ ל מיי' שם טוש"ע שם ס"ז:
קלט מ נ מיי' שם פ"ז הל' ג טוש"ע ח"מ סי' רלא סעיף ג:
קמ ס מיי' שם הל' ז טוש"ע שם סעיף ז:

והתקינו. יעב"ץ

א) שבת כ. וש"נ: ב) מנחות עז. ג) מנחות שם ב"מ מז: ד) קדושין מב: ה) ב"מ נו: מנחות סט. עז. ה) וקדושין לאיתא רבה: ו) ב"מ ח: מנחות עז.: ז) מנחות שם. בכורות ה.:

תורה אור

וְעוּכְלָא. וְכַמָּה הִיא עוּכְלָא? אֶחָד מֵחֲמִשָּׁה בִּרְבִיעַ. [א]וּבְמִדַּת הַלַּח – הוּא עוֹשֶׂה הִין, וַחֲצִי הִין, וּשְׁלִישִׁית הַהִין, וּרְבִיעִית הַהִין. וְלוֹג, וַחֲצִי לוֹג, וּרְבִיעִית, וּשְׁמִינִית, וְאֶחָד מִשְּׁמוֹנֶה בִּשְׁמִינִית וְזֶהוּ קוֹרְטוֹב. וְלַעֲבֵיד נַמִי קַבַּיִים! [ב]אָתֵי לְאִיחְלוּפֵי בְּתַרְקַב. אַלְמָא טָעוּ אֱינָשֵׁי תִּילְתָא; אִי הָכִי, קַב נַמִי לָא לִיעֲבִיד, דְּאָתֵי לְאִיחְלוּפֵי בַּחֲצִי תַּרְקַב! אֶלָּא קַבַּיִים הַיְינוּ טַעֲמָא דְּלָא עָבֵיד, דְּאָתֵי לְאִיחְלוּפֵי בַּחֲצִי תַּרְקַב. אַלְמָא טָעֵי אִינִישׁ רִיבְעָא; אִי הָכִי, חֲצִי תּוֹמֶן וְעוּכְלָא לָא לִיעֲבִיד! אֲמַר רַב פַּפָּא: מִדּוֹת קְטַנּוֹת בְּקִיאִי בְּהוּ אֱינָשֵׁי. שְׁלִישִׁית הַהִין, רְבִיעִית הַהִין לָא לִיעֲבִיד! [ג]כֵּיוָן דַּהֲווּ בַּמִּקְדָּשׁ לָא גְּזַרוּ בְּהוּ רַבָּנַן. בַּמִּקְדָּשׁ נַמִי לִיגְזוֹר! [א)]כֹּהֲנִים זְרִיזִין הֵן.§ [ב)]אָמַר שְׁמוּאֵל: [ד]אֵין מוֹסִיפִין עַל הַמִּדּוֹת יוֹתֵר מִשְּׁתוּת, וְלֹא עַל הַמַּטְבֵּעַ יָתֵר מִשְּׁתוּת, [ג)][ה]וְהַמִּשְׁתַּכֵּר אַל יִשְׂתַּכֵּר יוֹתֵר מִשְּׁתוּת. אֵין מוֹסִיפִין עַל הַמִּדּוֹת יוֹתֵר מִשְּׁתוּת, מ"ט? אִילֵימָא מִשּׁוּם אַפְקוּעֵי תַּרְעָא – שְׁתוּת נַמִי לָא! אֶלָּא מִשּׁוּם אוֹנָאָה דְּלָא לֶיהֱוֵי בִּיטּוּל מִקָּח – [ד)]וְהָאָמַר [ה)]רָבָא: [ו]כָּל דָּבָר שֶׁבְּמִדָּה וְשֶׁבְּמִשְׁקָל וְשֶׁבְּמִנְיָן, אֲפִילּוּ פָּחוֹת מִכְּדֵי אוֹנָאָה חוֹזֵר! אֶלָּא דְּלָא לֶיהֱוֵי פְּסֵידָא לְתַגָּרָא – פְּסֵידָא הוּא דְּלָא לֶיהֱוֵי לֵיהּ, רַוְוחָא לָא בָּעֵי? [ו)]זָבֵן וְזַבֵּין תַּגָּרָא אִיקְרֵי? [ז)]אֶלָּא אֲמַר רַב חִסְדָּא, שְׁמוּאֵל קְרָא אַשְׁכַּח וּדְרַשׁ: (יחזקאל מה) °"וְהַשֶּׁקֶל עֶשְׂרִים גֵּרָה עֶשְׂרִים שְׁקָלִים חֲמִשָּׁה וְעֶשְׂרִים שְׁקָלִים עֲשָׂרָה וַחֲמִשָּׁה שֶׁקֶל הַמָּנֶה יִהְיֶה לָכֶם"; מָנֶה

לֵיהּ כַּהֲדַיְיהוּ, דְּהַיְינוּ תּוֹמֶן. אֲבָל שְׁמִינִית לְשׁוֹן נְקֵבָה – הַיְינוּ שְׁמִינִית הַלּוֹג. וְהַיְינוּ דְּקָתָנֵי לְקַמֵּיהּ גַּבֵּי לוֹג רְבִיעִית וּשְׁמִינִית. אֲבָל הָכָא גַּבֵּי קַב גָּרַס רוֹבַע וְתוֹמֶן. וְהַתּוֹמֶן הֲוֵי לוֹג ג' בֵּיצִים, וַחֲצִי תּוֹמֶן – בֵּיצָה וּמֶחֱצָה. וְעוּכְלָא אֶחָד מֵחֲמִשָּׁה בְּרוֹבַע הַקַּב. כְּלוֹמַר, אֶחָד מֵה' בַּלּוֹג, הַיְינוּ בֵּיצָה וְחוֹמֶשׁ בֵּיצָה, שֶׁהַלּוֹג ו' בֵּיצִים. וְכֵן פֵּירֵשׁ רַבֵּינוּ חֲנַנְאֵל, וְעִיקָּר. וְהַשְׁתָּא לָא עָדִיף חֲצִי תּוֹמֶן עַל עוּכְלָא כִּי אִם חוֹמֶשׁ, שֶׁחֲצִי תּוֹמֶן בֵּיצָה וּמֶחֱצָה, שֶׁהֵן ז' חוֹמְשִׁין וַחֲצִי חוֹמֶשׁ, דְּהַיְינוּ ה' חוֹמְשִׁין וְה' חֲצָאֵי חוֹמֶשׁ. וְהָעוּכְלָא הִיא בֵּיצָה וְחוֹמֶשׁ בֵּיצָה – דְּהַיְינוּ ו' חוֹמְשִׁין, שֶׁהֵן ד' חוֹמְשִׁין וְד' חֲצָאֵי חוֹמֶשׁ, נִמְצָא חֲצִי תּוֹמֶן יָתֵר עַל עוּכְלָא חוֹמֶשׁ וַחֲצִי חוֹמֶשׁ בֵּיצָה, וְאִישְׁתַּכַּח דְּלָא עָדִיף מִינֵּיהּ רִיבְעָא אֶלָּא חוּמְשָׁא. וְהָכִי פָּרְכִינַן לְקַמָּן: חֲצִי תּוֹמֶן וְעוּכְלָא לָא נַעֲבֵיד, דְּכֵיוָן דְּטָעוּ אֱינָשֵׁי בְּרִיבְעָא כ"ש דְּטָעוּ בְּחוּמְשָׁא. הִין. י"ב לוֹג הוּא דְּהַיְינוּ נַמִי תַּרְקַב. חֲצִי הַהִין. הַיְינוּ חֲצִי תַּרְקַב. שְׁלִישִׁית הַהִין. דְּהַיְינוּ קַב. לְקַמֵּיהּ מְפָרֵשׁ לָמָּה הִתְקִינוּ. רְבִיעִית הַהִין. הַיְינוּ שְׁלֹשָׁה לוּגִּין. וְהָא דְּלָא עֲבִיד נַמִי חֲצִי רְבִיעִית הַהִין, דְּהַיְינוּ לוֹג וּמֶחֱצָה – מִשּׁוּם דְּאָתֵי לְמִיטְעֵי בַּחֲצִי קַב דְּיָבֵשׁ, דְּהַיְינוּ ג' לוּגִּין. וְאָמְרִי' לְקַמָּן דִּבְרִיבְעָא טָעוּ אֱינָשֵׁי. וְלוֹג. הַיְינוּ נַמִי רוֹבַע הַקַּב דִּלְעֵיל. וַחֲצִי לוֹג. הַיְינוּ תּוֹמֶן דְּיָבֵשׁ. וּרְבִיעִית. הַיְינוּ חֲצִי תּוֹמֶן דַּאֲמַרַן לְעֵיל, בֵּיצָה וּמֶחֱצָה. וּשְׁמִינִית. הַיְינוּ חֲצִי בֵּיצָה וּרְבִיעַ בֵּיצָה. אֲבָל יָבֵשׁ אֵין דַּרְכּוֹ לִמְדּוֹד בִּכְלִי קָטָן כָּל כָּךְ, אֶלָּא נִמְכָּר בָּאוֹמֶד, אוֹ בְּמִשְׁקָל אִם דָּבָר יָקָר הוּא. וַחֲצִי שְׁמִינִית. גָּרְסִינַן בַּתּוֹסֶפְתָּא. וְזֶהוּ קוֹרְטוֹב הַנִּזְכָּר בְּהַרְבֵּה מְקוֹמוֹ': מ' סְאָה חָסֵר קוֹרְטוֹב שֶׁנָּפַל לְתוֹכוֹ קוֹרְטוֹב יַיִן, בְּפ"ב דְּחוּלִּין (דף כו.), וּבְפ"ק דְּמַכּוֹת (דף ג:). וְלִיעֲבִיד נַמִי קַבַּיִים. דְּלֶיהֱוֵי שְׁלִישִׁית הַסְּאָה, כִּי הֵיכִי דְּתַקּוּן שְׁלִישִׁית הַהִין! וּמְשַׁנֵּי: אָתֵי לְאַחְלוּפֵי בְּתַרְקַב. דְּהוּא שְׁלֹשָׁה קַבִּין, וְגָדוֹל שְׁלִישׁ מִקַּבַּיִים, וְיִמְדּוֹד לוֹ מוֹכֵר בְּקַבַּיִים תַּחַת תַּרְקַב. בַּחֲצִי תַּרְקַב. דְּהַיְינוּ קַב וָחֵצִי, וְאֵינוֹ פָּחוֹת מִקַּבַּיִים שְׁלִישׁ אֶלָּא רְבִיעַ, וְאָתֵי לְמִיטְעֵי! נִרְאֶה בְּעֵינַי דה"ג: אִי הָכִי חֲצִי תּוֹמֶן וְעוּכְלָא לָא נִיעֲבִיד. שֶׁהַחֲצִי תּוֹמֶן אֵינוֹ גָּדוֹל אֲפִי' רְבִיעַ כִּי אִם חוֹמֶשׁ, כִּדְפָרֵישִׁית לְעֵיל, וְכ"ש דְּאָתֵי לְמִיטְעֵי! בְּקִיאִי בְּהוּ אֱינָשֵׁי. שֶׁמִּתּוֹךְ קַטְנוּתוֹ יוֹדְעִין בְּהוּ לְשַׁעֵר כַּמָּה מַחֲזִיק, וְלָא אָתֵי לְרַמּוֹת. רְבִיעִית הַהִין. פְּחוּתָה מִשְּׁלִישִׁית הַהִין רְבִיעַ, וְאָתֵי לְמִיטְעֵי. כֵּיוָן דַּהֲווּ בַּמִּקְדָּשׁ. כְּדַאֲמַרַן לְעֵיל (דף פו:): שְׁנָתוֹת הָיוּ בַּהִין, עַד כָּאן לַפָּר, עַד כָּאן לָאַיִל, עַד כָּאן לַכֶּבֶשׂ. דְּהַיְינוּ חֲצִי וּשְׁלִישִׁית וּרְבִיעִית הַהִין. אֵין מוֹסִיפִין עַל הַמִּדּוֹת כו'. אִם בָּאוּ אַנְשֵׁי הָעִיר לְהוֹסִיף עַל כָּל הַמִּדּוֹת בֵּין גְּדוֹלוֹת בֵּין קְטַנּוֹת לְפִי חֶשְׁבּוֹן אֶחָד מִכּוֹר עַד רְבִיעִית, וּלְשַׁבֵּר מִדּוֹת הָרִאשׁוֹנוֹת, דְּלָא לֵיתֵי לְמִיטְעֵי – אֵין מַגְדִּילִין כִּי אִם שְׁתוּת יוֹתֵר, שֶׁמִּי שֶׁהֶחֱזִיק ה' בֵּיצִים יַחֲזִיק עַתָּה ו'. וְטַעֲמָא מְפָרֵשׁ לְקַמֵּיהּ. וְהַמִּשְׁתַּכֵּר. כְּגוֹן חֶנְוָנִי, הַקּוֹנֶה יַיִן וּפֵירוֹת מִן הַסִּיטוֹן הַרְבֵּה בְּיַחַד כְּדֵי לִמְכּוֹר מְעַט מְעַט – אַל יִשְׂתַּכֵּר יוֹתֵר מִשְּׁתוּת. [וּכְגוֹן שֶׁלֹּא הוּקַר הַשַּׁעַר, אֲבָל אִם לָקַח בִּשְׁעַת הַגּוֹרֶן, וְעַכְשָׁיו הוּקִיר – יִשְׂתַּכֵּר אֲפִילּוּ כִּפְלַיִים, כְּפִי שֶׁהַשַּׁעַר הוֹלֵךְ. וְתַקָּנַת חֲכָמִים הִיא זוֹ שֶׁלֹּא יִשְׂתַּכֵּר יוֹתֵר]. מִשּׁוּם אַפְקוּעֵי תַּרְעָא. שֶׁמְּבִיאִים תְּבוּאָה לְכָאן, כְּשֶׁיִּרְאוּ שֶׁהוֹסִיפוּ הַמִּדּוֹת – יוֹקִירוּ, וּמִשֶּׁנִּכְנַס הַיּוֹקֶר מוֹקִירִין יוֹתֵר מִכְּדֵי תּוֹסֶפֶת. שְׁתוּת נַמִי לָא לִיעֲבִיד. מִשּׁוּם הַאי טַעֲמָא גּוּפֵיהּ. אֶלָּא. לְהָכִי אֵין מוֹסִיפִין יוֹתֵר מִשְּׁתוּת – מִשּׁוּם דְּאוֹתוֹ מֶכֶר דַּהֲוֵי עַכְשָׁיו אוֹנָאָה, אֵין שְׁנֵיהֶם חוֹזְרִין כְּשֶׁאֵין מוֹסִיפִין אֶלָּא שְׁתוּת. לֶיהֱוֵי בִּיטּוּל מִקָּח. אִם נוֹסִיף יָתֵר עַל שְׁתוּת, וְלֹא נָכוֹן לַעֲשׂוֹת תַּקָּנָה שֶׁיִּבָּטְלוּ עַל יָדָהּ הַמְּכִירוֹת. וְהֵיכִי דָּמֵי – כְּגוֹן הַחַמָּרִים שֶׁמְּבִיאִין תְּבוּאָה לְכָאן רְגִילִים לִיתֵּן ה' קַבִּין בְּה' [דִּינָר], וּכְשֶׁהוֹסִיפוּ הַמִּדּוֹת שְׁתוּת וְהֵן לֹא יָדְעוּ – יִתְּנוּ כְּמוֹ כֵן ה' קַבִּין בְּה' דִּינָר, וְנִמְצָא שֶׁנִּתְאַנָּה שְׁתוּת, דְּו' קַבִּין יֵשׁ בְּהָנֵי ה', וְיַחֲזוֹר לוֹ פָּשׁוּט, וְיִהְיֶה הַמֶּכֶר קַיָּים. אֲבָל אִם הוֹסִיפוּ עַל הַחֲמִשָּׁה קַבִּין קַב וָחֵצִי – הֲרֵי נִתְאַנָּה יָתֵר מִשְּׁתוּת, וּבָטֵל הַמִּקָּח. וַאֲפִילּוּ אִם יוֹסִיפוּ עַל הַמִּדּוֹת פָּחוֹת מִשְּׁתוּת לֶיהֱוֵי בִּיטּוּל מִקָּח. וְהָאָמַר רָבָא כו'. כָּל דָּבָר שֶׁבְּמִדָּה. שֶׁהוּטְעָה בְּמִדָּה, אֲפִילּוּ פָּחוֹת מִכְּדֵי אוֹנָאָה, דְּהַיְינוּ פָּחוֹת מִשְּׁתוּת, דַּהֲוֵי מְחִילָה בְּחֵפֶץ הַנִּמְכָּר בָּאוֹמֶד – הָכָא חוֹזֵר, מִשּׁוּם דִּטְעוּת גָּמוּר הוּא. וּשְׁנֵיהֶן נַמִי חוֹזְרִין, אֶלָּא מִשּׁוּם דִּפְחוֹת מִכְּדֵי אוֹנָאָה הָוֵי מְחִילָה לְגַמְרֵי, לֹא נִתְכַּוֵּין רָבָא אֶלָּא לְאַפּוּקֵי מִמְּחִילָה. וּמִיהוּ, מִקַּח טָעוּת הָוֵי לַחֲזוֹר שְׁנֵיהֶן, דְּהָא לְרָבָא לֵית לֵיהּ חֲזָרָה בְּמִי שֶׁנִּתְאַנָּה טְפֵי מִן הַמִּתְאַנֶּה, דִּפְסַק רָבָא בְּפֶרֶק "הַזָּהָב" (ב"מ דף נ.) הִלְכְתָא: שְׁתוּת – קָנָה וּמַחֲזִיר אוֹנָאָה, אֲבָל בִּפְחוֹת מִשְּׁתוּת – הָוֵי מְחִילָה, וּבְיוֹתֵר מִשְּׁתוּת – שְׁנֵיהֶן חוֹזְרִין. דְּלָא לֶיהֱוֵי פְּסֵידָא לְתַגָּרָא. שֶׁבָּא מֵעִיר אַחֶרֶת, וַאֲמַרַן דְּמִשְׂתַּכֵּר שְׁתוּת. וּבְשֶׁלֹּא הוֹסִיפוּ כִּי אִם שְׁתוּת, וְהוּא לֹא יָדַע, וּמָכַר כְּמוֹ שֶׁהָיָה רָגִיל עַד עַכְשָׁיו – לֹא אִיבֵּד כִּי אִם שְׁתוּת שֶׁהָיָה לוֹ לְהַרְוִיחַ, וְלֹא הִפְסִיד מִקֶּרֶן שֶׁלּוֹ כְּלוּם. אֲבָל אִם הוֹסִיפוּ יוֹתֵר מִשְּׁתוּת – אִית לֵיהּ פְּסֵידָא מִקֶּרֶן שֶׁלּוֹ. וּמַתְמַהּ גְּמָרָא: פְּסֵידָא הוּא דְּלָא לֶיהֱוֵי לֵיהּ. כְּלוֹמַר, לְהָכִי חָשׁוּ דְּלֹא יַפְסִיד מִקֶּרֶן שֶׁלּוֹ כְּלוּם, אֲבָל לָרֶיוַח שֶׁלּוֹ לֹא חָשׁוּ חֲכָמִים אִם לֹא יַרְוִיחַ? זָבֵן וְזַבֵּין תַּגָּרָא אִיקְרֵי. בִּתְמִיהָ. מָשָׁל הוּא: וְכִי לְכָךְ קָנָה הַתְּבוּאָה רָחוֹק מִכָּאן, שֶׁיִּתְנֶנָּה כָּאן בְּאוֹתָן דָּמִים כְּדֵי שֶׁיִּקָּרֵא תַּגָּר? וּלְהַרְוִיחַ אֵינוֹ חוֹשֵׁשׁ? הָא וַדַּאי אֵין לְךָ פְּסֵידָא גְּדוֹלָה מִזּוֹ שֶׁטּוֹרֵחַ וְאוֹכֵל וְאֵינוֹ מַרְוִיחַ! וְהָכִי הָוֵי לְהוּ לְמֵימַר: אֵין מוֹסִיפִין עַל הַמִּדּוֹת שְׁתוּת כִּי אִם פָּחוֹת מִשְּׁתוּת, כְּדֵי שֶׁיַּרְוִיחַ הַתַּגָּר פּוּרְתָּא! קְרָא אַשְׁכַּח. דְּקָאָמַר מוֹסִיפִין שְׁתוּת, וְהִלְכָּךְ מוּתָּר לְהוֹסִיף שְׁתוּת – דְּלָא חָיֵישׁ קְרָא אַתַּגָּר אִם יִטְעֶה בַּתּוֹסֶפֶת וְלֹא יַרְוִיחַ. וּמִיהוּ, יוֹתֵר מִשְּׁתוּת אֵין מוֹסִיפִין, מִשּׁוּם פְּסֵידָא דְּתַגָּרָא, שֶׁהֲרֵי לֹא הִתִּיר הַכָּתוּב. [כֵּן נִרְאֶה הַטַּעַם בְּעֵינַי]. הַשֶּׁקֶל. סֶלַע. עֶשְׂרִים גֵּרָה. מָעוֹת קְטַנּוֹת, שֶׁיֵּשׁ מֵהֶן ה' בְּדִינָר. עֶשְׂרִים שְׁקָלִים חֲמִשָּׁה וְעֶשְׂרִים שְׁקָלִים עֲשָׂרָה וַחֲמִשָּׁה שֶׁקֶל. שָׁלֹשׁ חֶשְׁבּוֹנוֹת הַלָּלוּ בְּיַחַד – "הַמָּנֶה יִהְיֶה לָכֶם". וְיֵשׁ לוֹמַר: דְּיֵשׁ מְקוֹמוֹת שֶׁהַמָּנֶה חֲמִשָּׁה עָשָׂר סְלָעִים, וְיֵשׁ עֶשְׂרִים סְלָעִים, וְיֵשׁ חֲמִשָּׁה וְעֶשְׂרִים, לְכָךְ נֶאֱמַר שְׁלֹשֶׁת הַמָּנִים הַלָּלוּ – הַמָּנֶה שֶׁל קוֹדֶשׁ יִהְיֶה לָכֶם. מָנֶה

בִּמקדש נמי לגזור. אע"פ שהיו צריכין למדוד שלישית ההין לאיל, ורביעית לכבש – יכולין היו למדוד בלוגין: לחצי ההין ששה לוגין, לשלישית ההין ארבעה לוגין, לרביעית שלשה לוגין. **והשקל** עשרים גרה. תימה: והא כ"ד גרה הוי, דגרה הוי מעה, כתרגומו "עשרים גרה" – עשרין מעין (שמות ל), ואמרי' (קדושין יא: יב.) דסלע ד' דינרים, ושש מעה כסף דינר הוי כ"ד! ואומר ר"ת: דבימי חכמים הוסיפו שתות על הסלע. דמעיקרא לא היה רק עשרים גרה, והוסיפו עליו ד' גרה. ולר"י נראה: דיחזקאל הוסיף ד' גרה על הסלע. ולעולם המנה של חול כ"ה סלעים, ושל קודש נ', אלא שבתחלה היה השקל עשרים, והוסיף עליו ד' גרה. וה"ק קרא: והשקל שהיה תחלה עשרים גרה, ומאותם שקלים יהיה לכם המנה: עשרים שקלים, חמשה ועשרים שקלים, עשרה וחמשה שקל – והיינו ששים שקלים בין הכל. ולא איירי בשקלים שניתוספו, שמאותם לא היה המנה אלא חמשים, כפלים של חול, (א) כשקלים שהיו קודם שהוסיף. והא דנקט קרא חשבון זה ולא רצה לכלול ששים שקלים יחד – אומר ר"ת: לפי שהיה להן משקלות, אחת – שליש מנה של קודש, ואחת – מנה של הדיוט, ואחת – של רביע מנה של קודש. כמו שתרגם יונתן: "וסלעים עשרין מעין, תלתות מנית עשרים סלעים, מנא דכספא כ"ה סלעים, רביעית מניא ט"ו סלעין, כולהו שיתין, מנא רבא דקודשא יהא לכון". ולפי' ר"י קשיא, דאין התרגום משמע כדבריו. שאם יפרש "תלתות מניא" דהשתא הוי עשרים סלעים שמקודם – א"כ כמו כן יפרש "מנא דכספא" של חול של עכשיו הוי עשרים וחמש סלעים של קודם לכן, וזה אינו, דהוי שלשים של קודם לכן. ורש"י פי' בפירוש יחזקאל: ד"מנא דכספא כ"ה סלעים" – מיירי במנה של חול שהיה קודם. משמע שרוצה לומר כפי' ר"י, שנשתנה מנה של חול. וקשיא: דלמה ליה למינקט מנה של קודש, כיון ששינו אותו? דאם לא היו אותן שלשה משקלות באותה שעה – היה לו לכלול ששים שקלים יחד! והר"ר משולם אומר: דנקט קרא חשבון זה כנגד ברכת כהנים, ב"יברכך" יש ט"ו, ב"יאר" כ', ב"ישא" כ"ה, ושמא במדרש הוא כך. ויש ליתן טעם, שלפי שמתברכין ישראל בנתינת שקלים עשה יחזקאל חשבון זה בשקלים. כך

קמא א ב מיי' פ"ז מהל' גניבה הל' ז סמג לאוין קנב טוש"ע ח"מ סי' רלא סעיף ד:
קמב ג מיי' שם הל' ז:
קמג ד מיי' פ"ח מהל' גניבה הל' יז סמג עשין עב טוש"ע ח"מ סי' רלא סעיף טו:
קמד ה מיי' פי"ד מהל' מכירה הל' א סמג לאוין קע טוש"ע שם סעיף כ:
קמה ו מיי' שם פט"ו הלכה א ועיין בהשגות סמג שם טוש"ע ח"מ סי' רלב סעיף א:

הגהות הב"ח

(א) תוס' ד"ה והשקל וכו' כשקלים של חול אלא איירי בשקלים שהיו קודש:

רבינו גרשום

עוכלא. אונקרא וחצי וקורין אותו חצי ורדגו והיינו אחד מה' ברובע דבין שלם לפלגא לא טעו אינשי: ומקשי' וליעבד נמי קביים. אמאי עביד חצי תרקב ולא קביים: ומשני משום דלמ' אתי לאחלופי קביים בתרקב: אי הכי. דחיישי' דטעי בתלתא: קב נמי לא ליעבד דאתי לאחלופי בחצי תרקב. דשלישית גדול חצי תרקב מקב דחצי תרקב היינו קב וחצי. אלא מדה דקביים גדולה מחצי תרקב רביע אלמא טעו אינשי בריבעא: אי הכי. דטעו ברביע: תומן ועוכלא לא ליעבד. דמשום דאתי לאיחלופי תומן בעוכלא דתומן גדול מעוכלא רביע דתימן ב' אונקיות ועוכלא אונקא וחצי נמצא דתומן גדול מעוכלא רביע: שלישית ההין ורביעית ההין לא ליעבד. משום דאתי לאיחלופי שלישית ברביעית הואיל דברביע טעי אינש (ורביע פחתו מדה): כהנים זריזין הן. ולא אתי לאיחלופי במקדש אבל בעלמא דאין זריזין לא: אילימא משום דאתי לאפקועי תרעא. דאי אתי לאוסופי על המדות יותר משתות קא מפקיע לשערים לפי כי המוכר (בכי המוכר) שקנה המדה בה' פשיטות רוצה להרויח עליו השתות כדאמר לעיל המשתכר אל ישתכר יותר משתות ועכשיו אם מוסיף על המדה שמגדילין אותה יותר משתות ויראה שאין המדה מלאה מאותה מדה א) שקנה ה' פשיטי אם ממלאה יתייקר מן אותן דמים וקאתי לאפקוע שערים ולייקר אותה מכמות שהיו רגילין לקנותה קודם לכן: אי הכי מאי חזית מיותר משתות. אפילו שתות נמי לא יוסיף דמצי למימר הכי נמי משום אפקועי תרעא: אלא משום אונאה. אין עושין יותר על שתות דאי הוה מוסיפין יותר משתות ונתן לו במדה ישנה והוא קציץ עמו מדה חדשה הוי ביטול מקח דיותר על שתות בטל מקח ויהיה יכול לחזור בו מי שנתאנה אבל שתות מוסיפין דלא ליהוי בטול מקח אלא מחזיר אונאה: והאמר רבא כל דבר וכו'. אלא מש"ה אין מוסיפין יותר על שתות: דלא ליהוי ליה פסידא לתגר. והא רווחא לא בעי למיהוה ליה בתמיה. וכי לכך הוא עשוי תגר דיקנה וימכור בלא ריוח: דזבן וזבין תגר איקרי. ואין צריך ריוח אחר: אלא. ודאי בדין הוא שאין מוסיפין אפי' שתות שלם כדי שירויח בו התגר מקצת משום טרחו. והא דאמר שמואל שתות קרא אשכח ודרשו דעד שתות רשות אבל מפני תקנת חנוני פוחתין. והשקל עשרים גרה עשרים שקלים חמשה ועשרים שקלים עשרה וחמשה שקל. צרוף שקלים הללו ביחד תמצא ששים שקלים משקלים. ולכל שקל ושקל ד' דינר הרי דינר למנה מאתן וארבעין דינר וכך היה שיעור מנה של קודש והמנה של חולין אינו כ"א כ"ה שקלים שעולין ק' דינר. ואיכא למישמע מהדין קרא תלת ש"מ

א) נראה דצ"ל שקנה בעל ה' פשיטי יתייקר מן אותן דמים וכו'.

קמו א ב מיי' פ"ח מהל' גניבה הל' יז סמג לאוין קנב ועשין עב טוש"ע ח"מ סי' רלא סעיף טו:
קמז ג מיי' פי"ד מהל' מכירה הל' ו סמג לאוין קנו טוש"ע ח"מ סי' רלא סעיף כג:
קמח ד מיי' שם הלכה ה טוש"ע שם סעיף כד:
קמט ה מיי' שם טוש"ע שם וכסעיף כ:
קנ ו מיי' שם הל' ה טוש"ע שם סעיף כה:
קנא ז מיי' שם הל' ו:
קנב ח מיי' שם וסמג שם טוש"ע שם סעיף כו:
קנג ט י מיי' שם הל' ח טוש"ע שם סעיף כו:

א)מנה?! מאתן וארבעין הוו! אלא שמע מינה תלת; ש"מ: מנה של קדש כפול היה, ושמע מינה: אמוסיפין על המדות ואין מוסיפין יותר משתות, ושמע מינה: בשתותא מלבר. רב פפא בר שמואל תקין כיילא בר תלתא קפיזי. אמרו ליה, והא אמר שמואל: אין מוסיפין על המדות יותר משתות! אמר להו: אנא כיילא חדתא תקיני. שדריה לפומבדיתא ולא קבלוה, שדריה לפאפוניא וקבלוה, וקרו ליה ב)רוז פפא. (סימן: אוצרי פירות אין אוצרין ואין מוציאין ואין משתכרין פעמים בביצים מתריעין ולא מוציאין) תנו רבנן: ג)גאוצרי פירות, ומלוי ברבית, ומקטיני איפה, ומפקיעי שערים — עליהן הכתוב אומר: "לאמר מתי יעבור החדש ונשבירה שבר והשבת ונפתחה בר, להקטין איפה ולהגדיל שקל ולעות מאזני מרמה", (עמוס ח) וכתיב: "נשבע ה' בגאון יעקב אם אשכח לנצח כל מעשיהם" (שם). אוצרי פירות — כגון מאן? אמר ר' יוחנן: כגון ד)שבתי אצר פירות. אבוה דשמואל מזבין להו לפירי בתרעא חרפא כתרעא חרפא, שמואל בריה משהי לפירי ומזבין להו בתרעא אפלא כתרעא חרפא. שלחו מתם: טבא דאבא מדברא. מ"ט? תרעא דרווח — רווח. אמר רב: דעושה אדם את קבו אוצר. תניא נמי הכי: ה)האין אוצרין פירות דברים שיש בהן חיי נפש, כגון: יינות, שמנין וסלתות. אבל תבלין, כמון ופלפלין — מותר; ובמה דברים אמורים — בלוקח מן השוק, אבל במכנים משלו — מותר. זומותר לאדם לאצור פירות בארץ ישראל ג' שנים: ערב שביעית, ושביעית, ומוצאי שביעית; חובשני בצורת — אפי' קב חרובין לא יאצור, מפני שמכנים מארה בשערים. אמר ליה רבי יוסי בר' חנינא לפוגא שמעיה: פוק אצר לי פירי שלש שנים: ערב שביעית, ושביעית, ומוצאי שביעית. ת"ר: ו)טאין מוציאין פירות מא"י דברים שיש בהן חיי נפש, כגון: יינות, שמנים וסלתות; ר' יהודה בן בתירא מתיר ביין, מפני שממעט את התיפלה. וכשם שאין מוציאין מארץ ישראל לחו"ל, יכך אין מוציאין מארץ ישראל לסוריא; ורבי מתיר מהיפרכיא

רש"י

מנה מאתן וארבעין הוו. בתמיה, וכי הוי המנה ששים שקלים, דהיינו מאתן וארבעין דינר? שהשקל ד' דינר. והא קי"ל מנה כ"ה סלעים, דהיינו מאה זוזי, כדאמרינן (כתובות דף י.): לבתולה מאתים ולאלמנה מנה. כפול. חמשים שקלים, וחמשה שקלים המיותרין הן תוספת שתות שהוסיפו על מנה של חול, חמשה סלעים על כ"ה, דהיינו ל' סלעים. וכשאתה כופל את של קודש הוי ששים שקלים. ושמע מינה מוסיפין על המדות. ועל המטבעות. וליכא איסורא משום רווחא דתגר דלא מרויח מידי, דאקרואי בעלמא הוא שלא ישמע התגר, ובמידי דלא שכיח לא חשו, שהרי הכל ידעו שהוסיפו שתות, ולא יבאו לטעות. ומיהו, אין מוסיפין יותר משתות, דאיכא פסידא דתגר, והכתוב לא התיר. והאי "ואין מוסיפין" פי' בעלמא, ואינו מחשבון "שמע מינה תלת", אלא פירוש הוא, דאע"ג דש"מ דמוסיפין — אסור להוסיף יותר משתות, כדמפרש לקמיה, דהאי תוספת — שתותא מלבר הוא, על חמשה שקלים הוסיפו שש מעלמא, כגון על נ' שקלים דהיינו ה' פעמים עשרה, הוסיפו עוד עשרה והיו ששים. אבל שתותא מלגיו זהו שתחלוק את החמשים בששה חלקים, ומגיע לכל חלק שמנה שקלים ודינר, (א) הוסיף אחד מששה חלקים שבתוך הנ' על החמשים, והוי נ"ח סלעים ודינר (ב). וש"מ שתותא מלבר. מוסיפין, וכל שכן פחות. ובלבד שישברו מדות הראשונות. אבל טפי — אין מוסיפין, משום פסידא דתגר. כיילא. מדה. תלתא קפיזי. ט' לוגין. דקפיזא הוא קב חסר לוג, דהיינו ג' לוגין, כדאמר במסכת שבת (דף קג.): דחק קפיזא בקבא. יתר משתות. וזה נוסף על חצי תרקב שליש, דחצי תרקב היינו קב וחצי, שהן ו' לוגין. ואית דמפרשי: קפיזא – לוג, תלתא קפיזי – ג' לוגין, דהוה ליה תוספת שליש על חצי קב דלעיל, דהיינו שני לוגין. והאמר שמואל כו'. ה"נ הוה מצי לאקשויי: והא אתי למיטעי בקב, שהוא יתר רביע! ולישנא קמא נמי – הא אתי למיטעי בתרקב דהוי י"ב לוגין, וטעי אינש בריבעא. אלא משום דאמר שמואל בהדיא קפריך מיניה. אבל ההיא פירכא – מכללא דברייתא שמעינן לה. אנא כיילא חדתא מתקנינא. שאין בעיר הזאת מדה אחרת דליהוי תוספת, ולא יבא לידי הפסד תגר, וגם לא לטעות בריבעא. שאין בעיר הזאת לא חצי תרקב ולא תרקב דליהוי מוסף עליו שליש, דליתי למיטעי (כן נראה בעיני). ולא קבלוה. אע"פ שאין בעיר הזאת תרקב וחצי תרקב. רוז פפא. (ג) לשון מדה הוא באותו המלכות. ואית דגרס "רז פפא" – כלומר, עצת רב פפא. ולא נהירא, דאינו לשון גמרא. אוצרי פירות. שקונין בשוק לאגרס למכור ביוקר, וגורמין שמתייקר השער, ואיכא הפסד עניים. ונראה לי דבעיר שרובה ישראל מיירי. מפקיעי שערים. מוסיפין על השער. מתי יעבור החדש ונשבירה שבר. כלומר נמכור ביוקר לסוף חדש, אחר ימות הגורן. והיינו מפקיעי שערים, דלחדש לא מיקרי אוצרי פירות. והשבת ונפתחה בר. כלומר, מתי תגיע שנת השמטה ונפתחה אוצרות בר, והיינו אוצרי פירות. להקטין. היינו מקטיני איפה. להגדיל שקל. נ"ל דהיינו מלוה ברבית, שמגדיל שקלו ע"י הלואת רבית. דאי משום להגדיל שקל ממש – ממקטיני איפה שמעת לה, ומ"מאזני מרמה" שמעת נמי אונאת משקלות. וכתיב בתריה: "נשבע ה' בגאון יעקב" וגו'. כגון שבתי אוצר פירי. כדי למכור לעניים ביוקר. אבל כגון דאצר פירי בשעת הזול ומוכרן בזול לעניים בשעת היוקר, כדלקמן, אע"פ שגורם יוקר השער – מותר. בתרעא חרפא. בשער המוקדם, דהיינו בשעת הגורן. כי חרפא. בזול, כדי שימכרו גם הכל, ויזדלזל השער כל השנה. שמואל. *מאצר הוא לפירי של שדותיו, ומזבין להו בתרעא אפלא – בעת היוקר, כדתרעא חרפא – בשעת הזול. ומיהו, מן השוק לא הוה מאצר בשעת הגורן, דמ"מ מוקיר השער קצת, ויצא שכרו בהפסדו, כן נראה בעיני. ומיהו איסור ממש ליכא. (בס"י מאחר) טבא דאבא מדברא. טובים מעשה האב ממעשה הבן. שהאב גורם מתחלה שלא יוקר השער, דכיון דרווח והוזל השער – רווח עוד כל השנה. אבל משהוקר השער – אינו יכול להזדלזל מהרה. את קבו. מה שמלקט משדותיו. ולישנא מעליא נקט, כלומר: אותו מעט שנתן לו הקב"ה. ואין איסור אלא שלא יקח מן השוק ע"מ לאצור, ומיהו לפרנסת ביתו יכול לקנות אם אין לו משדותיו. ז)ולא יכניס משלו. ומיהו, ישייר לעצמו כדי הוצאתו לשנה. לאצור פירות. ג' שנים, לקנות בששית לצורך ששית ושביעית ושמינית למכור לעולם, פן ימותו בשביעית ובשמינית ברעב, דהא מפירות שמינית לא אכלי עד סוף השנה. לפוגא פוק אצר כו'. ובארץ ישראל הוה, וסבירא ליה: קדושה ראשונה קדשה לשעתה וקדשה לעתיד לבא, וכמאן דאמר במגילה (דף י.): שמעתי שמקריבין אע"פ שאין בית. מפני שממעט כו'. דנכנס יין יצא סוד. לסוריא. דכבוש יחיד לא שמיה כבוש. מהיפרכיא.

תוספות

כך אין מוציאין לסוריא. פי' הקונטרס: משום דקסבר כבוש יחיד לא שמיה כבוש. ואע"ג דלמאן דאמר שמיה כבוש מצינו שהחמירו בארץ ישראל יותר מבסוריא, כדאמרינן בפ"ק דגיטין (דף ח. ושם): המוכר עבדו לסוריא — כמוכר לחוצה לארץ, אף על גב דקסבר שמיה כבוש, כדמוכח התם. מכל מקום נראה לרשב"א כפירוש הקונטרס, מדקאמר: כשם שאין מוציאין לחוצה לארץ כך אין כו' — משמע דסבר דלאו שמיה כבוש, מדמשווה אותה לחוצה לארץ. וטעמא דלא שמיה כבוש — כדיליף בספרי, בסוף פרשת "והיה עקב": "כל מקום אשר תדרוך כף רגלכם" וגו', ויליף התם דדוקא מה שיכבשו בחוצה לארץ אחר שיכבשו כל ארץ ישראל — לכם יהיה, ודוד לא עשה על פי ב"ד אלא מדעתו, וכבש ארם נהרים וארם צובה עד שלא כבש כל ארץ ישראל, ולכך קרי ליה כבוש יחיד, לפי שמדעתו עשה. לסוריא. סוריא היא ארם צובה וארם נהרים, ועל שם סוריא קרי ללשון ארמי סורסי, כדאמרינן (בראשית רבה פ' עד): אל תהי לשון סורסי קל בעיניך, שהרי בתורה ובנביאים ובכתובים חלק לו כבוד; בתורה — דכתיב "יגר שהדותא", ובנביאים — דכתיב "כדנה תאמרון להון", ובכתובים — דניאל ועזרא, אלמא "סורסי" היינו ארמי, דלבן מארם נהרים היה, ודניאל נמי לשון ארמי הוא, כדכתיב "וידברו הכשדים למלך ארמית". וא"ת: דבסוף "מרובה" (ב"ק דף פג.) תניא: בארץ ישראל לשון סורסי למה? אלא או לשון הקודש או לשון יונית. ואמר ח) רב יוסף: בבבל לשון ארמי למה? אלא או לשון הקודש או לשון סורסי. משמע דלשון סורסי לחוד, ולשון ארמי לחוד! ואומר ר"ת: דלשון אחד הוא, אלא שמתחלק לכמה עניינים, כעין לעז שמשתנה בכמה מדינות. ותדע דאונקלוס תירגם "עד הגל" — "סהיד דגורא", ולכן קרא לו "יגר שהדותא" ט).
חד

רבינו גרשום

ש"מ דמנה של קדש יש בו כפלים משל חולין, והואיל דאמרת דכפול הוא נמצא שאותן מ' הן יותר מן הכפילה. וש"מ דאותן ארבעין היינו תוספת שהוסיפו על המנה מ' היינו שתות על מאתן שלכל חמשים הוסיף עשר דהיינו שתות היינו מ' למאתן. וש"מ דשתות דמוסיפין מלבר ולא מלגיו. דעל חמשים מוסיפין י' ולא שתות החמשים. שאינו עולה אלא לח' דינר וב' שתות דינר: תקין כיילא בר ג' קפיזי. היתה מחזקת ג' רביעיות דהיינו ג' לוג. והאמר שמואל אין מוסיפין על המדות יותר משתות. ומר תקין דלא כהלכתא שלישית משום דאמר לעיל אבל הוא עושה סאה וכו'. ואיכא ב' רביעיות ונמצא שמוסיף השליש על המדה מכדרכה: אמר להו. אנא לא אתינא לסתור מלתא דשמואל כלל דלאו משום תוספת עבידנא אלא כיילא חדתא מתקנינא שמחזקת כך: רוז פפא. כלומר (א) מדת רב פפא שחשב בדעתו. ואיכא דאמרי למדה היו קורין בלשונהון רוז: אוצרי פירות. כדי למוכרן ביוקר לאחר זמן: ומפקיעי שערים. שמוסיפין על השער: שבתי אוצר פירות. זה היתה אומנתו: הוה מזבין פירא בתרעא חרפא בחרפא. שהיה מוכר תבואתו בימות הקציר באותו שער שהיה הולך בתחלה ולא היה מאצרו: ושמואל היה מאצרן ומזבין להו בתרעא אפלא בחרפא. שהיה מוכרו בסוף שנה והיה מוכר בשער של אפלא בזול בחרפא כמו שהיה מוכר בשעת לקישה: שלחו ליה דאבא טבא מברא. כלומר יותר חסידות היה עושה אבוה דשמואל שהיה מוכרן בחרפא משמואל בריה דהוה מאצר ומזבין להו באפלא כחרפא: מ"ט. משום דתרעא כיון דרווח רווח. דאע"ג דשמואל מקיל השער ונותן עכשיו בזול אינו כלום שאחרים אינן מרויחין השער כמותו ולכך עושה אביו יפה ממנו שכשמכר בתחלה אביו בזול פתחו האחרים ב) השער אחרפא בזול. אבל הבן אע"פ שמרויח הוא השער אחרים לא מרווחי: עושה אדם את קבו אוצר. כלומר מה שכונס משדהו רשאי לאצר אבל מה שלקח מן השוק לא: תניא נמי הכי. דאין אוצרין בלוקח מן השוק: מוצאי שביעית. עד דחצדי וזרעי ורשאי להשתכר בשער: מפני שממעט את התפילה. דע"י שכרות אתיא ג) אתיפלות לשון: סוריא. משום דכיבוש יחיד היא שדוד כיבשה ולאו שמיה כיבוש: ורבי מתיר מהיפרכיא

א) וכ"ה בערוך ערך רז. ב) נ"ל פתחו האחרים ג"כ למכור בתרעא חרפא בזול. ג) נ"ל דע"י שכרות אתי לידי תיפלות.

מסורת הש"ס

א) [מנחות עז. בכורות ה:], ב) [במס' יבמות עט. כתוס' ד"ה דוגר גרים דוגר], ג) [ומס' ד"א פ"ב], ד) [יומא פג. ע"ש רש"י פ"ב], ה) [תוספתא שם ע"ז פ"ב], ו) [תוספתא שם ע"ש], ז) [נ"ל לא יכניס וכו'], ח) [נ"ל רבי יוסי אבל בסוטה מט: איתא רב יוסף], ט) [וע"ע תוס' ב"ק פג. ד"ה לשון]

הגהות הב"ח

(א) רשב"ם ד"ה ושמע מינה וכו' שמונה שקלים ודינר הוסיף אחד וכו': (ב) בא"ד ודינר ושליש דינר הס"ד: (ג) ד"ה רוז פפא לשון מדה. נ"ב וביבמות דף עט ע"ש בתוס' ד"ה דוגר משמע דלפירוש זה יש לגרוס דון פפא ע"ש ומ"ש בכן מאלחי לקמן דף קכ"ב ע"ש דכתן נכון וגם ביבמות הוא טעות:

אמהיפרכיא להיפרכיא. ת"ר: א)באין משתכרים בארץ ישראל בדברים שיש בהן חיי נפש, כגון: יינות, שמנים וסלתות. אמרו עליו על ר' אלעזר בן עזריה, שהיה משתכר ביין ושמן; ביין — סבר לה כר"י, בשמן — באתריה דר' אלעזר בן עזריה גשכיח מישחא. ת"ר: דאין משתכרין פעמים בביצים. אמר מרי בר מרי: פליגי בה רב ושמואל, החד אמר: על חד תרי, וחד אמר: תגר לתגרא. ת"ר: זמתריעין על פרקמטיא (א) ואפי' בשבת. א"ר יוחנן: חכגון כלי פשתן בבבל, ויין ושמן בארץ ישראל. אמר רב יוסף: טוהוא, דזל וקם עשרה בשיתא. ת"ר: ב)יאין יוצאין מארץ לחו"ל — אא"כ עמדו סאתים בסלע. א"ר שמעון: אימתי? בזמן שאינו מוצא ליקח, כאבל בזמן שמוצא ליקח, אפי' עמדה סאה בסלע — לא יצא. וכן היה ר"ש *בן יוחאי אומר: לאלימלך, מחלון וכליון, גדולי הדור היו ופרנסי הדור היו, ומפני מה נענשו? ממפני שיצאו מארץ לחוצה לארץ, *שנאמר: °"ותהם כל העיר עליהן ותאמרנה הזאת נעמי". מאי "הזאת נעמי"? א"ר יצחק, אמרו: חזיתם נעמי שיצאת מארץ לחו"ל מה עלתה לה? וא"ר יצחק: אותו היום שבאת רות המואביה לארץ ישראל, מתה אשתו של בעז. והיינו דאמרי אינשי: עד דלא שכיב שיכבא — קיימא ג)מנו בייתיה. אמר רבה בר רב ד)הונא אמר רב: אבצן זה בעז. מאי קמ"ל? כי אידך דרבה בר רב הונא, דאמר רבה בר רב הונא אמר רב: מאה ועשרים משתאות עשה בעז לבניו, שנאמר: °"ויהי לו שלשים בנים, ושלשים בנות שלח החוצה ושלשים בנות הביא לבניו מן החוץ. וישפט את ישראל שבע שנים", ובכל אחת ואחת עשה שני משתאות: אחד בבית אביו ואחד בבית חמיו. ובכולן לא זימן את מנוח, אמר: כודנא עקרה במאי פרעא לי? (ב) תאנא: וכולן מתו בחייו. והיינו דאמרי אינשי: בחייך דילדת שיתין, שיתין למה ליך? איכפל ואוליד חד דמשיתין זריז. (סי': מלך אברהם עשר שנים שנפטר נתנשא לבדו). אמר רב חנן בר רבא אמר רב: אלימלך, ושלמון, ופלוני אלמוני, ואבי נעמי — כולן בני נחשון בן עמינדב הן. מאי קמ"ל? שאפי' מי שיש לו זכות אבות, אינה עומדת לו בשעה שיוצא מארץ לחוצה לארץ. ואמר רב חנן בר רבא אמר רב: אמיה דאברהם — אמתלאי בת כרנבו, אמיה דהמן — אמתלאי בת עורבתי, וסימניך: ה)טמא טמא, טהור טהור. אמיה דדוד — נצבת בת עדאל שמה, אמיה דשמשון — צללפונית, ואחתיה — ו)נשיין. למאי נפקא מינה? לתשובת המינים. ואמר רב חנן בר רבא אמר רב: עשר שנים נחבש אברהם אבינו, שלש בכותא ושבע ז)בקרדו; ורב דימי מנהרדעא מתני איפכא. אמר רב חסדא: עיברא זעירא דכותא זהו אור כשדים. ואמר רב חנן בר רבא אמר רב: אותו היום שנפטר אברהם אבינו מן העולם, עמדו כל גדולי אומות העולם בשורה ואמרו: אוי לו לעולם שאבד מנהיגו

רשב"ם

מהיפרכיא. אחרונה של א"י, להיפרכיא ראשונה של סוריא. דכיון דסמוכים כל כך — מותרין. אין משתכרין. לקנות יין ושמן וסלתות מבעה"ב למכור בשוק, אלא בעה"ב עצמו ימכור לצריכין כמו שימכור לחנוני. ומיהו, לקנות חטין ולעשות פת — מותר, דכיון דאיכא טירחא — שרי. אבל למכור הדבר בעין, כמו שקונה אותה מבעה"ב — אסור, דהא בעה"ב נמי מצי מזבין ליה בלא טורח. סבר ליה כר"י בן בתירא. הלואי שיוקיר, ולא יקנו ממנו. פעמים. לקמיה מפרש. בביצים. נ"ל משום דביצים אין בהם חיי נפש כל כך, וגם טורח מרובה, וריוח מועט הוא לעני המחזר בעיירות לקנות ביצים, ולכך התירו לו להשתכר יותר משתות. על חד תרי. מה שלוקח בדינר לא ימכור בשני דינרים. תגר לתגרא. אלא תגר ראשון ימכור לצריכין, אבל לא לתגר אחר, דיש כאן ריוח שתי פעמים — לתגר ראשון ולתגר שני, ומוקירן יותר מדאי. אבל בשאר דברים — מותר, שאם יוקיר זה — ימצא אחרים שימכרו בזול. מתריעין. בתפלה. על פרקמטיא שהוזלה. הבגדים טובים שהוזלו, דאין כאן הפסד לעניים אם יוקירו. והוא דזל. כל כך, דקים עשרה בגדים בדמי שיתא, שהוזלו קרוב למחצה. אין יוצאין כו'. שמפקיע עצמו מן המצות. מתה אשתו של בועז. ולאשמועינן אתא שהקב"ה מקדים רפואה למכה, ויש לו לאדם לבטוח בהקב"ה. עד דלא שכיב שיכבא. קודם שימות המת. קיימא מנו בייתיה. עומד ומזומן כבר הממונה על ביתו ועומד במקומו. אבצן. מן השופטים הוא, בספר שופטים. מאי קמ"ל. מה ריוח יש בדבר, ומה אנו למידין שום מלוה מכאן? כדרבה בר רב הונא כו'. דקאמר שכל בניו [של אבצן] מתו בחייו. ומדקאמר אבצן זה בועז, וכתב בבועז שנשא רות ואע"פ שהיו לו עדיין בנים הרבה, אשמעינן (יבמות סב:) שאם נשא אדם אשה בבחרותו ישא אשה בזקנותו, כמו שעשה אבצן דהיינו בועז, לפי שהיה ירא שמא ימותו בניו מאשתו ראשונה בחייו, ולא יהיה לו זכר. וכתיב: "בבקר זרע [את] זרעך ולערב אל תנח ידך" (קהלת יא), דמהכא נמי דרשי' ליה, וכדמפרש קרא טעמא: "כי אינך יודע אי זה יכשר הזה או זה" וגו'. אבל אי לא אמר לן אבצן זה בועז — הוה אמרי' אבצן לא נשא אשה אחרת, ובועז נמי מעולם לא היו לו אשה ובנים עד שלקח רות. מאה ועשרים משתאות. לששים בנים ובנות. לכל אחד ב' סעודות. סעודת אירוסין, שהיא מצוה כדאיתא בפסחים (דף מט.), וסעודת נשואין. כל שבעת ימי המשתה קרי סעודה אחת. יש לשונות אחרים, ואין בהן ממש. כודנא עקרה. פרדה עקרה. במאי פרעא לי. אין לו בנים שיזמין לו לסעודתן. וכולן מתו. ולא גרס "תנא", ומסקנא דמלתא דרבה בר רב הונא היא, והכי הוה קים להו. בחייך דילדת שיתין. שסופן למות. למה ליך. מה בלע בלידתן. איכפל. ונסיב אשה אחרת. ואוליד חד דמשיתין זריז. והיינו עובד, שהוליד בועז מרות, ויצא ממנו דוד מלך ישראל. ואיכא דפתרי ליה בשמשון, דזריז משיתין דאבצן, ולא נהירא כלל. ושלמון. אבי בועז, כדכתיב: "ושלמון הוליד את בועז". ופלוני אלמוני. שם הגואל, כדכתיב: "סורה שבה פה פלוני אלמוני". בני נחשון. כדכתיב: "ונחשון הוליד את שלמון ושלמון הוליד" וגו'. זכות אבות. אלימלך בן נחשון, שהיה נשיא וחסיד. אימיה דאברהם כו'. לפי שאמותן של יצחק ויעקב הוזכרו, צריכין אנו לידע שם אם אברהם. ואגב גררא נקט אימיה דהמן, לפי שאמותיהן שוין. כרנבו. כרים מלאן — טהורין הן, ואברהם טהור. עורב — טמא הוא, והמן נמי טמא היה. אימיה דדוד. לפי שכל אמהות של מלכים כתובות בנביאים, הוצרך לפרש גם אם דוד. אימיה דשמשון. משום דאיירי בה קרא טובא, וכתיב נמי: "לאביו ולאמו לא הגיד" הוצרך לפרש שכל הדברים האלו שואלין המינים: מה טעם אין אנו יודעין שמותן? ואחתיה נשיין. כך שמה. ואגב גררא דאימיה נסבה. לתשובת המינים. ששואלין לנו יותר באלו מבשמות אחרות, כדפרישית טעמא. ואנו משיבין להן, שמסרו לנו הנביאים בעל פה. נחבש. שחבשו נמרוד. ובאגדה ראיתי: דתרח אביו חבשו בשביל שהיה מאבד צלמיו. כותא וקרדו. מקומות הן, וכל זה להודיע חיבתו של אברהם אבינו. עיברא זעירא. כך שמו. וזהו אור כשדים שהושלך שם אברהם אבינו, והרואה צריך לברך "ברוך שעשה נסים לאבותינו במקום הזה", כדתנן ב"הרואה" (ברכות דף נד.).

תוספות

חד אמר על חד תרי. וא"ת: מאי איריא ביצים? אפי' שאר דברים נמי, כדאמרי' (לעיל דף צ.): המשתכר אל ישתכר יותר משתות! ותירץ ריב"ס: דמיירי אפי' טרח. דהיכא דאיכא טירחא יכול להשתכר יותר משתות, כדאמרי' ב"המפקיד" (ב"מ, דף מ:): איכא טירחא ודמי ברזנייתא. ולרשב"א נראה: דהכא מיירי אפי' בבילים שאינו לוקח מן השוק, אלא מתרנגולת שבביתו, דכי האי גוונא בשאר דברים שרי.

אימתי בזמן שאינו מוצא ליקח כו'. תימה: אם אינו מוצא ליקח, אפי' אלף סאה בסלע מה יעשה, כיון שאינו מוצא ליקח?

הדרן עלך המוכר את הספינה

עין משפט נר מצוה

קנד א מיי' פי"ד מהל' מכירה הלכה ח ועיין במ"מ סמג עשין עב טוש"ע ח"מ סי' רלא סעיף כו:

קנה ב ג מיי' שם הל' ד טוש"ע שם סעיף כג:

קנו ד ה ו מיי' שם הל' ג טוש"ע שם סעיף כב:

קנז ז ח ט מיי' פ"ב מהל' תענית הל' יד טוש"ע א"ח סי' תקעו סעיף י:

קנח י כ ל מיי' פ"ה מהל' מלכים הלכה ט סמג לאוין רכ:

מסורת הש"ס

א) [תוספתא ע"ז פ"ה]: ב) [תוספתא שם]: ג) גי' הערוך מנוביתיה בתיבה אחת ופי' המזומנת לביתו וי"א מקוננת: ד) כ"א יצחק: ה) [קדושין ע:]: ו) כ"א נשיק: ז) [גי' ערוך כרדו]:

[בתוספת' לית' בן יוחאי]

[רש"א מוחק שנאמר]

רות א

שופטים יב

הגהות הב"ח

(א) גמ' על פרקמטיא שהוזלה ואפי' בשבת: (ב) שם במאי פרעא לי וכולן כנ"ל ותיבת תאנא נמחק:

רבינו גרשום

מהיפרכיא להיפרכיא. כלומר מפלך אל פלך משום דסמכי אהדדי וכעיר עצמה דמיין: ביין סבר לה כר' יהודה בן בתירא. דלמעט את התיפלה מותר: שכיח משחא טפי. ואע"ג דמשתכר לא מפקע השער כלום: חד אמר אין משתכרין בביצים פעמים. דאין משתכרין בביצה שני ביצים: וחד אמר תגר לתגרא. שלא ימכרנה חנות אחד לחנות אחר שישתכרו ב' פעמים בביצים: מתריעין על הפרקמטיא. כעין שרגילין להתריע על עצירת גשמים כך מתפללין ומתריעין על הפרקמטיא שלא תיזול משום דאיכא הפסד בעלי בתים: והוא דזל וקם י' בשיתא. שהיו נותנין י' בגדי פשתן באותן דמים שקנו ו' דהשתא איכא הפסד גדול מש"ה מתריעין: אין יוצאין. א)מפני רעב מא"י לחוצה לארץ אא"כ נתיקרו החטים שעמדו סאתים בסלע דודאי רעב ויוצאין: אפי' עמדה סאה בסלע. דיוקר גדול הוא לא יצא: מה עלתה לה שאין בידה כלום: קיימא מנו בייתיה. איכא דאמרי מי שיתמנה במקומו בביתו ומשל הוא. כלומר עד שלא מתה אשתו של בועז היתה רות מזומנת שקמה תחתיה: ואמר המור"ה מנו בייתיה. היינו מקוננות שמקוננת לה ויושבת במקומה: ב)שעשה לל' בניו ול' בנות. שהי' לו. ששים משתאות משנולדו. ובשלחן חוצה לבנותיו עשה ל' משתאות: וכשהכנים בניו לחופה עשה ל' משתאות. הרי כאן ק"כ ג) משתאות: אמר אבצן למה איזמנינן. הא אין לו בנים שיזמנני לחופתן שהוא כפרדה עקרה שאין לה בנים: מתו בחייו. של אבצן: בחייך ילדה איתתך [שיתין שיתין למה ליך] ואיכפיל ואוליד חד דטב דמשיתין זריז כנגד מנוח אמר שהיה לו שמשון שהיה טוב מששים בנים הללו לפי שהיה אומר כך אבצן אירע לו כך. ואית דמפרשי ליה כנגד אבצן ממש שהיו לו ששים בנים וכולם מתו בחייו ואח"כ היה לו בן שיצא ממנו דוד מלך ישראל שהיה טוב מכולן: וסימן לגירסא טמא טמא. אמתלא שהיתה אמו של המן שהיה טמא היתה בת עורב שהוא טמא: טהור טהור. בת כרנבו כמו כרים שהן טהור היא היתה אמו של אברהם: לתשובת המינין. שידעו ויכירו שלא נבחר דבר מתלמידי חכמים: כותא וקרדו. מקומות הן: עיברא זעירא. אותו מעבר קטן: שאבד

א) אולי צ"ל אין יוצאין מפני היוקר מא"י לחו"ל וכו' דוודאי יהי' רעב ויוצאין. ב) נראה דחסר כאן וצ"ל מאה ועשרים משתאות. שעשה לל' בניו ול' בנותיו שהי' לו. ששים משתאות משנולדו. ג) מפי' רבינו הלזה נראה דלא גרים בגמ' אחד בבית אביו ואחד בבית חמיו וגם מפי הרשב"ם ד"ה לכל אחד נראה קצת דלא הי' גורס כן ודו"ק.

מנהיגו, ואוי לה לספינה שאבד קברניטא. *"והמתנשא לכל לראש" — אמר רב חנן בר רבא אמר רב: אפי' ריש גרגותא משמיא מוקמי ליה. אמר רב חייא בר אבין א"ר יהושע בן קרחה: חס ושלום, שאפי' מצאו סובין לא יצאו. ואלא מפני מה נענשו? שהיה להן לבקש רחמים על דורם ולא בקשו, שנאמר: "בזעקך יצילוך קבוציך". אמר רבה בר בר חנה אמר רבי יוחנן: [א]לא שנו אלא מעות בזול ופירות ביוקר, אבל מעות ביוקר, אפי' עמדו ארבע סאין בסלע — יוצאין; (סימן: סלע פועל חרובא טליא אמרין). *דאמר ר' יוחנן: נהירנא כד הוו קיימין ארבע סאין בסלע, והוו נפישי נפיחי כפן בטבריא מדלית איסר. ואמר רבי יוחנן: נהירנא כד לא הוו מיתגרין פועליא למדנח קרתא, מריח פיתא מייתין. ואמר רבי יוחנן: נהירנא כד הוה בצע ינוקא חרובא, והוה נגיד חוטא דדובשא על תרין דרעוהי. ואמר ר' אלעזר: נהירנא כד הוה נטיל עורבא בשרא, ונגיד חוטא דמשחא מריש שורא ועד לארעא. ואמר רבי יוחנן: נהירנא כד הוו מטיילין טליא וטלייתא בשוקא כבר שית עשרה וכבר שב עשרה, ולא הוו חטאן. ואמר ר' יוחנן: נהירנא כד הוו אמרין בי מדרשא: דמודי להון — נפיל בידיהון, דמתרחיץ עליהון — דיליה דילהון.§ כתיב: "מחלון וכליון", וכתיב: "יואש ושרף"; רב ושמואל, חד אמר: מחלון וכליון שמן, ולמה נקרא שמן (*שרף ויואש)? יואש — שנתיאשו מן הגאולה, שרף — שנתחייבו שריפה למקום; וחד אמר: יואש ושרף שמן, ולמה נקרא שמן מחלון וכליון? מחלון — שעשו גופן חולין, וכליון — שנתחייבו כליה למקום. תניא כמאן דאמר: מחלון וכליון שמן; דתניא, מאי דכתיב: "ויוקים ואנשי כוזיבא ויואש ושרף אשר בעלו למואב וישבי לחם והדברים עתיקים"? "ויוקים" — זה יהושע, שהקים שבועה לאנשי גבעון, "ואנשי כוזיבא" — אלו אנשי גבעון, שכזבו ביהושע; "ויואש ושרף" — אלו מחלון וכליון, ולמה נקרא שמן יואש ושרף? יואש — שנתיאשו מן הגאולה, שרף — שנתחייבו שריפה למקום; "אשר בעלו למואב" — שנשאו נשים מואביות; "וישבי לחם" — זו רות המואביה, ששבה ונדבקה בבית לחם יהודה; "והדברים עתיקים" — דברים הללו עתיק יומיא אמרן, [דכתיב: "מצאתי דוד עבדי", וכתיב: "שתי בנותיך הנמצאות".]§ "המה היוצרים ויושבי נטעים וגדרה עם המלך במלאכתו ישבו שם"; "המה היוצרים" — אלו בני יונדב בן רכב, שנצרו שבועת אביהם, "יושבי נטעים" — זה שלמה, שדומה לנטיעה במלכותו, "וגדרה" — זו סנהדרין, שגדרו פרצותיהן של ישראל, "עם המלך במלאכתו ישבו שם" — זו רות המואביה, שראתה במלכות שלמה, בן בנו של בן בנה, שנאמר: "וישם כסא לאם המלך", וא"ר אלעזר: לאמה של מלכות. ת"ר: "ואכלתם מן התבואה ישן" — בלא סלמנטון. מאי בלא סלמנטון? רב נחמן אמר: בלא רצינתא, ורב ששת אמר: בלא (א) שדיפא. תניא כותיה דרב ששת, תניא כותיה דרב נחמן. תניא כותיה דרב נחמן: "ואכלתם... ישן" יכול יהו ישראל מצפין לחדש מפני ישן שכלה? ת"ל: "עד בא תבואתה" — עד שתבא תבואה מאליה. תניא כותיה דרב ששת: "ואכלתם מן התבואה ישן" — יכול יהו ישראל מצפין לחדש מפני ישן שרע? ת"ל: "עד בא תבואתה" — עד שתבא תבואה מאליה. ת"ר: "ואכלתם ישן נושן" — מלמד שכל המיושן מחבירו הוי יפה מחבירו. ואין לי אלא דברים שדרכן ליישנן, דברים שאין דרכן ליישנן מנין? ת"ל: "ישן נושן" מכל מקום. "וישן מפני חדש תוציאו" — מלמד שהיו אוצרות מלאין ישן וגרנות מלאין חדש, והיו ישראל אומרים: היאך נוציא זה מפני זה? אמר רב פפא: כל מילי עתיקא מעליא, לבר מתמרי ושיכרא והרסנא.§

הדרן עלך המוכר את הספינה

(מנהיגו) קברינטא. המוליך את הספינה. ריש גרגותא. שר הממונה על הבורות מי ידלה ממנו היום להשקות שדותיו ומי למחר, ושררה קטנה היא. ומדכתיב: "לך ה' הממלכה והמתנשא" יליף לה, כלומר: על ידך המתנשא לכל דבר, אפי' לגרגותא, לראש הוא על פיך. בזעקך יצילוך קבוציך. ע"י שתזעק לקבץ הנדחים — תפלל. אבל מעות ביוקר. שהפרקמטיא זולה מאד — יוצאין, כדמפרש טעמא לקמיה. נהירנא. זכורני. מדלית איסר. לקנות בו לחם. מריח פיתא מייתין. שרוח מערבית מנשבת ומביאה ריח הפת, שהוא טוב מאד, למזרח העיר, ומייתין מתוך ריח טוב מרובה. כן נראה בעיני. ויש מפרש: מתוך תאות רעבון. מטיילין. משחקין. טליא וטלייתא. נער ונערה. דמודי להון. לגוים, מתרצה להן במה שאומרים — נפיל בידיהון. אלא כל דבריהן יסתור. דמתרחיץ. בוטח. שע"י שמתגלה להן — לוקחין כל מה שיודעין משלו, כדכתיב בחזקיה: "ויראם את [כל] בית נכאתו" וגו' (מ"ב כ). יואש ושרף. בדברי הימים. שנתחייבו כליה. על שיצאו מא"י. חולין. חו"ל ארץ טמאה היא. מאי דכתיב ויוקים ואנשי כוזיבא וגו'. בני יהודה קא חשיב ואזיל בדברי הימים. ואיכא למימר דכל הני דקחשיב משבט יהודה היו, מצד האם או מצד האב. זה יהושע. ושמא אמו מיהודה, כדכתיב נמי: "איש יהודי" — אמו מיהודה (מגילה דף יב:). ואנשי כוזיבא. הכי קאמר: מי שהקים שבועה לאנשי כוזיבא, דהיינו יהושע. אבל אנשי כוזיבא לא משבט יהודה הם, שהרי כנענים היו שכיזבו ביהושע. אלו מחלון וכליון. שהיו משבט יהודה, בני אלימלך בן נחשון. שנתיאשו מן הגאולה. שיגאלם הקב"ה מן הרעב, כדכתיב: "כי פקד ה' את עמו לתת להם לחם", סבורים היו שלא יפקדם. זו רות המואביה. שנקראת על שבט יהודה, כלומר בנים שיצאו ממנה. דברים הללו. שיצאו מחלון וכליון לחו"ל, וע"י כך באה רות ונשאת לבועז, ונולדו מלכי בית דוד. עתיק יומין אמרן. מאתו יצאו כבושים. שבועת אביהם. שלא לשתות יין ולא לבנות בתים, כדכתיב (ירמיהו לה). לנטיעה. הלוך וגדול, כדכתיב "על כסא ה' למלך". שגדרו. לעשות סייג לתורה. הכי גרסי': במלכותו של שלמה בן בנו של בן בנה. כלומר, שלמה בן דוד, שהוא בנו של ישי, שהוא בן עובד בנה. לאמה של מלכות. שיצאו ממנה כל המלכים. בלא סלמנטון. דסלמנטון אין מניח ליישן התבואה, אלא מרקיבה. רצינתא. תולעת המרקיב את התבואה. שדיפא. מתחממת התבואה, ואין יכולה להתיישן. מצפין לחדש כו'. דהכי קאמר קרא: "ואכלתם מן התבואה ישן" עד קרוב לימות הקציר, ולא עד בכלל. שכלה. היינו ע"י רלינתא, שמרקיבה ומכלה אותה. עד שתבא מאליה. שתתבשל התבואה יפה, ולא יהו צריכין להקדים קציר ולעשות קליות. ישן שרע. היינו שדיפה, אבל שלם הוא הגרעין, אלא שמתחמם. הכי גרסי': ואכלתם ישן מלמד שכל המיושן וכו'. דמשמע: הישן יאכלו, ויניחו החדש להתיישן. דרכן ליישנן. חטה ויין. אין דרכן ליישנן. כגון מיני פירות שמרקיבין. ת"ל ישן נושן מכל מקום. שנה הכתוב, להודיע שבח א"י, שאפי' אותן שאין דרכן ליישנן — יתיישנו ויתקיימו. היאך נוציא כו'. דהכי משמע "וישן מפני חדש תוציאו" — בעל כורחכם, שלא יהיה לכם מקום להניע החדש. ואע"פ שהישן טפי מעלי — יוציאוהו מפני החדש, שהחדש ראוי להתיישן טפי מן הישן שכבר נתיישן. עתיקא. ישן. הרסנא. דגים קטנים.

הדרן עלך המוכר את הספינה

תורה אור: דה"א כט; ישעיה נז; רות א; דה"א ד; שם; תהלים פט; בראשית יט; דה"א ד; מלכים א ב; ויקרא כה; שם; שם כו

[ברכות נח. ע"ש] [תענית יט:] [נ"ל יואש ושרף]

קנט א מיי' פ"ה מהל' מלכים הלכה ט סמג לאוין רכ:

רבינו גרשום

שאבד קברניטה. הספן המנהיגה: ריש גרגותא. שממונה על הדולין: משמי. פוסקין לו אותו שררות: שאפי' מצאו מחלון וכליון סובין. שיוכלו להתפרנס לא היו יוצאין מא"י לחו"ל: שנאמר בזעקך יצילוך קבוציך. כלומר כשתזעק ותתפלל על קבוציך הנקבצים עמך בעירך מיד אתה נענה ותהיה אתה ניצול עמהן שזכותן מסייעתך: אמר ר' יוחנן לא שנו. דאין יוצאין אלא מעות בזול ופירות ביוקר: נהירנא. כלומר זכור אני: מדלית איסר. שלא היה להן מעות ליתן: למדנה קרתא מריח פיתא. שלא היו רוצין להשכיר עצמן לאחרים למזרח העיר מפני כי רוח מערבית קשה הוא והיה מוליך רוח הפת למזרח העיר והיו פועלין מריחין ריח הפת ומצטערין שלא היה להן מה לאכול ומתים ברעב: על דרעוהי. מרוב זבת חלב ודבש: חוטא דמשחא. מרוב שמניות שבו: וכתיב בדברי הימים יואש ושרף שנתיאשו מן הגאולה. שלא בטחו בהקב"ה שיגאלם מן רעב: שנתחייבו שריפה למקום. על שיצאו מא"י ומתו מזי רעב: שנעשו עצמן כחולין. שיצאו מארץ קדושה: עתיק יומיא. זה המקום שגזר ואמר עליהן שיתגלגלו בגלגול זה שיצא מהן דוד: ותמה המור"ה. א) כל אלו בפסוק אחד שנצרו שבועת אביהם שלא שתו יין שהיו ב) סנהדרין למלך במלכותו: לאמה של מלכות. זו רות שיצא ממנה מלכות: בלא רצינתא. שלא יאכלוה תולעים: בלא שדיפא. כמו שדפון: עד שתבא מאליה. שלא תהיו מתאוים לחדשה לפי שאותה שתחת ידיכם טובה היא שלא יאכלוה תולעים ואינו כלה: מפני ישן שרע. שנלקית בשדפון. עד שתבא מאליה. שלא תחושו לחדשה מפני הישנה שהוא טובה: ומנין. שהיא טובה: ת"ל ג) ישן נושן. כלומר היאך נוציא זה הישן הטוב מפני החדש:

הדרן עלך המוכר את הספינה

הגהות הב"ח

(א) גמ' בלא שדיפא נ"ב ס"א שרפה:

א) נראה דחסר כאן איזה תיבות וצ"ע. ב) נראה מזה שגי' אחרת היה לו בגמ' כבכאן. ג) אולי צ"ל ת"ל וישן מפני חדש תוציאו כלומר וכו'.

Koren Talmud Bavli
THE NOÉ EDITION

BAVA BATRA

Steinsaltz Center

KOREN

תלמוד בבלי

KOREN TALMUD BAVLI

THE NOÉ EDITION

בבא בתרא

BAVA BATRA

Daf 73a through Daf 91b

COMMENTARY BY

Rabbi Adin Even-Israel Steinsaltz

EDITOR-IN-CHIEF

Rabbi Dr Tzvi Hersh Weinreb

SENIOR CONTENT EDITOR

Rabbi Dr Shalom Z Berger

EXECUTIVE EDITOR

Rabbi Joshua Schreier

•

STEINSALTZ CENTER

KOREN PUBLISHERS JERUSALEM

MATANEL FOUNDATION GRANTED TO GIVE

Supported by the Matanel Foundation

Koren Talmud Bavli, The Noe Edition
Vol. 23d: Tractate Bava Batra, Daf 73a through Daf 91b
Paperback, ISBN, 978-965-7766-11-8

First Hebrew/English paperback edition, 2021

Koren Publishers Jerusalem Ltd.
PO Box 4044, Jerusalem 91040, ISRAEL
PO Box 8531, New Milford, CT 06776, USA
www.korenpub.com

Steinsaltz Center

Steinsaltz Center is the parent organization of institutions established by Rabbi Adin Even-Israel Steinsaltz

PO Box 45187, Jerusalem 91450 ISRAEL
Telephone: +972 2 646 0900, Fax +972 2 624 9454
www.steinsaltz-center.org

This book was published in cooperation with the Israel Institute for Talmudic Publications.

הִנֵּה יָמִים בָּאִים, נְאֻם אֲדֹנָי יֱהוִה, וְהִשְׁלַחְתִּי רָעָב בָּאָרֶץ,
לֹא־רָעָב לַלֶּחֶם וְלֹא־צָמָא לַמַּיִם, כִּי אִם־לִשְׁמֹעַ אֵת דִּבְרֵי יהוה.

Behold, days are coming – says the Lord God – I will send a hunger to the land, not a hunger for bread nor a thirst for water, but to hear the words of the Lord. (AMOS 8:11)

The Noé edition of the Koren Talmud Bavli
with the commentary of Rabbi Adin Even-Israel Steinsaltz
is dedicated to all those who open its covers
to quench their thirst for Jewish Knowledge,
in our generation of Torah renaissance.

This beautiful edition is for the young, the aged,
the novice and the savant alike,
as it unites the depth of Torah knowledge
with the best of academic scholarship.

Within its exquisite and vibrant pages,
words become worlds.

It will claim its place in the library of classics,
in the bookcases of the Beit Midrash,
the classrooms of our schools,
and in the offices of professionals and business people
who carve out precious time to grapple with its timeless wisdom.

For the Student and the Scholar

DEDICATED BY LEO AND SUE NOÉ

Steinsaltz Center

Executive Director, Steinsaltz Center

Rabbi Meni Even-Israel

Managing Editor

Rabbi Jason Rappoport

Senior Content Editor

Rabbi Dr. Shalom Z. Berger

Editors

Rabbi Dr. Joshua Amaru, *Coordinating Editor*
Rabbi Yehoshua Duker, *Final Editor*
Rabbi Avishai Magence, *Content Curator*
Yedidya Naveh, *Content Curator*
Tal Avrahami
Menucha Chwat
Rabbi Adin Krohn
Betzalel Philip Edwards
Rabbi Yonatan Shai Freedman
Raphael Friedman
Rabbi Ayal Geffon
Rabbi Uri Goldstein
Nechama Greenberg
Rabbi Tzvi Chaim Kaye
Rabbi Yonatan Kohn
Catriel Lev
Elisha Loewenstern
Adina Luber
Rabbi Simcha Mirvis
Rabbi Jonathan Mishkin
Rabbi David Sedley
Avi Steinhart
Rabbi David Strauss
Rabbi Yitzchak Twersky

Copy Editors

Aliza Israel, *Coordinator*
Ita Olesker
Debbie Ismailoff
Shira Finson
Ilana Sobel
Deena Nataf
Eliana Kurlantzick Yorav
Erica Hirsch Edvi
Nava Wieder
Sara Henna Dahan
Shalom Dinerstein

Language Consultants

Dr. Stephanie E. Binder, *Greek & Latin*
Rabbi Yaakov Hoffman, *Arabic*
Dr. Shai Secunda, *Persian*
Shira Shmidman, *Aramaic*

KOREN

Design & Typesetting

Dena Landowne Bailey, *Typesetting*
Tani Bayer, *Jacket Design*
Raphaël Freeman, *Design & Typography*

Images

Eliahu Misgav, *Illustration & Image Acquisition*
Daniel Gdalevich, *Illustration & Image Acquisition*

Introduction by the Publisher

The Talmud has sustained and inspired Jews for thousands of years. Throughout Jewish history, an elite cadre of scholars has absorbed its learning and passed it on to succeeding generations. The Talmud has been the fundamental text of our people.

Beginning in the 1960s, Rabbi Adin Even-Israel Steinsaltz שליט״א created a revolution in the history of Talmud study. His translation of the Talmud, first into modern Hebrew and then into other languages, as well the practical learning aids he added to the text, have enabled millions of people around the world to access and master the complexity and context of the world of Talmud.

It is thus a privilege to present the *Koren Talmud Bavli*, an English translation of the talmudic text with the brilliant elucidation of Rabbi Steinsaltz. The depth and breadth of his knowledge are unique in our time. His rootedness in the tradition and his reach into the world beyond it are inspirational.

Working with Rabbi Steinsaltz on this remarkable project has been not only an honor, but a great pleasure. Never shy to express an opinion, with wisdom and humor, Rabbi Steinsaltz sparkles in conversation, demonstrating his knowledge (both sacred and worldly), sharing his wide-ranging interests, and, above all, radiating his passion. I am grateful for the unique opportunity to work closely with him, and I wish him many more years of writing and teaching.

Our intentions in publishing this new edition of the Talmud are threefold. First, we seek to fully clarify the talmudic page to the reader – textually, intellectually, and graphically. Second, we seek to utilize today's most sophisticated technologies, both in print and electronic formats, to provide the reader with a comprehensive set of study tools. And third, we seek to help readers advance in their process of Talmud study.

To achieve these goals, the *Koren Talmud Bavli* is unique in a number of ways:

- The classic *tzurat hadaf* of Vilna, used by scholars since the 1800s, has been reset for great clarity, and opens from the Hebrew "front" of the book. Full *nikkud* has been added to both the talmudic text and Rashi's commentary, allowing for a more fluent reading with the correct pronunciation; the commentaries of *Tosafot* have been punctuated. Upon the advice of many English-speaking teachers of Talmud, we have separated these core pages from the translation, thereby enabling the advanced student to approach the text without the distraction of the translation. This also reduces the number of volumes in the set. At the bottom of each *daf*, there is a reference to the corresponding English pages. In addition, the Vilna edition was read against other manuscripts and older print editions, so that texts which had been removed by non-Jewish censors have been restored to their rightful place.

- The English translation, which starts on the English "front" of the book, reproduces the *menukad* Talmud text alongside the English translation (in bold) and commentary and explanation (in a lighter font). The Hebrew and Aramaic text is presented in logical paragraphs. This allows for a fluent reading of the text for the non-Hebrew or non-Aramaic reader. It also allows for the Hebrew reader to refer easily to the text alongside. Where the original text features dialogue or poetry, the English text is laid out in a manner appropriate to the genre. Each page refers to the relevant *daf*.

- Critical contextual tools surround the text and translation: personality notes, providing short biographies of the Sages; language notes, explaining foreign terms borrowed from Greek, Latin, Persian, or Arabic; and background notes, giving information essential to the understanding of the text, including history, geography, botany, archaeology, zoology, astronomy, and aspects of daily life in the talmudic era.
- Halakhic summaries provide references to the authoritative legal decisions made over the centuries by the rabbis. They explain the reasons behind each halakhic decision as well as the ruling's close connection to the Talmud and its various interpreters.
- Photographs, drawings, and other illustrations have been added throughout the text – in full color in the Standard and Electronic editions, and in black and white in the Daf Yomi edition – to visually elucidate the text.

This is not an exhaustive list of features of this edition, it merely presents an overview for the English-speaking reader who may not be familiar with the "total approach" to Talmud pioneered by Rabbi Steinsaltz.

Several professionals have helped bring this vast collaborative project to fruition. My many colleagues are noted on the Acknowledgments page, and the leadership of this project has been exceptional.

RABBI MENACHEM EVEN-ISRAEL, DIRECTOR OF THE STEINSALTZ CENTER, was the driving force behind this enterprise. With enthusiasm and energy, he formed the happy alliance with Koren and established close relationships among all involved in the work.

RABBI DR. TZVI HERSH WEINREB שליט״א, EDITOR-IN-CHIEF, brought to this project his profound knowledge of Torah, intellectual literacy of Talmud, and erudition of Western literature. It is to him that the text owes its very high standard, both in form and content, and the logical manner in which the beauty of the Talmud is presented.

RABBI JOSHUA SCHREIER, EXECUTIVE EDITOR, assembled an outstanding group of scholars, translators, editors, and proofreaders, whose standards and discipline enabled this project to proceed in a timely and highly professional manner.

RABBI MEIR HANEGBI, EDITOR OF THE HEBREW EDITION OF THE STEINSALTZ TALMUD, lent his invaluable assistance throughout the work process, supervising the reproduction of the Vilna pages.

RAPHAËL FREEMAN, EXECUTIVE EDITOR OF KOREN, created this Talmud's unique typographic design which, true to the Koren approach, is both elegant and user friendly.

It has been an enriching experience for all of us at Koren Publishers Jerusalem to work with the Steinsaltz Center to develop and produce the *Koren Talmud Bavli*. We pray that this publication will be a source of great learning and, ultimately, greater *avodat Hashem* for all Jews.

Matthew Miller, Publisher
Koren Publishers Jerusalem
Jerusalem 5772

Contents

For the vocalized Vilna Shas layout, please open as a Hebrew book.

Introduction to **Perek V**

Although this chapter discusses several topics, it is primarily focused on the sale of various types of movable property and food. Continuing from the previous chapter, it begins by discussing what is included in the sale of various movable items. It seeks to clarify which items are sold when they are found inside a larger item, e.g., a ship; whether items that are usually sold together, or are adjacent or attached, are included in a sale; and whether the sale of a mother animal includes the sale of its offspring.

Another series of issues concerning the limitations of a sale arises with regard to trees, which are purchased mainly for their fruit. In addition to establishing the extent of the sale, such as whether the ground is also included, and if so, how much ground, it is necessary to define precisely the rights of the new owner to the tree itself and its fruit.

The chapter proceeds to analyze general *halakhot* concerning sales of movable property. It addresses the issues that ensue when the characteristics of a sold item do not accord with the statements of the buyer and seller, whether the discrepancy relates to the quality of the merchandise or the merchandise is a different type of item than the one agreed upon. In certain cases where the sold merchandise differs from the stipulated product, one or both parties may renege on the sale. This leads to another question: At what stage is a transaction considered final? Since one party may change his mind and seek to renege on the transaction or change its terms, it is necessary to ascertain at what point it is final and too late to make changes. Another reason why it is important to determine the end of a sale is that if the merchandise is broken or spilled, whoever is in possession of the goods suffers the loss.

The Gemara also discusses the *halakhot* of a common scenario in which a father sends his young child to purchase an item on his behalf. If it is lost or destroyed, it is necessary to ascertain whether the merchant or the father is financially responsible for the lost merchandise.

An important aspect of every sale is the act of acquisition that effects the transfer of ownership. This chapter analyzes the various methods through which one can acquire movable property.

In the case of the sale of movable property, especially dry and liquid food products, the scales and measures that are used must be accurate. In order to supervise their accuracy, the Sages instituted guiding principles, both with regard to the accuracy and reliability of the measures and the proper manner of weighing and measuring.

מתני׳ הַמּוֹכֵר אֶת הַסְּפִינָה – מָכַר אֶת הַתּוֹרֶן וְאֶת הַנֵּס וְאֶת הָעוֹגִין, וְאֶת כׇּל הַמַּנְהִיגִין אוֹתָהּ. אֲבָל לֹא מָכַר לֹא אֶת הָעֲבָדִים וְלֹא אֶת הַמַּרְצוּפִין וְלֹא אֶת הָאַנְתִּיקֵי; וּבִזְמַן שֶׁאָמַר לוֹ ״הִיא וְכׇל מַה שֶּׁבְּתוֹכָהּ״ – הֲרֵי כּוּלָּן מְכוּרִין.

MISHNA One who sells a ship[H] has sold along with it **the *toren*, and the *nes*, and the *ogin*, and all** of the equipment that is used for **directing it. But he has not sold the slaves** who serve as oarsmen, **nor the packing bags** that are used for transporting goods, **nor the *antikei*** on the ship. **And when one said to** the buyer: You are purchasing **it,** the ship, **and all that it contains, all of these** latter elements **are** also **sold.**

גמ׳ תּוֹרֶן – אִיסְקַרְיָא, וְכֵן הוּא אוֹמֵר: ״אֶרֶז מִלְּבָנוֹן לָקָחוּ לַעֲשׂוֹת תֹּרֶן עָלָיִךְ״. נֵס – אִדְרָא, וְכֵן הוּא אוֹמֵר: ״שֵׁשׁ בְּרִקְמָה מִמִּצְרַיִם הָיָה מִפְרָשֵׂךְ לִהְיוֹת לָךְ לְנֵס״. עוֹגִין – תָּנֵי רַבִּי חִיָּיא: אֵלּוּ עוֹגִינִין שֶׁלָּהּ, וְכֵן הוּא אוֹמֵר: ״הֲלָהֵן תְּשַׂבֵּרְנָה עַד אֲשֶׁר יִגְדָּלוּ הֲלָהֵן תֵּעָגֵנָה לְבִלְתִּי הֱיוֹת לְאִישׁ״.

GEMARA The ***toren*** is **the mast [*iskarya*].**[L] **And in** this regard **it states: "They have taken cedars from Lebanon**[N] **to make masts [*toren*] for you"** (Ezekiel 27:5). The ***nes*** is **the sail, and in** this regard **it states: "Of fine linen**[N] **with richly woven work from Egypt was your sail, that it might be to you for an ensign [*nes*]"** (Ezekiel 27:7). With regard to the meaning of ***ogin*, Rabbi Ḥiyya teaches: These are** the ship's **anchors, and so it states: "Would you tarry for them until they were grown? Would you shut yourselves off for them [*te'agena*] and have no husbands?"** (Ruth 1:13). This demonstrates that the root *ayin, gimmel, nun,* means being shut up and held firmly in one place.

מַנְהִיגִין – אָמַר רַבִּי אַבָּא: אֵלּוּ הַמְּשׁוֹטִין שֶׁלָּהּ, וְכֵן הוּא אוֹמֵר: ״אַלּוֹנִים מִבָּשָׁן עָשׂוּ מְשׁוֹטָיִךְ״. וְאִי בָּעֵית אֵימָא, מֵהָכָא: ״וְיָרְדוּ מֵאֳנִיּוֹתֵיהֶם כֹּל תֹּפְשֵׂי מָשׁוֹט״.

The mishna teaches that the buyer acquires all the equipment used for **directing** the ship. **Rabbi Abba says: These are the** ship's **oars.**[N] **And** this is as **it states: "Of the oaks of Bashan they have made your oars"** (Ezekiel 27:6). Since a verse discussing ships focuses on its oars, evidently the oars are an integral part of the ship. **And if you wish, say** instead that it is demonstrated **from here: "And all that handle the oar,** the mariners, and all the pilots of the sea, **shall come down from their ships"** (Ezekiel 27:29).

תָּנוּ רַבָּנַן: הַמּוֹכֵר אֶת הַסְּפִינָה – מָכַר אֶת הָאִיסְכָּלָה וְאֶת בּוֹר הַמַּיִם שֶׁבְּתוֹכָהּ. רַבִּי נָתָן אוֹמֵר: הַמּוֹכֵר אֶת הַסְּפִינָה – מָכַר אֶת הַבִּיצִית. סוּמָכוֹס אוֹמֵר: הַמּוֹכֵר אֶת הַסְּפִינָה – מָכַר אֶת הַדּוּגִית.

The Sages taught: One who sells a ship has also **sold the gangway [*iskala*]**[L] used for boarding the ship, **and the water tank**[N] **it contains. Rabbi Natan says: One who sells a ship has sold the** ship's **boat [*bitzit*],** which is used as a lifeboat or for fishing in shallow waters. **Sumakhos says: One who sells a ship has sold the *dugit*,** as explained below.

אֲמַר רָבָא: בִּיצִית הַיְינוּ דּוּגִית, רַבִּי נָתָן בַּבְלָאָה הֲוָה, קָארֵי לָהּ בּוּצִית, כִּדְאָמְרִי אֱינָשֵׁי: בּוּצִיאָתָא דְּמֵיאָשָׁן; סוּמָכוֹס, דְּבַר אֶרֶץ יִשְׂרָאֵל, קָארֵי לָהּ דּוּגִית, כְּדִכְתִיב: ״וְאַחֲרִיתְכֶן בְּסִירוֹת דּוּגָה״.

Rava said: The ***bitzit*** **is the same as the *dugit*. Rabbi Natan was a Babylonian,** and therefore **he called** small boats ***butzit*****, as people say: The *botziata*,** small boats, **of Miashan.**[B] **Sumakhos, who was from Eretz Yisrael, called** these boats ***dugit*****, as it is written:** "You shall be taken away with hooks, **and your residue in fishing boats [*duga*]"** (Amos 4:2).

HALAKHA

One who sells a ship, etc. – הַמּוֹכֵר אֶת הַסְּפִינָה וכו׳: One who sells a ship has implicitly sold its permanent fixtures that are important for its function, e.g., the mast, sails, anchors, and oars, as well as the ropes used for pulling the ship into the port (*Maggid Mishne*). He has also sold any type of ladder used for boarding and departing the ship (see *Sma*), and its water tank. He has not sold the small, light boats used for fishing or transportation in shallow waters. Likewise, he has not sold the ship's slaves, the bags used for storing merchandise, or the merchandise itself. If he says at the time of the sale: I am selling to you the ship and all it contains, all of these are sold as well (Rambam *Sefer Kinyan, Hilkhot Mekhira* 27:1; *Shulḥan Arukh, Ḥoshen Mishpat* 220:1).

LANGUAGE

Mast [*iskarya*] – אִיסְקַרְיָא: From the Greek ἱστοκεραία, *histokeraia*, meaning mast.

Gangway [*iskala*] – אִיסְכָּלָה: From the Latin scala, or borrowed from the Greek σκάλα, *skala*, meaning ladder or stairs, including the gangway used to board a ship.

BACKGROUND

***Botziata* of Miashan** – בּוּצִיאָתָא דְּמֵיאָשָׁן: Based on the explanation of Rashi on *Shabbat* 101a, these boats had tapered hulls, similar to the Roman boat depicted here.

Ancient mosaic of fishing boat

NOTES

They have taken cedars from Lebanon, etc. – אֶרֶז מִלְּבָנוֹן לָקְחוּ וכו׳: Since extremely tall trees from Lebanon were needed to build the *toren*, this proves that a *toren* is a mast (Rashbam).

Of fine linen – שֵׁשׁ: This indicates that a *nes* is made from fabric, from which it can be inferred that it is a sail.

Directing [*manhigin*]...these are the ship's oars, etc. – מַנְהִיגִין...אֵלּוּ הַמְּשׁוֹטִין שֶׁלָּהּ וכו׳: There are two possible explanations of the mishna's term *manhigin*. It is referring either to the oars or to the ropes used for tugging the ship along rivers and shores (Ri Migash). According to some commentaries, it is understood from the second verse that although oars are not attached to the ship itself, nevertheless they are considered part of the ship and are acquired by its buyer (*Tosefot HaRosh*).

The water tank – בּוֹר הַמַּיִם: Many early commentaries explain that this refers to the tank holding drinking water for the ship's occupants when at sea (Rashbam). Alternatively, it is the ship's water ballast tank, located under the ship, which provides stability for the ship (Rabbeinu Barukh). Either way, the mishna is speaking of a removable tank that is not part of the body of the ship.

BACKGROUND

Parasangs – **פַּרְסֵי**: One parasang is equal to four *mil*. This equals 3.86 km according to Rav Ḥayyim Na'e, and 4.63 km according to the Ḥazon Ish.

אָמַר רַבָּה, אִשְׁתַּעוּ לִי נָחוֹתֵי יַמָּא: הַאי גַּלָּא דְּמַטְבַּע לִסְפִינָה, מִיתְחֲזֵי כִּי צוּצִיתָא דְּנוּרָא חִיוָּורְתָּא בְּרֵישָׁא, וּמָחֵינַן לֵיהּ בְּאַלְוָותָא דַּחֲקִיק עֲלֵיהּ "אֶהְיֶה אֲשֶׁר אֶהְיֶה יָהּ ה׳ צְבָאוֹת אָמֵן אָמֵן סֶלָה", וְנָיֵיח.

§ The Gemara cites several incidents that involve ships and the conversation of seafarers. **Rabba**[P] **said: Seafarers related to me**[N] that when **this wave that sinks a ship**[N] **appears with a ray of white fire at its head, we strike it with clubs that are inscribed** with the names of God: **I am that I am, *Yah*, the Lord of Hosts, amen amen, Selah. And** the wave then **abates.**

אָמַר רַבָּה, אִשְׁתַּעוּ לִי נָחוֹתֵי יַמָּא: בֵּין גַּלָּא לְגַלָּא תְּלָת מְאָה פַּרְסֵי, וְרוּמָא דְּגַלָּא תְּלָת מְאָה פַּרְסֵי. זִימְנָא חֲדָא הֲוָה אָזְלִינַן בְּאוֹרְחָא, וְדַלְיַן גַּלָּא עַד דַּחֲזֵינַן בֵּי מַרְבַּעְתֵּיהּ דְּכוֹכְבָא זוּטָא, וַהֲוָיָא לִי כְּמִבְזַר אַרְבְּעִין גְּרִיוֵי בִּזְרָא דְּחַרְדְּלָא, וְאִי דַּלְיַן טְפֵי – הֲוָה מִקְלִינַן מֵהַבְלֵיהּ.

Rabba said: Seafarers related to me that in a certain place **between** one **wave and the next wave**[N] there are **three hundred parasangs,**[B] **and the height of a wave is three hundred parasangs. Once,** seafarers recounted, **we were traveling along the route and a wave lifted us up until we saw the resting place of a small star, and it** appeared **to me** the size of the area needed for **scattering forty *se'a* of mustard seeds. And if it had lifted us higher, we would have been scorched by the heat** of the star.

וְרָמֵי לַהּ גַּלָּא קָלָא לְחַבְרְתַהּ: חַבְרְתִּי, שְׁבַקְתְּ מִידֵּי בְּעָלְמָא דְּלָא שְׁטַפְתֵּיהּ, דְּנֵיתֵי אֲנָא וְנַאבְדֵיהּ? אָמַר לֵיהּ: פּוֹק חֲזִי גְּבוּרְתָּא דְּמָרִיךְ, מְלֹא חוּטָא חָלָא וְלָא עֲבַרִי, שֶׁנֶּאֱמַר: "הַאוֹתִי לֹא תִירָאוּ נְאֻם ה׳ אִם מִפָּנַי לֹא תָחִילוּ אֲשֶׁר שַׂמְתִּי חוֹל גְּבוּל לַיָּם חָק עוֹלָם וְלֹא יַעַבְרֶנְהוּ".

And the wave raised its voice and shouted **to another** wave: **My friend, did you leave anything in the world that you did not wash away, that I may come and destroy it?** The second wave **said to it: Go out** and **see the greatness of your Master,** God, as even when there is **as much as a string of sand** on the land **I cannot pass, as it is stated: "Will you not fear Me, said the Lord; will you not tremble at My presence? Who has placed the sand for the bound of the sea, an everlasting ordinance, which it cannot pass?"** (Jeremiah 5:22).

אָמַר רַבָּה: לְדִידִי חֲזֵי לִי הוּרְמִין בַּר לִילִית, כִּי קָא רָהֵיט אַקּוּפְיָא דְּשׁוּרָא דִּמְחוֹזָא, וְרָהֵיט פָּרָשָׁא כִּי רָכֵיב חֵיוְתָא מִתַּתָּאֵיהּ, וְלָא יָכֵיל לֵיהּ. זִמְנָא חֲדָא הֲוָה מְסָרְגָן לֵיהּ תַּרְתֵּי כּוּדְנְיָיתֵי וְקָיְימָן

§ **Rabba said: I have seen** the one called **Hurmin, son of Lilith,**[N] **when he was running on the pinnacles of the wall of** the city of **Meḥoza, and a horseman was riding an animal below him but was unable** to catch up to **him. Once, they saddled for him two mules and they stood**

PERSONALITIES

Rabba – **רַבָּה**: Rav Abba bar Naḥmani, commonly referred to as Rabba throughout the Babylonian Talmud, was a priest and a third-generation Babylonian *amora*.

Rabba was a student of Rav Huna, who was a student of Rav. Therefore, Rabba's approach to *halakha* was consistent with Rav's statements. Rabba was considered the sharpest among his peers, to the extent that he was referred to as: One who uproots mountains, in contrast to his colleague, Rav Yosef, who was called Sinai because his talent was in his comprehensive knowledge (*Berakhot* 64a). In virtually every dispute between them, the ruling is in accordance with the opinion of Rabba.

Rabba had many students, and virtually all of the Sages of the following generation studied with him. His personal life was tragic. Apparently, his children died during his lifetime. He was poverty stricken throughout his life, barely subsisting on agricultural work. When his nephew Abaye was orphaned at a young age, Rabba took him into his home and raised him.

NOTES

Related to me – **אִשְׁתַּעוּ לִי**: The Gemara recounts a long series of anecdotes involving ships and seafarers, and accounts of people who traveled to distant places. Some commentaries explain that these stories relate the greatness of God. Some of these parables concern the future reward promised to the righteous, while others serve to explain confusing passages in the Bible that deal with God's creations, primarily from the book of Job (Rashbam).

The early and later commentaries were dissatisfied with this answer, as it does not account for the unusual level of hyperbole and exaggeration of these stories. They explain that these incidents are visions or fictional parables that deal with various topics. Their purpose is to explain the mission and history of the Jewish people (Rashba; Ritva).

This wave that sinks a ship, etc. – **הַאי גַּלָּא דְּמַטְבַּע לִסְפִינָה וכו׳**: The commentaries explain that the ray of white fire at the crest of the wave represents spiritual danger (Rashbam). Others suggest that the waves that seek to capsize the ship symbolize the hardships inflicted by the nations of the world upon the Jewish people in their exile (Maharsha). Alternatively, the ship represents a person traveling in the ocean of his life, and the waves are the temptations that attempt to drown him (*Kikayon deYona*).

Between one wave and the next wave, etc. – **בֵּין גַּלָּא לְגַלָּא וכו׳**: Some commentaries explain that the number of three hundred parasangs is symbolic, an expression of the potential power of the water and the wind were they not bound by other natural forces (Maharal).

Hurmin, son of Lilith – **הוּרְמִין בַּר לִילִית**: Some commentaries explain that Hurmin is a demon (Rashbam). Others suggest that he is an individual who was well versed in sorcery and the arts of illusion (Ritva). There are those who claim that this story serves to demonstrate the magnitude of God's mercy, as these powerful, malicious forces are prevented from causing harm (Rashba). Others contend that Hurmin represents the evil inclination, which is so powerful that no other force can compete with it (Maharsha). Alternatively, Hurmin symbolizes the spiritual power of speed and haste, a demonstration of how much this force can accomplish (Maharal).

אַתְּרֵי גִּישְׁרֵי דְּרוֹגְנָג, וּשְׁוַאר מֵהַאי לְהַאי וּמֵהַאי לְהַאי, וְנָקֵיט תְּרֵי מַזְּגֵי דְּחַמְרָא בִּידֵיהּ, וּמוֹרִיק מֵהַאי לְהַאי וּמֵהַאי לְהַאי וְלָא נָטְפָא נִיטוּפְתָּא לְאַרְעָא, וְאוֹתוֹ הַיּוֹם ״יַעֲלוּ שָׁמַיִם יֵרְדוּ תְהוֹמוֹת״ הֲוָה, עַד דִּשְׁמַעוּ בֵּי מַלְכוּתָא וְקַטְלוּהוּ.

on the two bridges of the river Rognag, and he jumped from this one to that one, and from that one to this one. And he was holding two cups of wine in his hands and was pouring from this one to that one, and from that one to this one, and not one drop fell to the ground. And that day was stormy, similar to the description in a verse dealing with seafarers: "They mounted up to the heavens, they went down to the deeps; their soul melted away because of trouble" (Psalms 107:26). He continued in this manner until word of his behavior was heard in the house of the king,[N] and they killed him.

אֲמַר רַבָּה: לְדִידִי חֲזִי לִי אוּרְזִילָא בַּר יוֹמֵיהּ דַּהֲוָה כְּהַר תָּבוֹר, וְהַר תָּבוֹר כַּמָּה הָוֵי? אַרְבַּע פַּרְסֵי, וּמְשָׁאכָא דְּצַוָּארֵיהּ תְּלָתָא פַּרְסֵי, וּבֵי מַרְבַּעְתָּא דְּרֵישֵׁיהּ פַּרְסָא וּפַלְגָּא, רְמָא כּוּפְתָּא וּסְכַר לֵיהּ לְיַרְדְּנָא.

Rabba said: I have seen a day-old antelope [*urzila*][LN] that was as large as Mount Tabor. And how large is Mount Tabor? It is four parasangs. And the length of its neck was three parasangs, and the place where his head rests was a parasang and a half. It cast feces [*kufta*] and thereby dammed up the Jordan.

וַאֲמַר רַבָּה בַּר בַּר חָנָה: לְדִידִי חַזְיָא לִי הַהִיא אַקְרוּקְתָּא דַּהֲוְיָא כִּי אַקְרָא דְּהַגְרוֹנְיָא, וְאַקְרָא דְּהַגְרוֹנְיָא כַּמָּה הָוְיָא? שִׁתִּין בָּתֵּי, אֲתָא תַּנִּינָא בַּלְעָהּ, אֲתָא פּוּשְׁקַנְצָא וּבַלְעָהּ לְתַנִּינָא וְסָלֵיק יָתֵיב בְּאִילָנָא. תָּא חֲזִי כַּמָּה נָפֵישׁ חֵילֵיהּ דְּאִילָנָא. אֲמַר רַב פָּפָּא בַּר שְׁמוּאֵל: אִי לָא הֲוַאי הָתָם לָא הֵימְנִי.

And Rabba bar bar Ḥana[P] said: I have seen a certain frog [*akrokta*][LN] that was as large as the fort [*akra*][L] of Hagronya. And how large is the fort of Hagronya? It is as large as sixty houses. A snake came and swallowed the frog. A raven came and swallowed the snake, and flew up and sat in a tree. Come and see how great is the strength of the tree, which could bear the weight of that raven. Rav Pappa bar Shmuel said: If I had not been there and seen this, I would not believe it.

וַאֲמַר רַבָּה בַּר בַּר חָנָה: זִימְנָא חֲדָא הֲוָה קָא אָזְלִינַן בִּסְפִינְתָּא, וַחֲזֵינַן הַהוּא כַּוְורָא דְּיָתְבָא לֵיהּ אָכְלָה טִינָא בְּאוּסְיֵיהּ, וְאַדְחוּהוּ מַיָּא וְשַׁדְיוּהוּ לְגוּדָא. וַחֲרוּב מִינֵּיהּ שִׁתִּין מְחוֹזֵי, וַאֲכוּל מִינֵּיהּ שִׁתִּין מְחוֹזֵי, וּמְלַחוּ מִינֵּיהּ שִׁתִּין מְחוֹזֵי, וּמַלְאוּ מֵחַד גַּלְגְּלָא דְּעֵינֵיהּ תְּלָת מְאָה גַּרְבֵּי מִשְׁחָא. וְכִי הֲדַרַן לְבָתַר תְּרֵיסַר יַרְחֵי שַׁתָּא, חֲזֵינַן דַּהֲוָה קָא מְנַסְּרִי מִגַּרְמֵי מְטַלַּלְתָּא, וְיָתְבִי לְמִבְנִינְהוּ הָנָךְ מְחוֹזֵי.

§ And Rabba bar bar Ḥana said: Once we were traveling in a ship and we saw a certain fish in whose nostril [*be'usyeih*][L] a mud eater [*akhla tina*],[L] i.e., a type of insect, had sat[N] and killed him. And the waters thrust the fish and threw it upon the shore. And sixty districts were destroyed by the fish, and sixty districts ate from it, and another sixty districts salted its meat to preserve it. And they filled from one of its eyeballs three hundred flasks of oil. And when we returned there after the twelve months of the year had passed, we saw that they were cutting beams from its bones, and they had set out to build those districts that had been destroyed.

LANGUAGE

Antelope [*urzila*] – **אוּרְזִילָא**: In Aramaic this word means doe, young ram, or deer. It appears in the Aramaic translations of the Bible. It is similar to the Arabic غزال, *ghazāl*, meaning deer.

Frog [*akrokta*] – **אַקְרוּקְתָּא**: Apparently this term is an onomatopoetic imitation of the sound of a frog croaking.

Fort [*akra*] – **אַקְרָא**: From the Greek ἄκρα, *akra*, meaning fort.

Nostril [*avsayya*] – **אוּסְיָא**: Some commentaries explain that this means nose or nostril. Its source is unclear. Some suggest it is derived from the Latin naso, meaning nose, with the omission of the first letter. Others contend that it means ear, from the Greek οὖς, *ous*, which bears this meaning.

Mud eater [*akhla tina*] – **אָכְלָה טִינָא**: Some explain that *tina* is from the Latin tinea, meaning a woodworm. Others contend that *akhla tina* is a single Aramaic term, meaning mud eater. If so, it would seem to denote a type of earthworm.

PERSONALITIES

Rabba bar bar Ḥana – **רַבָּה בַּר בַּר חָנָה**: An *amora* of the third generation, Rabba bar bar Ḥana was a student of Rabbi Yoḥanan. He was apparently born in Babylonia, emigrated to study Torah in Eretz Yisrael, and later traveled through many lands. He transmitted statements of his teacher Rabbi Yoḥanan, as well as those of Rabbi Yehoshua ben Levi, Reish Lakish, and Rabbi Elazar. He was also a student of Rabbi Yoshiya of Usha. One of his sons, Rabbi Yitzḥak, also became a well-known scholar. Rabba bar bar Ḥana relates many stories of the wonders he saw in his travels, as detailed here.

NOTES

Was heard in the house of the king, etc. – **דִּשְׁמַעוּ בֵּי מַלְכוּתָא וכו׳**: The commentaries suggest two explanations of the identity of this king. First, this may be referring to the king of the demons, and Hurmin was killed for revealing himself overtly to mankind. Alternatively, this is referring to a human king, who felt threatened by Hurmin (Rashbam). This interpretation is consistent with the idea that Hurmin was a magician.

A day-old antelope – **אוּרְזִילָא בַּר יוֹמֵיהּ**: According to some commentaries, this is a parable describing Joshua. He is described figuratively as possessing the horns of an antelope because he achieved great victories and caused the water in the Jordan to stand still (Maharsha). Others maintain that this is a critical depiction, which is referring to a young student who is unaware of his ignorance and imagines himself to be as great and mighty as Mount Tabor; in fact, he will besmirch and ruin truly great Torah scholars, just as the animal leaves feces that besmirch and ruin his environment (Gra). Alternatively, the animal represents the nascent religion of Christianity that arose and spread rapidly, becoming a mighty force. The feces that block the Jordan symbolize the negative impact of this religion on the spirit of the Jewish nation (Ritva).

A certain frog – **הַהִיא אַקְרוּקְתָּא**: The frog symbolizes a Torah scholar, while the snake represents the evil inclination that attempts to distract him from his studies by means of the difficulties in earning a living. The raven is the Torah scholar who overcomes the evil inclination, while the tree is the Tree of Life and Torah (Gra). Alternatively, the different creatures represent various natural forces that consume one another, but which are all ultimately sustained by the Tree of Life (Maharal). Yet others explain that this is a parable for the different empires that rise up, rule, and are conquered in turn by the next empire (Ritva; Maharsha). The tree, which is the merit of Abraham (Maharsha) or which represents God Himself (Ritva), sustains the Jewish people under these different powers until the ultimate redemption. This explains why Rav Pappa bar Shmuel states that he himself witnessed these matters, as they refer to recurring historical events.

A certain fish in whose nostril a mud eater had sat – **הַהוּא כַּוְורָא דְּיָתְבָא לֵיהּ אָכְלָה טִינָא בְּאוּסְיֵיהּ**: According to some commentaries this is an allusion to Haman, as his decree was intended for the month of Adar, whose zodiac sign is a fish. His downfall was brought about by Mordecai, whom he had believed to be only a small creature. This victory led to the further downfall of many other enemies of the Jewish people (Maharsha). Alternatively, the fish symbolizes a righteous person, as the righteous are frequently compared to fish. In that case, the story teaches that a small imperfection can cause a righteous man to falter, and his failure leads to the collapse of many others. The story shows that ultimately there is a positive outcome, as the ruins are rebuilt.

וַאֲמַר רַבָּה בַּר בַּר חָנָה: זִימְנָא חֲדָא הֲוָה קָא אָזְלִינַן בִּסְפִינְתָּא, וַחֲזֵינַן הַהוּא כַּוָּורָא דְּיָתְבָא לֵיהּ חַלְתָּא אַגַּבֵּיהּ וּקְדַח אַגְמָא עִילָּוֵיהּ. סָבְרִינַן יַבֶּשְׁתָּא הִיא, וְסָלְקִינַן וְאָפֵינַן וּבַשְׁלִינַן אַגַּבֵּיהּ, וְכַד חַם גַּבֵּיהּ אִתְהַפִּיךְ, וְאִי לָאו דַּהֲוָה מְקַרְבָא סְפִינְתָּא, הֲוָה טָבְעִינַן.

And Rabba bar bar Ḥana said: Once we were traveling on a ship and we saw a certain fish upon which sand had settled,[N] and grass grew on it. We assumed that it was dry land and went up and baked and cooked on the back of the fish, but when its back grew hot it turned over. And were it not for the fact that the ship was close by, we would have drowned.

וַאֲמַר רַבָּה בַּר בַּר חָנָה: זִימְנָא חֲדָא הֲוָה אָזְלִינַן בִּסְפִינְתָּא, וּסְגַאי סְפִינְתָּא בֵּין שִׁיצָא לְשִׁיצָא דְּכַוָּורָא תְּלָתָא יוֹמֵי וּתְלָתָא לֵילָוָותָא, אִיהוּ בִּזְקִיפָא וַאֲנַן בְּשִׁיפּוּלָא. וְכִי תֵּימָא, לָא מְסַגְיָא סְפִינְתָּא טוּבָא, כִּי אֲתָא רַב דִּימִי אֲמַר: כְּמֵיחַם קוּמְקוּמָא דְּמַיָּא מְסַגְיָא שִׁתִּין פַּרְסֵי, וְשָׁאדֵי פָּרָשָׁא גִּירָא וְקָדְמָה לֵיהּ. וַאֲמַר רַב אַשִׁי: הַהוּא גִּילְדָנָא דְּיַמָּא הֲוַאי, דְּאִית לֵיהּ תְּרֵי שַׁיְיצֵי.

And Rabba bar bar Ḥana said: Once we were traveling in a ship and the ship traveled between one fin [*shitza*][L] and the other fin[B] of a fish for three days and three nights. The fish was swimming in the opposite direction of the ship, so that it was swimming upward against the wind and the waves, and we were sailing downward. And if you would say that the ship did not travel very fast, when Rav Dimi came from Eretz Yisrael to Babylonia he said: In the short amount of time required to heat a kettle of water, that ship can travel sixty parasangs. And another demonstration of its speed is that a horseman shot an arrow, and yet the ship was traveling so swiftly that it outraced it. And Rav Ashi said: That fish was a sea *gildana*,[N] which has two sets of fins.

וַאֲמַר רַבָּה בַּר בַּר חָנָה: זִימְנָא חֲדָא הֲוָה אָזְלִינַן בִּסְפִינְתָּא, וַחֲזֵינַן הַהוּא צִיפָּרָא דְּקָאֵים עַד קַרְצוּלֵיהּ בְּמַיָּא וְרֵישֵׁיהּ בִּרְקִיעַ, וְאָמְרִינַן: לֵיכָּא מַיָּא, וּבָעֵינַן לֵיחוּת לְאַקּוּרֵי נַפְשִׁין, וּנְפַק בַּת קָלָא וַאֲמַר לָן: לָא תֵּיחוּתוּ הָכָא, דְּנָפְלַת לֵיהּ חֲצִיצָא לְבַר נַגָּרָא הָא שַׁב שְׁנֵי וְלָא קָא מָטְיָא אַאַרְעָא, וְלָאו מִשּׁוּם דִּנְפִישֵׁי מַיָּא אֶלָּא מִשּׁוּם דְּרָדְפִי מַיָּא. אֲמַר רַב אַשִׁי: וְהַהוּא זִיז שָׂדַי הוּא, דִּכְתִיב: ״וְזִיז שָׂדַי עִמָּדִי״.

And Rabba bar bar Ḥana said: Once we were traveling in a ship and we saw a certain bird[N] that was standing with water up to its ankles [*kartzuleih*][L] and its head was in the sky. And we said to ourselves that there is no deep water here, and we wanted to go down to cool ourselves off. And a Divine Voice[B] emerged and said to us: Do not go down here, as the ax of a carpenter fell into it seven years ago and it has still not reached the bottom. And this is not because the water is so large and deep. Rather, it is because the water is turbulent. Rav Ashi said: And that bird is called *ziz sadai*, wild beast, as it is written: "I know all the fowls of the mountains; and the *ziz sadai* is Mine" (Psalms 50:11).

וַאֲמַר רַבָּה בַּר בַּר חָנָה: זִימְנָא חֲדָא הֲוָה קָא אָזְלִינַן בְּמַדְבְּרָא, וַחֲזֵינַן הָנְהוּ אַוָּוזֵי דְּשַׁמְטִי גַּדְפַּיְיהוּ מִשַּׁמְנַיְיהוּ וְקָא נַגְדִּי נַחֲלֵי דְּמִשְׁחָא מִתּוּתַיְיהוּ. אָמִינָא לְהוּ: אִית לָן בְּגַוַּייכוּ חֶלְקָא לְעָלְמָא דְּאָתֵי? חֲדָא דָּלְיָא גַּדְפָּא, וַחֲדָא דָּלְיָא אַטְמָא. כִּי אֲתַאי לְקַמֵּיהּ דְּרַבִּי אֶלְעָזָר, אֲמַר לִי: עֲתִידִין יִשְׂרָאֵל לִיתֵּן עֲלֵיהֶן אֶת הַדִּין.

And Rabba bar bar Ḥana said: Once we were traveling in the desert and we saw these geese whose wings were sloping because they were so fat, and streams of oil flowed beneath them. I said to them: Shall we have a portion of you in the World-to-Come? One raised a wing, and one raised a leg, signaling an affirmative response. When I came before Rabbi Elazar, he said to me: The Jewish people will eventually be held accountable for the suffering of the geese. Since the Jews do not repent, the geese are forced to continue to grow fat as they wait to be given to the Jewish people as a reward.

(סִימָן: כְּעַפְרָא דִּתְכֵילְתָּא טְרַקְתֵּיהּ עַקְרַבָּא לְסִלְתֵּיהּ.)

§ The Gemara provides a **mnemonic**[B] for the items shown by an Arab man to Rabba bar bar Ḥana in the following stories: **Like the dust of the sky-blue; the scorpion stung the basket.**

וַאֲמַר רַבָּה בַּר בַּר חָנָה: זִימְנָא חֲדָא הֲוָה קָא אָזְלִינַן בְּמַדְבְּרָא, וְאִיתְלְוֵי בַּהֲדַן הַהוּא טַיְּיעָא דַּהֲוָה שָׁקֵיל עַפְרָא וּמוֹרַח לֵיהּ וַאֲמַר: הָא אוֹרְחָא לְדוּכְתָּא פְּלָן, וְהָא אוֹרְחָא לְדוּכְתָּא פְּלָן. אָמְרִינָן לֵיהּ: כַּמָּה מְרַחְקִינַן מִמַּיָּא? וַאֲמַר לָן: הָבוּ לִי עַפְרָא. יְהַבִינַן לֵיהּ, וַאֲמַר לָן: תְּמָנֵי פַּרְסֵי. תְּנֵינָן וִיהַבִינַן לֵיהּ, אֲמַר לָן: דִּמְרַחֲקִינַן תְּלָתָא פַּרְסֵי, אֲפַכִית לֵיהּ, וְלָא יְכֵילִית לֵיהּ.

And Rabba bar bar Ḥana said: Once we were traveling in the desert and we were accompanied by a certain Arab who would take dust and smell it and say: This is the road to such and such a place, and that is the road to such and such a place. We said to him: How far are we from water? And he said to us: Bring me dust. We brought it to him, and he said: Eight parasangs. Later, we said this a second time, and gave him dust, and he said to us that we are at a distance of three parasangs. I switched the type of dust to test him, but I could not confuse him, as he was an expert in this matter.

אֲמַר לִי: תָּא אַחֲוֵי לָךְ מֵתֵי מִדְבָּר. אֲזַלִי, חֲזֵיתִינְהוּ וְדָמוּ כְּמַאן דְּמִיבַּסְמִי

That Arab said to me: Come, I will show you the dead of the wilderness, i.e., the Jewish people who left Egypt and died in the wilderness. I went and saw them; and they had the appearance of one who is intoxicated,

NOTES

A certain fish upon which sand had settled, etc. – ההוא כַּוָּורָא דְּיָתְבָא לֵיהּ חַלְתָּא וכו׳: This is an allusion to the Jewish people in exile, who sometimes believe erroneously that they are safe in a foreign land. This false sense of security leads to the dangers of assimilation. Ultimately, they discover that not only are they not on stable ground, but unless they repent, they are in danger of drowning in troubles (Ritva). Other commentaries agree with this general idea but maintain that this is referring specifically to the persecutions of Haman (Maharsha).

Sea *gildana* – גִּילְדָנָא דְּיַמָּא: The *gildana* is a type of small fish. Rav Ashi is emphasizing the wonders of God's creation, as this enormous fish actually belongs to a species of small fish (Rashbam).

A certain bird – הַהוּא צִיפָּרָא: The bird represents the Jewish people, whose feet are firmly planted in reality and yet their heads reach the heavens. Sometimes they believe that they can enjoy the waters of life like other nations, at which point they are warned that what appears to them as shallow water is in fact turbulent waves filled with dangers (Ritva). Others explain that the bird symbolizes Torah scholars; it appears as though anyone can engage in Torah study and that they are not exercising any unique effort or skill. However, they are actually engaging in the deep and turbulent waters of Torah in which only Torah giants can stand (see *Etz Yosef*).

LANGUAGE

Fin [*shitza*] – שִׁיצָא: In this context, the word means fin. It is possibly associated with the term *shitzi*, or *shitzin*, which means a thorn, as thorns extend from a branch much like the fins of some fish.

Ankle [*kartzul*] – קַרְצוּל: This term is frequently used in place of the word *karsul*, meaning the lower leg area.

BACKGROUND

Between one fin and the other fin – בֵּין שִׁיצָא לְשִׁיצָא: Although all fish have fins, a great many species have only frontal fins, in the area of the fish's chest. Certain species of fish have two pairs of fins, one closer to the chest and the other nearer the tail. Based on this description of two sets of fins, Rav Ashi concluded that the gigantic fish was from one of those species.

Divine Voice [*bat kala*] – בַּת קָלָא: Many explanations have been suggested for this concept. Some explain that hearing a Divine Voice is a type of prophecy, as although prophecy had ceased by this time, the lower form of communication known as the Divine Voice remained in force (*Tosafot*; see *Ge'onim*). Others suggest that a Divine Voice is a type of echo or sound whose source cannot be placed. Sometimes, this voice is simply other people having a conversation; they happen to be overheard saying something that resolves a difficulty that was puzzling the listeners. Similar cases are found in the Jerusalem Talmud (Maharatz Ḥayyut). Another possibility is that the word *bat* refers to a measure, as a *bat* is a biblical measure of liquid volume. If so, this phrase means a voice for those who measure up; in other words, it is a voice heard only by those who are worthy (Rosh; see *Sefer HaNitzaḥon*).

Mnemonic – סִימָן: Because the Talmud was studied orally for many generations, mnemonic devices were a necessary aid, designed to help one to remember a series of statements and the order in which they were taught.

וְגָנוּ אַפַּרְקִיד, וַהֲוָה זְקִיפָא בִּרְכֵּיהּ דְּחַד מִינַּיְיהוּ, וְעָיֵיל טַיָּיעָא תּוּתֵי בִּרְכֵּיהּ כִּי רָכֵיב גַּמְלָא וּזְקִיפָא רוּמְחֵיהּ, וְלָא נְגַע בֵּיהּ. פְּסַקִי חֲדָא קַרְנָא דִּתְכֶלְתָּא דְּחַד מִינַּיְיהוּ, וְלָא הֲוָה מִסְתַּגֵּי לַן. אֲמַר לִי: דִּלְמָא שְׁקַלְתְּ מִידֵּי מִינַּיְיהוּ? אַהַדְרֵיהּ, דִּגְמִירִי דְּמַאן דְּשָׁקֵיל מִידֵּי מִינַּיְיהוּ לָא מִסְתַּגֵּי לֵיהּ. אֲזַלִי אַהֲדַרְתֵּיהּ, וַהֲדַר מִסְתַּגֵּי לַן.

and they were lying on their backs.[NH] **And the knee of one of them was elevated, and** he was so enormous that **the Arab entered under his knee**[N] **while riding a camel and with his spear upright, and he did not touch him. I cut one corner of the sky-blue** garment that contains ritual fringes **of one of them, and we were unable to walk.** The Arab **said to me: Perhaps you took something from them? Return it, as we know** by tradition **that one who takes something from them cannot walk. I** then **returned** the corner of the garment, **and then we were able to walk.**

כִּי אֲתַאי לְקַמֵּיהּ דְּרַבָּנַן, אֲמַרוּ לִי: כָּל אַבָּא – חֲמָרָא, וְכָל בַּר בַּר חָנָה – סִיכְסָא! לְמַאי הִלְכְתָא עֲבַדְתְּ הָכִי, לְמֵידַע אִי כְּבֵית שַׁמַּאי אִי כְּבֵית הִלֵּל? אִיבָּעֵי לָךְ לְמִימְנֵי חוּטִין וּלְמִימְנֵי חוּלְיוֹת.

When I came before the Sages, they said to me in rebuke: **Every Abba**[N] **is a donkey, and every bar bar Ḥana is an idiot. For** the purpose of clarifying **what *halakha* did you do that?** If you wanted **to know whether** the ***halakha* is in accordance with** the opinion of **Beit Shammai or in accordance with** the opinion of **Beit Hillel,** as to whether there are four or three threads and joints in ritual fringes, in that case there was no need to take anything with you, as **you should have** simply **counted the threads**[H] **and counted the joints.**[N]

אֲמַר לִי: תָּא אַחֲוֵי לָךְ הַר סִינַי. אֲזַלִי, חֲזַאי דְּהַדְרָא לֵיהּ עַקְרַבָּא וְקַיְימָא כִּי חֲמָרֵי חִוָּורֵי. שָׁמַעְתִּי בַּת קוֹל שֶׁאוֹמֶרֶת: אוֹי לִי שֶׁנִּשְׁבַּעְתִּי, וְעַכְשָׁיו שֶׁנִּשְׁבַּעְתִּי מִי מֵפֵר לִי?

Rabba bar bar Ḥana continues his account. That Arab also **said to me: Come, I will show you Mount Sinai. I went and saw that scorpions were encircling it, and they were standing** as high **as white donkeys. I heard a Divine Voice saying: Woe is Me that I took an oath;**[N] **and now that I took the oath, who will nullify it for me?**

כִּי אֲתַאי לְקַמֵּיהּ דְּרַבָּנַן, אֲמַרוּ לִי: כָּל אַבָּא – חֲמָרָא, כָּל בַּר בַּר חָנָה – סִיכְסָא! הָיָה לָךְ לוֹמַר: ״מוּפָר לָךְ״. וְהוּא סָבַר: דִּלְמָא שְׁבוּעֲתָא דְּמַבּוּל הוּא. וְרַבָּנַן? אִם כֵּן, ״אוֹי לִי״ לָמָּה.

When I came before the Sages, they said to me in rebuke: **Every Abba is a donkey, and every bar bar Ḥana is an idiot. You should have said:** Your **oath is nullified.** The Gemara explains: **And** Rabba bar bar Ḥana did not nullify the oath because **he reasoned: Perhaps** God is referring to the **oath that** He will not **flood** the earth again. **But the Sages** would argue that **if** that were **so, why say: Woe is Me?** Rather, this must be referring to God's oath of exile upon the Jewish people.

אֲמַר לִי: תָּא אַחֲוֵי לָךְ בְּלוּעֵי דְּקֹרַח. חֲזַאי תְּרֵי בִּיזְעֵי וַהֲווּ קָא מַפְּקִי קוּטְרָא, שְׁקַל גְּבַבָּא דְּעַמְרָא וְאַמְשְׁיֵנָהּ בְּמַיָּא וּדְעַצִּיתָהּ בְּרֵאשָׁהּ דְּרוּמְחָא וְעַיְילֵיהּ הָתָם, וְכִי אַפֵּיק הֲוָה אִיחֲרַךְ אִיחֲרוּכֵי. אֲמַר לִי: אַצֵּית מַאי שָׁמְעַתְּ, וּשְׁמָעִית דַּהֲווּ אָמְרִין: מֹשֶׁה וְתוֹרָתוֹ אֱמֶת וְהֵן בַּדָּאִין. אֲמַר לִי: כָּל תְּלָתִין יוֹמֵי מְהַדַּר לְהוּ גֵּיהִנָּם לְהָכָא כְּבָשָׂר בְּקַלַּחַת, וְאָמְרִי הָכִי: מֹשֶׁה וְתוֹרָתוֹ אֱמֶת וְהֵן בַּדָּאִין.

Rabba bar bar Ḥana continues his account. The Arab also **said to me: Come, I will show you those who were swallowed** by the earth due to the sin **of Korah. I saw two rifts** in the ground **that were issuing smoke.** The Arab **took a shearing of wool, and dipped it in water, and inserted it on the head of a spear, and placed it in there. And when he removed** the wool, **it was scorched. He said to me: Listen** to **what you hear; and I heard that they were saying: Moses and his Torah are true,**[N] **and they,** i.e., we in the earth, **are liars.** The Arab further **said to me: Every thirty days Gehenna returns them to here, like meat in a pot** that is moved around by the boiling water as it cooks. **And** every time **they say this: Moses and his Torah are true, and they,** i.e., we in the earth, **are liars.**

אֲמַר לִי: תָּא אַחֲוֵי לָךְ הֵיכָא דְּנָשְׁקִי אַרְעָא וּרְקִיעָא אַהֲדָדֵי. שְׁקַלְתָּא לְסִילְתַּאי אַתְנַחְתָּא בְּכַוְּותָא דִּרְקִיעָא. אַדִּמְצַלֵּינָא בְּעֵיתֵיהּ וְלָא אַשְׁכַּחְתֵּיהּ. אָמֵינָא לֵיהּ: אִיכָּא גַּנָּבֵי הָכָא? אֲמַר לִי: הַאי גַּלְגְּלָא דִּרְקִיעָא הֲוָה דְּהָדַר, נְטַר עַד לְמָחָר הָכָא וּמַשְׁכַּחַתְּ לַהּ.

This Arab also **said to me: Come, I will show you** the place **where the earth and the heavens touch each other. I took my basket** and **placed it in a window of the heavens. After I** finished **praying, I searched for it but did not find it. I said to him: Are there thieves here? He said to me: This is the heavenly sphere that is turning around; wait here until tomorrow and you will find it.**

NOTES

And they were lying on their backs – וְגָנוּ אַפַּרְקִיד: The commentaries explain that the generation that left Egypt and died in the desert were not wicked but had sinned unintentionally, like drunkards. They lay facing upward to demonstrate that even when sinning they never denied the existence of their Father in Heaven (Maharsha).

The Arab entered under his knee – וְעָיֵיל טַיָּיעָא תּוּתֵי בִּרְכֵּיהּ: This alludes to the spiritual greatness of that generation, and symbolizes the fact that other people are like dwarfs in comparison to them (Maharal).

Every Abba, etc. – כָּל אַבָּא וכו׳: Rabba is a shortened form of Rabbi Abba. The Sages' comment can be understood in one of two ways. Either they rebuked him for acting improperly, or they criticized him for returning the ritual fringes without first counting the threads and the joints (Rashbam).

Counted the threads and counted the joints – לְמִימְנֵי חוּטִין וּלְמִימְנֵי חוּלְיוֹת: To prepare ritual fringes properly one must wrap the threads together three times or more to form a single unit that is called a joint. The joints are bookended with knots. There is a dispute concerning the proper number of threads, as well as the number of joints and the number of binds they contain (see *Menaḥot* 41b).

Woe is Me that I took an oath – אוֹי לִי שֶׁנִּשְׁבַּעְתִּי: Most commentaries explain that this is referring to an oath of God that He would exile the Jewish people (see Rashbam). Alternatively, it is an oath that the Jewish people would not be redeemed from exile until they repented. Therefore, the Sages told Rabba bar bar Ḥana that he should have prayed for God to lead them to repentance, and in this manner the oath would be annulled. Others claim that the oath concerned the generation that died in the desert, and God wanted to nullify His oath and permit them to enter the World-to-Come, as it is written: "I swore in My wrath that they should not enter into My rest" (Psalms 95:11).

Moses and his Torah are true, etc. – מֹשֶׁה וְתוֹרָתוֹ אֱמֶת וכו׳: This demonstrates that after experiencing Gehenna, even those who are entirely wicked recognize and admit the truth.

HALAKHA

And they were lying on their backs – וְגָנוּ אַפַּרְקִיד: Before burial, one places the deceased on his back so that he is facing upward. The Gemara here is the source for this custom (Rambam *Sefer Shofetim, Hilkhot Evel* 4:4 and *Kesef Mishne* and *Leḥem Mishne* there; *Shulḥan Arukh, Yoreh De'a* 362:2).

Whether the *halakha* is in accordance with the opinion of Beit Shammai…counted the threads, etc. – אִי כְּבֵית שַׁמַּאי...לְמִימְנֵי חוּטִין וכו׳: Ritual fringes comprise four double threads, totaling eight threads, on each of the four corners of a garment. If one adds to this number, the ritual fringes are invalid. This *halakha* is in accordance with the opinion of Beit Shammai (Rambam *Sefer Ahava, Hilkhot Tzitzit* 1:6; *Shulḥan Arukh, Oraḥ Ḥayyim* 11:12).

רַבִּי יוֹחָנָן מִשְׁתָּעֵי: זִימְנָא חֲדָא הֲוָה קָא אָזְלִינַן בִּסְפִינְתָּא, וַחֲזֵינַן הַהוּא כַּוְורָא דְּאַפְּקֵיהּ לְרֵישֵׁיהּ מִיַּמָּא, וְדָמְיָין עֵייְנֵיהּ כִּתְרֵי סִיהֲרֵי, וּנְפוּץ מַיָּא מִתַּרְתֵּי זִימֵיהּ כִּתְרֵי מַבְּרֵי דְּסוּרָא. רַב סָפְרָא מִשְׁתָּעֵי: זִימְנָא חֲדָא הֲוָה קָא אָזְלִינַן בִּסְפִינְתָּא, וַחֲזֵינַן הַהוּא כַּוְורָא דְּאַפְּקֵיהּ לְרֵישֵׁיהּ מִיַּמָּא, וַהֲוָה לֵיהּ קַרְנֵי וַחֲקִיק עֲלֵיהּ: ״אֲנָא בְּרִיָּה קַלָּה שֶׁבַּיָּם וַהֲוֵינָא תְּלָת מְאָה פַּרְסֵי, וְאָזֵילְנָא לְפוּמָּא דְּלִוְיָתָן״. אֲמַר רַב אַשִׁי: הַהוּא עִיזָּא דְּיַמָּא הוּא, דִּבְחִישָׁא וְאִית לָהּ קַרְנֵי.

§ **Rabbi Yoḥanan relates: Once we were traveling on a ship and we saw a certain fish that took its head**[N] **out of the sea, and its eyes had the appearance of two moons, and water scattered from its two gills like the two rivers of Sura. Rav Safra relates: Once we were traveling on a ship and we saw a certain fish that took its head out of the sea, and it had horns, and the following was inscribed on them: I am a lowly creature of the sea and I am three hundred parasangs long, and I am going into the mouth of the leviathan. Rav Ashi said: That is the goat of the sea, which searches** through the sea **and has horns.**

רַבִּי יוֹחָנָן מִשְׁתָּעֵי: זִימְנָא חֲדָא הֲוָה קָא אָזְלִינַן בִּסְפִינְתָּא, וַחֲזֵינַן הַהִיא קַרְטַלִיתָא דַּהֲוָה קָא מְקַבְּעֵי בָּהּ אֲבָנִים טוֹבוֹת וּמַרְגָּלִיּוֹת, וְהָדְרִי לָהּ מִינֵי דְּכַוְורֵי דְּמִקְּרֵי כַּרְשָׁא. נְחֵית

Rabbi Yoḥanan relates: Once we were traveling on a ship and we saw a certain crate [*kartalita*][L] **in which precious stones and pearls were set, and a species of fish called sharks encircled it. He descended,**

NOTES

A certain fish that took its head – הַהוּא כַּוְורָא דְּאַפְּקֵיהּ לְרֵישֵׁיהּ: It is possible that Rabbi Yoḥanan saw a leviathan. Alternatively, some commentaries explain that this and the following story allude to the rise of great kingdoms that are ultimately swallowed up by the most powerful of them (Ritva). According to the others, the two anecdotes refer to the month of Adar, which has the zodiac sign of a fish, and the details of the story allude to the various features of this month (Maharsha).

LANGUAGE

Crate [*kartalita*] – קַרְטַלִיתָא: This is an Aramaic form of the Greek κάρταλλος, *kartallos*, meaning a basket with a pointed bottom.

Perek **V**
Daf **74** Amud **b**

בַּר אֲמוֹרָאֵי לְאַתּוּיֵהּ, וּרְגַשׁ וּבָעֵי לְשַׁמְטֵיהּ לְאַטְמֵיהּ, וּשְׁדָא זִיקָא דְּחַלָּא וּנְחַת. נְפַק בַּת קָלָא אֲמַר לָן: מַאי אִית לְכוּ בַּהֲדֵי קַרְטַלִיתָא דִּדְבֵיתְהוּ דְּרַבִּי חֲנִינָא בֶּן דּוֹסָא, דַּעֲתִידָה דְּשַׁדְיָא תְּכֶלְתָּא בָּהּ לְצַדִּיקֵי לְעָלְמָא דְּאָתֵי!

i.e., a diver [*bar amoraei*][L] went into the water **to bring** up this chest, **and** the fish **became angry and sought to sever his thigh, but** the diver **threw** upon it **a flask of vinegar and they descended** and swam away. **A Divine Voice emerged** and said **to us: What** right **do you have to** touch **the crate of the wife of Rabbi Ḥanina ben Dosa,**[N] **as she is destined to insert sky-blue** wool **in it**[H] to be used in the ritual fringes of **the righteous in the World-to-Come?**

רַב יְהוּדָה הִינְדּוּאָה מִשְׁתָּעֵי: זִימְנָא חֲדָא הֲוָה אָזְלִינַן בִּסְפִינְתָּא, וַחֲזֵינַן הַהוּא אֶבֶן טָבָא דַּהֲוָה הָדִיר לָהּ תַּנִּינָא, נְחֵית בַּר אֲמוֹרָאֵי לְאַתּוּיָהּ. אֲתָא תַּנִּינָא קָא בָּעֵי לְמִבְלַע לָהּ לִסְפִינְתָּא, אֲתָא פִּישְׁקַנְצָא פְּסַקֵיהּ לְרֵישֵׁיהּ, אִתְהַפִּיכוּ מַיָּא וַהֲווּ דָּמָא, אֲתָא תַּנִּינָא חַבְרֵיהּ שְׁקַלֵיהּ וְתַלְיֵהּ לֵיהּ וַחֲיָה. הֲדַר אֲתָא קָא בָּעֵי בָּלְעָא לִסְפִינְתָּא, הֲדַר אֲתָא צִיפָּרָא פְּסַקֵיהּ לְרֵישֵׁיהּ, שְׁקַלוּהָ לְהַהִיא אֶבֶן טָבָא שַׁדְיוּהָ לִסְפִינְתָּא, הֲוָה הָנֵי צִיפָּרֵי מְלִיחֵי בַּהֲדַן, אוֹתְבִינְהוּ עֲלַיְיהוּ, שְׁקַלוּהָ וּפְרַחוּ לְהוּ בַּהֲדָהּ.

Rav Yehuda from India relates: Once we were traveling in a ship and we saw a certain precious stone[N] **that was encircled by a snake. A diver descended to bring it** up, **and the snake came and sought to swallow the ship. A raven came** and **cut off its head,** and **the water turned into blood** due to the enormousness of the snake. **Another snake came,** took the precious stone, **and hung it** on the dead snake, **and it recovered. It returned** and again **sought to swallow the ship,** and yet again **a bird came and cut off its head, took that precious stone,** and **threw it onto the ship. We had with us these salted birds; we placed** the stone **on them,** and **they took** the stone **and flew away with it.**

LANGUAGE

Diver [*bar amora'ei*] – בַּר אֲמוֹרָאֵי: According to some commentaries, the correct version of the text is *bar amoda'ei*, from the Syriac root *amad*, meaning to dive in the sea (Rashbam).

Relief of Assyrian diver from the eighth century BCE

HALAKHA

To insert sky-blue wool in it – דְּשַׁדְיָא תְּכֶלְתָּא בָּהּ: It is permitted for a woman to prepare ritual fringes, as is evident from the Gemara's statement here with regard to Rabbi Ḥanina ben Dosa's wife (*Smag*; Rosh). Some claim that a woman should not insert and tie the strings *ab initio* (Rema). Nevertheless, the Rema concedes that a woman is permitted to spin the threads even *ab initio* (*Shulḥan Arukh*, *Oraḥ Ḥayyim* 14:1, and *Beur HaGra* there).

NOTES

The crate of the wife of Rabbi Ḥanina ben Dosa, etc. – קַרְטַלִיתָא דִּדְבֵיתְהוּ דְּרַבִּי חֲנִינָא בֶּן דּוֹסָא וכו׳: The wife of Rabbi Ḥanina ben Dosa, as well as other righteous people, suffered from poverty in this world so that she could receive the entirety of her reward in the World-to-Come (Maharsha). Others explain that the story alludes to the idea that when Torah scholars wish to attain possessions that provide ease and comfort in this world, as symbolized by the crate of precious stones, they are told that their reward will be given only in the World-to-Come, not in this world (*Etz Yosef*).

A certain precious stone – הַהוּא אֶבֶן טָבָא: Some commentaries explain that this precious stone symbolizes wisdom, which can be acquired only through great exertion and effort. The snake that encircles it represents the spiritual pitfalls that lie in the path of wisdom, which must be removed before one can hope to become wise. Once one successfully does so, wisdom becomes like an elixir of life for him (Ritva). Alternatively, the precious stone alludes to the Torah, and the snake represents the wicked empires that prevent the Jewish people from engaging in its study. The salted birds are Torah scholars, who suffer under the foreign ruler. Nevertheless, they are still preserved, and fly away to other countries to escape during difficult times (Maharsha).

תָּנוּ רַבָּנַן: מַעֲשֶׂה בְּרַבִּי אֱלִיעֶזֶר וְרַבִּי יְהוֹשֻׁעַ שֶׁהָיוּ בָּאִין בִּסְפִינָה, וְהָיָה רַבִּי אֱלִיעֶזֶר יָשֵׁן וְרַבִּי יְהוֹשֻׁעַ נֵעוֹר, נִזְדַּעְזַע רַבִּי יְהוֹשֻׁעַ וְנִתְנַעֵר רַבִּי אֱלִיעֶזֶר. אָמַר לוֹ: מַה זֶּה יְהוֹשֻׁעַ, מִפְּנֵי מַה נִזְדַּעְזַעְתָּ? אָמַר לוֹ: מָאוֹר גָּדוֹל רָאִיתִי בַּיָּם. אָמַר לוֹ: שֶׁמָּא עֵינָיו שֶׁל לִוְיָתָן רָאִיתָ, דִּכְתִיב: ״עֵינָיו כְּעַפְעַפֵּי שָׁחַר״.

§ Apropos the stories of large sea creatures, the Gemara discusses the large sea creatures mentioned in the Bible. **The Sages taught:** There was **an incident involving Rabbi Eliezer and Rabbi Yehoshua, who were traveling on a ship, and Rabbi Eliezer was sleeping and Rabbi Yehoshua was awake. Rabbi Yehoshua trembled, and Rabbi Eliezer awoke.** Rabbi Eliezer **said to him: What is this, Yehoshua;** for what reason **did you tremble?** Rabbi Yehoshua **said to him: I saw a great light in the sea.** Rabbi Eliezer **said to him: Perhaps you saw the eyes of the leviathan, as it is written: "And his eyes are like the eyelids of the morning"** (Job 41:10).

אָמַר רַב אַשִׁי, אֲמַר לִי הוּנָא בַּר נָתָן: זִימְנָא חֲדָא הֲוָה קָא אָזְלִינַן בְּמַדְבְּרָא, וַהֲוַאי אַטְמָא דְּבִשְׂרָא בַּהֲדַן, פְּתַחְנָא וְנַקִּירְנָא וְאַנַּחְנָא אַעִשְׂבֵּי, אַדְּמַיְיתִינַן צִיבֵי חֲלַם אַטְמָא, וְטַוֵּינָן. כִּי הֲדַרַן לְבָתַר תְּרֵיסַר יַרְחֵי שַׁתָּא, חֲזֵינְהוּ לְהָנְהוּ גּוּמְרֵי דַּהֲווּ קָא מְלַחֲשִׁי. כִּי אֲתַאי לְקַמֵּיהּ דְּאַמֵימָר, אֲמַר לִי: הַהוּא עִשְׂבָּא – סַמְתְּרֵי הֲוָה, הָנְהוּ גּוּמְרֵי דִּרִיתְמָא הָווּ.

Rav Ashi said: Huna bar Natan said to me: Once we were traveling in the desert, and we had a thigh of meat with us. We cut open the thigh **and tore** off the sciatic nerve and the forbidden fat **and put it on the grass. By** the time **that we brought wood, the thigh had repaired** itself, **and we roasted it. When we returned** to that place **after twelve months** of the year had passed, **we saw that those coals were still glowing. When I came before Ameimar, he said to me: That grass was a drug of** life [*samterei*],[B] **while** those coals were of broom.[B]

״וַיִּבְרָא אֱלֹהִים אֶת הַתַּנִּינִם הַגְּדֹלִים״ – הָכָא תַּרְגִּימוּ: אַרְזִילֵי דְּיַמָּא. רַבִּי יוֹחָנָן אָמַר: זֶה לִוְיָתָן נָחָשׁ בָּרִחַ וְלִוְיָתָן נָחָשׁ עֲקַלָּתוֹן, שֶׁנֶּאֱמַר: ״בַּיּוֹם הַהוּא יִפְקֹד ה׳ בְּחַרְבּוֹ הַקָּשָׁה״ וגו׳.

The verse states: **"And God created the great sea monsters"** (Genesis 1:21). **Here,** in Babylonia, **they interpreted** this as a reference to the **sea oryx. Rabbi Yoḥanan says: This is leviathan the slant serpent, and leviathan the tortuous serpent, as it is stated: "In that day the Lord with His sore** and great and strong **sword** will punish leviathan the slant serpent, and leviathan the tortuous serpent" (Isaiah 27:1).

(סִימָן: כָּל שָׁעָה יַרְדֵּן) אָמַר רַב יְהוּדָה אָמַר רַב: כָּל מַה שֶּׁבָּרָא הַקָּדוֹשׁ בָּרוּךְ הוּא בְּעוֹלָמוֹ – זָכָר וּנְקֵבָה בְּרָאָם, אַף לִוְיָתָן נָחָשׁ בָּרִחַ וְלִוְיָתָן נָחָשׁ עֲקַלָּתוֹן – זָכָר וּנְקֵבָה בְּרָאָם, וְאִלְמָלֵי נִזְקָקִין זֶה לָזֶה – מַחֲרִיבִין כָּל הָעוֹלָם כּוּלּוֹ; מֶה עָשָׂה הַקָּדוֹשׁ בָּרוּךְ הוּא? סֵירֵס אֶת הַזָּכָר, וְהָרַג הַנְּקֵבָה וּמְלָחָהּ לַצַּדִּיקִים לֶעָתִיד לָבֹא, שֶׁנֶּאֱמַר: ״וְהָרַג אֶת הַתַּנִּין אֲשֶׁר בַּיָּם״.

§ The Gemara provides **a mnemonic** for the following statements of Rav Yehuda citing Rav: **Everything; time; Jordan. Rav Yehuda says** that **Rav says: Everything that the Holy One, Blessed be He, created in His world, He created male and female. Even leviathan the slant serpent and leviathan the tortuous serpent He created male and female. And if they would have coupled** and produced offspring, they would have **destroyed the entire world. What did the Holy One, Blessed be He, do? He castrated the male and killed the female, and salted** the female to preserve it for the banquet **for the righteous in the future. As it is stated: "And He will slay the serpent that is in the sea"** (Isaiah 27:1).[N]

NOTES

And He will slay the serpent that is in the sea – **וְהָרַג אֶת הַתַּנִּין אֲשֶׁר בַּיָּם**: The verse initially speaks of two leviathans, leviathan the slant serpent and leviathan the tortuous serpent. The verse later mentions only one: The serpent in the sea. This is understood to mean that one has already been killed, while the second will also be killed on that day (see Rashbam).

BACKGROUND

Drug of life [*samterei*] – **סַמְתְּרֵי**: The origin of this term is unknown; it is also not entirely clear to which drug it is referring. Some maintain that it is a medicine produced from the bark of the *Dracaena cinnabari* or *Dracaena draco* trees. These trees produce a red resin. This was once viewed by doctors as one of the most important vulnerary preparations, especially as a coagulant that shrinks blood vessels to stop bleeding.

Broom – **רִיתְמָא**: This refers to the *Retama raetam* plant, a tall broom bush that at times reaches the height of a typical tree, and which grows principally in sandy areas and by streams. The branches of this broom bush are gray-green and lack leaves for most of the year. The broom blooms at the end of the winter with an abundance of white flowers. In antiquity, charcoal was often made from its roots and trunk. In several places the Sages mention that the coals from this plant wood burn and retain their heat for longer than coals from other kinds of trees.

White broom in bloom

BACKGROUND

Fish are unrestrained – דָּגִים פְּרִיצִי: This comment about the mating habits of fish may refer to the fact that most fish do not fertilize eggs internally but instead reproduce by laying eggs that are later fertilized in the water. Consequently, there is no need for actual contact between the male and the female.

וְאַף בְּהֵמוֹת בְּהַרְרֵי אֶלֶף – זָכָר וּנְקֵבָה בְּרָאָם, וְאִלְמָלֵי נִזְקָקִין זֶה לָזֶה – מַחֲרִיבִין כָּל הָעוֹלָם כּוּלּוֹ; מֶה עָשָׂה הַקָּדוֹשׁ בָּרוּךְ הוּא? סֵירֵס הַזָּכָר, וְצִינֵּן הַנְּקֵבָה וּשְׁמָרָהּ לַצַּדִּיקִים לֶעָתִיד לָבֹא, שֶׁנֶּאֱמַר: ״הִנֵּה נָא כֹחוֹ בְמָתְנָיו״ – זֶה זָכָר, ״וְאוֹנוֹ בִּשְׁרִירֵי בִטְנוֹ״ – זוֹ נְקֵבָה.

And He created even the beasts[N] **on the thousand hills** (see Psalms 50:10) **male and female. And** they were so enormous that **if they would have coupled** and produced offspring, **they would have destroyed the entire world.**[N] **What did the Holy One, Blessed be He, do? He castrated the male and cooled** the sexual desire of **the female and preserved it for the righteous in the future. As it is stated** about the beasts: **"Lo now, his strength is in his loins"** (Job 40:16); **this** is referring to the **male.** The continuation of the verse: **"And his force is in the stays of his body"; this is the female,** alluding to the idea that they did not use their genitals for the purpose of procreation.

הָתָם נַמִּי לִיסָרְסֵיהּ לְזָכָר וְלִיצַנְּנָהּ לִנְקֵבָה! דָּגִים פְּרִיצִי. וְלִיעֲבֵיד אִיפְּכָא! אִיבָּעֵית אֵימָא: נְקֵבָה מְלִיחָא מַעֲלֵי; אִיבָּעֵית אֵימָא, כֵּיוָן דִּכְתִיב: ״לִוְיָתָן זֶה יָצַרְתָּ לְשַׂחֶק בּוֹ״, בַּהֲדֵי נְקֵבָה לָאו אוֹרַח אַרְעָא. הָכָא נַמִּי לִימְלְחָהּ לִנְקֵבָה! כַּוְורָא מְלִיחָא מַעֲלֵי, בִּשְׂרָא מְלִיחָא לָא מַעֲלֵי.

The Gemara asks: **There too,** with regard to the leviathan, **let Him castrate the male and cool the female;** why was it necessary to kill the female? The Gemara answers: **Fish are unrestrained,**[BN] and therefore even if the female was cooled, the female would still procreate. The Gemara suggests: **And let Him do the opposite,** and kill and preserve the male leviathan. The Gemara responds: **If you wish, say** that the **salted female is better; if you wish, say** instead **that** since **it is written: "There is leviathan, whom You have formed to sport with"** (Psalms 104:26), the male must be left alive for sport, because it is **not proper conduct** to sport **with a female.**[N] The Gemara asks: **Here too,** with regard to the beasts, **let Him** preserve the **female in salt,** instead of cooling it. The Gemara answers: **Salted fish is good,** but **salted meat is not good.**

וְאָמַר רַב יְהוּדָה אָמַר רַב: בְּשָׁעָה שֶׁבִּיקֵּשׁ הַקָּדוֹשׁ בָּרוּךְ הוּא לִבְרוֹאת אֶת הָעוֹלָם, אָמַר לוֹ לְשַׂר שֶׁל יָם: פְּתַח פִּיךָ וּבְלַע כָּל מֵימוֹת שֶׁבָּעוֹלָם. אָמַר לְפָנָיו: רִבּוֹנוֹ שֶׁל עוֹלָם, דַּי שֶׁאֶעֱמוֹד בְּשֶׁלִּי. מִיָּד בָּעַט בּוֹ וַהֲרָגוֹ, שֶׁנֶּאֱמַר: ״בְּכֹחוֹ רָגַע הַיָּם וּבִתְבוּנָתוֹ מָחַץ רָהַב״.

And Rav Yehuda says that **Rav says: At the time when the Holy One, Blessed be He, sought to create the world, He said to the minister of the sea:**[N] **Open your mouth and swallow all the waters of the world,** so that there will be room for land. The minister of the sea **said before Him: Master of the Universe,** it is **enough that I will stay within my own** waters. God **immediately struck him and killed him;** as **it is stated: "He stirs up the sea with His power, and by His understanding He smites through Rahab"** (Job 26:12).

NOTES

Leviathan and beasts – לִוְיָתָן וּבְהֵמוֹת: The commentaries explain that all of these creatures represent abstract concepts. The male and female leviathan symbolize the power of the mind and the spirit, respectively, while the male and female beasts allude to form and matter (Rashba). The Rashba adds that the mind and the soul are not meant to be joined eternally, as that would mean that the soul has no freedom. Likewise, in the case of form and matter, if they were perpetually joined nothing would ever change. Therefore, it was necessary to eliminate one force and lessen the second one, to allow the world to function. Alternatively, these creatures represent the great powers of the world, primarily the nations of Edom and Ishmael, which rise and fall and destroy one another (Ritva).

They would have destroyed the entire world – מַחֲרִיבִין כָּל הָעוֹלָם כּוּלּוֹ: This passage utilizes the image of the serpent in the same manner as the verse, i.e., as a metaphor for the nations of the world. It is alluding to a method by which God saves the Jewish people from these nations. The castration of the serpent represents the weakening of the desire of the nations to unite, as the consequence of this union would be particularly detrimental to the Jewish people. In order to draw attention away from the Jewish people, God creates or allows for discord among the nations. Following the model of the prophet Isaiah, Rav makes use of metaphoric imagery to teach esoteric, spiritual concepts or political matters. He refers to God's active intervention in the world in order to guarantee the survival of the Jewish nation (*Midrash Shlomo*).

Fish are unrestrained – דָּגִים פְּרִיצִי: Not even cooling their sexual ardor will prevent them from procreating (Rashbam). Alternatively, the male still wishes to be with the female, and if he cannot fulfill his desire he will destroy the world (Ri Migash).

It is not proper conduct to sport with a female, etc. – בַּהֲדֵי נְקֵבָה לָאו אוֹרַח אַרְעָא וכו׳: As this is meant only as a parable, this means that it is not fitting to attribute to God the activity of sporting with females (Rashba).

Minister of the sea – שַׂר שֶׁל יָם: According to some commentaries, the minister of the sea represents the highest and loftiest level of wisdom, which includes all other forms of wisdom (Ritva). Others explain that this refers to the laws of nature that hold sway over the waters. God's instructions that the waters make room for dry land contradict the laws of nature, and therefore this is described in terms of God killing the minister of the sea (Maharsha).

אמר רבי יצחק, שמע מינה: שרו של ים רהב שמו, ואלמלא מים מכסין אותו – אין כל בריה יכולה לעמוד בריחו, שנאמר: "לא ירעו ולא ישחיתו בכל הר קדשי וגו' כמים לים מכסים", אל תקרי "לים מכסים", אלא: לשרה של ים מכסים.

Rabbi Yitzḥak said: Conclude from here that **the name of the minister of the sea is Rahab, and were it not for waters** of the sea that **cover him, no creature could withstand his smell,** as his corpse emits a terrible stench. **As it is stated: "They shall not hurt nor destroy in all My holy mountain;** for the earth shall be full of the knowledge of the Lord, **as the waters cover the sea"** (Isaiah 11:9). **Do not read** this phrase as **"cover the sea"; rather** read it as: **Cover the minister of the sea,** i.e., the term sea is referring to the minister of the sea, not to the sea itself.

ואמר רב יהודה אמר רב: ירדן יוצא ממערת פמיים. תניא נמי הכי: ירדן יוצא ממערת פמיים, ומהלך בימה של סיבכי ובימה של טבריא, ומתגלגל ויורד לים הגדול, ומתגלגל ויורד עד שמגיע לפיו של לויתן, שנאמר: "יבטח כי יגיח ירדן אל פיהו". מתקיף לה רבא בר עולא: האי בבהמות בהררי אלף כתיב! אלא אמר רבא בר עולא: אימתי בהמות בהררי אלף בטוחות? בזמן שמגיח ירדן בפיו של לויתן.

And Rav Yehuda says that **Rav says: The Jordan issues forth**[N] **from the cave of Pamyas.**[B] **That is also taught** in a *baraita*: **The Jordan issues forth from the cave of Pamyas, and travels in the Sea of Sivkhi,** i.e., the Hula Lake, **and in the Sea of Tiberias,** the Sea of Galilee, **and rolls down**[B] **to the Great Sea, and rolls down until it reaches the mouth of the leviathan. As it is stated: "He is confident, though the Jordan rush forth to his mouth"** (Job 40:23). **Rava bar Ulla strongly objects to this** explanation of the verse, stating: But **this** verse **is written about the beasts on the thousand hills. Rather, Rava bar Ulla said** that this is the meaning of the verse: **When are the beasts on the thousand hills confident? When the Jordan rushes forth into the mouth of the leviathan.**

(סימן: ימים גבריאל רעב) כי אתא רב דימי אמר רבי יוחנן, מאי דכתיב: "כי הוא על ימים יסדה ועל נהרות יכוננה"? אלו שבעה ימים וארבעה נהרות שמקיפין את ארץ ישראל, ואלו הן שבעה ימים: ימה של טבריא, וימה של סדום, וימה של חילת, וימה של חילתא, וימה של סיבכי, וים אספמיא, וים הגדול; ואלו הן ארבעה נהרות: ירדן, וירמוך, וקירומיון, ופיגה.

§ The Gemara provides **a mnemonic** for the upcoming statements of Rav Dimi: **Seas; Gabriel; hungry. When Rav Dimi came** from Eretz Yisrael to Babylonia, he said that **Rabbi Yoḥanan said: What** is the meaning of that **which is written: "For He has founded it upon the seas, and established it upon the floods"** (Psalms 24:2)? **These are the seven seas and four rivers that surround Eretz Yisrael. And these are the seven seas:**[B] **The Sea of Tiberias, the Sea of Sodom,** i.e., the Dead Sea, **the Sea of Ḥeilat, the Sea of Ḥeilata, the Sea of Sivkhi, the Sea of Aspamya, and the Great Sea,** i.e., the Mediterranean. **And these are the four rivers: The Jordan, the Jarmuth, and the Keiromyon, and the Piga,**[B] which are the rivers of Damascus.

כי אתא רב דימי אמר רבי יונתן: עתיד גבריאל לעשות

When Rav Dimi came from Eretz Yisrael to Babylonia he said that **Rabbi Yonatan says: In the future, Gabriel will perform**

NOTES

The Jordan issues forth, etc. – ירדן יוצא וכו׳: According to some commentaries, this is a metaphysical description of the creation, development, and refinement of the soul. The soul originates from a concealed source, as symbolized by the cave. The soul passes through various stages until it is eventually manifested in the corporeal universe, which combines mind and body, as symbolized by the leviathan (Rashba). Alternatively, the leviathan alludes to the Roman Empire, which consumes all the lesser powers within its sphere (Ritva).

BACKGROUND

The Jordan issues forth from the cave of Pamyas – ירדן יוצא ממערת פמיים: The Pamyas cave, also known as Pan's cave, from the Greek Πανειάς, *Paneias*, was originally one of the main sources of the Jordan River. It is located near the source of the Jordan, close to the ancient city of Dan. Nowadays, the water does not originate from the Pamyas cave due to an earthquake that moved the spring outside the cave. Known in modern Hebrew as the Banyas, the spring is today a popular destination for hikers.

Cave of Pamyas

Rolls down – מתגלגל ויורד: It is unclear whether this is meant as a literal description of reality. This Gemara does not include the Jordan flowing down to the Dead Sea, unless one understands that in this context the name Great Sea is referring to the Dead Sea, as opposed to other instances, in which the Great Sea refers to the Mediterranean Sea. A parallel discussion in tractate *Bekhorot* (55a) mentions the Dead Sea before the Great Sea, and this also appears in other versions of the text. In any case, according to the description here, the Jordan flows underground until reaching the Mediterranean.

Seven seas – שבעה ימים: Many commentaries have tried to identify these seven seas, which include both large seas and lakes. The difficulty is compounded because certain texts have different versions of the names, which renders it difficult to determine which bodies of water are being discussed. In four cases, the identification is clear. The Sea of Tiberias refers to the Sea of Galilee; the Sea of Sodom is the Dead Sea; the Sea of Sivkhi is the Hula Lake; and the Great Sea refers to the Mediterranean Sea. The identification of the Sea of Ḥeilat and the Sea of Ḥeilata are uncertain. Some explain that the Sea of Aspamya refers to a lake in north Syria in the area of Aspamya. An alternative version of this text lists the Sea of Pamyas rather than the Sea of Aspamya, thereby resolving the question. This body of water, situated at the foot of Mount Hermon, is known nowadays as Lake Ram.

Keiromyon and Piga – קירומיון ופיגה: These rivers are mentioned together in several places. Some explain that Piga refers to the Yarkon River and is named after the city of Piga, or in Greek πηγή, *pēguē*, meaning spring. This city was situated at the source of the river, near the location of the modern city Rosh HaAyin. The identification of Piga as the Yarkon River is difficult, as the Yarkon River does not encircle Eretz Yisrael. Some explain that the Keiromyon and the Piga are two rivers that pass through Damascus. This fits the description found in other sources.

קְנִיגְיָא עִם לִוְיָתָן, שֶׁנֶּאֱמַר: ״הֲתִמְשֹׁךְ לִוְיָתָן בְּחַכָּה וּבְחֶבֶל תַּשְׁקִיעַ לְשֹׁנוֹ״, וְאִלְמָלֵא הַקָּדוֹשׁ בָּרוּךְ הוּא עוֹזְרוֹ אֵין יָכוֹל לוֹ, שֶׁנֶּאֱמַר: ״הָעֹשׂוֹ יַגֵּשׁ חַרְבּוֹ״.

a hunt of the leviathan, as it is stated: "Can you draw out leviathan with a fish hook? Or press down his tongue with a cord?" (Job 40:25). And were the Holy One, Blessed be He, not assisting[N] Gabriel, he would not be able to hunt it, as it is stated: "Only He Who made him can use His sword to approach him" (Job 40:19).[N]

כִּי אֲתָא רַב דִּימִי אֲמַר רַבִּי יוֹחָנָן: בְּשָׁעָה שֶׁלִּוְיָתָן רָעֵב – מוֹצִיא הֶבֶל מִפִּיו וּמַרְתִּיחַ כָּל מֵימוֹת שֶׁבַּמְּצוּלָה, שֶׁנֶּאֱמַר: ״יַרְתִּיחַ כַּסִּיר מְצוּלָה״; וְאִלְמָלֵא מַכְנִיס רֹאשׁוֹ לְגַן עֵדֶן – אֵין כָּל בְּרִיָּה יְכוֹלָה לַעֲמוֹד בְּרֵיחוֹ, שֶׁנֶּאֱמַר: ״יָם יָשִׂים כַּמֶּרְקָחָה״;

When Rav Dimi came from Eretz Yisrael to Babylonia, he said that Rabbi Yoḥanan said: When the leviathan is hungry,[N] he produces breath from his mouth and thereby boils all of the waters in the depths of the sea. As it is stated: "He makes the deep boil like a pot" (Job 41:23). And if the leviathan did not place its head in the Garden of Eden, no creature could withstand his foul smell, as it is stated: "He makes the sea like a seething mixture [*merkaḥa*]" (Job 41:23), and the term *merkaḥa* is also used to describe something with a smell (see Exodus 30:25).

וּבְשָׁעָה שֶׁצָּמֵא – עוֹשֶׂה תְּלָמִים תְּלָמִים בַּיָּם, שֶׁנֶּאֱמַר: ״אַחֲרָיו יָאִיר נָתִיב״. אָמַר רַב אַחָא בַּר יַעֲקֹב: אֵין תְּהוֹם חוֹזֵר לְאֵיתָנוֹ עַד שִׁבְעִים שָׁנָה, שֶׁנֶּאֱמַר: ״יַחְשֹׁב תְּהוֹם לְשֵׂיבָה״, וְאֵין שֵׂיבָה פְּחוּתָה מִשִּׁבְעִים.

And when he is thirsty, he makes many furrows in the sea, as it is stated: "He makes a path to shine after him" (Job 41:24). Rav Aḥa bar Yaakov says: After the leviathan drinks from the sea, the depth of the sea does not return to its normal condition until seventy years have passed, as it is stated: "One would think the deep to be hoary" (Job 41:24), and hoary indicates a person who is no less than seventy years old.

אָמַר רַבָּה אָמַר רַבִּי יוֹחָנָן: עָתִיד הַקָּדוֹשׁ בָּרוּךְ הוּא לַעֲשׂוֹת סְעוּדָה לַצַּדִּיקִים מִבְּשָׂרוֹ שֶׁל לִוְיָתָן, שֶׁנֶּאֱמַר: ״יִכְרוּ עָלָיו חַבָּרִים״, וְאֵין כֵּרָה אֶלָּא סְעוּדָה, שֶׁנֶּאֱמַר: ״וַיִּכְרֶה לָהֶם כֵּרָה גְדוֹלָה וַיֹּאכְלוּ וַיִּשְׁתּוּ״, וְאֵין חַבָּרִים אֶלָּא תַּלְמִידֵי חֲכָמִים, שֶׁנֶּאֱמַר: ״הַיּוֹשֶׁבֶת בַּגַּנִּים חֲבֵרִים מַקְשִׁיבִים לְקוֹלֵךְ הַשְׁמִיעִנִי״;

Rabba says that Rabbi Yoḥanan says: In the future, the Holy One, Blessed be He, will make a feast for the righteous[N] from the flesh of the leviathan, as it is stated: "The *ḥabbarim* will make a feast [*yikhru*] of him" (Job 40:30). And *kera* means nothing other than a feast, as it is stated: "And he prepared [*va'yikhreh*] for them a great feast [*kera*]; and they ate and drank" (II Kings 6:23). And *ḥabbarim* means nothing other than Torah scholars,[N] as it is stated: "You that dwell in the gardens, the companions [*ḥaverim*] hearken for your voice: Cause me to hear it" (Song of Songs 8:13). This verse is interpreted as referring to Torah scholars, who listen to God's voice.

וְהַשְּׁאָר מְחַלְּקִין אוֹתוֹ וְעוֹשִׂין בּוֹ סְחוֹרָה בְּשׁוּקֵי יְרוּשָׁלַיִם, שֶׁנֶּאֱמַר: ״יֶחֱצוּהוּ בֵּין כְּנַעֲנִים״, וְאֵין כְּנַעֲנִים אֶלָּא תַּגָּרִים, שֶׁנֶּאֱמַר: ״כְּנַעַן בְּיָדוֹ מֹאזְנֵי מִרְמָה לַעֲשֹׁק אָהֵב״. וְאִי בָּעֵית אֵימָא, מֵהָכָא: ״אֲשֶׁר סֹחֲרֶיהָ שָׂרִים כִּנְעָנֶיהָ נִכְבַּדֵּי אָרֶץ״.

And with regard to the remainder of the leviathan, they will divide it and use it for commerce in the markets of Jerusalem, as it is stated: "They will part him among the *kena'anim*" (Job 40:30). And *kena'anim* means nothing other than merchants, as it is stated: "As for the merchant [*kena'an*], the balances of deceit are in his hand. He loves to oppress" (Hosea 12:8). And if you wish, say that the proof is from here: "Whose merchants are princes, whose traffickers [*kinaneha*] are the honorable of the earth" (Isaiah 23:8).

וְאָמַר רַבָּה אָמַר רַבִּי יוֹחָנָן: עָתִיד הַקָּדוֹשׁ בָּרוּךְ הוּא לַעֲשׂוֹת סוּכָּה לַצַּדִּיקִים מֵעוֹרוֹ שֶׁל לִוְיָתָן, שֶׁנֶּאֱמַר: ״הַתְמַלֵּא בְשֻׂכּוֹת עוֹרוֹ״; זָכָה – עוֹשִׂין לוֹ סוּכָּה, לֹא זָכָה – עוֹשִׂין לוֹ צִלְצָל, שֶׁנֶּאֱמַר: ״וּבְצִלְצַל דָּגִים רֹאשׁוֹ״.

And Rabba says that Rabbi Yoḥanan says: In the future, the Holy One, Blessed be He, will prepare a *sukka* for the righteous from the skin of the leviathan, as it is stated: "Can you fill his skin with barbed irons [*besukkot*]" (Job 40:31). If one is deserving of being called righteous, an entire *sukka* is prepared for him from the skin of the leviathan; if one is not deserving of this honor, a covering[N] is prepared for his head, as it is stated: "Or his head with fish-spears" (Job 40:31).

זָכָה – עוֹשִׂין לוֹ צִלְצָל, לֹא זָכָה – עוֹשִׂין לוֹ עֲנָק, שֶׁנֶּאֱמַר: ״וַעֲנָקִים לְגַרְגְּרֹתֶיךָ״; זָכָה – עוֹשִׂין לוֹ עֲנָק, לֹא זָכָה – עוֹשִׂין לוֹ קָמֵיעַ, שֶׁנֶּאֱמַר: ״וְתִקְשְׁרֶנּוּ לְנַעֲרוֹתֶיךָ״;

If one is deserving[N] at least of this reward, a covering is prepared for him, and if one is not deserving, a necklace is prepared for him, as it is stated: "And necklaces about your neck" (Proverbs 1:9). If one is somewhat deserving, a necklace is prepared for him, and if one is not deserving even of this, only an amulet is prepared for him from the skin of the leviathan, as it is stated: "Or will you bind him for your maidens" (Job 40:29), i.e., a small amulet is prepared for him, like the amulets tied on children's necks.

NOTES

And were the Holy One, Blessed be He, not assisting – וְאִלְמָלֵא הַקָּדוֹשׁ בָּרוּךְ הוּא עוֹזְרוֹ: The commentaries explain that the destruction of a significant aspect of nature such as the leviathan goes against the natural order. Therefore only God Himself, who created the leviathans, can destroy them.

Only He Who made him can use His sword to approach him – הָעֹשׂוֹ יַגֵּשׁ חַרְבּוֹ: Although this verse is referring to land-based animals, the same is true of the leviathan, i.e., only its Creator can defeat it (Rashbam).

When the leviathan is hungry, etc. – בְּשָׁעָה שֶׁלִּוְיָתָן רָעֵב וכו׳: The Maharal explains that every entity in the world requires completion. Here, the sense of lacking is described as hunger. It refers to a need for wholeness that can come only from another source. The leviathan symbolizes a great spiritual essence, and its needs are proportionate to its size. This accounts for the great extent of its metaphorical hunger.

A feast for the righteous – סְעוּדָה לַצַּדִּיקִים: For the righteous, the World-to-Come is not only a spiritual realm but a state of union of the body and the soul. Therefore, the feast for the righteous is not merely an allusion to spiritual matters but refers to an actual feast. The purpose of eating and feasting is renewed strength, which is the goal of the future feast for the righteous (Rashba; see Ramban in *Sha'ar HaGemul*). Similarly, some commentaries state that this feast symbolizes the eternal connection between the body and the soul (*Shita Mekubbetzet*; but see Maharal).

And *ḥabbarim* means nothing other than Torah scholars – וְאֵין חַבָּרִים אֶלָּא תַּלְמִידֵי חֲכָמִים: Rambam's Commentary on the Mishna (*Demai* 2:3) explains that Torah scholars are called *ḥabbarim* because they form a *ḥabura*, a true and loyal group, as their bond is fashioned by their shared devotion to God.

Sukka and covering [*tziltzal*] – סוּכָּה וְצִלְצָל: Some commentaries explain that the difference between these two items is that a *sukka* is enclosed on all of its sides, whereas a *tziltzal* is a mere covering, like a roof (Rashbam). Others contend that a *sukka* is a covered shelter and a *tziltzal* is a kind of covering one puts on his head (Maharal). Alternatively, a *tziltzal* is a type of belt (Rashash). This last explanation is not consistent with the indication in the Gemara that the *tziltzal* lies above one's head.

If one is deserving, etc. – זָכָה וכו׳: The commentaries explain that these four levels parallel four types of people who study Torah and perform the mitzvot. Some people act solely for the sake of Heaven, while others do so for a reward from God. Yet others perform the mitzvot to receive reward in this world from other people, while a fourth group act only for their personal honor or for even baser reasons (Maharsha).

וְהַשְּׁאָר פּוֹרְסוֹ הַקָּדוֹשׁ בָּרוּךְ הוּא עַל חוֹמוֹת יְרוּשָׁלַיִם וְזִיווֹ מַבְהִיק מִסּוֹף הָעוֹלָם וְעַד סוֹפוֹ, שֶׁנֶּאֱמַר: ״וְהָלְכוּ גוֹיִם לְאוֹרֵךְ וּמְלָכִים לְנֹגַהּ זַרְחֵךְ״.

And with regard to **the remaining** part of the skin of the leviathan, **the Holy One, Blessed be He, spreads it on the walls of Jerusalem, and its glory radiates from** one **end of the world until the other end. As it is stated: "And nations shall walk in your light, and kings at the brightness of your rising"** (Isaiah 60:3).

״וְשַׂמְתִּי כַּדְכֹד שִׁמְשֹׁתַיִךְ״ – אָמַר רַבִּי שְׁמוּאֵל בַּר נַחְמָנִי: פְּלִיגִי תְּרֵי מַלְאֲכֵי בִּרְקִיעָא, גַּבְרִיאֵל וּמִיכָאֵל; וְאָמְרִי לָהּ: תְּרֵי אֲמוֹרָאֵי בְּמַעַרְבָא, וּמַאן אִינּוּן? יְהוּדָה וְחִזְקִיָּה בְּנֵי רַבִּי חִיָּיא; חַד אֲמַר: שׁוֹהַם, וְחַד אֲמַר: יָשְׁפֶה. אֲמַר לְהוּ הַקָּדוֹשׁ בָּרוּךְ הוּא: לֶהֱוֵי כְּדֵין וּכְדֵין.

§ With regard to the future glory of Jerusalem, the Gemara interprets the verse: **"And I will make your pinnacles of *kadkhod*"** (Isaiah 54:12). **Rabbi Shmuel bar Naḥmani said: Two angels** in heaven, **Gabriel and Michael,**[P] **disagree**[N] with regard to the material that will be used to form the walls of Jerusalem. **And some say** that this dispute is between **two *amora'im* in the West,** i.e., Eretz Yisrael. **And who are they?** They are **Yehuda and Ḥizkiyya, the sons of Rabbi Ḥiyya. One said** they will be made of **onyx,**[B] **and one said** of **jasper.**[B] **The Holy One, Blessed be He, said to them: Let it be like this [*kedein*] and like that [*ukhedein*],** i.e., let them be formed from both together. This compromise is indicated by the word *kadkhod*, a combination of this [*kedein*] and that [*ukhedein*].

״וּשְׁעָרַיִךְ לְאַבְנֵי אֶקְדָּח״ – כִּי הָא דְּיָתֵיב רַבִּי יוֹחָנָן וְקָא דָּרֵישׁ: עָתִיד הַקָּדוֹשׁ בָּרוּךְ הוּא לְהָבִיא אֲבָנִים טוֹבוֹת וּמַרְגָּלִיּוֹת שֶׁהֵם שְׁלֹשִׁים עַל שְׁלֹשִׁים, וְחוֹקֵק בָּהֶן עֶשֶׂר עַל עֶשְׂרִים וּמַעֲמִידָן בְּשַׁעֲרֵי יְרוּשָׁלַיִם. לִגְלֵג עָלָיו אוֹתוֹ תַּלְמִיד: הָשְׁתָּא כְּבֵיעֲתָא דְּצִיצְלָא לָא מַשְׁכְּחִינַן, כּוּלֵּי הַאי מַשְׁכְּחִינַן?

The Gemara analyzes the rest of that verse: **"And your gates of precious stones"** (Isaiah 54:12). This should be understood in light of **that** incident **where Rabbi Yoḥanan sat and taught:** In the **future, the Holy One, Blessed be He, will bring precious stones and pearls that are thirty by thirty** cubits, **and He will hollow out in them** a hole of **ten by twenty** cubits **and set them in the gates of Jerusalem. A certain** unnamed **student sneered at him,** saying: **Now we do not find** precious stones even **of** the size of **an egg of a dove,** and yet **all of this we will find?**

לְיָמִים הִפְלִיגָה סְפִינָתוֹ בַּיָּם, חֲזָא מַלְאֲכֵי הַשָּׁרֵת דְּיָתְבִי וְקָא מִינַסְּרֵי אֲבָנִים טוֹבוֹת וּמַרְגָּלִיּוֹת שֶׁהֵם שְׁלֹשִׁים עַל שְׁלֹשִׁים וְחָקוּק בָּהֶן עֶשֶׂר בְּרוּם עֶשְׂרִים, אֲמַר לְהוּ: הָנֵי לְמַאן? אֲמַרוּ לֵיהּ: שֶׁעָתִיד הַקָּדוֹשׁ בָּרוּךְ הוּא לְהַעֲמִידָן בְּשַׁעֲרֵי יְרוּשָׁלַיִם. אֲתָא לְקַמֵּיהּ דְּרַבִּי יוֹחָנָן, אֲמַר לֵיהּ: דְּרוֹשׁ, רַבִּי, לְךָ נָאֶה לִדְרוֹשׁ, כַּאֲשֶׁר אָמַרְתָּ כֵּן רָאִיתִי. אָמַר לוֹ: רֵיקָא! אִלְמָלֵא לֹא רָאִיתָ לֹא הֶאֱמַנְתָּ, מְלַגְלֵג עַל דִּבְרֵי חֲכָמִים אַתָּה! נָתַן עֵינָיו בּוֹ וְנַעֲשָׂה גַּל שֶׁל עֲצָמוֹת.

After a period of **time** that student's **ship went to sea,**[N] where **he saw ministering angels sitting and sawing precious stones and pearls that were thirty by thirty** cubits, **and hollowed out in them** were holes of **ten by twenty** cubits. **He said to** the angels: **For whom are these? They said to him that** in the **future, the Holy One, Blessed be He, will place them in the gates of Jerusalem.** Later, the student **came before Rabbi Yoḥanan** and **said to him:** Continue to **interpret, my teacher, it is fitting for you to interpret,** as **I saw just as you said.** Rabbi Yoḥanan **said to him: Worthless** man, **if you had not seen, you would not have believed;** clearly, **you are mocking the statement of the Sages.** Rabbi Yoḥanan **set his eyes upon him, and** the student was instantly killed **and turned into a pile of bones.**

מֵיתִיבֵי: ״וָאוֹלֵךְ אֶתְכֶם קוֹמְמִיּוּת״ – רַבִּי מֵאִיר אוֹמֵר: מָאתַיִם אַמָּה, כִּשְׁתֵּי קוֹמוֹת שֶׁל אָדָם הָרִאשׁוֹן;

The Gemara **raises an objection** against Rabbi Yoḥanan's statement, based on a *baraita*. The verse states: **"And I will make you go upright [*komemiyyut*]"** (Leviticus 26:13). **Rabbi Meir says:** In the future, the Jewish people will have the stature of **two hundred cubits, equivalent to two** times the **height [*komot*] of Adam the first** man, whose height was one hundred cubits. Rabbi Meir interprets the word *komemiyyut* as two *komot*.

NOTES

Two angels…disagree, etc. – פְּלִיגִי תְּרֵי מַלְאֲכֵי וכו׳: This disagreement between the angels was revealed to the Sages by Elijah the prophet (*Tosafot*). Some say that these two angels represent the attribute of mercy and the attribute of judgment, as demonstrated by the disagreement between them. Since God encompasses all attributes, He will ultimately bestow upon Jerusalem the wholeness that comes from the combination of both aspects (Maharal).

His ship went to sea – הִפְלִיגָה סְפִינָתוֹ בַּיָּם: This is a parable that is referring either to a vision the student saw in a dream, or to his delving into the depths of knowledge until this truth was revealed to him (Ritva).

BACKGROUND

Onyx – שׁוֹהַם:

Natural, unprocessed onyx

Jasper – יָשְׁפֶה:

Jasper

PERSONALITIES

Gabriel and Michael – גַּבְרִיאֵל וּמִיכָאֵל: The existence of angels was taken as a given by the Sages of the Talmud as well as by the people of their era. The acceptance of such heavenly beings is supported by biblical texts such as the one under discussion and several others, especially Isaiah, chapter 6; Ezekiel, chapter 10; and Daniel, chapter 10. Curiously, although no biblical sources suggest the existence of evil spirits, fear of demons, the evil counterparts of angels, was just as prevalent as belief in angels.

There is disagreement between the Rambam and the Ramban as to whether there are indeed such beings as angels. The Rambam, the strict rationalist, maintains that reports of angels in the Bible reflect the inner disposition of the witnesses or are in fact visions that appear to people in dreams (Guide of the Perplexed 2:6, 41). The Ramban, who was more mystical, understands that these were actual beings who interacted with people in their conscious state (Ramban on Genesis 18:1). Of the many named angels listed in rabbinic literature, just two have their origins in the Bible: Gabriel and Michael, who are mentioned in the Gemara here. Michael is a protector of the Jewish people who contends with the princes of Persia and Greece, as recounted in the book of Daniel, chapter 10, while Gabriel assists Daniel in understanding a vision of those empires' fates in Daniel, chapter 8.

רבי יהודה אומר: מאה אמה, כנגד היכל וכתליו, שנאמר: "אשר בנינו כנטעים מגדלים בנעוריהם בנותינו כזוית מחטבות תבנית היכל"! כי קאמר רבי יוחנן – לכווי דבי זיקא.

Rabbi Yehuda says: They will have the stature of **one hundred cubits, corresponding to the Sanctuary and its walls, as it is stated: "We whose sons are as plants grown up in their youth; whose daughters are as corner-pillars carved after the fashion of the Sanctuary"** (Psalms 144:12). But if they are each one hundred cubits tall, how could the Jews enter the gates of Jerusalem, whose entrance gate will be ten by twenty cubits, as claimed by Rabbi Yoḥanan? The Gemara answers: **When Rabbi Yoḥanan stated** that idea, he was not referring to the gates themselves but **to the windows that** allow **wind** to enter.

ואמר רבה אמר רבי יוחנן: עתיד הקדוש ברוך הוא לעשות שבע חופות לכל צדיק וצדיק, שנאמר: "וברא ה' על כל מכון הר ציון ועל מקראה ענן יומם ועשן ונגה אש להבה לילה כי על כל כבוד חפה", מלמד שכל אחד ואחד עושה לו הקדוש ברוך הוא חופה לפי כבודו.

§ **And Rabba says** that **Rabbi Yoḥanan says:** In the **future, the Holy One, Blessed be He, will fashion seven canopies**[N] **for each and every righteous** individual, **as it is stated: "And the Lord will create over the whole habitation of Mount Zion, and over those who are invited to it, a cloud and smoke by day, and the shining of a flaming fire by night; for over all the glory shall be a canopy"** (Isaiah 4:5). This **teaches that for each and every** righteous individual, **the Holy One, Blessed be He, fashions for him a canopy** seven times over, **in accordance with his honor,** i.e., greater individuals receive grander and larger canopies.

עשן בחופה למה? אמר רבי חנינא: שכל מי שעיניו צרות בתלמידי חכמים בעולם הזה, מתמלאות עיניו עשן לעולם הבא. ואש בחופה למה? אמר רבי חנינא: מלמד שכל אחד ואחד נכוה מחופתו של חבירו, אוי לה לאותה בושה, אוי לה לאותה כלימה.

The Gemara asks a question with regard to the above verse: **Why** should there be **smoke in a canopy? Rabbi Ḥanina said:** It is **because anyone whose eyes are narrow,** i.e., is stingy, **toward Torah scholars in this world, his eyes fill with smoke in the World-to-Come. And why** should there be **fire in a canopy? Rabbi Ḥanina said:** This **teaches that each and every one is burned from** embarrassment at the size of **the canopy of the other,**[N] and says: **Woe for this embarrassment, woe for this disgrace,** that I did not merit a canopy as large as his.

כיוצא בדבר אתה אומר: "ונתתה מהודך עליו" – ולא כל הודך, זקנים שבאותו הדור אמרו: פני משה כפני חמה, פני יהושע כפני לבנה, אוי לה לאותה בושה, אוי לה לאותה כלימה.

In a similar manner, you can **say** that God said to Moses about Joshua: **"And you shall put of your honor upon him"** (Numbers 27:20), which indicates that you should put some of your honor, **but not all of your honor. The elders of that generation said: The face of Moses**[N] was as bright **as the face of the sun; the face of Joshua** was like **the face of the moon. Woe for this embarrassment, woe for this disgrace,** that we did not merit another leader of the stature of Moses.

אמר רבי חמא בר חנינא: עשר חופות עשה הקדוש ברוך הוא לאדם הראשון בגן עדן, שנאמר: "בעדן גן אלהים היית כל אבן יקרה" וגו'. מר זוטרא אמר: אחת עשרה, שנאמר: "כל אבן יקרה". אמר רבי יוחנן: וגרוע שבכולן זהב, דקא חשיב ליה לבסוף.

Rabbi Ḥama bar Ḥanina says: The Holy One, Blessed be He, fashioned ten canopies for Adam the first man, **in the Garden of Eden; as it is stated** to Hiram, king of Tyre: **"You were in Eden the garden of God; every precious stone** was your covering, the carnelian, the topaz, and the emerald, the beryl, the onyx, and the jasper, the sapphire, the carbuncle, and the smaragd, and gold; the workmanship of your drums and of your holes was in you; they were prepared on the day that you were created" (Ezekiel 28:13). This verse mentions ten items, from carnelian to gold. **Mar Zutra said:** There were **eleven** canopies, **as it states: "Every precious stone,"** which is also part of the tally. **Rabbi Yoḥanan said: And the worst of all of them** was **gold, as it is counted last,** which indicates that the other items are more valuable.

NOTES

Seven canopies – שבע חופות: The number seven is derived from the items listed in the verse. One possible list is as follows: A cloud by day; smoke; the shining; of a flaming; fire; for over all the glory; and a canopy (Rabbeinu Gershom Meor HaGola). Some commentaries substitute the phrase: "And there shall be a *sukka* for a shadow," which appears in the following verse, for the expression: "For over all the glory" (Rashbam). Alternatively, the number seven is derived as follows: A cloud; by day, which refers to canopies of light; smoke, which is a canopy for those whose eyes are stingy; the shining; of a flaming; fire, with which those with smaller canopies are burnt; and night (Rabbeinu Tam, cited in *Shita Mekubbetzet*).

Burned from the canopy of the other – נכוה מחופתו של חבירו: Those with smaller canopies burn with shame because of those with larger canopies, as they realize that the difference must be due to their sins (Rabbeinu Gershom Meor HaGola).

The face of Moses, etc. – פני משה וכו': Since Moses experienced a revelation of God in a clear manner, unlike all other prophets, his face was as bright as the sun. In contrast, Joshua experienced the Divine Presence as one who sees through an opaque crystal, and therefore he is compared to one who reflects indirect light. Consequently, his face was like that of the moon (Maharal). The commentaries explain that the elders were upset that the honor of their leader should be diminished so drastically (Rashbam). Others add that it was an embarrassment for the entire generation (*Iyyun Ya'akov*). Yet others suggest that Joshua was ashamed that he did not merit the greatness of Moses (Ri Migash).

מַאי "מְלֶאכֶת תֻּפֶּיךָ וּנְקָבֶיךָ בָּךְ"? אָמַר רַב יְהוּדָה אָמַר רַב, אָמַר לוֹ הַקָּדוֹשׁ בָּרוּךְ הוּא לְחִירָם מֶלֶךְ צוֹר: בְּךָ נִסְתַּכַּלְתִּי, וּבָרָאתִי נְקָבִים נְקָבִים בָּאָדָם. וְאִיכָּא דְּאָמְרִי, הָכִי קָאָמַר: בְּךָ נִסְתַּכַּלְתִּי,

The Gemara asks: **What** is the meaning of the phrase: **"The workmanship of your drums and of your holes** [*nekavekha*]" (Ezekiel 28:13)? **Rav Yehuda says that Rav says: The Holy One, Blessed be He, said to Hiram, king of Tyre:** Were you in the Garden of Eden when I created all of this for you? **I looked at you,** saw that you would one day claim divinity for yourself, **and created many orifices** [*nekavim*][N] **in man,** i.e., the excretory system, so that you would know that you are human and not a god. **And there are** those **who say** that **this** is what God **said** to Hiram: **I looked at you**

NOTES

And created many orifices – וּבָרָאתִי נְקָבִים נְקָבִים: These orifices release excrement, a constant reminder to mankind of their limitations (Rabbeinu Gershom Meor HaGola; Rashbam; see Ritva).

Perek **V**
Daf **75** Amud **b**

וְקָנַסְתִּי מִיתָה עַל אָדָם הָרִאשׁוֹן.

and I decreed death[N] **on Adam the first** man, to demonstrate that he was human and not a god.

מַאי "וְעַל מִקְרָאֶהָ"? אָמַר רַבָּה אָמַר רַבִּי יוֹחָנָן: לֹא כִּירוּשָׁלַיִם שֶׁל עוֹלָם הַזֶּה יְרוּשָׁלַיִם שֶׁל עוֹלָם הַבָּא, יְרוּשָׁלַיִם שֶׁל עוֹלָם הַזֶּה – כׇּל הָרוֹצֶה לַעֲלוֹת עוֹלֶה, שֶׁל עוֹלָם הַבָּא – אֵין עוֹלִין אֶלָּא הַמְּזוּמָּנִין לָהּ.

§ The Gemara returns to the aforementioned verse: "And the Lord will create over the whole habitation of Mount Zion, and over those who are invited to it, a cloud and smoke by day" (Isaiah 4:5). **What** is the meaning of the phrase: **"And over those who are invited to it"? Rabba says that Rabbi Yoḥanan says: Jerusalem of the World-to-Come is not like Jerusalem of this world.** With regard to **Jerusalem of this world, anyone who wants to ascend** there can **ascend.** With regard to Jerusalem **of the World-to-Come, only those who are invited to it**[N] can **ascend.**

וְאָמַר רַבָּה אָמַר רַבִּי יוֹחָנָן: עֲתִידִין צַדִּיקִים שֶׁנִּקְרָאִין עַל שְׁמוֹ שֶׁל הַקָּדוֹשׁ בָּרוּךְ הוּא, שֶׁנֶּאֱמַר: "כֹּל הַנִּקְרָא בִשְׁמִי וְלִכְבוֹדִי בְּרָאתִיו יְצַרְתִּיו אַף עֲשִׂיתִיו". וְאָמַר רַבִּי שְׁמוּאֵל בַּר נַחְמָנִי אָמַר רַבִּי יוֹחָנָן: שְׁלֹשָׁה נִקְרְאוּ עַל שְׁמוֹ שֶׁל הַקָּדוֹשׁ בָּרוּךְ הוּא, וְאֵלּוּ הֵן: צַדִּיקִים, וּמָשִׁיחַ, וִירוּשָׁלַיִם.

And Rabba says that **Rabbi Yoḥanan says:** In the **future, the righteous will be called by the name of the Holy One, Blessed be He;**[N] **as it is stated: "Every one that is called by My name, and whom I have created for My glory, I have formed him, yea, I have made him"** (Isaiah 43:7). This indicates that one who was created by God and causes Him glory is called by His name. **And Rabbi Shmuel bar Naḥmani** says that **Rabbi Yoḥanan says: Three were called by the name of the Holy One, Blessed be He,**[N] **and they are: The righteous, and the Messiah, and Jerusalem.**

צַדִּיקִים – הָא דַּאֲמַרַן. מָשִׁיחַ – דִּכְתִיב: "וְזֶה שְּׁמוֹ אֲשֶׁר יִקְרְאוֹ ה' צִדְקֵנוּ". יְרוּשָׁלַיִם – דִּכְתִיב: "סָבִיב שְׁמֹנָה עָשָׂר אָלֶף וְשֵׁם הָעִיר מִיּוֹם ה' שָׁמָּה" אַל תִּקְרֵי "שָׁמָּה" אֶלָּא: שְׁמָהּ. אָמַר רַבִּי אֶלְעָזָר: עֲתִידִין צַדִּיקִים שֶׁאוֹמְרִים לִפְנֵיהֶן "קָדוֹשׁ", כְּדֶרֶךְ שֶׁאוֹמְרִים לִפְנֵי הַקָּדוֹשׁ בָּרוּךְ הוּא, שֶׁנֶּאֱמַר: "וְהָיָה הַנִּשְׁאָר בְּצִיּוֹן וְהַנּוֹתָר בִּירוּשָׁלַםִ קָדוֹשׁ יֵאָמֶר לוֹ".

With regard to **the righteous, this** is **as we** have **just said.** With regard to **the Messiah,** this is **as it is written: "And this is his name whereby he shall be called, the Lord is our righteousness"** (Jeremiah 23:6). With regard to **Jerusalem,** this is **as it is written: "It shall be eighteen thousand reeds round about. And the name of the city from that day shall be, the Lord is there** [*shamma*]" (Ezekiel 48:35). **Do not read** the word as **"there"** [*shamma*]; **rather,** read it as: The Lord is **its name** [*shemah*]. **Rabbi Elazar says:** In the **future, the righteous will** have the name: **Holy, recited before them,**[N] **as one recites before the Holy One, Blessed be He; as it is stated: "And it shall come to pass, that he who is left in Zion, and he who remains in Jerusalem, shall be called holy"** (Isaiah 4:3).

NOTES

And I decreed death, etc. – וְקָנַסְתִּי מִיתָה וכו׳: The commentaries explain that this interpretation of the verse is derived from the word "drums," as the grave is hollow like a drum (Rashbam). Some suggest that drums allude to burial, because they are beaten while the dead are transported to the grave (Ri Migash). Others claim that the phrase "and of your holes" alludes to the fact that ultimately a person is placed in a hole, i.e., a grave (Rabbeinu Gershom Meor HaGola). Alternatively, the continuation of the verse: "They were prepared on the day that you were created," indicates that the different orifices in people serve as the entrances through which death enters (Maharsha).

NOTES

Only those who are invited to it – אֶלָּא הַמְּזוּמָּנִין לָהּ: Notwithstanding its sanctity, Jerusalem of this world is essentially a mundane place and therefore anyone can go there, whereas Jerusalem of the World-to-Come will be entirely sacred, and therefore only worthy individuals will be able to ascend (Maharal).

Will be called by the name of the Holy One, Blessed be He, etc. – שֶׁנִּקְרָאִין עַל שְׁמוֹ שֶׁל הַקָּדוֹשׁ בָּרוּךְ הוּא וכו׳: The commentaries state that this is meant literally (Rashbam; Rabbeinu Gershom Meor HaGola). It can be further explained that just as the angels are sometimes called by the name of God in the Bible (see Exodus 23:20–21), so too, in the future the righteous will be worthy of being called by His name. Others state that this does not mean that they will have the name of God; rather, the righteous will be called righteous for the Lord, as all of their actions are performed for the sake of Heaven (Maharsha). This interpretation is supported by the Gemara's statement that the righteous will be called by this name, rather than that their name will actually be God's name.

Three were called by the name of the Holy One, Blessed be He – שְׁלֹשָׁה נִקְרְאוּ עַל שְׁמוֹ שֶׁל הַקָּדוֹשׁ בָּרוּךְ הוּא: The name of God is added to that of the righteous, the Messiah, and Jerusalem as an indication that all three belong entirely to God (Maharsha). Alternatively, these three are constantly being harassed and must fend off attempts to subjugate them, and they are able to survive only with the assistance of God (Riaf).

The righteous will have the name Holy recited before them – שֶׁאוֹמְרִים לִפְנֵיהֶן קָדוֹשׁ: In the future, the angels will say before the righteous: Holy, as they do before God: "And one called unto another, and said: Holy" (Isaiah 6:3). In this world, since the righteous die like all of mankind, it is not fitting to call them holy (*Iyyun Ya'akov*). Alternatively, as long as they are living, there is a chance that they will act improperly. In the future, when there is no chance that they will sin, they will be deserving of the title: Holy (Riaf).

וְאָמַר רַבָּה אָמַר רַבִּי יוֹחָנָן: עָתִיד הַקָּדוֹשׁ בָּרוּךְ הוּא לְהַגְבִּיהַּ אֶת יְרוּשָׁלַיִם שָׁלֹשׁ פַּרְסָאוֹת לְמַעְלָה, שֶׁנֶּאֱמַר: ״וְרָאֲמָה וְיָשְׁבָה תַחְתֶּיהָ״, מַאי ״תַחְתֶּיהָ״ – כְּתַחְתֶּיהָ. וּמִמַּאי דְּהַאי תַּחְתֶּיהָ תְּלָתָא פַּרְסֵי הָוְיָא? אֲמַר רַבָּה, אֲמַר לִי הַהוּא סָבָא: לְדִידִי חֲזֵי לִי יְרוּשָׁלַיִם קַמַּיְיתָא, וּתְלָתָא פַּרְסֵי הָוְיָא.

And Rabba says that Rabbi Yoḥanan says: In the **future, the Holy One, Blessed be He, will raise Jerusalem**[N] **three parasangs upward; as it is stated: "And it shall be lifted up and inhabited in its place"** (Zechariah 14:10). **What** is the meaning of the phrase **"in its place"?** It means **equivalent to its place,** i.e., Jerusalem will be raised to a height whose measure in parasangs corresponds to the measure of its area in square parasangs. The Gemara asks: **And from where is it** derived **that the place of** Jerusalem **was** an area of **three** square **parasangs? Rabba said** that **a certain elder said to me: I saw the initial Jerusalem,** when it was still extant, **and** its area **was three** square **parasangs.**

וְשֶׁמָּא תֹּאמַר: יֵשׁ צַעַר לַעֲלוֹת? תַּלְמוּד לוֹמַר: ״מִי אֵלֶּה כָּעָב תְּעוּפֶינָה וְכַיּוֹנִים אֶל אֲרֻבֹּתֵיהֶם״. אֲמַר רַב פַּפָּא, שְׁמַע מִינָּהּ: הַאי עֵיבָא – תְּלָתָא פַּרְסֵי מִידְלֵי.

The Gemara continues to discuss the statement of Rabbi Yoḥanan: **And lest you say** that **there is discomfort in ascending** to a place so high, **the verse states** in a prophecy depicting the return of the Jewish people to Jerusalem: **"Who are these that fly as a cloud, and as the doves to their cotes"** (Isaiah 60:8). This indicates that they can easily ascend to Jerusalem, as though they were clouds or doves. **Rav Pappa said:** Incidentally, one can **learn from** that statement that **this cloud** mentioned in the verse **is three parasangs high,** as it reaches Jerusalem, which will be raised three parasangs.

אָמַר רַבִּי חֲנִינָא בַּר פַּפָּא: בִּקֵּשׁ הַקָּדוֹשׁ בָּרוּךְ הוּא לָתֵת אֶת יְרוּשָׁלַיִם בְּמִדָּה, שֶׁנֶּאֱמַר: ״וָאֹמַר אָנָה אַתָּה הֹלֵךְ וַיֹּאמֶר אֵלַי לָמֹד אֶת יְרוּשָׁלִַם לִרְאוֹת כַּמָּה רׇחְבָּהּ וְכַמָּה אׇרְכָּהּ״.

Rabbi Ḥanina bar Pappa says: The Holy One, Blessed be He, wished to give a set **measure for Jerusalem, as it is stated** in a prophecy of Zechariah: "And I lifted up my eyes and saw, and behold a man with a measuring line in his hand. **Then I said: Where are you going? And he said to me: To measure Jerusalem, to see what is its breadth, and what is its length"** (Zechariah 2:5–6).

אָמְרוּ מַלְאֲכֵי הַשָּׁרֵת לִפְנֵי הַקָּדוֹשׁ בָּרוּךְ הוּא: רִבּוֹנוֹ שֶׁל עוֹלָם, הַרְבֵּה כְּרַכִּים בָּרָאתָ בְּעוֹלָמְךָ שֶׁל אוּמּוֹת הָעוֹלָם – וְלֹא נָתַתָּ מִדַּת אׇרְכָּן וּמִדַּת רׇחְבָּן, יְרוּשָׁלַיִם שֶׁשִּׁמְךָ בְּתוֹכָהּ, וּמִקְדָּשְׁךָ בְּתוֹכָהּ, וְצַדִּיקִים בְּתוֹכָהּ – אַתָּה נוֹתֵן בָּהּ מִדָּה? מִיָּד: ״וַיֹּאמֶר אֵלָו רֻץ דַּבֵּר אֶל הַנַּעַר הַלָּז לֵאמֹר פְּרָזוֹת תֵּשֵׁב יְרוּשָׁלִַם מֵרֹב אָדָם וּבְהֵמָה בְּתוֹכָהּ״.

The ministering angels said before the Holy One, Blessed be He: Master of the Universe, You have created many cities in Your world for the nations of the world, and You did not give the measure of their length or the measure of their width, i.e., they are not limited by any set measure, but expand as they develop. With regard to **Jerusalem, which has Your name in it, and Your Temple in it, and righteous people in it, will You give it a measure? Immediately:** "And, behold, the angel that spoke with me went forth, and another angel went out to meet him, **and said to him: Run, speak to this young man, saying: Jerusalem shall be inhabited without walls for the multitude of men and cattle within it"** (Zechariah 2:7–8).

אָמַר רֵישׁ לָקִישׁ: עָתִיד הַקָּדוֹשׁ בָּרוּךְ הוּא לְהוֹסִיף עַל יְרוּשָׁלִַם אֶלֶף טְפַף גִּינּוֹאוֹת, אֶלֶף קֶפֶל מִגְדָּלִים, אֶלֶף לִיצוֹי בִּירָנִיּוֹת, אֶלֶף וּשְׁנֵי שִׁילֹה טוֹטְפְּרָאוֹת, וְכׇל אַחַת וְאַחַת הָוְיָא כְּצִפּוֹרִי בְּשַׁלְוָותָהּ.

Reish Lakish says: In the **future, the Holy One, Blessed be He, will add to Jerusalem one thousand** times the numerical value of *tefaf*[N] **of gardens; one thousand** times the numerical value of *kefel* **of towers; one thousand** times the value of *litzoy* **of fortifications;** and **one thousand and two** times the value of *shilo* **of small houses** [*totpera'ot*].[L] **And each and every one** of these additions **will be like** the great city of **Tzippori in its prosperity.**

תַּנְיָא, אָמַר רַבִּי יוֹסֵי: אֲנִי רָאִיתִי צִפּוֹרִי בְּשַׁלְוָותָהּ, וְהָיוּ בָּהּ מֵאָה וּשְׁמוֹנִים אֶלֶף שְׁוָוקִים שֶׁל מוֹכְרֵי צִיקֵי קְדֵירָה.

The Gemara clarifies the size of the city of Tzippori. **It is taught** in a *baraita* that **Rabbi Yosei said: I saw Tzippori in its prosperity, and there were one hundred and eighty thousand markets of sellers of** meat **sauces**[B] **in it.** On this basis, one can estimate the future size of Jerusalem.

״וְהַצְּלָעוֹת צֵלָע אֶל צֵלָע שָׁלוֹשׁ וּשְׁלֹשִׁים פְּעָמִים״ – מַאי ״שָׁלוֹשׁ וּשְׁלֹשִׁים פְּעָמִים״? אָמַר רַבִּי לֵוִי, אָמַר רַב פַּפִּי מִשּׁוּם רַבִּי יְהוֹשֻׁעַ דְּסִכְנֵי: אִם שָׁלֹשׁ יְרוּשָׁלַיִם הֵן – כׇּל אַחַת וְאַחַת יֵשׁ בָּהּ שְׁלֹשִׁים מְדוֹרִין לְמַעְלָה, אִם שְׁלֹשִׁים יְרוּשָׁלַיִם הֵן – כׇּל אַחַת וְאַחַת יֵשׁ בָּהּ שְׁלֹשָׁה מְדוֹרִין לְמַעְלָה.

In a similar manner, the Gemara interprets the verse: **"And the side-chambers were one over another, three and thirty times"** (Ezekiel 41:6). **What** is the meaning of: **"Three and thirty times"?**[N] **Rabbi Levi says** that **Rav Pappi says in the name of Rabbi Yehoshua of Sikhnei: If** in the future **Jerusalem** will triple in size, so that it occupies **three** times its former area, then **each and every** dwelling **will contain thirty stories upward. If** the area of **Jerusalem** will be multiplied by **thirty, each and every** dwelling **will contain three stories above** every house.

NOTES

Will raise Jerusalem, etc. – לְהַגְבִּיהַּ אֶת יְרוּשָׁלַיִם וכו׳: The idea that Jerusalem will be raised three parasangs means that the city will belong entirely to the sacred realm, which is loftier than the material world (Maharsha). One might have thought that because people will retain a material dimension, they will not be able to reach this place. Therefore, the Gemara explains that they too will be elevated, just as a cloud is matter but nevertheless hovers in the sky.

One thousand ***tefaf*****, etc.** – אֶלֶף טֶפֶף וכו׳: The meanings of the terms *tefaf*, *kefel*, and the other terms used to indicate numerical values are unclear. Some explain that these are not proper words but simply stand for numerical values. For example, one thousand times the numerical value of the word *tefaf* would be one thousand multiplied by 169 and one thousand times the numerical value of *kefel* would be one thousand multiplied by 210. The idea being conveyed is that there is no limit to the size of Jerusalem (Rashbam). Others contend that these are the sizes of large cities in other countries (Ra'avad). Alternatively, *tefaf* means straight and equal, while *kefel* refers to strong posts that serve as a basis for towers or tall buildings (*Tosafot*, citing *Arukh*). *Tosafot* add that *shilo* is another term for a small town, while *litzoy* connotes a poetic phrase [*melitza*]. Others suggest that all of these terms are types of locks (Ra'avad), or different kinds of plots of land (Ritva).

Three and thirty times – שָׁלוֹשׁ וּשְׁלֹשִׁים פְּעָמִים: The commentaries explain that this homiletic interpretation is based on the extraneous word "times," from which it is derived that in the future Jerusalem's size will expand by a factor of three times thirty (Rashbam). Others claim that this verse serves merely as a kind of mnemonic device and is not the actual source of Rabbi Levi's statement (Ra'avad).

LANGUAGE

Small houses [*totpera'ot*] – טוֹטְפְּרָאוֹת: Apparently from the Greek τετράπυλον, *tetrapulon*, which refers to a monument with four gateways, one on each side of the monument.

BACKGROUND

Meat sauces [*tzikei kedeira*] – צִיקֵי קְדֵירָה: This refers to different sauces that are prepared, as some sauces are nowadays, from leftovers of various meat dishes, mixed with wine and spices.

They were apparently called by this name because one pours [*yotzek*] them into the pot [*kedeira*].

אִיתְּמַר: סְפִינָה – רַב אָמַר: כֵּיוָן שֶׁמָּשַׁךְ כָּל שֶׁהוּא – קָנָה; וּשְׁמוּאֵל אָמַר: לֹא קָנָה עַד שֶׁיִּמְשׁוֹךְ אֶת כּוּלָּהּ.

§ The Gemara returns to discuss the mishna, which discusses the acquisition of a ship. **It was stated** that there was a dispute among *amora'im* with regard to the manner in which **a ship**[H] is acquired. **Rav says: Once** the buyer **has pulled** the ship and moved it by **any amount,**[N] he has **acquired** it. **And Shmuel says:** He does **not acquire** it **until he pulls the entire ship**[N] to the extent that the end of the ship has at least reached the place previously occupied by its front.

לֵימָא כְּתַנָּאֵי: כֵּיצַד בִּמְסִירָה? אָחֲזָה בְּטַלְפָּהּ, בִּשְׂעָרָהּ, בָּאוּכָּף שֶׁעָלֶיהָ, בִּשְׁלִיף שֶׁעָלֶיהָ, בְּפְרוּמְבִּיָא שֶׁבְּפִיהָ, בְּזוֹג שֶׁבְּצַוָּארָהּ – קְנָאָהּ; כֵּיצַד בִּמְשִׁיכָה? קוֹרֵא לָהּ וְהִיא בָּאָה, אוֹ שֶׁהִכִּישָׁהּ בְּמַקֵּל וְרָצְתָה לְפָנָיו, כֵּיוָן שֶׁעָקְרָה יָד וָרֶגֶל – קְנָאָהּ; רַבִּי אַחַי, וְאָמְרִי לַהּ רַבִּי אַחָא אוֹמֵר: עַד שֶׁתְּהַלֵּךְ מְלֹא קוֹמָתָהּ;

The Gemara suggests: **Let us say** that this dispute **is parallel to** a dispute between *tanna'im*, as it is taught in a *baraita*: **How is** an animal acquired **through passing?**[HN] If the buyer **grasped it by its hoof,** or **by its hair,** or **by the saddle that is on it,** or **by the load that is on it,** or **by the bit** [*perumbiyya*][L] **in its mouth,** or **by the bell on its neck,** he has **acquired it. How** is an animal acquired **through pulling?**[HN] **If he calls it and it comes, or if he hits it with a stick and it runs before him, once it lifts a foreleg and a hind leg** from where it was standing, he has **acquired it. Rabbi Aḥai, and some say Rabbi Aḥa, says:** It is not enough if the animal lifts its hooves. Rather, one does not acquire it **until it walks its full length,** i.e., it moves both of its forelegs and both of its hindlegs.

לֵימָא, רַב דְּאָמַר כְּתַנָּא קַמָּא, וּשְׁמוּאֵל דְּאָמַר כְּרַבִּי אַחָא? אָמַר לָךְ רַב: אֲנָא דַּאֲמַרִי אֲפִילּוּ לְרַבִּי אַחָא; עַד כָּאן לָא קָאָמַר רַבִּי אַחָא – אֶלָּא בְּבַעֲלֵי חַיִּים, דְּאַף עַל גַּב דְּעָקְרָה יָד וָרֶגֶל בְּדוּכְתַּהּ קָיְימָא, אֲבָל סְפִינָה, כֵּיוָן דְּנָדָה בָּהּ פּוּרְתָּא נָדָה לַהּ כּוּלָּהּ.

Shall we say that Rav, who holds that a buyer can acquire the ship even by moving it only a minimal distance, **states** his ruling **in accordance with** the opinion of **the first** ***tanna*** that it is enough for the animal to lift two legs; **and Shmuel, who** holds that the entire ship must be moved, **states** his ruling **in accordance** with the opinion of **Rabbi Aḥa** that the animal must move its full length? The Gemara rejects this suggestion: **Rav** could have **said to you: I state** my ruling **even** in accordance with the opinion of **Rabbi Aḥa,** since **Rabbi Aḥa states** his opinion **only with regard to animals, as although it lifted a foreleg and a hind leg, it stands in its place. But** in the case of **a ship, once a bit of it moves, all of it moves,** and therefore the buyer acquires it.

וּשְׁמוּאֵל אָמַר: אֲנָא דַּאֲמַרִי אֲפִילּוּ כְּתַנָּא קַמָּא; עַד כָּאן לָא קָאָמַר תַּנָּא קַמָּא – אֶלָּא בְּבַעֲלֵי חַיִּים, דְּכֵיוָן דְּמִיעַקְרָא יָד וָרֶגֶל – אִידָּךְ לְמֵיעֲקַר קָיְימָא, אֲבָל סְפִינָה, אִי מָשֵׁיךְ לַהּ כּוּלָּהּ – אִין, אִי לָא – לָא.

And Shmuel could say: **I stated** my ruling **even in accordance** with the opinion of **the first** ***tanna***. **The first** ***tanna*** **states** his opinion **only with regard to animals, as once** an animal has **lifted a foreleg and a hind leg, the other** legs **stand ready to be lifted. But** with regard to **a ship, if he pulls the entire** ship, **yes,** he acquires it, but **if** he does **not** pull the whole ship, he does **not** acquire it.

לֵימָא כְּהָנֵי תַּנָּאֵי; דְּתַנְיָא: סְפִינָה נִקְנֵית בִּמְשִׁיכָה, רַבִּי נָתָן אוֹמֵר: סְפִינָה וְאוֹתִיּוֹת נִקְנוֹת בִּמְשִׁיכָה

The Gemara offers another suggestion: **Let us say** that the dispute of Rav and Shmuel is **parallel to** the dispute between **these** ***tanna'im***, **as it is taught** in a *baraita*: **A ship is acquired by pulling. Rabbi Natan says: A ship and letters,**[N] i.e., the content of a promissory note, **are acquired by pulling** the document

HALAKHA

A ship – סְפִינָה: If a buyer pulls a ship with the intention of acquiring it, he must pull it the entire length of the ship, in accordance with the opinion of Shmuel, as monetary matters are ruled in accordance with his opinion in his disputes with Rav. Some say that a ship can be acquired by pulling only when it is on the sea (Rabbeinu Yona). According to this opinion, the reason that pulling a ship is ineffective on dry land is that moving a ship on dry land is not the standard practice. In a case where the ship was situated in a spot where one cannot perform the act of acquisition of pulling, e.g., in the public domain in or a courtyard that does not belong to either of the parties, and the buyer pulled the entire ship, if part of the ship was brought in to a location where one can perform this act of acquisition, e.g., an alleyway or their shared courtyard, he has acquired the ship. Some claim that the entire act must be performed in a location that can be used for this act of acquisition (Rambam *Sefer Kinyan, Hilkhot Mekhira* 3:3, 4:4, and Ra'avad there; *Shulḥan Arukh, Ḥoshen Mishpat* 198:3, 7, and *Beur HaGra* there).

Through passing – בִּמְסִירָה: Most authorities hold that neither large nor small animals can be acquired through passing, based on tractate *Kiddushin* (25b). Nevertheless, some say that a large animal can be acquired through passing (Ra'avya), while others claim that even a small animal can be acquired in this manner (*Tur*), if it is performed in the presence of the seller (Rabbeinu Tam). According to this opinion, if the buyer grasped the animal in the presence of the owner, or by his instruction, he assumes ownership of it (*Shulḥan Arukh, Ḥoshen Mishpat* 197:1 and *Sma* there).

Through pulling – בִּמְשִׁיכָה: If a buyer pulls an animal or rides on it before the seller or at the seller's instruction, he assumes ownership of it. Furthermore, he acquires possession even if he merely calls to the animal and it comes, or if he hits it with his stick and it runs before him, or if he directs it with his voice (Rambam *Sefer Kinyan, Hilkhot Mekhira* 2:6; *Shulḥan Arukh, Ḥoshen Mishpat* 197:3 and *Sma* there).

LANGUAGE

Bit [*perumbiyya*] – פְּרוּמְבִּיָא: From the Greek φορβεία, *forbeiya*, meaning the cord by which a horse is tied to the manger.

NOTES

Any amount – כָּל שֶׁהוּא: In general, the Gemara uses the expression: Any amount, in reference to something that does not have an exact measure. In several places, the Sages required a more precise definition (see 53a). Here, the commentaries explain that the term: Any amount, means a handbreadth or a half-handbreadth, as it is not the case that any amount of movement, no matter how slight, is sufficient (Rashbam).

He pulls the entire ship – יִמְשׁוֹךְ אֶת כּוּלָּהּ: This means that the entire ship must move from its position, so that the place occupied by the front of the ship is now behind the ship. This is similar to the opinion mentioned later in the Gemara that an animal must move its entire body forward. Some claim that it is sufficient for the ship to move completely to the side (Ramah).

How through passing – כֵּיצַד בִּמְסִירָה: Passing is one of the modes of acquisition through which one assumes ownership of animals. It is achieved when one passes the animal to the recipient, with the intention that he will acquire it. Some say that this method is effective only when the seller himself passes the animal, or a part of it, to the recipient (*Tosafot*, citing Riva). Others claim it is not necessary for the seller to hand the animal to the buyer. Rather, it is enough if the seller tells the buyer to acquire the animal; once the buyer grasps it, it is considered as though the animal was passed to him (*Tosafot*). *Tosafot* cite a proof for this from the phrase: If he grabbed it by its hoof (see Rabbeinu Yona and Ramban).

How through pulling – כֵּיצַד בִּמְשִׁיכָה: This *baraita* proves that one does not have to pull the animal itself. Rather, this act of acquisition involves causing the animal to move, whether by physically pulling it or through some other means.

Letters – אוֹתִיּוֹת: This is referring to a promissory note; one can give or sell a promissory note to another in order to enable the recipient to collect the debt recorded in the note. The reason a promissory note is called: Letters, is because its value is based solely on that which it records.

וּבִשְׁטָר.

and by means of a bill of sale.[N]

אוֹתִיּוֹת מַאן דְּכַר שְׁמַיְיהוּ? חַסּוּרֵי מִחַסְּרָא וְהָכִי קָתָנֵי: סְפִינָה נִקְנֵית בִּמְשִׁיכָה, וְאוֹתִיּוֹת בִּמְסִירָה; רַבִּי נָתָן אוֹמֵר: סְפִינָה וְאוֹתִיּוֹת נִקְנוֹת בִּמְשִׁיכָה וּבִשְׁטָר.

The Gemara clarifies the *baraita*: **Letters** in promissory notes, **who mentioned** anything about **them?**[N] Why would Rabbi Natan speak about promissory notes, which are not discussed by the first *tanna*? The Gemara answers: The *baraita* **is incomplete, and this** is what **it is teaching:**[B] **A ship is acquired by pulling, and letters,** i.e., the content of a promissory note, **are acquired by** merely **transferring** the document, not through pulling. **Rabbi Natan says: A ship and letters are acquired by pulling and** also **by** means of a **bill** of sale.

שְׁטָר לִסְפִינָה לָמָּה לִי? מִטַּלְטְלֵי הִיא! אֶלָּא לָאו הָכִי קָתָנֵי: סְפִינָה נִקְנֵית בִּמְשִׁיכָה, וְאוֹתִיּוֹת בִּמְסִירָה. רַבִּי נָתָן אוֹמֵר: סְפִינָה בִּמְשִׁיכָה, וְאוֹתִיּוֹת בִּשְׁטָר;

The Gemara asks: **Why do I need** a **bill** of sale **for a ship?** A ship **is movable property,** which is acquired not by means of giving a bill of sale, but through other acts of acquisition. **Rather, is it not** correct to say that **this** is what the *baraita* **is teaching: A ship is acquired by pulling, and letters** of credit **by passing. Rabbi Natan says: A ship** is acquired **by pulling, and letters,** i.e. the contents of a promissory note, are acquired either through pulling or **by** means of a **bill** of sale.[N]

סְפִינָה בִּמְשִׁיכָה הַיְינוּ תַּנָּא קַמָּא! אֶלָּא דְּרַב וּשְׁמוּאֵל אִיכָּא בֵּינַיְיהוּ. לָא, דְּכוּלֵּי עָלְמָא אִי כְּרַב אִי כִּשְׁמוּאֵל, וּבִסְפִינָה – כּוּלֵּי עָלְמָא לָא פְּלִיגִי,

The Gemara asks: If Rabbi Natan holds that **a ship** is acquired **by pulling,** his opinion **is** apparently identical to the opinion of **the first** *tanna*. **Rather,** the practical difference **between** the two opinions is the dispute **of Rav and Shmuel.**[N] According to the opinion of one *tanna* the buyer must move the entire ship out of its current location, while the other *tanna* maintains that one must move the ship only a minimal amount. The Gemara rejects this suggestion: **No, everyone,** Rabbi Natan and the first *tanna*, holds **either in accordance with** the opinion of **Rav,** or **in accordance with** the opinion of **Shmuel. And with regard to a ship, everyone agrees** that it is acquired through pulling.

כִּי פְּלִיגִי – בְּאוֹתִיּוֹת, וְהָכִי קָאָמַר לֵיהּ רַבִּי נָתָן לְתַנָּא קַמָּא: בִּסְפִינָה וַדַּאי מוֹדֵינָא לָךְ; בְּאוֹתִיּוֹת, אִי אִיכָּא שְׁטָר – אִין, אִי לָא – לָא.

When they disagree, it is **with regard to** acquiring **letters,** i.e. the contents of a promissory note. **And this** is what **Rabbi Natan is saying to the first** *tanna*: **With regard to a ship, I certainly concede to you** that it is acquired by pulling. But **with regard to letters,** whereas you maintain that passing suffices to acquire them, I hold that **if** in addition **there is a bill** of sale, **yes,** the acquisition is valid, but **if not,** the act of passing is **not** effective.

וּבִפְלוּגְתָּא דְּהָנֵי תַּנָּאֵי, דְּתַנְיָא: אוֹתִיּוֹת נִקְנוֹת בִּמְסִירָה, דִּבְרֵי רַבִּי; וַחֲכָמִים אוֹמְרִים: בֵּין כָּתַב וְלֹא מָסַר, בֵּין מָסַר וְלֹא כָּתַב – לֹא קָנָה עַד שֶׁיִּכְתּוֹב וְיִמְסוֹר.

And according to this interpretation, the first *tanna* and Rabbi Natan disagree **with regard to the dispute** between **these** *tanna'im*. **As it is taught** in a *baraita*: **Letters,** i.e., the contents of a promissory note, **are acquired by** merely **transferring** the document; this is **the statement of Rabbi** Yehuda HaNasi. **And the Rabbis say: Whether one wrote** a bill of sale **but did not transfer** the promissory note to the buyer, or **whether he transferred** the promissory note **but did not write** a bill of sale, the buyer **does not acquire** the documents **until** the seller both **writes** a bill of sale **and transfers** the promissory note.

בְּמַאי אוֹקֵימְתָּא, כְּרַבִּי? סְפִינָה נָמֵי תִּיקְנֵי בִּמְסִירָה! דְּתַנְיָא: סְפִינָה נִקְנֵית בִּמְסִירָה, דִּבְרֵי רַבִּי; וַחֲכָמִים אוֹמְרִים: לֹא קָנָה

The Gemara asks: **In accordance with which** opinion **did you interpret** the opinion of the first *tanna* of the aforementioned *baraita*? If it is **in accordance with** the opinion of **Rabbi** Yehuda HaNasi,[N] then **let a ship be acquired also by passing,** not only through pulling, as stated in the following *baraita*. **As it is taught** in a *baraita*: **A ship**[H] **is acquired by passing;** this is **the statement of Rabbi** Yehuda HaNasi. **And the Rabbis say:** The buyer **does not acquire** it

NOTES

And by means of a bill of sale – וּבִשְׁטָר: One who sells a promissory note must write a bill of sale in which he declares that he has sold to that buyer the promissory note and all of the rights recorded in the note.

Who mentioned anything about them – מַאן דְּכַר שְׁמַיְיהוּ: This expression is used whenever one of the Sages refers to a matter that had not been mentioned earlier. In this case, since the discussion concerns a ship, it is assumed that Rabbi Natan would state his opinion only with regard to a ship, instead of bringing up the new topic of promissory notes.

And letters…by means of a bill of sale – וְאוֹתִיּוֹת בִּשְׁטָר: Rabbi Natan means that promissory notes are also acquired by means of a bill of sale, in addition to the option of pulling. This is clear from the continuation of the Gemara. See *Tosafot*, whose version of the text apparently states this explicitly.

The practical difference between the two opinions is the dispute of Rav and Shmuel – דְּרַב וּשְׁמוּאֵל אִיכָּא בֵּינַיְיהוּ: According to the some commentaries, the first *tanna* holds in accordance with the opinion of Shmuel, that it is necessary to pull the entire item, while Rabbi Natan maintains that it can be acquired through any amount of pulling, like the opinion of Rav (Rashbam). Others contend that Rabbi Natan accords with the opinion of Shmuel, while the opinion of the first *tanna* is like that of Rav (Rabbeinu Gershom Meor HaGola). They explain this interpretation as follows: Since Rabbi Natan requires a more substantial act of acquisition for promissory notes than does the first *tanna*, it is reasonable to conclude that he also imposes a more considerable act of pulling, i.e., pulling the entire item, as stated by Shmuel (*Tosafot*).

In accordance with which opinion did you interpret, in accordance with Rabbi Yehuda HaNasi – בְּמַאי אוֹקֵימְתָּא כְּרַבִּי: According to this interpretation, both the first *baraita*, which speaks of acquiring a ship and promissory notes, and the second *baraita*, which addresses only acquiring promissory notes, refer to the opinions of Rabbi Yehuda HaNasi and Rabbi Natan. The difference is that in the first *baraita* Rabbi Yehuda HaNasi's ruling is stated as the unattributed opinion and Rabbi Natan's statement is cited as the dissenting opinion, whereas in the second *baraita* Rabbi Yehuda HaNasi's ruling is presented as an individual opinion and that of Rabbi Natan is stated in the form of the ruling of the Rabbis.

BACKGROUND

It is incomplete and this is what it is teaching – חַסּוּרֵי מִחַסְּרָא וְהָכִי קָתָנֵי: This method of explanation is found often in the Gemara. The addition introduced by the Gemara is an elaboration upon that which is written in the tannaitic source, based on various difficulties raised in the Gemara that render the source in its original form incoherent or inconsistent with another authoritative source. The addition provides the necessary clarification.

HALAKHA

A ship – סְפִינָה: Since it is impossible to lift a ship, and it requires a great deal of effort to pull it, it is acquired by passing (Rambam *Sefer Kinyan, Hilkhot Mekhira* 3:3; *Shulḥan Arukh, Ḥoshen Mishpat* 198:7).

עַד שֶׁיִּמְשְׁכֶנָּה אוֹ עַד שֶׁיִּשְׂכּוֹר אֶת מְקוֹמָהּ!

until he pulls it, or until he rents its place.[N] How, then, can the opinion of the first *tanna* of the *baraita* be ascribed to Rabbi Yehuda HaNasi?

לָא קַשְׁיָא: כָּאן בִּרְשׁוּת הָרַבִּים, כָּאן בְּסִימְטָא.

The Gemara answers: This is **not difficult; here,** where Rabbi Yehuda HaNasi states that a ship is acquired through passing, he is referring to a ship situated **in the public domain.** Since a ship in the public domain cannot be acquired through pulling, which must be performed in a domain that is in one's possession, it is acquired through passing. By contrast, **there,** in the first *baraita*, the ship is situated **in an alleyway** [*simta*],[LN] which is not the public domain, as both parties have the right to keep their possessions there. A ship in this location must be acquired through pulling.

בְּמַאי אוֹקִימְתָּא לְהָא בְּתַרְוַיְיתָא? בִּרְשׁוּת הָרַבִּים; אֵימָא סֵיפָא, וַחֲכָמִים אוֹמְרִים: לֹא קָנָה עַד שֶׁיִּמְשְׁכֶנָּה; וְאִי בִּרְשׁוּת הָרַבִּים, מִמַּאן אוֹגִיר? וְתוּ, מְשִׁיכָה בִּרְשׁוּת הָרַבִּים מִי קָנְיָא? וְהָא אַבַּיֵי וְרָבָא דְּאָמְרִי תַּרְוַיְיהוּ: מְסִירָה קוֹנָה בִּרְשׁוּת הָרַבִּים וּבֶחָצֵר שֶׁאֵינָהּ שֶׁל שְׁנֵיהֶם, מְשִׁיכָה קוֹנָה בְּסִימְטָא וּבֶחָצֵר שֶׁהִיא שֶׁל שְׁנֵיהֶם, וְהַגְבָּהָה קוֹנָה בְּכָל מָקוֹם!

The Gemara asks: **To what** case **did you interpret that last** *baraita* to be referring? It was interpreted as referring **to the public domain.** If so, **say the latter clause** of the *baraita*: **And the Rabbis say** that the buyer **does not acquire** it **until he pulls it** or until he rents its place. The Gemara asks: **But if** the ship is situated **in the public domain,**[N] **from whom can he rent** the place? **And furthermore, does pulling in the public domain effect acquisition? But don't Abaye and Rava both say** with regard to the different methods of acquisition: **Passing**[H] **effects acquisition in the public domain**[N] **or in a courtyard that does not belong** to either of the parties; **pulling**[H] **effects acquisition in an alleyway or in a courtyard that belongs to both of** the parties; **and lifting**[H] **effects acquisition in every place,** even in the seller's domain.

מַאי "עַד שֶׁיִּמְשְׁכֶנָּה" נָמֵי דְּקָאָמַר, וּמַאי "עַד שֶׁיִּשְׂכּוֹר אֶת מְקוֹמָהּ" דְּקָאָמַר – הָכִי קָאָמַר: עַד שֶׁיִּמְשְׁכֶנָּה מֵרְשׁוּת הָרַבִּים לְסִימְטָא, וְאִם רְשׁוּת בְּעָלִים הִיא – לֹא קָנָה עַד שֶׁיִּשְׂכּוֹר אֶת מְקוֹמָהּ.

The Gemara answers: **What** does the *baraita* mean **when it says: Until he pulls it, and what** does it mean **when it says: Until he rents its place? This** is what it **is saying:** The buyer does not acquire the ship **until he pulls it from the public domain into an alleyway.**[H] **And if** the ship is located in **the domain** of some other **owner,**[N] the buyer **does not acquire** it **until he rents its place** from the owner.

לֵימָא, אַבַּיֵי וְרָבָא דְּאָמְרִי כְּרַבִּי?

The Gemara asks: **Shall we say** that **Abaye and Rava state** their opinion **in accordance with** the opinion of **Rabbi** Yehuda HaNasi,[N] not that of the Rabbis? The *baraita* indicates that only Rabbi Yehuda HaNasi maintains that one can acquire ownership by means of passing in the public domain.

LANGUAGE

Alleyway [*simta*] – סִימְטָא: From the Latin semita, meaning a path or small road.

HALAKHA

Passing, etc. – מְסִירָה וכו׳: Passing can effect acquisition for a ship or similar items only when the item is in the public domain or in a courtyard that belongs to neither the seller nor the buyer (Rambam *Sefer Kinyan, Hilkhot Mekhira* 4:3 and *Maggid Mishne* there; *Shulḥan Arukh, Ḥoshen Mishpat* 198:9, 11–12).

Pulling, etc. – מְשִׁיכָה וכו׳: Pulling effects acquisition only in an alleyway or, alternatively, in a courtyard that belongs to both the seller and the buyer (Rambam *Sefer Kinyan, Hilkhot Mekhira* 2:5, 4:3; *Shulḥan Arukh, Ḥoshen Mishpat* 197:2, 3, 198:9).

And lifting, etc. – וְהַגְבָּהָה וכו׳: Lifting effects acquisition everywhere (Rambam *Sefer Kinyan, Hilkhot Mekhira* 2:5; *Shulḥan Arukh, Ḥoshen Mishpat* 198:7, 9).

Until he pulls it from the public domain into an alleyway – עַד שֶׁיִּמְשְׁכֶנָּה מֵרְשׁוּת הָרַבִּים לְסִימְטָא: With regard to an item that can be acquired through pulling, if it was placed in the public domain or in a courtyard that does not belong to either the buyer or the seller, once the buyer pulls the entire item and brings even a part of it into his domain, or into an alleyway, or into their jointly owned courtyard, he acquires it (Rambam *Sefer Kinyan, Hilkhot Mekhira* 4:4; *Shulḥan Arukh, Ḥoshen Mishpat* 198:14).

NOTES

He rents its place – יִשְׂכּוֹר אֶת מְקוֹמָהּ: Once he rents the place where the ship is located, it is considered his courtyard, and a courtyard effects acquisition of movable property located on it on behalf of its owner.

In an alleyway – בְּסִימְטָא: There are several unique *halakhot* pertaining to an alleyway with regard to acts of acquisition: Although an alleyway is not a public domain, it is situated near the public domain and is occasionally used by the public, so it is not classified as a full-fledged private domain either. Consequently, an alleyway is considered the domain of anyone who is there, i.e., it is as though one maintains possession of the place where he is located. In this case the Gemara is referring to an alleyway with a canal, so that the ship is actually situated in the alleyway.

But if the ship is situated in the public domain, etc. – וְאִי בִּרְשׁוּת הָרַבִּים וכו׳: Renting is problematic in this case because the public domain does not belong to any specific person who can lease it to him (Rashbam).

Passing effects acquisition in the public domain – מְסִירָה קוֹנָה בִּרְשׁוּת הָרַבִּים: One cannot effect acquisition via pulling in the public domain, as he is not pulling the item into his own domain (Rashbam). Others explain that pulling is not effective in the public domain due to the presence of a multitude of people, who prevent the buyer from pulling as he wishes (Rav Hai Gaon). Therefore, one can acquire a ship in a public domain only by passing it directly from seller to buyer.

And if the ship is located in the domain of an owner – וְאִם רְשׁוּת בְּעָלִים הִיא: Some hold that the phrase: The domain of an owner, is referring to the seller's domain (Rashbam). Others explain that it means the domain of some other owner, who is neither the seller nor the borrower (*Tosafot*; Ramban).

Shall we say that Abaye and Rava state in accordance with Rabbi Yehuda HaNasi – לֵימָא אַבַּיֵי וְרָבָא דְּאָמְרִי כְּרַבִּי: The Gemara is dissatisfied with this option, as there is a principle that the *halakha* is in accordance with the opinion of the majority, not an individual ruling (Rashbam).

אָמַר רַב אַשִׁי: אִי דְּאָמַר לֵיהּ ״לֵךְ חֲזֵק וּקְנֵי״ הָכִי נָמֵי. הָכָא בְּמַאי עָסְקִינַן – דְּאָמַר לֵיהּ ״לֵךְ מְשׁוֹךְ וּקְנֵי״,

Rav Ashi said: The Rabbis agree that it is possible to effect acquisition in the public domain through the act of passing. Therefore, **if** it is a case **where** the seller **says to him: Go take possession and** thereby **effect acquisition,**[N] **so too** he can effect acquisition through the act of passing, and does not need to pull it. **Here** the Rabbis disagree with Rabbi Yehuda HaNasi, as **we are dealing with** a case **where** the seller **says to him: Go pull and** thereby **effect acquisition**[H] of it.

מָר סָבַר: קְפִידָא, וּמָר סָבַר: מַרְאֶה מָקוֹם הוּא לוֹ.

Rav Ashi elaborates: One **Sage,** the Rabbis, **holds** that the seller is **particular**[N] about the method by which the item is acquired, and therefore it can be acquired only through pulling. **And one Sage,** Rabbi Yehuda HaNasi, **holds** that the seller is merely **indicating the manner**[N] **to him,** i.e., he advises him to use this act of acquisition but he does not mind if the buyer prefers to perform a different act of acquisition.

אָמַר רַב פַּפָּא: הַאי מַאן דְּמְזַבֵּין לֵיהּ שְׁטָרָא לְחַבְרֵיהּ, צָרִיךְ לְמִיכְתַּב לֵיהּ: ״קְנִי הוּא וְכָל שִׁעְבּוּדָא דְּבֵיהּ״. אָמַר רַב אַשִׁי: אֲמַרִיתַהּ לִשְׁמַעְתָּא קַמֵּיהּ דְּרַב כָּהֲנָא, וַאֲמַרִית לֵיהּ: טַעְמָא דִּכְתַב לֵיהּ הָכִי, הָא לָא כָּתַב לֵיהּ הָכִי – לָא קָנֵי;

§ The Gemara returns to the issues of acquiring promissory notes. **Rav Pappa says: One who sells** a promissory **note to another must write to him: Acquire it and all liens on property that are** contained **within it.**[H] **Rav Ashi said: I stated** this ***halakha*** **before Rav Kahana, and I said to him** the following analysis: **The reason** the buyer acquires it is **that** the seller **wrote this for him.** This indicates that **if he did not write this for him,** the buyer **does not acquire** the monetary rights recorded in the promissory note.

וְכִי לָצוּר עַל פִּי צְלוֹחִיתוֹ הוּא צָרִיךְ? אָמַר לִי: אִין, לָצוּר וְלָצוּר.

Rav Ashi asks: Why, then, did he purchase the promissory note? **But does he require** it **to tie around the mouth of his flask**[B] as a stopper? Clearly, he purchased the document for the purpose of collecting the debt recorded in it. Rav Pappa **said to me: Yes,** it is possible that he purchased the promissory note in order **to tie** it around his flask. Since the owner did not transfer ownership of the obligation recorded in the promissory note, the buyer acquires only the paper itself.

NOTES

Go take possession and thereby effect acquisition – לֵךְ חֲזֵק וּקְנֵי: A seller who says this has given the buyer permission to acquire the item through any effective act of acquisition. Even the Rabbis agree that in the public domain passing is an effective act of acquisition.

One Sage holds that the seller is particular, etc. – מָר סָבַר קְפִידָא וכו׳: According to the Rabbis, when the seller instructs the buyer to pull the item he insists that the acquisition must take place specifically through pulling (Rashbam). Some add that the seller wants the buyer to have to trouble himself to perform the acquisition in this manner (Ramban).

Indicating the manner – מַרְאֶה מָקוֹם: Some explain that the seller is telling the buyer that he may take the item home with him, as he already acquired it by means of passing (Rashbam; Rabbeinu Ḥananel). Others say that the seller is pointing out one of three possible methods through which the buyer can acquire the item, but is not particular that he use this specific one (Ramah). Yet others claim that the seller said: Go pull and thereby effect acquisition, and then silently passed him the ship's rope, without stating which mode of acquisition the buyer should employ. Rabbi Yehuda HaNasi and the Rabbis disagree about whether one follows his initial statement, or whether his action demonstrates that he did not mean that the buyer should acquire the item specifically through pulling (Ra'avad).

HALAKHA

Go pull and thereby effect acquisition – לֵךְ מְשׁוֹךְ וּקְנֵי: If one transfers to another an item that can be acquired by passing in the public domain, saying to him: Go pull and thereby effect acquisition of it, the buyer acquires the item only if he pulls the entire item and brings it into a domain where pulling effects acquisition. The acquisition must take place in this manner, as the seller specified acquisition via pulling. The *halakha* is in accordance with the statement of the Rabbis in the *baraita*, following the explanation of Rav Ashi (Rambam *Sefer Kinyan*, *Hilkhot Mekhira* 3:3; *Shulḥan Arukh*, *Ḥoshen Mishpat* 197:7, 198:7, 10,).

Acquire it and all liens on property that are within it – קְנִי הוּא וְכָל שִׁעְבּוּדָא דְּבֵיהּ: How does one transfer a promissory note to another? The owner writes in a new document or in the promissory note itself (*Sma*; *Shakh*) the following statement: You, so-and-so, acquire from me this promissory note that records the debt owed by so-and-so (*Sma*), and all liens the note contains. The seller then passes the promissory note with this document to the buyer. In this way, the promissory note is acquired by means of writing and through passing. If the owner does not write this, the buyer acquires nothing, not even the paper upon which the promissory note is written. This is in accordance with the opinion of Ameimar stated on 77a, according to the version accepted by the majority of the early commentaries, that promissory notes are not acquired through passing. Some add that if the debtor had written in the promissory note: I am obligated to you, i.e., the seller, and to anyone who finds this, this document can be acquired through passing alone (Rambam *Sefer Kinyan*, *Hilkhot Mekhira* 6:10; *Shulḥan Arukh*, *Ḥoshen Mishpat* 66:1, and in the comment of Rema, and see *Shakh* there).

BACKGROUND

Flask [*tzeloḥit*] – צְלוֹחִית: A *tzeloḥit* was a container, ordinarily of earthenware but occasionally made of glass or of metals such as gold or silver. These flasks had many uses. They were used as serving vessels at meals; as containers for scents used in various places, e.g., in cemeteries; to hold body oils, perfumes, and medicines. During the Celebration of the Drawing of Water in the Temple on *Sukkot*, the water was brought to the Temple in this kind of golden flasks.

Although some such earthenware vessels were made with covers from the same material, covers were not always made for these flasks, most likely because liquid would generally be kept in the flask for a relatively short period of time. In cases when it was necessary to seal the flask, people would use whatever material was readily available, including paper.

אָמַר אַמֵימָר, הִלְכְתָא: אוֹתִיּוֹת נִקְנוֹת בִּמְסִירָה, כְּרַבִּי. אֲמַר לֵיהּ רַב אַשִׁי לְאַמֵימָר: גְּמָרָא אוֹ סְבָרָא? אֲמַר לֵיהּ: גְּמָרָא. אָמַר רַב אַשִׁי: סְבָרָא נָמֵי הוּא, דְּאוֹתִיּוֹת מִילֵּי נִינְהוּ, וּמִילֵּי בְּמִילֵּי לָא מִיקַּנְיָין.

Ameimar says: The ***halakha*** **is that letters are acquired by** merely **transferring**[N] the document to the buyer, **in accordance with** the opinion of **Rabbi** Yehuda HaNasi. **Rav Ashi said to Ameimar:** Is your ruling based on **a tradition or** on your own **logical reasoning?**[N] Ameimar **said to him:** It is based on **a tradition. Rav Ashi said: It also** stands to **reason** that the contents of a promissory note are acquired through transferring, **as letters,** i.e., the contents of a promissory note, **are words,**[N] i.e., the buyer is acquiring the right to a monetary obligation, not a physical item, **and words cannot be acquired through** other **words.**[N]

וְלָא? וְהָאָמַר רַבָּה בַּר יִצְחָק אָמַר רַב, שְׁנֵי שְׁטָרוֹת הֵם: "זְכוּ בְּשָׂדֶה לִפְלוֹנִי וְכִתְבוּ לוֹ אֶת הַשְּׁטָר" – חוֹזֵר בַּשְּׁטָר וְאֵינוֹ חוֹזֵר בַּשָּׂדֶה,

The Gemara asks: **And** is it true that documents **cannot** be acquired through words? **But doesn't Rabba Bar Yitzḥak say** that **Rav says: There are two** types **of documents.** The first type is where one says to others: **Take possession of this field**[N] **for so-and-so**[H] **and write the document for him** as proof of the sale of the field. In this case, **he may renege with regard to the document,**[N] i.e., he may change his mind and tell them not to write it. **But he may not renege with regard to the field,** as the buyer has already acquired it.

"עַל מְנָת שֶׁתִּכְתְּבוּ לוֹ אֶת הַשְּׁטָר" – חוֹזֵר בֵּין בַּשְּׁטָר בֵּין בַּשָּׂדֶה;

The second type of document is where he said: Take possession of this field for so-and-so **on the condition that you write**[H] him **a document.** If the document has not yet been delivered **he can retract** his instruction **both with regard to the document and with regard to the field,** as the transfer of the field is dependent on the writing of the document.

וְרַב חִיָּיא בַּר אָבִין אָמַר רַב הוּנָא, שְׁלֹשָׁה שְׁטָרוֹת הֵן: תְּרֵי – הָא דַּאֲמַרַן; אִידַּךְ – אִם קָדַם מוֹכֵר וְכָתַב אֶת הַשְּׁטָר.

And Rav Ḥiyya bar Avin says that Rav Huna says: There are actually **three** types **of documents. Two are those that we stated** above, **and the other** is **if the seller wrote the document in advance.**[N]

NOTES

Letters are acquired by transferring – אוֹתִיּוֹת נִקְנוֹת בִּמְסִירָה: This is the version of the text accepted by the Rashbam and Rabbeinu Gershom Meor HaGola. The Rashbam maintains that it is not necessary to write a separate bill of sale in order to sell a promissory note, whereas Rabbeinu Gershom Meor HaGola holds that both the writing of a separate bill of sale and the transfer of the promissory note are required.

By contrast, the text of most of the early commentaries states: Letters are not acquired by transferring (Rav Hai Gaon; Rav Shmuel ben Ḥofni Gaon; Rif; Rambam; Ri Migash; Ramban; Rabbeinu Yona; Rashba; Ran). Some commentaries claim that according to Ameimar even if a symbolic exchange is performed in addition to the act of transferring, the buyer acquires only the paper on which the promissory note is written, not the financial agreements recorded in the document (Ri Migash; *Halakhot Gedolot*; *Tosafot*, citing Rav Yehudai Gaon). The only way to transfer the financial agreements recorded in the promissory note is to write a new bill of sale in which this fresh transaction is stated in clear terms.

A tradition or logical reasoning – גְּמָרָא אוֹ סְבָרָא: There is a principle that the *halakha* is ruled in accordance with the opinion of Rabbi Yehuda HaNasi when he disagrees with one colleague, but not when his opinion is disputed by several Sages (*Pesaḥim* 27a). According to one version of the text, Ameimar possessed a tradition that in this case the *halakha* is in accordance with the opinion of Rabbi Yehuda HaNasi despite the fact that the dissenting ruling is presented as the opinion of the Rabbis (Rashbam). According to an opposing version of the text, the tradition of Ameimar was that the *halakha* is not in accordance with the opinion of Rabbi Yehuda HaNasi precisely because his ruling is at odds with that of the Rabbis (Rashba).

Letters are words – אוֹתִיּוֹת מִילֵּי נִינְהוּ: The value of the promissory note does not come from the physical item, which is merely paper, but from the obligations it records. Therefore, essentially it is merely words (Rashbam).

And words cannot be acquired through other words – וּמִילֵּי בְּמִילֵּי לָא מִיקַּנְיָין: Since essentially a promissory note is mere words, it cannot be acquired by the drafting of another document. Rather, the act of transferring is required instead (Rashbam). Those early commentaries whose text states: Letters are not acquired through transferring, explain that the opposite is the case: If the seller simply transfers the promissory note, even if he says that he is transferring the document along with the monetary obligation it contains, his action is not effective. The buyer acquires only the physical document, as this statement is mere words. In order to acquire the rights to the monetary obligations recorded in the promissory note, one must write another document (*Tosafot*; Ramban).

Take possession of this field, etc. – זְכוּ בְּשָׂדֶה וכו׳: The seller says: I am transferring the field to you by means of this cloth, so that you can acquire it on behalf of so-and-so (Rashbam). The commentaries explain that if the acquisition was performed through this symbolic act, the seller cannot renege even with regard to the writing of the document, as the act of acquisition grants implicit authorization to write the document (Meiri).

He may renege with regard to the document – חוֹזֵר בַּשְּׁטָר: The middleman may not write the document if the seller objects.

If the seller wrote the document in advance – אִם קָדַם מוֹכֵר: This is referring to a situation where the owner of the field wanted to sell his land but had not yet found a buyer. Since scribes were not generally available, he wrote the document in advance when he encountered a scribe so that he would be able to use it as soon as he found a buyer (Rashbam). Alternatively, the two parties had agreed to the sale but the buyer had not yet paid for the field (Rabbeinu Gershom Meor HaGola).

HALAKHA

Take possession of this field for so-and-so – זְכוּ בְּשָׂדֶה לִפְלוֹנִי: If one says to another: Take possession of this field for so-and-so and write for him a document, then even after the middleman has taken possession of the field the prior owner can prevent him from writing the document. If the middleman had already written the document, the prior owner can prevent him from giving it to the new owner. Some hold that this applies only if the field was given as a gift (Rabbeinu Tam), whereas others explain that this is the *halakha* whether the field was a given as a gift or was sold. Both options are cited in the *Tur* (Rambam *Sefer Kinyan*, *Hilkhot Mekhira* 6:15 and *Maggid Mishne* and *Leḥem Mishne* there; *Shulḥan Arukh*, *Ḥoshen Mishpat* 243:6).

On the condition that you write, etc. – עַל מְנָת שֶׁתִּכְתְּבוּ וכו׳: If one says to two people: Take possession of this field for so-and-so on the condition that you write him a document, he can retract his instruction to write the document even after they take possession of the field, thereby nullifying their acquisition of the field itself (Rambam *Sefer Kinyan*, *Hilkhot Mekhira* 6:16; *Shulḥan Arukh*, *Ḥoshen Mishpat* 66:7).

כְּאוֹתָהּ שֶׁשָּׁנִינוּ: כּוֹתְבִין שְׁטָר לַמּוֹכֵר אַף עַל פִּי שֶׁאֵין לוֹקֵחַ עִמּוֹ; כֵּיוָן שֶׁהֶחְזִיק זֶה בַּקַּרְקַע – נִקְנָה שְׁטָר בְּכׇל מָקוֹם שֶׁהוּא; וְזוֹ הִיא שֶׁשָּׁנִינוּ: נְכָסִים שֶׁאֵין לָהֶן אַחְרָיוּת נִקְנִין עִם נְכָסִים שֶׁיֵּשׁ לָהֶן אַחְרָיוּת – בְּכֶסֶף וּשְׁטָר וַחֲזָקָה!

This is **like that which we learned** in a mishna (167b): A scribe **may write a bill** of sale **for the seller**[H] **even if the buyer is not with him**[N] when the seller presents his request. In a case of this kind, **once this** buyer **takes possession of the land**[H] **the deed is acquired wherever it is. And this is that which we learned** in another mishna (*Kiddushin* 26a): **Property that does not serve as a guarantee,**[H] i.e., movable property, can be **acquired** together **with property that serves as a guarantee,** i.e., land, when the land is acquired **by** means of giving **money, or** by means of giving **a document, or** by means of taking **possession.** This shows that a bill of sale can be transferred without any act of acquisition performed for the document, and certainly through words, which presents a difficulty to Rav Ashi's opinion.

אַגַּב שָׁאנֵי, דְּהָא מַטְבֵּעַ דְּלָא נִיקְנֵי בַּחֲלִיפִין וְאַגַּב אַרְעָא נִיקְנֵי.

The Gemara answers: Acquiring a bill of sale **by means of** acquisition of land **is different,**[NH] as it is similar to acquisition through an item, not by means of words. The reason is **that money,**[H] **which cannot be acquired through** symbolic **exchange,**[N] a pro forma act of acquisition effecting the transfer of ownership of an item, nevertheless **can be acquired by means of land.**[B]

BACKGROUND

By means of land – אַגַּב אַרְעָא: One manner of transferring the ownership of movable items is by means of the acquisition of land. Instead of performing a separate act of acquisition for each movable item, one may perform a transaction for a parcel of land while stipulating that the transaction includes the acquisition of certain movable items along with it.

NOTES

Like that which we learned…with him – כְּאוֹתָהּ שֶׁשָּׁנִינוּ...עִמּוֹ: The purpose of this parenthetical observation is to prove that it is permitted to write this document in advance. There is no concern that it might be lost and that someone else might find it and use it as proof that he had purchased the field. The reason is that any problems that might arise from writing a document in advance are to the detriment of the seller alone, who will clearly take every necessary precaution. Furthermore, since the only one who stands to lose is the seller himself, there is no concern that writing a bill of sale before the sale takes place has the appearance of a lie (Rashbam).

By means of acquisition of land is different – אַגַּב שָׁאנֵי: The acquisition of movable property by means of land is derived from a verse in the Torah. This action is not considered a mere utterance; rather, it is as though he performed an action and took hold of the movable property (Rashbam).

Which cannot be acquired through symbolic exchange – דְּלָא נִיקְנֵי בַּחֲלִיפִין: Although most movable items can be acquired through symbolic exchange, money cannot be transferred in this manner (Rashbam). Some explain that with regard to most movable items, one acquires an item with innate value, whereas in the case of money, the value of the coin stems from its use as a medium of exchange. This depends less on the inherent value of the metal and more on the figure imprinted on the coin, which renders it a reliable medium of exchange (Rabbeinu Yona, based on *Bava Metzia* 45b). Alternatively, money is used to effect the sale of merchandise, but is not itself considered merchandise (Rav Hai Gaon). With regard to a promissory note, the *ge'onim* and the early commentaries disagree as to whether it can be acquired through symbolic exchange. The established *halakha* is that, like money, a promissory note cannot be acquired in this manner.

HALAKHA

A scribe may write a bill of sale for the seller – כּוֹתְבִין שְׁטָר לַמּוֹכֵר: A scribe may write a bill of sale for one who is selling a field even if the purchaser is not present. Some say that this is the *halakha* only if the seller states that he has already received the money for the sale (Ri Migash). The scribe may write the bill of sale only if the sale takes place through an act of acquisition immediately, in the presence of the court, or if the seller states that such acquisition has already taken place. The reason for this is that if the sale will take place at a later date, the purchaser, holding an antedated document, would have an unfair advantage over others who lay claim to the property. The scribe may write the bill only if the witnesses who sign it know that the recorded names of the seller and purchaser correspond to their true names (Rambam *Sefer Kinyan*, *Hilkhot Mekhira* 30:1 and *Sefer Mishpatim*, *Hilkhot Malve VeLoveh* 24:1; *Shulḥan Arukh*, *Ḥoshen Mishpat* 238:1, and *Sma* there).

Once this buyer takes possession of the land – כֵּיוָן שֶׁהֶחְזִיק זֶה בַּקַּרְקַע: If the owner of land wrote a bill of sale not in the presence of the buyer, then when the buyer takes possession of the land he acquires the bill of sale regardless of where it is (Rambam *Sefer Kinyan*, *Hilkhot Mekhira* 6:14).

Property that does not serve as a guarantee, etc. – נְכָסִים שֶׁאֵין לָהֶן אַחְרָיוּת וכו׳: If one transfers ownership of land and movable property together, then once the recipient acquires the land through an act of acquisition he acquires the movable property along with it. If the movable property was not located on the land, the one who transfers ownership must say that the recipient acquires it along with the land. The Ra'avad and Rosh hold that he should say this in all cases (Rambam *Sefer Kinyan*, *Hilkhot Mekhira* 3:8, 16; *Shulḥan Arukh*, *Ḥoshen Mishpat* 202:1, and in the comment of Rema).

Acquiring a bill of sale by means of acquisition of land is different – אַגַּב שָׁאנֵי: If one sells any amount of land and says to the buyer: Acquire this land and along with it this promissory note and all liens on property it contains, the buyer acquires the promissory note. There is no need to write that the buyer acquires all of the obligations contained in the document, nor to perform the act of acquisition of transferring. This is the case even if the promissory note is not located on the land. Others say that a promissory note is not acquired along with land (Rav Hai Gaon; Rabbeinu Ḥananel; see *Shakh*). The *Shakh* claims that this method of acquisition is no more effective than transferring the document itself, i.e., one must actually write that the buyer acquires rights to all of the obligations contained in the document (Rambam *Sefer Kinyan*, *Hilkhot Mekhira* 6:14; *Shulḥan Arukh*, *Ḥoshen Mishpat* 66:10).

Money – מַטְבֵּעַ: As opposed to most movable property, money cannot be acquired or transferred through symbolic exchange. Nevertheless, it can be acquired by means of land. By contrast, the right to receive payment of a debt cannot be acquired even by means of the acquisition of land (Rambam *Sefer Kinyan*, *Hilkhot Mekhira* 6:1, 7; *Shulḥan Arukh*, *Ḥoshen Mishpat* 203:1, 9).

כִּי הָא דְּרַב פַּפָּא הֲווֹ לֵיהּ תְּרֵיסַר אַלְפֵי זוּזֵי בֵּי חוֹזָאֵי, אַקְנִינְהוּ נִיהֲלֵיהּ לְרַב שְׁמוּאֵל בַּר אַחָא אַגַּב אַסִּיפָּא דְּבֵיתֵיהּ, כִּי אֲתָא, נְפַק לְאַפֵּיהּ עַד תָּוָוךְ.

This is **like that** incident **where Rav Pappa had** deposited **twelve thousand dinars** with bailees **in Bei Ḥozai. He transferred** ownership[N] of the money in Bei Ḥozai **to** his agent **Rav Shmuel bar Aḥa by means of the threshold**[N] **of his house.** The Gemara adds: **When** Rav Shmuel bar Aḥa **came** from Bei Ḥozai with the money, Rav Pappa was so happy that he was bringing him his money that he **went out** all the way **until Tavakh**[BN] **to greet him.**

״אֲבָל לֹא מָכַר לֹא אֶת הָעֲבָדִים וְלֹא אֶת הַמַּרְצוּפִין וְלֹא אֶת הָאַנְתִּיקֵי״ וכו׳. מַאי אַנְתִּיקֵי? אֲמַר רַב פַּפָּא: עִיסְקָא דְּבְגַוָּוהּ.

§ The mishna teaches that when one sells a ship he has sold various other items; **but he has not sold the slaves, nor the packing bags, nor the** ***antikei***. But when one said to the buyer: You are purchasing the ship and all that it contains, all of these are sold as well. The Gemara asks: **What** is the meaning of ***antikei***?[L] **Rav Pappa said:** It means **the merchandise that is on** the ship. This merchandise is not sold together with the ship.

מתני׳ מָכַר אֶת הַקָּרוֹן – לֹא מָכַר אֶת הַפְּרָדוֹת, מָכַר אֶת הַפְּרָדוֹת – לֹא מָכַר אֶת הַקָּרוֹן. מָכַר אֶת הַצֶּמֶד – לֹא מָכַר אֶת הַבָּקָר, מָכַר אֶת הַבָּקָר – לֹא מָכַר אֶת הַצֶּמֶד. רַבִּי יְהוּדָה אוֹמֵר: הַדָּמִים מוֹדִיעִין; כֵּיצַד? אָמַר לוֹ: ״מְכוֹר לִי צִימְדְּךָ בְּמָאתַיִם זוּז״, הַדָּבָר יָדוּעַ שֶׁאֵין הַצֶּמֶד בְּמָאתַיִם זוּז. וַחֲכָמִים אוֹמְרִים: אֵין הַדָּמִים רְאָיָה.

MISHNA One who **sold a wagon** [***hakkaron***][L] **has not sold the mules**[N] that pull the wagon. Similarly, if one **sold the mules, he has not sold the wagon.** One who **sold a yoke** [***hatzemed***][L] **has not sold the oxen,** and one who **sold the oxen has not sold the yoke. Rabbi Yehuda says: The** sum of **money indicates** what one has sold. **How so?** If the buyer **said to** the seller: **Sell me your yoke for two hundred dinars,** since **it is a known matter that a yoke is not** sold **for two hundred dinars** he clearly intended to purchase the oxen as well. **And the Rabbis say: The** sum of **money is not proof.**

גמ׳ תָּנֵי רַב תַּחְלִיפָא בַּר מַעַרְבָא קַמֵּיהּ דְּרַבִּי אַבָּהוּ: מָכַר אֶת הַקָּרוֹן – מָכַר אֶת הַפְּרָדוֹת. וְהָא אֲנַן ״לֹא מָכַר״ תְּנַן! אֲמַר לֵיהּ: אִיסְמְיֵיהּ? אֲמַר לֵיהּ: לָא, תִּיתַּרְגֵּם מַתְנִיתָיךְ בַּאֲדוּקִין בּוֹ.

GEMARA **Rav Taḥlifa, from the West,** i.e., Eretz Yisrael, **taught** a ***baraita*** **before Rabbi Abbahu.** If one **sold a wagon,**[H] **he has sold the mules** together with it. Rabbi Abbahu asked: **But didn't we learn** in the mishna that **he has not sold** the mules? Rav Taḥlifa **said to him:** Should **I erase** this *baraita*,[N] as it is incorrect? Rabbi Abbahu **said to him: No,** do not erase it; you should **explain** that **your** ***baraita*** is referring to a case **where** the mules **are fastened to** the wagon.[N] In that situation, one who purchases the wagon receives the mules as well.

NOTES

He transferred ownership – אַקְנִינְהוּ נִיהֲלֵיהּ: Had Rav Pappa not transferred ownership, the bailees would not have conveyed the money to Rav Shmuel bar Aḥa, as if the money was subsequently lost the bailees would have been held responsible for it. Once Rav Pappa transferred ownership of the money to Rav Shmuel bar Aḥa, the money is considered Rav Shmuel bar Aḥa's, and therefore he is responsible for it (Rashbam).

By means of the threshold [*assippa*] – אַגַּב אַסִּיפָּא: The commentaries explain that Rav Pappa transferred the money by means of the threshold [*saf*] of his house, as it is sufficient to transfer any minimal amount of land in order to acquire money along with it (Rashbam). Alternatively, this refers to the courtyard that is at the end [*sof*] of his house (Rabbeinu Gershom Meor HaGola). Rashi in tractate *Bava Kamma* (104b) explains that this refers to a corner of his house.

Until Tavakh – עַד תָּוָוךְ: This comment shows that the bailees gave the money to Rav Shmuel bar Aḥa, which indicates that the transfer of money by means of the acquisition of land is effective (Rashbam). Others add that as Rav Pappa traveled such a distance to greet him, he must have been sure that the money would be given to his agent (Ya'avetz). Alternatively, Rav Pappa went to meet Rav Shmuel bar Aḥa because he wanted to receive the money immediately, fearing that if Rav Shmuel bar Aḥa returned to his locale a dispute might arise over ownership of the money (Ri Migash).

Mules [*peradot*] – פְּרָדוֹת: According to most commentaries, *peradot* is referring to beasts of burden that pull the wagon. Others add that specifically mules were used for pulling wagons (Rabbeinu Gershom Meor HaGola). Alternatively, *peradot* is referring to wooden poles used for pulling the wagon (Rambam's Commentary on the Mishna). They are called by this name possibly because they are separate entities [*nifradim*], not an integral part of the wagon.

Should I erase this *baraita* – אִיסְמְיֵיהּ: Rav Taḥlifa could have simply emended the *baraita* slightly, so that it would state that one has not sold the mules along with the wagon. The commentaries explain that this was not an option, as the *baraita* was clearly meant to add to the mishna, not to repeat it verbatim (Rabbeinu Yona). Rabbeinu Yona himself had an additional version of the text, which states: Should I reverse the ruling.

Where the mules are fastened to the wagon – בַּאֲדוּקִין בּוֹ: According to some commentaries, the same *halakha* applies to oxen and their yoke: If the two are tied together, they are sold together (Ri Migash). Others suggest that the case of oxen and their yoke is not comparable to that of mules and a wagon, which are more often sold together (Rashbam).

BACKGROUND

Tavakh – תָּוָוךְ: The exact location of this Babylonian city is unknown, as there are several places with similar names in Babylonia. The place mentioned here was probably situated southeast of Neresh, perhaps on the Neresh River, and served as a station on the caravan route to Bei Ḥozai in the east. Some say that Rav Shmuel bar Aḥa was from this city.

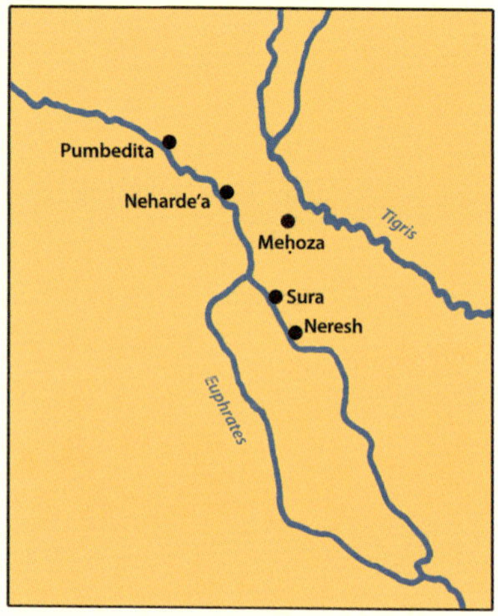

Location of Neresh

LANGUAGE

Antikei – אַנְתִּיקֵי: From the Greek ἐνθήκη, *enthēkē*, meaning storeroom or place where merchandise is stored, as well as the merchandise itself.

Wagon [*karon*] – קָרוֹן: From the Greek κάρρον, *karron*, meaning carriage, wagon, or chariot.

Roman relief of a wagon carrying a passenger

Yoke [*tzemed*] – צֶמֶד: In the Bible this term means a pair of animals, e.g., oxen or donkeys. The Sages used the same word in reference to the double yoke by which two animals are harnessed together. This kind of linguistic development is found in several languages, as in the similar case, albeit in the opposite direction, of the Greek word ξυγόν, *zugon*, which means both yoke and a team of animals.

HALAKHA

If one sold a wagon, etc. – מָכַר אֶת הַקָּרוֹן וכו׳: If one sold a wagon, and the mules that pull the wagon were not attached to it, he has not sold the mules. Likewise, if he sold the mules he has not sold the wagon. In a case where the mules were fastened to the wagon, if he sold the wagon, he has also sold the mules, but if he sold the mules he has not sold the wagon. The *halakha* is in accordance with the opinion of Rabbi Abbahu (Rambam *Sefer Kinyan*, *Hilkhot Mekhira* 27:2; *Shulḥan Arukh*, *Ḥoshen Mishpat* 220:2).

"מָכַר אֶת הַצֶּמֶד – לֹא מָכַר אֶת הַבָּקָר" וכו׳. הֵיכִי דָּמֵי? אִילֵימָא דְּקָרוּ לְצִימְדָּא צִימְדָּא, וּלְבָקָר בָּקָר – פְּשִׁיטָא, צִימְדָּא זַבֵּין לֵיהּ, בָּקָר לָא זַבֵּין לֵיהּ! וְאֶלָּא דְּקָרוּ לֵיהּ נַמִי לְבָקָר צִימְדָּא – כּוּלֵּיהּ זַבֵּין לֵיהּ!

The mishna teaches: One who **sold a yoke has not sold the oxen;** and the Rabbis and Rabbi Yehuda disagree over whether the sum of money proves exactly what was sold. The Gemara analyzes their disagreement: **What are the circumstances? If we say** that the mishna is referring to a place **where they call a yoke:** ***Tzimda*****, and** they call **oxen:** ***Bakar*****,** it is **obvious** that **he sold him a yoke** and **did not sell him** the **oxen. But if** the mishna is referring to a place **where they also call oxen:** ***Tzimda*****,**[N] then the seller **sold him everything.**

לָא צְרִיכָא, בְּאַתְרָא דְּקָרוּ לֵיהּ לְצִימְדָּא צִימְדָּא, וּלְבָקָר – בָּקָר, וְאִיכָּא נַמִי דְּקָרוּ לְבָקָר צִימְדָּא; רַבִּי יְהוּדָה סָבַר: הַדָּמִים מוֹדִיעִין, וְרַבָּנַן סָבְרִי: אֵין הַדָּמִים רְאָיָה. וְאִי אֵין הַדָּמִים רְאָיָה, לֶיהֱוֵי בִּיטּוּל מִקָּח!

The Gemara explains: **No,** their dispute is **necessary in a place**[H] **where they call a yoke:** ***Tzimda*****, and** call **oxen:** ***Bakar*****, but there are also** those **who call**[N] **oxen:** ***Tzimda*****.** Since it is unclear what is meant by the term: *Tzimda*, **Rabbi Yehuda holds** that **the** sum of **money indicates** whether he purchased a yoke or oxen, **and the Rabbis hold** that **the** amount of **money does not** serve as **proof.**[H] The Gemara asks: **But if the** amount of **money does not** serve as **proof,** then in a case where the buyer paid two hundred dinars and received only a yoke, **let the transaction be nullified.**[N]

NOTES

Where they also call oxen *tzimda* – דְּקָרוּ לֵיהּ נַמִי לְבָקָר צִימְדָּא: *Tzemed* or, in Aramaic, *tzimda*, refers to an item that attaches a pair of oxen together, and can also refer to the pair of joined oxen themselves. Rabbeinu Yona points out that this usage of the term *tzemed* can be found in the Bible, as it states with regard to Elisha: "And he was plowing, with twelve yoke of oxen [*tzemadim*] before him" (I Kings 19:19).

Oxen with yoke

But there are also others who call, etc. – וְאִיכָּא נַמִי דְּקָרוּ וכו׳: According to the Rabbis, in this case the seller keeps the money and the buyer receives only the yoke, as the burden of proof rests upon the claimant (Rashbam). Many early commentaries have a different version of the text, which states: In a place where the majority of the residents call a yoke: *Tzimda*, and call oxen: *Bakar*, and there are also those who call oxen: *Tzimda*. The commentaries discuss the practical ramifications of this alternative version (see Rabbeinu Gershom Meor HaGola and Rabbeinu Yona). The major difference is that according to the standard version of the text, the Rabbis hold that the oxen are included only if virtually the entire city refers to oxen as: *Tzimda*, whereas according to the other version of the text, it is sufficient if the majority of its residents do so.

Let the transaction be nullified – לֶיהֱוֵי בִּיטּוּל מִקָּח: The Sages instituted that if there is a difference of one-sixth between the value of an item and the price that was paid for it, this is considered exploitation and this difference must be returned. If the difference amounts to more than one-sixth the transaction is nullified, as though it never took place. Consequently, in this case, as the yoke is certainly worth much less than the sum that was paid, the transaction should be nullified.

HALAKHA

In a place, etc. – בְּאַתְרָא וכו׳: With regard to a yoke that is not harnessed to oxen, one who sells the oxen has not sold the yoke, and similarly, if he sells the yoke he has not sold the oxen. This is the *halakha* even in a place where some people call oxen: *Tzimda* (see *Sma* and *Beur HaGra*). Some commentaries claim that if the oxen were harnessed to the yoke and he sold either the oxen or the yoke, the other one is included in the sale (Ra'avad), as is the case with regard to the sale of wagons and mules. Some hold that if the owner said: I am selling to you oxen for plowing, he has sold both the oxen and the yoke, even if the oxen were not harnessed to the yoke (Rambam *Sefer Kinyan*, *Hilkhot Mekhira* 27:2; *Shulḥan Arukh*, *Ḥoshen Mishpat* 220:4, 8, and in the comment of Rema).

The money does not serve as proof – אֵין הַדָּמִים רְאָיָה: It was stated in the mishna that one who sells a yoke has not sold the oxen together with it. This is the case even if the price was much higher than the normal price of a yoke, as the *halakha* is in accordance with the opinion of the Rabbis. But if the majority of people in that place call oxen: *Tzimda*, then the price does serve as proof (*Tur*, citing Ramah). If all the local residents refer to oxen as: *Tzimda*, to the extent that if one means only a yoke he would say so explicitly, the price does not serve as proof, i.e., he has sold him the oxen (Rambam *Sefer Kinyan*, *Hilkhot Mekhira* 27:3; *Shulḥan Arukh*, *Ḥoshen Mishpat* 220:8, and in the comment of Rema).

וְכִי תֵימָא, בִּיטּוּל מִקָּח לְרַבָּנַן לֵית לְהוּ, וְלָא? וְהָתְנַן, רַבִּי יְהוּדָה אוֹמֵר: הַמּוֹכֵר סֵפֶר תּוֹרָה, בְּהֵמָה וּמַרְגָּלִית – אֵין לָהֶן אוֹנָאָה; אָמְרוּ לוֹ: לֹא אָמְרוּ אֶלָּא אֶת אֵלּוּ!

And if you would say that **the Rabbis do not** hold that in a case of exploitation of less than one-sixth one must return the money and that if it was more than one-sixth there is **nullification of** the **transaction,**[N] can it be maintained that they do **not** accept these *halakhot*? **But didn't we learn** in a mishna (*Bava Metzia* 56b) that **Rabbi Yehuda says: Even** in the case of **one who sells a Torah scroll, an animal, or a pearl,**[H] these items **are not** subject to the *halakhot* of **exploitation,** as they have no fixed price. The Rabbis **said to him:** The early Sages **stated** that **only these** items listed earlier in the mishna, i.e., land, slaves, and documents, are not subject to the *halakhot* of exploitation. Therefore, the Rabbis should agree that the sale of the yoke is nullified.

מַאי "אֵין דָּמִים רְאָיָה" נָמֵי דְּקָתָנֵי – דְּהָוֵי בִּיטּוּל מִקָּח. וְאִיבָּעֵית אֵימָא: כִּי אֲמוּר רַבָּנַן אוֹנָאָה וּבִיטּוּל מִקָּח – בִּכְדֵי שֶׁהַדַּעַת טוֹעָה, אֲבָל בִּכְדֵי שֶׁאֵין הַדַּעַת טוֹעָה – לָא, אֵימוּר מַתָּנָה יְהַב לֵיהּ.

The Gemara answers: **What** is the meaning of the mishna **that teaches** that according to the opinion of the Rabbis **the** sum of **money is not proof?** This means **that the transaction is nullified.**[N] **And if you wish, say** instead that the sale of the yoke is not nullified, because **when the Sages spoke of exploitation and the nullification of a transaction,**[H] they meant that these *halakhot* apply only in a case **where** the difference in price is an amount about **which one could be mistaken** and believe that this is the correct price. **But when** the difference in price is so great a sum **that one could not be mistaken,**[N] this sale is **not** subject to the *halakhot* of exploitation. In that case, one must **say** that the buyer **gave** the extra money **to** the seller as **a gift;** he could not have thought that this was the actual price of the object.

HALAKHA

A Torah scroll, an animal, or a pearl – סֵפֶר תּוֹרָה, בְּהֵמָה וּמַרְגָּלִית: The *halakhot* of exploitation apply to all movable property, even Torah scrolls, precious stones, and animals, in accordance with the opinion of the Rabbis (Rambam *Sefer Kinyan, Hilkhot Mekhira* 12:8, 13:13; *Shulḥan Arukh, Ḥoshen Mishpat* 227:15).

Exploitation and the nullification of a transaction – אוֹנָאָה וּבִיטּוּל מִקָּח: Even if a buyer paid more for a wagon than its worth, that sum of money does not serve as proof that he acquired the mules along with it. The same is true in the case of oxen and a yoke. The extra money is treated as follows: If the buyer paid an amount that could be attributed to a mistake on his part, erroneously assuming that this was the item's price, this is a standard case of exploitation. Consequently, if he paid more than an additional one-sixth of the item's value, the transaction is nullified. If the buyer paid an amount that could not be attributed to a mistaken belief that this was the item's price, the sale is valid and the extra money is considered a gift (Rambam *Sefer Kinyan, Hilkhot Mekhira* 27:5; *Shulḥan Arukh, Ḥoshen Mishpat* 220:8).

NOTES

And if you would say that the Rabbis do not hold that there is nullification of a transaction – וְכִי תֵימָא בִּיטּוּל מִקָּח לְרַבָּנַן לֵית לְהוּ: The version of the text that appears here is the one accepted by the Rashbam and his teachers. The straightforward meaning of the Gemara's statement is as follows: If you claim that the Rabbis do not accept the *halakha* that a transaction is nullified, but maintain that in any case of exploitation the difference is given to the rightful owner and the sale is valid, there is a difficulty based on the mishna in *Bava Metzia*.

The Rashbam rejects this interpretation, as the mishna subsequently cited by the Gemara indicates only that the Rabbis accept that the sale is subject to the *halakhot* of exploitation; it proves nothing with regard to the issue of whether the transaction is nullified. The Rashba presents a different explanation, according to which the Gemara is suggesting that the Rabbis do not accept that the sale is subject to the *halakhot* of exploitation at all, i.e., one who exploits another by one-sixth is not even required to return the money. The mishna is cited as proof that the Rabbis, who disagree with Rabbi Yehuda, concede that the difference between the appropriate price and the price the item actually sold for must be returned. Once it has been demonstrated that the Rabbis accept that the sale is subject to the *halakhot* of exploitation in principle, by extension it is understood that the Rabbis also maintain that in other cases of exploitation the transaction is nullified.

Other early commentaries had a different version of the text, which states: And if you would say that the Rabbis do not hold that in this case there can be exploitation, etc. Some explain that the Gemara is suggesting that there are cases where one is in need of an item and is willing to pay more than the market price for it, and this would not be considered a case of exploitation. The Gemara answers that this is not the case, as even the Rabbis concede that a sale is subject to the *halakhot* of exploitation in the case of pearls or animals, and therefore they certainly should accept the claim that a sale is subject to the *halakhot* of exploitation in the case of a yoke (Ramban, citing Rabbeinu Ḥananel).

Alternatively, the Gemara is asking the following: If you would say that the Rabbis do not maintain that a sale is subject to the *halakhot* of exploitation in a case where one pays significantly more than the market price, as this is not ascribed to an error, this cannot be correct, as we learned in a mishna, etc. The mishna is cited as proof that even when one pays a substantially higher price than the market price, the sale is subject to the *halakhot* of exploitation. This is evident from the fact that Rabbi Yehuda claims with regard to items such as a Torah scroll that there is no limit to its accepted price. Clearly, a Torah scroll was sold for significantly more than its market price, and yet the Rabbis still hold that its sale is subject to the *halakhot* of exploitation (Rabbeinu Yona).

The sum of money is not proof means that the transaction is nullified – אֵין דָּמִים רְאָיָה...דְּהָוֵי בִּיטּוּל מִקָּח: In other words, the money does not prove that the sale is valid and that he intended to sell the oxen along with the yoke. Rather, the transaction is nullified because the yoke was sold for far more than its price, as is the *halakha* in a case of exploitation (Rashbam).

That one could not be mistaken – בִּכְדֵי שֶׁאֵין הַדַּעַת טוֹעָה: In this case, the discrepancy is evidently not a mistake. The buyer must have willingly paid more than the market value with the intention of giving the additional sum as a gift.

LANGUAGE

Saddlebag [*disakkaya*] – דִּיסַקְיָא: From the Greek δισάκκιον, *disakkion*, meaning double sack, a saddlebag placed on an animal.

Donkey with saddlebag

HALAKHA

One who sells a donkey – הַמּוֹכֵר אֶת הַחֲמוֹר: If one sold a donkey he has also sold its saddle and saddlecloth, even if they were not on the donkey at the time of the sale. He has not sold the equipment used for carrying burdens, e.g., sacks and saddles designed for women. This is in accordance with the opinion of the Rabbis, as explained by Ulla. This is the *halakha* even when the equipment is on the donkey at the time of the sale, as the dispute concerning this case was not resolved by the Gemara and therefore it is incumbent upon the buyer to prove that he is entitled to the equipment. If the seller explicitly said: I am selling you a donkey and everything on it, all of these items are sold (Rambam *Sefer Kinyan*, *Hilkhot Mekhira* 27:4; *Shulḥan Arukh*, *Ḥoshen Mishpat* 220:7).

מתני׳ הַמּוֹכֵר אֶת הַחֲמוֹר – לֹא מָכַר כֵּלָיו; נַחוּם הַמָּדִי אוֹמֵר: מָכַר כֵּלָיו; רַבִּי יְהוּדָה אוֹמֵר: פְּעָמִים מְכוּרִין פְּעָמִים אֵינָן מְכוּרִין, כֵּיצַד? הָיָה חֲמוֹר לְפָנָיו וְכֵלָיו עָלָיו, וְאָמַר לוֹ: ״מְכוֹר לִי חֲמוֹרְךָ זֶה״ – הֲרֵי כֵּלָיו מְכוּרִין, ״חֲמוֹרְךָ הוּא״ – אֵין כֵּלָיו מְכוּרִין.

MISHNA **One who sells a donkey has not sold its vessels,** i.e., its equipment, with it. **Naḥum the Mede says:** He has **sold its vessels. Rabbi Yehuda says:** There are **times** when the vessels **are sold,** and there are **times** when **they are not sold. How so? If the donkey was before him and its vessels** were **on it, and the buyer said to him: Sell me this donkey of yours, its vessels are sold.** If the buyer said to him: **Is the donkey yours;**[N] I wish to purchase it, **its vessels are not sold.**

גמ׳ אָמַר עוּלָּא: מַחֲלוֹקֶת – בְּשַׂק וְדִיסַקְיָא וְכוּמְנִי, דְּתַנָּא קַמָּא סָבַר: סְתַם חֲמוֹר לִרְכּוֹב קָאֵי, וְנַחוּם הַמָּדִי סָבַר: סְתַם חֲמוֹר לְמַשְׂאוֹי קָאֵי; אֲבָל אוּכָּף וּמַרְדַּעַת, קִילְקְלִי וְחֶבֶק – דִּבְרֵי הַכֹּל מְכוּרִין.

GEMARA **Ulla says:** The **dispute** in the mishna is referring **to** the donkey's **sack and** the **saddlebag** [*disakkaya*][LN] **and** the ***kumni***, a term explained later in the Gemara. **As the first *tanna* holds: An ordinary donkey is** used primarily **for riding,** and therefore these articles, which are not used for riding but for carrying burdens, are not included in the sale. **And Naḥum the Mede holds: An ordinary donkey is** used **for carrying burdens,**[N] and therefore the items that serve this purpose are sold along with the donkey. **But** with regard to **the saddle and the saddlecloth, the harness and the saddle band, everyone agrees** that **they are sold,** as they are used both for riding and for carrying burdens.[H]

מֵיתִיבֵי: ״חֲמוֹר וְכֵלָיו אֲנִי מוֹכֵר לְךָ״ – הֲרֵי זֶה מָכַר אֶת הָאוּכָּף וְאֶת הַמַּרְדַּעַת וְאֶת הַקִּילְקְלִי וְאֶת הַחֶבֶק, אֲבָל לֹא מָכַר שַׂק וְדִיסַקְיָא וְכוּמְנִי. וּבִזְמַן שֶׁאָמַר לוֹ: ״הִיא וְכָל מַה שֶּׁעָלֶיהָ״ – הֲרֵי כּוּלָּן מְכוּרִין; טַעֲמָא דַּאֲמַר לֵיהּ ״חֲמוֹר וְכֵלָיו״ הוּא דְּקָנֵי אוּכָּף וּמַרְדַּעַת, הָא לָא אֲמַר לֵיהּ הָכִי – לָא!

The Gemara **raises an objection** from a *baraita*. If a seller says: **I am selling you a donkey and its vessels, this one has sold the saddle, and the saddlecloth, and the harness, and the saddle band.**[N] **But he has not sold the sack, and the saddlebag, and the *kumni*. And when** the seller **said to** the buyer: I am selling **it and everything that is on it,** to you; the donkey and **all of these** items **are sold.** It can be inferred from here that the **reason that** the buyer **acquires the saddle and the saddlecloth** is **that** the seller **said to him:** I am selling you **a donkey and its vessels.** By inference, if the seller **did not say this,** the buyer does **not** acquire them.

הוּא הַדִּין דְּאַף עַל גַּב דְּלָא אֲמַר לֵיהּ ״חֲמוֹר וְכֵלָיו״ – נַמִי אוּכָּף וּמַרְדַּעַת מְכוּרִין, וְהָא קָא מַשְׁמַע לָן, דְּאַף עַל גַּב דַּאֲמַר לֵיהּ ״חֲמוֹר וְכֵלָיו״, שַׂק וְדִיסַקְיָא וְכוּמְנִי לָא קָנֵי.

The Gemara answers: **The same is true even if** the seller **did not say to him:** I am selling you **a donkey and its vessels.** In that case **as well, the saddle and the saddlecloth are sold. And this is** what the *baraita* **teaches us: That even though** the seller **said to him:** I am selling you **a donkey and its vessels,** the buyer still **does not acquire** the **sack and the saddlebag and the *kumni*.**

מַאי ״וְכוּמְנִי״? אֲמַר רַב פַּפָּא בַּר שְׁמוּאֵל: מַרְכַּבְתָּא דְּנָשֵׁי.

The Gemara inquires: **What is** the meaning of: **And the *kumni*? Rav Pappa bar Shmuel said:** This is **the saddle** used **by women.**[N]

NOTES

Is the donkey yours – חֲמוֹרְךָ הוּא: This statement is understood to mean: If it is your donkey, then sell it to me. The statement of the buyer indicates that he is interested in buying a donkey, not necessarily this specific animal. Therefore, he is like one who buys any donkey and he does not acquire its vessels (Rashbam).

The sack [*sak*] and the saddlebag [*disakkaya*] – שַׂק וְדִיסַקְיָא: Most early commentaries explain that the word *sak* refers to the sack that is loaded on the donkey itself, while *disakkaya* is a saddlebag (Rashbam). Others contend that *sak* refers to a nosebag and *disakkaya* to a large sack full of straw carried by the donkey (Rabbeinu Gershom Meor HaGola).

An ordinary donkey is used for carrying burdens – סְתַם חֲמוֹר לְמַשְׂאוֹי קָאֵי: The early commentaries explain that Naḥum the Mede does not entirely reject the statement of the Rabbis that a donkey is generally used for riding. Instead, he holds that an ordinary donkey is used both for riding and for carrying burdens, and therefore not only is its riding equipment sold along with it, so are the vessels used for carrying burdens.

The harness [*kilkeli*] and the saddle band [*ḥevek*] – הַקִּילְקְלִי וְהַחֶבֶק: Some commentaries translate *kilkeli* as a saddle band, i.e., the girth, the strap with which the saddle is tied to the donkey, while *ḥevek* is a breast collar, a band around the front of the donkey that keeps the harness in place (Rashbam). Others maintain that *kilkeli* means breast collar (Rabbeinu Gershom Meor HaGola). The Ra'avad and the Meiri contend that *ḥevek* is a harness and *kilkeli* refers to a thin fabric placed under the donkey's saddle. Two explanations are cited in the *Arukh*: The first is that *kilkeli* refers to the strap that goes beneath the donkey's tail and *ḥevek* is the strap tied under its stomach. The second is that these two terms refer to large fabrics made from the wool of goats, which are used to cover the donkey or its burden.

Saddle used by women – מַרְכַּבְתָּא דְּנָשֵׁי: For reasons of modesty, women would ride sidesaddle, i.e., with both legs on the same side of the animal. Since a woman's saddle does not serve for standard riding, it is considered akin to any other equipment used for carrying burdens (see Rashbam and Rashba).

אִיבַּעְיָא לְהוּ: בְּעוֹדָן עָלָיו מַחְלוֹקֶת, אֲבָל בְּשֶׁאֵינָן עָלָיו – מוֹדֶה לְהוּ נַחוּם הַמָּדִי, אוֹ דִּלְמָא בְּשֶׁאֵינָן עָלָיו מַחְלוֹקֶת, אֲבָל בְּעוֹדָן עָלָיו – מוֹדוּ לֵיהּ רַבָּנַן לְנַחוּם? תָּא שְׁמַע: וּבִזְמַן שֶׁאָמַר לוֹ: "הוּא וְכָל מַה שֶּׁעָלָיו" – הֲרֵי כּוּלָּן מְכוּרִין;

A dilemma was raised before the Sages: Does this **dispute** apply only to a case **where** the vessels **are on** the donkey, **but when** the vessels **are not on** the donkey, **Naḥum the Mede concedes to** the Rabbis[N] that they are not sold? **Or perhaps** the **dispute** applies **to** a case **where** the vessels **are not on** the donkey,[N] **but when** the vessels **are on** the donkey **the Rabbis concede to Naḥum** that the vessels are sold. The Gemara suggests: **Come** and **hear** a proof from the aforementioned *baraita*: **And when** the seller **said to** the buyer: I am selling **it and everything that is on it,** the donkey and **all of these** items **are sold.** In this case, the vessels are on the donkey, and everything is sold.

אִי אָמְרַתְּ בִּשְׁלָמָא: בְּעוֹדָן עָלָיו מַחְלוֹקֶת, הָא מַנִּי – רַבָּנַן הִיא, אֶלָּא אִי אָמְרַתְּ: בְּשֶׁאֵין עוֹדָן עָלָיו מַחְלוֹקֶת, אֲבָל בְּעוֹדָן עָלָיו דִּבְרֵי הַכֹּל מְכוּרִין, הָא מַנִּי?

Granted, **if you say** that the **dispute** applies **when** the vessels **are on** the donkey, in accordance with **whose** opinion **is this** ruling? **It is** the opinion of **the Rabbis** that although in general one does not acquire the vessels, if the seller explicitly says that he is selling the donkey and everything on it, the buyer acquires it all. **But if you say that** the **dispute** applies **when** the vessels **are not on** the donkey, **but when** the vessels **are on** the donkey **everyone agrees** that **they are sold,** in accordance with **whose** opinion **is this** ruling? Even according to the opinion of the Rabbis there is no need to say explicitly that he is selling everything.

לְעוֹלָם בְּשֶׁאֵין עוֹדָן עָלָיו מַחְלוֹקֶת, וְרַבָּנַן הִיא, וְאֵימָא: וּבִזְמַן שֶׁאָמַר לוֹ "הוּא וְכָל מַה שֶּׁרָאוּי לִהְיוֹת עָלָיו".

The Gemara answers: **Actually,** the **dispute** applies **when** the vessels **are not on** the donkey, **and** the *baraita* **is** in accordance with the opinion of **the Rabbis, and** the language of the *baraita* should be emended to **say: And when he said to him:** I am selling **it and everything that is fit to be on it,** i.e., those items usually found on a donkey, everything is sold.

תָּא שְׁמַע, רַבִּי יְהוּדָה אוֹמֵר: פְּעָמִים מְכוּרִין, פְּעָמִים שֶׁאֵינָן מְכוּרִין; מַאי לָאו, אַמַּאי דְּקָאָמַר תַּנָּא קַמָּא קָאֵי רַבִּי יְהוּדָה? לָא, רַבִּי יְהוּדָה

The Gemara suggests another proof: **Come** and **hear** a solution from the mishna. **Rabbi Yehuda says:** There are **times** when the vessels **are sold,** and there are **times when they are not sold. What, is it not** the case **that Rabbi Yehuda is referring to that which the first *tanna* said?**[N] If so, the dispute between the Rabbis and Naḥum the Mede must be referring to a case where the vessels are on the donkey, as Rabbi Yehuda addresses the same set of circumstances. The Gemara rejects this proof: **No, Rabbi Yehuda**

NOTES

But when the vessels are not on the donkey Naḥum the Mede concedes to the Rabbis – אֲבָל בְּשֶׁאֵינָן עָלָיו מוֹדֶה לְהוּ נַחוּם הַמָּדִי: One possibility is that in this case, Naḥum the Mede agrees with the Rabbis even with regard to the saddle and the saddlecloth (Rashbam). The reason is that these items are not found on the donkey, and in all of the discussions addressing transactions, only those items found in or on the item being sold are included in a sale (Ramban; Ramah). Others explain that the saddle and the saddlecloth are always sold, as the donkey cannot perform its function without them. This dispute pertains only to the sack, the saddlebag, and the woman's saddle, in accordance with the earlier statement of Ulla (Ri Migash; *Tosafot*; Rabbeinu Yona; Rabbeinu Ḥananel).

Or perhaps the dispute applies to a case where the vessels are not on the donkey – אוֹ דִּלְמָא בְּשֶׁאֵינָן עָלָיו מַחְלוֹקֶת: A third possibility is that Naḥum the Mede and the Rabbis disagree irrespective of whether the vessels are on the donkey. This possibility is noted by the Gemara in some manuscripts (*Tosafot*).

To that which the first *tanna* said – אַמַּאי דְּקָאָמַר תַּנָּא קַמָּא: Accordingly, Rabbi Yehuda's ruling is a sort of compromise between the other two opinions, in that in some cases the *halakha* is in accordance with the opinion of the first *tanna*, while in other cases it follows the opinion of Naḥum the Mede. According to an alternative version of the text, Rabbi Yehuda is commenting on or clarifying the statement of Naḥum the Mede (*Tosafot*; Rabbeinu Gershom Meor HaGola).

מִילְּתָא אַחֲרִיתִי קָאָמַר.

was speaking of a different matter[N] and was not necessarily addressing the same case discussed in the beginning of the mishna.

אֲמַר לֵיהּ רָבִינָא לְרַב אָשֵׁי, תָּא שְׁמַע: מָכַר אֶת הַקָּרוֹן – לֹא מָכַר אֶת הַפְּרָדוֹת; וְתָנֵי רַב תַּחְלִיפָא בַּר מַעַרְבָא קַמֵּיהּ דְּרַבִּי אַבָּהוּ: מָכַר אֶת הַקָּרוֹן – מָכַר אֶת הַפְּרָדוֹת, וַאֲמַר לֵיהּ: וְהָא אֲנַן "לֹא מָכַר" תְּנַן! וַאֲמַר לֵיהּ: אִיסְמְיֵיהּ? וַאֲמַר לֵיהּ: לָא, תְּתַרְגֵּם מַתְנִיתָךְ בְּאֲדוּקִים בּוֹ;

Ravina said to Rav Ashi: Come and hear a resolution of the dilemma, as it was taught in the previous mishna: If one **sold a wagon he has not sold the mules** that pull the wagon. **And Rav Taḥlifa, from the West,** i.e., Eretz Yisrael, **taught** a *baraita* **before Rabbi Abbahu:** If one **sold a wagon, he has sold the mules** along with it. **And Rabbi Abbahu said to him: But didn't we learn** in the mishna that **he has not sold** the mules? **And** Rav Taḥlifa **said to him: Should I erase** this *baraita*? **And** Rabbi Abbahu **said to him: No,** you should **explain** that **your *baraita*** is referring to a case **where** the mules **are fastened to** the wagon.

מִכְּלָל דְּמַתְנִיתִין בְּשֶׁאֵין אֲדוּקִים בּוֹ, וּמִדְּרֵישָׁא בְּשֶׁאֵין עוֹדָן עָלָיו, סֵיפָא נַמִי בְּשֶׁאֵין עוֹדָן עָלָיו!

One can learn **by inference** from Rabbi Abbahu's statement **that the mishna** is referring to a situation **where** the mules **are not fastened to** the wagon. **And since the first clause,** i.e., the previous mishna, is referring to a case corresponding to **where** the vessels **are not on** the donkey, i.e., the mules are not fastened to the wagon, **the latter clause,** the mishna here, must **also** be referring **to** a situation **where** the vessels **are not on** the donkey.

NOTES

A different matter – מִילְּתָא אַחֲרִיתִי: The first *tanna* and Naḥum the Mede disagree with regard to a case where the vessels are not on the donkey, but if the vessels are on the donkey everyone agrees that they are sold. Rabbi Yehuda subsequently states that even when the vessels are on the donkey, they are sold only in certain cases (Rashbam). Alternatively, Rabbi Yehuda's statement is entirely independent of the dispute between the Rabbis and Naḥum the Mede, and therefore it is possible that they disagree with regard to any one of several scenarios.

אדרבה, אימא רישא: אבל לא מכר לא את העבדים ולא את האנתיקי; ואמרינן, מאי אנתיקי? אמר רב פפא: עיסקא דבגוה; ומדרישא בעודן עליו, סיפא נמי בעודן עליו! אלא, תנא מילי מילי קתני.

The Gemara rejects this proof: **On the contrary, say the first clause,** i.e., the preceding mishna: One who sells a ship sells the mast along with it, **but he has not sold either the slaves or the *antikei*. And we said: What** is the meaning of ***antikei*? Rav Pappa said:** It means **the merchandise that is in** the ship. **But** according to your logic, **since the first clause,** i.e., the mishna concerning the ship, is referring to a case **where** the merchandise **is on** the ship, **the latter clause,** the mishna here, must **also** be referring to a case **where** the vessels **are on** the donkey. **Rather, the *tanna* teaches each statement** individually,[N] and the circumstances of one ruling do not prove that another ruling is referring to a parallel case.

[סימן: זגם נסן] אמר אביי: רבי אליעזר ורבן שמעון בן גמליאל ורבי מאיר ורבי נתן וסומכוס ונחום המדי, כולהו סבירא להו: כי מזבין איניש מידי, איהו וכל תשמישתיה מזבין.

The Gemara provides **a mnemonic** based on the letters of the names of the *tanna'im* who appear here: ***Zayin, gimmel, mem; nun, samekh, nun*. Abaye said: Rabbi Eliezer, and Rabban Shimon ben Gamliel, and Rabbi Meir, and Rabbi Natan, and Sumakhos, and Naḥum the Mede all hold** that **when a person sells an item, he sells it and all of its accoutrements.**

רבי אליעזר – דתנן, רבי אליעזר אומר: המוכר את בית הבד – מכר את הקורה. רבן שמעון בן גמליאל – דתנן, רבן שמעון בן גמליאל אומר: המוכר את העיר – מכר את הסנטר. רבי מאיר – דתניא, רבי מאיר אומר: מכר את הכרם – מכר תשמישי הכרם. רבי נתן וסומכוס – ביצית ודוגית. נחום המדי – הא דאמרן.

Rabbi Eliezer holds this, **as we learned** in a mishna (67b) that **Rabbi Eliezer says: One who sells an olive press has sold the beam** used for pressing the olives, despite the fact that the beam can be removed from the press. **Rabban Shimon ben Gamliel** holds this, **as we learned** in a mishna (68b) that **Rabban Shimon ben Gamliel says: One who sells a city has sold the** city's **guardsman. Rabbi Meir** holds this, **as it is** taught in a *baraita* that **Rabbi Meir says:** If one **sold a vineyard, he has sold the accoutrements of the vineyard. Rabbi Natan and Sumakhos** hold this, as they state with regard to **the *bitzit* and the *dugit*,** i.e., the light-going boats of the ship, which they claim are sold when the ship is sold (73a). **Naḥum the Mede** holds this, as is evident from **that which we said** in the mishna here.

"רבי יהודה אומר: פעמים מכורין" וכו׳. מאי שנא "חמורך זו", ומאי שנא "חמורך הוא"?

§ The mishna teaches that **Rabbi Yehuda says:** There are **times** when the vessels **are sold,** and there are times when they are not sold. How so? If the donkey was before him and its vessels were on it, and the buyer said to him: Sell me this donkey of yours, its vessels are sold. If the buyer said: Is the donkey yours? I wish to purchase it, its vessels are not sold. The Gemara asks: **What is different** in a case where the buyer said: Sell me **this donkey of yours, and what is different** in a case where he said: **Is the donkey yours?**

אמר רבא: "חמורך זו" – ידע דחמרא דידיה הוא, והאי דקא אמר ליה "זו", משום כליו קאמר ליה; "חמורך הוא" – דלא ידע דחמרא דידיה הוא, והכי קאמר ליה: חמורך הוא, שתמכרנה לי?

Rava said that when the buyer says: Sell me **this donkey of yours,**[N] **he knows that the donkey belongs to** the seller, **and** as for **that which he said to him: This, he said** that **to him due to its vessels.** By contrast, when the buyer says: **Is the donkey yours,** this indicates **that** the buyer **does not know that the donkey belongs to** the seller, **and this is what he is saying to him: Is the donkey yours that you can sell it to me?** In this case, he is interested only in the donkey and not its vessels.

מתני׳ המוכר את החמור – מכר את הסיח. מכר את הפרה – לא מכר את בנה. מכר אשפה – מכר זבלה. מכר בור – מכר מימיה. מכר כוורת – מכר דבורים. מכר שובך – מכר יונים.

MISHNA **One who sells** a female **donkey has sold** its **foal** along with it. But one who **sold a cow**[H] **has not sold its young.** One who **sold a dunghill**[H] **has sold its manure.** One who **sold a cistern**[H] **has sold its water.** One who **sold a beehive**[H] **has sold the bees** in it, and likewise one who **sold a dovecote**[H] **has sold** the **doves.**

גמ׳ היכי דמי? אי דאמר ליה היא ובנה – אפילו פרה ובנה נמי, אי דלא אמר ליה היא ובנה – אפילו חמור נמי לא!

GEMARA The mishna teaches that if one sells a donkey he has sold its foal, but if one sells a cow he has not sold its calf. The Gemara asks: **What are the circumstances? If** this is a case **where** the seller **says to the** buyer that he is selling **it and its young, even the cow and its young** should be sold **as well. If** this is a case **where he does not say to him** that he is selling **it and its young, even the donkey** should **not** be sold with its foal.

NOTES

Teaches each statement individually – מילי מילי קתני: Each case must be analyzed separately, as no fixed formula can be applied to these cases. The *halakha* depends on how people are accustomed to using the items in question. Certain items are considered subsumed within another item when they are placed on it, while other items are not considered part of another even in such circumstances (Rashbam).

This donkey of yours – חמורך זו: Since the buyer knows that the donkey belongs to the seller, and he still says: Sell me this donkey of yours, and not: Sell me your donkey, evidently his intention is to purchase the donkey as it stands, with all of its accoutrements.

Some commentaries maintain that the fact that the Gemara explains the opinion of Rabbi Yehuda in such detail indicates that the *halakha* is in accordance with his ruling (Rabbeinu Yona; Rashba). Most commentaries do not agree with this claim. Some say that the Gemara analyzes Rabbi Yehuda's opinion at length because it is necessary to do so in order to understand the mishna, which appears to be self-contradictory (Ran).

HALAKHA

One who sells a donkey…a cow – המוכר את החמור...את הפרה: With regard to one who sells a cow or a donkey, if he does not specify that he is selling the animal's offspring along with it, the offspring is not sold. Even if the seller said to the buyer that he is selling a nursing cow, he has not sold its calf. But if he said that he is selling a nursing donkey he has sold its foal, as one does not sell a donkey for the sake of its milk. The *halakha* is in accordance with the explanation of Rav Pappa (Rambam *Sefer Kinyan*, *Hilkhot Mekhira* 27:7; *Shulḥan Arukh*, *Ḥoshen Mishpat* 220:11).

One who sold a dunghill – מכר אשפה: One who sold a dunghill has also sold the manure it contains. Some say that if one sold the manure he has not sold the dunghill (Rambam *Sefer Kinyan*, *Hilkhot Mekhira* 27:10; *Shulḥan Arukh*, *Ḥoshen Mishpat* 220:16, and in the comment of Rema).

One who sold a cistern – מכר בור: One who sold a cistern has not sold its water, as the ruling recorded in the mishna is that of an individual Sage. According to the Rashbam and the Rosh, the water is included in the sale (Rambam *Sefer Kinyan*, *Hilkhot Mekhira* 27:10; *Shulḥan Arukh*, *Ḥoshen Mishpat* 220:16, and in the comment of Rema).

One who sold a beehive – מכר כוורת: One who sold a beehive has sold the bees it contains (Rambam *Sefer Kinyan*, *Hilkhot Mekhira* 27:10; *Shulḥan Arukh*, *Ḥoshen Mishpat* 220:17).

One who sold a dovecote – מכר שובך: One who sold a dovecote has sold its doves (Rambam *Sefer Kinyan*, *Hilkhot Mekhira* 27:10; *Shulḥan Arukh*, *Ḥoshen Mishpat* 220:17).

אמר רב פפא, דאמר ליה: חמור מניקה ופרה מניקה אני מוכר לך; בשלמא פרה, איכא למימר לחלבה בעי לה, אלא חמור מאי קאמר ליה? שמע מינה: היא ובנה קאמר ליה. ואמאי קרי ליה סייח? שמהלך אחר סיחה נאה.

Rav Pappa said: This is referring to a case **where** the seller **said to the** buyer: **I am selling** you **a nursing donkey, or:** I am selling you **a nursing cow. Granted,** with regard to the **cow, one could say that he needs it for its milk,** and the suckling calf would not necessarily be included in the sale. **But** with regard to the **donkey,** for **what** reason **is he saying to him** that the donkey is nursing? Since he does not need the milk of a donkey, **learn from here** that **he is saying to him** that he is selling **it and its young.** The Gemara adds tangentially: **And why** does the mishna **call** a donkey foal a ***seyah*?**[N] It is **because it follows after** and obeys **pleasant talk** [***siha***],[B] whereas an old donkey must be led forcibly.

אמר רבי שמואל בר נחמן אמר רבי יוחנן, מאי דכתיב: "על כן יאמרו המשלים" וגו'?

The Gemara cites a related discussion. **Rabbi Shmuel bar Naḥman** says that **Rabbi Yoḥanan says: What** is the meaning of that **which is written: "Therefore they that speak in parables** [***hamoshlim***] **say:** Come to Heshbon! Let the city [*ir*] of Sihon be built and established! For a fire is gone out of Heshbon, a flame from the city of Sihon; it has devoured Ar of Moab, the lords of the high places of Arnon" (Numbers 21:27–28)?

"המשלים" – אלו המושלים ביצרם; "בואו חשבון" – בואו ונחשב חשבונו של עולם, הפסד מצוה כנגד שכרה, ושכר עבירה כנגד הפסדה.

The Gemara interprets these verses homiletically. "*Hamoshlim*"; **these are** the people **who rule over** [***hamoshlim***] **their evil inclination.** They will say: **"Come to Heshbon,"** meaning: **Come and let us calculate the account of** [***ḥeshbono***] **the world,** i.e., the financial **loss** incurred by the fulfillment of **a mitzva**[N] **in contrast to its reward, and the reward** for committing **a transgression,** i.e., the pleasure and gain received, **in contrast to the loss it** entails.

"תבנה ותכונן" – אם אתה עושה כן, תבנה בעולם הזה ותכונן לעולם הבא; "עיר סיחון" – אם משים אדם עצמו כעיר זה שמהלך אחר סיחה נאה, מה כתיב אחריו? "כי אש יצאה מחשבון" וגו' – תצא אש ממחשבין ותאכל את שאינן מחשבין;

"Let it be built and established" means that **if you** make this calculation, **you will be built in this world and you will be established in the World-to-Come.** The phrase **"city** [***ir***] **of Sihon"** means that **if a person fashions himself like this young donkey** [***ayir***] **that follows after pleasant talk** [***siha***],[N] i.e., if one is easily tempted to listen to his inclination, **what is written after it? "For a fire is gone out of Heshbon…** it has devoured," i.e., **a fire will go out from** those **who calculate** the effect of their deeds in the world, **and will consume**[N] **those who do not calculate** and examine their ways but instead do as they please.

"ולהבה מקרית סיחן" – מקרית צדיקים שנקראו שיחין; "אכלה ער מואב" – זה המהלך אחר יצרו כעיר זה שמהלך אחר סיחה נאה; "בעלי במות ארנן" – אלו גסי הרוח. דאמר מר: כל אדם שיש בו גסות הרוח נופל בגיהנם.

A similar interpretation applies to the continuation of the verse: **"A flame from the city of Sihon"**; this means that a flame will come **from the city of righteous people, who are called trees** [***siḥin***].[N] **"It has devoured Ar of Moab";**[N] **this** is referring to **one who follows after his inclination like this young donkey** [***ayir***] **that follows after pleasant talk. "The lords of the high places of Arnon"; this** is referring to **the arrogant. As the Master says: Every person who has arrogance in him will fall into Gehenna.**

"ונירם" – אמר רשע: אין רם; "אבד חשבון" – אבד חשבונו של עולם; "עד דיבן" – אמר הקדוש ברוך הוא: המתן עד שיבא דין; "ונשים

The Gemara interprets a subsequent verse: "We have shot at them [*vanniram*], Heshbon is perished, even until Dibon, and we have laid waste even until Nophah, which reaches until Medeba" (Numbers 21:30). ***"Vanniram"***; this indicates that the **wicked** person **says: There is no higher** [***ein ram***] power governing the world. **"Heshbon is perished"** means: **The account** [***ḥeshbon***] **of the world has perished,** i.e., they claim there is no accountability for one's actions. **"Even until Dibon** [***divon***]"; **the Holy One, Blessed be He, says: Wait until judgment comes** [***yavo din***]. **"And we have laid waste**

NOTES

And why does the mishna call a donkey foal a *seyah* – ואמאי קרי ליה סייח: The mishna could simply have referred to the creature as the donkey's young, as it did in the case of the cow. By using this term, the mishna must be intending to teach another matter parenthetically (*Tosefot Yom Tov*). According to another version of the text, the Gemara is asking why the mishna refers to the foal as a *seyah* rather than an *ayir*, which is the term used in several places in the Bible.

The loss incurred by the fulfillment of a mitzva, etc. – הפסד מצוה וכו': If one incurs a financial loss due to the fulfillment of a mitzva, he should take into account the reward that he will receive in the World-to-Come, which is infinitely greater. Similarly, if one derives benefit from committing a transgression, that gain should be weighed against the punishment he is due to receive in the future (Rashbam; Meiri).

That follows after pleasant talk, etc. – שמהלך אחר סיחה נאה וכו': Foals, like other young animals, will come to anyone who calls them with a soft tone; it is not necessary to lead them forcibly. According to the standard version of the text, this is mentioned disparagingly, in allusion to one who gives in to any temptation. Several early commentaries have a different version of the text, in which the example of a donkey that follows pleasant talk serves as an example of praiseworthy behavior, similar to one who does not need to be forced to perform good deeds (see Meiri and Ra'avad).

A fire will go out from those who calculate, and will consume, etc. – תצא אש ממחשבין ותאכל וכו': This is similar to the Gemara's statement on 75a that in the World-to-Come everyone will be burned by his embarrassment at not having attained the level of others around him (Rashbam). The commentaries add, based on the Gemara on *Ḥagiga* 15a, that all people have a share both in the Garden of Eden and in Gehenna; and the righteous receive the share of the wicked in the Garden of Eden, while the wicked receive the share of the righteous in Gehenna (Maharsha).

Righteous people, who are called trees – צדיקים שנקראו שיחין: In many verses in the Bible the righteous are compared to trees, e.g., "The righteous shall flourish like the palm tree; he shall grow like a cedar in Lebanon" (Psalms 92:13).

Ar of Moab – ער מואב: According to this homiletic interpretation, the word "Ar" is similar to *ir*, and this phrase is understood in the same manner as "the city [*ir*] of Sihon" mentioned earlier in the verse. The commentaries add that the mention of Moab [*Moav*] alludes to the manner in which they follow their inclination, like [*kemo*] a son who listens to and follows his father [*av*] (Rabbeinu Gershom Meor HaGola).

BACKGROUND

It follows after pleasant talk – מהלך אחר סיחה נאה: Generally, young animals, especially domesticated ones, are neither suspicious nor afraid of strangers. For this reason, a young donkey will come to anyone who calls it, and it is not necessary to pull it forcibly. Only after time will it learn to fear strangers and disobey their commands and calls.

עַד נֹפַח״ – עַד שֶׁתָּבֹא אֵשׁ שֶׁאֵינָהּ צְרִיכָה נִיפּוּחַ; ״עַד מֵידְבָא״ – עַד שֶׁתִּדְאִיב נִשְׁמָתָן, וְאָמְרִי לַהּ: עַד דְּעָבֵיד מַאי דְּבָעֵי.

even until Nophah," meaning **until the fire comes that does not require fanning** [*nippuah*],[N] i.e., the fire of Gehenna, which will consume them. **"Until Medeba** [*Medeva*]"; this means **until their souls are pained** [*tadiv*]. **And some say** an alternative explanation: It means **until** God **does**[N] **what He wishes** [*mai deva'ei*] with them and punishes them as they deserve.

אָמַר רַב יְהוּדָה אָמַר רַב: כָּל הַפּוֹרֵשׁ מִדִּבְרֵי תוֹרָה – אֵשׁ אוֹכַלְתּוֹ, שֶׁנֶּאֱמַר: ״וְנָתַתִּי [אֶת] פָּנַי בָּהֶם מֵהָאֵשׁ יָצָאוּ וְהָאֵשׁ תֹּאכְלֵם״.

Rav Yehuda says that **Rav says:** With regard to **anyone who separates** himself **from matters of Torah, a fire consumes him, as it is stated: "And I will set My face against them; out of the fire they come forth, and the fire shall devour them"** (Ezekiel 15:7). The Torah is likened to fire in the verse: "Is not My word like fire?" (Jeremiah 23:29). The verse in Ezekiel teaches: "Out of the fire they come forth," referring to those who separate themselves from the fire of Torah; "and the fire shall devour them," i.e., they are consumed by the fire of Gehenna.

כִּי אֲתָא רַב דִּימִי אָמַר רַבִּי יוֹנָתָן: כָּל הַפּוֹרֵשׁ עַצְמוֹ מִדִּבְרֵי תוֹרָה – נוֹפֵל בַּגֵּיהִנָּם, שֶׁנֶּאֱמַר: ״אָדָם תּוֹעֶה מִדֶּרֶךְ הַשְׂכֵּל בִּקְהַל רְפָאִים יָנוּחַ״, וְאֵין רְפָאִים אֶלָּא גֵּיהִנָּם, שֶׁנֶּאֱמַר: ״וְלֹא יָדַע כִּי רְפָאִים שָׁם בְּעִמְקֵי שְׁאוֹל קְרֻאֶיהָ״.

When Rav Dimi came from Eretz Yisrael to Babylonia, he said that **Rabbi Yonatan says: Anyone who separates himself from the matters of Torah falls into Gehenna. As it is stated: "The man who strays out of the way of understanding shall rest in the congregation of the spirits"** (Proverbs 21:16). "The way of understanding" is the way of the Torah. **And** one who departs from the Torah arrives in the place of the **spirits, which is nothing other than Gehenna, as it is stated: "But he does not know that the spirits are there; that those whom she has called are in the depths of the netherworld"** (Proverbs 9:18).

מָכַר אַשְׁפָּה – מָכַר זִבְלָהּ״ וכו׳. תְּנַן הָתָם: כָּל הָרָאוּי לַמִּזְבֵּחַ וְלֹא לְבֶדֶק הַבַּיִת, לְבֶדֶק הַבַּיִת וְלֹא לַמִּזְבֵּחַ, לֹא לַמִּזְבֵּחַ וְלֹא לְבֶדֶק הַבַּיִת – מוֹעֲלִין בָּהֶן וּבְמָה שֶׁבְּתוֹכָן;

§ The mishna teaches: One who **sold a dunghill has sold its manure,** and one who sold a cistern has sold its water. **We learned** in a mishna **elsewhere** (*Me'ila* 12b): With regard to **any** item that is **fit to** be sacrificed on **the altar**[HN] **but is not fit for Temple maintenance,** or is fit **for Temple maintenance but not for the altar,**[N] or items that are fit **neither for the altar nor for Temple maintenance**[N] in their current state and are slated to be sold with the profit used for the Temple, in all these cases if one consecrates these items and then derives benefit **from them or their contents** for a non-sacred purpose, he thereby is liable for **misuse** of consecrated property[B] and is obligated to bring an offering as atonement.

כֵּיצַד? הִקְדִּישׁ בּוֹר מְלֵאָה מַיִם, אַשְׁפּוֹת מְלֵאוֹת זֶבֶל, שׁוֹבָךְ מָלֵא יוֹנִים, שָׂדֶה מְלֵאָה עֲשָׂבִים, אִילָן נְשׂוּי פֵּירוֹת – מוֹעֲלִין בָּהֶן וּבְמָה שֶׁבְּתוֹכָן;

How so? One who **consecrated a cistern filled with water, dunghills filled with manure, a dovecote filled with doves, a field filled with plants,** or **a tree bearing fruit,** and subsequently derived benefit **from them or their contents** is liable for **misuse** of consecrated property.[N]

HALAKHA

Any item that is fit to be sacrificed on the altar, etc. – כָּל הָרָאוּי לַמִּזְבֵּחַ וכו׳: With regard to one who consecrates items for Temple maintenance, whether items such as stones or beams that are suitable only to be used in the maintenance of the Temple structure, or animals such as lambs or doves that can also be brought as offerings, if one derives benefit from the items, he is liable for misusing consecrated property. One is also liable for misusing consecrated property if one derived benefit from items consecrated for the altar which are suitable only for Temple maintenance, or if one misused items consecrated for the altar or Temple maintenance that are not suited for either, e.g., a dunghill filled with manure. In all of these cases, one may not derive benefit from the consecrated property until he redeems it, if the property can be redeemed (Rambam *Sefer Avoda, Hilkhot Me'ila* 5:1).

BACKGROUND

Misuse of consecrated property – מְעִילָה: The *halakhot* of misuse of consecrated property are stated in the Torah (Leviticus 5:14–16) and discussed in greater detail in tractate *Me'ila*. The basic principle is that anyone who derives benefit from consecrated property unwittingly, i.e., without the knowledge that it was consecrated property, violates this prohibition. One who does so is obligated to bring an offering as well as pay to the Temple the value of the object from which he benefited. In addition, he must pay an additional one-fifth of the value as a fine. After an individual uses such an item it loses its consecrated status, which is transferred to the money that he pays to the Temple.

The Torah does not discuss the *halakhot* of one who derives benefit intentionally. Therefore, this person cannot atone for deriving benefit by sacrificing an offering or by paying the additional one-fifth of the value as a fine.

NOTES

That does not require fanning – שֶׁאֵינָהּ צְרִיכָה נִיפּוּחַ: As indicated by a verse cited by the Rashbam: "A fire not blown by man shall consume him" (Job 20:26), it is evident that this is not a physical fire but an eternal fire, the fire of Gehenna (see Rabbeinu Gershom Meor HaGola).

Until He does, etc. – עַד דְּעָבֵיד וכו׳: According to the Rashbam, this means until God does that which He wishes to do in the World-to-Come, where He will punish the wicked for their actions. This is in contrast to the success He allows them in this world, so that they will receive in this world any reward due them from their few good deeds. Another explanation is that God designed this world in a manner that allows people to act freely, so that not everything occurs according to His wishes, as it were, since people are able to perform evil. But in the World-to-Come, He does as He wishes.

Alternatively, the phrase: Does what [He] wishes, is referring to the fire doing as it wishes, i.e., until the fire acts naturally and entirely consumes the wicked (Rabbeinu Gershom Meor HaGola).

Any item that is fit to be sacrificed on the altar, etc. – כָּל הָרָאוּי לַמִּזְבֵּחַ וכו׳: This is referring to unblemished animals, which may be used as offerings. As it is prohibited to consecrate them for Temple maintenance *ab initio* (Rashbam), there is no fourth category of items that are fit for both Temple maintenance and for the altar (Ri Migash).

For Temple maintenance but not for the altar – לְבֶדֶק הַבַּיִת וְלֹא לַמִּזְבֵּחַ: This is referring to items such as gold or precious stones, which can be used for Temple maintenance, i.e., for the vessels and the construction of the building, but are not fit for an offering.

Neither for the altar nor for Temple maintenance – לֹא לַמִּזְבֵּחַ וְלֹא לְבֶדֶק הַבַּיִת: This refers to items that cannot be used as an offering or for Temple maintenance, e.g., various foods and herbs. They are consecrated in order to be sold, with their profits used to purchase offerings or items for Temple maintenance (Rashbam). According to this interpretation, the mishna is referring to three types of consecrated property: Items consecrated for the altar, items consecrated for Temple maintenance, and items consecrated for their monetary value.

Other commentaries maintain that the mishna is speaking of only two types of consecrated property: Items that are fit to be used as offerings, and those that cannot serve as offerings and are slated to be sold, with the profits used for Temple maintenance. This second category includes two subcategories: The first comprises standard items that are to be sold, whose profits are then used for Temple maintenance. The second includes items, such as manure, which, due to their repugnance, may not even be brought to the Temple in order to be sold. This latter category is termed by the mishna: Items that are fit neither for the altar nor for Temple maintenance. Although it is forbidden to consecrate these items, if one does so, the consecration takes effect (Ri Migash).

He is liable for misuse of consecrated property – מוֹעֲלִין בָּהֶן: According to some commentaries, one misuses a consecrated cistern by storing his personal belongings in it (Rashbam). Most early commentaries maintain that one cannot misuse property that is attached to the ground. In the case of the cistern, one can misuse it by taking one of its stones and employing it for his personal needs, after it has been detached (Rabbeinu Tam, *Sefer HaYashar*; *Tosafot*; Ramban).

אֲבָל הִקְדִּישׁ בּוֹר וְאַחַר כָּךְ נִתְמַלֵּא מַיִם, אַשְׁפָּה וְאַחַר כָּךְ נִתְמַלְּאָה זֶבֶל, שׁוֹבָךְ וְאַחַר כָּךְ נִתְמַלֵּא יוֹנִים, אִילָן וְאַחַר כָּךְ נָשָׂא פֵּירוֹת, שָׂדֶה וְאַחַר כָּךְ נִתְמַלְּאָה עֲשָׂבִים – מוֹעֲלִין בָּהֶן וְאֵין מוֹעֲלִין בְּמַה שֶּׁבְּתוֹכָן, דִּבְרֵי רַבִּי יְהוּדָה; רַבִּי יוֹסֵי אוֹמֵר: הִקְדִּישׁ אֶת הַשָּׂדֶה וְאֶת הָאִילָן – מוֹעֲלִין בָּהֶן וּבְגִידּוּלֵיהֶם, מִפְּנֵי שֶׁהֵן גִּידּוּלֵי הֶקְדֵּשׁ.

But with regard to one who **consecrated a cistern and it was later filled with water,**[H] **a dunghill and it was later filled with manure, a dovecote and it later was filled with doves, a tree and it later bore fruit,** or **a field and it was later filled with plants,** if he derives benefit **from them** he is liable for **misuse** of consecrated property but he is **not** liable for **misuse** of consecrated property by deriving benefit from **its contents.**[N] This is **the statement of Rabbi Yehuda. Rabbi Yosei says:** With regard to one who **consecrated a field or a tree,** he is liable for **misuse** of consecrated property if he derives benefit from **them or that which grows from them, because they are growths of consecrated** property.[N]

תַּנְיָא, אָמַר רַבִּי: נִרְאִין דִּבְרֵי רַבִּי יְהוּדָה בְּבוֹר וְשׁוֹבָךְ, וְדִבְרֵי רַבִּי יוֹסֵי בְּשָׂדֶה וְאִילָן. הַאי מַאי? בִּשְׁלָמָא נִרְאִין דִּבְרֵי רַבִּי יְהוּדָה בְּבוֹר וְשׁוֹבָךְ – מִכְּלָל דִּפְלֵיג אַשָּׂדֶה וְאִילָן,

It is taught in a *baraita* that **Rabbi** Yehuda HaNasi **said: The statement of Rabbi Yehuda appears** to be correct **in** the cases of **a cistern and a dovecote,** i.e., if one consecrated an empty cistern or dovecote, the water or doves that later fill it do not become consecrated. **And the statement of Rabbi Yosei** appears to be correct **in** the cases of **a field and a tree.** The Gemara asks: **What is** the meaning of **this** statement of Rabbi Yehuda HaNasi? **Granted,** when he says that **the statement of Rabbi Yehuda appears** to be correct **in** the cases of **a cistern and a dovecote, by inference** this means **that** Rabbi Yehuda **disagrees** with Rabbi Yosei **in** the cases of **a field and a tree,** and Rabbi Yehuda does explicitly disagree in those cases.

אֶלָּא נִרְאִין דִּבְרֵי רַבִּי יוֹסֵי בְּשָׂדֶה וְאִילָן – מִכְּלָל דִּפְלֵיג בְּבוֹר וְשׁוֹבָךְ? וְהָא רַבִּי יוֹסֵי שָׂדֶה וְאִילָן קָאָמַר!

But when Rabbi Yehuda HaNasi says that **the statement of Rabbi Yosei appears** to be correct **in** the cases of **a field and a tree,** this indicates **by inference that** Rabbi Yosei **disagrees** with Rabbi Yehuda **in** the cases of **a cistern and a dovecote. But Rabbi Yosei stated** his opinion solely **in** the cases of **a field and a tree,** as only plants and fruit grow directly from consecrated property, and this reasoning is not relevant in the case of a cistern or dovecote.

וְכִי תֵּימָא, לְדְבָרָיו דְּרַבִּי יְהוּדָה קָאָמַר – וְהָתַנְיָא, אָמַר רַבִּי יוֹסֵי: אֵין אֲנִי רוֹאֶה דְּבָרָיו שֶׁל רַבִּי יְהוּדָה בְּשָׂדֶה וְאִילָן, מִפְּנֵי שֶׁהֵן גִּידּוּלֵי הֶקְדֵּשׁ; בְּשָׂדֶה וְאִילָן הוּא דְּאֵינוֹ רוֹאֶה, הָא בְּבוֹר וְשׁוֹבָךְ רוֹאֶה!

And if you would say that Rabbi Yosei **stated** his opinion **in accordance with the statement of Rabbi Yehuda,**[N] whereas he himself holds that even the items found in a dovecote or a cistern are consecrated, this is difficult: **But isn't it taught** in a *baraita* that **Rabbi Yosei said: I do not see the statement of Rabbi Yehuda** as correct **in** the cases of **a field and a tree, because** the plants and the fruit **are the growths of consecrated** property? Infer from here that it is **in** the cases of **a field and a tree that** Rabbi Yosei **does not see** and accept the opinion of Rabbi Yehuda. **But in** the cases of **a cistern and a dovecote, he** does **see** and accept his opinion.

HALAKHA

A cistern and it was later filled with water, etc. – בּוֹר וְאַחַר כָּךְ נִתְמַלֵּא מַיִם וכו׳: If one consecrated a field that later produced plants, or a tree that subsequently bore fruit, both the tree or field and its produce are subject to the *halakhot* of misuse of consecrated property. But if one consecrated a cistern that was later filled with water, a dunghill that subsequently was filled with manure, or a dovecote that was later filled with doves, only the property that was originally consecrated is subject to the *halakhot* of misuse of consecrated property, not the items that later fill it. The *halakha* is in accordance with the opinion of Rabbi Yosei (Rambam *Sefer Avoda*, *Hilkhot Me'ila* 5:6, and *Kesef Mishne* and Mahari Kurkus there).

NOTES

He is not liable for misuse of consecrated property by deriving benefit from its contents – אֵין מוֹעֲלִין בְּמַה שֶּׁבְּתוֹכָן: Even though an ownerless item found on one's property is acquired by the property owner, this is not true with regard to land owned by the Temple treasury. Therefore, the contents that entered the cistern or dovecote after those items were consecrated do not belong to the Temple treasury (Rashbam; see also *Tosafot* and Rabbeinu Yona). Alternatively, even if the Temple treasury does acquire ownerless property found in its domain, one who makes use of it is liable for misuse of consecrated property only if it is explicitly consecrated (see Ritva; Ran; *Ketzot HaḤoshen*).

Because they are growths of consecrated property – מִפְּנֵי שֶׁהֵן גִּידּוּלֵי הֶקְדֵּשׁ: Rabbi Yehuda holds that one is not liable for misuse here, as the consecrated land merely causes the produce to grow, but this does not result in its consecration (Rashbam). Alternatively, one is liable for misuse only in the case of property that has been explicitly consecrated. Rabbi Yosei maintains that as the tree and land would be expected to bring forth produce, at the time of the consecration the owner must have had this produce in mind and included it in his statement (Ritva).

In accordance with the statement of Rabbi Yehuda – לִדְבָרָיו דְּרַבִּי יְהוּדָה: The suggestion is that Rabbi Yosei actually holds that any item that grows from or is found in consecrated property is acquired by the consecrated property. If so, he is claiming that even Rabbi Yehuda should at least concede that the produce of a consecrated field or tree should be consecrated, as it grows directly from consecrated property.

NOTES

And Rabbi Elazar, son of Rabbi Shimon, reverses – וְרַבִּי אֶלְעָזָר בְּרַבִּי שִׁמְעוֹן מַחְלִיף: According to some commentaries, this statement is part of the *baraita*. Rabbi Elazar, son of Rabbi Shimon, reverses his opinion, as he stated earlier that if one consecrated property when it was empty and it was later filled, he is liable for misuse of consecrated property if he derives benefit from its contents. Therefore, it stands to reason that Rabbi Elazar should certainly rule in this manner with regard to one who consecrates property when it is full. The *baraita* therefore stresses that in fact Rabbi Elazar reverses his opinion, as he maintains that in this case one is not liable for misuse (Rashbam).

Alternatively, the *baraita* is saying that Rabbi Elazar maintains an opinion that is totally the opposite of that of the first *tanna*, both in the case where the property is empty and in the case where it is full (Rabbeinu Yona). Rabbeinu Yona further suggests that it is possible that the statement: And Rabbi Elazar, son of Rabbi Shimon, reverses, is issued by the Gemara, and it is an abridged version of his lengthier statement of reversal that actually appears in the *baraita* (but see Rashba).

הָכִי קָאָמַר: נִרְאִין דִּבְרֵי רַבִּי יְהוּדָה לְרַבִּי יוֹסֵי בְּבוֹר וְשׁוֹבָךְ, שֶׁאַף רַבִּי יוֹסֵי לֹא נֶחְלַק עָלָיו אֶלָּא בְּשָׂדֶה וְאִילָן, אֲבָל בְּבוֹר וְשׁוֹבָךְ מוֹדֵי לֵיהּ.

The Gemara answers that **this** is what Rabbi Yehuda HaNasi **is saying: The statement of Rabbi Yehuda appears to Rabbi Yosei** to be correct **in** the cases of **a cistern and a dovecote.** In other words, Rabbi Yehuda HaNasi is saying **that even Rabbi Yosei disagrees with** Rabbi Yehuda **only in** the cases of **a field and a tree. But in** the cases of **a cistern and a dovecote, he concedes to him** that the prohibition against misuse of consecrated property does not apply to items that were added afterward and were not present at the time of the consecration.

תָּנוּ רַבָּנַן: הִקְדִּישָׁן רֵיקָנִין וְאַחַר כָּךְ נִתְמַלְּאוּ – מוֹעֲלִין בָּהֶן וְאֵין מוֹעֲלִין בְּמַה שֶּׁבְּתוֹכָן; רַבִּי אֶלְעָזָר בְּרַבִּי שִׁמְעוֹן אוֹמֵר: אַף מוֹעֲלִין בְּמַה שֶּׁבְּתוֹכָן.

The Sages taught: In the case of cisterns, with regard to one who **consecrated them** when they were **empty and** they were **later filled,** if one derives benefit **from them** he is liable for **misuse** of consecrated property, **but** he is **not** liable for **misuse** of consecrated property if he derives benefit **from their contents.** This ruling will be clarified below. **Rabbi Elazar, son of Rabbi Shimon, says:** One is liable for **misuse** of consecrated property **even** by deriving benefit **from their contents.**

אָמַר רַבָּה: מַחְלוֹקֶת – בְּשָׂדֶה וְאִילָן, דְּתַנָּא קַמָּא סָבַר לַהּ כְּרַבִּי יְהוּדָה, וְרַבִּי אֶלְעָזָר בְּרַבִּי שִׁמְעוֹן סָבַר לַהּ כְּרַבִּי יוֹסֵי, אֲבָל בְּבוֹר וְשׁוֹבָךְ – דִּבְרֵי הַכֹּל מוֹעֲלִין בָּהֶן וְאֵין מוֹעֲלִין בְּמַה שֶּׁבְּתוֹכָן.

Rabba says: This **dispute** in the *baraita* applies only **in** the cases of **a field and a tree, as the first *tanna* holds in accordance with** the opinion **of Rabbi Yehuda, and Rabbi Elazar, son of Rabbi Shimon, holds in accordance with** the opinion of **Rabbi Yosei. But in** the cases of **a cistern and a dovecote, everyone agrees** that if one derives benefit **from them** he is liable for **misuse** of consecrated property **but** he is **not** liable for **misuse** of consecrated property if he derives benefit **from their contents.**

אֲמַר לֵיהּ אַבַּיֵי, וְאֶלָּא הָא דְּתַנְיָא: הִקְדִּישָׁן מְלֵאִין – מוֹעֲלִין בָּהֶן וּבְמַה שֶּׁבְּתוֹכָן, וְרַבִּי אֶלְעָזָר בְּרַבִּי שִׁמְעוֹן מַחְלִיף;

Abaye said to him: But consider **that which is taught** in the continuation of the *baraita*: If one **consecrated them** when they were **full** and then derives benefit **from them or from their contents,** he is liable for **misuse** of consecrated property. **And Rabbi Elazar, son of Rabbi Shimon, reverses**[N] his previous ruling in this case and holds that if the items were consecrated when full their contents are not subject to the prohibition against misuse of consecrated property.

Perek **V**
Daf **79** Amud **b**

וְאִי בְּשָׂדֶה וְאִילָן, אַמַּאי מַחְלִיף? אֶלָּא אֲמַר רַבָּה: מַחְלוֹקֶת – בְּבוֹר וְשׁוֹבָךְ, אֲבָל בְּשָׂדֶה וְאִילָן – דִּבְרֵי הַכֹּל מוֹעֲלִין בָּהֶן וּבְמַה שֶּׁבְּתוֹכָן.

And if their dispute is referring **to a field and a tree, why does** Rabbi Elazar, son of Rabbi Shimon, **reverse** his opinion?[N] **Rather,** Rabba's statement must be adjusted, and this is what **Rabba said:** This **dispute** between the first *tanna* and Rabbi Elazar, son of Rabbi Shimon, applies only **in** the cases of **a cistern and a dovecote. But in** the cases of **a field and a tree, everyone agrees** that one is liable for **misuse** of consecrated property if one derives benefit **from them or their contents.**

וּבְבוֹר וְשׁוֹבָךְ, בְּרֵיקָנִין בְּמַאי פְּלִיגִי, וּבִמְלֵאִין בְּמַאי פְּלִיגִי? בְּרֵיקָנִין פְּלִיגִי בִּפְלוּגְתָּא דְּרַבִּי מֵאִיר וְרַבָּנַן,

The Gemara asks: **And in** the cases of **a cistern and a dovecote,** where the cistern and the dovecote **are empty, with regard to what** matter **do they disagree? And** similarly, **where** the cistern and the dovecote **are full, with regard to what do they disagree?** The Gemara answers: **In** the cases of a cistern and a dovecote that **are empty, they disagree with regard to** the matter that is the subject of **the dispute between Rabbi Meir and the Rabbis.**

NOTES

Why does he reverse his opinion – אַמַּאי מַחְלִיף: If fruit that was produced after the tree's consecration is subject to the *halakhot* of misuse of consecrated property, certainly the fruit that was present when the tree was consecrated is subject to these *halakhot* (Rashbam). Other commentaries add that in the analogous case of a sale to an ordinary person, as opposed to the Temple treasury, everyone agrees that one who sells a tree or a field has sold its produce, and there is no reason that Rabbi Elazar would disagree in the case of consecration (*Tosafot*). By contrast, if they disagree with regard to a cistern and a dovecote, there is a way of explaining the different rulings, as the Gemara proceeds to explain.

דְּתַנָּא קַמָּא סָבַר לָהּ כְּרַבָּנַן, דְּאָמְרִי: אֵין אָדָם מַקְנֶה דָּבָר שֶׁלֹּא בָּא לָעוֹלָם; וְרַבִּי אֶלְעָזָר בְּרַבִּי שִׁמְעוֹן סָבַר כְּרַבִּי מֵאִיר, דְּאָמַר: אָדָם מַקְנֶה דָּבָר שֶׁלֹּא בָּא לָעוֹלָם.

The first *tanna* and Rabbi Elazar, son of Rabbi Shimon, disagree **because the first *tanna* holds in accordance with** the opinion of **the Rabbis, who say: A person cannot transfer** ownership of **an object that has not** yet **come into the world,**[H] i.e., that one does not currently own. Therefore, one cannot consecrate water or doves that will enter the cistern or dovecote only in the future. **And Rabbi Elazar, son of Rabbi Shimon, holds in accordance with** the opinion of **Rabbi Meir, who says: A person can transfer** ownership of **an object that has not** yet **come into the world.**[N]

אֵימוּר דְּשָׁמְעַתְּ לֵיהּ לְרַבִּי מֵאִיר – כְּגוֹן פֵּירוֹת דֶּקֶל דַּעֲבִידִי דְּאָתוּ, הָנֵי מִי יֵימַר דְּאָתוּ? אֲמַר רָבָא, מַשְׁכַּחַתְּ לָהּ בְּמַיִם הַבָּאִין דֶּרֶךְ חֲצֵרוֹ לַבּוֹר, וְיוֹנִים הַבָּאִין דֶּרֶךְ שׁוֹבָכוֹ לַשּׁוֹבָךְ.

The Gemara raises a difficulty with regard to this answer: You can **say that you heard Rabbi Meir** express this opinion in a case **such as the fruit of palm trees, which are likely to come** into existence, as the trees naturally produce fruit. But with regard to **these** doves and water, **who can say that they will come? Rava said: You** can **find** cases where one consecrates water or doves that are likely to arrive, e.g., **in** the case of **water that comes by way of his courtyard into the cistern**[N] when it rains, so that he does not need to fill the cistern. **And** similarly with regard to **doves that come by way of his** other, full **dovecote**[N] **into** this empty **dovecote.**

וּבִמְלֵאִים בְּמַאי פְּלִיגִי? אֲמַר רָבָא: כְּגוֹן שֶׁהִקְדִּישׁ בּוֹר סְתָם, וְרַבִּי אֶלְעָזָר בְּרַבִּי שִׁמְעוֹן סָבַר לָהּ כַּאֲבוּהּ, דְּאָמַר: דָּנִין דִּין גָּבוֹהַּ מִדִּין הֶדְיוֹט,

The Gemara asks: **And** in cases **where** the cistern and the dovecote **are full, with regard to what** matter **do they disagree? Rava said:** This dispute concerns a case **where he consecrated a cistern without specification. And Rabbi Elazar, son of Rabbi Shimon, holds in accordance with** the opinion of **his father, who says: One infers the *halakha*** of consecration to the **Most High from the *halakha*** of transactions between one **ordinary** person [*hedyot*][L] and another.

מַה דִּין הֶדְיוֹט – מָצֵי אָמַר: בֵּירָא זַבֵּינִי לָךְ מַיָּא לָא זַבֵּינִי לָךְ, אַף דִּין גָּבוֹהַּ – בֵּירָא אַקְדֵּישׁ מַיָּא לָא אַקְדֵּישׁ; וְתַנָּא קַמָּא סָבַר: אֵין דָּנִין דִּין גָּבוֹהַּ מִדִּין הֶדְיוֹט.

The Gemara elaborates: **Just as the *halakha*** with regard to transactions between one **ordinary** person and another is that **one can say: I sold you the cistern** but **I did not sell you the water** it contains, **so too, the *halakha*** in the case of consecration to the **Most High** is that one can say: **I consecrated the cistern** but **I did not consecrate the water** within it. **And the first *tanna* holds** that **one does not infer the *halakha*** of consecration to the **Most High from the *halakha*** of transactions between one ordinary person and another. Rather, one who consecrates property does so generously, i.e., the most expansive meaning is assumed for his vow of consecration, and therefore even if he did not say so explicitly, he consecrated the water together with the cistern.

וְדִין הֶדְיוֹט לָא? וְהָתְנַן: מָכַר בּוֹר – מָכַר מֵימָיו! אֲמַר רָבָא: מַתְנִיתִין יְחִידָאָה הִיא, דְּתַנְיָא: מָכַר בּוֹר – לֹא מָכַר מֵימָיו, רַבִּי נָתָן אוֹמֵר: מָכַר בּוֹר – מָכַר מֵימָיו.

The Gemara asks: **And** does **the *halakha*** concerning a transaction with **an ordinary** person say that one does **not** sell the water along with the cistern? **But didn't we learn** in the mishna (78b) that one who **sold a cistern has sold its water? Rava said:** The ruling in **the mishna is an individual** opinion, **as it is taught** in a *baraita*: One who **sold a cistern**[H] **has not sold its water. Rabbi Natan says:** One who **sold a cistern has sold its water.**

HALAKHA

An object that has not yet come into the world – דָּבָר שֶׁלֹּא בָּא לָעוֹלָם: One cannot transfer ownership of an object that has not yet come into the world. This is the case with regard to a sale and a gift, including a gift given by a person on his deathbed. Consequently, if one sold or gave away produce or an animal that has not yet come into being, the recipient acquires nothing, and the owner can renege on the sale or gift even after the produce has grown or the animal has been born. The *halakha* is in accordance with the opinion of the Rabbis, not the opinion of Rabbi Meir. If the recipient seized the produce before the owner retracted, the court does not remove it from his possession (Rambam *Sefer Kinyan, Hilkhot Mekhira* 22:1–2, 23:1; *Shulḥan Arukh, Ḥoshen Mishpat* 209:4, and *Shakh* there).

One who sold a cistern – מָכַר בּוֹר: One who sold a cistern has not sold its water. The *halakha* is in accordance with the statement of Rava, who says that the ruling of the mishna is an individual opinion. According to other commentaries (*Tur*, citing Rashbam and Rosh), the water is sold (Rambam *Sefer Kinyan, Hilkhot Mekhira* 27:10; *Shulḥan Arukh, Ḥoshen Mishpat* 220:16).

LANGUAGE

Ordinary person [*hedyot*] – הֶדְיוֹט: From the Greek ἰδιώτης, *idiotēs*, meaning an ordinary person who holds no special position. In the Talmud this is often joined with another word to distinguish between an ordinary individual and one who a functionary, as in the phrase: Common priest [*kohen hedyot*], in contrast to the High Priest.

NOTES

A person can transfer ownership of an object that has not yet come into the world – אָדָם מַקְנֶה דָּבָר שֶׁלֹּא בָּא לָעוֹלָם: According to some commentaries, Rabbi Elazar, son of Rabbi Shimon, maintains that one who consecrates a cistern also consecrates the water that will eventually come into the cistern (Rashbam). The Ramban, Rabbeinu Yona, and other early commentaries disagree with this claim. Rabbeinu Yona explains that for the water to be consecrated it is necessary that one specify this explicitly. According to this opinion, the sanctity of the water does not result from it being found inside consecrated property but from an explicit consecration. The question is whether one agrees with Rabbi Meir that it is at all possible to consecrate items such as these, which have not yet come into the world.

By way of his courtyard into the cistern – דֶּרֶךְ חֲצֵרוֹ לַבּוֹר: An example of this is a case where the courtyard is on a slant and the cistern is situated at the courtyard's lowest point, so that the water would naturally flow into it (Rashbam). An alternative way to understand the text is that an aqueduct passes through the courtyard to the cistern (Rabbeinu Gershom Meor HaGola).

By way of his dovecote – דֶּרֶךְ שׁוֹבָכוֹ: Since he has another dovecote nearby that is full of doves while this dovecote is empty, the doves will certainly settle in the empty dovecote. This is referring to a case where the same individual owns both dovecotes. If the full dovecote belongs to someone else, he should prevent his neighbor's doves from entering his dovecote (Rashbam, citing Rashi).

LANGUAGE

Leave [*mafriah*] – מַפְרִיחַ: In other words, the buyer allows the pair of doves of the first brood to fly [*lifroaḥ*] away, as he does not take them. Since doves usually return to their homes, they will fly back to the dovecote and remain in the possession of the seller.

מתני׳ הַלּוֹקֵחַ פֵּירוֹת שׁוֹבָךְ מֵחֲבֵירוֹ – מַפְרִיחַ בְּרִיכָה רִאשׁוֹנָה; פֵּירוֹת כַּוֶּורֶת – נוֹטֵל שְׁלֹשָׁה נְחִילִים וּמְסָרֵס; חַלּוֹת דְּבַשׁ – מַנִּיחַ שְׁתֵּי חַלּוֹת; זֵיתִים לָקוֹץ – מַנִּיחַ שְׁתֵּי גְּרוֹפִיּוֹת.

MISHNA **One who buys the produce of a dovecote**[N] **from another,**[H] i.e., the doves that will hatch over the course of the year in a dovecote, **must leave** [*mafriah*][L] the **first** pair of doves from the **brood**[NB] for the seller. If one buys **the produce of a beehive,**[H] i.e., all the bees produced from a beehive over the course of the year, the buyer **takes three swarms**[NB] **and** then the seller **renders** the bees **impotent,** so that they will stop producing offspring and instead produce only honey. One who buys **honeycombs**[H] **must leave two combs.**[B] If one buys **olive** trees **for felling,**[H] **he must leave two shoots**[N] for the seller.

NOTES

One who buys the produce of a dovecote – הַלּוֹקֵחַ פֵּירוֹת שׁוֹבָךְ: This mishna addresses situations in which the seller retains for himself the principal and sells only that which is produced by the principal. In this case, he sells the doves that will hatch in the dovecote but retains the doves that are currently there.

Must leave the first pair of doves from the brood – מַפְרִיחַ בְּרִיכָה רִאשׁוֹנָה: The reason is that the buyer did not acquire any rights to the doves that were already present. If they are deprived of all their young, the doves that were present will fly away and leave the dovecote empty.

Takes three swarms – נוֹטֵל שְׁלֹשָׁה נְחִילִים: If he were to take all of the swarms, the owner of the beehive would have no bees left and would be unable to raise bees in the future. Some commentaries explain that the first three swarms are the choicest, while the ones that follow are smaller and of lower quality (Rashbam). Others add that for this reason even the owner of the beehive would not remove more than three swarms a year. Consequently, by giving three swarms to the purchaser, he has in fact given all of that year's produce of the beehive (Rabbeinu Yona).

Two shoots – שְׁתֵּי גְּרוֹפִיּוֹת: The buyer is entitled only to the trunk of the tree. Since the seller wants the tree to continue growing, the buyer must leave a sufficient amount to ensure its future growth.

HALAKHA

One who buys the produce of a dovecote from another – הַלּוֹקֵחַ פֵּירוֹת שׁוֹבָךְ מֵחֲבֵירוֹ: If one buys the chicks that will be hatched in a dovecote, he acquires the baby doves, because it is as though the seller said to him: I am selling you this dovecote for its chicks. This is the case even if the seller does not say this explicitly (*Kesef Mishne*), although some maintain that he must actually say so (Ra'avad). The buyer may not take all of the young doves but must leave some behind. If at the time of the sale there were a pair of doves and two of their brood in the dovecote, the buyer cannot take their brood, and he must also leave behind a pair of doves that will be born from the first brood. All other doves that are born belong to the buyer.

Others say that the buyer must always leave behind the first two pairs born to each and every dove (*Tosafot*; see *Sma*). The *halakha* is in accordance with the opinion of Rav Kahana. This ruling follows the version of the text of the Rif, which states: This is referring to the pair left for the first pair of the brood itself, whereas that is referring to the pair left for the mother (Rambam *Sefer Kinyan*, *Hilkhot Mekhira* 23:9, 11–12; *Shulḥan Arukh*, *Ḥoshen Mishpat* 213:1, 220:18, and *Sma* there).

The produce of a beehive – פֵּירוֹת כַּוֶּורֶת: If one sells the produce of a beehive, the buyer acquires part of the produce. It is as though the seller said to him: I am selling you a beehive for its produce, even if he did not say so explicitly (*Kesef Mishne*), although some maintain that he must actually say so (Ra'avad). The buyer takes the first three swarms of bees born after the sale. From that point onward, for every swarm that he takes he must leave a swarm for the seller, so as to not destroy the beehive, as stated in the *baraita* (Rambam *Sefer Kinyan*, *Hilkhot Mekhira* 23:9, 13; *Shulḥan Arukh*, *Ḥoshen Mishpat* 213:1, 220:18).

Honeycombs – חַלּוֹת דְּבַשׁ: If one buys honeycombs he must leave behind two combs for the seller, so that the bees will not leave and ruin the beehive (Rambam *Sefer Kinyan*, *Hilkhot Mekhira* 23:14).

Olive trees for felling – זֵיתִים לָקוֹץ: If one buys olive trees for felling he may not cut down the entire tree. Instead, he leaves near the ground two *gerofiyyot* so that the tree can grow again. Some explain that *gerofiyyot* is a measure equal to the size of two fists (*Kesef Mishne*) or handbreadths (Rambam's Commentary on the Mishna). Others (Rashbam; *Tur*) maintain that it means branches (Rambam *Sefer Kinyan*, *Hilkhot Mekhira* 23:15; *Shulḥan Arukh*, *Ḥoshen Mishpat* 216:14).

BACKGROUND

First brood – בְּרִיכָה רִאשׁוֹנָה: House doves, and even domesticated wild doves, lay and hatch eggs throughout most of the year. They lay one pair of eggs at a time. Approximately half the time this pair is composed of a male and a female. It is possible that the custom of leaving at least the first pair of the brood was intended as a way of examining the quality of the offspring of this pair of doves, to see whether it was preferable to slaughter them or raise them.

Swarms – נְחִילִים: Generally, in the summer, when a beehive is full of honey, one or more swarms of bees will leave. These swarms are comprised of thousands of bees, led by a queen bee. They will establish a colony in a new beehive, if it has been prepared for them by the scout bees.

The number of swarms that leave a hive depends on many factors. Some have to do with the type of bee, others concern the amount of honey in the hive, while yet others are unknown. Every time bees swarm, there are fewer bees left in the hive. It is possible that after many swarms, there would not remain enough bees in the hive to maintain it, certainly not at its previous size and production rate. For this reason, there are a set number of swarms that are allowed to leave the hive, after which the owner of the hive will take measures to curtail the desire of the bees to swarm. The Rashbam's comments on this mishna describe the practice of his day in different places with regard to the number of swarms and their qualities.

Combs – חַלּוֹת: During the winter bees almost never leave their hive, because the amount of flowers and nectar available is minuscule. Although the bees stay in a sort of hibernation, they still require some food over the course of the winter, and it is therefore necessary to keep some stock of honey in the hive, so that it will continue to exist the next year. The two honeycombs left behind are the minimum required for the beehive for the coming year. Therefore, those honeycombs are not removed unless one intends to destroy the hive.

גמ׳ והתניא: בריכה ראשונה ושניה! אמר רב כהנא, לא קשיא: הא לה, הא לאמה.

GEMARA The mishna teaches that one who buys the brood of a dovecote must leave the first pair of the brood for the seller. The Gemara asks: **But isn't it taught** in a *baraita* that one must leave the **first and** the **second** pairs of a **brood** for the seller? **Rav Kahana said:** This is **not difficult. This** statement in the mishna is referring to the pair left **for** the first pair of the brood **itself,** i.e., an extra pair of doves must be left behind to ensure that the first brood will not fly away. **That** statement of the *baraita* is referring to a pair left **for the mother**[N] of the pair discussed in the mishna. In other words, the *baraita* is saying that one must leave a pair of doves for the mother, and later a second pair from the brood of her children, which is the pair mentioned by the mishna.

מאי שנא אמה? דמיצטוותא אברתא ואזוגא דשבקינן לה – איהי נמי תיצטוותא אאמה ואזוגא דשבקינן לה! אמה אברתא מיצטוותא, ברתא אאמה לא מיצטוותא.

The Gemara asks: **What is different** about **the mother** that there is no concern that she will escape from the dovecote? If the reason is **that she is attached to her daughter and the mate**[N] **which one leaves for her,** this should also be true with regard to the daughter, i.e., **she too will become attached to her mother and the mate which one leaves for her.** Why, then, is it necessary to leave behind a pair of the daughter's own brood to ensure that the daughter will not leave? The Gemara answers: **A mother is attached to her daughter,** whereas a **daughter is not attached to her mother.** Therefore, in order for the daughter to remain in the dovecote it is necessary to leave the daughter's brood with her.

״פירות כוורת – נוטל שלשה נחילין ומסרס״. במה מסרסן? אמר רב יהודה אמר שמואל: בחרדל. אמרי במערבא משמיה דרבי יוסי בר חנינא: לא חרדל מסרסן, אלא מתוך שפיהן חד, חוזרות ואוכלות את דובשנן.

§ The mishna teaches that one who buys the **produce of a beehive takes three swarms and** then the seller **renders** the bees **impotent** [*mesares*]. The Gemara asks: **By what** means **does he render them impotent? Rav Yehuda said** that **Shmuel said:** He renders them impotent **by** feeding them **mustard. They say in the West,** Eretz Yisrael, **in the name of Rabbi Yosei bar Ḥanina:** It is **not** the **mustard** itself that **renders them impotent.**[B] **Rather, since their mouths sting** from the bitterness of the mustard, **they return and eat their own honey.** Due to their excessive eating of honey, they cease to form new swarms and instead produce honey for the seller.

רבי יוחנן אמר: נוטל שלשה נחילין בסירוס. במתניתא תנא: נוטל שלשה נחילין בזה אחר זה, מכאן ואילך – נוטל אחת ומניח אחת.

Rabbi Yoḥanan says: This is not the meaning of *mesares*. Rather, the mishna should be understood as follows: One **takes three swarms by skipping** [***beseirus***][N] every other swarm, so that the buyer receives the first, third, and fifth swarms, while the others remain with the seller. **It is taught in a *baraita*:** The buyer **takes** the first **three swarms one after the other,** and **from this** point **forward he takes one and leaves one.**

״חלות דבש – מניח שתי חלות״ וכו׳. אמר רב כהנא: דבש בכוורת אינו יוצא מידי מאכל לעולם. אלמא קסבר: לא בעי מחשבה.

§ The mishna teaches that one who buys **honeycombs must leave two combs** and one who buys olive trees for felling must leave two shoots. **Rav Kahana says:** As long as **honey** remains **in the beehive it never leaves** its status as **food,** i.e., it is always considered fit for human consumption. The Gemara notes: **Apparently,** Rav Kahana **holds** that honey **does not require** that one have **intention**[N] to eat it for it to be susceptible to ritual impurity.

מיתיבי: דבש בכוורת – אינו לא אוכל ולא משקה! אמר אביי: לא צריכא אלא לאותן שתי חלות. רבא אמר: דרבי אליעזר היא;

The Gemara **raises an objection** from a *baraita*: **Honey in a beehive is not** considered to have the status of **either food or liquid**[N] with regard to ritual impurity. **Abaye said:** This *halakha*, that honey is considered neither food nor liquid, **is necessary only with** regard to **those two combs** mentioned in the mishna, which are designated for the sustenance of the bees and are not for human consumption. **Rava said:** The *baraita* **is** in accordance with the opinion **of Rabbi Eliezer.**

BACKGROUND

It is not the mustard that renders them impotent – לא חרדל מסרסן: The best way to stop bees from swarming, i.e., from splitting and forming new colonies, is to prevent them from raising new queen bees, since a queen will not leave the nest without a successor. The method described here is to try to cause the bees to consume large amounts of their own honey. When the amount of available honey in the hive decreases drastically, the bees will try to fill the cells with honey, instead of forming cells for new queen bees.

NOTES

This is referring to the pair left for the first pair itself, that is referring to a pair left for the mother – הא לה, הא לאמה: According to the Rashba, the *baraita* complements the mishna, as it explains that not only does the buyer leave behind a pair to ensure that the doves do not fly away, he also leaves behind a pair that is hatched from the young brood, so that they too will not fly away. Others say that it is not sufficient to do this for only two generations. Instead, for each pair that is left behind another pair of their young must be left as well. This is to ensure that the parent dove will not fly away, as this would ultimately cause a chain reaction and all the doves would leave the dovecote. In other words, for each generation of doves one takes, he must leave a pair, as well as one from the subsequent generation (Rabbeinu Tam, *Sefer HaYashar*; *Tosafot*; Ramban).

Other commentaries explain that the mishna and *baraita* are both referring to the same situation, in which two pairs of doves, a pair of parents and their young, are left in the dovecote. Each pair requires an additional two pairs of doves to ensure that they will not fly away (Rabbeinu Gershom Meor HaGola; Ri Migash; Rambam; Ramah). The parent pair require the pair of their young and an additional pair, while their young require another two pairs of doves because, as the Gemara explains, parents do not serve as companions for their young (see Ran). The early commentaries explain that this interpretation is based on an alternative version of the text, which reads: This refers to the pair left for the daughter whereas that refers to the pair left for the mother. The early commentaries also record a different explanation, citing Rabbeinu Ḥananel.

Her daughter and the mate [*zuga*] **– אברתא ואזוגא:** Some commentaries explain that *zuga* is a reference to a mate [*zug*] (Rashbam; Rabbeinu Ḥananel). Others maintain that it means another pair [*zug*] of doves (Rif; see Ran).

Three swarms by skipping [*beseirus*] **– שלשה נחילין בסירוס:** The commentaries explain that as the first three swarms are the choicest, they are divided between seller and buyer, and the same applies to the other, less preferable swarms (Rashbam). Others claim that the seller does not take every second swarm, as he has sold all the produce of the hive. Instead, after every swarm, he renders the next swarm impotent, so that they will fill the hive with honey (Ra'avad; see Meiri).

Does not require intention – לא בעי מחשבה: Some substances are considered food only after one intends to eat them; beforehand, they are categorized as a raw material that is not susceptible to ritual impurity. Rav Kahana is saying that honey is considered a food and is susceptible to ritual impurity whether or not one intends to eat it.

Is not considered either food or liquid – לא אוכל ולא משקה: Only food and drink intended to be used by people are susceptible to ritual impurity, whereas these honeycombs are designated for bees (Ramah).

דִּתְנַן: כַּוֶּורֶת דְּבוֹרִים – רַבִּי אֱלִיעֶזֶר אוֹמֵר: הֲרֵי הִיא כְּקַרְקַע, וְכוֹתְבִין עָלֶיהָ פְּרוֹזְבּוֹל,

As we learned in a mishna (*Shevi'it* 10:7): Concerning **a beehive, Rabbi Eliezer says: It is** considered **like land**[N] with regard to the manner in which one purchases it and with regard to other matters, **and** therefore **one writes a document that prevents the Sabbatical Year**[B] **from canceling an outstanding debt** [***prosbol***][B] based **on it,** as a *prosbol* can be written only if the debtor possesses land of some sort.

וְאֵינָהּ מְקַבֶּלֶת טוּמְאָה בִּמְקוֹמָהּ, וְהָרוֹדֶה מִמֶּנָּה בְּשַׁבָּת – חַיָּיב חַטָּאת;

And a beehive **is not susceptible to ritual impurity,** provided that it is **in its place** and attached to the ground, as it is considered equivalent to the ground itself, which is not susceptible to impurity. **And one who takes** honey[HB] **out of it on Shabbat is liable** to bring **a sin-offering,** like one who uproots something from the ground. According to this opinion, honey in a beehive is not considered to have the status of either food or liquid with regard to ritual impurity, as it is attached to the ground.

וַחֲכָמִים אוֹמְרִים: אֵין כּוֹתְבִין עָלֶיהָ פְּרוֹזְבּוֹל, וְאֵינָהּ כְּקַרְקַע, וּמְקַבֶּלֶת טוּמְאָה בִּמְקוֹמָהּ, וְהָרוֹדֶה מִמֶּנָּה בְּשַׁבָּת – פָּטוּר.

The mishna continues: **And the Rabbis say:** A beehive has the status of movable property; **one may not write a *prosbol*** based **on it, and it is not** considered **like land** with regard to its sale but is instead sold in the manner of movable property. **And it is susceptible to ritual impurity** even when it is **in its place, and one who takes** honey **out of it on Shabbat is exempt**[N] from bringing a sin-offering. According to this opinion, the honey contained within the beehive is considered detached from the ground and is therefore susceptible to ritual impurity, as stated by Rav Kahana.

אֲמַר רַבִּי אֶלְעָזָר: מַאי טַעֲמָא דְּרַבִּי אֱלִיעֶזֶר? דִּכְתִיב: ״וַיִּטְבֹּל אוֹתָהּ בְּיַעְרַת הַדְּבָשׁ״, וְכִי מָה עִנְיַן יַעַר אֵצֶל דְּבַשׁ? אֶלָּא לוֹמַר לָךְ: מַה יַּעַר – הַתּוֹלֵשׁ מִמֶּנּוּ בְּשַׁבָּת חַיָּיב חַטָּאת, אַף דְּבַשׁ – הָרוֹדֶה מִמֶּנּוּ בְּשַׁבָּת חַיָּיב חַטָּאת.

Rabbi Elazar said: What is the reasoning of Rabbi Eliezer? As it is written with regard to Jonathan: "He put forth the end of the rod that was in his hand, **and dipped it in the honeycomb** [***ya'arat hadevash***]" (I Samuel 14:27). **Now, what does a forest** [***ya'ar***][N] **have to do with honey** [***devash***]? Why is the honeycomb called a forest of honey [*ya'arat hadevash*]? **Rather,** this serves **to tell you: Just as** with regard **to a forest, one who picks** fruit **from** a tree **on Shabbat is liable** to bring **a sin-offering, so too,** with regard to **honey, one who removes** honey **from** a beehive **on Shabbat is liable** to bring **a sin-offering.**

מֵיתִיבֵי: דְּבַשׁ הַזָּב מִכַּוַּורְתּוֹ – אֵינוֹ לֹא אוֹכֶל וְלֹא מַשְׁקֶה; בִּשְׁלָמָא לְאַבַּיֵי נִיחָא,

The Gemara **raises an objection** from a *baraita*: **Honey that flows from one's beehive is not** considered **either food or liquid. Granted, according to** the reasoning of **Abaye** this **works out well,** since he would explain here, as in the previous case, that this is referring to the two combs in the beehive designated for the sustenance of the bees, and is not intended for human consumption.

NOTES

It is considered like land – הֲרֵי הִיא כְּקַרְקַע: Although the beehive is not attached to the ground, it is treated as though it were land. This has ramifications with regard to its manner of acquisition: Like land, it can be acquired through money, a deed, or taking possession, but not through pulling, like movable property. It also has ramifications concerning other matters. For this reason the food contained in the beehive is considered attached to the ground, and like all foods that are attached to the ground it is not susceptible to ritual impurity while it remains attached.

And one who takes honey out of it on Shabbat is exempt – וְהָרוֹדֶה מִמֶּנָּה בְּשַׁבָּת פָּטוּר: Nevertheless, it is prohibited to do so by rabbinic law, due to the similarity of this action to the prohibited category of severing, as one is uprooting a substance from its place of growth.

What does a forest, etc. – מָה עִנְיַן יַעַר וכו׳: The commentaries add that there is another word for honeycomb in the Bible: *Tzapiḥit* (see Exodus 16:31). Therefore, the Gemara interprets the expression *ya'arat hadevash* homiletically (Rabbeinu Gershom Meor HaGola).

HALAKHA

Honey – דְּבַשׁ: Honey in a beehive is susceptible to ritual impurity as food even if there was no intention to use it as food and it was not set aside for human consumption. This is in accordance with the opinion of Rav Kahana, as his ruling is supported by a *baraita*. If one takes honey out of a beehive, it is susceptible to ritual impurity as liquid from the moment he breaks off the honeycomb. Similarly, honey that flows from a beehive is susceptible to impurity as liquid, and if one intended to use it and designated it as food it is susceptible to impurity as food (Rambam *Sefer Tahara*, *Hilkhot Tumat Okhalin* 1:18).

BACKGROUND

Sabbatical Year – שְׁבִיעִית: The Sabbatical Year is the last year in the seven-year Sabbatical cycle. The first such cycle began after the conquest of Eretz Yisrael by Joshua. The *halakhot* of the Sabbatical Year are based on Torah law (see Leviticus 25:1–7), but most authorities maintain that the conditions enabling performance of the mitzva by Torah law do not currently exist, and therefore present-day observance is based on rabbinic ordinance. The Hebrew term for the Sabbatical Year, *shemitta*, means abandonment or release.

During the Sabbatical Year all agricultural land must lie fallow. It is prohibited to work the land, except for that which is necessary to keep existing crops alive. All produce that does grow is ownerless and must be left unguarded in the fields so that any creature, including wild animals and birds, can have ready access to it. As long as produce can still be found in the fields it may be eaten, although it may not be bought and sold in the normal manner or used for purposes other than food. After the last remnants of a crop have been removed from the field, that crop may no longer be eaten.

Prosbol – פְּרוֹזְבּוֹל: The *prosbol* is a contract written during the Sabbatical Year, when monetary debts are canceled. In this document the writer declares that he delivers to the court all debts owed him, so that the court, and not he, is demanding repayment. This practice was instituted by Hillel the Elder when he saw that people were refraining from lending money to the needy before the Sabbatical Year. He instituted this practice for the good of lenders and borrowers alike, to ensure that loans could be collected.

Honey – דְּבַשׁ:

Natural honeycomb hanging from a tree branch

אֶלָּא לְרָבָא קַשְׁיָא! אֲמַר רַב זְבִיד: כְּגוֹן שֶׁזָּב עַל גַּבֵּי כְּלִי מָאוּס. רַב אַחָא בַּר יַעֲקֹב אֲמַר: כְּגוֹן שֶׁזָּב עַל גַּבֵּי קַשְׁקַשִּׁין.

But according to the opinion of **Rava,** who says that the *baraita* is in accordance with the ruling of Rabbi Eliezer, this presents a **difficulty,** as even according to Rabbi Eliezer the honey is not considered attached to the ground once it leaves the beehive. **Rav Zevid said:** The *baraita* is referring to a case **where** the honey **flowed onto a repulsive vessel**[N] and therefore is unfit for human consumption. **Rav Aḥa bar Yaakov said:** It is referring to a case **where it flowed onto straw** [***kashkashin***][NL] and weeds, which renders it inedible.

מֵיתִיבֵי: דְּבַשׁ בְּכַוַּורְתּוֹ – אֵינוֹ לֹא אוֹכֶל וְלֹא מַשְׁקֶה, חִישֵּׁב עָלָיו לַאֲכִילָה – מְטַמֵּא טוּמְאַת אוֹכָלִין, לְמַשְׁקִין – מְטַמֵּא טוּמְאַת מַשְׁקִין; בִּשְׁלָמָא לְאַבָּיֵי נִיחָא,

The Gemara **raises** another **objection** from a *baraita*: **Honey in one's beehive is not** considered **either food or liquid. If one intended to** use **it** as **food, it** is susceptible to **ritual impurity** as **food,** and if one intended **to** use it as **liquid, it is susceptible to ritual impurity as liquid. Granted, according to** the reasoning of **Abaye,** this **works out well,** as he can explain that this too is referring to the two combs of honey left for the bees, and that if one reconsidered and decided to eat the honey, it is once again considered fit for human consumption.

אֶלָּא לְרָבָא קַשְׁיָא!

But according to Rava, who said that the ruling of the *baraita* that honey in a beehive does not have the status of food or liquid is in accordance with the opinion of Rabbi Eliezer, this poses **a difficulty.** This *baraita* does not accord with the reasoning of Rabbi Eliezer, as he maintains that one's intention is not enough for honey attached to the ground to be considered as though it were detached. Therefore, the *baraita* must be in accordance with the opinion of the Rabbis, and yet it contradicts Rav Kahana's statement that intention is not required for honey to be susceptible to ritual impurity.

אָמַר לָךְ רָבָא, תְּרֵיץ הָכִי: חִישֵּׁב עָלָיו לַאֲכִילָה – אֵינוֹ מְטַמֵּא טוּמְאַת אוֹכָלִין, לְמַשְׁקִין – אֵינוֹ מְטַמֵּא טוּמְאַת מַשְׁקִין. תַּנְיָא כְּוָותֵיהּ דְּרַב כָּהֲנָא: דְּבַשׁ בְּכַוַּורְתּוֹ – מְטַמֵּא טוּמְאַת אוֹכָלִין שֶׁלֹּא בְּמַחֲשָׁבָה.

The Gemara answers: **Rava** could have **said to you** that the *baraita* is in fact in accordance with the opinion of Rabbi Eliezer, and you should resolve the difficulty **and answer like this:**[N] **If one intended to** use the honey as **food, it** is **not** susceptible to **ritual impurity** as **food,** and if one intended **to** use it as **liquid, it is not susceptible to ritual impurity** as **liquid.** The Gemara notes: It **is taught** in a *baraita* **in accordance with** the opinion **of Rav Kahana: Honey in one's beehive is susceptible to ritual impurity** as **food** even if there was **no intention** to use it as food, as it has an innate status of food.

״זֵיתִים לָקוֹץ – מַנִּיחַ שְׁתֵּי גְּרוֹפִיּוֹת״. תָּנוּ רַבָּנַן: הַלּוֹקֵחַ אִילָן מֵחֲבֵירוֹ לָקוֹץ – מַגְבִּיהַּ מִן הַקַּרְקַע טֶפַח וְקוֹצֵץ, בְּתוּלַת הַשִּׁקְמָה – שְׁלֹשָׁה טְפָחִים, סַדַּן הַשִּׁקְמָה – שְׁנֵי טְפָחִים, בְּקָנִים וּבִגְפָנִים – מִן הַפְּקָק וּלְמַעְלָה, בִּדְקָלִים וּבַאֲרָזִים – חוֹפֵר וּמְשָׁרֵשׁ, לְפִי שֶׁאֵין גִּזְעָן מַחֲלִיף.

§ The mishna teaches: If one buys **olive** trees **for felling, he must leave two shoots**[N] from the tree. **The Sages taught: One who buys a tree from another for felling**[H] **must cut** the tree **one handbreadth above the ground,** to allow the tree to grow again. In the case of **an untrimmed sycamore,** he must cut the tree a minimum of **three handbreadths** above the ground, and with regard to **a large sycamore,** which has strong roots because the sycamore has been cut down once already, he must cut the tree a minimum of **two handbreadths** above the ground. **In the case of reeds or of vines,** he may cut only **from the knot and above,** so that they will grow back. **In the cases of palm and of cedar** trees, **he may dig down and uproot** them, **because their trunks do not replenish** themselves after they are cut down, and therefore there is no reason to leave anything behind.

NOTES

Onto a repulsive vessel – עַל גַּבֵּי כְּלִי מָאוּס: Rava also explains this *baraita* in accordance with the opinion of Rabbi Eliezer. Since Rabbi Eliezer maintains that the honey in the beehive is not classified as food but is considered attached to the ground and is not susceptible to ritual impurity, if it flows directly into a repulsive vessel nobody will think of using it as food, as it is rendered unfit for human consumption. But according to the opinion of the Rabbis, who hold that the honey is considered food from when it is in the hive, it forfeits its status of food only by becoming unfit even for consumption by a dog (Rashbam).

Onto straw – עַל גַּבֵּי קַשְׁקַשִּׁין: Rav Aḥa disagrees with Rav Zevid, as he maintains that the honey is still considered fit for human consumption even if it flows into a repulsive vessel. It becomes unfit to serve as food only if it flows onto straw and wood pieces, as it would then be impossible to gather the honey and separate it from the straw (Rashbam).

Resolve the difficulty and answer like this – תְּרֵיץ הָכִי: Rava explains that the first statement of the *baraita*: Honey in one's beehive is not considered either food or liquid, is then clarified by the continuation of the *baraita*, and means that it is not considered either food or liquid even if one intends to use it as food or liquid. This is in accordance with the opinion of Rabbi Eliezer that honey is considered as though it is attached to the ground, and therefore it does not matter whether one intended to use it as a food or liquid (*Tosafot*; Ramban).

Shoots [*gerofiyyot*] – גְּרוֹפִיּוֹת: According to some commentaries, *gerofiyyot* means shoots or branches (Rashbam; Rid). Others explain that the buyer leaves the trunk at a height of two fists [*egrofiyyot*], which are equal to two handbreadths (Rashi on *Bava Kamma* 81a; Rabbeinu Gershom Meor HaGola; Rambam's Commentary on the Mishna). Alternatively, this refers to two knots on the tree from which branches grow (Ri Migash; Ramah).

LANGUAGE

Straw [*kashkashin*] – קַשְׁקַשִּׁין: Some explain that this refers to the plant's roots, which are removed by hoeing [*kishkush*].

HALAKHA

One who buys a tree from another for felling – הַלּוֹקֵחַ אִילָן מֵחֲבֵירוֹ לָקוֹץ: If one buys an untrimmed sycamore for felling, he leaves three handbreadths of the trunk and cuts off the rest. If the sycamore has been cut down before, he is required to leave only two handbreadths. With regard to all other trees, he leaves only one handbreadth. In the case of reeds and grapevines, he may cut from above the knot, while the knot itself belongs to the seller (*Sma*). One who buys cedar and palm trees may cut down everything, and even dig and uproot them, because even if he does not cut down the entire tree it will not grow again. If the cedar is one of the types that do grow back, he must leave one handbreadth and cut above that point, as with other trees (Rambam *Sefer Kinyan*, *Hilkhot Mekhira* 23:15 and *Maggid Mishne* there; *Shulḥan Arukh*, *Ḥoshen Mishpat* 216:14).

HALAKHA

An untrimmed sycamore during the Sabbatical Year – בתולת השקמה בשביעית: One may not fell an untrimmed sycamore during the Sabbatical Year in the regular manner, as cutting down a sycamore promotes its growth and is considered working the land. If one wants to cut it for its wood, he should cut it in a way that is not considered working the land, e.g., so that it is even with the ground, or cutting the trunk higher than ten handbreadths above the ground. This *halakha* is in accordance with the statement of Rabbi Yehuda, who explains, rather than disagrees with, the ruling of the Rabbis (Rambam *Sefer Zera'im*, *Hilkhot Shemitta VeYovel* 1:21–22 and *Kesef Mishne* there).

ובתולת השקמה שלשה טפחים בעינן? ורמינהי: אין קוצצין בתולת השקמה בשביעית, מפני שהיא עבודה;

The Gemara asks: **And do we require an untrimmed sycamore** to be cut a minimum of **three handbreadths** above the ground for it to grow back? **And** the Gemara **raises a contradiction** from a mishna (*Shevi'it* 4:5): **One may not fell an untrimmed sycamore during the Sabbatical Year**[H] **because it is** considered **work,**[N] as it promotes the growth of the tree.

רבי יהודה אומר: כדרכו אסור, אלא מגביה עשרה טפחים וקוצץ, או גומם מעם הארץ; מעם הארץ הוא דקשי, הא אידך מעלי לה!

The mishna continues. **Rabbi Yehuda says:** It is **prohibited** for one to fell the tree during the Sabbatical Year **in its** usual **manner; rather, he must cut** the tree **ten handbreadths** above the ground, **or raze** the tree until it is **even with the ground.** Neither of these methods promote the growth of the tree; in fact, they damage it. It can be inferred from here that it is only cutting the sycamore until it is **even with the ground that is harmful** for it, and it does not grow again. Cutting in **another** manner **is beneficial for it,** even if it is cut less than three handbreadths from the ground.

אמר אביי: שלשה טפחים מעלי לה, מעם הארץ ודאי קשי לה, מכאן ואילך – לא מקשי קשי לה ולאו עלויי מעלי לה; גבי שביעית עבדינן מידי דודאי קשי לה, גבי מקח וממכר עבדינן מידי דודאי מעלי לה.

Abaye said that the mishna should be understood as follows: Cutting down a sycamore from a height of **three handbreadths is beneficial for it,** whereas cutting it so that it is **even with the ground is certainly harmful for it** and is permitted during the Sabbatical Year. Cutting it down **from this point onward,** i.e., between the ground and three handbreadths, is **neither** very **harmful for it nor** particularly **beneficial for it. With regard to the Sabbatical Year, we perform** only **a matter that is certainly harmful to it,** so as to avoid enhancing it. **With regard to buying and selling,**[N] **we perform** only **a matter that is certainly beneficial for it,** as the seller intended to sell the sycamore in such a manner that the tree would grow again.

"בדקלים ובארזים חופר ומשרש, לפי שאין גזען מחליף". וארז אין גזעו מחליף? והא דריש רבי חייא בר לולייני, מאי דכתיב: "צדיק כתמר יפרח כארז בלבנון ישגה"? אם נאמר תמר למה נאמר ארז, ואם נאמר ארז, למה נאמר תמר?

The *baraita* teaches: In the case **of palm and cedar trees,** a buyer may **dig down and uproot** them, **because their trunks do not replenish** themselves after being cut down. The Gemara asks: **And** is it correct with regard to **a cedar** that **its trunk does not replenish** itself? **But didn't Rabbi Ḥiyya bar Lulyani teach: What** is the meaning of that **which is written: "The righteous shall flourish like the palm tree; he shall grow like a cedar in Lebanon"** (Psalms 92:13)? **If "palm tree" is stated, why is "cedar" stated? And if "cedar" is stated, why is "palm tree" stated?** What is added by this double comparison?

אילו נאמר ארז ולא נאמר תמר, הייתי אומר: מה ארז אין עושה פירות, אף צדיק אין עושה פירות, לכך נאמר תמר;

Rabbi Ḥiyya bar Lulyani explains: **Had** the verse **stated** only **"cedar" and had not stated "palm tree," I would have said** that **just as a cedar does not produce fruit, so too, a righteous person does not produce fruit,**[N] i.e., he will have no reward in the World-to-Come. **Therefore, it is stated: "Palm tree,"** which is a fruit-bearing tree.

ואם נאמר תמר ולא נאמר ארז, הייתי אומר: מה תמר אין גזעו מחליף, אף צדיק אין גזעו מחליף, לכך נאמר ארז!

And had the verse **stated** only **"palm tree" and had not stated "cedar," I would have said** that **just as** with regard to **a palm tree its trunk does not replenish** itself after being cut down, **so too,** in the case of **a righteous person, his trunk does not replenish** itself,[N] i.e., he will be unable to recover from misfortune. **Therefore, it is stated: "Cedar,"** to indicate that just as the trunk of the cedar replenishes itself, so too, the righteous will thrive again. This demonstrates that the trunk of a cedar does grow again.

NOTES

Because it is considered work – מפני שהיא עבודה: It is prohibited to work the land during the Sabbatical Year, apart from work that serves to maintain existing trees. One may not improve them or cause them to grow larger. Since the Torah states explicitly: "You shall not prune your vineyard" (Leviticus 25:4), and pruning grapevines causes them eventually to grow, it is prohibited to trim the trunk of a sycamore for the same reason.

With regard to buying and selling – גבי מקח וממכר: A buyer may not cut an untrimmed sycamore below three handbreadths from the ground, as the seller wants to retain for himself enough of the tree that it will grow again (Rashbam).

A righteous person does not produce fruit – צדיק אין עושה פירות: One might have thought that a righteous person is rewarded for his actions only in this world, but receives no reward in the World-to-Come (Rashbam; Rabbeinu Gershom Meor HaGola), or even that he receives no reward at all (Rashbam).

His trunk does not replenish itself – אין גזעו מחליף: There are different explanations of the idea of a replenishing trunk in the context of righteous individuals. It might be referring to a child who acts in a manner similar to his parent (Rashbam; Rabbeinu Gershom Meor HaGola), or it might mean that even if a righteous individual stumbles he will rise again (Rashbam). Alternatively, a righteous person receives reward in this world, but the principal reward remains for him in the World-to-Come. Others claim that this refers to the immortality of the soul, which continues to exist in the World-to-Come (Maharsha).

אֶלָּא הָכָא בְּמַאי עָסְקִינַן – בִּשְׁאָר מִינֵי אֲרָזִים, כִּדְרַבָּה בַּר רַב הוּנָא. דְּאָמַר רַבָּה בַּר רַב הוּנָא, אָמְרִי בֵּי רַב: עֲשָׂרָה מִינֵי אֲרָזִים הֵן, שֶׁנֶּאֱמַר: ״אֶתֵּן בַּמִּדְבָּר אֶרֶז שִׁטָּה וַהֲדַס וְעֵץ שָׁמֶן אָשִׂים״ וגו׳; אֶרֶז – אַרְזָא, שִׁיטָּה – תּוֹרְנִיתָא, הֲדַס – אָסָא, עֵץ שֶׁמֶן – אֲפַרְסְמָא, בְּרוֹשׁ – בְּרָתִי, תִּדְהָר – שָׁאגָא, וּתְאַשּׁוּר – שׁוּרְבִּינָא.

The Gemara answers: **Rather, with what are we are dealing here?** We are dealing **with other types of cedars,** as the trunks of certain species do not grow back after the tree is felled. This is **in accordance with** the opinion **of Rabba bar Rav Huna. As Rabba bar Rav Huna says** that **they say in the school of Rav: There are ten types of cedars; as it is stated: "I will place in the wilderness the cedar** [*erez*]**, the acacia tree** [*shitta*]**, and the myrtle** [*hadas*] **and the pine tree** [*etz shemen*]**; I will set** in the desert the juniper [*berosh*], the teak [*tidhar*], and the cypress [*te'ashur*] all together" (Isaiah 41:19). The Gemara elaborates: ***Erez*** means **cedar;** ***shitta*** means **acacia tree** [***tornita***];[L] ***hadas*** is the **myrtle;** ***etz shemen*** is the **balsam tree;** ***berosh*** means **juniper** [***berati***];[L] ***tidhar*** is the **teak** [***shaga***];[L] **and** ***te'ashur*** is the **cypress** [***shurbina***].[L]

הָנֵי שִׁבְעָה הָוֵי! כִּי אֲתָא רַב דִּימִי אָמַר, הוֹסִיפוּ עֲלֵיהֶן: אַלּוֹנִים, אַלְמוֹנִים, אַלְמוּגִּים; אַלּוֹנִים – בּוּטְנֵי, אַלְמוֹנִים – בַּלּוּטֵי, אַלְמוּגִּים

The Gemara asks: But **these are seven** species of cedar, not ten. **When Rav Dimi came** from Eretz Yisrael to Babylonia **he said: They added to** the list of cedars ***allonim, almonim,*** and ***almugim. Allonim*** refers to **pistachio trees** [***butnei***],[L] ***almonim*** are **oaks** [***balutei***],[L] and ***almugim***

LANGUAGE

Acacia tree [*tornita*] – **תּוֹרְנִיתָא**: There are several opinions with regard to the precise identification of the tree called *tornita*, which might be a cypress, a pine, or some variety of acacia tree.

Juniper [*berati*] – **בְּרָתִי**: The experts disagree with regard to the precise identification of the *berati*. Some identify it as the cypress, *Cupressus*; others with the pine, *Pinus*; while yet others say it is the juniper, *Juniperus*.

Teak [*shaga*] – **שָׁאגָא**: This is the teak tree, *Tectona grandis*. Its name derives from the Sanskrit *S'aka*, which was incorporated into Persian as sāg. From the Persian it passed into Aramaic.

Cypress [*shurbina*] – **שׁוּרְבִּינָא**: This is the Aramaic name for the tree, which is the translation of the Hebrew *tashor*. Similarly, in Arabic it is شربين, *sharbin*. Nowadays it is called the cypress.

Pistachio trees [*butnei*] – **בּוּטְנֵי**: Apparently, this refers to the pistachio tree, *Pistacia vera*, which produces nuts that are referred to in the Bible as "the choice fruits of the land" (Genesis 43:11).

Oaks [*balutei*] – **בַּלּוּטֵי**: The oak, or *Quercus*, is a broad category that includes over six hundred species of trees. *Balutei* are one particular species of oak.

Teak tree

Perek **V**
Daf **81** Amud **a**

כַּסִּיתָא. אִיכָּא דְּאָמְרִי: עֲרוֹנִים, עַרְמוֹנִים, אַלְמוּגִּים; עֲרוֹנִים – עָרֵי, עַרְמוֹנִים – דּוּלְבֵּי, אַלְמוּגִּים – כַּסִּיתָא.

refers to **coral trees** [***kasita***]. **There are** those **who say** that the other three are as follows: ***Aronim, armonim,*** **and** ***almugim. Aronim*** refers to **laurel trees** [***arei***], ***armonim*** to **plane trees** [***dulevei***],[B] and ***almugim*** to **coral trees** [***kasita***].

BACKGROUND

Plane trees – **דּוּלְבֵּי**: This is the tree known nowadays as the oriental plane tree, *Platanus orientalis*. It is a tall, deciduous tree from the Platanaceae family and can grow up to 50 m in height. Its large leaves are divided into lobes and grow interlaced. The plane tree is barren and is cultivated primarily for ornamentation.

מתני׳ הַקּוֹנֶה שְׁנֵי אִילָנוֹת בְּתוֹךְ שְׂדֵה חֲבֵירוֹ – הֲרֵי זֶה לֹא קָנָה קַרְקַע; רַבִּי מֵאִיר אוֹמֵר: קָנָה קַרְקַע. הִגְדִּילוּ – לֹא יְשַׁפֶּה. וְהָעוֹלֶה מִן הַגֶּזַע – שֶׁלּוֹ, וּמִן הַשָּׁרָשִׁים – שֶׁל בַּעַל הַקַּרְקַע, וְאִם מֵתוּ – אֵין לוֹ קַרְקַע.

MISHNA With regard to **one who buys two trees**[NH] **in the field of another, this** one has **not acquired** any **ground**, but only the trees. **Rabbi Meir says:** He has **acquired** the **ground** under them. The mishna states a *halakha* in accordance with the opinion of the first *tanna*: If the trees **grew**, the owner of the field **may not cut down** their branches,[NH] despite the fact that their shade damages his field. **And that which grows out of the trunk is his,** i.e., it belongs to the owner of the tree, **but** that which grows **out of the roots** belongs **to the owner of the ground.**[N] **And if** the trees **died,** their owner **has no** rights to the **ground** where the trees had stood.

קָנָה שְׁלֹשָׁה – קָנָה קַרְקַע. הִגְדִּילוּ – יְשַׁפֶּה. וְהָעוֹלֶה מִן הַגֶּזַע וּמִן הַשָּׁרָשִׁין – שֶׁלּוֹ. וְאִם מֵתוּ – יֵשׁ לוֹ קַרְקַע.

If one **bought three** trees,[H] he has **acquired** the **ground** along with them. If **they grew,** the owner of the field **may cut down** their branches,[H] as he sold a specific piece of land along with the trees, not his entire field. **And that which grows out of the trunk and out of the roots is his,** i.e., it belongs to the owner of the trees. **And if** the trees **died,** the owner of the trees still **has** possession of the **ground,**[N] as it was sold along with the trees.

גמ׳ תְּנַן הָתָם: הַקּוֹנֶה שְׁנֵי אִילָנוֹת בְּתוֹךְ שֶׁל חֲבֵירוֹ – מֵבִיא וְאֵינוֹ קוֹרֵא, רַבִּי מֵאִיר אוֹמֵר: מֵבִיא וְקוֹרֵא.

GEMARA **We learned** in a mishna **elsewhere** (*Bikkurim* 1:6): With regard to **one who buys two trees in** the field **of another, he brings** the first fruits[B] **but does not recite** the passages of thanks to God that appear in the Torah (Deuteronomy 26:1–11), as the land does not belong to him and therefore he cannot state: "I have brought the first of the fruit of the land, which You, Lord, have given me" (Deuteronomy 26:10). **Rabbi Meir says: He brings** the first fruits **and** also **recites** the passage.

אָמַר רַב יְהוּדָה אָמַר שְׁמוּאֵל: מְחַיֵּיב הָיָה רַבִּי מֵאִיר אַף בְּלוֹקֵחַ פֵּירוֹת מִן הַשּׁוּק. מִמַּאי? מִדְּקָתָנֵי מִשְׁנָה יְתֵירָא; מִכְּדִי תְּנָא לֵיהּ דְּיֵשׁ לוֹ קַרְקַע, פְּשִׁיטָא דְּמֵבִיא וְקוֹרֵא!

Rav Yehuda says that **Shmuel says: Rabbi Meir would obligate even one who buys fruit from the marketplace** to bring first fruits, not only one who grew the fruits on his own tree. **From where** did he derive this *halakha*? **From** the fact **that** the *tanna* **teaches** an apparently **superfluous mishna.**[N] **Since** Rabbi Meir already **taught** in the mishna here **that** the owner of two trees **has** possession of the **ground,** isn't it **obvious that he brings** first fruits **and recites** the passage? What is added by his statement in the mishna in *Bikkurim*?

NOTES

One who buys two trees, etc. – הַקּוֹנֶה שְׁנֵי אִילָנוֹת וכו׳: In other words, he simply bought two trees, without further specification. He acquires the trees and their fruit, but he does not possess the ground on which they stand, merely the right to use the ground to tend to the trees (Rashbam).

If the trees grew he may not cut down their branches – הִגְדִּילוּ לֹא יְשַׁפֶּה: Although the growing branches cast a shadow over the field and cause a slight loss for its owner, nevertheless, since the owner of the land did not sell any land along with the trees, the owner of the tree is permitted to make use of the field for the tree's requirements so that the tree can grow (Rashbam). Additionally, even if they were low branches that render it difficult to plow the field, the owner of the field may not cut them down, unlike the case of a neighbor's tree that extends into one's field (Ramah; Rashash).

Others explain that the issue here is the right of the owner of the field to cut down branches for his own use. Just as the owner of the tree has no right to the field, likewise the owner of the field has no right to the branches of the tree (Rabbeinu Gershom Meor HaGola). Alternatively, the owner of the field may not cut down the branches, as he does not suffer a real loss, since he retains ownership of his field (Ri Migash). By contrast, one who sells three trees together with the surrounding ground and the soil underneath is allowed to cut down the extending branches, as otherwise the owner of the trees will effectively assume ownership of more of his land.

That which grows out of the roots belongs to the owner of the ground – מִן הַשָּׁרָשִׁים שֶׁל בַּעַל הַקַּרְקַע: The reason for this *halakha* is that the ground belongs to the owner of the field, and therefore anything in the ground, including the tree's roots and that which grows from them, is considered as growing from the ground rather than from the tree.

And if the trees died he has possession of the ground – וְאִם מֵתוּ יֵשׁ לוֹ קַרְקַע: It is necessary to state this *halakha*, as one might have thought that his acquisition of the ground is merely an extension of his possession of the trees, and since the trees have died the entire acquisition is nullified. In fact, it is considered as though he acquired the land separately (Ran).

From the fact that the *tanna* teaches a superfluous mishna – מִדְּקָתָנֵי מִשְׁנָה יְתֵירָא: According to the opinion of the Rabbis this mishna is not superfluous, as it teaches that the owner of the tree brings the first fruits despite the fact that he does not own the land (Rashba; Ran).

BACKGROUND

First fruits – בִּכּוּרִים: The obligation to bring first fruits to the Temple is stated in the Torah (Deuteronomy 26:1–11) and is discussed in great detail in the mishna and in the Jerusalem Talmud, in tractate *Bikkurim*. This mitzva involves bringing to the Temple in Jerusalem a small amount of first fruits, one-sixtieth of the harvest, before *teruma* is separated from the crop. The first fruits must be brought from the seven types of produce for which Eretz Yisrael is praised.

A large, festive ceremony accompanied the procession of the first fruits to Jerusalem. The owner of the fruit would bring his basket up to the altar, where he would wave it and recite the prayers of praise and thanksgiving that appear in the Torah. At this stage of the ritual, the status of the first fruits becomes like that of *teruma*, and the fruits belong to the priest.

HALAKHA

One who buys two trees – הַקּוֹנֶה שְׁנֵי אִילָנוֹת: If one buys two trees in a field belonging to another, he does not acquire the ground under them. He is entitled to the use of space to collect the fruit and put down his basket in which the fruit is placed (see *Sma*). This is the case even if this area is greater than that of the trees. The buyer is also given a path through the field to the trees so that he can collect their fruits. The seller may not plant underneath the trees, despite the fact that the land remains in his possession, as the fruit that falls from the trees might become soiled. If the trees die, the one who bought them has no right to the land (Rambam *Sefer Kinyan*, *Hilkhot Mekhira* 24:6; *Shulḥan Arukh*, *Ḥoshen Mishpat* 216:9, and in the comment of the Rema).

If the trees grew he may not cut down their branches, etc. – הִגְדִּילוּ לֹא יְשַׁפֶּה וכו׳: If one buys two trees in a field belonging to another and the branches grow and spread out, the owner of the field may not cut them down despite the fact that they extend into his field and their shade causes damage (*Shulḥan Arukh*, *Ḥoshen Mishpat* 216:9).

Bought three trees – קָנָה שְׁלֹשָׁה: If one buys three trees in a field belonging to another, even if they were three saplings or three branches of a tree that were covered in dirt so that they merely appeared to be three separate trees (*Sma*, citing *Tur*), he acquires a certain amount of the ground, as explained on 82b. Some say that if the trees are so thin that one could bend them, the buyer does not acquire the ground (Rema, citing *Tur*; see *Sma*). If they dried out or were cut down, he may plant new trees in their place, as he owns the ground (Rambam *Sefer Kinyan*, *Hilkhot Mekhira* 24:1; *Shulḥan Arukh*, *Ḥoshen Mishpat* 216:6).

If they grew he may cut down their branches, etc. – הִגְדִּילוּ יְשַׁפֶּה וכו׳: If one bought three trees and their branches extended outward, the owner of the field may cut down the branches. Some say that this *halakha* applies only if the branches spread beyond the ground that belongs to the owner of the tree, while others say that the same is true even within that space (see *Sma*). The reason is that his branches may not infringe upon the land belonging to the owner of the field. If the owner of the field and the owner of the trees dispute whether the branches extended outward before or after the sale, the burden of proof is on the owner of the trees (Rema, citing *Tur*). The branches that are cut down belong to the owner of the trees, whether they grew from the trunk or from the roots of the tree (Rambam *Sefer Kinyan*, *Hilkhot Mekhira* 24:5; *Shulḥan Arukh*, *Ḥoshen Mishpat* 216:8).

אֶלָּא שְׁמַע מִינָּהּ: מְחַיֵּיב הָיָה רַבִּי מֵאִיר אַף בְּלוֹקֵחַ פֵּירוֹת מִן הַשּׁוּק.

Rather, learn from the mishna in *Bikkurim* that **Rabbi Meir would obligate even one who buys fruit from the marketplace**[NH] to bring first fruits to the Temple. Rabbi Meir is saying that even if the *halakha* is in accordance with the opinion of the Rabbis that one who buys two trees does not own the ground between them, he still must bring the first fruits and recite the passage of thanks.

וְהָא כְּתִיב: ״אֲשֶׁר תָּבִיא מֵאַרְצְךָ״! הַהוּא לְמַעוּטֵי חוּצָה לָאָרֶץ.

The Gemara asks: **But isn't it written: "Which you shall bring in from your land"** (Deuteronomy 26:2)? This verse indicates that the fruit must be the produce of your land, not land that belongs to another. The Gemara answers: **That** verse serves **to exclude** land that is **outside of Eretz** Yisrael,[H] which is not the land of the Jewish people. It does not exclude land that does not belong to that specific individual.

וְהָא כְּתִיב: ״אַדְמָתְךָ״! לְמַעוּטֵי אַדְמַת גּוֹי. וְהָכְתִיב: ״אֲשֶׁר נָתַתָּה לִּי״! דִּיהַבְתְּ לִי זוּזֵי וּזְבַנִי בְּהוּ.

The Gemara asks: **But isn't it written:** "The choicest first fruits of **your land**[N] you shall bring" (Exodus 23:19)? The Gemara answers: This serves **to exclude** fruit bought by a Jew that was grown on the **land of a gentile**[H] in Eretz Yisrael. The Gemara asks: **But isn't it written:** "I have brought the first of the fruit of the land, **which You,** Lord, **have given me**" (Deuteronomy 26:10)? If he purchased the fruit, then the land on which it grew was not given to him by God. The Gemara answers that the phrase "which You have given me" can mean **that You have given me money, and with that** money **I bought** this fruit.

מְתִיב רַבָּה: הַקּוֹנֶה אִילָן אֶחָד בְּתוֹךְ שֶׁל חֲבֵירוֹ – מֵבִיא וְאֵינוֹ קוֹרֵא, לְפִי שֶׁלֹּא קָנָה קַרְקַע, דִּבְרֵי רַבִּי מֵאִיר! תְּיוּבְתָּא.

Rabba raises an objection to the opinion of Shmuel from a *baraita*: **One who buys one tree**[H] in the field **of another brings** first fruits **but does not recite** the passage, **as he did not acquire** any **land;** this is **the statement of Rabbi Meir.** This is **a conclusive refutation**[B] of Shmuel's opinion, as he said that according to Rabbi Meir even one who simply purchases fruit is obligated to bring first fruits to the Temple.

אָמַר לוֹ רַבִּי שִׁמְעוֹן בֶּן אֶלְיָקִים לְרַבִּי אֶלְעָזָר:

Apropos the discussion of the obligation to bring first fruits of one who buys a tree in the field of another, **Rabbi Shimon ben Elyakim said to Rabbi Elazar:**[P]

NOTES

One who buys fruit from the marketplace – בְּלוֹקֵחַ פֵּירוֹת מִן הַשּׁוּק: According to alternative versions of the text, this is referring to one who bought fruits while they were still attached to the tree (Rashbam). Alternatively, he purchased fruits that themselves were first fruits. For this reason, he brings them to the Temple and recites the passage of thanks (Rashba).

But isn't it written, of your land, etc. – וְהָא כְּתִיב אַדְמָתְךָ וכו׳: The commentaries cite a different version of this passage, in which the question is based on the repetition of the term "your land" in the verses. The Gemara answers that one instance of the term serves to exclude land that belongs to gentiles, while the other excludes land belonging to converts (Rashbam). Some commentaries claim that there is no need for an explicit exclusion of land belonging to converts, as converts themselves are either obligated to bring the first fruits, or they are exempt, in which case clearly those who buy from them are also exempt. Rather, the second mention of "your land" serves to exclude the first fruits of one who grafts his plant in the field of another (*Tosafot*).

PERSONALITIES

Rabbi Elazar – רַבִּי אֶלְעָזָר: In the Gemara, citations of Rabbi Elazar with no patronymic refer to Rabbi Elazar ben Pedat, a second-generation *amora* in Eretz Yisrael. He was born in Babylonia and studied from both Rav and Shmuel. In his youth Rabbi Elazar immigrated to Eretz Yisrael. In Eretz Yisrael he became the primary student of Rabbi Yoḥanan. The connection between them was so close that at times the Gemara raises a contradiction between the statement of one and the statement of the other, under the assumption that it was unlikely that they would hold different opinions in matters of *halakha*.

HALAKHA

One who buys fruit from the marketplace – בְּלוֹקֵחַ פֵּירוֹת מִן הַשּׁוּק: One who buys detached fruit and the land where it grew brings the first fruits to the Temple, as he owns both the land and its fruit. If he bought only the fruit he does not bring first fruits, even if they were attached to the tree, as he does not own the land. Similarly, the seller does not bring the first fruits, as he does not own the fruit. If the seller repurchased the fruit from the buyer, he does bring the first fruits to the Temple, since he owns the land, as stated in the Jerusalem Talmud (*Bikkurim* 1:6; Rambam *Sefer Zera'im*, *Hilkhot Bikkurim* 2:14).

Outside of Eretz Yisrael – חוּצָה לָאָרֶץ: By Torah law, the mitzva of first fruits applies only in Eretz Yisrael. By rabbinic law it also applies to some of the area of present-day Jordan, as well as Syria. If one brings first fruits from outside of Eretz Yisrael, they do not have the halakhic status of first fruits (Rambam *Sefer Zera'im*, *Hilkhot Bikkurim* 2:1).

The land of a gentile – אַדְמַת גּוֹי: By Torah law, if one sells his field to a gentile and subsequently buys it back from him, he brings first fruits from the field to the Temple, despite the fact that the fruits grew while the field was in the possession of the gentile (Ra'avad). The gentile's purchase of the land does not mean that the fruit is no longer subject to this *halakha*, as stated in the mishna on *Gittin* 47a (Rambam *Sefer Zera'im*, *Hilkhot Bikkurim* 2:15 and *Hilkhot Terumot* 1:10).

One tree – אִילָן אֶחָד: One who buys a single tree in a field belonging to another does not bring first fruits from that field to the Temple, as he does not acquire the ground through the purchase of one tree. If he bought the tree and the ground on which it was standing, he brings its first fruits to the Temple and recites the passage of thanks to God (Rambam *Sefer Zera'im*, *Hilkhot Bikkurim* 2:13, and *Kesef Mishne* there).

BACKGROUND

Conclusive refutation [*teyuvta*] – תְּיוּבְתָּא: An amoraic statement can be refuted on the basis of a tannaitic source that contradicts the statement of the *amora*. The word *teyuvta* is one of several terms based on the same Aramaic root. For example, where one *amora* raises an objection to the opinion of another *amora* by citing a tannaitic source, the expression used is *eitivei*, meaning one Sage raised an objection to another Sage's opinion. Where an *amora* raises an objection against an unattributed amoraic opinion by citing a tannaitic source, the expression employed is *mativ*, i.e., a Sage raised an objection. In the case cited here, where the Gemara itself raises the objection to the statement of an *amora* by citing a tannaitic source, the expression used is *meitivei*. When there is no response to the objection, it is deemed a conclusive refutation and the term *teyuvta* is used; often it is repeated both before and after the name of the *amora*, effectively disqualifying his opinion.

מַאי טַעְמָא דְּרַבִּי מֵאִיר בְּאִילָן אֶחָד, וּמַאי טַעְמָא דְּרַבָּנַן בִּשְׁנֵי אִילָנוֹת? אֲמַר לוֹ: דָּבָר שֶׁהָרִאשׁוֹנִים לֹא אָמְרוּ בּוֹ טַעַם, תִּשְׁאָלֵנִי בְּבֵית הַמִּדְרָשׁ כְּדֵי לְבַיְּישֵׁנִי?

What is the rationale of Rabbi Meir that **in** the case of **one tree,** an individual is obligated to bring first fruits but does not recite the passage, **and what is the rationale of the Rabbis** that **in** the case of **two trees,** an individual is obligated to bring the first fruits but does not recite the passage? If one owns the ground and is obligated to bring the first fruits to the Temple, he should also recite the passage of thanks. If he does not own the ground and therefore is not obligated to recite the passage, why does he bring the first fruits to the Temple? Rabbi Elazar **said to** Rabbi Shimon ben Elyakim: **Do you ask me** publicly, **in the study hall,** about **a matter for which the early** Sages[N] **did not give a reason, in order to embarrass me?** In other words, I do not know the reason, as not even the early Sages explained this matter.

אָמַר רַבָּה: מַאי קוּשְׁיָא? דִּלְמָא רַבִּי מֵאִיר בְּאִילָן אֶחָד סְפוּקֵי מְסַפְּקָא לֵיהּ, וְרַבָּנַן בִּשְׁנֵי אִילָנוֹת סְפוּקֵי מְסַפְּקָא לְהוּ!

Rabba said: What is the difficulty? Perhaps Rabbi Meir is uncertain, in the case of an individual who purchases **one tree,** whether or not the buyer owns the ground, **and the Rabbis are uncertain,**[N] **in** the case of an individual who purchases **two trees,**[H] whether or not the buyer owns the ground. Due to this uncertainty, the owner of the tree must bring the first fruits to the Temple, as he might be obligated in this mitzva. He does not recite the passage of thanks because it is not definitely established that he is obligated to bring the fruits.

וּמִי מְסַפְּקָא לֵיהּ? וְהָא קָתָנֵי: לְפִי שֶׁלֹּא קָנָה קַרְקַע, דִּבְרֵי רַבִּי מֵאִיר! אֵימָא: שֶׁמָּא לֹא קָנָה קַרְקַע.

The Gemara asks: **And is** Rabbi Meir really **uncertain** whether the buyer owns the ground? **But it teaches: Since he did not acquire** any **land;** this is **the statement of Rabbi Meir.** Rabbi Meir states definitively that the owner of the tree does not own the ground. The Gemara answers: **Say** that the *baraita* should be emended as follows: **Perhaps he did not acquire** any **land.**

וְלֵיחוּשׁ דְּדִלְמָא לָאו בִּיכּוּרִים נִינְהוּ, וְקָא מְעַיֵּיל חוּלִּין לָעֲזָרָה! דְּמַקְדִּישׁ לְהוּ. וְהָא בָּעֵי מֵיכְלִינְהוּ! דְּפָרֵיק לְהוּ. וְדִלְמָא לָאו בִּכּוּרִים נִינְהוּ, וְקָא מַפְקַע לְהוּ מִתְּרוּמָה וּמַעֲשֵׂר! דְּמַפְרִישׁ לְהוּ.

The Gemara asks: **But let us be concerned that perhaps** these fruits **are not first fruits, and he is bringing non-sacred** fruit **to the** Temple **courtyard,** which is prohibited. The Gemara answers: The case is **where he consecrates them.**[N] The Gemara asks: **But** the priest **is required to eat** first fruits, and he cannot do so if they are consecrated. The Gemara answers: The case is **where** the priest **redeems them.**[N] The Gemara asks: **But perhaps they are not first fruits, and** thereby **he removes them from** the obligation of *teruma*[B] **and tithes,** as one does not separate *teruma* and tithes from first fruits. The Gemara answers: The case is **where he separates** *teruma* and tithes from the fruits, due to the uncertainty over their status.

NOTES

A matter for which the early Sages, etc. – דָּבָר שֶׁהָרִאשׁוֹנִים וכו׳: It can be derived from here that it is improper conduct for a student to ask his teacher a question in public if he knows that the early Sages discussed the matter and were unable to find an answer (Meiri).

And the Rabbis are uncertain – וְרַבָּנַן...סְפוּקֵי מְסַפְּקָא לְהוּ: The reason that in the case of a sale the Rabbis say with certainty that the buyer of the tree does not acquire the land is because the uncertainty involves a monetary dispute. Since the burden of proof rests upon the claimant, one does not take the land away from the owner of the field, who is in possession of it (Rashbam).

Where he consecrates them – דְּמַקְדִּישׁ לְהוּ: The early commentaries dispute the circumstances of this case. According to some, he consecrates them on the condition that they are not already first fruits (Rashbam; *Tosafot*). Others maintain that he consecrates them unconditionally (Rabbeinu Gershom Meor HaGola; Rambam).

Where he redeems them – דְּפָרֵיק לְהוּ: According to some commentaries the one who brings the first fruits must redeem them (Rabbeinu Gershom Meor HaGola). Others maintain that the priest redeems these fruits (Rambam). He does not have to redeem them for their actual value; it is enough to redeem them for the value of one *peruta*, as after the fact the redemption is effective no matter how little is paid.

HALAKHA

In the case of two trees, etc. – בִּשְׁנֵי אִילָנוֹת וכו׳: If one buys two trees in a field belonging to another, he brings the first fruits of the trees to the Temple but does not recite the passage of thanks. Beforehand, he must consecrate the fruits for Temple maintenance to ensure that he is not bringing non-sacred fruit to the Temple courtyard. He also separates tithes, but gives them only to priests, in case the fruits are first fruits that may be eaten only by priests (Rambam *Sefer Zera'im*, *Hilkhot Bikkurim* 4:4).

BACKGROUND

Teruma – תְּרוּמָה: Whenever this term appears without qualification it is referring to *teruma gedola*, the portion of the produce designated for the priest. The Torah commands that "the first fruit of your oil, your wine, and your grain" be given to the priest (Numbers 18:12). The Sages extended the scope of this mitzva to include all produce; the mitzva applies only in Eretz Yisrael. After the first fruits have been separated, a certain portion of the produce must be set aside for the priests.

The Torah does not specify the amount of *teruma* that must be given; one may theoretically fulfill his obligation by separating even a single kernel of grain from an entire crop. The Sages established the following measures: One-fortieth for a generous gift, one-fiftieth for an average gift, and one-sixtieth for a miserly gift. Nowadays, *teruma* is not given to the priests because they have no definite proof of their priestly lineage. Nevertheless, the obligation to separate *teruma* still applies, although in practice only a small portion of the produce is separated.

בִּשְׁלָמָא תְּרוּמָה גְּדוֹלָה יָהֵיב לָהּ לְכֹהֵן, מַעֲשֵׂר שֵׁנִי נַמִּי יָהֵיב לֵיהּ לְכֹהֵן, מַעְשַׂר עָנִי נַמִּי יָהֵיב לֵיהּ לְכֹהֵן עָנִי, אֶלָּא מַעֲשֵׂר רִאשׁוֹן דְּלֵוִי הוּא, לְמַאן יָהֵיב לֵיהּ?

The Gemara asks: **Granted,** the ***teruma gedola*** that he separates from these fruits **he gives to a priest,**[H] and the priest may partake of it, as it has the halakhic status of either first fruits or *teruma gedola*, both of which are eaten by a priest. It is understood with regard to the **second tithe**[B] **as well; he gives it to a priest,** who eats it in Jerusalem, either as first fruits or as second tithe. If it is the third or the sixth year of the Sabbatical cycle, when instead of second tithe one is obligated to give the **poor man's tithe,**[B] here **too, he gives it to a poor priest,** who eats it as either first fruits or poor man's tithe. **But** with regard to **first tithe,**[HB] **which** is given to **a Levite, to whom can he give it?** A Levite may not eat first fruits.

דְּיָהֵיב לֵיהּ לְכֹהֵן, כְּרַבִּי אֶלְעָזָר בֶּן עֲזַרְיָה; דְּתַנְיָא: תְּרוּמָה גְּדוֹלָה לְכֹהֵן, מַעֲשֵׂר רִאשׁוֹן לְלֵוִי, דִּבְרֵי רַבִּי עֲקִיבָא; רַבִּי אֶלְעָזָר בֶּן עֲזַרְיָה אוֹמֵר: מַעֲשֵׂר רִאשׁוֹן אַף לְכֹהֵן. וְדִלְמָא בִּכּוּרִים נִינְהוּ וּבָעוּ קְרִיָּיה! קְרִיָּיה לֹא מְעַכֶּבֶת.

The Gemara answers: The case is **where he gives it to a priest, in accordance with** the opinion of **Rabbi Elazar ben Azarya. As it is taught** in a *baraita*: ***Teruma gedola*** is given only **to a priest,** and **first tithe** is given only **to a Levite;** this is **the statement of Rabbi Akiva. Rabbi Elazar ben Azarya says: First tithe** may **also** be given **to a priest.**[N] The Gemara asks: **But perhaps they are** in fact **first fruits and require recitation**[H] of the passage of thanks, and yet the owner does not recite it due to the uncertainty. The Gemara answers: The **recitation** is **not indispensable,** i.e., one can perform the mitzva of bringing first fruits without the recitation.

וְלָא? וְהָאָמַר רַבִּי זֵירָא: כָּל הָרָאוּי לְבִילָּה – אֵין בִּילָּה מְעַכֶּבֶת בּוֹ, וְשֶׁאֵינוֹ רָאוּי לְבִילָּה – בִּילָּה מְעַכֶּבֶת בּוֹ!

The Gemara asks: **And is** the recitation **not** indispensable? **But doesn't Rabbi Zeira say** in the context of offerings: For **any** measure of flour **that is suitable for mixing**[HN] with oil in a meal-offering, the lack of **mixing does not invalidate** the meal-offering. Even though there is a mitzva to mix the oil and the flour *ab initio*, the meal-offering is fit for sacrifice even if the oil and the flour are not mixed. **And** for **any** measure of flour **that is not suitable for mixing** with oil in a meal-offering, the lack of **mixing invalidates** the meal-offering. The principle is: *Ab initio* requirements prevent the fulfillment of a mitzva in situations where they are not merely absent but impossible. Accordingly, first fruits that are unfit for recitation should not be brought to the Temple.

NOTES

First tithe may also be given to a priest – מַעֲשֵׂר רִאשׁוֹן אַף לְכֹהֵן: According to the Rashbam's version of the text, the Gemara states: First tithe is given to the priest. The Rashbam explains that this is referring to the period after Ezra penalized the Levites for not ascending with him to Jerusalem. According to Rabbi Elazar ben Azarya, he punished them by instituting that they would receive no tithes, which would all be given to the priests. By contrast, most early commentaries explain that Rabbi Elazar ben Azarya and Rabbi Akiva are disagreeing as to what is the *halakha* by Torah law. They disagree with regard to whether priests are included in the category of Levites, as priests, too, descend from the tribe of Levi (Ramban; *Tosafot*).

The commentaries note that one way of circumventing the problem that first tithes must be given to Levites is to separate tithes from other fruits to exempt these fruits, on the condition that these fruits are not first fruits (*Tosafot*). They add that this solution is necessary according to the opinion of Rabbi Meir, as Rabbi Meir holds in accordance with the opinion of Rabbi Akiva that first tithes can be given only to a Levite. Some explain that the Gemara did not find it necessary to suggest this option, as the suggested resolution works well for the majority opinion of the Rabbis (Ramban).

For any measure of flour that is suitable for mixing, etc. – כָּל הָרָאוּי לְבִילָּה וכו׳: This *halakha* was stated with regard to one who brings a meal-offering of more than sixty *issar* of flour. The Sages require it to be divided into two separate offerings, as it is too large to be mixed with the amount of oil that would be required for such a quantity. In this context, Rabbi Zeira says that although there is no requirement to mix the flour and oil, since an offering that has not been mixed is valid, it must be suitable to be mixed thoroughly. If it is impossible in practice to mix the meal-offering, it is invalid.

This principle is subsequently applied to other areas of *halakha*, i.e., there are cases in which part of a mitzva must be potentially feasible, despite the fact that this procedure is not indispensable to the rite. The reasoning is that if it is impossible to perform that part of the mitzva, it is as though the individual actively eliminated that aspect of the mitzva. In the Jerusalem Talmud this principle is explicitly applied to the recitation of the passage of first fruits.

HALAKHA

Teruma gedola…to a priest – תְּרוּמָה גְּדוֹלָה...לְכֹהֵן: Only priests may partake of *teruma gedola*. Nowadays *teruma gedola* is burned, as everyone is generally ritually impure (Rambam *Sefer Zera'im, Hilkhot Terumot* 6:1; *Shulḥan Arukh, Yoreh De'a* 331:19).

First tithe – מַעֲשֵׂר רִאשׁוֹן: First tithe is given to Levites, as the *halakha* is in accordance with the opinion of Rabbi Akiva. Some say that Rabbi Akiva concedes that it can also be given to priests (*Tur*, citing *Tosafot*) and that this is the *halakha* (Rambam *Sefer Zera'im, Hilkhot Ma'aser* 1:4; *Shulḥan Arukh, Yoreh De'a* 331:19, and see *Taz, Shakh*, and *Beur HaGra* there).

Recitation – קְרִיָּיה: The obligation to recite the passages of thanks when bringing first fruits does not apply in all cases, as there are those who are obligated to bring the first fruits but do not recite the passages. If one buys two trees in a field belonging to another, he should send the first fruits to the Temple with an agent, thereby circumventing his obligation to recite the passage. Since it is uncertain whether or not he owns the ground, if he were to take the fruits himself the priests would not be permitted to eat the fruits because in a case of fruits that are unfit for recitation due to uncertainty the recitation is indispensable (Rambam *Sefer Zera'im, Hilkhot Bikkurim* 4:1, 4).

For any measure of flour that is suitable for mixing – כָּל הָרָאוּי לְבִילָּה: One may not bring a meal-offering that fills a vessel larger than sixty *issar* because the flour and oil cannot be mixed properly. Although one can still fulfill his obligation without mixing, it must be possible in theory to mix the offering, in accordance with the opinion of Rabbi Zeira (Rambam *Sefer Korbanot, Hilkhot Ma'aseh HaKorbanot* 17:6).

BACKGROUND

Second tithe – מַעֲשֵׂר שֵׁנִי: Second tithe is one-tenth of the produce that remains after *teruma* and first tithe have been separated. Second tithe is separated during the first, second, fourth, and fifth years of the Sabbatical cycle. After the second tithe is set aside, it is brought to Jerusalem to be consumed there by its owner. If the journey to Jerusalem is too long, so that it would be difficult to carry all the second tithe produce there, or if the produce becomes ritually impure, it can be redeemed for an equivalent sum of money. If the owner redeems his own produce, he is obligated to add one-fifth of its value. This redemption money is brought to Jerusalem, where it can be spent only on food. Nowadays, as people are considered ritually impure, one redeems the second-tithe produce for a small amount of money.

Poor man's tithe – מַעְשַׂר עָנִי: This is a tithe set aside from agricultural produce and distributed to the poor. During the third and sixth years of the Sabbatical cycle, after the *teruma* and the first tithe have been set aside, one-tenth of the remaining produce is then set aside and distributed to the poor. This tithe is called the poor man's tithe. During the other years of the Sabbatical cycle, second tithe is set aside, not poor man's tithe. Poor man's tithe is not sacred, but until it has been set aside the produce is deemed untithed produce [*tevel*] and may not be eaten.

First tithe – מַעֲשֵׂר רִאשׁוֹן: After *teruma* has been separated, one-tenth of the remaining produce is given to the Levites. This produce is called first tithe. The owner is permitted to give first tithe to any Levite he chooses. A Levite who receives first tithe is required to set aside one-tenth of this tithe as *teruma* of the tithe, which he gives to a priest. The remaining first tithe, after the Levite has set aside the *teruma* of the tithe, remains the Levite's property. It has no sanctity and may be eaten by anyone.

Produce from which first tithe has not been set aside has the status of untithed produce and may not be eaten. Since not everyone was conscientious about setting aside first tithe, the Sages instituted an ordinance that one must separate this tithe from doubtfully tithed produce. In this case, it is not given to a Levite.

HALAKHA

Harvested the fruits and sent them, etc. – **בִּצְּרָן וְשִׁגְּרָן וכו׳**: In a case where one separated his first fruits and sent them to the Temple with an agent, and the agent died, even if the owner ultimately brought the fruits to the Temple he does not recite the passage of thanks, as the verse states: "And you shall take…which you shall bring," which demonstrates that only one who takes the fruit and brings it to the Temple recites the passage. This *halakha* is in accordance with the opinion of Rabbi Yosei bar Ḥanina (Rambam *Sefer Zera'im*, *Hilkhot Bikkurim* 4:8).

דְּעָבֵיד לְהוּ כְּרַבִּי יוֹסֵי בַּר חֲנִינָא, דְּאָמַר: בְּצָרָן וְשִׁגְּרָן בְּיַד שָׁלִיחַ, וּמֵת שָׁלִיחַ בַּדֶּרֶךְ – מֵבִיא וְאֵינוֹ קוֹרֵא; מַאי טַעְמָא? דִּכְתִיב: ״וְלָקַחְתָּ וְהֵבֵאתָ״,

The Gemara answers: The case is **where he renders them** exempt from the obligation of recitation, **in accordance with** the opinion of **Rabbi Yosei bar Ḥanina, who says:** If one **harvested** the fruits **and sent them**[HN] **in the possession of an agent, and the agent died on the way,**[N] the owner or any other person **brings** the first fruits **but does not recite** the passage of thanks. **What is the reason? As it is written: And you shall take, and you shall bring.** The Gemara is citing from the following verse with a slight variation: "And you shall take of the first of all the fruit of the ground, which you shall bring in from your land that the Lord your God gives you" (Deuteronomy 26:2).

NOTES

Harvested the fruits and sent them – **בִּצְּרָן וְשִׁגְּרָן**: According to some early commentaries, the emphasis here is on the harvesting of the fruit, as these commentaries maintain that this is the meaning of the term: "And you shall take" (Rashbam). Other early commentaries contend that what is important in this context is the taking of the fruits from one's house, not their harvest (Rabbeinu Tam). In accordance with the second opinion, some claim that it is not necessary for the owner to carry the fruits all the way to Jerusalem. Rather, if he takes the first fruits from his house, even if he transfers them to an agent instead of bringing them himself to the Temple, he has properly fulfilled the mitzva and recites the passage (Ramban).

And the agent died on the way – **וּמֵת שָׁלִיחַ בַּדֶּרֶךְ**: According to some commentaries, this means that whether the owner harvested the fruits and sent them to the Temple with an agent, or the agent harvested them and died and the owner of the fruits subsequently brought the fruits to the Temple, the owner does not recite the passage (Rashbam). According to this opinion, if the agent both harvested the fruits and brought them to the Temple, the owner recites the passage. Others claim that the statement: And the agent died on the way, means that even if the agent dies and the owner himself completes the act of bringing the fruits to the Temple he does not recite the declaration. If the agent both harvests and brings the fruits, the passage is certainly not recited, as the agent cannot say: "I have brought the first of the fruit of the land, which You, Lord, have given me."

עַד שֶׁתְּהֵא לְקִיחָה וַהֲבָאָה כְּאֶחָד, וְהָא לֵיכָּא. אֲמַר לֵיהּ רַב אַחָא בְּרֵיהּ דְּרַב אָוְיָא לְרַב אַשִׁי: מִכְּדֵי פְּסוּקֵי נִינְהוּ, לִיקְרֵי!

The passage is not recited **until the taking and the bringing** of the first fruits are performed **by one** person, **and that is not** the case here. **Rav Aḥa, son of Rav Avya, said to Rav Ashi: Since** the passage **is** composed of **verses,**[N] **let him read them.** What is objectionable about reciting verses from the Torah?

אֲמַר לֵיהּ: מִשּׁוּם דְּמֶחֱזֵי כְּשִׁיקְרָא. רַב מְשַׁרְשְׁיָא בְּרֵיהּ דְּרַב חִיָּיא אֲמַר: דִּלְמָא אָתֵי לְאַפְקוּעִינְהוּ מִתְּרוּמָה וּמַעֲשֵׂר.

Rav Ashi **said to him:** The problem is **due to** the fact **that** this practice **has the appearance of falsehood,**[N] because he issues a declaration before God that is possibly untrue, as he might not own the ground. **Rav Mesharshiyya, son of Rav Ḥiyya, said:** The declaration is not recited **lest he come to remove** the fruits[N] **from** their obligation of ***teruma* and tithes,** if they are treated entirely as first fruits. For this reason one does not recite the passage, to ensure that their unique status is maintained.

״הִגְדִּילוּ – לֹא יְשַׁפֶּה״ כו׳. הֵיכִי דָּמֵי ״מִן הַגֶּזַע״, וְהֵיכִי דָּמֵי ״מִן הַשָּׁרָשִׁין״?

§ The mishna teaches: With regard to one who buys two trees in the field of another, if the trees **grew,** the owner of the field **may not cut down** their branches. The mishna further teaches: That which grows out of the trunk belongs to the owner of the tree, but that which grows out of the roots belongs to the owner of the ground. The Gemara asks: **What are the circumstances** in which something is considered to be growing **out of the trunk, and what are the circumstances** in which it is considered to be growing **out of the roots?**

NOTES

Is composed of verses – **פְּסוּקֵי נִינְהוּ**: It is true that one must be careful not to take God's name in vain. Yet, as the declaration of first fruits is composed of complete verses from the Torah, it is unclear why one should not say them, as it is always permitted to recite verses from the Torah.

That it has the appearance of falsehood – **דְּמֶחֱזֵי כְּשִׁיקְרָא**: Since he recites the verses in the Temple while bringing the first fruits, it is clear that he is reciting them as relating to his bringing the first fruits, not merely to recite verses from the Torah. For this reason, it has the appearance of falsehood, which one must take care to avoid when standing and issuing a declaration before God.

Lest he come to remove the fruits – **דִּלְמָא אָתֵי לְאַפְקוּעִינְהוּ**: The concern is that someone else might see him treating the fruits, whose status is uncertain, as first fruits, and later, when the other person finds himself in a similar situation, he will assume that the fruits have the status of first fruits in every respect and will not separate *teruma* and tithes from them (Rashbam). Alternatively, this refers to the owner of the fruits himself: If he does not distinguish between these and fruits that are definitely first fruits, in the future he will not be concerned that they might not be first fruits, and he will not separate tithes (Rabbeinu Gershom Meor HaGola).

אֲמַר רַבִּי יוֹחָנָן: כָּל שֶׁרוֹאֶה פְּנֵי חַמָּה – זֶהוּ ״מִן הַגֶּזַע״, וְשֶׁאֵינוֹ רוֹאֶה פְּנֵי חַמָּה – זֶהוּ ״מִן הַשָּׁרָשִׁין״.

Rabbi Yoḥanan said: With regard to **anything that sees the face of the sun,**[N] i.e., which is visible and aboveground, **this is** considered to be growing **out of the trunk. And** with regard to that **which does not see the face of the sun** but is concealed in the earth, **this is** considered to be growing **out of the roots.**

וְלֵיחוּשׁ דִּלְמָא מַסְּקָא אַרְעָא שִׁירְטוֹן, וְאָמַר לֵיהּ: תְּלָתָא זַבֵּינְתְּ לִי וְאִית לִי אַרְעָא! אֶלָּא אֲמַר רַב נַחְמָן: יָקוֹץ. וְכֵן אֲמַר רַבִּי יוֹחָנָן: יָקוֹץ.

The Gemara asks: **But** if everything that is visible belongs to the owner of the tree, no matter how close it is to the ground, **let us be concerned** that **perhaps the land is covered with sediment** from flowing water, and some of the tree's trunk will be covered, in which case the branches that grow from the trunk will appear as though they are separate trees; **and** the owner of the trees will **say to** the owner of the field: **You** actually **sold me three** trees **and I** therefore **have** ownership over the **ground. Rather, Rav Naḥman said:** That which grows from the trunk belongs to the owner of the tree, but **he must cut** it down. **And Rabbi Yoḥanan** himself **likewise said:** The owner of the tree **must cut** it down.[HN]

אֲמַר רַב נַחְמָן, נְקִיטִינַן: דֶּקֶל אֵין לוֹ גֶּזַע. סָבַר רַב זְבִיד לְמֵימַר: אֵין לוֹ גֶּזַע לְבַעַל דֶּקֶל, דְּכֵיוָן דִּלְמֶחְפַּר וּלְשָׁרֵשׁ קָאֵי – אַסּוּחֵי מַסַּח דַּעְתֵּיהּ;

Rav Naḥman said: We hold by tradition that **a palm tree**[H] bought from another **has no trunk. Rav Zevid thought to say** this means that **the owner of the palm tree has no** right to that which grows from the **trunk.**[N] The reason is **that since it stands** ready **to be dug up and uprooted,** as when the tree dies its owner is not entitled to plant another in its place, **he diverts his mind** from that which grows from the trunk.

מַתְקִיף לַהּ רַב פַּפָּא: וְהָא קוֹנֶה שְׁנֵי אִילָנוֹת, דִּלְמֶחְפַּר וּלְמִשְׁרַשׁ קַיְימִי, וְקָתָנֵי דְּיֵשׁ לוֹ גֶּזַע! אֶלָּא אֲמַר רַב פַּפָּא: אֵין לוֹ גֶּזַע לְבַעַל דֶּקֶל, לְפִי שֶׁאֵין מוֹצִיא גֶּזַע.

Rav Pappa objects to this: But this is comparable to one who **buys two trees**[N] in a field belonging to another, **as** the trees **stand** ready **to be dug up and uprooted** because their owner has no right to plant new trees in their place when they die; **and** yet it **is taught** in the mishna **that he has** the right to that which grows from the **trunk. Rather, Rav Pappa said:** The statement of Rav Naḥman means that **the owner of a palm tree,** in contrast to owners of other types of trees, **has no** right to that which grows from the **trunk, since** a palm tree **does not produce** branches from its **trunk.**[N]

HALAKHA

That which grows out of the trunk…he must cut down – מִן הַגֶּזַע...יָקוֹץ: If one bought two trees in a field belonging to another, he is obligated to cut down without delay any branches that later grow from the trunk or from the roots (*Tur*). This is due to a concern that the new branches will appear like separate trees, allowing the owner of the tree to claim that he purchased three trees and therefore has ownership of the ground. When he cuts down the branches, those branches that grow from the trunk, i.e., the visible ones, belong to him, while the branches that grow from the roots, which are concealed in the earth, belong to the owner of the field. The *halakha* is in accordance with the opinion of Rabbi Yoḥanan (Rambam *Sefer Kinyan, Hilkhot Mekhira* 24:6–7; *Shulḥan Arukh, Ḥoshen Mishpat* 216:9–10).

A palm tree – דֶּקֶל: A palm tree does not usually produce shoots from its trunk. Therefore, anything that grows from the tree belongs to the owner of the field, even if it does not appear to grow from its roots (Rambam *Sefer Kinyan, Hilkhot Mekhira* 24:7; *Shulḥan Arukh, Ḥoshen Mishpat* 216:10, and see *Sma* there).

NOTES

That sees the face of the sun, etc. – שֶׁרוֹאֶה פְּנֵי חַמָּה וכו׳: Some commentaries explain simply that anything that grows from a part of the tree that is visible is considered to grow from the trunk, whereas that which grows from parts that are concealed in the ground is classified as growing from the roots (Rashbam). An alternative version of the text states: This is the trunk, instead of: This is from the trunk. The Ri Migash explains that if certain roots are visible, that which grows from them is considered part of the trunk, not part of the roots.

He must cut it down – יָקוֹץ: The branches that grow from the trunk belong to the owner of the tree. Although he may derive benefit from them, it is not permitted for him to leave them on the tree.

The owner of the palm tree has no right to the trunk – אֵין לוֹ גֶּזַע לְבַעַל דֶּקֶל: Some explain that this is referring specifically to a palm tree. Since a palm tree does not grow again once it is cut down, the owner of the tree has no right to the branches or that which grows from the trunk, as he expects that the tree will dry out and that no branches will grow from it. Therefore, he diverts his mind from the potential branches and does not acquire them (Rashbam; Rabbeinu Tam, *Sefer HaYashar*). Others explain that this is referring to the trunk itself, i.e., if one sold a palm tree to another and it dried out, the buyer has no right to the trunk (Rabbeinu Gershom Meor HaGola). The reason is that the buyer knows that the seller will uproot the tree, and therefore he diverts his mind from the trunk.

Alternatively, Rav Zevid stated his halakha with regard to a palm tree merely as a representative example of all trees, as he was unaware that it had this characteristic of its trunk not growing again. The reason he chose to use the palm tree as his example is to teach that the *halakha* applies even concerning a palm tree, despite the fact that this tree lives for many years and might reasonably produce new branches during this time (Ramban, citing Rabbi Yehuda bar Yakar). Others contend that Rav Zevid was not referring specifically to a palm tree but to all trees that do not grow again after being cut down (*Tosafot*, citing Rabbeinu Tam).

Several early commentaries have a different version of the text, which states that it is the owner of the field who has no right to the trunk. If so, Rav Naḥman's statement is referring to the purchase of a palm tree for the purpose of cutting it down. Since the owner of the field knows that the buyer is entitled to pull up the roots, he forgoes any right to that which grows from them. Consequently, there is no distinction between that which grows from the trunk and that which grows from the roots, as everything belongs to the owner of the tree (Ri Migash; Ramah; see *Tosafot*, citing Rabbeinu Ḥananel).

But this is comparable to one who buys two trees – וְהָא קוֹנֶה שְׁנֵי אִילָנוֹת: According to some commentaries, Rav Pappa's objection is based on the fact that the mishna is referring to one who buys two trees, without specifying which kind of trees, thereby including palm trees (Rashbam). *Tosafot* explain that Rav Zevid is referring to all trees that do not grow again after being cut down, which is true of most kinds of trees. This explains the connection to the mishna, as it can be assumed that the mishna is referring to the majority of trees.

According to those who accept the version of the text that the owner of the palm tree has no right to the trunk, the difficulty from the mishna is that although the buyer has a right to the tree if it dries out, nevertheless the trunk that grows from the roots belongs to the owner of the field.

Since it does not produce branches from its trunk – לְפִי שֶׁאֵין מוֹצִיא גֶּזַע: A palm tree usually does not produce new branches after being cut down. Its producing new branches is such a rare occurrence that no one takes this possibility into account (Rashbam; Ramah). Similarly, if the tree is cut down its buyer cannot say to the seller that he should leave the trunk in case it grows new branches, as this will almost certainly not happen (Rabbeinu Gershom Meor HaGola). Alternatively, as it does not produce branches from its trunk, anything that grows from the palm tree is considered as growing from its roots, even though it appears to grow from the trunk (Ri Migash; Ramah; Ra'avad). Yet others explain that Rav Pappa is not establishing a *halakha* but is instead explaining a natural occurrence. The consequence of his statement that the palm tree does not produce branches from its trunk is that the general *halakha* in this case is not relevant with regard to a palm tree (Ramban, citing Rif).

HALAKHA

Three…this buyer has acquired, etc. – שְׁלֹשָׁה...הֲרֵי זֶה קָנָה וכו׳: One who buys three trees has acquired the ground underneath them, between them, and an area around them sufficient for a gatherer of fruit and his basket. This is in accordance with the statement of Rabbi Ḥiyya bar Abba citing Rabbi Yoḥanan, and the *baraita* on 82b (Rambam *Sefer Kinyan*, *Hilkhot Mekhira* 24:1–2; *Shulḥan Arukh*, *Ḥoshen Mishpat* 216:6).

וּלְרַב זְבִיד קַשְׁיָא מַתְנִיתִין! דִּזַבֵּין לְחָמֵשׁ שְׁנִין.

The Gemara asks: **But according to** the opinion of **Rav Zevid,** who maintains that Rav Naḥman is referring to all types of trees, **the mishna is difficult.** The Gemara answers: Rav Zevid interprets the mishna as referring to a situation **where** the owner of the trees **bought** the trees **for five years**[N] and stipulated that he may plant new trees in place of the original trees in the event the original ones are cut down.

״קָנָה שְׁלֹשָׁה – קָנָה קַרְקַע״. וְכַמָּה? אָמַר רַבִּי חִיָּיא בַּר אַבָּא אָמַר רַבִּי יוֹחָנָן: הֲרֵי זֶה קָנָה תַּחְתֵּיהֶן וּבֵינֵיהֶן וְחוּצָה לָהֶן

§ The mishna teaches: If **one bought three** trees **he has acquired** the **ground** along with them. The Gemara asks: **And how much** of the field does he acquire? **Rabbi Ḥiyya bar Abba says** that **Rabbi Yoḥanan says: This** buyer **has acquired**[H] the ground that is located **underneath** the trees, **and** the area **between them, and** with regard to the space **outside of** the trees and their branches,

NOTES

Where the owner of the tree bought the trees for five years – דִּזַבֵּין לְחָמֵשׁ שְׁנִין: The commentaries explain that according to Rav Zevid the mishna is referring to one who purchased the trees for a set amount of time. Within that time he is permitted to plant new trees in place of the ones cut down (Rashbam). Others add that the five years are merely an example, as the same applies to any defined span of time (Ramban). Some suggest that as the buyer purchases the trees for five years, he is evidently buying young trees and would not expect them to be cut down and uprooted (Rabbeinu Tam).

Others explain that as he buys the tree for a specific amount of time, even if the tree dries out he does not relinquish the option to wait and see if new branches will grow from the trunk. This is not the case with regard to a palm tree, which will not grow again (Ra'avad). Alternatively, Rav Zevid contends that Rav Naḥman is referring to one who buys the tree for five years, while the mishna addresses one who buys it for the duration of the tree's life (Rid).

Perek **V**
Daf **82** Amud **b**

NOTES

He has no path, etc. – דֶּרֶךְ אֵין לוֹ וכו׳: Since he acquires the ground along with the trees, it is as though he owns a field adjacent to the field of another. In order to access his field he must purchase the right to pass through the other field. Moreover, if he does not have as basic a right as a path to his field, he certainly does not have the right to an area of land sufficient for the gatherer and his basket, which is less essential, as a gatherer could climb up the tree or gather the fruit from underneath it (Rashbam). Alternatively, if he receives no path despite the fact that this would cause no loss to the owner of the field, who could still sow the land, the buyer certainly does not receive an area of land for gathering his fruit, as the owner of the field would then be unable to utilize that land (Ri Migash).

From the statement of our teacher – מִדִּבְרֵי רַבֵּינוּ: This is referring to Rabbi Elazar, who indicated that the ground acquired by the owner of the trees is considered a separate field. One can infer from here that if the buyer bought only two trees and did not acquire the ground beneath them, he has a right to a path (Rashbam; Ramah). Other commentaries contend that Rabbi Elazar did not say that the ground acquired by the owner of the trees is considered a separate field. Rather, the statement: The ground he acquired along with the trees is considered another land, was issued by the Gemara to explain how Rabbi Zeira reaches his conclusion (Rabbeinu Yona).

Alternatively, the Gemara infers from the case of a sale of two trees, where the owner of the field may not cut down extending branches, that the owner of the trees has a right to an area sufficient for a gatherer of fruit and his basket. Since Rabbi Elazar says that the right to a path is more fundamental than the privilege of standing by the tree to collect the fruits, it follows that the buyer in this case also has a right to a path (*Tosafot*). Some commentaries note that *Tosafot* accept a version of the text that omits the explanation that the ground acquired by the owner of the trees is considered a separate field, as this point is entirely unnecessary according to their interpretation (Maharshal).

כִּמְלוֹא אוֹרֶה וְסַלּוֹ. מַתְקִיף לָהּ רַבִּי אֶלְעָזָר: הָשְׁתָּא דֶּרֶךְ אֵין לוֹ, אוֹרֶה וְסַלּוֹ יֵשׁ לוֹ? דֶּרֶךְ אֵין לוֹ – דְּאַרְעָא אַחֲרִיתִי הִיא, אוֹרֶה וְסַלּוֹ יֵשׁ לוֹ?!

he has acquired an area **sufficient for a gatherer of figs and his basket** in hand to stand close to the tree. **Rabbi Elazar objects to this: Now** that the *halakha* is that the buyer **has no path**[N] and must purchase a path through the field to access his trees; if so, does **he have** possession of an area for **the gatherer and his basket?** The Gemara elaborates: **He has no path,** even though he has no other means of gaining access to the trees, **as** the ground he acquired along with the trees **is** considered **another land** and is not part of the rest of the field. Why, then, would **he have** possession of an area for **a gatherer and his basket?**

אָמַר רַבִּי זֵירָא, מִדִּבְרֵי רַבֵּינוּ נִלְמַד: שְׁלֹשָׁה – הוּא דְּאֵין לוֹ דֶּרֶךְ, הָא שְׁנַיִם – יֵשׁ לוֹ, דְּאָמַר לֵיהּ: בְּאַרְעָא דִּידָךְ קַיְימִי.

Rabbi Zeira says: From the statement, i.e., the objection, **of our teacher,**[N] **we learn** that **it is** in the case of **three** trees **that** the owner of the trees **has no path,** as the buyer acquired a separate piece of land along with the trees. **But** in the case of **two** trees the buyer **has** a path,[H] **as he says to** the owner of the field: My trees **are standing on your land,** and as I am allowed to use your field to tend to my trees I have the right to walk through your land to reach them.

אֲמַר לֵיהּ רַב נַחְמָן בַּר יִצְחָק לְרָבָא: לֵימָא, רַבִּי אֶלְעָזָר לֵית לֵיהּ דִּשְׁמוּאֵל רַבֵּיהּ, דְּאָמַר שְׁמוּאֵל: הֲלָכָה כְּרַבִּי עֲקִיבָא, דְּאָמַר: מוֹכֵר בְּעַיִן יָפָה מוֹכֵר?

Rav Naḥman bar Yitzḥak said to Rava: Shall we say that **Rabbi Elazar does not** accept the opinion **of Shmuel,** who was **his teacher? As Shmuel says:** The *halakha* **is in accordance with** the opinion of **Rabbi Akiva, who says: One who sells, sells generously.** According to Rabbi Akiva, one sells in a manner that is advantageous for the buyer, and is presumed to have included in the sale even items that were not explicitly specified. In this case, as he has sold a tree that remains on his property, the seller grants the buyer the right to access his tree.

HALAKHA

In the case of two trees he has a path – הָא שְׁנַיִם יֵשׁ לוֹ: Although one who buys two trees in a field belonging to another does not acquire the ground, he is entitled to use a path in the field so that he may collect the fruits. The *halakha* follows the inference of Rabbi Zeira. The buyer also receives an area sufficient for a gatherer of fruit and his basket to stand, as well as the ground under the trees, so that he can collect his fruit. The *Tur*, citing *Tosafot*, rules that he can prevent the owner of the field from sowing this land (*Shulḥan Arukh*, *Ḥoshen Mishpat* 216:9).

אָמַר לֵיהּ: לָא מִתּוֹקְמָא מַתְנִיתִין כְּרַבִּי עֲקִיבָא.

Rava **said to him:** Even if Rabbi Elazar himself agrees with Rabbi Akiva, **the mishna cannot be explained in accordance with** the opinion of **Rabbi Akiva.** Rather, the mishna must be in accordance with the opinion of the Rabbis, who hold that one who sells does so sparingly, and the difficulty that Rabbi Elazar raised against Rabbi Yoḥanan is predicated on the fact that the mishna is in accordance with the opinion of the Rabbis.

מִמַּאי? מִדְּקָתָנֵי: הִגְדִּילוּ – יְשַׁפֶּה, וְאִי סָלְקָא דַּעְתָּךְ רַבִּי עֲקִיבָא הִיא, אַמַּאי יְשַׁפֶּה? הָאָמַר: מוֹכֵר בְּעַיִן יָפָה מוֹכֵר!

From where does Rava derive that the mishna is not in accordance with the opinion of Rabbi Akiva? **From** the fact **that** the mishna **teaches:** If the three trees **grew,** the owner of the land **may cut down** the branches that extend into his field. **And if it enters your mind** that the mishna **is** in accordance with the opinion of **Rabbi Akiva, why may he cut** them **down? Doesn't** Rabbi Akiva **say** that **one who sells, sells generously?**

אָמַר לֵיהּ: אֵימוּר דְּאָמַר רַבִּי עֲקִיבָא – גַּבֵּי בּוֹר וְדוּת דְּלָא מַכְחֲשֵׁי אַרְעָא, גַּבֵּי אִילָן מִי שְׁמַעַתְּ לֵיהּ?

Rav Naḥman bar Yitzḥak **said to him:** This does not prove that the mishna is not in accordance with the opinion of Rabbi Akiva. You can **say that Rabbi Akiva stated** his ruling **in the case of a pit and a cistern** that are situated in a field belonging to another, which one sells in a generous manner, **as they do not weaken the land.** But **did you hear him** say that the seller is generous toward the buyer **with regard to a tree,**[N] which can weaken the land?

מִי לָא מוֹדֵי רַבִּי עֲקִיבָא, בְּאִילָן הַנּוֹטֶה לְתוֹךְ שְׂדֵה חֲבֵירוֹ, שֶׁקּוֹצֵץ מְלֹא מַרְדֵּעַ מֵעַל גַּבֵּי מַחֲרֵישָׁה?

Doesn't Rabbi Akiva concede in the case of **a tree that leans out into the field of another,** in **which** the owner of the other field **cuts down** the branches until the **full** height of **an ox-goad,** the handle that protrudes **over a plow?** Since the extending branches impede his efforts to plow his field, it is permitted for him to cut them down. This indicates that even according to Rabbi Akiva one does not grant privileges that are detrimental to his own interests. If so, the mishna can be explained even in accordance with the opinion of Rabbi Akiva, which indicates that Rabbi Elazar does not accept his ruling.

תַּנְיָא כְּוָותֵיהּ דְּרַבִּי חִיָּיא בַּר אַבָּא: הֲרֵי זֶה קָנָה תַּחְתֵּיהֶן וּבֵינֵיהֶן וְחוּצָה לָהֶן כִּמְלוֹא אוֹרֶה וְסַלּוֹ.

The Gemara points out: **It is taught** in a *baraita* **in accordance with** the statement **of Rabbi Ḥiyya bar Abba:** If one buys three trees in a field belonging to another, **this** buyer **has acquired** the ground that is found **underneath** the trees, **and** the area **between them, and outside of** the trees and their branches **an area** sufficient for **a gatherer of figs and his basket.**

אֲמַר לֵיהּ אַבָּיֵי לְרַב יוֹסֵף: אוֹתָן אוֹרֶה וְסַלּוֹ מִי זוֹרְעָן? אֲמַר לֵיהּ, תְּנֵיתוּהָ: הַחִיצוֹן זוֹרֵעַ אֶת הַדֶּרֶךְ.

Abaye said to Rav Yosef: Those areas around the trees that are designated for **a gatherer of figs and his basket** are used for this purpose only at specific times. **Who sows**[H] that land during the rest of the year, the owner of the trees or the owner of the field? Rav Yosef **said to him: You learned** the answer in a mishna (99b): If one owns a garden that is surrounded by the garden of another, the owner of the inner garden has a right to a path through the outer garden. Even so, the owner of **the outer** garden **may sow the path.**

אֲמַר לֵיהּ: מִי דָּמֵי? הָתָם לֵית לֵיהּ פְּסֵידָא לְלוֹקֵחַ, אֲבָל הָכָא אִית לֵיהּ פְּסֵידָא לְלוֹקֵחַ, דְּאָמַר לֵיהּ: קָמִיטַּנְּפִי פֵּירֵי!

Abaye **said to him: Are** the cases **comparable? There,** in the case of the outer and inner gardens, **there is no loss** suffered **by the buyer** when the owner of the outer garden sows the path, as he can still pass through it. **But here, there is a loss for the buyer,** as the one who bought the trees **says to** the owner of the field: The **fruits** that fall from the trees will become **soiled**[N] by the plants.

NOTES

Did you hear him say with regard to a tree – **גַּבֵּי אִילָן מִי שְׁמַעַתְּ לֵיהּ**: According to Rabbi Akiva a seller sells generously in a situation where he suffers no further loss due to the sale. For example, if one sells a pit or a cistern the buyer is allowed an access path, because this does not prevent the seller from planting his entire field, including the area designated as the path (Ri Migash; Ramah); or because there was already an existing path there (Rabbeinu Yona). By contrast, with regard to the sale of a tree, the seller does not grant the buyer the rights to the spreading branches. The reason is that this would likely cause a loss to the seller over the course of time, either due to the branches of the tree, which would render it difficult to plow the area beneath it (Rashbam), or because the owner of the tree would effectively acquire ownership over a larger portion of the field (Ri Migash; see Ritva).

The fruits will become soiled – **קָמִיטַּנְּפִי פֵּירֵי**: The fruits that fall from the trees will become soiled by the plants in the field (Rashbam), or by the mud when the owner of the field waters his plants (*Nimmukei Yosef*).

HALAKHA

Those areas designated for a gatherer…and his basket, who sows – **אוֹתָן אוֹרֶה וְסַלּוֹ מִי זוֹרְעָן**: If one buys two or three trees in a field belonging to another, neither the owner of the tree nor the owner of the field may sow the land designated for the gatherer of fruit and his basket without the permission of the other. This *halakha* is in accordance with the statement of Abaye. With regard to the ground between and beneath the trees, if one buys three trees he acquires this land and only he may sow this land. If one buys two trees, the owner of the tree may not sow this land, as it does not belong to him, and the owner of the field may not sow it either, as it is designated for the use of the owner of the tree (Rambam *Sefer Kinyan*, *Hilkhot Mekhira* 24:2; *Shulḥan Arukh*, *Ḥoshen Mishpat* 216:6, 9).

BACKGROUND

He would turn the branches – הָיָה הוֹפֵךְ שֵׂעָר:

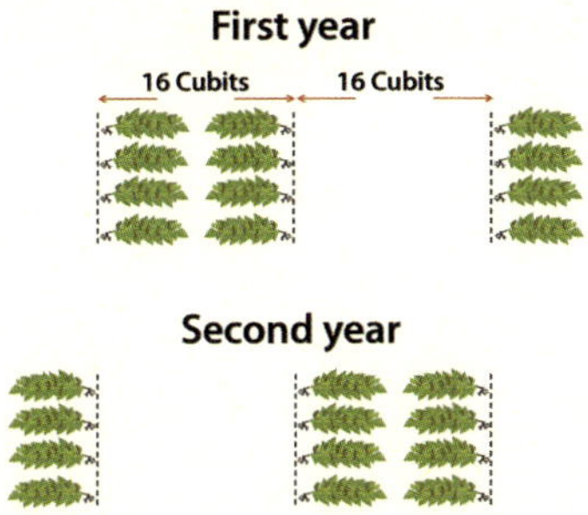

Turned branches during first and second years

הָא לָא דָּמְיָא אֶלָּא לְסֵיפָא: וְזֶה וָזֶה אֵינָן רַשָּׁאִין לְזוֹרְעָהּ.

This case is **similar only to the last clause** of that mishna, which states: If the owner of the inner garden is given a side path, so that he suffers a loss of some kind because he cannot take the shortest path to reach his garden, both **this** owner of the inner garden **and that** owner of the outer garden **are not permitted**[N] **to sow** the path. Similarly, here too, neither the owner of the trees nor the owner of the field are permitted to sow the place designated for the gatherer of figs and his basket.

תַּנְיָא כְּוָותֵיהּ דְּאַבַּיֵי: הֲרֵי זֶה קָנָה תַּחְתֵּיהֶן וּבֵינֵיהֶן וְחוּצָה לָהֶן כִּמְלֹוא אוֹרֶה וְסַלּוֹ, וְזֶה וָזֶה אֵינָן רַשָּׁאִין לְזוֹרְעָהּ.

The Gemara comments: **It is taught** in a *baraita* **in accordance with** the opinion **of Abaye: This** buyer **has acquired** the ground that is found **underneath** the trees, **and** the area **between them, and outside of** the trees and their branches **an area** sufficient for **a gatherer of figs and his basket. And** both **this** owner of the field **and that** owner of the trees **are not permitted to sow it.**

וְכַמָּה יְהֵא בֵּינֵיהֶן? רַב יוֹסֵף אָמַר רַב יְהוּדָה אָמַר שְׁמוּאֵל: מֵאַרְבַּע אַמּוֹת וְעַד שְׁמוֹנֶה; רָבָא אָמַר רַב נַחְמָן אָמַר שְׁמוּאֵל: מִשְּׁמוֹנֶה וְעַד שֵׁשׁ עֶשְׂרֵה. אֲמַר לֵיהּ אַבַּיֵי לְרַב יוֹסֵף: לָא תִּפְלוֹג עֲלֵיהּ דְּרַב נַחְמָן, דִּתְנַן מַתְנִיתִין כְּוָותֵיהּ;

The Gemara inquires: **And how much** space **must there be between** the three trees[N] for them to be considered one unit, which means that the land is acquired by the owner of the trees? **Rav Yosef** says that **Rav Yehuda says** that **Shmuel says:** The distance between the trees must be **from four cubits to eight** cubits. **Rava** says that **Rav Naḥman says** that **Shmuel says:** It must be **from eight** cubits **to sixteen** cubits. **Abaye said to Rav Yosef: Do not disagree with Rav Naḥman, as we learned** in **a mishna in accordance with his** opinion.

דִּתְנַן: הַנּוֹטֵעַ אֶת כַּרְמוֹ שֵׁשׁ עֶשְׂרֵה אַמָּה עַל שֵׁשׁ עֶשְׂרֵה אַמָּה – מוּתָּר לְהָבִיא זֶרַע לְשָׁם;

As we learned in a mishna (*Kilayim* 4:9): **One who plants his vineyard sixteen cubits**[N] **by sixteen cubits,** i.e., he leaves sixteen cubits between each row of vines, is **permitted to bring** other species of **seeds** to the empty spaces between the rows and sow them **there.** This is not considered a violation of the biblical prohibition with regard to sowing diverse crops in a vineyard, which is one of the prohibitions of diverse kinds.

אָמַר רַבִּי יְהוּדָה: מַעֲשֶׂה בְּצַלְמוֹן, בְּאֶחָד שֶׁנָּטַע אֶת כַּרְמוֹ שֵׁשׁ עֶשְׂרֵה עַל שֵׁשׁ עֶשְׂרֵה אַמָּה, וְהָיָה הוֹפֵךְ שְׂעַר שְׁתֵּי שׁוּרוֹת לְצַד אֶחָד וְזוֹרֵעַ אֶת הַנִּיר, לְשָׁנָה אַחֶרֶת הָיָה הוֹפֵךְ אֶת הַשֵּׂעָר לִמְקוֹם הַזֶּרַע וְזָרַע אֶת הַבּוּר, וּבָא מַעֲשֶׂה לִפְנֵי חֲכָמִים וְהִתִּירוּהוּ.

Rabbi Yehuda said: There was an incident in the city of **Tzalmon, where one** individual **planted his vineyard sixteen by sixteen cubits. And he would turn**[N] **the branches**[B] of **two rows** that were facing each other **to one side,** so that there was a space of sixteen cubits between the two rows, **and sow the clearing. The following year he would turn the branches to the place** that was **sown** the year before, **and would sow** the land that had been left **uncultivated** the previous year, as it had been filled with the branches from the vines. **And the incident came before the Sages and they permitted it.** This demonstrates that sixteen cubits between plants is required for them to be considered separate units.

אֲמַר לֵיהּ: אֲנָא לָא יָדַעְנָא, אֶלָּא עוּבְדָא הֲוָה

Rav Yosef **said to him: I do not know** about this, **but there was a** similar **incident**

NOTES

Both this and that are not permitted, etc. – וְזֶה וָזֶה אֵינָן רַשָּׁאִין וכו׳: The latter clause of the mishna addresses a case where the court awards a side path to the owner of the inner garden. Although one could still use the path if it is sown, the owner of the outer garden is not permitted to plant on this path. By inference, in this case the owner of the field is certainly not permitted to plant in the area set aside for the owner of the tree to gather its fruits, as doing so would cause the fruits to become soiled (Rashbam). Others explain that just as the owner of the outer garden is not permitted to sow the path, as that would render it more difficult for the owner of the inner garden to bring merchants to his own garden, so too, the owner of the field may not sow around the tree, as this will cause a loss to the owner of the tree (Ri Migash).

And how much space must there be between them – וְכַמָּה יְהֵא בֵּינֵיהֶן: If the trees are too close together they will eventually be uprooted, and in this case the buyer would have no right to any land, e.g., where one sells tree trunks attached to the ground to another. Conversely, if there is too much space between the trees they are no longer considered one unit, and it is as though he acquired three isolated trees (Ri Migash).

Sixteen cubits, etc. – שֵׁשׁ עֶשְׂרֵה אַמָּה וכו׳: For a grove of grapevines to be considered a vineyard with regard to the prohibition against sowing diverse crops in a vineyard, it must be in the format of a vineyard, i.e., it must consist of at least two rows, each with three grapevines, while at least two vines on each row are directly opposite each other. A single row of grapevines is not considered a vineyard. This is halakhically relevant in that one must distance other crops from a single vine only by the amount of space that is necessary to attend to the vine, which is six handbreadths according to the Rabbis or three handbreadths according to Rabbi Akiva. This mishna states that if the rows of grapevines are sixteen cubits apart, each is considered a separate row.

And he would turn, etc. – וְהָיָה הוֹפֵךְ וכו׳: He would leave the space required to attend to the vines, and then plant the rest of the clearing. The reason that this owner would not sow underneath the branches, despite the fact that the roots of the rows of vines were separated by sixteen cubits from one another, is that one may not sow underneath the branches of a grapevine by rabbinic law, even if they extend far out (*Tosafot*; Rid).

בְּדוּרָא דְרַעֲוָתָא, וַאֲתוּ לְקַמֵּיהּ דְּרַב יְהוּדָה, וַאֲמַר לֵיהּ: ״זִיל הַב לֵיהּ כִּמְלֹא בָקָר וְכֵלָיו״, וְלָא הֲוָה יָדַעְנָא כִּמְלֹא בָקָר וְכֵלָיו כַּמָּה; כֵּיוָן דִּשְׁמַעְתָּה לְהָא דִּתְנַן: לֹא יִטַּע אָדָם אִילָן סָמוּךְ לִשְׂדֵה חֲבֵירוֹ אֶלָּא אִם כֵּן הִרְחִיק מִמֶּנָּה אַרְבַּע אַמּוֹת,

involving the sale of trees **in a village of shepherds,**[N] **and they came before Rav Yehuda, and he said to** the seller: **Go and give to** the one who bought the trees **sufficient** land **for an ox and its vessels. But I did not know how much** was **sufficient** land **for an ox and its vessels. When I heard that which we learned** in a mishna (26a), I came to a conclusion with regard to this case. The mishna teaches as follows: **A person may not plant**[H] **a tree close by the field of another, unless he places it at a distance of four cubits from** the other field.

וְתָנֵי עֲלַהּ: אַרְבַּע אַמּוֹת שֶׁאָמְרוּ – כְּדֵי עֲבוֹדַת הַכֶּרֶם, אָמֵינָא, שְׁמַע מִינַּהּ: כִּמְלֹא בָקָר וְכֵלָיו – אַרְבַּע אַמּוֹת.

Rav Yosef continues: **And it is taught** in a *baraita* **with regard to** this mishna: The **four cubits that** the Sages **stated** are **for the work of the vineyard,** so that he does not take oxen and a plow into his neighbor's field while tending to his vineyard. **I** studied this mishna and *baraita* and **said: Learn from it** that the phrase: **Sufficient for the ox and its vessels,** means **four cubits.** At this stage, the Gemara has demonstrated that Rav Naḥman's opinion is supported by a mishna, whereas Rav Yosef's ruling is supported by the incident involving Rav Yehuda.

וּכְרַב יוֹסֵף מִי לָא תְּנַן: רַבִּי מֵאִיר וְרַבִּי שִׁמְעוֹן אוֹמְרִים: הַנּוֹטֵעַ אֶת כַּרְמוֹ שְׁמוֹנֶה אַמּוֹת עַל שְׁמוֹנֶה – מוּתָּר לְהָבִיא זֶרַע לְשָׁם?

The Gemara asks: **But didn't we** also **learn** a ruling in a mishna (*Kilayim* 4:9) **in accordance with** the opinion of **Rav Yosef?** That mishna teaches: **Rabbi Meir and Rabbi Shimon say:** In a case of **one who plants his vineyard**[H] **eight cubits by eight** cubits, i.e., he leaves eight cubits between each row of vines, it is **permitted** for him **to bring seeds to** the empty spaces between the rows. This ruling can be cited in support of the opinion of Rav Yosef that if there is a space of eight cubits between trees or vines they are not considered one unit. Why, then, is this mishna not brought as proof?

אֲפִילּוּ הָכִי מַעֲשֶׂה עָדִיף.

The Gemara answers: **Even so,** it is **preferable** to cite the **incident** in Tzalmon as proof.[N] Whenever possible, it is preferable to provide support for an opinion by means of a practical ruling, as it demonstrates that the Sages took action in accordance with that opinion and did not merely teach it as *halakha* in theory.

בִּשְׁלָמָא לְרַב יוֹסֵף אַלִּיבָּא דְּרַבִּי שִׁמְעוֹן, שָׁמְעִינַן לֵיהּ מְפוּזָּרִין וְשָׁמְעִינַן לֵיהּ רְצוּפִין; מְפוּזָּרִין – הָא דַּאֲמַרַן, רְצוּפִין – דִּתְנַן: כֶּרֶם הַנָּטוּעַ עַל פָּחוֹת מֵאַרְבַּע אַמּוֹת – אֵינוֹ כֶּרֶם, דִּבְרֵי רַבִּי שִׁמְעוֹן. וַחֲכָמִים אוֹמְרִים: כֶּרֶם, וְרוֹאִין אֶת הָאֶמְצָעִיִּים כְּאִילּוּ אֵינָן;

The Gemara comments: **Granted, according to** the analysis of **Rav Yosef** stated **in accordance with** the opinion **of Rabbi Shimon, we hear** about the maximum distance that the trees can be **scattered, and we hear** about the minimum distance that they can be planted **close together.** The distance that the trees can be **scattered** is **that which we said,** i.e., eight cubits. The minimum distance that they can be planted **close together** is **as we learned** in a mishna (*Kilayim* 5:2): **A vineyard that is planted** in consecutive rows **with less than four cubits** between the rows[H] **is not** classified as **a vineyard,** because the rows are planted too close together. This is **the statement of Rabbi Shimon. And the Rabbis say:** It is considered a **vineyard, and one views the middle** vines **as if they are not** there, as they are slated to be uprooted.

NOTES

In a village of shepherds – בְּדוּרָא דְרַעֲוָתָא: The Gemara does not provide the details of the incident that occurred in this village, nor does it explain how this serves as a proof for Rav Yosef's opinion, specifically his ruling that eight cubits is the maximum distance. According to some commentaries the incident involved one who sold three trees, and it was known that there was a space of less than eight cubits between them (Rashbam).

Tosafot suggest other possibilities, which do not rely on the supposition that the trees were separated by less than eight cubits. One explanation is that the ruling in that incident serves as proof for the first part of Rav Yosef's statement, that the minimum distance is four cubits, and from the fact that the minimum measurement of Rav Naḥman is incorrect it is assumed that his maximum measure is also rejected. Alternatively, Rav Yehuda rules with regard to the minimum four cubits in accordance with the opinion of Rabbi Shimon, and Rabbi Shimon maintains the maximum space is eight cubits. Others suggest that this proof follows the logic stated in the continuation of the Gemara's discussion that it is reasonable to assume the maximum space is double the minimum space (see Ramban and Ritva).

Tosafot offer yet another interpretation: Rav Yehuda said the seller must measure for each separate tree a space for an ox and its vessels, which means that the space between the trees amounts to eight cubits. Rav Yosef heard from Rav Yehuda that he specified eight cubits in order to exclude a greater distance.

It is preferable to cite the incident as proof – מַעֲשֶׂה עָדִיף: This is because the Sages will occasionally raise suggestions based on logical reasoning, without necessarily being certain enough to act on the basis of that idea. By contrast, if a Sage issues a practical ruling, clearly he has concluded that this is the correct *halakha*. Similarly, it is explained in the Jerusalem Talmud that one cannot cite a proof from an abstract ruling of *halakha* but only from one that was stated with the intention that it should be acted upon.

HALAKHA

A person may not plant, etc. – לֹא יִטַּע אָדָם וכו׳: One may not plant a tree alongside trees belonging to another, or plant a grapevine near the grapevines of another, unless he places it at a distance of four cubits, as this is the space required for plowing between the plants. If it is not the custom in that place to plow between plants it is not necessary to distance one's plant (*Beit Yosef*). If they both wish to plant at the same time, each one must distance his plant half of this distance (Rema, citing *Maggid Mishne*). This is the necessary distance in Eretz Yisrael. In Babylonia, half this distance between each tree or each grapevine is sufficient, although there must be four cubits between a tree and a grapevine, and some say that four cubits are also necessary between two trees of the same type (Rambam). Others say that an even greater distance is required in this case (Rema, citing *Tur*). If there is a fence between the two fields there is no need to preserve any distance (Rambam *Sefer Kinyan*, *Hilkhot Shekhenim* 10:8; *Shulḥan Arukh*, *Ḥoshen Mishpat* 155:25).

One who plants his vineyard, etc. – הַנּוֹטֵעַ אֶת כַּרְמוֹ וכו׳: If one who plants a vineyard leaves a space of at least eight cubits between each row of vines, excluding the place of the vine itself, it is permitted for him to plant other seeds inside this space at a distance of six handbreadths from the grapevines, as this is not considered a violation of the prohibition of diverse kinds. This *halakha* follows the opinion of Rabbi Meir and Rabbi Shimon, in accordance with the ruling in the Jerusalem Talmud. Some hold that this is the *halakha* in a vineyard that has two rows of vines, whereas in a vineyard containing three rows of vines there must be a distance of sixteen cubits between each row of vines, in accordance with the unattributed opinion in the mishna (Rambam *Sefer Zera'im*, *Hilkhot Kilayim* 7:4, and Ra'avad and *Kesef Mishne* there; *Shulḥan Arukh*, *Yoreh De'a* 296:34).

A vineyard that is planted with less than four cubits between the rows, etc. – כֶּרֶם הַנָּטוּעַ עַל פָּחוֹת מֵאַרְבַּע אַמּוֹת וכו׳: If there are two rows of grapevines, and there are less than four cubits between the two rows, this is not classified a vineyard and one may plant other types of seeds at a minimum distance of six handbreadths from the grapevines. In a case of three rows of grapevines, even if there are less than four cubits between two of the rows of vines, this is considered a vineyard, as the middle row is viewed as though it were not there (Rambam *Sefer Zera'im*, *Hilkhot Kilayim* 7:3–4; *Shulḥan Arukh*, *Yoreh De'a* 296:32–33, and *Beur HaGra* there).

אֶלָּא לְרַב נַחְמָן אַלִּיבָּא דְּרַבָּנַן, מְפוּזָּרִין שָׁמְעִינַן לֵיהּ, רְצוּפִין מִי שָׁמְעִינַן לֵיהּ? סְבָרָא הוּא: מִדְּלְרַבִּי שִׁמְעוֹן פַּלְגָּא, לְרַבָּנַן נַמִי פַּלְגָּא.

But according to the analysis of Rav Naḥman stated **in accordance with** the opinion **of the Rabbis, we hear** the maximum distance that the trees can be **scattered,** i.e., sixteen cubits, as in the incident in Tzalmon. Concerning the minimum distance that they can be planted **close together, did we hear** this distance? The Gemara answers: This **is** based on **logical reasoning; from** the fact **that according to Rabbi Shimon** the minimum distance is **half** of the maximum distance, according **to the Rabbis as well,** the minimum distance is **half** of the maximum, i.e., eight cubits.

אָמַר רָבָא, הִלְכְתָא: מֵאַרְבַּע אַמּוֹת וְעַד שֵׁשׁ עֶשְׂרֵה. תַּנְיָא כְּווֹתֵיהּ דְּרָבָא: כַּמָּה יְהוּ מְקוֹרָבִין? אַרְבַּע אַמּוֹת, וְכַמָּה יְהוּ מְרוּחָקִין? שֵׁשׁ עֶשְׂרֵה,

Rava says: The ***halakha*** is that one who buys three trees acquires the land if the distance between the trees is anywhere **from four cubits to sixteen**[N] cubits. This ruling is a combination of the two opinions, which is favorable to the buyer. **It is taught** in a *baraita* **in accordance with** the opinion **of Rava: How close** may **they be? Four cubits. And how far apart** may **they be? Sixteen** cubits.

הֲרֵי זֶה קָנָה קַרְקַע וְאֶת הָאִילָנוֹת שֶׁבֵּינֵיהֶן, לְפִיכָךְ יָבַשׁ הָאִילָן אוֹ נִקְצַץ – יֵשׁ לוֹ קַרְקַע; פָּחוֹת מִכָּאן אוֹ יָתֵר עַל כָּאן, אוֹ שֶׁלְּקָחָן בָּזֶה אַחַר זֶה – הֲרֵי זֶה לֹא קָנָה לֹא אֶת הַקַּרְקַע וְלֹא אֶת הָאִילָנוֹת שֶׁבֵּינֵיהֶן, לְפִיכָךְ יָבַשׁ הָאִילָן אוֹ נִקְצַץ – אֵין לוֹ קַרְקַע.

If one bought three trees planted in this manner, **this one has acquired** the **land and the** small **trees**[N] **that are between them. Therefore,** if **the tree dried up or was cut down he has** ownership **of the land.** If the distance between the trees was **less**[H] **than this or more than this, or if he bought** the trees **one after the other, this** buyer **has not acquired either the land or the trees that** are **between them. Therefore,** if **the tree dried up or was cut down he has no** ownership over the **land.**

בָּעֵי רַבִּי יִרְמְיָה: כְּשֶׁהוּא מוֹדֵד, מִמָּקוֹם קָצָר הוּא מוֹדֵד אוֹ מִמָּקוֹם רָחָב הוּא מוֹדֵד? אֲמַר לֵיהּ רַב גְּבִיהָה מִבֵּי כָתִיל לְרַב אַשִׁי: תָּא שְׁמַע, דִּתְנַן: הָרְכוּבָה שֶׁבַּגֶּפֶן – אֵינוֹ מוֹדֵד אֶלָּא מֵעִיקָּר הַשֵּׁנִי.

§ **Rabbi Yirmeya raises a dilemma: When one measures** the distance between the trees, **does he measure from the narrow place**[N] on the trunk of the tree **or does he measure from the wide place?**[H] **Rav Geviha of Bei Khatil said to Rav Ashi: Come** and **hear** a proof, **as we learned** in a mishna (*Kilayim* 7:1): When one comes to measure from **the layered branch**[N] **of the vine**[H] **he measures only from the second root,** as this is the average, not the widest part of the vine.

HALAKHA

From four cubits…less, etc. – מֵאַרְבַּע אַמּוֹת...פָּחוֹת וכו׳: If one buys three trees in a field he acquires the ground underneath and between the trees, but only if there is a distance of four to sixteen cubits between the trees. He acquires the ground even if there are precisely sixteen cubits between the trees, contrary to the opinions of those who maintain that the ground is acquired only if there are up to but not including sixteen cubits between the trees (Ri Migash; Rashbam). This *halakha* is in accordance with the statement of Rava and the *baraita*. Furthermore, when one buys the ground he acquires all of the small trees, in accordance with the *baraita* (Rambam *Sefer Kinyan*, *Hilkhot Mekhira* 24:3; *Shulḥan Arukh*, *Ḥoshen Mishpat* 216:6–7).

From the wide place – מִמָּקוֹם רָחָב: When measuring the distance between trees one measures from the root of the tree. This ruling is not consistent with the explanation of the Rashbam, but is in accordance with the plain meaning of the statement of Rav Geviha of Bei Khatil (Rambam *Sefer Kinyan*, *Hilkhot Mekhira* 24:4; *Shulḥan Arukh*, *Ḥoshen Mishpat* 216:7).

The layered branch of the vine – הָרְכוּבָה שֶׁבַּגֶּפֶן: If a grapevine rises slightly from the ground and then descends and continues growing at ground level, and then rises again in another spot, so that the vine appears to be in the shape of a leg bent at the knee, then when one measures the distance from the vine in the context of the prohibition of diverse kinds, one measures from the second point of contact with the ground, not the first (Rambam *Sefer Zera'im*, *Hilkhot Kilayim* 8:10; *Shulḥan Arukh*, *Yoreh De'a* 296:64).

NOTES

To sixteen – וְעַד שֵׁשׁ עֶשְׂרֵה: According to the some commentaries, this means up to but not including sixteen cubits. This ruling is derived from the *halakhot* of diverse kinds, where it is permitted to sow diverse kinds of plants if there is a distance of sixteen cubits, an indication that they are considered to be planted in two separate plots.

Many early commentaries maintain that the sixteenth cubit is included. They explain that the measure of distance for diverse kinds is larger than in the case of sales, i.e., the cubit used for diverse kinds is slightly larger than the standard cubit (*Tosafot*). The commentaries add that larger cubits are used with regard to diverse kinds in case one makes a mistake, whereas in the case of sales, because either the seller or the buyer will incur a loss if an incorrect measure is used, they both take care to measure carefully and therefore will use precise cubits (Ramah). Furthermore, with regard to sales it is necessary to be exact so that neither party loses out, but with regard to prohibitions the *halakha* is stringent to ensure that one does not commit a transgression.

And the trees – וְאֶת הָאִילָנוֹת: According to some commentaries this is referring to small trees, seedlings, which are not counted when calculating the distance between trees in the context of sales (Rashbam). Others explain that it is referring to barren trees that will be uprooted (Rabbeinu Yona; see Ramah).

From the narrow place – מִמָּקוֹם קָצָר: Some explain that this is referring to the narrow part of the trunk, i.e., its top, whereas the wide place refers to the widest part of the trunk. Alternatively, the narrow place is the trunk, and the wide place is the treetop (Rashbam). Others indicate that the expression: From the narrow place, means from the place where the distance between the two trees is shortest, i.e., from where their trunks are thick, whereas the wide place is from the spot where the distance is the widest, the upper part of the trunk (Rabbeinu Ḥananel).

The layered branch [*harekhuva*] – הָרְכוּבָה: There are three different explanations of this term. According to some commentaries, *rekhuva* is referring to grafting [*harkava*], and the mishna is discussing one who grafts a branch from a young grapevine onto an old grapevine. One does not measure from the contact point of the branch with the old vine but from its second joint (Rashbam). Others claim that *rekhuva* means an old grapevine (Ritva). Alternatively, *rekhuva* refers to layering a branch of an old grapevine and covering it with earth, so that it will strike new roots [*havrakha*] and produce a new grapevine. The end of the old grapevine becomes the root of the new grapevine, which is referred to by the mishna as: The second root (*Tosafot*; Rabbeinu Yona).

Yet others explain that *rekhuva* refers to a grapevine that is bent like a leg is bent at the knee [*arkhuva*], and does not grow straight, i.e., the vine rises a bit, becomes bent down, and grows alongside the ground, before rising in another spot. In this case, one does not measure from the first root but from the bend (Rambam; Ramban). Some infer from the mishna that one does not measure from the narrow or the wide part but from an average section (Rashbam; Rabbeinu Ḥananel; Ramah), while others maintain that the word: Root, proves that one measures from the thick part, from the actual root (*Tosafot*; Ramban; see Rabbeinu Yona).

בָּעֵי רַבִּי יִרְמְיָה: מָכַר לוֹ שְׁלֹשָׁה בַּדֵּי אִילָן, מַהוּ?

Rabbi Yirmeya raises a dilemma: If the owner of the field **sold to** someone **three branches** that grew from one **tree,**[HN] and its trunk was covered with earth so that the branches appeared to be three separate trees, **what is the** *halakha*? Are they considered three trees, which would mean that their owner acquires the ground between them?

אֲמַר לֵיהּ רַב גְּבִיהָה מִבֵּי כְתִיל לְרַב אָשֵׁי: תָּא שְׁמַע, דִּתְנַן: הַמַּבְרִיךְ שָׁלֹשׁ גְּפָנִים וְעִקְּרֵיהֶן נִרְאִין – רַבִּי אֶלְעָזָר בְּרַבִּי צָדוֹק אוֹמֵר: אִם יֵשׁ בֵּינֵיהֶן מֵאַרְבַּע אַמּוֹת וְעַד שְׁמוֹנֶה – מִצְטָרְפִין, וְאִם לָאו – אֵין מִצְטָרְפִין.

Rav Geviha of Bei Khatil said to Rav Ashi: Come and hear a proof, **as we learned** in a mishna (*Kilayim* 7:2): With regard to **one who layers** the branches of **three vines**[H] into the ground so that they take root while still attached to the base of the vine, **and their roots** that rise above the ground **are visible,**[N] **Rabbi Elazar, son of Rabbi Tzadok, says: If there is** a distance **between them of four cubits to eight** cubits, **they combine** to form one vineyard composed of six grapevines. **And if not, they do not combine.** It can be inferred from this mishna that the different branches of a tree are considered separate entities when the trunk is covered by earth, provided the required distance between them is maintained.

בָּעֵי רַב פַּפָּא: מָכַר לוֹ שְׁנַיִם בְּתוֹךְ שָׂדֵהוּ וְאֶחָד עַל הַמֵּצַר, מַהוּ? שְׁנַיִם בְּתוֹךְ שֶׁלּוֹ וְאֶחָד בְּתוֹךְ שֶׁל חֲבֵירוֹ, מַאי? תֵּיקוּ.

Rav Pappa raises a dilemma: If the owner of a field **sold to** someone **two trees in his field**[H] **and one** situated **on its border,**[N] **what is the** *halakha*? Similarly, if one bought **two** trees **in the field of one person**[N] **and one in the field of another, what is the** *halakha*? Do the trees combine to form one unit of three trees, or not? The Gemara states that this dilemma **shall stand** unresolved.

HALAKHA

Three branches from one tree – שְׁלֹשָׁה בַּדֵּי אִילָן: If one buys three branches of one tree that are at a distance of four cubits from one another, and sediment has covered the trunk so that it looks like three separate trees (*Maggid Mishne*), it is as if he bought three separate trees, and he acquires the ground accordingly. The Rema, citing the *Tur*, says that if they are so thin that they do not impede one from working the area surrounding the trees with an ox and plow, he has not acquired the ground between them (Rambam *Sefer Kinyan, Hilkhot Mekhira* 24:1; *Shulḥan Arukh, Ḥoshen Mishpat* 216:6).

One who layers the branches of three vines – הַמַּבְרִיךְ שָׁלֹשׁ גְּפָנִים: In a case where one layers the branches of three vines into the ground so that they take root while still attached to the main vine, and their roots are visible, if the distance between them is between four and eight cubits they combine with other vines that were not layered, and they are considered separate vines. If not, they do not combine. Some (Ra'avad; Rashbam; Gra) explain that the main vines and the layered vines combine to form one vineyard of three vines (Rambam *Sefer Zera'im, Hilkhot Kilayim* 6:9; *Shulḥan Arukh, Yoreh De'a* 296:26).

Two trees in his field, etc. – שְׁנַיִם בְּתוֹךְ שָׂדֵהוּ וכו׳: In a case where one buys three trees, if two are situated in the seller's field while the third is on the border, or if two are in his field and the third is in the field of another, then he has not acquired the ground beneath and between the trees, nor the trees that grow between them. If these trees dry out or are cut down, he does not have the rights to the ground. Since this question remains unresolved by the Gemara, the burden of proof rests upon the buyer (Rambam *Sefer Kinyan, Hilkhot Mekhira* 24:4; *Shulḥan Arukh, Ḥoshen Mishpat* 216:7).

NOTES

Three branches from one tree – שְׁלֹשָׁה בַּדֵּי אִילָן: Some explain that this is referring to a tree with three branches that extend away from each other in such a manner that there are at least four cubits of space between them. At some point a sandbank covered the ground, hiding their joint trunk, and therefore at the time of the sale they appear to be three separate trees (Rashbam; Ramah). Others say that this is referring to a buyer who purchased three branches, each from a separate tree, and the question is whether this is akin to buying three actual trees (Rabbeinu Gershom Meor HaGola). Alternatively, this refers to an individual who bought three separate, spread-out branches from one tree, but did not buy the tree itself (Ri Migash).

And their roots are visible – וְעִקְּרֵיהֶן נִרְאִין: According to some commentaries this means one can see that the grapevines have taken root in the place where they have been layered. Consequently, although they are still attached to the main vine, since their point of attachment is in the ground the layered vine is considered separate from the main vine (Rashbam). The same can be applied in the case of three branches from one tree: Since their shared trunk is not visible they are considered three trees.

Others explain that after the branch is layered and cut from the original vine, two visible stems rise from the ground, one from the place of the original roots and the other from where the branch was layered (Rabbeinu Gershom Meor HaGola; see Ri Migash).

And one situated on its border – וְאֶחָד עַל הַמֵּצַר: The commentaries explain that as the height of the border differs from that of the field, and special *halakhot* pertain to the border between fields, the question arises as to whether two trees in the field combine with the third tree on its border to be considered a sale of three trees (Rashbam). According to the Rashbam's version of the text, the Gemara subsequently asks: And if you say that they are considered a unit of three trees, what is the *halakha* if the third tree is situated across the border, in someone else's field?

Two trees in the field of one person, etc. – שְׁנַיִם בְּתוֹךְ שֶׁלּוֹ וכו׳: According to some commentaries, this is referring to one who sold two trees from his field together with another tree that he owned, along with its ground, which was situated in a field of another. The question is whether the buyer is considered to have purchased a unit of three trees (Rashbam). Others claim that this is referring to one who buys two trees in a field belonging to one person, and a third nearby tree and its ground from the field of another. If so, the question is whether the seller can claim that because he sold only two trees he did not intend to sell the land between them, or whether the buyer can convincingly argue that he intended to buy three trees along with the land, and the seller must grant it to him (Rabbeinu Yehonatan of Lunel).

בָּעֵי רַב אַשִׁי: בּוֹר מַהוּ שֶׁתַּפְסִיק? אַמַּת הַמַּיִם מַהוּ שֶׁתַּפְסִיק? רְשׁוּת הָרַבִּים מַהוּ? רִיכְבָּא דְּדִיקְלֵי מַהוּ? תֵּיקוּ.

Rav Ashi raises a dilemma: In the case of **a pit**[H] situated between the trees, **what is** the *halakha* with regard to the possibility **that it divides** between the trees, and therefore the owner of the trees does not acquire the ground? Similarly, in the case of **a stream of water, what is** the *halakha* with regard to the possibility **that it divides** between the trees? With regard to the **public thoroughfare**[N] that divides between trees, **what is** the *halakha*? Finally, in the case of **a line of palm trees,**[N] **what is** the *halakha*? No answer is found for these problems, and the Gemara states that the dilemmas **shall stand** unresolved.

בְּעָא מִינֵּיהּ הִלֵּל מֵרַבִּי: עָלָה אֶרֶז בֵּינֵיהֶן, מַהוּ? עָלָה, בִּרְשׁוּתָא דִּידֵיהּ נְפַק! אֶלָּא, הָיָה אֶרֶז בֵּינֵיהֶן מַהוּ? אֲמַר לֵיהּ: קָנָה וְקָנָה.

Hillel[P] **raises a dilemma before Rabbi** Yehuda HaNasi: If **a cedar grew between** the three trees that one bought, **what is** the *halakha*? The Gemara asks: If it **grew,** then it **emerged in his domain,** as he already owns the ground, and therefore it is obvious that the cedar belongs to him. **Rather,** the dilemma is as follows: If, when one bought three trees, **there** already **was a cedar between them,**[HN] **what is** the *halakha*? Is it considered a division between the three trees? Rabbi Yehuda HaNasi **said to him:** Since he bought the trees, **he** has thereby **acquired** the cedar **and acquired** the land between them.

כֵּיצַד הֵן עוֹמְדִים? רַב אָמַר: כְּשׁוּרָה, וּשְׁמוּאֵל אָמַר: כַּחֲצוּבָא. מַאן דְּאָמַר כְּשׁוּרָה, כָּל שֶׁכֵּן כַּחֲצוּבָא; וּמַאן דְּאָמַר כַּחֲצוּבָא, אֲבָל כְּשׁוּרָה – לָא, מַאי טַעֲמָא? מִשּׁוּם דְּמִיזְדְּרַע בֵּינָתַיְיהוּ.

The Gemara asks: **In what manner** must the three trees be **positioned** for the buyer to acquire the ground between them? **Rav says:** They may be planted **in a straight line, and Shmuel says:** They must be planted **in the form of a tripod.**[HB] The Gemara notes: According to **the one who says** that the trees may be positioned **in a straight line, all the more so** one acquires the ground when the trees are planted **in the form a tripod. But** according to **the one who says** they must be positioned **in a tripod,** the buyer acquires the ground only in this case; **but** if the trees were planted **in a straight line,** he does **not** acquire the ground. **What is the reason?** It is **because** when the trees are planted in the form of a straight line **one can sow between them,** and therefore the seller would not relinquish his right to the ground between the trees.

PERSONALITIES

Hillel – הִלֵּל: Apparently, this Hillel is referring to the Sage who is sometimes called Rabbi Hillel, the grandson of Rabbi Yehuda HaNasi and the younger brother of Rabbi Yehuda Nesia. This is not the famous Hillel who engaged in disputes with Shammai. There are only a few passages that in the Talmud that refer to this Rabbi Hillel, and not many *halakhot* are cited in his name. It seems that he did not live a very long life, which may be the reason that so few of his statements are cited in the Talmud.

NOTES

Public thoroughfare – רְשׁוּת הָרַבִּים: Although in other cases, e.g., with regard to the *halakhot* of Shabbat, a location is considered a public thoroughfare only if it is at least sixteen cubits wide, in this context the notion of a public thoroughfare is evidently referring to a place that is no wider than sixteen cubits. This is because three trees do not form one unit if there are more than sixteen cubits between them. Consequently, here a public thoroughfare means simply a place traversed by the public (Rashbam; *Tosafot*).

A line of palm trees [*rikhba dediklei*] – רִיכְבָּא דְּדִיקְלֵי: Some maintain that this term is referring to a stump of a palm tree (Meiri). Most commentaries maintain that it means a line of palm trees. Some explain that Rav Ashi's series of dilemmas move from the least extreme case to the most extreme. He starts with the possible interposition of a pit, followed by a stream of water, before mentioning a public thoroughfare, followed by a line of palm trees (Rashbam). Others contend that the opposite is the case, as a pit is deeper than a water stream, which in turn is deeper than a line of palm trees (Rabbeinu Gershom Meor HaGola).

The early commentaries ask why the line of palm trees itself is not acquired by the purchaser of the three trees, in accordance with the statement of the Gemara earlier that when one buys three trees he acquires the ground and the trees that are situated between them. Some say that in this case the seller explicitly excluded them from the transaction, or that the palm trees belong to someone other than the one who sold the trees. Others explain the Gemara's question as follows: Since the seller sold three specific trees, are the palm trees important enough that the buyer does not acquire the ground between the trees, or are they not considered an interposition and are included in the sale (Rabbeinu Gershom Meor HaGola; Rabbeinu Yona)?

There was a cedar between them – הָיָה אֶרֶז בֵּינֵיהֶן: Although the Gemara stated earlier that when one buys three trees he acquires the trees that are situated between them, since these three trees are fruit-bearing while the cedar is a large barren tree, perhaps it is considered an interposition between them. If so, the area is no longer classified as a field of trees (Rabbeinu Yona). According to those who maintain that earlier the Gemara was referring only to the small trees between the three larger trees, here the question is whether a cedar is different due to its size (Rashbam; Ritva).

HALAKHA

A pit, etc. – בּוֹר וכו׳: If one buys three trees that are separated by a pit, a stream of water, or a public thoroughfare, he has not acquired the ground underneath and between the trees or the trees planted between them. If the trees dry out, he may not plant new ones in their place. If he wants to do so, the burden of proof rests upon the owner of the trees to prove that he has a right to the ground. Since the Gemara leaves these dilemmas unresolved, the burden of proof rests upon the claimant, as in all uncertain monetary cases (Rambam *Sefer Kinyan*, *Hilkhot Mekhira* 24:4; *Shulḥan Arukh*, *Ḥoshen Mishpat* 216:7).

There was a cedar between them – הָיָה אֶרֶז בֵּינֵיהֶן: If one buys three trees in a field, since he acquires the ground between the trees, he also acquires all of the trees found between them (Rambam *Sefer Kinyan*, *Hilkhot Mekhira* 24:1; *Shulḥan Arukh*, *Ḥoshen Mishpat* 216:6, and see *Be'er HaGola* and *Sma* there).

In the form of a tripod – כַּחֲצוּבָא: One who buys three trees in a field acquires the ground between the trees only if the trees are planted in the form of a tripod. This is in accordance with the statement of Shmuel, as the *halakha* is ruled in accordance with his opinion in his disputes with Rav with regard to monetary matters (Rambam *Sefer Kinyan*, *Hilkhot Mekhira* 24:3; *Shulḥan Arukh*, *Ḥoshen Mishpat* 216:7).

BACKGROUND

Tripod – חֲצוּבָא: The Gemara here uses the term tripod to describe a formation in the shape of a triangle. Vessels and furniture, such as tables, were fashioned in the shape of a tripod in various ancient cultures.

Greek tripod vessel

מַתְקִיף לָהּ רַב הַמְנוּנָא: וּלְמַאן דְּאָמַר כַּחֲצוּבָא, מַאי טַעֲמָא – דְּלָא מִיזְדְּרַע בֵּינָתַיְיהוּ? אֶלָּא מֵעַתָּה, זַבֵּין לֵיהּ תְּלָת הִיגֵי רוֹמַיְיתָא דְּלָא מִיזְדְּרַע בֵּינָתַיְיהוּ, הָכִי נַמִי דְּיֵשׁ לוֹ קַרְקַע? אֲמַר לֵיהּ: הָנָךְ לָא חֲשִׁיבִי, הָנָךְ חֲשִׁיבִי.

Rav Hamnuna objects to this: **And according to the one who says** that the trees must be planted **in the form of a tripod, what is the reason** that one who buys the trees acquires the ground? Is it **that one cannot sow between** the trees? **But if that is so,** in a case where **he sold him three Roman thorny shrubs,**[BN] **where one cannot sow between them, so too** would he say **that** the purchaser **has** ownership of the **ground?** The other Sage **said to** Rav Hamnuna: **Those** Roman shrubs **are not significant,** as they are merely shrubs and not trees, and therefore the ground is not acquired when one purchases them. By contrast, **these** trees **are important.**

מתני׳ הַמּוֹכֵר רֹאשׁ בְּהֵמָה גַּסָּה – לֹא מָכַר אֶת הָרַגְלַיִם, מָכַר אֶת הָרַגְלַיִם – לֹא מָכַר אֶת הָרֹאשׁ. מָכַר אֶת הַקָּנֶה – לֹא מָכַר אֶת הַכָּבֵד, מָכַר אֶת הַכָּבֵד – לֹא מָכַר אֶת הַקָּנֶה; אֲבָל בְּדַקָּה, מָכַר אֶת הָרֹאשׁ – מָכַר אֶת הָרַגְלַיִם, מָכַר אֶת הָרַגְלַיִם – לֹא מָכַר אֶת הָרֹאשׁ, מָכַר אֶת הַקָּנֶה – מָכַר אֶת הַכָּבֵד, מָכַר אֶת הַכָּבֵד לֹא מָכַר אֶת הַקָּנֶה.

MISHNA **One who sells the head of a large domesticated animal**[H] **has not sold** along with it **the forelegs,** as each part is considered important in its own right. All the more so, if one **sold the forelegs he has not sold the head.** Similarly, if one **sold the windpipe** and the lungs **he has not sold the liver,** despite the fact that they are sometimes attached, and if he **sold the liver he has not sold the windpipe** and lungs. **But** in the case of **small** domesticated animals, if one **sold the head he has sold the forelegs,** although if one **sold the legs he has not sold the head.** Likewise, if one **sold the windpipe** and lungs **he has sold the liver,** but if he **sold the liver he has not sold the windpipe** and lungs.

אַרְבַּע מִדּוֹת בַּמּוֹכְרִין: מָכַר לוֹ חִטִּין יָפוֹת וְנִמְצְאוּ רָעוֹת – הַלּוֹקֵחַ יָכוֹל לַחֲזוֹר בּוֹ; רָעוֹת וְנִמְצְאוּ יָפוֹת – מוֹכֵר יָכוֹל לַחֲזוֹר בּוֹ; רָעוֹת וְנִמְצְאוּ רָעוֹת, יָפוֹת וְנִמְצְאוּ יָפוֹת – אֵין אֶחָד מֵהֶם יָכוֹל לַחֲזוֹר בּוֹ;

There are **four** basic **cases with regard to sellers**[H] and buyers. If the seller **sold him wheat** and said that the wheat was **good, and it is found** to be **bad,**[N] **the buyer,** but not the seller, **can renege on** the sale. If the seller sold him what he thought was **bad** wheat **and it is found** to be **good,**[N] **the seller can renege on** the sale but the buyer cannot. If he sold **bad** wheat **and it is found** to be **bad,** or **good** wheat **and it is found** to be **good, neither one of them can renege on** the sale, as the condition of the sale was met.

HALAKHA

One who sells the head of a large domesticated animal, etc. – **הַמּוֹכֵר רֹאשׁ בְּהֵמָה גַּסָּה וכו׳**: One who sells the head of a large domesticated animal has not automatically sold its forelegs. If he sold the forelegs, he has not sold the head. If he sold its lungs, he has not automatically sold its liver, and if he sold its liver he has not sold its lungs. If one sells the head of a small domesticated animal, even after it was slaughtered (*Sma*), he has sold the forelegs. This is all true in a place where there is no recognized custom. In a place where there is an established custom, the sale follows the local custom (Rambam *Sefer Kinyan, Hilkhot Mekhira* 27:9, 11; *Shulḥan Arukh, Ḥoshen Mishpat* 220:14–15).

There are four cases with regard to sellers – **אַרְבַּע מִדּוֹת בַּמּוֹכְרִין**: If a seller tells a buyer that he is selling him good wheat and it is found to be bad, the buyer can renege on the sale, even if the price was correct for the item sold. The seller cannot renege on the sale, even if the value of the produce increased. If the seller sold bad wheat and it is found to be good, the seller can renege on the sale even if the price was suitable, whereas the buyer cannot, even if the value of the produce dropped. If the seller said that the wheat was good or bad, and this was found to be the case, neither party can renege on the sale, even if it is not the best or the worst produce available. Even if the difference between the value and the price of the produce amounted to one-sixth of its value, the buyer acquires the item while the difference is returned to him (Rambam *Sefer Kinyan, Hilkhot Mekhira* 17:1; *Shulḥan Arukh, Ḥoshen Mishpat* 233:1).

BACKGROUND

Thorny shrubs – **הִיגֵי**: The common shrub of the Papilionaceae family, *Alhagi maurorum*, or camelthorn, is a thorny bush with smooth, non-serrated leaves. It usually grows to a height of approximately 30 cm but can grow up to 1.5 m. It is commonly found in fields and salt marshes.

Camelthorn

NOTES

Roman [*romayta*] thorny shrubs – **הִיגֵי רוֹמַיְיתָא**: An alternative interpretation of the term *romayta* is tall [*ramim*] thorny shrubs (Rabbeinu Gershom Meor HaGola). In any event, the Gemara is referring to thorny shrubs whose branches have extended greatly or shrubs that have grown and look like trees (see Meiri). Some explain that here too, the bushes are planted in the form of a triangle (Ri Migash), while others claim that they could also be planted in a line, as one cannot sow between them in any case due to their thorns (Rashbam; see Ritva). The conclusion of the Gemara is that purchasing them does not include the acquisition of the ground underneath them, not only because they are insufficiently important for the ground to be considered subordinate to them (Ramah), but also due to the fact that they are grown only to be uprooted and used for kindling (Ri Migash).

Said it was good and it is found to be bad – **יָפוֹת וְנִמְצְאוּ רָעוֹת**: Some commentaries explain that this is not considered a mistaken transaction, which would mean that either side can renege on the sale, as the buyer wanted to buy wheat and was in fact sold wheat. Nevertheless, since there is a difference in quality it is considered exploitation with regard to the price, and therefore the buyer can renege on the sale (Rashbam). Although in certain situations involving exploitation the transaction is valid and only the difference in price is returned, specifically if the overcharge was one-sixth of the value, here there is another justification for canceling the sale, as the seller misled the buyer. Some explain that the Rashbam holds that this is an actual case of monetary exploitation, as the bad wheat is worth less than the good wheat (Rabbeinu Tam in *Sefer HaYashar*). Rabbeinu Tam disputes this claim, maintaining that there was no exploitation in terms of the price, as the bad wheat was sold for its real price. Rather, since everyone wants good wheat, this is considered a type of mistaken transaction, as the condition of the sale was not met. The same is true in the case of bad wheat that turned out to be good, as the seller says that the sold wheat was not the wheat that he intended to sell. Alternatively, one can simply say that in the first two cases the exploitation was more than one-sixth of the value, and therefore the transaction is nullified (Meiri).

Said it was bad and it is found to be good – **רָעוֹת וְנִמְצְאוּ יָפוֹת**: The commentaries ask how the seller could make a mistake of this kind, as he supposedly knows what he is selling (Ritva). The Ritva explains that the bag was tied and the seller did not know what was inside. Alternatively, the Ritva suggests that the seller came from outside of the city, and the buyer told him that this wheat was comparable to the bad wheat sold in the city, and it turned out that the wheat was similar to the best wheat found there.

BACKGROUND

Reddish-brown [*sheḥamtit*] – שְׁחַמְתִּית: Generally, the term *shaḥum* refers to a dark color, a kind of dark brown or black. Here, from both the context and the explanation of the Gemara, *sheḥamtit* apparently refers to a color similar to that of the sun [*ḥama*]. Nowadays as well, there are two principal types of wheat: White wheat, which is soft and is used in different types of pastries, and the harder red wheat, which is more suited for baking bread.

שְׁחַמְתִּית וְנִמְצֵאת לְבָנָה, לְבָנָה וְנִמְצֵאת שְׁחַמְתִּית, עֵצִים שֶׁל זַיִת וְנִמְצְאוּ שֶׁל שִׁקְמָה, שֶׁל שִׁקְמָה וְנִמְצְאוּ שֶׁל זַיִת, יַיִן וְנִמְצָא חוֹמֶץ, חוֹמֶץ וְנִמְצָא יַיִן – שְׁנֵיהֶם יְכוֹלִין לַחֲזוֹר בָּהֶן.

If the seller sold **reddish-brown**[B] wheat[N] **and it is found** to be **white,** or **white** wheat **and it is found** to be **reddish-brown,** and similarly, if he sold **olive wood and it is found** to be wood **of a sycamore,** or he sold wood **of a sycamore and it is found** to be wood **of an olive** tree, or if the seller sold him **wine and it is found** to be **vinegar,**[H] or **vinegar and it is found** to be **wine,** in all of these cases **both** the seller and the buyer **can renege on** the sale. Since the sale was for a different item than that which was delivered, the transaction can be nullified even if there was no mistake with regard to the price.

גמ׳ אָמַר רַב חִסְדָּא: מָכַר לוֹ שָׁוֶה חָמֵשׁ בְּשֵׁשׁ, וְהוּקַר וְעָמַד עַל שְׁמֹנֶה, מִי נִתְאַנָּה? לוֹקֵחַ, לוֹקֵחַ יָכוֹל לַחֲזוֹר בּוֹ וְלֹא מוֹכֵר. מִשּׁוּם

GEMARA **Rav Ḥisda says:** If the seller **sold him** an item that was **worth five** dinars **for six** dinars,[H] **and** the item **became more expensive and** its value **stood at eight** dinars, and the seller wished to return the money and cancel the sale because the item's value had increased, **who was exploited** here? **The buyer;** therefore, **the buyer, but not the seller, can renege on** the sale, despite the fact that in such a situation the seller loses out. This is **because**

NOTES

Reddish-brown wheat, etc. – שְׁחַמְתִּית וכו׳: The mishna first cites an example in which the difference between the two items is minor, as reddish-brown wheat and white wheat are both good wheat, although some people prefer one to the other. The mishna continues with straightforward examples of different types of wood and substitutions between wine and vinegar. The principle is that if the sale was supposed to be of a different item, no transaction has occurred. This is in contrast to the earlier clause of the mishna with regard to the sale of good wheat in place of bad, where the transaction is effective and the discussion concerns only the details of the sale (Rashbam). The commentaries note that the difference between reddish-brown and white wheat goes beyond their appearance, as reddish-brown wheat produces more flour, but of a lower standard, than that which is produced by white wheat (*Nimmukei Yosef*).

HALAKHA

Reddish-brown wheat and it is found to be white…wine and it is found to be vinegar, etc. – שחמתית ונמצאת לְבָנָה...יין וְנִמְצָא חוֹמֶץ וכו׳: In cases where the *halakha* is that only the seller or the buyer or neither can renege on the transaction, this is because the seller sold the same type of item he had promised, albeit of a better or worse quality than he had specified. But if the seller said that he was selling one type of item and actually sold a different type, then this is not considered a sale and either party can renege on it. For example, if the seller sold white wheat instead of red, or the reverse, either party can renege on the sale. Even if the second item is better and more expensive than the item promised at the time of the sale, either party can say that he was interested only in the agreed-upon item (Rambam *Sefer Kinyan, Hilkhot Mekhira* 17:2; *Shulḥan Arukh, Ḥoshen Mishpat* 233:1, and *Sma* there).

Worth five for six – שָׁוֶה חָמֵשׁ בְּשֵׁשׁ: In a case where a seller sold an item for more than an additional one-sixth of its value, and the item appreciated in value so that it was now worth more than the price for which it was sold, only the buyer can renege on the sale. This is because if there had been no exploitation the seller could not have reneged on the sale, and he should not benefit from his transgression. The *halakha* is in accordance with the opinion of Rav Ḥisda. If the seller sold an item worth five dinars for six, the *halakha* is in accordance with the opinion of Rava elsewhere (*Bava Metzia* 49b) that even the buyer cannot renege on the sale unless he bought an item for more than an additional one-sixth of its value. If he bought it for precisely one-sixth more than its value, the seller must pay back the additional sixth (Rambam *Sefer Kinyan, Hilkhot Mekhira* 12:13, 15; *Shulḥan Arukh, Ḥoshen Mishpat* 227:10, 12).

Perek **V**
Daf **84** Amud **a**

NOTES

If you had not exploited me – אִילּוּ לָא אוֹנִיתָן: Since you violated a prohibition by exploiting me, you should not profit from your transgression (Rashbam).

And the *tanna* of the mishna also taught – וְתָנָא תּוּנָא: When the Gemara uses this phrase, it means that the proof is not from an explicit statement in the mishna. Rather, it is a conclusion that may be reached from a close reading of its text (see Rabbeinu Tam in *Sefer HaYashar*).

דְּאָמַר לֵיהּ: אִילּוּ לָא אוֹנִיתָן לָא הֲוָה מָצֵית הָדְרַתְּ בָּךְ, הָשְׁתָּא דְּאוֹנִיתָן מָצֵית הָדְרַתְּ בָּךְ? וְתָנָא תּוּנָא: יָפוֹת וְנִמְצְאוּ רָעוֹת – לוֹקֵחַ יָכוֹל לַחֲזוֹר בּוֹ וְלֹא מוֹכֵר.

the buyer can **say to** the seller: **If you had not exploited me,**[N] **you would not be able to renege on** the sale, and I would receive the profit. **Now that you have exploited me, can you renege on** the sale and benefit? **And** similarly, **the** ***tanna*** of the mishna also **taught:**[N] If the seller sold him wheat while claiming that the wheat was **good,** and it is found to be **bad, the buyer can renege on** the sale. This implies that the buyer can renege **but not the seller,** even in a situation where the seller would want to renege on the sale, e.g., if the item became more expensive.

וְאָמַר רַב חִסְדָּא: מָכַר לוֹ שָׁוֶה שֵׁשׁ בְּחָמֵשׁ, וְהוּזְלוּ וְעָמְדוּ עַל שָׁלֹשׁ, מִי נִתְאַנָּה? מוֹכֵר, מוֹכֵר יָכוֹל לַחֲזוֹר בּוֹ וְלֹא לוֹקֵחַ, דְּאָמַר לֵיהּ: אִילּוּ לָא אוֹנִיתָן לָא הֲוָה מָצֵית הָדְרַתְּ בָּךְ, הַשְׁתָּא מָצֵית הָדְרַתְּ בָּךְ? וְתָנָא תּוּנָא: רָעוֹת וְנִמְצְאוּ יָפוֹת – מוֹכֵר יָכוֹל לַחֲזוֹר בּוֹ וְלֹא לוֹקֵחַ.

And similarly, **Rav Ḥisda says:** If he **sold him** an item that was **worth six** dinars **for five** dinars,[H] **and its price was reduced and** its value now **stood at three** dinars, **who was exploited** in this case? **The seller;** therefore, **the seller, but not the buyer, can renege on** the sale. The reason is **that** the seller **can say to him: If you had not exploited me, you would not be able to renege on** the sale. **Now** that you have exploited me, **can you renege on** the sale? **And** similarly, **the *tanna*** of the mishna also **taught:** If the seller sold him **bad** wheat **and it is found** to be **good, the seller can renege on** the sale, **but not the buyer.**

מַאי קָא מַשְׁמַע לַן? מַתְנִיתִין הִיא! אִי מִמַּתְנִיתִין הֲוָה אָמֵינָא: דִּלְמָא דְּרַב חִסְדָּא תַּרְוַיְיהוּ מָצוּ הָדְרִי בְּהוּ, וּמַתְנִיתִין הָא אֲתָא לְאַשְׁמוֹעִינַן – דְּלוֹקֵחַ יָכוֹל לַחֲזוֹר בּוֹ,

The Gemara asks: **What is** Rav Ḥisda **teaching us?**[N] **It is** all already taught in **the mishna.** The Gemara answers: **If** the *halakha* were derived **from the mishna** alone, **I would say** that **perhaps** in the cases brought **by Rav Ḥisda,**[N] **both** the buyer and the seller **are able to renege on** the sale. The reason is that this is a case of exploitation, as the item was sold for more than its value, and therefore as long the buyer can renege on the sale, the sale is not complete. Consequently, as the seller lost out as well, he can also renege on the sale. **And** as for **the mishna,** it **comes to teach us that** if the seller said that he is selling good wheat and it is found to be bad, **the buyer can renege on** the sale, as this is considered a case of exploitation.

דְּסָלְקָא דַּעְתָּךְ אָמֵינָא מִשּׁוּם דִּכְתִיב: "רַע רַע יֹאמַר הַקּוֹנֶה".

It is necessary to teach this, as it might **enter your mind to say** that this is not a case of exploitation **because it is written: "It is bad, it is bad, says the buyer;** but when he is gone his way, then he boasts" (Proverbs 20:14). In other words, it is the usual manner of sellers to praise their merchandise, while buyers disparage it. Therefore, the mishna teaches that the buyer can renege on the sale if the item was found to be bad, and the seller can change his mind if it was found to be good.

HALAKHA

Worth six for five – **שָׁוֶה שֵׁשׁ בְּחָמֵשׁ:** If a seller sold an item for less than its value and thereby lost out on more than one-sixth of its worth, and the item depreciated in value so that it is now worth even less than the price for which it was sold, then the seller can renege on the sale but the buyer cannot. This is because if there had been no exploitation the buyer could not have reneged on the sale, and he should not benefit from the exploitation, in accordance with the opinion of Rav Ḥisda. In a case where the seller sold an item and lost out on precisely one-sixth of its value, neither can renege on the sale, as the *halakha* is in accordance with the opinion of Rava, stated elsewhere (*Bava Metzia* 49b), that the sale is rescinded only if the difference between the value and the price of the item amounts to more than one-sixth of its value. If the seller sold the item for a price that was precisely one-sixth less than its value, he cannot renege on the sale, but the buyer is obligated to pay him the extra one-sixth (Rambam *Sefer Kinyan, Hilkhot Mekhira* 12:14–15; *Shulḥan Arukh, Ḥoshen Mishpat* 227:11; *Shulḥan Arukh, Ḥoshen Mishpat* 227:13).

NOTES

What is he teaching us – **מַאי קָא מַשְׁמַע לַן:** What does Rav Ḥisda add to the mishna, which clearly intends to teach the principle that the one who is guilty of exploitation can never renege on the sale? It is true that when the mishna lists several cases not every example includes a novel concept, but even so, some of the cases must be teaching a novelty. One cannot explain that the mishna here teaches the latter clause, that of one who sells bad wheat and it is found to be bad, or good wheat and it is found to be good, for no real purpose to parallel the first clause, if the earlier clause, that of one who sells wheat and said that the wheat was good, and it is found to be bad, also contains no novelty (*Tosafot*).

Perhaps in the cases brought by Rav Ḥisda – **דִּלְמָא דְּרַב חִסְדָּא:** The early commentaries have two versions of the Gemara here. Some commentaries say that both versions appear in the text as different formulations cited by the Gemara itself. The alternative version of the text serves to reject the comparison between the mishna and Rav Ḥisda's statement (Ri Migash; Rabbeinu Gershom Meor HaGola; Rabbeinu Barukh). Some accept this version and therefore reject Rav Ḥisda's opinion. If one follows the standard version, this passage clarifies Rav Ḥisda's statement in greater detail (Rashbam; *Tosafot*). In other words, the Gemara is simply explaining why one might have thought that there is a difference in *halakha* between the cases of the mishna and those discussed by Rav Ḥisda, for which reason Rav Ḥisda found it necessary to teach that there is, in fact, no such difference.

Either way, the passage addresses the difference, theoretical or accepted, between the examples that appear in the mishna and those cited by Rav Ḥisda. Some explain that the distinction is between monetary exploitation and exploitation involving the type of merchandise. With regard to monetary exploitation, it can be assumed that both seller and buyer agree that it was a mistaken transaction, and therefore it can be argued that they should both be allowed to change their minds. By contrast, in the cases of wheat and the like, only one party was mistaken while the other knew exactly what he was buying or selling. He complained afterward only because it is the manner of a buyer to criticize the item that he purchases, just as it is the way of a seller to praise it. Therefore, he should not be allowed to renege on the sale (Ri Migash).

Others claim that the mishna is discussing a case where there is no exploitation with regard to the price, and if the one who was deceived does not want to renege on the sale, he claims: "It is bad, it is bad" (Proverbs 20:14). That is, he himself assumed that the actual state of the produce would differ from their agreement. By contrast, in the case of monetary exploitation one cannot claim that he intended to buy or sell at a loss, and as the time during which one can renege on a sale has yet to pass (see *Bava Metzia* 51a), either party can renege on the sale (Rashbam). Yet others suggest that in the case of the mishna, everyone knows that it is the manner of sellers to praise their merchandise and of buyers to insult it, and therefore one might have thought that neither party can renege on the sale. But with regard to the statement of Rav Ḥisda, the validity of the transaction is not dependent on what the buyer or the seller said, but on the objective value of the merchandise, and therefore there is more reason to think that they can both renege on the sale (*Tosafot*).

״שְׁחַמְתִּית וְנִמְצֵאת לְבָנָה״ כו׳. אֲמַר רַב פַּפָּא: מִדְּקָתָנֵי ״לְבָנָה״, שְׁמַע מִינָּהּ: הַאי שִׁמְשָׁא סוּמַקְתִּי הִיא; תֵּדַע, דְּקָא סָמְקָא צַפְרָא וּפַנְיָא. וְהַאי דְּלָא קָא חָזֵינַן כּוּלֵּיהּ יוֹמָא – נְהוֹרִין הוּא דְּלָא בָּרִי.

§ The mishna teaches that if the seller said that he was selling **reddish-brown** [*sheḥamtit*] wheat **and it is found** to be **white,** both the seller and the buyer can renege on the sale. The Gemara assumes that *sheḥamtit* means the color of the sun [*ḥama*]. Therefore, **Rav Pappa said: From** the fact **that** the mishna **teaches: White,**[N] in contrast to *sheḥamtit*, and there are two types of wheat, one white and the other red, **conclude from** the mishna that **this sun is red,**[B] not white. **Know** that this is the case, **as it reddens in the morning and evening. And** the reason **that we do not see** the red color **all day** is because **our eyesight is not strong** and we cannot discern the redness of the sun.

מֵיתִיבֵי: ״וּמַרְאֵהוּ עָמֹק מִן הָעוֹר״ – כְּמַרְאֵה חַמָּה עֲמוּקָּה מִן הַצֵּל, וְהָתָם לָבָן הוּא! כְּמַרְאֵה חַמָּה וְלֹא כְּמַרְאֵה חַמָּה; כְּמַרְאֵה חַמָּה – דַּעֲמוּקָּה מִן הַצֵּל, וְלֹא כְּמַרְאֵה חַמָּה – דְּאִילּוּ הָתָם לָבָן וְהָכָא אָדוֹם.

The Gemara **raises an objection** to this claim: With regard to a verse that speaks of leprosy: **"And, behold, if its appearance is deeper than the skin"** (Leviticus 13:30), the Sages explain: This means that it is **like the appearance of the sun,** which is **deeper than the shadow.**[B] **But there,** leprosy **is white** and yet it is likened to the sun. The Gemara answers: There, it means that it **has an appearance like the sun** in certain respects, **but** it is **not like the appearance of the sun** in all respects. It is **like the appearance of the sun** in **that** it is **deeper than the shadow, and** it is **not** entirely **like the appearance of the sun, as there** the leprous spot is **white, and here** the sun is **red.**

וּלְמַאי דְּסָלֵיק דַּעְתִּין מֵעִיקָּרָא, הָא קָא סָמְקָא צַפְרָא וּפַנְיָא! בְּצַפְרָא – דְּחָלְפָא אַבֵּי וַוְרְדֵי דְּגַן עֵדֶן, בְּפַנְיָא – דְּחָלְפָא אַפִּתְחָא דְּגֵיהִנָּם. וְאִיכָּא דְּאָמְרִי אִיפְּכָא.

The Gemara asks: **And according to that which entered our mind initially,** that the sun is white, doesn't **it redden in the morning and evening?** The Gemara answers: **In the morning** it becomes red **as it passes over the site of** the **roses of the Garden of Eden,** whose reflections give the light a red hue. **In the evening** the sun turns red **because** it **passes over the entrance of Gehenna,** whose fires redden the light. **And there are those who say the opposite** in explaining why the sun is red in the morning and the evening, i.e., in the morning it passes over the entrance of Gehenna, while in the evening it passes over the site of the roses of the Garden of Eden.

״יַיִן וְנִמְצָא חוֹמֶץ – שְׁנֵיהֶן יְכוֹלִין לַחֲזוֹר בָּהֶן״. לֵימָא, מַתְנִיתִין רַבִּי הִיא וְלֹא רַבָּנַן? דְּתַנְיָא:

§ The mishna teaches: If the seller sold **wine and it is found** to be **vinegar, both** the seller and the buyer **can renege on** the sale. The Gemara suggests: **Shall we say** that **the mishna is** in accordance with the opinion of **Rabbi** Yehuda HaNasi **and not** in accordance with the opinion of **the Rabbis? As it is taught** in a *baraita*:

NOTES

From the fact that it teaches white – מִדְּקָתָנֵי לְבָנָה: This is based on the assumption that there are only two possible colors of wheat, white and red. Consequently, as white wheat is contrasted to *sheḥamtit*, a name that derives from its similarity to the color of the sun, evidently the sun is red. Some point out that although some wheat stalks are black, this is not their true color, as dirt or parasites are the cause of the black appearance (Rashash, citing *Nimmukei Yosef*). The Rashash himself explains that there are, in fact, black strains of wheat; however, only those colors that the sun appears to produce are relevant in this context, and the sun does not appear to be black.

BACKGROUND

The sun is red – שִׁמְשָׁא סוּמַקְתִּי הִיא: Since the light of the sun is white but the sun itself never looks white, the Sages thought it reasonable to inquire whether the light of the sun is actually reddish and it appears otherwise because its color cannot be perceived properly due to its radiance, or whether it is actually white.

Deeper than the shadow – עֲמוּקָּה מִן הַצֵּל: The perception of darker areas as signifying greater depth is apparently influenced by modern artistic conventions. By contrast, the Sages judged the appearance of the bright sun as deeper than that of shadows.

Perek **V**
Daf **84** Amud **b**

יַיִן וְחוֹמֶץ מִין אֶחָד הוּא, רַבִּי אוֹמֵר: שְׁנֵי מִינִין? אֲפִילּוּ תֵּימָא רַבָּנַן, עַד כָּאן לָא פְּלִיגִי רַבָּנַן עֲלֵיהּ דְּרַבִּי אֶלָּא לְעִנְיַן מַעֲשֵׂר וּתְרוּמָה, וְכִדְרַבִּי אֶלְעָא;

Wine and vinegar[H] **are one type** of food,[N] which means that if, for example, one separated *teruma* from one of these with the intention that it should exempt the other, his action is effective. **Rabbi** Yehuda HaNasi **says:** They are **two types** of food. Apparently, the mishna is not in accordance with the opinion of the Rabbis in the *baraita*. The Gemara rejects this claim: **You may even say** that the mishna is in accordance with the opinion of **the Rabbis,** as **the Rabbis disagree with Rabbi** Yehuda HaNasi **only with regard to** the issue of whether one can separate **tithe and *teruma*** from wine to redeem vinegar and vice versa. **And** the Rabbis hold **in accordance with** the opinion **of Rabbi Ela.**[N]

NOTES

One type of food – מִין אֶחָד הוּא: Wine and vinegar are considered one type of food primarily with regard to *teruma* and tithes, i.e., one may separate tithes from one in order to render the other permitted. Some add that they are also considered one type of food with regard to an admission to part of a claim. In other words, if one claims that another individual owes him wine and vinegar, and the defendant admits that he owes him vinegar, he has admitted to part of the claim and is obligated to take an oath concerning the wine (Rashbam; Meiri).

Tithe and *teruma*, and in accordance with the opinion of Rabbi Ela – מַעֲשֵׂר וּתְרוּמָה וְכִדְרַבִּי אֶלְעָא: Most commentaries understand that separating tithes from vinegar in order to render wine permitted is similar to separating tithes from poor-quality produce in order to render superior-quality produce permitted, and therefore it is prohibited to do so *ab initio*. Some maintain that according to the Rabbis, wine and vinegar are considered the very same type of food. They hold that not only is separating tithes from one for the other effective, but it is permitted to do so *ab initio*, and this is not akin to separating tithes from poor-quality produce for superior-quality produce. The reason is that wine and vinegar are used differently, and neither one is considered superior to the other (Ramban).

HALAKHA

Wine and vinegar – יַיִן וְחוֹמֶץ: One may not separate *teruma* from vinegar in order to render wine permitted, as one should not separate *teruma* from poor-quality produce in order to render superior-quality produce permitted *ab initio*, even if both are the same type of food. One may separate *teruma* from wine for vinegar, as one may separate *teruma* from superior-quality produce in order to render permitted poor-quality produce of the same type of food (*Shakh*). This *halakha* is in accordance with the opinion of the Rabbis (Rambam *Sefer Zera'im*, *Hilkhot Terumot* 5:21; *Shulḥan Arukh*, *Yoreh De'a* 331:64).

דְּאָמַר רַבִּי אֶלְעָא: מִנַּיִן לַתּוֹרֵם מִן הָרָעָה עַל הַיָּפָה שֶׁתְּרוּמָתוֹ תְּרוּמָה? שֶׁנֶּאֱמַר: ״וְלֹא תִשְׂאוּ עָלָיו חֵטְא בַּהֲרִימְכֶם אֶת חֶלְבּוֹ מִמֶּנּוּ״,

As Rabbi Ela says: From where is it derived **with regard to** one who **separates** ***teruma*** **from poor-quality** produce **for superior-quality** produce, i.e., in order to fulfill the obligation of separating *teruma* from the high-quality produce, **that his** ***teruma*** is valid ***teruma*****? As it is stated: "And you shall bear no sin by reason of it, seeing as you have set apart from it its best"** (Numbers 18:32).

אִם אֵינוֹ קָדוֹשׁ – נְשִׂיאוּת חֵטְא לָמָּה? מִכָּאן לַתּוֹרֵם מִן הָרָעָה עַל הַיָּפָה שֶׁתְּרוּמָתוֹ תְּרוּמָה;

The verse is understood as indicating that one who sets aside inferior produce has sinned. It also demonstrates that if one did, in fact, set aside *teruma* from poor-quality produce in order to render permitted superior-quality produce, his action is effective and the inferior produce is sanctified as *teruma*. The reason is that **if** the inferior produce **is not consecrated, why** would one **bear a sin?** It should be considered as though he did nothing. **From here** it is derived **with regard to** one who **separates** ***teruma*** **from poor-quality** produce **for superior-quality** produce[H] **that his** ***teruma*** is valid ***teruma*****.** The Rabbis agree and hold that in the case of one who separates vinegar in order to redeem wine, his *teruma* is valid despite the difference in quality, as wine and vinegar are considered a single type of food.

אֲבָל לְעִנְיַן מִקָּח וּמִמְכָּר, דְּכוּלֵּי עָלְמָא – אִיכָּא דְּנִיחָא לֵיהּ בְּחַמְרָא וְלָא נִיחָא לֵיהּ בְּחַלָּא, וְאִיכָּא דְּנִיחָא לֵיהּ בְּחַלָּא וְלָא נִיחָא לֵיהּ בְּחַמְרָא.

But with regard to buying and selling, everyone, including the Rabbis, agrees that wine and vinegar are two types of food, as they have different uses. **There are those for whom wine is preferable and vinegar is not preferable, and there are** those **for whom vinegar is preferable**[N] **and wine is not preferable.**

מתני׳ הַמּוֹכֵר פֵּירוֹת לַחֲבֵירוֹ, מָשַׁךְ וְלֹא מָדַד – קָנָה, מָדַד וְלֹא מָשַׁךְ – לֹא קָנָה; אִם הָיָה פִּיקֵּחַ – שׂוֹכֵר אֶת מְקוֹמָן.

MISHNA This mishna discusses several methods of acquiring movable property. With regard to **one who sells produce to another,** if the buyer **pulled** the produce **but did not measure** it,[N] **he has acquired** the produce through the act of acquisition of pulling. If **he measured** the produce **but did not pull** it, **he has not acquired** it, and either the seller or the buyer can decide to rescind the sale. **If** the buyer **is perspicacious** and wants to acquire the produce without having to pull it, and he wishes to do so before the seller could change his mind and decide not to sell, **he rents its place,**[H] where the produce is located, and his property immediately effects acquisition of the produce on his behalf.

הַלּוֹקֵחַ פִּשְׁתָּן מֵחֲבֵירוֹ – הֲרֵי זֶה לֹא קָנָה עַד שֶׁיְּטַלְטְלֶנּוּ מִמָּקוֹם לְמָקוֹם, וְאִם הָיָה מְחוּבָּר לַקַּרְקַע וְתָלַשׁ כׇּל שֶׁהוּא – קָנָה.

With regard to **one who buys flax from another,** because flax is usually carried around **this** purchaser **has not acquired** it **until he carries it**[NH] **from place to place** and acquires it by means of the act of acquisition of lifting. Pulling the flax is ineffective. **And if it was attached to the ground, and he detached any amount,** he has **acquired** it, as the Gemara will explain.

גמ׳ אָמַר רַבִּי אַסִּי אָמַר רַבִּי יוֹחָנָן: מָדַד וְהִנִּיחַ עַל גַּבֵּי סִימְטָא – קָנָה.

GEMARA The mishna mentions several modes of acquisition without elaboration. It does not explain in which domain the act takes place, whether on the property of the seller or in the public domain. Likewise, it does not specify who performs these actions. The Gemara clarifies these details. **Rabbi Asi says** that **Rabbi Yoḥanan says:** If the seller **measured** the produce **and placed it**[N] **in an alleyway,**[N] which is not the public domain but a location where people can keep their belongings, then even if the buyer did not pull the produce, he **acquires** it.

NOTES

For whom vinegar is preferable – דְּנִיחָא לֵיהּ בְּחַלָּא: The Rashbam explains the difference between this example and the case of good and bad wheat: In the case of wheat, everyone ideally would prefer good wheat, but on occasion one will make do with bad wheat. By contrast, one who wants wine is not interested in vinegar, and one who wants vinegar has no desire for wine.

If he pulled the produce but did not measure it, etc. – מָשַׁךְ וְלֹא מָדַד וכו׳: The commentaries agree that these methods of acquisition are effective only after both parties have agreed to a price for each piece of merchandise. Some commentaries add that if there was a set price for this merchandise in that place, the acquisition is effected even if the buyer and seller did not explicitly agree on a price (Ri Migash on 86a; see Meiri).

He carries it – שֶׁיְּטַלְטְלֶנּוּ: In other words, he must lift the flax slightly. The mishna states that he must carry it because one usually lifts an item for the purpose of carrying it away (Rashbam). The reason it is necessary to lift the flax to acquire it is that it is typically carried in one's hands rather than pulled along the ground. Some commentaries rule that one cannot acquire flax by means of pulling (Rambam).

If he measured the produce and placed it, etc. – מָדַד וְהִנִּיחַ וכו׳: The seller measured the produce in his own vessel and afterward placed it in an alleyway. This is considered as though the seller had placed the produce in the buyer's domain, as the buyer is permitted to keep his belongings in the alleyway (Rashbam). Some commentaries maintain that the same *halakha* applies if the buyer was the one who measured the produce (Ra'avad).

Alleyway [*simta*] – סִימְטָא: Most commentaries define a *simta* as a small alleyway that runs adjacent to the public domain. There are several specific *halakhot* that pertain to an alleyway, which is considered neither a public nor a private domain in all respects. The general public does not usually walk through an alleyway, and anyone may keep their belongings there (second explanation of Rashbam; *Tosafot*). Some contend that an alleyway is a road used by individuals (first explanation of Rashbam; Rabbi Avraham *Av Beit Din*). Others state that in this context a *simta* is a place that belongs only to the buyer and the seller (Rabbeinu Gershom Meor HaGola), which differs from a courtyard belonging to partners in that it is not enclosed (Rabbeinu Barukh).

HALAKHA

One who separates *teruma* from poor-quality produce for superior-quality produce – לַתּוֹרֵם מִן הָרָעָה עַל הַיָּפָה: One should not separate *teruma* from poor-quality produce in order to render superior-quality produce permitted *ab initio*, even if both are the same type of food. Rather, one should separate *teruma* from poor-quality produce for poor-quality produce, and from superior-quality produce for superior-quality produce. After the fact, if one separated *teruma* from poor-quality produce for superior-quality produce, his *teruma* is valid, in accordance with the opinion of Rabbi Ela (Rambam *Sefer Zera'im*, *Hilkhot Terumot* 5:3; *Shulḥan Arukh*, *Yoreh De'a* 331:53).

He rents its place – שׂוֹכֵר אֶת מְקוֹמָן: If one is buying movable property and does not want to, or is unable to, lift it up or pull it, he should rent or borrow ownership rights to the place where the items are located through one of the formal modes of acquisition. Since the items are now on his property, he acquires them, and neither party can renege on the sale. This option is effective if the location is considered a secured courtyard for the buyer (see *Shakh*) or if the buyer is standing alongside the item (Rambam *Sefer Kinyan*, *Hilkhot Mekhira* 3:7; *Shulḥan Arukh*, *Ḥoshen Mishpat* 198:5).

One who buys flax…until he carries it – הַלּוֹקֵחַ פִּשְׁתָּן...עַד שֶׁיְּטַלְטְלֶנּוּ: Movable property that is normally lifted and carried can be acquired only through the act of lifting, not by pulling. How is lifting performed? Some say that the buyer must lift the item three handbreadths. Others say that it is enough to lift it one handbreadth (Rambam *Sefer Kinyan*, *Hilkhot Mekhira* 3:1; *Shulḥan Arukh*, *Ḥoshen Mishpat* 198:1–2, and *Beur HaGra* there).

אָמַר לוֹ רַבִּי זֵירָא לְרַבִּי אַסִּי: שֶׁמָּא לֹא שָׁמַע רַבִּי אֶלָּא בְּמוֹדֵד לְתוֹךְ קוּפָּתוֹ? אֲמַר לֵיהּ: דָּמֵי הַאי מֵרַבָּנַן כִּדְלָא גָּמְרִי אֱינָשֵׁי שְׁמַעְתָּא, מָדַד לְתוֹךְ קוּפָּתוֹ מֵימְרָא בָּעֵי?!

Rabbi Zeira said to Rabbi Asi: Perhaps my teacher heard this *halakha* from Rabbi Yoḥanan **only with regard to one who measures into his basket,**[N] i.e., that of the buyer, in which case his possessions effect acquisition of the produce for him. But if the produce is placed on the floor of the alleyway, the buyer does not acquire the produce. Rabbi Asi **said to him: This one of the Sages,** i.e., Rabbi Zeira, **seems like one who has not studied *halakha*.** If he **measured** it **into the basket** of the buyer, is it **necessary to say**[N] that he acquires it? If an item is placed in the buyer's basket it is clearly acquired by him, regardless of the location of the basket. Rather, Rabbi Yoḥanan's statement with regard to an alleyway must be referring to items placed on the floor of the alleyway.

קִיבְּלָהּ מִינֵּיהּ אוֹ לָא קִיבְּלָהּ מִינֵּיהּ? תָּא שְׁמַע, דְּאָמַר רַבִּי יַנַּאי אָמַר רַבִּי: חֲצַר הַשּׁוּתָּפִין – קוֹנִין זֶה מִזֶּה; מַאי לָאו עַל גַּבֵּי קַרְקַע? לָא, לְתוֹךְ קוּפָּתוֹ.

The Gemara asks: Did Rabbi Zeira **accept** this claim **from** Rabbi Asi, **or** did **he not accept it from him?** The Gemara suggests: **Come** and **hear** a proof, **as Rabbi Yannai says**[N] that **Rabbi** Yehuda HaNasi **says:** With regard to **a courtyard belonging to partners,** which is similar in status to an alleyway, the partners **acquire**[N] **from one another. What, is it not** correct to say that there is no difference between placing items on the ground and in their basket, as a partner acquires an item even when it is placed **upon the ground,** in accordance with the statement of Rabbi Asi? The Gemara rejects this suggestion: **No,** this is referring to a case where the item is measured **into the basket** of the buyer.

הָכִי נַמִי מִסְתַּבְּרָא, דְּאָמַר רַבִּי יַעֲקֹב אָמַר רַבִּי יוֹחָנָן: מָדַד וְהִנִּיחַ עַל גַּבֵּי סִימְטָא – לֹא קָנָה; קַשְׁיָין אַהֲדָדֵי! אֶלָּא לָאו שְׁמַע מִינָּהּ: כָּאן בְּמוֹדֵד לְתוֹךְ קוּפָּתוֹ, כָּאן בְּמוֹדֵד עַל גַּבֵּי קַרְקַע, שְׁמַע מִינָּהּ.

The Gemara points out: **So, too,** Rabbi Zeira's statement **is reasonable, as Rabbi Ya'akov says** that **Rabbi Yoḥanan says:** If one **measured and placed** an item **in an alleyway,** the buyer **has not acquired** it. Apparently, these two *halakhot* cited in the name of Rabbi Yoḥanan **are difficult,** as they contradict **each other,** since earlier it was stated that according to Rabbi Yoḥanan the buyer can acquire an item in this manner. **Rather, isn't it** correct to **conclude from** this apparent contradiction that **here,** i.e., in the statement cited by Rabbi Asi, he is referring **to one who measures into the basket**[H] of the buyer, which effects acquisition; and **there,** i.e., in the statement of Rabbi Yaakov, he is referring **to one who measures onto the ground,** which does not effect acquisition. The Gemara affirms: **Learn from it** that this is the case.

תָּא שְׁמַע: מָדַד וְלֹא מָשַׁךְ – לֹא קָנָה; מַאי לָאו בְּסִימְטָא? לָא, בִּרְשׁוּת הָרַבִּים. אִי הָכִי, אֵימָא רֵישָׁא: מָשַׁךְ וְלֹא מָדַד – קָנָה; מְשִׁיכָה בִּרְשׁוּת הָרַבִּים מִי קָנְיָא?

The Gemara suggests: **Come** and **hear** a proof from the mishna: If **he measured** the produce **but did not pull** it, **he does not acquire** it. **What, is it not** referring to one who did so **in an alleyway,** which indicates that placing produce on the ground of an alleyway does not effect acquisition, in accordance with the statement of Rabbi Zeira? The Gemara rejects this proof: **No,** the mishna is referring to one who did so **in the public domain.**[N] The Gemara asks: **If that is so, say the first clause:** If the buyer **pulled** the produce **but did not measure** it, **he has acquired** the produce. But **does pulling in the public domain effect acquisition?**

וְהָא אַבָּיֵי וְרָבָא דְּאָמְרִי תַּרְוַיְיהוּ: מְסִירָה קוֹנָה בִּרְשׁוּת הָרַבִּים וּבְחָצֵר שֶׁאֵינָהּ שֶׁל שְׁנֵיהֶן, מְשִׁיכָה קוֹנָה בְּסִימְטָא וּבְחָצֵר שֶׁהִיא שֶׁל שְׁנֵיהֶן, וְהַגְבָּהָה קוֹנָה בְּכָל מָקוֹם!

But don't Abaye and Rava both say that **passing effects acquisition in the public domain and in a courtyard that** does **not belong to either of them; pulling effects acquisition** only **in an alleyway or in a courtyard that belongs to both of them,** but not in the public domain; **and lifting effects acquisition in every place,** even in the seller's domain? This demonstrates that pulling in the public domain does not effect acquisition.

NOTES

Only with regard to one who measures into his basket – אֶלָּא בְּמוֹדֵד לְתוֹךְ קוּפָּתוֹ: Most commentaries explain that this is referring to a seller who measures into the basket of the buyer. In some versions of the text this is stated explicitly (Rabbeinu Yona). Some claim that the reference is to a buyer who measures into his own basket (Ra'avad; see *Shita Mekubbetzet*). Some add that the buyer's vessels effect acquisition on his behalf in an alleyway, despite the fact that the alleyway itself does not effect acquisition on his behalf (Rashbam). Yet others hold that the seller measures into his own vessels (Rambam, according to Gra).

If he measured it into his basket, is it necessary to say – לְתוֹךְ קוּפָּתוֹ מֵימְרָא בָּעֵי: Some explain that Rav Asi rejects the opinion of Rav Pappa on 85a, as he maintains that according to Rabbi Yoḥanan, the buyer's vessels effect acquisition on his behalf irrespective of their location. Since they effect acquisition on behalf of their owner even in the public domain, there is certainly no need to state this *halakha* with regard to vessels situated in an alleyway (Ran). The commentaries add that the buyer's vessels effect acquisition on his behalf even in the seller's domain (Rashbam). Others add that even if the seller measures into the vessels of the buyer, the acquisition is effective (Ra'avad).

Come and hear, as Rabbi Yannai said, etc. – תָּא שְׁמַע דְּאָמַר רַבִּי יַנַּאי וכו׳: Since Rabbi Yannai was Rabbi Yoḥanan's teacher, it is reasonable to assume that Rabbi Yoḥanan's statement is in accordance with his opinion (Rashbam).

With regard to a courtyard belonging to partners, they acquire – חֲצַר הַשּׁוּתָּפִין קוֹנִין: This indicates that acquisition is effected despite the fact that they did not perform the act of pulling, i.e., the courtyard acquires ownership on their behalf (*Tosafot*; Rid).

No, the mishna is referring to one who did so in the public domain – לָא, בִּרְשׁוּת הָרַבִּים: The buyer's vessels do not effect acquisition on his behalf when they are located in the public domain, as he does not have permission to keep them there (Rashbam).

HALAKHA

To one who measures into his basket – בְּמוֹדֵד לְתוֹךְ קוּפָּתוֹ: If one sells produce in an alleyway or a courtyard that belongs to both the buyer and the seller, and the seller measures the produce directly into his own vessels, the buyer acquires the produce only once the seller finishes measuring (Rambam), as Rav Asi's statement refers to the seller (Gra). Others say that the buyer does not acquire the produce by virtue of it being measured into the vessels of the seller (Ra'avad; see 86b). If the produce was placed in the vessels of the buyer, he acquires it even if it was not measured. Yet others claim that even if the produce is placed in the vessels of the buyer, he acquires the produce only once it is measured, or if the seller tells him to acquire it (Rema, citing *Tur* and *Tosafot*). This is in accordance with the statement of Rabbi Yoḥanan. The commentaries point out that in any event the four cubits surrounding a person effect acquisition on his behalf, and therefore a buyer can acquire the produce by virtue of these four cubits (Rambam *Sefer Kinyan, Hilkhot Mekhira* 4:7; *Shulḥan Arukh, Ḥoshen Mishpat* 200:1, 3, 7).

מַאי מָשַׁךְ נַמִי דְּקָתָנֵי? מֵרְשׁוּת הָרַבִּים לְסִימְטָא. אִי הָכִי, אֵימָא סֵיפָא: אִם הָיָה פִּיקֵּחַ – שׂוֹכֵר אֶת מְקוֹמָן; וְאִי בִּרְשׁוּת הָרַבִּים, מִמַּאן אֲגַר? הָכִי קָאָמַר: וְאִם בִּרְשׁוּת בְּעָלִים הִיא, אִם הָיָה פִּיקֵּחַ – שׂוֹכֵר אֶת מְקוֹמָן.

The Gemara answers: **What** is the meaning of the phrase: If **he pulled** it, **that is taught** in the mishna? It means that he pulled it **from the public domain into an alleyway.** The Gemara asks: **If that is so, say the latter clause: If** the buyer **is perspicacious he rents its place,** i.e., where the produce is located. The Gemara explains the difficulty: **But if** the mishna is referring to a spot **in the public domain, from whom can he rent** the place where the produce is located? The Gemara answers: The latter clause is referring to a separate *halakha*, and **this** is what the mishna **is saying: And if** the produce is **in a domain** that has **an owner,**[N] **if he is perspicacious he rents the place** where the produce is located from the owner.

רַב וּשְׁמוּאֵל דְּאָמְרִי תַּרְוַיְיהוּ:

§ The Gemara continues to discuss the manner in which an acquisition takes place. **Rav and Shmuel both say:**

NOTES

This is what it is saying, and if it is in a domain that has an owner, etc. – הָכִי קָאָמַר וְאִם בִּרְשׁוּת בְּעָלִים וכו׳: Some commentaries explain that the mishna is referring to two different situations, as its first clause refers to the public domain while the continuation refers to the private domain (Ritva). Others maintain that the entire mishna addresses a domain that does not belong to either the seller or the buyer, and therefore there is the option of acquiring the produce by means of pulling or, in a case where there is another owner of the domain, by renting the location (Ramban).

Perek **V**
Daf **85** Amud **a**

כֵּלָיו שֶׁל אָדָם קוֹנֶה לוֹ בְּכָל מָקוֹם, חוּץ מֵרְשׁוּת הָרַבִּים; וְרַבִּי יוֹחָנָן וְרַבִּי שִׁמְעוֹן בֶּן לָקִישׁ דְּאָמְרִי תַּרְוַיְיהוּ: אֲפִילּוּ בִּרְשׁוּת הָרַבִּים.

A person's vessels[N] **effect acquisition** of any item placed inside them **for him, in any place**[N] in which they are situated, **except for the public domain.**[N] **And Rabbi Yoḥanan and Rabbi Shimon ben Lakish both say: Even in the public domain,** one's vessels effect acquisition of items placed in them.

אָמַר רַב פַּפָּא, לָא פְּלִיגִי: כָּאן – בִּרְשׁוּת הָרַבִּים, כָּאן – בְּסִימְטָא, וְאַמַּאי קָרוּ לָהּ רְשׁוּת הָרַבִּים – שֶׁאֵין רְשׁוּת הַיָּחִיד.

Rav Pappa said: These *amora'im* **do not disagree: Here,** when Rav and Shmuel state that one's vessel does not effect acquisition for him, they are speaking of a vessel placed **in the public domain; there,** when Rabbi Yoḥanan and Reish Lakish state that his vessel effects acquisition on his behalf, they are referring to a vessel located **in an alleyway.**[N] **And why do they call** an alleyway **the public domain?** The reason is **that** an alleyway is **not a private domain.**

הָכִי נַמִי מִסְתַּבְּרָא, דְּאָמַר רַבִּי אַבָּהוּ אָמַר רַבִּי יוֹחָנָן: כֵּלָיו שֶׁל אָדָם קוֹנֶה לוֹ בְּכָל מָקוֹם שֶׁיֵּשׁ לוֹ רְשׁוּת לְהַנִּיחוֹ; יֵשׁ לוֹ רְשׁוּת – אִין, אֵין לוֹ רְשׁוּת – לָא, שְׁמַע מִינָּהּ.

The Gemara points out: **So, too, it is reasonable** to interpret Rabbi Yoḥanan's statement in this manner, **as Rabbi Abbahu says** that **Rabbi Yoḥanan says: A person's vessels effect acquisition for him**[H] **in any place where he has permission**[N] **to keep them.** It can be inferred from here: In a location where **he has permission** to keep them, **yes,** his vessels effect acquisition for him. But in a place where **he does not have permission** to keep his vessels, they do **not** effect acquisition for him, and one has permission to keep his vessels in an alleyway but not in the public domain. The Gemara affirms: **Conclude from** this statement that when Rabbi Yoḥanan referred to the public domain he meant an alleyway.

HALAKHA

A person's vessels effect acquisition for him – כֵּלָיו שֶׁל אָדָם קוֹנֶה לוֹ: One's vessels effect acquisition for him if they are located in a place where he is permitted to keep them, e.g., his courtyard, or even an alleyway. Once movable property has been put in his vessels, it is considered as though the property was placed in his house. This is in accordance with the statement of Rabbi Abbahu, citing Rabbi Yoḥanan. Others say that in an alleyway a buyer's vessels effect acquisition on his behalf only if the seller measured the produce directly into the vessel, in accordance with the earlier statement of Rabbi Asi, citing Rabbi Yoḥanan (84b), or if the seller explicitly said that he should acquire the merchandise (Rema, citing *Tur*). A buyer's vessels cannot effect acquisition for him in the public domain or in the domain of the seller. If his vessels were in the seller's domain and the seller told the buyer to acquire the merchandise by means of these vessels, or if he gave the buyer permission to place the vessels there (*Shakh*), he acquires the merchandise, as stated on 86a (Rambam *Sefer Kinyan*, *Hilkhot Mekhira* 4:1; *Shulḥan Arukh*, *Ḥoshen Mishpat* 200:3).

NOTES

A person's vessels – כֵּלָיו שֶׁל אָדָם: In other words, once the item is placed in the buyer's vessel, it is acquired by him. The commentaries add that this is the case only if the seller and buyer have agreed on the price of the item. In that situation, it remains necessary only to establish the precise moment of transfer to the buyer (Rashbam).

In any place – בְּכָל מָקוֹם: The wording here indicates that even when the buyer's vessels are in the seller's domain, if the seller tells him that he should acquire the item by means of his vessels, the acquisition is effective.

Except for the public domain – חוּץ מֵרְשׁוּת הָרַבִּים: The commentaries add that the same is true of a domain that belongs to neither of them (Rashbam). The reason is that the same issue that applies to the public domain is equally applicable to a domain that does not belong to either of them, as neither of them have permission to keep their vessels there. If the owner of the courtyard grants them permission, in this regard the courtyard is considered like an alleyway or a courtyard that belongs to both of them.

There, in an alleyway – כָּאן בְּסִימְטָא: An alleyway is a type of public domain, except that people are permitted to keep their belongings there. The Gemara here indicates that one can acquire an item in an alleyway only if the item is placed in his vessel, not on the ground. Yet, some commentaries maintain that if the buyer arrived in the alleyway before the seller, then even if the produce is placed on the ground he acquires it by virtue of the four cubits that surround him. In this scenario, this alleyway is considered like the buyer's courtyard with regard to this acquisition (Rashba; see Ritva).

Where he has permission, etc. – שֶׁיֵּשׁ לוֹ רְשׁוּת וכו׳: This includes an alleyway, property that he jointly owns, and the property of the seller.

תָּא שְׁמַע: אַרְבַּע מִדּוֹת בַּמּוֹכְרִין: עַד שֶׁלֹּא נִתְמַלְּאָה מִדָּה – לַמּוֹכֵר, מִשֶּׁנִּתְמַלְּאָה מִדָּה – לַלּוֹקֵחַ; בַּמֶּה דְּבָרִים אֲמוּרִים – בְּמִדָּה שֶׁאֵינָהּ שֶׁל שְׁנֵיהֶן, אֲבָל אִם הָיְתָה מִדָּה שֶׁל אֶחָד מֵהֶן – רִאשׁוֹן רִאשׁוֹן קָנָה;

The Gemara suggests: **Come** and **hear** a difficulty from a *baraita*: There are **four cases**[N] **with regard to sellers,** i.e., four methods through which merchandise is acquired. When the seller measures merchandise for the buyer, **before the measuring** vessel **has been filled** the merchandise in the vessel still belongs **to the seller**[N] and he can change his mind and cancel the sale. **Once the measuring** vessel **has been filled**[N] the merchandise belongs **to the buyer. In what** case **is this statement said?** It is said when the seller measures **with a measuring** vessel **that does not belong to either of them.**[H] **But if the measuring** vessel **belonged to one of them,**[N] the buyer **acquires** the items of sale **one** by **one** as they are placed in the measuring vessel.

NOTES

Four cases [*middot*], etc. – אַרְבַּע מִדּוֹת וכו׳: Some commentaries explain that these four cases refer to four different domains: The public domain and a courtyard that belongs to neither of them, the seller's domain, the buyer's domain, and the bailee's domain (Rabbeinu Gershom Meor HaGola). The Rashbam disagrees with this division, since the same *halakha* applies to the bailee's domain as it does to the seller's domain: In both cases the acquisition is effective if the owner agrees to designate the place to be used by the buyer. The Rashbam therefore explains the four *middot* as a statement of the *halakha* in four circumstances: First, a case where merchandise is transferred before the measuring vessel is filled, or a case where the measuring vessel is filled but it belongs to neither of them. Second, a case where the merchandise is acquired little by little, as it is measured, when the measuring vessel belongs to one of them. Third, a case where the buyer acquires the merchandise as soon as the seller agrees to the sale, which is while the merchandise is in the buyer's domain. Fourth, the *halakha* of lifting and taking out the merchandise, or renting the place where the merchandise is located, or designating for the use of the buyer the place where the merchandise is located, in a case when the merchandise is in the domain of the seller or a bailee (see also Rabbi Avraham *Av Beit Din*; *Nimmukei Yosef*).

Others accept the claim that the reference is to four domains, and with regard to the Rashbam's difficulty they suggest that there is a difference between the bailee's property and that of the seller, as the option of accepting upon himself to designate for the use of the buyer the place where the merchandise is located applies only to a bailee, not a seller (Ramban; Rabbeinu Yona; Rid). Some add that these cases refer to four domains but include five *halakhot*, as two different *halakhot* are taught with regard to an alleyway (Ran). The first ruling refers to a situation where the measuring vessel belongs to neither of them, in which case the buyer acquires the merchandise when the measuring vessel is filled. The second *halakha* applies when the measuring vessel belongs to one of them, as the merchandise is acquired as soon it is placed in the measuring vessel. It can be explained that both *halakhot* are based on the same principle, as in both cases the buyer acquires ownership as soon as the measuring vessel that contains the merchandise is considered to belong to him.

Before the measuring vessel has been filled, the merchandise belongs to the seller – עַד שֶׁלֹּא נִתְמַלְּאָה מִדָּה לַמּוֹכֵר: The merchandise belongs to the seller, whether this is to his benefit, e.g., when the price rises and he wants to renege on the sale, or to his detriment, e.g., if the merchandise spills or is lost (Rashbam).

Once the measuring vessel has been filled – מִשֶּׁנִּתְמַלְּאָה מִדָּה: Since it is explained later that the measuring vessel does not belong to either of them but to a middleman, this must be referring to a case where the middleman lends it to the seller while the merchandise is being measured and subsequently to the buyer once the measuring vessel has been filled (Rashbam).

Belonged to one of them – שֶׁל אֶחָד מֵהֶן: Some commentaries explain, in accordance with the plain meaning of the Gemara, that the measuring vessel belonged to either the seller or the buyer (Rashbam). Accordingly, the Rashbam has no choice but to explain that the continuation of the *baraita*, which states: He acquires the items of sale one by one, is likewise referring even to a case where the measuring vessel belongs to the seller. He interprets this to mean that if the measuring vessel belongs to the seller, the merchandise in the measuring vessel stays in his possession, as whether he measures part of it or the entire amount, it is transferred to the buyer only by means of pulling or lifting, as explained earlier. If the measuring vessel belongs to the buyer, he acquires each item as it is placed in the vessel. Other commentaries explain that the expression: Belonged to one of them, refers solely to the buyer. The *baraita* uses a phrase that could refer to either party despite the fact that it is referring to a particular individual because it used a similar phrase beforehand: Does not belong to either of them (Rabbeinu Yona; Rashba).

HALAKHA

Before the measuring vessel has been filled…that does not belong to either of them – עַד שֶׁלֹּא נִתְמַלְּאָה מִדָּה...שֶׁאֵינָהּ שֶׁל שְׁנֵיהֶן: If one sold wine or oil in an alleyway or a courtyard that belongs to both the buyer and the seller, or if the sale takes place in the domain of the buyer and the measuring vessel belongs to an intermediary who loaned it to both of them (*Taz*), the wine or oil remains in possession of the seller and he can cancel the sale until the measuring vessel is filled. Once it is filled, the produce belongs to the buyer and neither party can nullify the transaction (Rambam *Sefer Kinyan*, *Hilkhot Mekhira* 4:8; *Shulḥan Arukh*, *Ḥoshen Mishpat* 200:9).

בַּמֶּה דְּבָרִים אֲמוּרִים – בִּרְשׁוּת הָרַבִּים וּבְחָצֵר שֶׁאֵינָהּ שֶׁל שְׁנֵיהֶן, אֲבָל בִּרְשׁוּת מוֹכֵר – לֹא קָנָה עַד שֶׁיַּגְבִּיהֶנָּה אוֹ עַד שֶׁיּוֹצִיאֶנָּה מֵרְשׁוּתוֹ; בִּרְשׁוּת לוֹקֵחַ, כֵּיוָן שֶׁקִּבֵּל עָלָיו מוֹכֵר – קָנָה לוֹקֵחַ; בִּרְשׁוּת הַלָּה הַמּוּפְקָדִים אֶצְלוֹ – לֹא קָנָה עַד שֶׁיְּקַבֵּל עָלָיו אוֹ עַד שֶׁיִּשְׂכּוֹר אֶת מְקוֹמָן.

In what case **is this statement said?** It is said when the seller measures the items **in the public domain or in a courtyard that does not belong to either of them. But** if it happens **in the domain of** the seller,[H] the buyer **does not acquire**[N] the merchandise **until he lifts** the measuring vessel **or until he moves it out of the domain** of the seller. If it is **in the domain of** the buyer,[HN] **once** the **seller accepts upon himself** to sell, the **buyer acquires** it. If the merchandise is located **in the domain of this** individual **with whom it had been deposited,**[HN] the buyer **does not acquire** it **until** the bailee **accepts upon himself**[N] to designate a place where the merchandise is to be stored for the buyer, **or until** the buyer **rents** from the bailee **the place** where the merchandise is situated.

קָתָנֵי מִיהָא: בִּרְשׁוּת הָרַבִּים וּבְחָצֵר שֶׁאֵינָהּ שֶׁל שְׁנֵיהֶן;

In any event, this *baraita* **teaches with regard to** a transaction in **the public domain or in a courtyard that does not belong to either of them** that if the measuring vessel belonged to one of them, the buyer acquires the items of sale one by one as they are placed in the vessel.

HALAKHA

In the domain of the seller – בִּרְשׁוּת מוֹכֵר: A buyer acquires movable property that is located in the domain of the seller by lifting it or pulling it into his domain or into an alleyway. If the seller rents him the place where the items are located, or if he gives the buyer ownership over the domain through one of the modes of acquisition, the buyer acquires the items by means of his property. If none of these occur, the buyer does not acquire the items, even if the seller says: My courtyard should acquire these items on the behalf of this buyer (Rambam *Sefer Kinyan, Hilkhot Mekhira* 4:6; *Shulḥan Arukh, Ḥoshen Mishpat* 200:2).

In the domain of the buyer – בִּרְשׁוּת לוֹקֵחַ: In his own domain a buyer acquires movable property from the instant the seller agrees to sell it, even if it still requires measurement. This is the case when the items are located in the buyer's courtyard, i.e., a location that is secured on behalf of the buyer, or when he is standing alongside the courtyard (*Netivot HaMishpat*). Some say that he must be standing inside it (Rema, citing *Maggid Mishne*). If the courtyard is secured only on behalf of the seller, the buyer does not acquire the merchandise by virtue of its being in the courtyard (Rambam *Sefer Kinyan, Hilkhot Mekhira* 4:6; *Shulḥan Arukh, Ḥoshen Mishpat* 200:1).

In the domain of this individual with whom it had been deposited – בִּרְשׁוּת הַלָּה הַמּוּפְקָדִים אֶצְלוֹ: In a case where movable property is deposited with a bailee, a buyer acquires it if he lifts up the merchandise, or pulls it and moves it into his domain or an alleyway. Similarly, if the bailee rents the location of the merchandise to him or if he gives the buyer the domain of the merchandise through one of the acts of acquisition, the buyer acquires the merchandise by means of his property. Furthermore, if the seller said to the bailee: Acquire this merchandise on behalf of this buyer (see *Shakh*), the buyer acquires it, despite the fact that this is merely a statement and not an action (Rambam *Sefer Kinyan, Hilkhot Mekhira* 4:6; *Shulḥan Arukh, Ḥoshen Mishpat* 200:2).

NOTES

In the domain of the seller, the buyer does not acquire – בִּרְשׁוּת מוֹכֵר לֹא קָנָה: He does not acquire the merchandise whether it is placed in a vessel that belongs to the seller or to someone else. The Gemara later (85b) discusses the status of merchandise placed in the buyer's own vessel.

In the domain of the buyer – בִּרְשׁוּת לוֹקֵחַ: If the seller brings the merchandise into the domain of the buyer, there is no need for the buyer's vessel to effect acquisition. Rather, once the pair agree to the sale and set a price, the buyer's courtyard effects acquisition of the merchandise on his behalf.

In the domain of this individual with whom it had been deposited – בִּרְשׁוּת הַלָּה הַמּוּפְקָדִים אֶצְלוֹ: It is assumed that as the bailee allowed the seller to deposit his produce there, he also granted him permission to use his courtyard for the purposes of this transaction (Rashbam).

Until the bailee accepts upon himself – עַד שֶׁיְּקַבֵּל עָלָיו: In order for the buyer to acquire the merchandise, the bailee must agree to designate for his use or rent to him the place where it is located (Rashbam). According to some commentaries, this means that the bailee must agree to acquire the merchandise by means of his courtyard on behalf of the buyer (Rid). Some claim that the buyer can acquire the merchandise in the same fashion in the seller's own domain, if the seller agrees to designate or rent to the buyer the place where the merchandise is located (Rashba). The reason that this option is stated only with regard to the bailee is because typically the seller does not want the merchandise to remain in his domain, but prefers that it be removed immediately. Others contend that if the merchandise is in the seller's domain, a verbal agreement is insufficient. Rather, the buyer must rent the place where the merchandise is located with money or by means of another act that acquires land, in order to gain possession of the movable property along with the land (*Tosafot*).

מַאי לָאו בִּרְשׁוּת הָרַבִּים מַמָּשׁ? לָא, סִימְטָא. וְהָא דּוּמְיָא דְּחָצֵר שֶׁאֵינָהּ שֶׁל שְׁנֵיהֶם קָתָנֵי!

What, is it **not** stating that a buyer's vessels effect acquisition of items on his behalf even **in the actual public domain,**[N] which contradicts Rav Pappa's explanation? The Gemara answers: **No,** the *baraita* is referring to **an alleyway,** not the actual public domain. The Gemara asks: How can this be what the *baraita* means? **But** the *baraita* **teaches** that it is **similar to a courtyard that does not belong to either of them,** i.e., a location to which neither of them have any rights, whereas they both have some rights in an alleyway. Consequently, this must be referring to the actual public domain, not an alleyway.

מַאי חָצֵר שֶׁאֵינָהּ שֶׁל שְׁנֵיהֶם נַמִי? דְּלָא דְּהַאי כּוּלַּהּ וְלָא דְּהַאי כּוּלַּהּ, אֶלָּא דְּתַרְוַיְיהוּ.

The Gemara answers: **What** is the meaning of the phrase: **A courtyard that does not belong to either of them?** It **also** refers to shared property, specifically a courtyard shared by partners, **which does not** belong to **this** one **entirely and does not** belong to **that** one **entirely, but rather** it is the property **of both of them.** Consequently, this courtyard is comparable to an alleyway.

בְּעָא מִינֵּיהּ רַב שֵׁשֶׁת מֵרַב הוּנָא: כֵּלָיו שֶׁל לוֹקֵחַ בִּרְשׁוּת מוֹכֵר, קָנָה לוֹקֵחַ אוֹ לָא? אֲמַר לֵיהּ, תְּנֵיתוּהָ: זְרָקוֹ לָהּ לְתוֹךְ חֵיקָהּ אוֹ לְתוֹךְ קַלְתָּהּ – הֲרֵי זוֹ מְגוֹרֶשֶׁת.

Rav Sheshet raises a dilemma before Rav Huna: If the **vessels of the buyer** are **in the domain of the seller,** does the **buyer acquire** the merchandise once it is placed in his vessels **or not?** Rav Huna **said to him: You learned** the answer already in a mishna (*Gittin* 77a): A wife is divorced when her husband hands her a bill of divorce or places it in a manner that is considered equivalent to handing it to her, e.g., placing in her courtyard. Accordingly, if the husband **threw** the bill of divorce **to her into her lap or into her basket** [*kaltah*],[HLB] **this woman is divorced**[N] even if she was in her husband's domain at that time. By the same token, even if the buyer's vessels are in the domain of the seller, they effect acquisition of the sold items on his behalf.

אֲמַר לֵיהּ רַב נַחְמָן: מַאי טַעְמָא פְּשַׁטְתְּ לֵיהּ מֵהַהִיא דְּמָחוּ לַהּ מְאָה עוּכְלֵי בְּעוּכְלָא?

Rav Naḥman said to Rav Huna: **What is the reason** that **you resolved** Rav Sheshet's dilemma **from that** mishna, **which** has already been **struck** with **one hundred strikes of a hammer** [*uklei be'ukela*]?[LB] In their analysis of this mishna, the Sages have already inserted so many qualifications that it cannot be understood in a straightforward manner.

NOTES

What, is it not in the actual public domain, etc. – מַאי לָאו בִּרְשׁוּת הָרַבִּים מַמָּשׁ וכו׳: The *baraita* apparently indicates that the buyer's vessel effects acquisition on his behalf even in the public domain. This presents a difficulty for all those who maintain that in the public domain the buyer's vessels do not effect acquisition at all (Rashbam). Alternatively, the question is that if the buyer's vessels effect acquisition in the public domain, evidently the buyer acquires merchandise placed on the ground in an alleyway. This is in accordance with the opinion of Rabbi Asi, citing Rabbi Yoḥanan (84b), and in contradiction to that of Rabbi Zeira (Rabbeinu Gershom Meor HaGola).

This woman is divorced – הֲרֵי זוֹ מְגוֹרֶשֶׁת: There is a certain similarity between an acquisition of merchandise and the acceptance of a bill of divorce: Like a purchase, the reception of a bill of divorce by a wife is an act of acquisition, through which the wife acquires her independence from her husband.

HALAKHA

Into her lap or into her basket – לְתוֹךְ חֵיקָהּ אוֹ לְתוֹךְ קַלְתָּהּ: If a woman was standing in her husband's courtyard and he threw a bill of divorce there, she is not divorced, even if it fell into a vessel belonging to her. She is divorced only if the bill of divorce reached her hand or her lap, or a vessel of hers whose placement in her husband's domain does not bother the husband. This is in accordance with the statement of Rabbi Yoḥanan, as explained by Rava (Rambam *Sefer Nashim, Hilkhot Geirushin* 5:8; *Shulḥan Arukh, Even HaEzer* 139:9–10).

LANGUAGE

Basket [*kelet*] – קֶלֶת: From the Greek κάλαθος, *kalathos*, meaning basket. This is referring to a basket with a narrow bottom that was used primarily to hold wool or work materials for women.

Strikes with a hammer [*uklei be'ukela*] – עוּכְלֵי בְּעוּכְלָא: The *ge'onim* explain that *ukla* means hammer in Aramaic. Consequently, the expression *uklei be'ukela* means strikes of a hammer.

BACKGROUND

Basket – קֶלֶת:

Woman with a carrying basket on her head

Hammer – עוּכְלָא:

Ancient Greek depiction of a hammer, c. 300 BCE

דְּאָמַר רַב יְהוּדָה אָמַר שְׁמוּאֵל: וְהוּא שֶׁהָיְתָה קַלְתָּהּ תְּלוּיָה בָּהּ; וְרֵישׁ לָקִישׁ אָמַר: קְשׁוּרָה וְאַף עַל פִּי שֶׁאֵינָהּ תְּלוּיָה בָּהּ; רַב אַדָּא בַּר אַהֲבָה אָמַר: כְּגוֹן שֶׁהָיְתָה קַלְתָּהּ מוּנַּחַת לָהּ בֵּין יַרְכוֹתֶיהָ; רַב מְשַׁרְשִׁיָּא בְּרֵיהּ דְּרַבִּי אַמִּי אָמַר: כְּגוֹן שֶׁהָיָה בַּעְלָהּ מוֹכֵר קְלָתוֹת;

As Rav Yehuda says that Shmuel says: This *halakha* of the mishna in *Gittin* applies only if **her basket was hanging**[N] **from her** body, so that it is considered on her or in her hand. **And Reish Lakish says:** It is sufficient if **it was tied to her, even though it is not hanging from her,** but resting on the ground. **Rav Adda bar Ahava says:** The mishna is referring to a case **where her basket was placed between her thighs.** Although it is not hanging from her, since it is placed on her body it serves to acquire the bill of divorce on her behalf. **Rav Mesharshiyya, son of Rabbi Ami, says:** This is referring to a case **where her husband** was **a basket seller.**[NH] Since he is not particular about the place where the basket into which he placed the bill of divorce is located, as his entire courtyard is full of baskets, it is considered as though he expressly granted her the right to make use of its location.

רַבִּי יוֹחָנָן אָמַר: מְקוֹם חֵיקָהּ קָנוּי לָהּ, מְקוֹם קַלְתָּהּ קָנוּי לָהּ. אֲמַר רָבָא: מַאי טַעֲמָא דְּרַבִּי יוֹחָנָן? לְפִי שֶׁאֵין אָדָם מַקְפִּיד לֹא עַל מְקוֹם חֵיקָהּ וְלֹא עַל מְקוֹם קַלְתָּהּ.

Rabbi Yoḥanan says: The place of her lap, i.e., the place within her husband's property where she stands or sits, **belongs to her,** and **the place of her basket is acquired to her. Rava said: What is the reason** behind the statement **of Rabbi Yoḥanan?** It is **because a person,** including a husband, **is not particular neither about the place of her lap nor about the place of her basket,** as she requires these areas and they do not take up much space. It is evident from all of these qualifications that one cannot infer a halakhic principle from here with regard to a buyer's vessels in a seller's domain.

אֶלָּא פְּשׁוֹט לָהּ מֵהָא: בִּרְשׁוּת מוֹכֵר – לֹא קָנָה עַד שֶׁיַּגְבִּיהֶנָּה אוֹ עַד שֶׁיּוֹצִיאֶנָּה מֵרְשׁוּתוֹ; מַאי לָאו בְּכֵלָיו דְּלוֹקֵחַ? לָא, בְּכֵלָיו דְּמוֹכֵר.

Rather, resolve the dilemma **from that** which was taught in a *baraita*: If the merchandise was **in the domain of a seller,** the buyer **does not acquire** the merchandise **until he lifts** it **or until he removes it from the domain** of the seller. What, is it **not** referring to merchandise placed **in the vessels of the buyer,** which proves that the buyer's vessels do not effect acquisition of the merchandise on his behalf when they are in the seller's domain? The Gemara answers: **No,** this does not serve as proof, as it is referring to merchandise placed **in the vessels of the seller.**[H] That is why the buyer must lift or pull the merchandise to acquire it.

וּמִדְּרֵישָׁא בְּכֵלָיו דְּמוֹכֵר, סֵיפָא נַמִּי בְּכֵלָיו דְּמוֹכֵר; אֵימָא סֵיפָא: בִּרְשׁוּת לוֹקֵחַ, כֵּיוָן שֶׁקִּיבֵּל עָלָיו מוֹכֵר – קָנָה לוֹקֵחַ; וְאִי בְּכֵלָיו דְּמוֹכֵר, אַמַּאי קָנָה לוֹקֵחַ? סֵיפָא אֲתָאן לְכֵלָיו דְּלוֹקֵחַ.

The Gemara asks: **But from** the fact **that the first clause** is referring **to the vessels of the seller,** as currently understood, **the latter clause** must **also** be referring **to the vessels of the seller. Say the latter clause:** If the merchandise was **in the domain of the buyer, once the seller accepts upon himself** to sell an item, **the buyer acquires** it. **And if** this is referring to merchandise **in the vessels of the seller,** as in the earlier clause, **why does the buyer acquire** it? The Gemara answers: In **the latter clause, we come to** a different scenario, which involves **the vessels of the buyer.**

NOTES

Her basket was hanging – קַלְתָּהּ תְּלוּיָה: The basket was raised slightly above the ground. This is equivalent to acquisition by means of lifting, which is effective in any location (Rashbam).

A basket seller – מוֹכֵר קְלָתוֹת: Since the husband sells baskets and has an area set aside for his products, he does not care that this basket is taking up space (Rashbam, citing Rashi). Alternatively, the wife had just purchased this basket from her husband and lifted it (Ri Migash). Since she acquired it, he grants her permission to use the space because he benefits from the transaction (Ri Migash; Ramah; Rabbeinu Gershom Meor HaGola; Rabbeinu Barukh). Others explain that as the husband is a basket seller, it is in his interest that his wife's basket be in his domain, so that if he sells all his merchandise and requires another basket, he can sell his wife's (Rabbeinu Yona). Others write similarly that it is in the interest of a seller to have his store filled with merchandise (Ritva).

The commentaries question how she acquires the bill of divorce, as her husband merely permits her to rest her basket in his domain, but he does not transfer ownership of the courtyard to her for this purpose (*Tosafot*). *Tosafot* answer that this is similar to the case of an alleyway: Once the recipient has permission to keep his belongings in the location, his vessels effect acquisition on his behalf.

HALAKHA

A basket seller – מוֹכֵר קְלָתוֹת: If one bought a vessel and lifted it for the purpose of acquiring it, and afterward he left it in the domain of the seller and then returned and bought produce from the seller, once the produce is placed in this vessel the buyer acquires it. This is the *halakha* despite the fact that in general a buyer's vessels cannot effect acquisition of items on his behalf in the domain of the seller, because in this case the seller is pleased about the transaction, and therefore he is not particular about the place of the vessel in his domain. This *halakha* is in accordance with the opinion of Rav Mesharshiyya, as explained by Ri Migash (Rambam *Sefer Kinyan, Hilkhot Mekhira* 4:1, and *Maggid Mishne* there; *Shulḥan Arukh, Ḥoshen Mishpat* 200:4).

In the vessels of the seller, etc. – בְּכֵלָיו דְּמוֹכֵר וכו׳: If one seeks to buy movable property from another, but the items are located in the vessels of the seller, the buyer does not acquire them at that point, even if they were located in the domain of the buyer, unless the seller measures them (*Netivot HaMishpat*). Some say that even if the seller says to the buyer: Go and acquire it, the buyer does not acquire it, as it is not sufficient for the seller merely to give him permission. Rather, the buyer must formally acquire the vessel, which he cannot do through this statement (Rema, citing Rabbeinu Yona and Rosh). According to this opinion, even if the seller measured the merchandise, the buyer does not acquire it (*Netivot HaMishpat*). If the seller measured the merchandise and placed it in his vessel, and the buyer pulled the vessel in the seller's presence, he acquires it, despite the fact that the seller's vessels do not effect acquisition on behalf of the buyer. This is in accordance with the statement of the *baraita*: Until he moves it out of the domain of the seller (Rambam *Sefer Kinyan, Hilkhot Mekhira* 4:2; *Shulḥan Arukh, Ḥoshen Mishpat* 200:5, 6).

HALAKHA

If one pulled his donkey drivers and his laborers, etc. – מָשַׁךְ חַמָּרָיו וּפוֹעֲלָיו וכו׳: If one brings a laborer or donkey bearing sacks of merchandise into his house with the intention of purchasing the merchandise they are bearing, he does not acquire it even if he and the seller had already agreed on the price and the seller had measured the merchandise while it was being carried by the laborer or on the back of the donkey. According to one opinion, even if the buyer himself measured the merchandise he does not acquire it, since he intended only to measure it, not to acquire it (Ra'avad). Some (Rema, citing *Tur*) say that if the buyer measures the merchandise he does acquire it (Rambam *Sefer Kinyan, Hilkhot Mekhira* 4:13; *Shulḥan Arukh, Ḥoshen Mishpat* 200:8).

וּמַאי פָּסְקָא? סְתָמָא דְּמִילְּתָא, בֵּי מוֹכֵר מָאנֵי דְּמוֹכֵר שְׁכִיחִי, בֵּי לוֹקֵחַ מָאנֵי דְּלוֹקֵחַ שְׁכִיחִי.

The Gemara asks: **But** if the clauses of the *baraita* are addressing different cases, **why** was it stated **without qualification?**[N] The Gemara answers: **The normal** way **of things** is that **in the house of the seller the vessels of the seller are** commonly **found, and in the house of the buyer the vessels of the buyer are** commonly **found.** In sum, the dilemma cannot be resolved from the *baraita*.

אֲמַר רָבָא, תָּא שְׁמַע: מָשַׁךְ חַמָּרָיו וּפוֹעֲלָיו וְהִכְנִיסָן לְתוֹךְ בֵּיתוֹ, בֵּין פָּסַק עַד שֶׁלֹּא מָדַד וּבֵין מָדַד עַד שֶׁלֹּא פָּסַק – שְׁנֵיהֶן יְכוֹלִין לַחֲזוֹר בָּהֶן;

Rava said: Come and **hear** a resolution from a *baraita*: If **one pulled his donkey drivers,** thereby dragging along with them the donkeys laden with goods, **and** likewise, if he pulled **his laborers,**[HN] who were carrying merchandise he wished to purchase, **and he brought them into his house, whether he fixed** a price **before he measured**[N] the merchandise **or whether he measured before fixing** a price, **both** parties **can renege on** the sale, provided that the merchandise has not been unloaded from the laborers or the donkeys.

NOTES

But why was it stated without qualification – וּמַאי פָּסְקָא: This Gemara uses this expression when two clauses of the same mishna or *baraita* are explained as referring to two different sets of circumstances. At that point the Gemara will ask: Since there is no indication from the text of the mishna or *baraita* that the *halakhot* relate to separate scenarios, what is the basis for distinguishing between the two cases?

His donkey drivers and his laborers – חַמָּרָיו וּפוֹעֲלָיו: Some commentaries maintain that the possessive suffixes in the terms *ḥammarav* and *ufoalav*, meaning his donkey drivers and his laborers, are an error, and the text should state: The donkey drivers and laborers (*Tosafot*). *Tosafot* explain that the possessive indicates that they belong to the buyer, in which case the buyer should acquire the merchandise when they take it for him. Others uphold the standard version of the text and explain that the buyer had previously given produce to his donkey drivers or laborers in exchange for their labor, and he now wishes to buy it back from them (Rabbeinu Gershom Meor HaGola). Some say that although they are the buyer's donkey drivers or laborers, they were not instructed to acquire the merchandise on his behalf but only to bring it to his house, where he would decide if he wanted to buy it (Rabbeinu Yona). Alternatively, they are the donkey drivers and laborers of the seller, not the buyer (Ritva; Ramah). Some commentaries, accepting the version of the text that does not have the possessive, suggest an entirely different explanation, that the seller brought the donkey drivers or laborers to his house in order to sell his merchandise to them (Rabbeinu Barukh).

Whether he fixed a price before he measured, etc. – בֵּין פָּסַק עַד שֶׁלֹּא מָדַד וכו׳: According to some commentaries, this means that even if he both agreed to a price and measured the merchandise, he does not yet acquire it because he still must unload the goods (Ri Migash; *Tosafot*). For this reason, the Ri Migash explains that the subject of this sentence is the donkey driver, who measures the merchandise on top of his donkey. His reasoning is that if the subject were the buyer, he would be lifting the merchandise while measuring it, an act that would effect acquisition of it for him. Others apparently maintain that if he both fixed a price and measured the merchandise, he does acquire it (Rashbam). The Rashbam explains that one of these actions alone is insufficient because even if the buyer measures into his own vessels, as long as the parties have not agreed on a price the acquisition is incomplete. The act of measuring, placing, or even pulling the merchandise does not effect acquisition if the seller has not agreed to the transaction. Yet others hold that the buyer measured the merchandise in the public domain or in the seller's domain (Rabbeinu Yona). If he had also agreed to a price he would acquire it through the act of measuring, which is a form of lifting, as the Ri Migash explains.

Perek **V**
Daf **86** Amud **a**

NOTES

Unloaded – פֵּירְקָן: Some commentaries explain that the buyer unloaded the merchandise in the public domain before pulling it into his own domain (Rabbeinu Gershom Meor HaGola). Others object to this interpretation, arguing that if this is referring to an act of pulling, the *baraita* does not prove that the buyer's domain effects acquisition (Rashbam). Consequently, the Rashbam and the Ri Migash explain that irrespective of whether the buyer or the seller brings the merchandise into the buyer's domain, the decisive factor is that the merchandise is placed in his domain. Others state that pulling merchandise that is located in the seller's vessels does not effect acquisition, and therefore the merchandise is acquired by the buyer only when it is in his house (Ramban, citing Rabbeinu Gershom Meor HaGola).

פֵּירְקָן וְהִכְנִיסָן לְתוֹךְ בֵּיתוֹ, פָּסַק עַד שֶׁלֹּא מָדַד – אֵין שְׁנֵיהֶן יְכוֹלִין לַחֲזוֹר בָּהֶן, מָדַד עַד שֶׁלֹּא פָּסַק – שְׁנֵיהֶן יְכוֹלִין לַחֲזוֹר בָּהֶן; וּמִדְּכֵלָיו דְּמוֹכֵר בִּרְשׁוּת לוֹקֵחַ לֹא קָנָה, כֵּלָיו דְּלוֹקֵחַ נָמֵי בִּרְשׁוּת מוֹכֵר לֹא קָנָה!

But in a case where **he unloaded**[NH] the merchandise from them **and brought it into his house,** if **he fixed** a price **before he measured** the merchandise, **both** parties **are no** longer **able to renege on** the sale. If **he measured** the merchandise **before fixing** a price, **both of them are able to renege on** the sale. The Gemara comments: **And from** the fact **that the vessels of the seller** when **in the domain of** the **buyer do not effect acquisition** of the merchandise for the seller, i.e., they do not prevent the buyer from acquiring the merchandise, one can derive that **the vessels of the buyer in the domain of** the **seller do not effect acquisition** of the merchandise on his behalf **as well.**

HALAKHA

Unloaded, etc. – פֵּירְקָן וכו׳: In a case where a buyer unloaded merchandise and brought it into his house, once they fix a price and the seller measures the merchandise, neither party can renege on the sale, as the seller had decided to sell. In a case where they did not fix a price, even if the buyer measured the merchandise, either party can renege on the sale. This *halakha* is in accordance with the *baraita* (Rambam *Sefer Kinyan, Hilkhot Mekhira* 4:13 and *Maggid Mishne* there).

אמר רב נחמן בר יצחק: בששפכן. איקפד רבא, מידי "שפכן" קתני? "פירקן" קתני! אלא אמר מר בר רב אשי: במתאכלי דתומי.

Rav Naḥman bar Yitzḥak said: The merchandise was not placed in the domain of the buyer in vessels belonging to the seller. Rather, the *baraita* is referring to a case **where he emptied** the vessels[H] onto the ground. Conversely, if the merchandise remains in the seller's vessels, the buyer does not acquire it. **Rava became angry**[N] with Rav Naḥman bar Yitzḥak at his rejection of Rava's proof, and retorted: **Does the *baraita* teach: He emptied them?** No; **it teaches: He unloaded them,**[N] i.e., he kept the goods in vessels belonging to the seller. **Rather, Mar bar Rav Ashi says:** This proof can be rejected by means of a different interpretation, as the *halakha* of the *baraita* does not refer to vessels full of goods but is stated **with regard to bundles of garlic**[N] that were tied together. Therefore, they are unloaded straight onto the floor in the buyer's domain.

אמר ליה הונא בריה דמר זוטרא לרבינא: מכדי "פירקן" קתני, מה לי פסק ומה לי לא פסק? אמר ליה: פסק – סמכא דעתיה, לא פסק – לא סמכא דעתיה.

With regard to the matter itself, **Huna, son of Mar Zutra, said to Ravina: Since** the *baraita* **teaches: He unloaded them,** which indicates that unloading the merchandise constitutes the act of acquisition, **what** difference is there **to me if he fixed** a price, **and what** difference is there **to me if he did not fix** a price? Ravina **said to him:** If **he fixed** a price **he has made up his mind**[H] to sell, and therefore the transaction can take place. If **he did not fix** a price, **he has not made up his mind** to sell and the transaction does not occur. In any event, no convincing proof has been found with regard to the *halakha* in a case where the vessels of the buyer are in the domain of the seller.

אמר ליה רבינא לרב אשי: תא שמע, דרב ושמואל דאמרי תרוייהו: כליו של אדם קונה לו בכל מקום; לאתויי מאי? לאו לאתויי רשות מוכר? התם דאמר ליה: זיל קני.

Ravina said to Rav Ashi: Come and hear a resolution, **as Rav and Shmuel both say: A person's vessel effects acquisition for him** of any item placed inside it, **in any place** that it is situated. **What is added** by the phrase: In any place? Does it **not** serve **to add** the **domain of the seller?** Rav Ashi answered: **There,** it is referring to a specific case, **where** the seller **said to him: Go** and **acquire it.**[HN] In that situation, the buyer does acquire the merchandise. This does not refer to a standard case where the buyer's vessels are located in the domain of the seller.

תנן התם: נכסים שיש להן אחריות – נקנין בכסף ובשטר ובחזקה, ושאין להן אחריות – אין נקנין אלא במשיכה. בסורא מתנו לה להא שמעתא משמיה דרב חסדא, בפומבדיתא מתנו לה משמיה דרב כהנא, ואמרי לה משמיה דרבא: לא שנו אלא דברים שאין דרכן להגביה, אבל דברים שדרכן להגביה, בהגבהה – אין, במשיכה – לא.

§ **We learned** in a mishna **elsewhere** (*Kiddushin* 26a): **Property that is guaranteed,**[H] i.e., land, **is acquired by** means of **money,** or by means of **a bill, or by taking possession** of it. **And** property **that does not have a guarantee,** i.e., movable property, **can be acquired only by** means of **pulling. In Sura they taught this** following ***halakha* in the name of Rav Ḥisda,** while **in Pumbedita they taught it in the name of Rav Kahana, and some say in the name of Rava: They taught** that movable property is acquired by means of pulling **only** with regard to **items that are not typically lifted**[HN] due to their weight or for some other reason. **But** in the case of **items that are typically lifted,** then **yes,** they are acquired **by** means of **lifting,** but they are **not** acquired by means of **pulling.**

HALAKHA

Where he emptied the vessels – בששפכן: If merchandise is unloaded in the buyer's domain and is not inside a vessel that belongs to the seller, once a price is fixed it is acquired by the buyer, even if it was not measured (*Tur*). This is in accordance with the ruling of the *baraita* and the explanation of Rav Naḥman bar Yitzḥak. According to the *Maggid Mishne*, this is also the opinion of the Rambam (*Tur, Ḥoshen Mishpat* 200; *Shulḥan Arukh, Ḥoshen Mishpat* 200:26, and *Sma* there).

If he fixed a price he has made up his mind – פסק סמכא דעתיה: A buyer does not acquire movable property until a price has been set, even if it is in his domain or in his vessels and even if he lifts or pulls it. Only once the seller and buyer agree on a price can the sale be completed. If a seller is selling items that have an established price, the buyer acquires them even if they did not decide on the price. If the seller said to the buyer: I am selling you the merchandise for the price decided by experts, or the price decided by one expert who appraises its value (*Sma*, citing Rashba), and he performs one of the acts of acquisition (*Shakh*), the buyer acquires the merchandise even if its price has not yet been set (Rambam *Sefer Kinyan, Hilkhot Mekhira* 4:13; *Shulḥan Arukh, Ḥoshen Mishpat* 200:7).

The domain of the seller…go and acquire it – רשות מוכר...זיל קני: If a buyer's vessels are located in the domain of the seller, they do not effect acquisition of movable property on his behalf unless the seller says to him: Go and acquire it with this vessel. Some say that this is the *halakha* even if he did not explicitly state this directive but simply gave the buyer permission to place his vessels there (Rambam *Sefer Kinyan, Hilkhot Mekhira* 4:1–2; *Shulḥan Arukh, Ḥoshen Mishpat* 200:3, and see *Shakh* and *Netivot HaMishpat* there).

Property that is guaranteed – נכסים שיש להן אחריות: Land, and everything attached to the ground, is acquired by means of money, a bill, or by taking possession of it. It is also acquired by means of a cloth, i.e., the act of acquisition of exchange, which formalizes the transfer of ownership (Rambam *Sefer Kinyan, Hilkhot Mekhira* 1:3, 17; *Shulḥan Arukh, Ḥoshen Mishpat* 190:1).

And property that does not have a guarantee…which are not typically lifted – ושאין להן אחריות...שאין דרכן להגביה וכו׳: By Torah law, movable property is acquired by means of money. The Sages established that movable property should be acquired only by lifting, while items that are not generally lifted are acquired by means of pulling. Once the buyer lifts or pulls the item, he acquires of it even if he has not yet paid any money (Rambam *Sefer Kinyan, Hilkhot Mekhira* 3:1; *Shulḥan Arukh, Ḥoshen Mishpat* 198:1, 4).

NOTES

Rava became angry – איקפד רבא: Since Rava cited the proof from this *halakha*, he grew angry with Rav Naḥman bar Yitzḥak for rejecting it without good cause (Rashbam).

It teaches he unloaded them – פירקן קתני: This indicates that he unloaded the items in their original state, i.e., while they were still in the seller's vessels (Rashbam).

With regard to bundles of garlic – במתאכלי דתומי: The garlic was not inside a container, and therefore the merchandise was acquired by virtue of being in the buyer's domain.

Where he said to him, go and acquire it – דאמר ליה: זיל קני: Some early commentaries explain that the seller, by means of this statement, lends the buyer the place where the vessels are located, and therefore at that moment the vessels are in the buyer's domain (Rashbam; Rabbi Avraham *Av Beit Din*). Others maintain that the statement grants the buyer permission to leave his vessels there and use them to effect acquisition of the merchandise. Consequently, the fact that the vessels are in the seller's domain no longer prevents the acquisition from taking place. Without explicitly saying that the buyer should acquire the merchandise, it is not enough for the seller simply to grant permission for the buyer to leave his vessels on his property (Ramah). Alternatively, the seller transfers the ground underneath the vessel to the buyer, without which the buyer cannot acquire the merchandise. If so, the novelty is that although in general one must pay or perform an act of acquisition in order to acquire or rent land, in the case of a buyer's vessel situated in the seller's domain, this statement of acquisition is sufficient (Rosh).

That are not typically lifted – שאין דרכן להגביה: They are not usually lifted due to their weight. Instead, they are generally dragged from place to place or loaded onto one's shoulder (Rabbeinu Yona).

יָתֵיב אַבַּיֵי וְקָאָמַר לְהָא שְׁמַעְתָּא. אֵיתִיבֵיהּ רַב אַדָּא בַּר מַתְנָה לְאַבַּיֵי: הַגּוֹנֵב כִּיס בְּשַׁבָּת – חַיָּיב, שֶׁכְּבָר נִתְחַיֵּיב בִּגְנֵיבָה קוֹדֶם שֶׁיָּבֹא לִידֵי אִיסּוּר שַׁבָּת;

Abaye sat and related this *halakha*. **Rav Adda bar Mattana raised an objection to Abaye** from a *baraita*: **One who steals a purse on Shabbat**[H] **is liable**[N] for theft. Based on the principle that one who is liable to receive two punishments receives only the greater of the two, in this case one might think that he should be exempt from paying for the theft, as the performance of a prohibited labor on Shabbat is punishable by death. The reason he is liable in this case, in apparent contradiction to that principle, is **that he already became liable for** the **theft** as soon as he lifted the purse. This occurred **before he came to** violate **the prohibition** of performing prohibited labor **on Shabbat** by carrying the purse into the public domain.

הָיָה מְגָרֵר וְיוֹצֵא מְגָרֵר וְיוֹצֵא – פָּטוּר, שֶׁהֲרֵי אִיסּוּר שַׁבָּת וּגְנֵיבָה בָּאִין כְּאֶחָד;

The *baraita* continues: If he did not lift the purse but **was dragging** it on the ground **and exiting** the private domain, continuously **dragging and exiting,** he is **exempt, as the prohibition** of performing labor on **Shabbat**[N] **and** the prohibition of **theft** are violated **simultaneously** the moment he drags the purse out of the owner's property into the public domain. Therefore, he receives only the greater punishment, death, for carrying on Shabbat.

וַהֲרֵי כִּיס דְּבַר הַגְבָּהָה הוּא, וַאֲפִילּוּ הָכִי קָנֵי בִּמְשִׁיכָה! אֲמַר לֵיהּ: בְּמִיתְנָא. אֲנָא נָמֵי בְּמִיתְנָא קָא אָמֵינָא! אֲמַר לֵיהּ: בְּמִידֵּי דְּבָעֵי מִיתְנָא.

Rav Adda bar Mattana explains his objection: **But a purse is an item that can be lifted, and even so** it is apparent from the *baraita* that one **acquires** it **by** means of **pulling.** How then can it be stated that items that are typically lifted are not acquired by pulling? Abaye **said to him:** The *baraita* is referring to a case where the thief pulled the purse **with a rope.** Rav Adda bar Mattana thought that Abaye meant that the thief happened to drag it with a rope, and he responded: **I also state** my question even in a case where he pulled the purse **with a rope,** as it is still evident that one can acquire the purse by means of pulling instead of lifting. Abaye **said to him:** I meant that the *baraita* is referring to **an item that requires a rope.**[N] It is a purse that is so large that it cannot be lifted and must be pulled, therefore it is acquired by means of pulling.

תָּא שְׁמַע: בִּרְשׁוּת מוֹכֵר – לֹא קָנָה עַד שֶׁיַּגְבִּיהֶנָּה אוֹ עַד שֶׁיּוֹצִיאֶנָּה מֵרְשׁוּתוֹ; אַלְמָא, מִידֵּי דְּבַר הַגְבָּהָה, אִי בָּעֵי – בְּהַגְבָּהָה קָנֵי לֵיהּ, וְאִי בָּעֵי – בִּמְשִׁיכָה קָנֵי לֵיהּ! אָמַר רַב נַחְמָן בַּר יִצְחָק: לִצְדָדִין קָתָנֵי, מִידֵּי דְּבַר הַגְבָּהָה – בְּהַגְבָּהָה, מִידֵּי דְּבַר מְשִׁיכָה – בִּמְשִׁיכָה.

The Gemara raises another objection. **Come and hear:** If the merchandise is **in the domain of** the seller, the buyer **does not acquire** the merchandise **until he lifts it or until he removes it from the domain** of the seller. **Apparently,** with regard to **an item that can be lifted, if** he so **desires he acquires it by lifting, and if** he so **desires he acquires it by pulling. Rav Naḥman bar Yitzḥak said:** This is not a proof, as it can be explained that the *tanna* **teaches it disjunctively,** i.e., the two options are referring to two different cases: In the case of **an item that can be lifted,** he acquires it **by lifting,** whereas with regard to regard to **an item that can be pulled,** he acquires it **by pulling.**

Perek **V**
Daf **86** Amud **b**

תָּא שְׁמַע: הַמּוֹכֵר פֵּירוֹת לַחֲבֵירוֹ, מָשַׁךְ וְלֹא מָדַד – קָנָה; וְהָא פֵּירוֹת דִּבְנֵי הַגְבָּהָה נִינְהוּ, וְקָתָנֵי דְּקָנֵי בִּמְשִׁיכָה!

The Gemara suggests: **Come** and **hear** a proof from the mishna (84b) that even items that are usually lifted can be acquired by means of pulling: With regard to **one who sells produce to another,** if the buyer **pulled** the produce **but did not measure** it, **he has acquired** it. The Gemara explains the proof: **But produce can be lifted, and** yet the mishna **teaches that it is acquired** by means of **pulling.**

HALAKHA

One who steals a purse on Shabbat – הַגּוֹנֵב כִּיס בְּשַׁבָּת: If one steals a purse on Shabbat without lifting it while in the owner's domain, but dragged it out of the owner's property into the public domain, and the money in the purse was lost, he is exempt from repaying the owner as he violated the prohibition of theft and desecrated the Shabbat simultaneously. If he lifted the purse while in the owner's domain and afterward took it out to the public domain and it was lost, he is obligated to repay the owner, as the theft preceded the desecration of Shabbat (Rambam *Sefer Nezikin, Hilkhot Geneiva* 3:2; *Shulḥan Arukh, Ḥoshen Mishpat* 351:1).

NOTES

One who steals a purse on Shabbat is liable – הַגּוֹנֵב כִּיס בְּשַׁבָּת חַיָּיב: That is, he is liable to pay for the purse he steals (Rashbam). Some write that he is obligated in the double payment for theft, like any other thief (Ri Migash).

As the prohibition of performing labor on Shabbat, etc. – שֶׁהֲרֵי אִיסּוּר שַׁבָּת וכו׳: Since at the same time, and by means of the same action, he both steals and violates a prohibition that is punishable by death, he is not both punished for the theft and executed for violating the prohibition relating to Shabbat. He is liable to receive only the greater punishment of the two.

An item that requires a rope – בְּמִידֵּי דְּבָעֵי מִיתְנָא: It does not matter whether there actually was a rope attached to the purse. The point is that the *baraita* is referring to a large purse, one that is only dragged and not carried.

הָכָא בְּמַאי עָסְקִינַן – בִּשְׁלִיפֵי רַבְרְבֵי. אִי הָכִי, אֵימָא סֵיפָא: הַלּוֹקֵחַ פִּשְׁתָּן מֵחֲבֵירוֹ – לֹא קָנָה עַד שֶׁיְּטַלְטְלֶנּוּ מִמָּקוֹם זֶה לְמָקוֹם אַחֵר; אַטּוּ פִּשְׁתָּן בִּשְׁלִיפֵי רַבְרְבֵי מִי לָא עָבְדִי? שָׁאנֵי פִּשְׁתָּן, דְּמִשְׁתַּמֵּיט.

The Gemara rejects this proof: **With what are we dealing here?** We are dealing **with large bundles**[H] that are pulled from place to place and are not carried, due to their size. The Gemara asks: **If that is so, say the latter clause** of the mishna: **One who buys flax**[H] **from another has not acquired** it **until he carries it from this place to another place,**[N] i.e., it is acquired only though lifting and not through pulling. **Is that to say that flax is not prepared in large bundles?**[N] The Gemara answers: Yes, **flax is different.** Unlike other produce, flax is not packed in large bundles, **as it would slip**[N] from its place. Rather, it is packed in small bundles, and therefore flax is acquired specifically through lifting.

אֲמַר לֵיהּ רָבִינָא לְרַב אַשִׁי, תָּא שְׁמַע: בְּהֵמָה גַּסָּה נִקְנֵית בִּמְסִירָה, וְהַדַּקָּה – בְּהַגְבָּהָה, דִּבְרֵי רַבִּי מֵאִיר וְרַבִּי שִׁמְעוֹן בֶּן אֶלְעָזָר, וַחֲכָמִים אוֹמְרִים: בְּהֵמָה דַּקָּה – בִּמְשִׁיכָה; וְהָא בְּהֵמָה דַּקָּה דְּבַר הַגְבָּהָה הִיא, וְקָתָנֵי דְּקָנֵי בִּמְשִׁיכָה! שָׁאנֵי בְּהֵמָה, דִּסְרְכָא.

Ravina said to Rav Ashi: Come and hear a proof from a mishna (*Kiddushin* 25b): **Large domesticated animals are acquired**[H] **through passing** the animal's leash to the buyer, **and small** domesticated animals are acquired **through lifting; this is the statement of Rabbi Meir and Rabbi Shimon ben Elazar. And the Rabbis say: Small domesticated animals** are acquired **through pulling.** Ravina explains the proof: **But small domesticated animals are** creatures **that can be lifted, and** yet the mishna **teaches that** one acquires them **through pulling.** Rav Ashi rejected this proof: **Domesticated animals are different, as they cling**[N] to the ground and it is difficult to lift them. Therefore, the usual manner of moving animals is to pull them.

רַב וּשְׁמוּאֵל דְּאָמְרִי תַּרְוַיְיהוּ: ״כּוֹר בִּשְׁלֹשִׁים אֲנִי מוֹכֵר לְךָ״ – יָכוֹל לַחֲזוֹר בּוֹ אֲפִילּוּ בַּסְּאָה הָאַחֲרוֹנָה; ״כּוֹר בִּשְׁלֹשִׁים, סְאָה בְּסֶלַע אֲנִי מוֹכֵר לְךָ״ – רִאשׁוֹן רִאשׁוֹן קָנָה.

§ The Gemara cites another case with regard to sales. **Rav and Shmuel both say:** If a seller said to a buyer: **I am selling you one *kor*,** a measure equivalent to thirty *se'a*, of grain **for** the price of **thirty *sela*,** the seller **can renege on** the sale as long as the measuring vessel is not filled, **even when** only **the last *se'a***[B] has yet to be measured, because he had agreed to sell only a complete *kor*. By contrast, if the seller said: **I am selling you one *kor* for thirty *sela***[H] and each ***se'a*** is sold **for one *sela*,**[H] he cannot completely renege on the sale in the middle of the transaction. This is because the buyer **acquires** each *se'a* **one** by **one** as it is measured, since the seller sold each *se'a* individually.

NOTES

Until he carries it from this place to another place – עַד שֶׁיְּטַלְטְלֶנּוּ מִמָּקוֹם זֶה לְמָקוֹם אַחֵר: This means that he acquires it through the act of lifting. When one acquires through pulling it is sufficient to drag the item a little, whereas carrying an item from place to place is generally performed through lifting.

Is that to say that flax is not prepared in large bundles, etc. – אַטּוּ פִּשְׁתָּן בִּשְׁלִיפֵי וכו׳: Some explain this question as follows: If the mishna had been interpreted as referring to any bundles, including small bundles, one could have said that movable items that are often pulled can be acquired through pulling as well. If so, one would have said that as bundles of flax are not usually pulled, since the flax is likely to tear, slip out of the bundle, or become filthy, they should be acquired only through lifting. But if the mishna is understood as referring specifically to large bundles, why shouldn't large bundles of flax be acquired through pulling as well, as there is no other way to transport them (see Rabbeinu Yona and Ritva)?

Flax is different, as it would slip – שָׁאנֵי פִּשְׁתָּן דְּמִשְׁתַּמֵּיט: The commentaries explain that flax is not packed in large bundles, as this would cause it to slip out of the package. Instead, it is packed in small packages, which are usually lifted and carried, and therefore they are acquired through lifting (Rashbam). Alternatively, even large bundles of flax are lifted and not pulled, as pulling them would cause the flax to tear (Rabbeinu Ḥananel; Ramban). Others explain that bundles of flax can easily be taken apart and each section can be lifted individually. Consequently, flax is acquired only through lifting, as opposed to other items that are packaged in bundles (Rabbeinu Gershom Meor HaGola; Ri Migash; Ramah).

Domesticated animals are different, as they cling – שָׁאנֵי בְּהֵמָה דִּסְרְכָא: The commentaries explain that domesticated animals grip the ground with their feet, which renders it difficult to lift them (Rashbam). Alternatively, they are not usually lifted because they kick or scratch one who attempts to lift them (Rabbeinu Ḥananel).

BACKGROUND

Se'a – סְאָה: A *se'a* is a measure of dry volume first mentioned in Genesis (18:6). It is used by the Sages as a point of reference for all measures. A *se'a* contains six *kav*, or twenty-four *log*. Estimates of the modern equivalent of a *se'a* range from 7.2–14.4 ℓ.

HALAKHA

Large bundles – שְׁלִיפֵי רַבְרְבֵי: A large bundle of small produce, such as nuts, almonds, or peppers, which cannot be lifted, is acquired through pulling (Rambam *Sefer Kinyan, Hilkhot Mekhira* 3:2; *Shulḥan Arukh, Ḥoshen Mishpat* 198:1).

Flax – פִּשְׁתָּן: A large bundle of flax or wood is not acquired through pulling despite the fact that one cannot lift it, as it is possible to untie the bundle and lift up each piece individually (Ri Migash). Others hold that wood is acquired even through pulling when it is tied in a large bundle, as it requires a great deal of effort to untie the bundle and lift each piece (Rambam *Sefer Kinyan, Hilkhot Mekhira* 3:2; *Shulḥan Arukh, Ḥoshen Mishpat* 198:1, and in the comment of Rema).

Domesticated animals are acquired – בְּהֵמָה...נִקְנֵית: Both large and small domesticated animals can be acquired through pulling. They should be acquired through lifting *ab initio*, but the Sages were lenient and permitted the acquisition to take place by means of pulling, as domesticated animals cling to the ground when one tries to lift them (Rambam *Sefer Kinyan, Hilkhot Mekhira* 2:5; *Shulḥan Arukh, Ḥoshen Mishpat* 197:1).

One *kor* for thirty *sela*, etc. – כּוֹר בִּשְׁלֹשִׁים וכו׳: With regard to one who sells produce located in an alleyway, or in a courtyard that belongs to both the buyer and the seller, even if the produce is located in the buyer's vessels (*Sma*), or in the buyer's domain but in the seller's vessel, and the seller begins to measure the produce in his vessel, in a case where he said to the buyer: I am selling you one *kor* for thirty *sela*, the seller can renege on the sale, even while measuring the last *se'a*. So long as the produce is located in the seller's vessels and has not all been measured, the produce belongs to the seller, not the buyer. If the seller measures the produce into the buyer's vessel in the buyer's domain, the buyer acquires the produce as it is measured and neither party can renege on the sale, even before all the produce has been measured (*Sma*, citing Rambam). Some say that if the seller indicated that he wanted to sell the *kor* only in its entirety, the buyer acquires the produce only when the entire *kor* has been measured, even if they are in the domain of the buyer and using his vessels (Rema, citing *Tur*). Since this ruling is subject to dispute, the *halakha* is that the money belongs to the one who is in possession of it (*Shakh*). The Rema writes that this refers to a case where the seller measures the produce. If the buyer measures it, he acquires it immediately, as measuring is akin to pulling (*Tur*), although others (*Tur*, citing Ra'avad) disagree (Rambam *Sefer Kinyan, Hilkhot Mekhira* 4:7; *Shulḥan Arukh, Ḥoshen Mishpat* 200:7).

One *kor* for thirty *sela*, each *se'a* for one *sela* – כּוֹר בִּשְׁלֹשִׁים סְאָה בְּסֶלַע: If a seller said: I am selling you one *kor* for thirty *sela*, and each *se'a* is for one *sela*, and likewise if he said the reverse: Each *se'a* for one *sela*, and I am selling you one *kor* for thirty *se'a* (*Sma*), when the seller lifts each *se'a* and places it in his own vessel the buyer acquires it entirely and the seller cannot renege on the sale of that *se'a*. This is because the price was set for each *se'a* and the produce is in the buyer's courtyard, an alleyway, or a jointly owned courtyard (*Sma*). Others say that the buyer acquires each *se'a* individually only if he first paid for the produce and the seller is in possession of the money. Before he pays he does not acquire the produce, and the seller can renege on the sale (Rambam *Sefer Kinyan, Hilkhot Mekhira* 4:7; *Shulḥan Arukh, Ḥoshen Mishpat* 200:7, and in the comment of Rema; see *Beur HaGra* and *Netivot HaMishpat*).

תָּא שְׁמַע: אִם הָיְתָה מִדָּה שֶׁל אֶחָד מֵהֶן – רִאשׁוֹן רִאשׁוֹן קָנָה, וְאַף עַל גַּב דְּלָא נִתְמַלְּאָה הַמִּדָּה!

The Gemara raises a difficulty from the *baraita* cited on 85a. **Come** and **hear: If the measuring** vessel **belonged to one of them,**[N] the buyer **acquires** the items of sale **one** by **one. And** since this *halakha* is stated in general terms, it indicates that the buyer acquires each item as it is placed in the measuring vessel, **even though the measuring** vessel **was not filled.**[N]

כְּגוֹן דְּאָמַר לֵיהּ: "הִין בִּשְׁנֵים עָשָׂר סְלָעִים, לוֹג בְּסֶלַע אֲנִי מוֹכֵר לָךְ", וּכְדְאָמַר רַב כָּהֲנָא: שְׁנָתוֹת הָיוּ בַּהִין, הָכָא נַמִי שְׁנָתוֹת הָיוּ בַּמִּדּוֹת.

The Gemara answers: The *baraita* is referring to a case **where** the seller **said to him: I am selling you one** ***hin,*** a liquid measure equivalent to twelve *log,* **for twelve** ***sela,*** each ***log***[B] **for one** ***sela.*** **And** this is **in accordance with** an observation **that Rav Kahana says:** In the Temple **there were markings on the** vessel that measured ***hin,*** with which one could measure the different libations. **Here too, there were markings**[H] **on the measuring** vessels, and since the measuring vessel indicates at which point each *log* had been filled, the buyer acquires it. This is comparable to the case of one who sells each *se'a* individually.

תָּא שְׁמַע: הַשּׂוֹכֵר אֶת הַפּוֹעֵל לַעֲשׂוֹת עִמּוֹ לַגּוֹרֶן הַיּוֹם בְּדִינָר,

The Gemara raises another difficulty. **Come and hear: One who hires a laborer**[H] in the winter or the spring **to work for him in the harvest,** for one **dinar a day,**[N]

Perek **V**
Daf **87** Amud **a**

וְלַגּוֹרֶן יָפֶה סֶלַע – אָסוּר לֵהָנוֹת הֵימֶנּוּ; אֲבָל אִם שְׂכָרוֹ מֵהַיּוֹם בְּדִינָר לְיוֹם, וְלַגּוֹרֶן יָפֶה סֶלַע – מוּתָּר;

and a day of a laborer's work during the **harvest is worth a** ***sela,***[N] the equivalent of four silver dinars, for each day, it is **prohibited to** derive **benefit from him,**[N] i.e., one may not employ the laborer under these conditions. The reason is that this is akin to taking interest, as the laborer works and receives less than he is entitled to in exchange for early payment. **But if one hires him** already **from now** to work **for** one **dinar**[L] **a day** for an extended period of time, including the harvest season, **and** the work of a laborer during the **harvest is worth a** ***sela,*** this is **permitted.**

NOTES

The measuring vessel belonged to one of them – הָיְתָה מִדָּה שֶׁל אֶחָד מֵהֶן: The commentaries explain that the measuring vessel belongs to the buyer. Since it is his vessel he acquires the merchandise as it enters the vessel (Ri Migash; Ramah).

Even though the measuring vessel was not filled – וְאַף עַל גַּב דְּלָא נִתְמַלְּאָה הַמִּדָּה: This indicates that although it was not known precisely how much merchandise entered the vessel, the buyer acquires it, as his vessel effects acquisition of it on his behalf irrespective of the specific amount that enters. This contradicts the statement of Rav and Shmuel.

In the harvest for one dinar a day – לַגּוֹרֶן הַיּוֹם בְּדִינָר: In other words, he pays the laborer his wages at this point, long before the harvest, and he agrees to pay him one dinar a day for every day of work.

BACKGROUND

Log – לוֹג: This is the basic liquid measure used by the Sages. It is equivalent to the volume of six eggs, one quarter of a *kav,* or one twenty-fourth of a *se'a.* A range of modern opinions estimates this volume to be 300–600 ml.

HALAKHA

One ***hin*** **for twelve** ***sela...*****markings, etc.** – הִין בִּשְׁנֵים עָשָׂר...שְׁנָתוֹת וכו׳: With regard to one who sells a specific amount of produce for a set price (*Maggid Mishne*), and he measures it in a vessel belonging to the seller or buyer that had markings for amounts within the vessel, once the produce reaches a marking, the produce up to that mark is acquired by the buyer, even though the entire measuring vessel has not been filled. The reason is that each mark on the vessel is considered a measuring vessel by itself. Others say that if the vessel used for measuring belongs to the seller, the buyer acquires the produce only once it is emptied from it (Rambam *Sefer Kinyan, Hilkhot Mekhira* 4:10; *Shulḥan Arukh, Ḥoshen Mishpat* 200:10, and in the comment of Rema, and see *Taz* there).

One who hires a laborer – הַשּׂוֹכֵר אֶת הַפּוֹעֵל: If one hires a laborer in the winter to work for him in the summer and pays him in advance one dinar a day, and the payment for one day's work in the summer is one *sela,* he violates the prohibition of taking interest. If he said to the laborer: Work for me from today and until such and such a time for one dinar a day, and this span of time included the summer, it is permitted, as this does not have the appearance of early payment (Rambam *Sefer Mishpatim, Hilkhot Malve VeLoveh* 7:12; *Shulḥan Arukh, Yoreh De'a* 176:8).

LANGUAGE

Dinar – דִּינָר: The source of this word is the Latin denarius, meaning ten, as a dinar was worth ten *issar.* The dinar was a coin used widely in the Roman Empire.

NOTES

And during the harvest it is worth a ***sela*** – וְלַגּוֹרֶן יָפֶה סֶלַע: The reason for the discrepancy in a worker's wages during the harvest and during the winter is that in the winter there is not much work, whereas during the harvest there is a great demand for laborers. In this case, the laborer agrees to be paid less in exchange for receiving his wages in advance.

It is prohibited to derive benefit from him – אָסוּר לֵהָנוֹת הֵימֶנּוּ: Most commentaries accept a version of the text that simply states that this is prohibited, i.e., one may not establish this type of arrangement with a laborer. According to the standard version of the text, which states that it is prohibited to derive benefit from him, this means that the owner of the field is prohibited from deriving benefit from the laborer's work in the summer. Likewise, it is prohibited for the laborer to take this money, as this arrangement is tantamount to interest, and it is prohibited both to give interest and to accept it.

וְאִי סָלְקָא דַעְתָּךְ, ״כּוֹר בִּשְׁלֹשִׁים סְאָה בְּסֶלַע אֲנִי מוֹכֵר לְךָ״ רִאשׁוֹן רִאשׁוֹן קָנָה – הָכָא נַמִי קַמָּא קַמָּא מִיפְסַק פָּסַק, וְאָסוּר לֵהָנוֹת הֵימֶנּוּ, מִדִּינָר לְיוֹם וְלַגּוֹרֶן יָפֶה סֶלַע – מוּתָּר, אַמַּאי? וְהָא אַגַר ״נְטַר לִי״ הוּא!

And if it enters your mind, as Rav and Shmuel claim, that if a seller said: **I am selling you one *kor* for thirty *sela*, each *se'a* for one *sela*,** he cannot fully renege on the sale in the middle of the transaction, as the buyer **acquires** each *se'a* **one** by **one** as it is measured, then the *halakha* in this case should be different. **Here too,** as he does not agree to one large sum but **fixes** a price for each day, **one** by **one,** it is akin to taking interest, as the laborer works and receives less than he is entitled to in exchange for early payment. **And** therefore, it should be **prohibited to** derive **benefit from him.** Whereas the *baraita* states: If one hires him from now to work **for** one **dinar a day**[N] over an extended period of time, including the harvest, **and** one day of a laborer's work during the **harvest** is **worth one *sela*,** this is **permitted. Why** is it permitted? **But isn't it payment for waiting,** i.e., for advancing the money to the laborer?

אֲמַר רָבָא: וְתִסְבְּרָא, זִלְזוּלֵי בִּשְׂכִירוּת מִי אֲסִיר? מַאי שְׁנָא רֵישָׁא וּמַאי שְׁנָא סֵיפָא?

Rava said: And how can **you understand** the *baraita* in that manner? **Is it prohibited** for one **to lower** his **hiring** price[N] and receive lower wages in order to ensure that he is employed? This arrangement is not a form of interest and violates no prohibition. The Gemara asks: If this is not considered taking interest, then **what is different** in **the first clause,** where the laborer is not employed immediately and this arrangement is prohibited, **and what is different** in **the latter clause,** where it is permitted?

רֵישָׁא דְּלָא קָא עָבֵיד בַּהֲדֵיהּ מֵהָשְׁתָּא – מִיחֲזֵי כִּי אַגַר ״נְטַר לִי״, סֵיפָא דְּקָא עָבֵיד בַּהֲדֵיהּ מֵהָשְׁתָּא – לָא מִיחֲזֵי כִּי אַגַר ״נְטַר לִי״.

The Gemara explains: In **the first clause, as** the laborer **does not work with him from now, it has the appearance of payment for waiting,**[N] i.e., advancing the money to the laborer. In **the latter clause, as** the laborer **works with him from now, it does not have the appearance of payment for waiting.**

״וְאִם הָיָה מְחוּבָּר בַּקַּרְקַע וְתָלַשׁ כָּל שֶׁהוּא – קָנָה״. מִשּׁוּם דְּתָלַשׁ כָּל שֶׁהוּא קָנָה? אֲמַר רַב שֵׁשֶׁת: הָכָא בְּמַאי עָסְקִינַן – דַּאֲמַר לֵיהּ: לֵךְ, יַפֵּה לְךָ קַרְקַע כָּל שֶׁהוּא, וּקְנֵי כָּל מַה שֶּׁעָלֶיהָ.

§ The mishna teaches: **And if** the flax **was attached to the ground and he detached any amount,** he has **acquired** it. The Gemara asks: Is it correct to say that **due to the fact that he detached**[N] **any amount,** he **acquired** it? If he does not perform an act of acquisition with all of the flax, how can he acquire all of it? **Rav Sheshet said: Here we are dealing with** a case **where** the seller **said**[H] **to him: Go and clear for yourself any amount of land, and** thereby **acquire everything that is on it.** When the buyer clears the land by detaching the flax from the ground, he is considered to be renting the land and thereby acquires all the flax that grows on it.

HALAKHA

And if it was attached to the ground…where he said, etc. – **וְאִם הָיָה מְחוּבָּר בַּקַּרְקַע...דַּאֲמַר לֵיהּ וכו׳**: With regard to a field that has dry flax still attached to the ground, although it was fully ripened, if the owner said to another: Clear any amount of the ground and acquire all that is upon it, then once the buyer detaches any amount of the flax he acquires all of it, due to this stipulation. Some explain that he acquires the land, and by means of the land he acquires the flax that is attached to it (Rambam *Sefer Kinyan*, *Hilkhot Mekhira* 3:18 and *Maggid Mishne* there).

NOTES

For one dinar a day, etc. – **מִדִּינָר לְיוֹם וכו׳**: The text of the Gemara here is apparently unnecessarily repetitive, and it is probably a combination of two versions of the exact same question. Some commentaries adjust the text so that it states only one question (Rashash). In any case, the difficulty is as follows: Certainly if he had hired the laborer with a set wage for an extended period of time, e.g., a certain amount of money for six months, this arrangement would be permitted. But in this case he states explicitly how much he will pay him for each separate day. Moreover, as the laborer can stop working for him at any point, he is not hired for one long period of time but by individual one-day units. Therefore, during the harvest he effectively pays the worker less than his work is worth because he paid him in advance.

Lower his hiring price, etc. – **זִלְזוּלֵי בִּשְׂכִירוּת וכו׳**: Rava is explaining why this is not classified as interest by Torah law, as it is not a loan that must be repaid with interest. It also cannot be categorized as a sale that involves exploitation, despite the fact that the laborer is paid less than the standard price. The reason is that there is no absolute value to a laborer's work, as one might work for less than the usual rate if he is in need of money (Rashbam). Others explain that the *halakha* here is no different than that of one who sells an item on the condition that he will deliver it at a later point in time. In that case, although he lowers the price to reflect the late delivery of the product, this is not considered interest because the item belongs to the buyer at the time. So too, here the laborer sells his labor to the owner of the field at this point in time and receives his wages even though he will provide his services only at a later stage. Since the sale of his labor is effective immediately, the labor that he later provides is not akin to paying interest (Rabbeinu Yona).

It has the appearance of payment for waiting – **מִיחֲזֵי כִּי אַגַר נְטַר לִי**: Even in the first clause, they have not violated the Torah prohibition of interest. Rather, this agreement has the appearance of interest, as the basic definition of interest is that the creditor is paid in exchange for waiting for payment and not demanding it immediately.

Due to the fact that he detached, etc. – **מִשּׁוּם דְּתָלַשׁ וכו׳**: The commentaries explain that at this point, the Gemara does not assume, as Rav Sheshet will, later in the discussion, that the mishna is referring to an action that involves the ground itself. Rather, this is an act of acquisition to acquire the flax. The Gemara therefore asks how detaching a bit of the flax can cause one to acquire all of the flax that is attached to the ground (Rashbam). Others add that the mishna is referring to flax that is ready to be detached, i.e., that has finished growing. In this case, although it is still attached to the ground, it is treated as movable property (Rif; Rambam; Ramban). The Gemara's question is how the buyer can acquire all of the flax without performing a full-fledged act of acquisition upon all of it, as he apparently pulls only some of the flax.

מתני׳ הַמּוֹכֵר יַיִן וָשֶׁמֶן לַחֲבֵירוֹ וְהוּקְרוּ אוֹ שֶׁהוּזְלוּ, אִם עַד שֶׁלֹּא נִתְמַלֵּאת הַמִּדָּה – לַמּוֹכֵר, מִשֶּׁנִּתְמַלֵּאת הַמִּדָּה – לַלּוֹקֵחַ; וְאִם הָיָה סַרְסוּר בֵּינֵיהֶן, נִשְׁבְּרָה הֶחָבִית – נִשְׁבְּרָה לַסַּרְסוּר.

MISHNA With regard to **one who sells** food or drink that has an established price, such as **wine and oil, to another,**[NH] and the price **rises or falls** and the buyer or the seller wishes to renege on the sale, **if** the price changed **before the measuring** vessel **is filled,** the merchandise still belongs **to the seller** and he can cancel the sale. **Once the measuring** vessel **is filled** the merchandise belongs **to the buyer,** and the seller can no longer cancel the sale. **And if there was a middleman** [*sarsur*][L] **between them**[H] and **the barrel** belonging to the middleman, being used to measure the merchandise, **broke** during the transaction and the merchandise is ruined, **it broke for the middleman,**[N] i.e., he is responsible for the ruined merchandise.

וְחַיָּיב לְהַטִּיף לוֹ שָׁלֹשׁ טִיפִּין. הִרְכִּינָהּ וּמִיצֵּית – הֲרֵי הוּא שֶׁל מוֹכֵר. וְהַחֶנְוָונִי אֵינוֹ חַיָּיב לְהַטִּיף שָׁלֹשׁ טִיפִּין. רַבִּי יְהוּדָה אוֹמֵר: עֶרֶב שַׁבָּת עִם חֲשֵׁכָה – פָּטוּר.

The mishna teaches an additional *halakha* with regard to sales: **And** anyone who sells wine, oil, or similar liquids is **obligated,** after he transfers the liquid into the buyer's vessel, **to drip for him three** extra **drops**[H] from the measure. After he drips those three drops, if **he turned** the barrel on its side **and drained** out the last bits of liquid that it contained, this **belongs to the seller** and he is not required to give these last drops to the buyer. **And a storekeeper is not obligated**[N] **to drip three drops,** because he is too busy to do this constantly. **Rabbi Yehuda says:** If the sale occurs on **Shabbat eve as nightfall** arrives, one is **exempt** from dripping these three drops, as there is a need to complete the transaction before Shabbat begins.

גמ׳ הָא מִדָּה דְּמַאן? אִילֵּימָא מִדָּה דְּלוֹקֵחַ, עַד שֶׁלֹּא נִתְמַלֵּאת מִדָּה לַמּוֹכֵר? מִדָּה דְּלוֹקֵחַ הִיא! וְאֶלָּא מִדָּה דְּמוֹכֵר, מִשֶּׁנִּתְמַלֵּאת מִדָּה לַלּוֹקֵחַ? מִדָּה דְּמוֹכֵר הִיא!

GEMARA The Gemara clarifies the mishna's statement that the sale occurs once the measuring vessel is filled. **This measuring** vessel, **to whom** does it belong? **If we say** that the **measuring** vessel belongs **to the buyer,** why does the mishna teach that **before the measuring** vessel **is filled** the merchandise still belongs **to the seller?** Since **it is the measuring** vessel **of the buyer,** he should acquire everything that is placed in his vessel, whether or not it is filled. **But** if we say that the **measuring** vessel belongs **to the seller,** why does the mishna teach that **once the measuring** vessel **is filled** the merchandise belongs **to the buyer?** Since **it is the measuring** vessel **of the seller,** the merchandise has yet to enter the possession of the buyer.

אָמַר רַבִּי אֶלְעָא: בְּמִדַּת סַרְסוּר. וְהָא מִדְּקָתָנֵי סֵיפָא: וְאִם הָיָה סַרְסוּר בֵּינֵיהֶם, נִשְׁבְּרָה הֶחָבִית – נִשְׁבְּרָה לַסַּרְסוּר, מִכְּלָל דְּרֵישָׁא לָאו בְּסַרְסוּר עָסְקִינַן! רֵישָׁא – מִדָּה בְּלֹא סַרְסוּר, סֵיפָא – בְּסַרְסוּר עַצְמוֹ.

Rabbi Ela says: The mishna is referring to a case **where the measuring** vessel belongs to the **middleman.** The middleman lends it to the seller, and once it is filled it is loaned to the buyer so that he can transfer its contents into his vessels. The Gemara asks: **But from** the fact **that the latter clause teaches: And if there was a middleman between them** and **the barrel broke, it broke for the middleman, it may be inferred that** in **the first clause we are not dealing with a middleman.** The Gemara answers: **The first clause** addresses **a measuring** vessel belonging to a middleman **without** the presence of the **middleman** at the transaction, whereas **the latter clause** is concerned **with a middleman himself,** who is present at the sale and therefore accepts responsibility for the barrel and its contents.

NOTES

One who sells wine and oil to another – הַמּוֹכֵר יַיִן וָשֶׁמֶן לַחֲבֵירוֹ: This is the *halakha* with regard to all types of produce. The mishna specifies wine and oil only because the subsequent ruling of the mishna refers specifically to the sale of liquid items (Rashbam).

It broke for the middleman – נִשְׁבְּרָה לַסַּרְסוּר: The Gemara explains that the middleman was present at the time. According to some commentaries, the reason that the middleman is financially responsible for the wine, oil, and obviously the barrel, is because he is considered the owner of all of them at this point, as he buys the merchandise from the seller and sells it to the buyer (Rashbam). Others explain that the middleman himself measured the merchandise, and the barrel broke due to negligence on his part. Consequently, he is financially responsible, not because he owns the barrel, but because he is considered a paid bailee and is therefore liable for loss resulting from negligence (*Tosafot*; Rivam; Ramah; Meiri). Alternatively, even if the middleman lends the barrel to the buyer or the seller and one of them breaks it, the middleman is responsible, because this is a case where one borrows an item and hires its owner with it, in which case the borrower is exempt from financial responsibility by Torah law (Ra'avad).

And a storekeeper is not obligated – וְהַחֶנְוָונִי אֵינוֹ חַיָּיב: Since a storekeeper is rushed and must take care of other customers, he does not have time to wait for these drops (Rashbam). Alternatively, a storekeeper must make some profit, and therefore he is allowed to retain the drops. Many early commentaries have an alternative version of the text, which states that the storekeeper is, in fact, obligated to drip these drops. The novelty is that although he is rushed, he still must do so (Ri Migash; Rambam).

LANGUAGE

Middleman [*sarsur*] – סַרְסוּר: Apparently from a Semitic source, this word is found in inscriptions from Tyre and Sidon in both Hebrew and Aramaic. It refers to a middleman, one who connects the buyer and seller, for which he receives payment.

HALAKHA

One who sells wine and oil to another, etc. – הַמּוֹכֵר יַיִן וָשֶׁמֶן לַחֲבֵירוֹ וכו׳: With regard to one who sells wine or oil in an alleyway, or a courtyard belonging to both buyer and seller, or in the buyer's domain, and the measuring vessel belonged to a middleman who loaned it to both of them (*Taz*), if the measuring vessel has not yet been filled the merchandise belongs to the seller and he can renege on the sale. Once it is filled, it belongs to the buyer, and the seller can no longer renege on the sale. This is in accordance with the explanation of Rabbi Ela in the Gemara (Rambam *Sefer Kinyan, Hilkhot Mekhira* 4:8; *Shulḥan Arukh, Ḥoshen Mishpat* 200:9).

There was a middleman between them – הָיָה סַרְסוּר בֵּינֵיהֶן: If a middleman sells an item and while it is still in his possession it is lost, broken, or stolen from him, not due to circumstances beyond his control, he must repay the owner. The reason is that he is considered a paid bailee, as he receives payment for his services. This *halakha* is in accordance with the Rivam's explanation of the Gemara (Rambam *Sefer Kinyan, Hilkhot Sheluḥin VeShutafin* 2:7, and see *Haggahot Maimoniyyot* and *Kesef Mishne* there; *Shulḥan Arukh, Ḥoshen Mishpat* 185:7).

Three drops – שָׁלֹשׁ טִיפִּין: If a homeowner sells a liquid, after emptying the vessel used for measuring it into the buyer's vessel he must leave it there until three drops drip out. A storekeeper is not required to do so (*Shulḥan Arukh, Ḥoshen Mishpat* 231:7).

"הרכינה ומיצית – הרי הוא של מוכר". כי סליק רבי אלעזר אשכחיה לזעירי, אמר ליה: מי כאן תנא דאתנייה רב מדות? אחוייה רב יצחק בר אבדימי. אמר ליה: מאי קא קשיא לך? דתנן: הרכינה ומיצית – הרי הוא של מוכר,

§ The mishna teaches that if **he turned** the barrel on its side **and drained** out the last bits of liquid within it, this liquid **belongs to the seller.** The Gemara relates: **When Rabbi Elazar ascended** from Babylonia to Eretz Yisrael, **he found Ze'eiri**[P] and **said to him: Who here is** the ***tanna*** **to whom Rav taught** this *halakha* with regard to **measures? Ze'eiri showed him Rav Yitzḥak bar Avdimi.** Rav Yitzḥak bar Avdimi **said to** Rabbi Elazar: **What** is it about this *halakha* **that** poses **a difficulty for you?** Rabbi Elazar said to him that the problem is **that we learned** in the mishna: If **he turned** the barrel on its side **and drained** out the last bits of liquid within it, that liquid **belongs to the seller.**

PERSONALITIES

Ze'eiri – זעירי: Ze'eiri was a Babylonian *amora* of the second generation. He was a student of Rav and Rav Kahana. At a young age, Ze'eiri emigrated to Eretz Yisrael, where he studied under Ḥanina bar Ḥama, whom he often quotes. He subsequently studied under Rabbi Yoḥanan, who so admired him that he desired him as a son-in-law. Ze'eiri's refusal of the match stemmed from his sense that Babylonian scholars were superior to those of Eretz Yisrael. Ze'eiri eventually returned to Babylonia, where he was instrumental in transmitting the Torah of Eretz Yisrael to the students in the yeshiva of Neharde'a. His departure from Eretz Yisrael was apparently the reason why he was never ordained. The generations that followed him held him in high esteem, to such an extent that Rava confidently stated that a *baraita* that had not been explicated by Ze'eiri remains unexplained (*Zevaḥim* 43b). The statements of Ze'eiri deal exclusively with the realm of *halakha*. His primary student was Rav Ḥiyya bar Ashi.

Perek **V**
Daf **87** Amud **b**

והתנן: הרכינה ומיצה – הרי זו תרומה!

But didn't we learn in a mishna (*Terumot* 11:8): If one poured oil or wine of *teruma* from one vessel to another and **turned** the vessel on its side **and drained** out the last bits of liquid inside, **this is** ***teruma***[H] and must be given to the priest? This indicates that the last remnants of the liquid in the vessel belong to the one who receives the oil or wine, not the owner, i.e., the seller. Why, then, does the mishna here teach that the last remnants belong to the seller?

אמר ליה: הא איתמר עלה, אמר רבי אבהו: משום יאוש בעלים נגעו בה.

Rav Yitzḥak bar Avdimi **said to** Rabbi Elazar: **But wasn't it stated with regard to that** mishna that **Rabbi Abbahu says: Due to** of the **despair** of the **owner,**[N] who relinquishes his right to such a small amount of wine or oil, the Sages **touched upon it** and ruled that any remnants extracted from the vessel belong to the seller? By contrast, with regard to *teruma*, which is forbidden to non-priests, the despair of the buyer is irrelevant, and therefore anything that remains in the vessels is *teruma*.

"והחנווני אינו חייב להטיף" וכו'. איבעיא להו: רבי יהודה ארישא קאי ולקולא, או דלמא אסיפא קאי ולחומרא?

§ The mishna teaches: **And a storekeeper is not obligated to drip** three drops. Rabbi Yehuda says: If the sale occurs on Shabbat eve as nightfall arrives, one is exempt from dripping these three drops. **A dilemma was raised before** the Sages: Is **Rabbi Yehuda referring to the first clause**[N] of the mishna, **and** if so his ruling **is lenient,** as the mishna states that one must drip three drops and he states that on Shabbat eve one is exempt from doing so? **Or perhaps he is referring to the latter clause and is stringent,** as the mishna teaches that a storekeeper is always exempt, whereas Rabbi Yehuda rules that this is the *halakha* only on Shabbat eve?

HALAKHA

Teruma – תרומה: If one pours a jug of oil of *teruma* into another vessel, once three drops drip in consecutively after he has finished pouring, this is sufficient, and he is permitted to fill the empty jug with non-sacred oil. This is the *halakha* even if he did not drain out all of the oil in the jug. If he did not refill the jug and some oil remained in the jug, this remnant is *teruma* (Rambam *Sefer Zera'im*, *Hilkhot Terumot* 11:15).

NOTES

Due to the despair of the owner – משום יאוש בעלים: Many early commentaries explain that in principle the remnants are considered part of the measured liquid. Therefore, in the case of *teruma*, the basic *halakha* that dictates that all the contents of the barrel are *teruma* is implemented (Rabbeinu Ḥananel; Rashbam Commentary). *Tosafot* point out that the Gemara could have stated that there is a separate reason for this stringency in the case of *teruma*: Since it is unknown from the outset which drops will remain behind, every drop becomes consecrated as *teruma*.

With regard to the despair of the owner in the case of the sale of liquids, the commentaries explain that the owner does not want to wait until the last bits of liquid are extracted from the vessel, and therefore he forgoes his rights to it (Rashbam). Alternatively, each buyer knows that the seller will immediately use the vessel to measure for another customer and there will be no way of determining what belongs to him (Rabbeinu Barukh). This consideration is irrelevant in the case of *teruma*, as these last bits of liquid are already forbidden to a non-priest. Furthermore, because it is not known which priest will become the owner of the *teruma* at that point in time, there is no one to despair of this amount (Rabbeinu Gershom Meor HaGola).

Referring to the first clause, etc. – ארישא קאי וכו': According to the commentaries who accept the version of the text presented here, the question is whether Rabbi Yehuda is teaching a leniency in the case of any seller on Shabbat eve, or imposing a stringency on storekeepers during the rest of the week (Rashbam). According to those whose version of the text states that even a storekeeper is obligated to drip three drops, the question is as follows: Does Rabbi Yehuda refer to the first clause, which states that the remnant in the vessel belongs to the seller, and he rules stringently that this is the case only on Shabbat eve? Or is he referring to the three drops, and rules leniently that a storekeeper is exempt from dripping these drops on Shabbat eve (Ri Migash)?

תָּא שְׁמַע: דְּתַנְיָא, רַבִּי יְהוּדָה אוֹמֵר: עֶרֶב שַׁבָּת עִם חֲשֵׁכָה – חֶנְוָנִי פָּטוּר, מִפְּנֵי שֶׁחֶנְוָנִי טָרוּד.

The Gemara answers: **Come and hear** a resolution of this dilemma, **as it is taught** in a *baraita* that **Rabbi Yehuda says: On Shabbat eve at nightfall a storekeeper is exempt because** the store**keeper is busy.** This proves that Rabbi Yehuda was referring to the latter clause of the mishna, i.e., he exempts the storekeeper from dripping the drops only on Shabbat eve.

מתני׳ הַשּׁוֹלֵחַ אֶת בְּנוֹ אֵצֶל חֶנְוָנִי וּפוּנְדְּיוֹן בְּיָדוֹ, וּמָדַד לוֹ בְּאִיסָּר שֶׁמֶן וְנָתַן לוֹ אֶת הָאִיסָּר, שָׁבַר אֶת הַצְּלוֹחִית וְאִיבֵּד אֶת הָאִיסָּר – חֶנְוָנִי חַיָּיב; רַבִּי יְהוּדָה פּוֹטֵר, שֶׁעַל מְנָת כֵּן שְׁלָחוֹ. וּמוֹדִים חֲכָמִים לְרַבִּי יְהוּדָה, בִּזְמַן שֶׁהַצְּלוֹחִית בְּיַד הַתִּינוֹק וּמָדַד חֶנְוָנִי לְתוֹכָהּ – שֶׁחֶנְוָנִי פָּטוּר.

MISHNA With regard to **one who sends his son**[NH] **to a storekeeper with a** ***pundeyon,***[L] a coin worth two *issar*, **in his hand,**[N] **and** the storekeeper **measured oil for him for one** ***issar***[LB] **and gave him the** second ***issar*** as change, and the son **broke the jug and lost the** ***issar*****, the storekeeper** must compensate the father, as he gave the jug and coin to one who is not halakhically competent. **Rabbi Yehuda exempts** him from liability, **as** he holds that the father **sent** his son **in order to do this,** i.e., to bring back the jug and coin. **And the Rabbis concede**[N] **to Rabbi Yehuda** with regard to a case **when the jug is in the hand of the child and** the **storekeeper measured** the oil **into it that** the **storekeeper** is **exempt** if the child breaks the jug.

גמ׳ בִּשְׁלָמָא בְּאִיסָּר וְשֶׁמֶן – בְּהָא פְּלִיגִי, דְּרַבָּנַן סָבְרִי: לְאוֹדוֹעֵי שַׁדְרֵיהּ, וְרַבִּי יְהוּדָה סָבַר: לְשַׁדּוּרֵי לֵיהּ שַׁדְרֵיהּ, אֶלָּא שָׁבַר צְלוֹחִית – אֲבֵידָה מִדַּעַת הִיא!

GEMARA **Granted, with regard to** the ***issar*** **and** the **oil,** one can explain that **they disagree over this** matter: **As the Rabbis hold** that the father **sent** his son **to inform** the storekeeper that he needed oil but did not intend for the storekeeper to send the oil with the boy. For this reason, if the storekeeper gave the child the oil he is liable for its loss. **And Rabbi Yehuda holds** that **he sent** his son so that the storekeeper would **send him** back with the oil, and therefore the storekeeper is exempt from liability. **But** if the child **broke the jug,** why do the Rabbis hold that the storekeeper is responsible for it? **It is a deliberate loss** on the part of the father, as he entrusted the jug to his young son, who is not responsible enough to care for it.

אָמַר רַב הוֹשַׁעְיָא: הָכָא בְּבַעַל הַבַּיִת מוֹכֵר צְלוֹחִיּוֹת עָסְקִינַן, וּכְגוֹן שֶׁנְּטָלָהּ חֶנְוָנִי עַל מְנָת לְבַקְּרָהּ, וּכְדִשְׁמוּאֵל, דְּאָמַר שְׁמוּאֵל: הַנּוֹטֵל כְּלִי מִן הָאוּמָּן עַל מְנָת לְבַקְּרוֹ וְנֶאֱנַס בְּיָדוֹ – חַיָּיב.

Rav Hoshaya said: Here we are dealing with a proprietor who sells jugs, and the father sent his son with a jug in case the store owner might want to buy it. **And** this is **a case where the storekeeper took** the jug **in order to examine it,**[N] **and** the ruling is **in accordance with** a statement **of Shmuel. As Shmuel says:** With regard to **one who takes a vessel from a craftsman in order to examine it** and buy it if he chooses, **and an accident occurred** while it was **in his possession** and it broke, he is **liable** to pay restitution for the vessel. He has the halakhic status of a borrower, and therefore he bears financial responsibility for the loss.

לֵימָא, דִּשְׁמוּאֵל תַּנָּאֵי הִיא? אֶלָּא רַבָּה וְרַב יוֹסֵף דְּאָמְרִי תַּרְוַויְיהוּ: הָכָא בְּחֶנְוָנִי מוֹכֵר צְלוֹחִיּוֹת עָסְקִינַן, וְאָזְדָא רַבִּי יְהוּדָה לְטַעְמֵיהּ וְרַבָּנַן לְטַעְמַיְיהוּ.

The Gemara asks: **Shall we say** that the opinion **of Shmuel is** subject to a dispute between ***tanna'im*****?** Since Rabbi Yehuda disagrees with the Rabbis, his opinion evidently differs from that of Shmuel. **Rather, Rabba and Rav Yosef both say** that the disagreement in the mishna should be explained as follows: **Here, we are dealing with a storekeeper who sells jugs,** and the father sent his son to buy from him a jug filled with oil. **And Rabbi Yehuda follows his** line of **reasoning,** as explained above, that the father sent his son to bring back the merchandise, **and the Rabbis** follow **their** line of **reasoning,** that the father sent the son to inform the storekeeper what he needed, but not to carry it back.

אִי הָכִי, אֵימָא סֵיפָא: מוֹדִים חֲכָמִים לְרַבִּי יְהוּדָה, בִּזְמַן שֶׁהַצְּלוֹחִית בְּיַד הַתִּינוֹק וּמָדַד חֶנְוָנִי לְתוֹכָהּ – שֶׁחֶנְוָנִי פָּטוּר; וְהָא אָמְרַתְּ: לְאוֹדוֹעֵי שַׁדְרֵיהּ! אֶלָּא אַבָּיֵי בַּר אָבִין וְרַבִּי חֲנִינָא בַּר אָבִין דְּאָמְרִי תַּרְוַויְיהוּ: הָכָא בְּמַאי עָסְקִינַן –

The Gemara asks: **If that is so, say the last clause: The Rabbis concede**[N] **to Rabbi Yehuda** in a case **when the jug was in the hand of the child, and the storekeeper measured** the oil **into it, that the storekeeper is exempt.** Why would the Rabbis rule that the storekeeper is exempt? **But you said** that the father **sent** his son only **to inform** the storekeeper of his order, but he did not intend for the storekeeper to give anything to his son. **Rather, Abaye bar Avin and Rabbi Ḥanina bar Avin both say** that the disagreement in the mishna should be explained as follows: **With what are we dealing here?**

NOTES

One who sends his son – הַשּׁוֹלֵחַ אֶת בְּנוֹ: From the context it is clear that the mishna is referring to a son who is not only a minor but is so young that he cannot be relied upon to bring home a fragile item or coins without losing or breaking them (Rambam's Commentary on the Mishna).

One who sends his son…with a *pundeyon* in his hand, etc. – הַשּׁוֹלֵחַ אֶת בְּנוֹ...וּפוּנְדְּיוֹן בְּיָדוֹ וכו׳: Although the phrase: With a *pundeyon* in his hand, appears in several manuscripts, many commentaries say that it should be omitted. According to the alternative version of the text, the father sent his son with an *issar* (Rabbeinu Gershom Meor HaGola). Others state that the father did not send his son with any money; rather, the storekeeper owed the father an *issar*, and the son was sent only on account of the oil (Rashba; Ramah). With regard to the lost *issar*, some maintain that this refers to the oil that was worth one *issar* (see, however, Rashbam). Others explain that the storekeeper had no oil himself and gave the *issar* to the son to purchase the oil from another storekeeper (Rambam's Commentary on the Mishna).

And the Rabbis concede, etc. – וּמוֹדִים חֲכָמִים וכו׳: The commentaries explain that the Rabbis concede that the storekeeper is exempt only with regard to the broken jug, not the oil or the *issar* (Rashbam).

And this is a case where the storekeeper took the jug in order to examine it – וּכְגוֹן שֶׁנְּטָלָהּ חֶנְוָנִי עַל מְנָת לְבַקְּרָהּ: Accordingly, the last clause of the mishna should be understood as follows: The Rabbis concede that the storekeeper is exempt if he never took the jug from the child, or even if he did take it but not for the purpose of examining it (*Tosafot*).

If that is so, say the last clause, the Rabbis concede, etc. – אִי הָכִי אֵימָא סֵיפָא מוֹדִים חֲכָמִים וכו׳: The commentaries explain that according to Rabba and Rav Yosef the last clause of the mishna is referring to a different situation, when the child brought the jug with him from his home (*Tosafot*).

HALAKHA

One who sends his son, etc. – הַשּׁוֹלֵחַ אֶת בְּנוֹ וכו׳: One who is not halakhically competent cannot be appointed an agent. Therefore, if one sent his young son to a storekeeper to buy oil for an *issar*, or, based on a different version of the text of the Gemara, if he gave him a *pundeyon*, which is worth two *issar*, and the storekeeper gave him an *issar* worth of oil and an *issar* (Rashbam), and the son lost the oil or the *issar*, the storekeeper must pay restitution for it. This is because the father sent his son only to inform the storekeeper that he needed the oil, and the storekeeper should have sent the oil with a halakhically competent individual. This *halakha* is in accordance with the opinion of the Rabbis. But if the father said explicitly that the storekeeper should send it with his young son, the storekeeper is exempt from liability, as this is considered a deliberate loss on the part of the father (*Maggid Mishne*). If the father sent his son with a jug and it broke after the storekeeper filled it with oil, the storekeeper is exempt, unless he took it and used it to measure oil for others. This is in accordance with the conclusion of the Gemara on 88a. Similarly, if the storekeeper poured the oil into his own jug, he suffers the loss (Rambam *Sefer Kinyan*, *Hilkhot Sheluḥin VeShutafin* 2:2; *Shulḥan Arukh*, *Ḥoshen Mishpat* 188:2).

LANGUAGE

Pundeyon – פּוּנְדְּיוֹן: From the Latin dupondium, a copper coin worth two *issar*.

Issar – אִיסָּר: From the Greek ἀσσάριον, *assarion*, referring to the Roman *issar*.

BACKGROUND

Issar – אִיסָּר: This a small coin, typically made of copper. The size of an *issar* is often used as a gauge of measurement in the Talmud.

כְּגוֹן שֶׁנְּטָלָהּ לָמוֹד בָּהּ, וְכִדְרַבָּה, דְּאָמַר רַבָּה: הִכִּישָׁהּ – נִתְחַיֵּיב בָּהּ.

The mishna is referring to a case **where** the storekeeper **took** the jug from the child in order **to measure with it**[N] for him, **and** because he took it in his hands, he is liable in the event of an accident, **in accordance with** the opinion of **Rabba. As Rabba says:** With regard to the obligation to return lost animals, even in a case where the finder is exempt from caring for the animal and returning it to its owner, e.g., if he is an elderly person and it is beneath his dignity, if **he struck** the animal[H] in order to lead it, then **he becomes obligated** to return **it.** Likewise, the Rabbis here maintain that the storekeeper's action renders him liable for the jug.

אֵימוּר דְּאָמַר רַבָּה – בְּבַעֲלֵי חַיִּים, דְּאַנְקְטִינְהוּ נִיגְרָא בָּרַיְיתָא, כִּי הַאי גַּוְנָא מִי אָמַר?

The Gemara asks: You can **say that Rabba says** his statement **with regard to animals, as** the finder **taught them** to take **steps away,**[N] i.e., he worsened the situation, as he causes them to stray even further from their owner. Nevertheless, in **a case like this,** where the storekeeper took the jug from the child, **did** Rabba **say** that the storekeeper is liable? The storekeeper's action does not make it any more likely that the jug will break.

אֶלָּא אָמַר רָבָא: אֲנִי וַאֲרִי שֶׁבַּחֲבוּרָה תַּרְגִּימְנוּהָ, וּמַנּוּ? רַבִּי זֵירָא: הָכָא בְּמַאי עָסְקִינַן – כְּגוֹן שֶׁנְּטָלָהּ לָמוֹד בָּהּ לַאֲחֵרִים,

Rather, Rava said: I and the lion of the group explained it. And who is this great Sage, referred to as a lion? It is **Rabbi Zeira,**[P] and the explanation is as follows: **Here we are dealing with** a case **where** the storekeeper **took** the jug from the child in order **to measure with it for others,** without the knowledge of the father.

וּבְשׁוֹאֵל שֶׁלֹּא מִדַּעַת קָא מִיפַּלְגִי, מָר סָבַר: שׁוֹאֵל הָוֵי, וּמָר סָבַר: גַּזְלָן הָוֵי.

And the Rabbis and Rabbi Yehuda **disagree with regard to a borrower** who takes an item **without** the owner's **knowledge.**[H] One **Sage,** Rabbi Yehuda, **holds** that the storekeeper **is** considered like any other **borrower** and once he returns the jug to the child, he is no longer responsible for it. **And** one **Sage,** i.e., the Rabbis, **holds** that someone who borrows without the owner's knowledge **is a robber**[N] and is obligated to return the item to its owner. Therefore, the storekeeper must pay for the jug that the child broke before it reached the father.

גּוּפָא, אָמַר שְׁמוּאֵל: הַנּוֹטֵל כְּלִי מִן הָאוּמָּן לְבַקְּרוֹ וְנֶאֱנַס בְּיָדוֹ – חַיָּיב. וְהָנֵי מִילֵּי הוּא – דְּקִיצִי דְּמֵיהּ.

The Gemara returns to **the** matter **itself. Shmuel says:** With regard to **one who takes a vessel from a craftsman** in order **to examine it,**[H] **and an accident occurred** while it was **in his possession** and it broke, he is **liable** to pay restitution for the vessel. The Gemara explains: **And this statement** applies only in a case **where the monetary** value of the vessel **is fixed,**[N] because he examines the vessel merely to ensure there is nothing wrong with it, and it is assumed that if he finds no defect he will buy it.

HALAKHA

If he struck the animal – הִכִּישָׁהּ: Some commentaries explain that if one finds an animal and strikes it to prompt it to move, he is obligated to care for it and return it to its owner, even if it is beneath his dignity to do so, as he is considered to have begun performing the mitzva of returning a lost item (Rambam). Some infer from this ruling that the same is true with regard to any item that one has begun to return (Ran). By contrast, others claim that the ruling applies only with regard to animals, as the one who strikes them teaches them to stray, and that the Rambam agrees with this ruling (Rambam *Sefer Nezikin, Hilkhot Gezeila VaAveda* 11:14; *Shulḥan Arukh, Ḥoshen Mishpat* 263:2, and see *Sma* there).

A borrower who takes an item without the owner's knowledge – שׁוֹאֵל שֶׁלֹּא מִדַּעַת: One who borrows an item without the owner's knowledge is considered a robber, and all of the *halakhot* pertaining to a robber are applicable to him. If one takes a vessel from the young son or slave of the owner and uses it, he is likewise considered a borrower who takes an item without the owner's knowledge, and is liable to pay for it. He has the status of a robber until the stolen item is returned to the owner. Therefore, if the borrower returns the vessel to the son or the slave and it is lost or destroyed, he is liable to pay for it (Rambam *Sefer Nezikin, Hilkhot Gezeila VaAveda* 3:15; *Shulḥan Arukh, Ḥoshen Mishpat* 359:5).

One who takes a vessel from a craftsman in order to examine it – הַנּוֹטֵל כְּלִי מִן הָאוּמָּן לְבַקְּרוֹ: If one takes for examination a vessel that has a fixed price from a craftsman and he lifts it with the intention of buying it if he likes it, he acquires that item and the seller cannot renege on the sale. If an accident occurs, the buyer is liable to pay for it. If the seller wishes to sell it as soon as possible, the vessel continues to belong to the seller until a price is agreed upon. Subsequently, the buyer acquires it by lifting or through another mode of acquisition (Rambam *Sefer Kinyan, Hilkhot Mekhira* 4:12, 14, and *Maggid Mishne* there; *Shulḥan Arukh, Ḥoshen Mishpat* 200:7, 11, and *Sma* there).

PERSONALITIES

Rabbi Zeira – רַבִּי זֵירָא: Born in Babylonia, Rabbi Zeira, known in the Jerusalem Talmud as Rabbi Ze'eira, became one of the most prominent third-generation *amora'im* of Eretz Yisrael. His father, a tax collector for the Persian government, was praised as one of the few who performed that function honestly. When Rabbi Zeira ascended to Eretz Yisrael, he decided to identify himself entirely with the Torah of Eretz Yisrael. The Gemara relates that he undertook one hundred fasts to forget the Torah he studied in Babylonia.

NOTES

The storekeeper took the jug in order to measure with it – נְטָלָהּ לָמוֹד בָּהּ: There is no assumption here that the mishna is referring to a case where either the father or the storekeeper is a seller of jugs. Rather, as was initially supposed, the mishna is dealing with the case of a father who sent his son to a shop to purchase oil, and provided him with a jug to measure the liquid (Rashbam). In such a case, if the child holds the jug while the storekeeper measures the oil, the storekeeper is exempt, because this is considered a deliberate loss on the part of the father. By contrast, once the storekeeper takes the jug and uses it for measuring, he becomes liable for any accident.

As the finder taught them to take steps away – דְּאַנְקְטִינְהוּ נִיגְרָא בָּרַיְיתָא: The finder is obligated to return the lost animal not because he struck it, but because by hitting the animal he caused it to stray from its usual path. If he had done nothing, the animal might have returned to its owner, but since he caused it to stray, its owner is less likely to recover it. The Rashbam notes that the Gemara could have raised as an objection that this explanation would leave Rabba's ruling as the subject of a dispute between *tanna'im*, but chose to raise a different challenge instead. Others explain that Rabbi Yehuda agrees with the opinion of Rabba that if the finder strikes a lost animal he is obligated to return it to its owner. It is only here, where the storekeeper who took the jug attempts to return it to its owner by giving it back to the child, that Rabbi Yehuda maintains that he is not liable for its loss (Ramban).

He is a robber – גַּזְלָן הָוֵי: Although the borrower does not intend to steal the item, since he takes it without its owner's knowledge to use for his own purposes, his act is tantamount to robbery. He is therefore required to return it to its owner, not to the place from which he took it. The commentaries note that according to this opinion, the Rabbis concede to Rabbi Yehuda only in a case where the shopkeeper took the jug to measure oil for the child. By contrast, if he took it for any other purpose, he is held responsible (Rashbam).

Where the monetary value of the vessel is fixed – דְּקִיצִי דְּמֵיהּ: Since the buyer and seller do not need to agree on a price, and since both parties are interested in the sale, when the buyer takes the vessel in order to purchase it, he is considered to have completed the purchase and the buyer is liable for any mishap that occurs to the vessel. Some commentaries explain differently, that the buyer lifted the item only to examine it; since the item has a fixed value and is offered for sale, it is as though the seller has told the buyer that he may acquire this item, and consequently the seller cannot renege on the sale. Nevertheless, the buyer can renege (Ri Migash).

With regard to the concept of a fixed value of the vessel, some explain that this means the seller has explicitly set the price of the item (Ramban, citing Rif). Others hold that this refers even to items that have a set market price (Ramah; Ran).

HALAKHA

Where its monetary value is fixed – דְּקִיצִי: One cannot consecrate an item that does not belong to him or is not in his possession. Therefore, in a case where one is selling pumpkins, eggs, or similar items, and a buyer takes one of them and leaves, if each item has a fixed price the seller cannot consecrate the item, because it is no longer in his possession. If its price is not fixed, the seller can consecrate the item, because it may be assumed that the one who takes it did not intend to rob him (Rambam *Sefer Hafla'a, Hilkhot Arakhin VaHaramim* 6:21–22, 25 and *Sefer Kinyan, Hilkhot Mekhira* 4:14; *Shulḥan Arukh, Yoreh De'a* 258:7 and *Ḥoshen Mishpat* 200:7).

One who wishes to buy vegetables, etc. – הַלּוֹקֵחַ יָרָק וכו׳: If one takes produce and before paying for it he selects superior-quality produce and places it on the side, he is not obligated in tithes, despite the fact that he decided to buy the produce. But if he is God-fearing and had determined to buy the produce, he separates tithes and only afterward returns the remaining produce to the seller, if the seller agrees. In such a case, he must give the seller money in exchange for the tithes he took (Rambam *Sefer Zera'im, Hilkhot Ma'aser* 5:1, and *Kesef Mishne* and Radbaz there; *Shulḥan Arukh, Yoreh De'a* 331:95).

הַהוּא גַּבְרָא דְּעָל לְבֵי טַבָּחָא, אַגְבַּהּ אַטְמָא דְּבִישְׂרָא, בַּהֲדֵי דְּקָא אַגְבְּהַהּ אֲתָא פָּרָשָׁא מְרַמָּא מִינֵּיהּ; אֲתָא לְקַמֵּיהּ דְּרַב יֵימַר, חַיְּיבֵיהּ לְשַׁלּוֹמֵי דְּמֵיהּ. וְהָנֵי מִילֵּי הוּא – דְּקִיצִי דְּמֵיהּ.

The Gemara relates: There was **a certain man who entered a butcher shop and lifted a thigh of meat** to examine it. **While he was lifting it, a horseman came** and **seized** it **from him.** The buyer **came before Rav Yeimar,** who **deemed him liable to pay its monetary** value to the seller, because it was seized from him after he had lifted it. The Gemara again notes: **And this matter,** i.e., *halakha*, applies only in a place **where the monetary** value of the item **is fixed,** and therefore lifting it is equivalent to finalizing the sale.

הַהוּא גַּבְרָא דְּאַיְיתִי קָארֵי לְפוּם נַהֲרָא, אֲתוּ כּוּלֵּי עָלְמָא שְׁקוּל קָרָא קָרָא, אֲמַר לְהוּ: הֲרֵי הֵן מוּקְדָּשִׁין לַשָּׁמַיִם;

The Gemara relates a similar incident: There was **a certain man who brought pumpkins to** the city of **Pum Nahara. Everyone came** and **took a pumpkin** with the intention of buying it, but had yet to pay for it. The seller was angry, and since he did not know from whom to demand payment, **he said to them:** The pumpkins **are hereby consecrated**[N] **to Heaven.**

אֲתוּ לְקַמֵּיהּ דְּרַב כָּהֲנָא, אֲמַר לְהוּ: אֵין אָדָם מַקְדִּישׁ דָּבָר שֶׁאֵינוֹ שֶׁלּוֹ. וְהָנֵי מִילֵּי הוּא – דְּקִיצִי דְּמַיְיהוּ, אֲבָל לָא קִיצִי דְּמַיְיהוּ – בִּרְשׁוּת מָרַיְיהוּ קָיְימִי, וְשַׁפִּיר אַקְדִּישׁ.

They came before Rav Kahana to inquire about the halakhic status of the pumpkins. Rav Kahana **said to them:** This statement has no effect, as **a person cannot consecrate an item that is not his,** and since the buyers had lifted the pumpkins, they no longer belonged to the seller. Once again the Gemara points out: **And this matter,** i.e., *halakha*, applies only in a place **where** the item's **monetary** value is **fixed,**[H] and therefore lifting it is akin to finalizing the sale. **But if** the item's **monetary** value is **not fixed, it remains in the jurisdiction of its owner, and** the seller **did well,** i.e., was successful, in **that he consecrated** it.

תָּנוּ רַבָּנַן: הַלּוֹקֵחַ יָרָק מִן הַשּׁוּק, וּבֵירֵר וְהִנִּיחַ, אֲפִילּוּ כָּל הַיּוֹם כּוּלּוֹ – לֹא קָנָה וְלֹא נִתְחַיֵּיב בְּמַעֲשֵׂר.

§ **The Sages taught:** In the case of **one who** wishes to **buy vegetables**[HN] **from the market** and the seller is an *am ha'aretz*, i.e., one who is unreliable with regard to tithes, in which case the buyer is required to separate tithes after his purchase, **and he selected** superior-quality vegetables from inferior-quality vegetables **and placed**[N] them to the side, as he was considering purchasing them, **even** if he did this **all day,** if he does not decide to buy the vegetables **he does not acquire** them **and does not become obligated in** separating **tithes.**

גָּמַר בְּלִבּוֹ לִקְנוֹתוֹ – קָנָה וְנִתְחַיֵּיב בְּמַעֲשֵׂר; לְהַחְזִירוֹ אִי אֶפְשָׁר – שֶׁכְּבָר נִתְחַיֵּיב בְּמַעֲשֵׂר, וּלְעַשְּׂרוֹ אִי אֶפְשָׁר – שֶׁכְּבָר מַפְחִיתָן בְּדָמִים, הָא כֵּיצַד? מְעַשְּׂרוֹ וְנוֹתֵן לוֹ דְּמֵי מַעֲשֵׂר.

If **he had determined to buy** the vegetables he selected, **he acquires** them **and becomes obligated in** separating **tithes.** In such a case, **it is not possible** for him to decide to not buy the vegetables and **to return** them to the seller in their present state, **as they have already became obligated in tithes, and,** likewise, **it is not possible to tithe them** and return them to the seller, **as he would then lower their monetary** value.[N] **How should** he proceed? **He should tithe** the produce, give the tithes to an appropriate recipient, **and give** the seller **money** in exchange for the **tithes** that he separated from it.

NOTES

They are hereby consecrated – הֲרֵי הֵן מוּקְדָּשִׁין: Seeing that everyone was taking his pumpkins, the seller feared that many of them would not pay him. In his anger, he consecrated the pumpkins (Rashbam).

One who wishes to buy vegetables – הַלּוֹקֵחַ יָרָק: This seller is an *am ha'aretz*, one who is not trusted to have tithed his produce. Consequently, the buyer is obligated to tithe the produce himself. This obligation comes into effect only once the sale is complete and the vegetables enter his possession. In this case, the buyer has not yet paid for the vegetables (Rambam, citing Jerusalem Talmud).

He selected and placed – בֵּירֵר וְהִנִּיחַ: There are various interpretations of this phrase, which affect the meaning of the entire passage. One explanation is that the buyer selected superior-quality vegetables and placed them to one side, in order to select from among them the ones he wished to buy (Rashbam Commentary; Rid). Alternatively, he was busy lifting one and putting down another because he could not decide which one to choose (Rabbeinu Gershom Meor HaGola). Some explain that the buyer selected the vegetables he chose to buy and returned to the seller the vegetables he did not want (Ramah). Others say that the buyer did not actually lift the vegetable (Rashash, citing Rabbi Shimshon of Saens on *Demai* 3:2).

As he would then lower their monetary value – שֶׁכְּבָר מַפְחִיתָן בְּדָמִים: Some commentaries explain that tithing the vegetables reduces the quantity of the remaining produce (Rashbam). Others add that if the seller wanted to sell the tithed produce to someone who is careful about tithes and correctly stated that it is already tithed, he would not be believed, since he is an *am ha'aretz*. Consequently, the new buyer would pay less for the produce, on the assumption that he himself would have to tithe it (Ri Migash). The early commentaries note that although the buyer must pay this seller if he separated *teruma* of the tithe or the second tithe, he need not reimburse him for the first tithe or the poor man's tithe, because in the case of doubtfully tithed produce one separates these tithes but keeps them afterward for himself (*Tosafot*; Rabbeinu Yona).

אִטּוּ מִשּׁוּם דְּגָמַר בְּלִבּוֹ לִקְנוֹת, קָנָה וְנִתְחַיֵּיב בְּמַעֲשֵׂר? אָמַר רַב הוֹשַׁעְיָא: הָכָא בְּיָרֵא שָׁמַיִם עָסְקִינַן, כְּגוֹן רַב סָפְרָא, דְּקַיֵּים בְּנַפְשֵׁיהּ ״וְדֹבֵר אֱמֶת בִּלְבָבוֹ״.

The Gemara asks: **Is that to say that because one determined to buy** the produce, even though he says nothing and performs no act of acquisition, **he acquires** the produce **and becomes obligated in tithes?**[N] **Rav Hoshaya said: Here, we are dealing with** a buyer who is **God-fearing, such as Rav Safra,**[P] who **himself fulfilled** the verse: **"And speaks truth in his heart"** (Psalms 15:2). With regard to business matters Rav Safra considered himself bound by his thoughts at the time of negotiations, even if he did not express them verbally or perform any action (see *Makkot* 24a). A person on the ethical level of Rav Safra acquires the produce and becomes obligated to separate tithes from the moment that he decides to buy it.

מתני׳ הַסִּיטוֹן מְקַנֵּחַ מִדּוֹתָיו אֶחָד לִשְׁלֹשִׁים יוֹם, וּבַעַל הַבַּיִת – אֶחָד לִשְׁנֵים עָשָׂר חֹדֶשׁ; רַבָּן שִׁמְעוֹן בֶּן גַּמְלִיאֵל אוֹמֵר: חִילּוּף הַדְּבָרִים.

MISHNA **A wholesaler** [*hassiton*][LH] **must clean his measuring** vessels, which are used for measuring liquids such as oil and wine, **once every thirty days,** because the residue of the liquids sticks to the measure and reduces its capacity. **And a homeowner**[H] who sells his goods must clean his measuring vessels only **once every twelve months. Rabban Shimon ben Gamliel says: The matters are reversed.**[N] In the case of one who is constantly using his vessels for selling merchandise the residue does not adhere to the measuring vessel, and therefore a wholesaler must clean his measures only once a year. But in the case of a homeowner, who does not sell as often, the residue adheres to the measuring vessel; therefore, he must clean them every thirty days.

חֶנְוָונִי מְקַנֵּחַ מִדּוֹתָיו פַּעֲמַיִם בְּשַׁבָּת, וּמְמַחֶה מִשְׁקְלוֹתָיו פַּעַם אַחַת בְּשַׁבָּת, וּמְקַנֵּחַ מֹאזְנַיִם עַל כׇּל מִשְׁקָל וּמִשְׁקָל; אָמַר רַבָּן שִׁמְעוֹן בֶּן גַּמְלִיאֵל: בַּמֶּה דְּבָרִים אֲמוּרִים – בְּלַח, אֲבָל בְּיָבֵשׁ – אֵינוֹ צָרִיךְ.

A storekeeper,[HN] who constantly sells merchandise in small quantities, **cleans his measuring** vessels **twice a week and cleans his weights**[N] **once a week; and he cleans** the pans of **his scales after each and every weighing,** to ensure that no merchandise has adhered to the pans, thereby increasing their weight. **Rabban Shimon ben Gamliel said: In what** case **is this statement,** that it is necessary to clean a measuring vessel, **said? With regard to moist** items, which are likely to adhere to the measuring vessels. **But with regard to dry** goods, which do not adhere to the measuring vessels, one **does not need**[N] to clean his measuring vessels.

NOTES

Determined to buy, he acquires it and becomes obligated in tithes – גָּמַר בְּלִבּוֹ לִקְנוֹת קָנָה וְנִתְחַיֵּיב בְּמַעֲשֵׂר: Some explain that according to the *baraita* the potential buyer acquires the vegetables if he determined to buy them when he was holding them in his hand (Ramah). The Ri Migash explains the Gemara's question as follows: When Shmuel states that the buyer is responsible for the item once he lifts it, this applies only if it becomes damaged. It does not mean that he actually purchases the item, and he can still renege on the sale. Why, then, is he obligated in tithes? Yet others contend that according to the *baraita* he acquires the vegetables that he has already placed to the side, and the Gemara asks: Since he did not lift the vegetables with the intention of acquiring them, how can he acquire them by means of thought alone? (Rid; see Rabbeinu Gershom Meor HaGola).

The matters are reversed – חִילּוּף הַדְּבָרִים: Most commentaries explain the reasons for these opinions as follows: The Rabbis maintain that since a homeowner very rarely sells merchandise, very little residue adheres to his measuring vessels, whereas in the case of a wholesaler, who sells constantly, more residue adheres to his measuring vessels. By contrast, Rabban Shimon ben Gamliel holds that the reverse is true. There is no buildup of residue in the case of the wholesaler, as he constantly sells merchandise and reuses his measuring vessels, and therefore nothing is left in them. But in the case of a homeowner, the residue adheres to the measuring vessels and will remain there if they are not cleaned.

Alternatively, the homeowner is someone who produces wine or oil and sells in bulk to the wholesaler, who in turn sells to storekeepers. According to this explanation, since the wholesaler sells to many storekeepers, who also profit from their sales, they do not mind losing out on the small amount of residue that adheres to the measuring vessels. By contrast, in the case of the homeowner, who sells in bulk to one person, there is a concern of exploitation (Meiri, citing Ri Migash).

A storekeeper – חֶנְוָונִי: Some claim that this ruling as to when a storekeeper must clean his measuring vessels applies only according to the opinion of the Rabbis. By contrast, Rabban Shimon ben Gamliel maintains that since a storekeeper sells more frequently than a wholesaler he is required to clean his measuring vessels less regularly (Rashbam, citing his teachers). The Rashbam himself explains that in light of the ruling of the previous mishna that a storekeeper is not obligated to drip three drops after measuring, there is a greater concern that some residue might have settled in his measuring vessels than in the case of a wholesaler or a homeowner, who are obligated to drip the three drops. Consequently, Rabban Shimon ben Gamliel accepts this *halakha*. Alternatively, a storekeeper is treated more stringently because he often sells to the poor, and therefore must be especially careful not to cause them a loss (Meiri).

Cleans [*memaḥe*] his weights – מְמַחֶה מִשְׁקְלוֹתָיו: *Memaḥe* means to clean (Rashbam), or to wash (Rambam's Commentary on the Mishna). This term may indicate that one exerts himself while cleaning and does not merely wipe the item.

With regard to dry goods, one does not need – בְּיָבֵשׁ אֵינוֹ צָרִיךְ: The reason is that dry goods do not adhere to the measuring vessels (Rashbam). Rabbeinu Gershom Meor HaGola explains that while measuring vessels used for dry goods need not be cleaned as frequently as those used for moist items, they too must be cleaned from time to time (Rabbeinu Gershom Meor HaGola).

PERSONALITIES

Rav Safra – רַב סָפְרָא: Rav Safra, a third- and fourth-generation Babylonian *amora*, engaged in halakhic discourse with the greatest of the third-generation Sages, including Rabba and Rav Yosef. He was similarly active in the generation of their students, Abaye and Rava.

Rav Safra traveled on business to Eretz Yisrael, where he discussed *halakha* with various Sages, including Rabbi Abba and Rabbi Abbahu. His primary focus was the realm of *halakha*, and he did not devote himself to the study of Bible and *aggada*. Rav Safra was renowned for his exemplary character, especially for distancing himself from all forms of dishonesty.

Since Rav Safra was an itinerant merchant, he never established his own yeshiva and was not a constant presence in the study hall. Therefore, some Sages maintained that he did not have the status of one whom the *halakha* requires that all must mourn his passing.

LANGUAGE

Wholesaler [*siton*] – סיטון: From the Greek σιτώνης, *sitonēs*, meaning a commissary for buying grain, and referring to one who sells produce in large quantities.

HALAKHA

A wholesaler, etc. – הַסִּיטוֹן וכו׳: A wholesaler must clean the measuring vessels he uses for liquids every thirty days. Some commentaries maintain that he must also clean any deep vessels that are used for measuring dry goods (Ramah; *Sma*). This *halakha* is in accordance with the opinion of the first *tanna* (Rambam *Sefer Nezikin*, *Hilkhot Geneiva* 8:18 and see *Haggahot Maimoniyyot* and *Kesef Mishne* there; *Shulḥan Arukh*, *Ḥoshen Mishpat* 231:7).

And a homeowner, etc. – וּבַעַל הַבַּיִת וכו׳: A homeowner, who sells merchandise only occasionally and who must drip three drops from the measuring vessel after pouring the merchandise for the buyer, is required to clean his measures only once every twelve months, in accordance with the opinion of the first *tanna* (Rambam *Sefer Nezikin*, *Hilkhot Geneiva* 8:18 and see *Haggahot Maimoniyyot* and *Kesef Mishne* there; *Shulḥan Arukh*, *Ḥoshen Mishpat* 231:7).

A storekeeper, etc. – חֶנְוָונִי וכו׳: A storekeeper, who constantly measures small quantities of liquids and who is not required to drip three drops after pouring liquid into the vessel of the buyer, must clean his measuring vessels twice a week. If he weighs liquids on a balance scale, he cleans the weights once a week and cleans the pans of the scales after each and every weighing (Rambam *Sefer Nezikin*, *Hilkhot Geneiva* 8:18; *Shulḥan Arukh*, *Ḥoshen Mishpat* 231:12).

וחייב להכריע לו טפח. היה שוקל לו עין בעין – נותן לו גירומין, אחד לעשרה בלח, ואחד לעשרים ביבש.

And before adding the weights and merchandise the seller is **obligated to let** the pans of the scale that will hold the merchandise **tilt** an extra **handbreadth**[BN] **for** the buyer by adding a weight to that side. If the seller **weighed for him exactly,** i.e., with the scales equally balanced initially, instead of allowing the scales to tilt an extra handbreadth, **he must give** the buyer **additional amounts** [*geirumin*],[L] an additional **one-tenth in** the case of **liquids** sold by weight, **and** an additional **one-twentieth in** the case of **dry** goods.

מקום שנהגו למוד בדקה – לא ימוד בגסה, בגסה – לא ימוד בדקה, למחוק – לא יגדוש, לגדוש – לא ימחוק.

The mishna continues to discuss the correct method of weighing: In **a place where they were accustomed**[H] **to measure** merchandise in several stages **with a small** measuring vessel, **one may not measure** all the items at once **with a** single **large** measuring vessel.[N] In a place where they measure **with** one **large** measuring vessel, **one may not measure with** several **small** measuring vessels.[H] In a place where the custom is **to level**[H] the top of the measuring vessel to remove substances heaped above its edges, **one may not heap**[N] it, and where the custom is **to heap** it, **one may not level** it.

גמ׳ מנהני מילי? אמר ריש לקיש, דאמר קרא: ״אבן שלמה וצדק״, צדק משלך ותן לו. אי הכי, אימא סיפא: היה שוקל לו עין בעין – נותן לו גירומין; ואי הכרעה דאורייתא, היכי יהיב ליה עין בעין?

GEMARA The Gemara asks: **From where are these matters,** that the seller must initially let the scales tilt an extra handbreadth, **derived? Reish Lakish said:** The source is **that the verse states** that one should have: **"A perfect and just [*tzedek*] weight"** (Deuteronomy 25:15), which is interpreted as an instruction to the seller: **Be righteous [*tzaddek*] with that which is yours and give it to** the buyer. The Gemara asks: **If that is so, say the latter clause:** If the seller **weighed for him exactly, he gives** the buyer **additional amounts. But if letting** the scales **tilt** is obligatory **by Torah law, how can he** originally **give him** by weighing **exactly?**

אלא, רישא – במקום שנהגו, ואי איתמר דריש לקיש – אסיפא איתמר: היה שוקל לו עין בעין – נותן לו גירומין; מנהני מילי? אמר ריש לקיש, דאמר קרא: ״וצדק״, צדק משלך ותן לו. וכמה גירומין? אמר רבי אבא בר ממל אמר רב: אחד מעשרה בליטרא בלח לעשרה ליטרין.

Rather, it is not obligatory to let the scales tilt, and **the first clause** is referring **to a place where they are accustomed** to let the scales tilt an extra handbreadth. **And if** the statement **of Reish Lakish was stated,** it **was stated with regard to the latter clause:** If the seller **weighed for him exactly, he gives** the buyer **additional amounts. From where is this matter** derived? **Reish Lakish said** that this is **as the verse states: "And just [*tzedek*],"** which indicates: **Be righteous [*tzaddek*] with that which is yours and give it to** the buyer. The Gemara asks: **And how much** are the **additional amounts** that are given? **Rabbi Abba bar Memel says** that **Rav says: In** the case of **liquids, one-tenth of a *litra***[L] **for** every **ten *litra*,** i.e., one-hundredth.

״אחד לעשרה בלח, ואחד לעשרים ביבש״ וכו׳. איבעיא להו: היכי קאמר? אחד מעשרה בלח לעשרה דלח, ואחד מעשרים ביבש לעשרים דיבש. או דלמא: אחד מעשרה לעשרה דלח ולעשרים דיבש? תיקו.

The mishna teaches that the seller adds **one-tenth in** the case of **liquids, and one-twentieth for dry** goods. **A dilemma was raised before** the Sages: With regard to **what** case **is** the *tanna* of the mishna **speaking?** Does he mean **one-tenth in** the case of **liquids for** every **ten** units **of liquid, and** similarly **one-twentieth in** the case of **dry** goods **for** every **twenty** units **of dry** goods, i.e., one four-hundredth? **Or perhaps,** he means **one-tenth for** every **ten** units **of liquid, and** similarly one-tenth **for** every **twenty** units **of dry** goods, i.e., one two- hundredth? The Gemara states that the dilemma **shall stand** unresolved.

BACKGROUND

Let the scale tilt an extra handbreadth – הכריע לו טפח: In the case of ordinary balance scales that are not made to weigh with great precision, the heavy pan of the scales does not descend easily. Therefore, it is necessary initially to cause the scales to tilt recognizably. To ensure an advantage for the buyer, the Sages instructed that the side that is to hold the buyer's merchandise tilt a handbreadth below the other side before adding the merchandise to that side and the weights to the other side.

NOTES

And he is obligated to let the scale tilt an extra handbreadth – וחייב להכריע לו טפח: According to some commentaries, this *halakha* applies only when the merchandise weighs less than a *litra* (Rashbam), although others disagree.

One may not measure with a large measuring vessel, etc. – לא ימוד בגסה וכו׳: The commentaries explain that when several small measuring vessels are used the buyer benefits, as each time he receives slightly more than a full measuring vessel. Even in the case of leveled measuring vessels, the leveling does not eliminate every bit of the excess (Rashbam). Rabbeinu Gershom Meor HaGola explains that where the custom is to use a large measuring vessel, the buyer would lose out were the seller to weigh with several small measuring vessels, since the merchandise sticks to the vessel each time it is weighed. The Rashbam explains that in this case the objection is on behalf of the seller, as he cannot level the merchandise as effectively with several small measuring vessels. The Ramah adds that sometimes two small measuring vessels are not exactly equal to a measure that is supposedly twice their size.

In a place where the custom is to level the top of the measuring vessel, one may not heap, etc. – למחוק לא יגדוש וכו׳: This is the *halakha* even if the price is raised in accordance with the heaped measure, or lowered due to the leveling (Rashbam; see 89a).

LANGUAGE

Additional amount [*gerum*] – גירום: The source of this term is unclear. Some associate it with *ama geroma*, meaning a very large cubit. If so, *geirumin* refers to an expansion of measurements (see Rashbam).

Litra – ליטרא: From the Greek λίτρα, *litra*, which is both a measure of volume and a measure of weight as well as the name of a coin.

HALAKHA

Where they are accustomed – שנהגו: A seller must grant the buyer an additional one-hundredth of the measure in the case of liquids, and one four-hundredth in the case of dry goods. This is the *halakha* in a locale where the custom is not to overbalance the scale. Where it is the custom to overbalance the scale, the seller must initially allow the scales to tilt one handbreadth, if he is weighing at least one *litra* of merchandise (*Sma*, citing Rashbam). This *halakha* is in accordance with the statement of Reish Lakish (Rambam *Sefer Nezikin, Hilkhot Geneiva* 8:12–14; *Shulḥan Arukh, Ḥoshen Mishpat* 231:14).

With small measuring vessels, etc. – בדקה וכו׳: In a place where they are accustomed to measure with a small vessel, a storekeeper may not measure with a large one, even if he uses three larger vessels in place of four smaller ones. Likewise, in a place where they are accustomed to measure with a large vessel, one may not use small ones instead (Rambam *Sefer Nezikin, Hilkhot Geneiva* 8:16; *Shulḥan Arukh, Ḥoshen Mishpat* 231:8 and see *Sma* there).

To level, etc. – למחוק וכו׳: In a place where the custom is to heap the top of the measure, one may not level it, even if he intends to prevent any loss to the customer by giving three leveled measures instead of two heaped ones (*Sma*). Similarly where it is the custom to level, one may not heap fewer vessels instead (Rambam *Sefer Nezikin, Hilkhot Geneiva* 8:16; *Shulḥan Arukh, Ḥoshen Mishpat* 231:8).

אָמַר רַבִּי לֵוִי: קָשֶׁה עוֹנְשָׁן שֶׁל מִדּוֹת יוֹתֵר מֵעוֹנְשָׁן שֶׁל עֲרָיוֹת, שֶׁזֶּה נֶאֱמַר בָּהֶן "אֵל" וְזֶה נֶאֱמַר בָּהֶן "אֵלֶּה". וּמַאי מַשְׁמַע דְּהַאי "אֵל" קָשֶׁה הוּא? דִּכְתִיב: "וְאֶת אֵילֵי הָאָרֶץ לָקָח".

§ **Rabbi Levi says: The punishment for** using false **measures**[H] **is more severe than the punishment for** transgressing the prohibition of **forbidden sexual relations. As in that** case, forbidden relations, it **is stated with regard to them** a shortened term for the word "these": ***"El,"*** in the verse: "For all these [*el*] abominations" (Leviticus 18:27). **And in this** case, false measures, it **is stated** an expanded term for the word "these": ***"Elleh,"*** in the verse: "For all that do these [*elleh*] things, even all that do unrighteously, are an abomination unto the Lord your God" (Deuteronomy 25:16). **And from where may it be inferred that this** expression ***"el"*** indicates that the prohibition **is severe,** based on which it is understood that the form this word takes indicates a level of severity? **As it is written: "And the mighty [*eilei*] of the land he took away"** (Ezekiel 17:13).

גַּבֵּי עֲרָיוֹת נַמִּי הָכְתִיב: "אֵלֶּה"! הַהוּא לְמַעוֹטֵי מִדּוֹת מִכָּרֵת.

The Gemara asks: **But with regard to forbidden relations isn't it also written:** "For whosoever shall do any of **these** [*elleh*] abominations" (Leviticus 18:29)? If so, why is the punishment for using false measures considered harsher? The Gemara answers: **That** expression of "*elleh*" (Leviticus 18:29) in the context of forbidden relations does not serve to emphasize its severity. Rather, it serves **to exclude** one who uses deception in **measures from** the penalty of **excision from the World-to-Come [*karet*].**[N]

וְאֶלָּא מַאי עוּדְפַיְיהוּ? דְּהָתָם אֶפְשָׁר בִּתְשׁוּבָה, וְהָכָא לָא אֶפְשָׁר בִּתְשׁוּבָה.

The Gemara asks: **But** if the punishment is in fact less severe, **what is the advantage,** i.e., the greater severity, in the case of false measures? The Gemara answers **that there,** in the case of one who engages in forbidden relations, **he has the possibility of repentance.**[N] **But here,** in the case of one who uses false measures, **there is no possibility of repentance**[N] because he has no way of knowing whom he cheated, and is therefore unable to return the stolen money.

וְאָמַר רַבִּי לֵוִי: קָשֶׁה גֶּזֶל הֶדְיוֹט יוֹתֵר מִגֶּזֶל גָּבוֹהַּ, שֶׁזֶּה הִקְדִּים חֵטְא לִמְעִילָה, וְזֶה הִקְדִּים מְעִילָה לְחֵטְא.

And Rabbi Levi says: Robbing an ordinary person **is more severe than robbing the Most High,** i.e., taking consecrated property. **As** with regard to **this** regular robber, the verse states **"sin" before *"me'ila"*:**[N] "If any one sin, and commit a trespass [*me'ila*] against the Lord, and deal falsely with his neighbor in a matter of deposit, or of pledge, or of robbery, or have oppressed his neighbor" (Leviticus 5:21). **And** with regard to **that** one who misuses consecrated items, the verse states ***me'ila* before sin:** "If any one engages in misuse [*timol ma'al*] and sins unwittingly" (Leviticus 5:15).

וְאָמַר רַבִּי לֵוִי: בּוֹא וּרְאֵה שֶׁלֹּא כְּמִדַּת הַקָּדוֹשׁ בָּרוּךְ הוּא מִדַּת בָּשָׂר וָדָם; הַקָּדוֹשׁ בָּרוּךְ הוּא בֵּרַךְ יִשְׂרָאֵל בְּעֶשְׂרִים וּשְׁתַּיִם וְקִלְּלָן בִּשְׁמוֹנֶה, בֵּרְכָן בְּעֶשְׂרִים וּשְׁתַּיִם – מֵ"אִם בְּחֻקֹּתַי" עַד "קוֹמְמִיּוּת",

And Rabbi Levi says: Come and see that the attribute of flesh and blood is unlike the attribute of the Holy One, Blessed be He. The Holy One, Blessed be He, blessed the Jewish people with twenty-two, and cursed them with only **eight.** Rabbi Levi explains: **He blessed them with** the **twenty-two** letters of the Hebrew alphabet, **from** the first letter, *alef*, that begins the verse: **"If [*im*]** you walk **in My statutes"** (Leviticus 26:3), **until "upright [*komemiyyut*]"** (Leviticus 26:13), which ends with the letter *tav*, the last letter of the Hebrew alphabet.

וְקִלְּלָן בִּשְׁמוֹנֶה – מִ"וְּאִם בְּחֻקֹּתַי תִּמְאָסוּ" עַד "וְאֶת חֻקֹּתַי גָּעֲלָה נַפְשָׁם";

And He cursed them with eight letters, **from** the letter *vav* that begins the verse: **"And if [*ve'im*] you shall reject My statutes"** (Leviticus 26:15), **until: "And My statutes were abhorred by their soul [*nafsham*]"** (Leviticus 26:43), which ends with the letter *mem*. There are eight letters in the Hebrew alphabet from the letter *vav* to the letter *mem*, inclusive.

וְאִילּוּ מֹשֶׁה רַבֵּינוּ בֵּרְכָן בִּשְׁמוֹנֶה וְקִלְּלָן בְּעֶשְׂרִים וּשְׁתַּיִם, בֵּרְכָן בִּשְׁמוֹנֶה

And yet Moses, our teacher, who is flesh and blood, **blessed them with eight** letters, **and cursed them with twenty-two. He blessed them with eight** letters,

NOTES

To exclude one who uses deception in measures from the penalty of excision from the World-to-Come [*karet*] – **לְמַעוֹטֵי מִדּוֹת מִכָּרֵת:** Since the verse states with regard to false measures: "For all that do these [*elleh*] things, even all that do unrighteously, are an abomination unto the Lord your God" (Deuteronomy 25:16), it was necessary to teach that they are not included in those abominations that are punishable with *karet*. This is done by specifying in the context of forbidden sexual relations that only one who violates "these" prohibitions is subject to *karet*. According to one opinion, the Sages interpreted the word: "These [*elleh*]," by referencing its numerical value, from which they derived that there are only thirty-six offenses that are punishable by *karet*, and deception in measures is not one of them (see *Karetot* 2a).

That there he has the possibility of repentance – **דְּהָתָם אֶפְשָׁר בִּתְשׁוּבָה:** The commentaries explain that an explicit source (*Makkot* 23a) teaches that one who is liable to receive *karet* and receives lashes from the court is exempt from his punishment of *karet* (Rashbam). Accordingly, there is a remedy for one who engages in forbidden intercourse, which would otherwise entail the punishment of *karet*.

There is no possibility of repentance – **לָא אֶפְשָׁר בִּתְשׁוּבָה:** One who uses false measures robs the masses. It is true that he can repair the damage to a certain extent by providing for communal needs (see *Bava Kamma* 94b), but this is not a complete remedy because the sinner does not return the specific stolen goods to each individual victim. The commentaries add that since one who uses false measures is not punished with *karet* or even with corporal punishment, people tend to discount the severity of this sin and neglect to repent (Meiri).

Sin before *me'ila* – **הִקְדִּים חֵטְא לִמְעִילָה:** Robbing another is considered a sin from the moment one takes the item; therefore, the term "sin" is stated immediately in the verse, before the term for *me'ila*, which signifies the using of the item. By contrast, misuse of consecrated property, taking an item that belongs to the Temple treasury, is considered a sin only from the moment that one benefits from the item; therefore, the term "sins" is stated after the term for *me'ila*.

The commentaries (Maharsha; Maharal) explain the difference as follows: One is a robber as soon as he takes an item from the domain of another. By contrast, in the case of consecrated property, since the entire world belongs to God and one cannot take an item out of His domain, it is considered a sin only when one benefits from or damages consecrated property (see *Me'ila* 19b). Additionally, one who robs another causes him immediate pain, whereas one who misuses consecrated property does not cause pain to God; therefore, it is considered a sin only when he derives benefit (*Iyyun Ya'akov*).

HALAKHA

The punishment for using false measures – **עוֹנְשָׁן שֶׁל מִדּוֹת:** The punishment for using false weights and measures is extremely severe, as the sinner cannot properly repent, and it is considered as though he denies the Exodus from Egypt (Rambam *Sefer Nezikin, Hilkhot Geneiva* 7:12; *Shulḥan Arukh, Ḥoshen Mishpat* 231:19 and see *Sma* there).

מִ״וְהָיָה אִם שָׁמוֹעַ תִּשְׁמַע״ וְעַד ״לְעָבְדָם״, וְקִלְּלָן בְּעֶשְׂרִים וּשְׁתַּיִם – מִ״וְהָיָה אִם לֹא תִשְׁמַע״ עַד ״וְאֵין קֹנֶה״.

from the letter *vav* that begins the verse: **"And it shall come to pass** [*vehaya*]**, if you shall hearken diligently"** (Deuteronomy 28:1), **until: "To serve them** [*le'ovdam*]**"** (Deuteronomy 28:14), which ends with the letter *mem*. **And he cursed them with twenty-two** letters, **from** the letter *vav* that begins the verse: **"But it shall come to pass** [*vehaya*]**, if you will not hearken** to the voice of the Lord" (Deuteronomy 28:15), **until: "And no man shall buy** [*koneh*]**"** (Deuteronomy 28:68). This verse ends with a letter *heh*, which comes just before *vav* in the alphabet. Starting with a *vav* and ending with a *heh* encompasses the twenty-two letters of the alphabet.

״מָקוֹם שֶׁנָּהֲגוּ לָמוֹד בְּגַסָּה״ כו׳. (סִימָן: אֵין מְעַיְּינִין וְאֵין גּוֹדְשִׁין בַּאֲגַרְדָּמִין וּבְלִיטְרָא שְׁלֹשָׁה וְעֶשֶׂר נֶפֶשׁ מִשְׁקָלוֹת מְמַחֵק עָבֶה לֹא תַעֲשׂוּ לֹא יַעֲשֶׂה).

§ The mishna teaches that **in a place where they were accustomed to measure with** one **large** measuring vessel, one may not measure with several small measuring vessels. In a place where the custom is to level the top of the measuring vessel to remove substances heaped above its edges, one may not heap it; and where they are accustomed to heap it, one may not level it. The Gemara provides **a mnemonic** for the ensuing *halakhot*: **One may not balance with precision; and one may not heap** it; **with market inspectors** [*ba'agardamin*];[L] **and with a** *litra*; **three; and ten; fulcrum; weights; a thick leveler; you may not do; one may not do.**

תָּנוּ רַבָּנַן: מִנַּיִן שֶׁאֵין מוֹחֲקִין בְּמָקוֹם שֶׁגּוֹדְשִׁין, וְאֵין גּוֹדְשִׁין בְּמָקוֹם שֶׁמּוֹחֲקִין? תַּלְמוּד לוֹמַר: ״אֵיפָה שְׁלֵמָה״.

The Sages taught: From where is it derived **that one may not level**[N] a measuring vessel **in a place where they** are accustomed to **heap** it **and** that **one may not heap** it **in a place where they** are accustomed to **level** it? **The verse states: "A perfect weight"** (Deuteronomy 25:15), which indicates that one must use whatever is considered a perfect measuring vessel in that locale, as this ensures that there is no deception or trickery.

וּמִנַּיִן שֶׁאִם אָמַר: הֲרֵינִי מוֹחֵק בְּמָקוֹם שֶׁגּוֹדְשִׁין וְלִפְחוֹת לוֹ מִן הַדָּמִים, וַהֲרֵינִי גּוֹדֵשׁ בְּמָקוֹם שֶׁמּוֹחֲקִין וּלְהוֹסִיף לוֹ עַל הַדָּמִים, שֶׁאֵין שׁוֹמְעִין לוֹ? תַּלְמוּד לוֹמַר: ״אֵיפָה שְׁלֵמָה וָצֶדֶק יִהְיֶה לָּךְ״.

And from where is it derived **that if** the seller **said in a place where they heap: I am hereby leveling**[NH] **and** am willing in exchange **to reduce the price for** you, or said, **in a place where they level: I am hereby heaping and** am willing **to increase the price for** you, **that** the court **does not listen to him? The verse states: "A perfect and just weight**[N] **you shall have"** (Deuteronomy 25:15). The addition of the term "just," beyond the requirement that the weight be "perfect," teaches that one must keep his weights in a just manner, i.e., that employed by the people of that locale.

תָּנוּ רַבָּנַן: מִנַּיִן שֶׁאֵין מְעַיְּינִין בְּמָקוֹם שֶׁמַּכְרִיעִין, וְאֵין מַכְרִיעִין בְּמָקוֹם שֶׁמְּעַיְּינִין? תַּלְמוּד לוֹמַר: ״אֶבֶן שְׁלֵמָה״.

The Sages taught: From where is it derived **that one may not** balance a scale so that it will **balance with precision** [*me'ayyenin*][L] **in a place where they** are accustomed to **let** the scales **tilt** a handbreadth for the benefit of the buyer, **and** that **one may not let** the scales **tilt** a handbreadth **in a place where they** are accustomed **to balance with precision? The verse states: "A perfect weight"** (Deuteronomy 25:15), which teaches that the weight must be considered perfect in that locale.

וּמִנַּיִן שֶׁאִם אָמַר: הֲרֵינִי מְעַיֵּין בְּמָקוֹם שֶׁמַּכְרִיעִין וְלִפְחוֹת לוֹ מִן הַדָּמִים, וַהֲרֵינִי מַכְרִיעַ בְּמָקוֹם שֶׁמְּעַיְּינִין וּלְהוֹסִיף לוֹ עַל הַדָּמִים, שֶׁאֵין שׁוֹמְעִין לוֹ? תַּלְמוּד לוֹמַר: ״אֶבֶן שְׁלֵמָה וָצֶדֶק״.

And from where is it derived **that if** a seller **said, in a place where** it is the custom to **let** the scales **tilt** a handbreadth: **I am hereby balancing with precision and** am willing **to reduce the price for** the buyer; **or, in a place where** it is the custom to **balance with precision: I am hereby letting** the scales **tilt** a handbreadth **and** am willing **to increase the price for** the buyer, **that** the court **does not listen to him? The verse states: "A perfect and just weight"** (Deuteronomy 25:15), which teaches that the just way of acting is to weigh in accordance with the practice in that locale.

אָמַר רַב יְהוּדָה מִסּוּרָא: ״לֹא יִהְיֶה לְךָ בְּבֵיתְךָ״ – מַה טַּעַם? מִשּׁוּם אֵיפָה וְאֵיפָה,

Rav Yehuda of Sura says a homiletic interpretation of the phrase: "You shall not have in your house diverse measures" (Deuteronomy 25:14): **"You shall not have in your house"** means that you will become a pauper, who has nothing in his house. **What is the reason** for this? It is **due to** the fact that you used **diverse measures,** buying with a large vessel and selling with a small one.

LANGUAGE

Market inspector [*agardam*] – אֲגַרְדָּם: From the Greek ἀγορανόμος, *agoranomos*, which means the officer in charge of the market or an inspector overseeing sales in the marketplace.

Balance with precision [*me'ayyenin*] – מְעַיְּינִין: In this context *me'ayyenin*, which literally means to examine or to use one's eye, refers to equating or weighing with precision. Some explain it metaphorically as referring to a precisely horizontal line, like eyes [*einayyim*] that are on one level. Similarly, one who equates the scales weighs exactly and ensures that neither side is lower than the other.

NOTES

One may not level, etc. – אֵין מוֹחֲקִין וכו׳: Some commentaries explain that even if the seller himself agrees, one may not heap the measuring vessel in a place where people are accustomed to level it. Likewise, even if the buyer allows it, the seller is not permitted to level the measuring vessel where the local custom is to heap it (Rashbam). The reason is that people who see them might assume that this is the local custom and proceed to defraud others. Other commentaries maintain that the *baraita* is referring to a case where neither side specified that he would measure in an unusual manner (Ri Migash). According to this opinion, it is permitted to change from the established custom if both seller and buyer agree beforehand that the sale should take place in that manner (Ramah).

And from where is it derived that if the seller said…I am hereby leveling – וּמִנַּיִן שֶׁאִם אָמַר הֲרֵינִי מוֹחֵק: The Rashbam, in accordance with his line of reasoning, explains the novelty of this *halakha* in the following manner: Although either the buyer or the seller agrees to provide financial compensation for the other agreeing to measure in a manner beneficial to the former, nevertheless they are not permitted to do so. Here too, the reason is that it might mislead onlookers. The Ri Migash explains that in this case as well, neither side specified beforehand that they would measure in an unusual manner. Were they to agree beforehand to level the merchandise and lower the price accordingly, or to heap the merchandise and raise the price, it would be permitted to do so.

A perfect and just weight – אֵיפָה שְׁלֵמָה וָצֶדֶק: According to some commentaries, this derivation is based on the claim that the word "just" is extraneous (Rashbam). Others explain that the accepted custom is considered just (Rabbeinu Barukh; Rabbi Yitzḥak Karkusha).

HALAKHA

In a place where they heap I am hereby leveling – הֲרֵינִי מוֹחֵק בְּמָקוֹם שֶׁגּוֹדְשִׁין: If in a place where it is the custom to use a heaping measure, the buyer says: Give me a leveled measure and I will pay less; or if the custom is to use a leveled measure and he says: Give me a heaping measure and I will pay more, the seller may not accept his offer (*Shulḥan Arukh*, *Ḥoshen Mishpat* 231:8).

״לֹא יִהְיֶה לְךָ בְּכִיסְךָ״ – מַה טַּעַם? מִשּׁוּם אֶבֶן וָאֶבֶן, אֲבָל ״אֶבֶן שְׁלֵמָה וָצֶדֶק״ – ״יִהְיֶה לָּךְ״, ״אֵיפָה שְׁלֵמָה וָצֶדֶק״ – ״יִהְיֶה לָּךְ״.

The phrase: "You shall not have in your purse diverse weights" (Deuteronomy 25:13), is interpreted in a similar fashion: **"You shall not have in your purse,"** i.e., you will become a pauper, who has nothing in his purse. **What is the reason** for this? It is **due to** the fact that you used **diverse weights. But** if you possess only **"a perfect and just weight,"** then **"you shall have"** wealth. Likewise, if you possess only **"a perfect and just measure,"** then **"you shall have"** wealth.

תָּנוּ רַבָּנַן: (לֹא) ״יִהְיֶה לָּךְ״ – מְלַמֵּד שֶׁמַּעֲמִידִין אֲגַרְדָּמִין לַמִּדּוֹת, וְאֵין מַעֲמִידִין אֲגַרְדָּמִין לַשְּׁעָרִים. דְּבֵי נְשִׂיאָה אוֹקִימוּ אֲגַרְדָּמִין בֵּין לַמִּדּוֹת בֵּין לַשְּׁעָרִים; אֲמַר לֵיהּ שְׁמוּאֵל לְקַרְנָא, פּוֹק תְּנֵי לְהוּ: מַעֲמִידִין אֲגַרְדָּמִין לַמִּדּוֹת, וְאֵין מַעֲמִידִין אֲגַרְדָּמִין לַשְּׁעָרִים.

§ **The Sages taught** that the phrase: **"You shall not have," teaches that** the court **appoints market inspectors to** supervise the accuracy of **measures.**[H] The Gemara infers: **But** the court **does not appoint market inspectors for** supervising market **prices.**[N] The Gemara relates: **The house of the *Nasi* appointed market inspectors for** supervising **both measures and prices. Shmuel said to** his student, the Sage **Karna:**[P] **Go out** and **teach them** that **one appoints market inspectors for** supervising **measures but one does not appoint market inspectors for prices.**

נְפַק דְּרַשׁ לְהוּ: מַעֲמִידִין אֲגַרְדָּמִין בֵּין לַמִּדּוֹת בֵּין לַשְּׁעָרִים. אֲמַר לֵיהּ: מַה שְּׁמָךְ? קַרְנָא. תֵּיפוֹק לֵיהּ קַרְנָא בְּעֵינֵיהּ. נָפְקָא לֵיהּ קַרְנָא בְּעֵינֵיהּ. וְאִיהוּ כְּמַאן סָבַר? כִּי הָא דְּאָמַר רָמֵי בַּר חָמָא אָמַר רַבִּי יִצְחָק: מַעֲמִידִין אֲגַרְדָּמִין בֵּין לַמִּדּוֹת בֵּין לַשְּׁעָרִים, מִפְּנֵי הָרַמָּאִין.

Karna **went out** and **taught them** that **one appoints market inspectors for** supervising **both measures and prices.** Shmuel, hearing what he had done, **said to him: What is your name?** He replied: **Karna.** Shmuel said: **Let a horn [*karna*] emerge in his eye. A horn,** i.e., a growth of flesh, **emerged in his eye.** The Gemara asks: **And** Karna, **in accordance with whose** opinion **did he hold,** which led him to disregard his teacher's statement? He held **in accordance with that which Rami bar Ḥama says that Rabbi Yitzḥak says: One appoints market inspectors for** supervising **both measures and prices,**[H] **due to swindlers,**[N] to prevent people from using smaller measures or from selling at a steep price while falsely claiming that they are selling superior-quality merchandise.

תָּנוּ רַבָּנַן: הָיָה מְבַקֵּשׁ מִמֶּנּוּ לִיטְרָא – שׁוֹקֵל לוֹ לִיטְרָא, חֲצִי לִיטְרָא – שׁוֹקֵל לוֹ חֲצִי לִיטְרָא, רְבִיעַ לִיטְרָא – שׁוֹקֵל לוֹ רְבִיעַ לִיטְרָא. מַאי קָא מַשְׁמַע לָן? דִּמְתַקְּנִינַן מַתְקְלֵי עַד הָכִי.

The Gemara discusses several *halakhot* related to the cases of the mishna. **The Sages taught:** If the buyer **requested from** the seller **a *litra*** of a specific item, **he weighs for him** using **a *litra*** weight. If he asks for **half a *litra*, he weighs for him using a half-*litra*** weight. If he wants **one-quarter of a *litra*, he weighs for him** using **a quarter-*litra*** weight. The Gemara asks: Isn't this obvious? **What** is this *baraita* **teaching us?** The Gemara explains: It teaches **that one sets weights**[H] **until this** amount,[N] one-quarter of a *litra*, but not less. If a buyer asks the seller to weigh a smaller amount for him, his request is not granted.

תָּנוּ רַבָּנַן: הָיָה מְבַקֵּשׁ מִמֶּנּוּ שְׁלֹשָׁה רִבְעֵי לִיטְרָא, לֹא יֹאמַר לוֹ: שְׁקוֹל לִי שְׁלֹשָׁה רִבְעֵי לִיטְרָא אַחַת אַחַת, אֶלָּא שׁוֹקֵל לִיטְרָא וּמַנִּיחַ רְבִיעַ לִיטְרָא עִם הַבָּשָׂר.

Furthermore, **the Sages taught:** If the buyer **requested from him three-quarters** of **a *litra*,** and there is no weight equal to this amount, the buyer **may not say to him: Weigh for me three** units using **a quarter-*litra***[H] weight, **one** by **one,** so that the seller lets the scales tilt by a handbreadth as he measures each quarter-*litra* weight. **Rather, he weighs** the merchandise all at once, as he places **a *litra*** weight on one pan of the scale, and **places** on the other pan of the scale **a quarter-*litra* weight** together **with the meat** that is being sold.

NOTES

The court does not appoint market inspectors for supervising market prices – אֵין מַעֲמִידִין אֲגַרְדָּמִין לַשְּׁעָרִים: The purpose of market inspectors is to ensure that prices do not rise excessively. The reason the court would not involve itself in setting market prices is that if someone were selling merchandise at too high a price, the potential buyer could find someone else who was selling for a lower price (Rashbam). Alternatively, the court cannot establish a set price for an item, as it is appropriate that there should be different prices, reflecting superior-quality and lower-quality merchandise (Rabbeinu Gershom Meor HaGola). Some commentaries explain that according to all opinions in the Gemara the court appoints inspectors to ensure that no one sell merchandise for more than a designated price. Rather, the dispute is with regard to whether the court should establish a minimum price. Those who oppose a minimum price do so because low prices benefit buyers (Ramah).

Due to swindlers – מִפְּנֵי הָרַמָּאִין: Some maintain that this expression does not refer to those who sell above the market price, as such merchants are not swindlers. Rather, the term swindlers refers to merchants who sell below the market price, as by doing so they gain more customers and are ultimately able to raise their prices and thereby swindle the customers they gained (Ramah). Others explain that swindlers are those who wait until all merchandise of that type has been sold in that location at the low market price, and subsequently raise their own prices. Alternatively, swindlers are sellers who justify selling their merchandise for higher prices by pretending that they are selling superior-quality merchandise (Rashbam).

That one sets weights until this amount – דִּמְתַקְּנִינַן מַתְקְלֵי עַד הָכִי: Many early commentaries explain that this means the minimum official weight is one-quarter of a *litra*. If there is a need for a smaller weight, one uses coins (Rashbam; Rabbi Yitzḥak Karkusha) or estimates its weight (Rabbeinu Gershom Meor HaGola). The reason for this limitation is that people are not accustomed to smaller weights; therefore, their use could lead to fraud (Rashbam; Ramban, citing Rif). Some hold that this limitation applies only when the weight is based on the *litra*, whereas there is no problem with smaller weights that are based on a different scale, e.g., ounces.

Alternatively, weighing is performed only with full units or with weights that constitute fractions of one-half or one-quarter of the unit of measurement, and not with those that are one-third, one-fifth, or three-quarters, of the unit, because the differences between these weights are not easily discernible and their use might cause confusion (Rabbeinu Ḥananel; see Ri Migash).

PERSONALITIES

Karna – קַרְנָא: This first-generation Babylonian *amora* is sometimes referred to as Rav Karna. Together with his colleague Shmuel, Karna welcomed Rav when he came to Babylonia. The Gemara (*Sanhedrin* 17b) states that the phrase: Judges of the exile, refers to Karna, who served as a judge in Neharde'a. He edited a special collection of *baraitot* that are named after him: *Nezikin* from the school of Karna.

HALAKHA

Market inspectors to supervise measures – אֲגַרְדָּמִין לַמִּדּוֹת: The court is obligated to appoint supervisors to inspect shops under its jurisdiction. If they find that a storekeeper keeps false measures, they can beat him or fine him, as determined by the court (Rambam *Sefer Nezikin, Hilkhot Geneiva* 8:20 and *Sefer Shofetim, Hilkhot Sanhedrin* 1:1; *Shulḥan Arukh, Ḥoshen Mishpat* 231:2).

For supervising…prices – לַשְּׁעָרִים: The court is obligated to appoint supervisors over market prices to ensure that storekeepers cannot determine their profit margins independently. See 90a for a discussion of the permitted margin of profit. These supervisors have the authority to beat or punish anyone who disregards the market price and sells merchandise at a higher price. The *halakha* is in accordance with the opinion of Rabbi Yitzḥak (Rambam *Sefer Nezikin, Hilkhot Geneiva* 8:16, 20 and *Sefer Kinyan, Hilkhot Mekhira* 14:1; *Shulḥan Arukh, Ḥoshen Mishpat* 231:20–21).

That one sets weights – דִּמְתַקְּנִינַן מַתְקְלֵי: The Sages established that the weights used in scales may be only a *litra*, a half-*litra*, or a quarter-*litra*. One may not weigh by means of a third-*litra* weight, a fifth-*litra* weight, or a weight of three-quarters of a *litra*, as the use of such measures would lead to errors. The *halakha* is in accordance with the explanation of Rabbeinu Ḥananel (*Shulḥan Arukh, Ḥoshen Mishpat* 231:9).

Three units using a quarter-*litra* – שְׁלֹשָׁה רִבְעֵי לִיטְרָא: If one buys three-quarters of a *litra* of meat, the seller may not weigh each quarter-*litra* portion separately. Rather, he places a *litra* weight on one scale, while on the other scale he places the meat along with a quarter-*litra* weight. He does not place a quarter-*litra* weight along with a half-*litra* weight on one side of the scale, lest the seller inadvertently knock the former off the scale without the buyer noticing. This *halakha* is in accordance with the Rambam's explanation of the *baraita* (Rambam *Sefer Nezikin, Hilkhot Geneiva* 8:19; *Shulḥan Arukh, Ḥoshen Mishpat* 231:14).

BACKGROUND

Fulcrum [*nefesh*] of a scale – נֶפֶשׁ מֹאזְנַיִם: This term refers to an encasing located at the midpoint of the lever from which the scales are hung. The lever is inserted into this encasing in a manner that allows the lever to move freely, based on the weights held in each pan. Some say that there is a short rod firmly attached to the lever of the balance scale at the point of the fulcrum, from which the tilting of the lever in the loop can be easily recognized.

The reason the fulcrum is called the *nefesh*, literally, soul, of the balance scale, is that it determines the scale's accuracy. If it is not properly attached, or if it cannot move easily, the scales will not measure accurately.

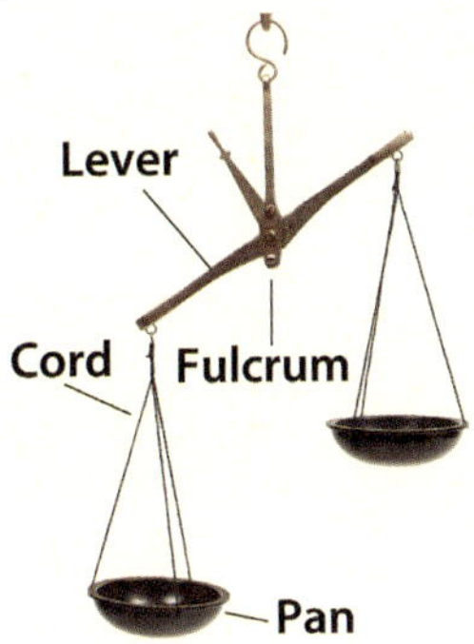

Parts of a set of balance scales

LANGUAGE

Small scales [*turtanei*] – טוּרְטָנֵי: From the Greek τρυτάνη, *trutanē*, meaning a scale. In this context it denotes the kind of scale used by gold merchants. Some contend that *turtanei* refers to the gold merchants themselves (Rashbam).

תָּנוּ רַבָּנַן: הָיָה מְבַקֵּשׁ מִמֶּנּוּ עֶשֶׂר לִיטְרִין, לֹא יֹאמַר לוֹ: שְׁקוֹל לִי אַחַת אַחַת וְהַכְרֵיעַ, אֶלָּא שׁוֹקֵל לוֹ כּוּלָּן בְּבַת אַחַת, וְנוֹתֵן הֶכְרֵעַ אֶחָד לְכוּלָּן.

The Sages likewise **taught:** In a case where the buyer **requested from** the seller **ten** ***litra*** of merchandise, the buyer **may not say to him: Weigh for me** each ***litra*** **one** by **one, and let** the scales **tilt** each time, as on every occasion that the seller does this the buyer receives more than that for which he paid. **Rather, he weighs all** the merchandise **at the same time**[H] **and lets** the scales **tilt once for all** the merchandise.

תָּנוּ רַבָּנַן: נֶפֶשׁ מֹאזְנַיִם – תְּלוּיָה בַּאֲוִיר שְׁלֹשָׁה טְפָחִים, וּגְבוֹהָה מִן הָאָרֶץ שְׁלֹשָׁה טְפָחִים, וְקָנֶה וּמִתְנָא שֶׁלָּהּ שְׁנֵים עָשָׂר טְפָחִים; וְשֶׁל צַמָּרִים וְשֶׁל זַגָּגִין – תְּלוּיָה בַּאֲוִיר שְׁנֵי טְפָחִים, וּגְבוֹהָה מִן הָאָרֶץ שְׁנֵי טְפָחִים, וְקָנֶה וּמִתְנָא שֶׁלָּהּ תִּשְׁעָה טְפָחִים;

§ **The Sages taught: The fulcrum of a scale**[BH] **must be suspended in the air**[N] so that the point the lever goes through it is at a distance of **three handbreadths** from the ceiling, **and** the pans of the scale must be **three handbreadths above the ground. And** the scale's **lever and cord,**[N] from which each pan is suspended, must be **twelve handbreadths** long. **And** the fulcrum of a scale **of wool-weavers and glassmakers**[H] must be **suspended in the air** at a distance of **two handbreadths** from the ceiling, **and** the pans of the scale must be **two handbreadths above the ground. And its lever and cord** must be **nine handbreadths** long.

וְשֶׁל חֶנְוָונִי וְשֶׁל בַּעַל הַבַּיִת – תְּלוּיָה בַּאֲוִיר טֶפַח, וּגְבוֹהָה מִן הָאָרֶץ טֶפַח, וְקָנֶה וּמִתְנָא שֶׁלָּהּ שִׁשָּׁה טְפָחִים; וְשֶׁל טוּרְטָנֵי – תְּלוּיָה בַּאֲוִיר שָׁלֹשׁ אֶצְבָּעוֹת, וּגְבוֹהָה מִן הָאָרֶץ שָׁלֹשׁ אֶצְבָּעוֹת, וְקָנֶה וּמִתְנָא שֶׁלָּהּ אֵינִי יוֹדֵעַ.

And the fulcrum of a scale **of a storekeeper and of a homeowner**[H] must be **suspended in the air** at a distance of **one handbreadth** from the ceiling, **and** the pans of the scale must be **one handbreadth above the ground. And its lever and cord** must be **six handbreadths long. And** the fulcrums **of small scales** [*turtanei*][L] used for weighing gold[H] and silver must be **suspended in the air** at a distance of **three fingerbreadths** from the ceiling, **and** the pans of the scales must be **three fingerbreadths above the ground.** The *tanna* continues: **But** with regard to **its lever and cord, I do not know** their required length.

וְאֶלָּא הַךְ קַמַּיְיתָא דְּמַאי?

Since the function of each type of balance scale is mentioned with the exception of the first type, the Gemara asks: **And that** large balance scale, which is mentioned **first, for what** is it used?

HALAKHA

He weighs all the merchandise at the same time – שׁוֹקֵל לוֹ כּוּלָּן בְּבַת אַחַת: If one buys ten *litra* of merchandise, the seller does not weigh for him each *litra* separately. Instead, he weighs all the merchandise at the same time, and lets the scales tilt once for all the merchandise (Rambam *Sefer Nezikin*, *Hilkhot Geneiva* 8:15; *Shulḥan Arukh*, *Ḥoshen Mishpat* 231:14).

Fulcrum of a scale, etc. – נֶפֶשׁ מֹאזְנַיִם וכו׳: In accordance with Rav Pappa's explanation (89b), the measurements of a scale used by sellers of large pieces of iron is as follows: The fulcrum must be suspended in the air at a distance of three handbreadths from the ceiling, and the pans of the scale must be three handbreadths above the ground. The length of the lever to which the cords are attached at its ends should be twelve handbreadths, and the length of each of the cords from which the scales are suspended is twelve handbreadths (Rambam *Sefer Nezikin*, *Hilkhot Geneiva* 8:8; *Shulḥan Arukh*, *Ḥoshen Mishpat* 231:13).

And a scale of wool-weavers and glassmakers – וְשֶׁל צַמָּרִים וְשֶׁל זַגָּגִין: The fulcrum of the scales of wool-weavers and glassmakers must be suspended in the air at a distance of two handbreadths from the ceiling, and the pans of the scale must be two handbreadths above the ground. Its lever and individual cords should each be nine handbreadths long (Rambam *Sefer Nezikin*, *Hilkhot Geneiva* 8:9; *Shulḥan Arukh*, *Ḥoshen Mishpat* 231:13).

And the scale of a storekeeper and of a homeowner – וְשֶׁל חֶנְוָונִי וְשֶׁל בַּעַל הַבַּיִת: The fulcrum of the scales of storekeepers and homeowners must be suspended in the air at a distance of one handbreadth from the ceiling, and the pans of the scale must be one handbreadth above the ground. Its lever and each individual cord should be six handbreadths in length (Rambam *Sefer Nezikin*, *Hilkhot Geneiva* 8:10; *Shulḥan Arukh*, *Ḥoshen Mishpat* 231:13).

And the small scales used for weighing gold – וְשֶׁל טוּרְטָנֵי: The fulcrum of a scale that is used for weighing gold, high-quality purple wool, and other delicate items must be suspended in the air at a distance of three fingerbreadths from the ceiling, and the pans of the scale must be three handbreadths above the ground. There is no set measure for the length of the pole and cords, and therefore each merchant can act as he sees fit (Rambam *Sefer Nezikin*, *Hilkhot Geneiva* 8:11; *Shulḥan Arukh*, *Ḥoshen Mishpat* 231:13).

NOTES

Suspended in the air, etc. – תְּלוּיָה בַּאֲוִיר וכו׳: There must be sufficient distance between the lever of the scale and the ceiling, and between the pans of the scale and the floor, to ensure that when one performs the weighing neither the lever nor the pan hits an obstacle, preventing it from moving as much as it should. Some explain that the *baraita* is referring to large balance scales, which are hung from the ceiling (Rashbam). Others maintain that it refers even to handheld balance scales, which must be placed this distance from the ceiling (Ramah).

Its lever and cord, etc. – קָנֶה וּמִתְנָא שֶׁלָּהּ וכו׳: The commentaries disagree as to whether the measurements for the lever and cord refer to each individually or to both together. Some explain that the length of the lever and one cord on each side should be four handbreadths, yielding a total of twelve handbreadths (Rashbam), while others maintain that every cord and the lever should each be twelve handbreadths long (Meiri; *Tur*). The reason for these regulations is that one must maintain the correct proportion between the weight and the lever for a balance scale to measure properly (Rabbi Avraham *Av Beit Din*).

אָמַר רַב פַּפָּא: דִּיגְרוּמֵי.

Rav Pappa says: It is a balance scale **for blacksmiths,**[N] who weigh heavy pieces of metal.

אָמַר רַבִּי מָנִי בַּר פַּטִּישׁ: כְּדֶרֶךְ שֶׁאָמְרוּ לְעִנְיַן אִיסּוּר, כָּךְ אָמְרוּ לְעִנְיַן טוּמְאָתָן.

Rabbi Mani Bar Pattish says: Just as the Sages **said with regard to the prohibition of** the scales that one may not use a scale that does not meet the criteria listed in the *baraita*, **so too they said** that this applies **with regard to their ritual impurity.**[HN] In other words, if the cords and pole are not attached in the proper manner, they are not susceptible to ritual impurity as part of the scale.

מַאי קָא מַשְׁמַע לַן? תְּנֵינָא: חוּט מֹאזְנַיִם שֶׁל חֶנְוָנִי וְשֶׁל בַּעֲלֵי בָתִּים – טֶפַח! קָנֶה וּמִתְנָא שֶׁלָּהּ אִיצְטְרִיכָא לֵיהּ, דְּלָא תְּנַן.

The Gemara asks: **What is this** statement **teaching us? We learned** in a mishna (*Kelim* 29:5): With regard to the **rope** from which the **scales** are suspended,[N] if the balance scale belongs **to a storekeeper or to homeowners** it must be **one handbreadth** in length for it to be susceptible to ritual impurity. Why, then, is the statement of Rabbi Mani Bar Pattish necessary? The Gemara answers: Although the mishna in tractate *Kelim* discusses the rope from which the scales are suspended, **it** was still **necessary for** Rabbi Mani Bar Pattish to mention the *halakha* with regard to the scale's **lever and cord, which we did not learn about** in that mishna.

תָּנוּ רַבָּנַן: אֵין עוֹשִׂין מִשְׁקָלוֹת לֹא שֶׁל בַּעַץ וְלֹא שֶׁל אֲבָר, וְלֹא שֶׁל גִּיסְטְרוֹן וְלֹא שֶׁל שְׁאָר מִינֵי מַתָּכוֹת, אֲבָל עוֹשֶׂה הוּא שֶׁל צוּנְמָא וְשֶׁל זְכוּכִית.

§ **The Sages taught: One may not prepare weights of tin** [*ba'atz*],[HL] **nor of lead, nor of a metal alloy** [*gisteron*],[LN] **nor of any other types of metal,**[N] because all of these deteriorate over time and the buyer will ultimately pay for more merchandise than he receives. **But one may prepare** weights **of hard rock and of glass.**

HALAKHA

With regard to their ritual impurity – לְעִנְיַן טוּמְאָתָן: Just as the handles of a vessel that are necessary for its use are considered part of the vessel with regard to ritual impurity, so too the lever and the cords from which pans are suspended are considered part of the scales. This is the case only if they meet the criteria established for their lengths in that particular type of balance scale (see 89a). If the lever and cords are longer than the lengths established for them, they are not considered part of the balance scale and are not susceptible to ritual impurity. With regard to the scales used for weighing gold, high-quality purple wool, and other delicate items, which must be suspended three fingerbreadths above the ground, there is no set measure for the length of their lever and cords for the purposes of ritual impurity (Rambam *Sefer Tahara*, *Hilkhot Kelim* 20:1, 21:5).

One may not prepare weights of tin, etc. – אֵין עוֹשִׂין מִשְׁקָלוֹת לֹא שֶׁל בַּעַץ וכו׳: One must make the weights of a scale from hard rock or glass, not from metals that rust or become worn down. This is the case whether the scale is used for measuring solids or liquids. Some say that for weighing dry goods one may make the weights from metal, and this is the accepted practice (Rema). This ruling is based on the explanation of Rabbeinu Tam that the concern is that liquid will adhere to the weights. In any event, one should cover with leather any small weights that are used for measuring gold, because a weight that deteriorates even slightly can cause a substantial loss (Rambam *Sefer Nezikin*, *Hilkhot Geneiva* 8:4; *Shulhan Arukh*, *Hoshen Mishpat* 231:10, and in the comment of Rema).

LANGUAGE

Tin [*ba'atz*] – בַּעַץ: Although the Aramaic word for tin is *ba'atz*, it is possible that *ba'atz* here refers to tin mixed with some other material, e.g., lead or zinc, in order to facilitate its melding.

Metal alloy [*gisteron*] – גִּיסְטְרוֹן: From the Greek κασσίτερος, *kassiteros*, meaning tin. This was possibly the name of an alloy of tin and lead. Some commentaries define *gisteron* as a metal alloy (*Arukh*).

NOTES

A scale for blacksmiths [*digrumei*] – דִּיגְרוּמֵי: Most commentaries explain that *digrumei* means for blacksmiths, who use scales for weighing large and heavy lumps of metal. Others explain that this scale is used for weighing scraps of iron or glass (Rabbeinu Gershom Meor HaGola) or items such as cotton, which have a large volume (Ri Migash).

With regard to their ritual impurity – לְעִנְיַן טוּמְאָתָן: Some maintain that this means that if scales were prepared with incorrect measurements they are not considered vessels and therefore are not susceptible to ritual impurity (Rashbam). Most commentaries reject this interpretation and hold that the scales of the balance are in any case considered vessels and are susceptible to ritual impurity. The question is whether they are rendered impure if the cord, lever, or fulcrum from which the scales hang becomes impure. Since a vessel can become impure through its handles, if the cord, lever, or fulcrum becomes impure it imparts impurity to the balance scale, provided that those parts meet the criteria listed in the *baraita*. If they are longer or shorter than they should be, they are not considered handles and, consequently, do not impart ritual impurity to the balance scale (Rid; Ramah). Some claim that this discussion refers specifically to the cords from which the pans are suspended, as the cord is susceptible to ritual impurity in its own right (*Tosafot*).

The rope from which the scales are suspended – חוּט מֹאזְנַיִם: This term refers to the rope suspended from the ceiling to the fulcrum at the midpoint of the lever, and not to the cords by which the pans hang from the lever (see Ramah; Rid).

Metal alloy [*gisteron*] – גִּיסְטְרוֹן: The commentaries explain that *gisteron* is a metal alloy or the remnants of iron and other types of metals (Ramah). The *baraita* starts with the simplest cases, a soft metal, before proceeding to the less obvious examples of stronger metals.

Types of metal – מִינֵי מַתָּכוֹת: The reason one may not make weights from metals is that they are not hard enough or they rust (Rambam). Consequently, they deteriorate over time, causing a loss for the buyer (Rashbam). Alternatively, some residue of the merchandise might adhere to the weights, increasing their weight. One should use weights that can easily be washed and that are less likely to have merchandise adhere to them (*Tosafot*, citing Rabbeinu Tam). With regard to small weights used for weighing silver and gold, where there is no concern about merchandise adhering to the weights, the weights are enclosed in a leather cover to prevent them from deteriorating.

BACKGROUND

Boxwood – **אֶשְׁבְּרוֹעַ**: The accepted identification of the tree mentioned here is the long-leafed English box tree, *Buxus longifolia*, an evergreen bush that reaches a height of up to ten meters, with elongated leaves that are shiny on top. It has a narrow trunk, usually around 20 cm in diameter. The long-leafed English boxwood, fire yellow in color, was considered a particularly choice tree even in ancient times because it was dense, hard, and flexible. Boards made from this boxwood tree were very smooth and long lasting. Even nowadays, no other tree has been found with such qualities.

Boxwood

תָּנוּ רַבָּנַן: אֵין עוֹשִׂין הַמַּחַק שֶׁל דְּלַעַת – מִפְּנֵי שֶׁהוּא קַל, וְלֹא שֶׁל מַתֶּכֶת – מִפְּנֵי שֶׁהוּא מַכְבִּיד, אֲבָל עוֹשֵׂהוּ שֶׁל זַיִת וְשֶׁל אֱגוֹז, שֶׁל שִׁקְמָה וְשֶׁל אֶשְׁבְּרוֹעַ.

The Sages further **taught: One may not prepare the leveler,** used to remove the excess from the mouth of a vessel, **from a gourd, because it is a light** material and does not level effectively, thereby causing a loss for the seller. **And** it may **not** be made **of metal,**[H] **because it weighs down**[N] and removes too much of the merchandise, leading to a loss for the buyer. **But one** may **prepare it from** the wood **of an olive** tree, **or of a nut** tree, or **of a sycamore** tree, **or of a boxwood**[B] tree, which are of medium weight.

תָּנוּ רַבָּנַן: אֵין עוֹשִׂין אֶת הַמַּחַק צִדּוֹ אֶחָד עָב וְצִדּוֹ אֶחָד קָצָר; לֹא יִמְחוֹק בְּבַת אַחַת, שֶׁהַמּוֹחֵק בְּבַת אַחַת – רַע לַמּוֹכֵר וְיָפֶה לַלּוֹקֵחַ, וְלֹא יִמְחוֹק מְעַט מְעַט – שֶׁרַע לַלּוֹקֵחַ וְיָפֶה לַמּוֹכֵר;

The Sages taught: One may not prepare the leveler in such a manner that **one of its sides is thick**[H] **and one** other **side is thin,**[N] because in such a case the two sides will not level equally. Furthermore, **one may not level all at once,**[HN] by a single quick movement, **as one who levels all at once** acts in a manner that is **bad for the seller and good for the buyer,** because he removes less of the excess than one who levels in the regular fashion. **And** conversely **one may not level little by little,** i.e., with several slow movements, **as** this is **bad for the buyer and good for the seller.**

עַל כּוּלָּן אָמַר רַבָּן יוֹחָנָן בֶּן זַכַּאי: אוֹי לִי אִם אוֹמַר, אוֹי לִי אִם לֹא אוֹמַר; אִם אוֹמַר – שֶׁמָּא יִלְמְדוּ הָרַמָּאִין, וְאִם לֹא אוֹמַר – שֶׁמָּא יֹאמְרוּ הָרַמָּאִין: אֵין תַּלְמִידֵי חֲכָמִים בְּקִיאִין בְּמַעֲשֵׂה יָדֵינוּ. אִיבַּעְיָא לְהוּ: אֲמָרָהּ אוֹ לֹא אֲמָרָהּ? אָמַר רַב שְׁמוּאֵל בַּר רַב יִצְחָק: אֲמָרָהּ, וּמֵהַאי קְרָא אֲמָרָהּ: ״כִּי יְשָׁרִים דַּרְכֵי ה׳ וְצַדִּקִים יֵלְכוּ בָם וּפֹשְׁעִים יִכָּשְׁלוּ בָם״.

Rabban Yoḥanan ben Zakkai said with regard to all these *halakhot*: **Woe to me if I say** them, **and woe unto me if I do not say** them. **If I say** them, **perhaps swindlers will learn** new methods of cheating of which they were previously unaware. **And if I do not say** them, **perhaps swindlers will say:**[N] **Torah scholars are not well versed in our handiwork. A dilemma was raised before** the Sages: **Did** Rabban Yoḥanan ben Zakkai decide to say these *halakhot* in public **or did he not say** them? **Rav Shmuel bar Rav Yitzḥak says: He said them, and he said them on** the basis of **this verse: "For the ways of the Lord are right, and the just walk in them; but transgressors stumble over them"** (Hosea 14:10).[N]

HALAKHA

From a gourd…of metal, etc. – **שֶׁל דְּלַעַת...שֶׁל מַתֶּכֶת וכו׳**: One may not make a leveler out of a gourd because its lightness does not permit effective leveling, leading to a loss to the seller. Likewise, one may not make a leveler of metal, because its weight causes the removal of excessive merchandise, leading to a loss for the buyer. Rather, one should make a leveler from the wood of a nut, sycamore, or boxwood tree (Rambam *Sefer Nezikin, Hilkhot Geneiva* 8:5; *Shulḥan Arukh, Ḥoshen Mishpat* 231:5).

One of its sides is thick, etc. – **צִדּוֹ אֶחָד עָב וכו׳**: One may not make a leveler in such a manner that one of its sides is thick while the other is thin (Rambam *Sefer Nezikin, Hilkhot Geneiva* 8:6; *Shulḥan Arukh, Ḥoshen Mishpat* 231:5 and see *Sma* there).

All at once, etc. – **בְּבַת אַחַת וכו׳**: One may not level by means of several small movements, as this removes too much merchandise and causes a loss for the buyer. Likewise, one may not level with one quick movement, as this removes too little excess and leads to a loss for the seller. Some commentaries maintain that a quick movement causes a loss for the buyer, whereas several slow movements lead to a loss for the seller. In any event, one should level with one slow movement (Rambam *Sefer Nezikin, Hilkhot Geneiva* 8:6; *Shulḥan Arukh, Ḥoshen Mishpat* 231:5).

NOTES

Because it weighs down – **מִפְּנֵי שֶׁהוּא מַכְבִּיד**: Some explain that a heavy leveler removes merchandise from inside the measure, causing a loss for the buyer (Rashbam). Others explain that a heavy leveler compresses the goods inside the measure, packing in extra substance (Ri Migash, citing Rif). According to the second explanation, both a light leveler and a heavy one cause a loss for the seller.

Thick…thin – **עָב...קָצָר**: Some say that this description refers to a leveler with one thin, sharp edge and one blunt edge. Since the sharp edge will remove more flour than the blunt edge, there is a concern that one would use the blunt edge when buying, since it leaves more merchandise in the vessel, and use the sharp edge when selling to others (Rashbam). The Ramah explains according to a different version of the text that the prohibition refers to a leveler that is thick in some places and narrow in others, resulting in uneven leveling.

All at once, etc. – **בְּבַת אַחַת וכו׳**: The commentaries explain that if one levels with one quick movement he will not level properly, which causes a loss for the seller, whereas if one levels many times, it will lead to a loss for the buyer. It is therefore necessary to level with one slow movement or to level twice (Rashbam). Apparently, there is a different version of the text that states the opposite, with some commentaries explaining that leveling with one movement causes a loss for the buyer because the action is performed with more strength than when the leveling is performed several times, but more gently (Rambam).

Perhaps swindlers will say – **שֶׁמָּא יֹאמְרוּ הָרַמָּאִין**: If swindlers were to think that the Sages were unaware of their methods, they would be encouraged to cheat (Rashbam). Alternatively, swindlers would not respect the integrity of the court, claiming that the only reason the Sages act righteously is that they are unaware of methods of deception (Maharsha).

Are right…but transgressors stumble over them – **יְשָׁרִים...וּפֹשְׁעִים יִכָּשְׁלוּ בָם**: In other words, it is necessary to teach the ways of God, even if at times this prompts dishonest people to stumble and sin, because their transgression is still from their own free will. Others explain that it is necessary to teach these *halakhot* so that the just will be aware of these methods of cheating, and walk without fear of deception.

תָּנוּ רַבָּנַן: "לֹא תַעֲשׂוּ עָוֶל בַּמִּשְׁפָּט בַּמִּדָּה בַּמִּשְׁקָל וּבַמְּשׂוּרָה", "בַּמִּדָּה" – זוֹ מְדִידַת קַרְקַע, שֶׁלֹּא יִמְדּוֹד לְאֶחָד בִּימוֹת הַחַמָּה וּלְאֶחָד בִּימוֹת הַגְּשָׁמִים; "בַּמִּשְׁקָל" – שֶׁלֹּא יַטְמִין מִשְׁקְלוֹתָיו בְּמֶלַח; "בַּמְּשׂוּרָה" – שֶׁלֹּא יַרְתִּיחַ;

§ The Gemara further discusses weights and measures. **The Sages taught: "You shall do no unrighteousness in judgment, in measure** [*bammidda*]**, in weight, or in measure** [*uvamesura*]**"** (Leviticus 19:35). The *baraita* defines these terms: **"In measure** [*bammidda*]**," this is** referring to **measuring land,**[H] teaching **that** in order to measure land in a just manner **one may not measure for one** person **in the summer**[NH] when the measuring rope has become dry and short, **and for one** other individual **in the rainy season,** when the measuring rope is wet and limp, and therefore stretches more. **"In weight"** means **that one may not cover his weights**[H] **in salt,**[N] as salt erodes the weights, causing a loss for the buyer. **"Or in measure** [*bamesura*]**"** means **that one may not cause** liquid he is measuring **to foam**[NH] by pouring it speedily, as this results in a loss for the buyer, who receives less of the liquid than the amount for which he paid.

וְקַל וָחוֹמֶר: וּמַה מְּשׂוּרָה שֶׁהִיא אֶחָד מִשְּׁלֹשִׁים וְשִׁשָּׁה בְּלוֹג – הִקְפִּידָה עָלָיו תּוֹרָה, קַל וָחוֹמֶר לְהִין וַחֲצִי הִין וּשְׁלִישִׁית הַהִין וּרְבִיעִית הַהִין, וְלוֹג וַחֲצִי לוֹג וּרְבִיעִית, וַחֲצִי תּוֹמֶן, וְעוּכְלָא.

The Gemara notes: **And** it can be inferred by means of an ***a fortiori*** inference **that if** in the case of **a *mesura*, which is** a measure equivalent to merely **one thirty-sixth of a *log*, the Torah was particular that** one must measure honestly, so too, ***a fortiori***, one must be careful in the case **of one *hin*,**[B] **and a half-*hin*, and a third-*hin*, and a quarter-*hin*,** which is twelve *log*, **and one *log*, and a half-*log*, and a quarter-*log*, and a half-*tomen*,** i.e., one-sixteenth of a *kav*, **and** even **an *ukla*,** a smaller unit, as defined below.

אָמַר רַב יְהוּדָה אָמַר רַב: אָסוּר לְאָדָם שֶׁיְּשַׁהֶה מִדָּה חֲסֵרָה אוֹ יְתֵרָה בְּתוֹךְ בֵּיתוֹ, וַאֲפִילּוּ הִיא עָבִיט שֶׁל מֵימֵי רַגְלַיִם. אָמַר רַב פָּפָּא: לָא אֲמַרַן אֶלָּא בְּאַתְרָא דְּלָא חָתְמִי, אֲבָל בְּאַתְרָא דְּחָתְמִי – אִי לָא חָזֵי חֲתִימָה לָא שָׁקֵיל. וּבְאַתְרָא דְּלָא חָתְמִי נַמִי – לָא אֲמַרַן אֶלָּא דְּלָא מְהַנְדְּסִי, אֲבָל מְהַנְדְּסִי לֵית לַן בָּהּ.

Rav Yehuda says that **Rav says: It is prohibited for a person to keep in his house a measure** that is **too small or too large**[H] than its supposed volume or weight, **and** this is the case **even** if he does not measure with it but simply uses **it as a chamber pot for urine. Rav Pappa said: We said** this prohibition **only with** regard to **a place where** measures **are not stamped** with the government's seal, which confirms that the measure is accurate. **But in a place where** the measures **are stamped, if** the buyer **does not see the seal he would not take** the merchandise. Since they could not be used dishonestly, one is permitted to utilize these measures for other purposes. **And in a place where** measures **are not stamped as well,**[N] **we said** that it is prohibited to keep these measures in one's house **only** in a place **where they do not inspect**[N] measures to see if they are fit for use. **But** if **they do inspect** measures, **we have no problem with it.**

NOTES

In the summer – בִּימוֹת הַחַמָּה: In the summer, a measuring rope made from flax becomes dry and constricted. The *baraita* is teaching that if partners or brothers are dividing land, they should not use the same rope to measure for one of them in the winter, and for the other in the summer (Rashbam; Rabbeinu Gershom Meor HaGola). Alternatively, the *baraita* is referring to the ground itself, not to a measuring rope. In the summer, the earth cracks open and expands, which means the area of a plot of land is marginally larger than it is in the winter (Rabbeinu Ḥananel).

That one may not cover his weights in salt – שֶׁלֹּא יַטְמִין מִשְׁקְלוֹתָיו בְּמֶלַח: According to some commentaries this covering causes the weights to rust and become heavy (Rashbam; Ri Migash; Ramah). There is a *baraita* (*Tosefta* 5:3) which states that covering one's weights in salt diminishes their weight (see Rabbeinu Tam and Rambam).

That one may not cause liquid to foam, etc. – שֶׁלֹּא יַרְתִּיחַ וכו׳: One may not pour liquid into a measure in such a manner that it will fill the measure with foam, as this causes a loss to the buyer (Rashbam). Some commentaries explain that the buyer should not pour the liquid all at once into the measure because the surplus will spill, causing a loss for the seller (Rabbeinu Ḥananel on *Bava Metzia* 61b).

And in a place where measures are not stamped as well – וּבְאַתְרָא דְּלָא חָתְמִי נַמִי: Some commentaries cite an alternative version of the text, which states: In a place where the measures are stamped. According to this version, even in a place where a government stamp certifies the accuracy of the measure, the stamp can be relied upon only when inspectors examine people's behavior in practice (Rabbi Yitzḥak Karkusha).

Where they do not inspect – דְּלָא מְהַנְדְּסִי: This refers to inspectors. Alternatively, the people of that locale themselves are accustomed to checking that the measures are stamped (Rabbeinu Barukh).

BACKGROUND

***Hin* – הִין:** A *hin* is a measure of liquid volume mentioned in the Torah. It is found most often in the context of the wine libations that accompany animal offerings. A *hin* measures approximately 3.6 ℓ.

HALAKHA

This is referring to measuring land – זוֹ מְדִידַת קַרְקַע: One must be exact in the measurement of land, as even a fingerbreadth of empty land is considered as important as though it were filled with expensive spices. One who misleads another with regard to the measurement of land violates the prohibition (see Leviticus 19:35): You shall do no unrighteousness in measure (Rambam *Sefer Nezikin*, *Hilkhot Geneiva* 7:9, 8:1; *Shulḥan Arukh*, *Ḥoshen Mishpat* 231:16).

One may not measure for one person in the summer, etc. – שֶׁלֹּא יִמְדּוֹד לְאֶחָד בִּימוֹת הַחַמָּה וכו׳: If one measures with a rope land that is to be divided, he may not measure for one individual in the summer and for another in the winter, because the rope becomes shorter in the summer. One may measure land in different seasons with a rod, a chain, or any other item that is not subject to change due to the weather (Rambam *Sefer Nezikin*, *Hilkhot Geneiva* 8:3; *Shulḥan Arukh*, *Ḥoshen Mishpat* 231:18).

That one may not cover his weights, etc. – שֶׁלֹּא יַטְמִין מִשְׁקְלוֹתָיו וכו׳: One may not cover his weights in salt (Rambam *Sefer Nezikin*, *Hilkhot Geneiva* 8:7; *Shulḥan Arukh*, *Ḥoshen Mishpat* 231:11).

That one may not cause liquid to foam – שֶׁלֹּא יַרְתִּיחַ: When measuring liquids, one may not cause the liquid to foam so that the measure appears to be full. This is the *halakha* even with regard to a measure that is so small that the foam would cause a loss of less than one *peruta* (Rambam *Sefer Nezikin*, *Hilkhot Geneiva* 8:7; *Shulḥan Arukh*, *Ḥoshen Mishpat* 231:6).

A measure that is too small or too large – מִדָּה חֲסֵרָה אוֹ יְתֵרָה: One may not keep an inaccurate measure in his house, even if he does not use it for measuring, and even if it serves as a chamber pot, lest someone unwittingly use it for measuring. If the custom in that location is to measure only with a vessel that is marked with a known sign, and this measure does not have that sign, it is permitted to keep it in one's house (Rambam *Sefer Nezikin*, *Hilkhot Geneiva* 7:3–4; *Shulḥan Arukh*, *Ḥoshen Mishpat* 231:3).

וְלָא הִיא, זִימְנִין דְּמִיקְּרֵי בֵּין הַשְּׁמָשׁוֹת וּמִיקְּרֵי וְשָׁקֵיל. תַּנְיָא נַמִי הָכִי: לֹא יַשְׁהֶה אָדָם מִדָּה חֲסֵרָה אוֹ יְתֵרָה בְּתוֹךְ בֵּיתוֹ, וַאֲפִילּוּ הִיא עָבִיט שֶׁל מֵימֵי רַגְלַיִם; אֲבָל עוֹשֶׂה הוּא סְאָה, תַּרְקַב, וַחֲצִי תַּרְקַב, וְקַב וַחֲצִי קַב וְרוֹבַע, וְתוֹמֶן וַחֲצִי תוֹמֶן,

The Gemara comments: **And** that **is not so;** one is never permitted to keep incorrect measures in his house, as **sometimes it happens** that one measures **at twilight,** when people are hurried, **and** consequently **it happens** that the buyer **takes** the merchandise despite the fact that it was measured with an incorrect measure. **This is also taught** in a *baraita*: **A person may not keep in his house a measure** that is **too small or too large, even if it is** used as **a chamber pot for urine. But he** may **prepare** measures in accordance with the established format: Measurements of a ***se'a*;**[H] **a *tarkav*,**[L] which is three *kav* or one-half of a *se'a*; **and a half-*tarkav*,** which is one and one-half *kav*; **and a *kav*; and a half-*kav*; and a quarter-*kav*; and a *tomen*,** which is one-eighth of a *kav*; **and a half-*tomen*;**

HALAKHA

He may prepare a *se'a*, etc. – עוֹשֶׂה הוּא סְאָה וכו׳: Measuring vessels for dry goods must have the capacity of either a *se'a*, one-half of a *se'a*, one-quarter of a *se'a*, a *kav*, one-half of a *kav*, one-quarter of a *kav*, one-eighth of a *kav*, or one-eighth of a quarter-*kav*. This is in accordance with the version of the text (90a) accepted by most early commentaries, according to which an *ukla* is one-eighth of a quarter-*kav*, not according to the standard version of the text, which is the version of Rabbeinu Ḥananel (see Rashbam). One may not prepare a measuring vessel of two *kav*, lest it be mistaken for a measuring vessel of a quarter-*se'a*, which is equal to one and one-half *kav* (Rambam *Sefer Nezikin, Hilkhot Geneiva* 7:7; *Shulḥan Arukh, Ḥoshen Mishpat* 231:4).

LANGUAGE

Tarkav – תַּרְקַב: A *tarkav* is a vessel used for measuring one-half of a *se'a*, or three *kav*. The early commentaries suggest that its name derives from a contraction of the words two [*terei*] and *kav*, i.e., two *kav* and another *kav*, a total of three. Nevertheless, it is likely that the word *tarkav* is derived from the Greek τρίκαβος, *trikabos*, which also means three *kav*.

Perek **V**
Daf **90** Amud **a**

וְעוּכְלָא. וְכַמָּה הִיא עוּכְלָא? אֶחָד מֵחֲמִשָּׁה בְּרָבִיעַ. וּבְמִדַּת הַלַּח – הוּא עוֹשֶׂה הִין, וַחֲצִי הִין, וּשְׁלִישִׁית הַהִין, וּרְבִיעִית הַהִין. וְלוֹג, וַחֲצִי לוֹג, וּרְבִיעִית, וּשְׁמִינִית, וְאֶחָד מִשְּׁמוֹנָה בִּשְׁמִינִית וְזֶהוּ קוֹרְטוֹב.

and an *ukla*. And how much is an *ukla*? It is **one-fifth of a quarter** of a *kav*. **And in the case of liquid measures,**[H] **one may prepare a *hin*,** which is twelve *log*; **and a half-*hin*,** or six *log*; **and a third-*hin*,** or four *log*; **and a quarter-*hin*,** three *log*; **and a *log*; and a half-*log*; and a quarter-*log*; and an eighth-*log*; and an eighth of an eighth-*log*, and this,** the last mentioned, **is a *kortov*.**[LN]

וְלַעֲבֵיד נַמִי קַבַּיִים! אָתֵי לְאִיחְלוּפֵי בְּתַרְקַב. אַלְמָא טָעוּ אֱינָשֵׁי תִּילְתָּא; אִי הָכִי, קַב נַמִי לָא לִיעֲבֵיד, דְּאָתֵי לְאִיחְלוּפֵי בַּחֲצִי תַּרְקַב! אֶלָּא קַבַּיִים הַיְינוּ טַעֲמָא דְּלָא עָבֵיד, דְּאָתֵי לְאִיחְלוּפֵי בַּחֲצִי תַּרְקַב.

The Gemara asks: **And let one also prepare** a measure equal to **two *kav*.** The Gemara answers that this measure is not used, lest people **come to mistake it for a *tarkav*,** which is three *kav*. The Gemara observes: **Apparently, people err**[N] by **one-third** of a measure. **If that is so, one should also not prepare** a measure equal to **a *kav*,** as people may **come to mistake it for a half-*tarkav*,** which is equal to one and one-half *kav*. **Rather, this is the reason that one may not prepare a two-*kav* measure: That** people might **come to mistake it for a half-*tarkav*,** which is equal to one and one-half *kav*.

אַלְמָא טָעֵי אִינִישׁ רִיבְעָא; אִי הָכִי, חֲצִי תּוֹמֶן וְעוּכְלָא לָא לִיעֲבֵיד! אֲמַר רַב פַּפָּא: מִדּוֹת קְטַנּוֹת בְּקִיאִי בְּהוּ אֱינָשֵׁי.

The Gemara again suggests: **Apparently, people err** by **one-quarter** of a measure. **If that is so, one should also not prepare** measures of **a half-*tomen*,** which is one-sixteenth of a *kav*, **and an *ukla*,** which is one-twentieth of a *kav*. Since they differ by only one-fifth, there is a concern that people might mistake one measure for the other. **Rav Pappa said: People are well-versed in small measures**[N] and can distinguish between them.

HALAKHA

And in the case of liquid measures – וּבְמִדַּת הַלַּח: Permitted liquid measures are: A *hin*, a half-*hin*, a third-*hin*, a quarter-*hin*, a *log*, a half-*log*, a quarter-*log*, an eighth-*log*, and one-eighth of an eighth-*log*. Although the measures of one-third and one-quarter might be confused with each other, the Sages did not prohibit using them, because they had been employed in the Tabernacle from the time of Moses (Rambam *Sefer Nezikin, Hilkhot Geneiva* 7:7; *Shulḥan Arukh, Ḥoshen Mishpat* 231:4 and *Sma* there).

LANGUAGE

Kortov – קוֹרְטוֹב: Possibly from Greek or Latin. Alternatively, the word may derive from the Hebrew root, *kuf*, *reish*, *tzadi*, meaning to pinch. The *kortov* is a defined liquid measure of one sixty-fourth of a *log*. Estimates in contemporary measurements range from 5–9 cu cm.

NOTES

And this is a *kortov* – וְזֶהוּ קוֹרְטוֹב: In other words, this is a measure called a *kortov*, which is mentioned in several places in the Talmud as a minimal quantity. The Gemara here explains that this measure is not equivalent to a minimal amount denoted by the term: Any amount, but rather refers to a precise, albeit tiny, measure (see Rashbam).

People err – טָעוּ אֱינָשֵׁי: The issue at hand is the establishment of a well-organized system of measures, in which no two measures are close enough that people might confuse one for the other. Ideally, each measure should be at least twice as large as the measure closest to it in size. But because a *se'a* equals six *kav*, as opposed to four or eight, the two systems together, one with the basic unit of a *se'a*, and the other with the basic unit of a *kav*, do not attain this ideal. The Gemara here clarifies the ruling of the *baraita* with regard to the amount by which two different measures must differ in order to eliminate the concern that people might mistake one for the other.

Well-versed in small measures – מִדּוֹת קְטַנּוֹת בְּקִיאִי: It is easier to discern the difference in volume between smaller measures than a proportional difference between larger measures (Rashbam). Alternatively, people constantly use the smaller measures in their own homes, and are familiar with the different types, whereas they are not instantly familiar with the larger measures, which are used only for trade.

שְׁלִישִׁית הַהִין, רְבִיעִית הַהִין לָא לִיעֲבִיד! כֵּיוָן דַּהֲווּ בַּמִּקְדָּשׁ לָא גְּזַרוּ בְּהוּ רַבָּנַן. בַּמִּקְדָּשׁ נַמִּי לִיגְזוֹר! כֹּהֲנִים זְרִיזִין הֵן.

The Gemara continues: If people err by one-quarter of a measure, then since one may prepare a measure equal to four *log*, **one-third of a *hin*, let one not prepare** a measure equal to three *log*, **one-quarter of a *hin*.** The Gemara answers: **Since** these measures **were** used **in the Temple,**[N] **the Sages did not decree** that they not be used. The Gemara asks: **In the Temple as well, let** the Sages **decree**[N] that they should not be used, in case the two measures are mistaken for each other. The Gemara answers: **The priests** who serve in the Temple **are vigilant**[N] and would not commit this error.

אָמַר שְׁמוּאֵל: אֵין מוֹסִיפִין עַל הַמִּדּוֹת יוֹתֵר מִשְּׁתוּת, וְלֹא עַל הַמַּטְבֵּעַ יָתֵר מִשְּׁתוּת, וְהַמִּשְׂתַּכֵּר אַל יִשְׂתַּכֵּר יוֹתֵר מִשְּׁתוּת. אֵין מוֹסִיפִין עַל הַמִּדּוֹת יוֹתֵר מִשְּׁתוּת, מַאי טַעְמָא? אִילֵּימָא מִשּׁוּם אַפְקוּעֵי תַּרְעָא – שְׁתוּת נַמִּי לָא!

§ **Shmuel says:** If the residents of a certain place want to change the standard of their measures and augment them by a certain fraction, **they may not increase the measures**[NH] by **more than one-sixth, and** they may **not** increase the value of **a coin** by **more than one-sixth** of its previous value. **And one who profits**[H] from his sales **may not profit** by **more than one-sixth.** The Gemara analyzes these statements. When Shmuel said: **They may not increase the measures** by **more than one-sixth, what is the reason**[N] for this? **If we say** it is **because** doing so causes market **prices to rise,**[N] the same concern should apply to raising the prices by **one-sixth,** and therefore this should **also not** be allowed.

אֶלָּא מִשּׁוּם אוֹנָאָה דְּלָא לֶיהֱוֵי בִּיטּוּל מִקָּח – וְהָאָמַר רָבָא: כָּל דָּבָר שֶׁבְּמִדָּה וְשֶׁבְּמִשְׁקָל וְשֶׁבְּמִנְיָן, אֲפִילּוּ פָּחוֹת מִכְּדֵי אוֹנָאָה חוֹזֵר!

Rather, you will say that the prohibition is **due to** concern for **exploitation;** and they may increase the measures only by up to one-sixth, so **that there will not be nullification of the transaction,**[N] as the transaction is nullified only when the disparity is more than one-sixth of the value of the item. The Gemara raises an objection: **But doesn't Rava say:** With regard to **any item that** is otherwise subject to the *halakhot* of exploitation, and it is sold **by measure, or by weight, or by number,**[H] **even** if the disparity was **less than the measure of exploitation** in the transaction, the transaction is **reversed.**[N] A disparity of one-sixth between the value of an item and its price constitutes exploitation only in cases where there is room for error in assessing the value of an item. In a case where the details of the item are easily quantifiable, any deviation from the designated quantity results in a nullification of the transaction.

אֶלָּא דְּלָא לֶיהֱוֵי פְּסֵידָא לְתַגָּרָא,

Rather, the prohibition is **so that there will not be a loss** suffered **by the merchant,** who might not realize that a new standard was issued, and sell in accordance with the old standard. Since a merchant usually enjoys a profit of one-sixth of the value of an item, if the standard is not increased by more than this amount he will not suffer a loss, as at worst he will forfeit his profit margin.

NOTES

Were used in the Temple – דַּהֲווּ בַּמִּקְדָּשׁ: The Torah states that a libation of one-half of a *hin* accompanies the sacrifice of an ox, a libation of one-third of a *hin* accompanies a ram, and a libation of one-quarter of a *hin* accompanies a sheep (see Numbers, chapter 15). The Gemara (*Menaḥot* 87b) says that there were special measures in the Temple for measuring the libations, including a measure of one-third of a *hin* and a measure of one-quarter of a *hin*, or, according to another opinion, a vessel of one *hin* with markings indicating the different fractional amounts. Some commentaries explain that as these measures are mentioned in the Torah and were used from the time of Moses in the Tabernacle, and, later, the Temple, the Sages were not concerned that people might mistake one for the other (Meiri).

In the Temple as well, let them decree, etc. – בַּמִּקְדָּשׁ נַמִּי לִיגְזוֹר וכו׳: Although the libations had to be measured in these quantities, the priests could have used *log* measurements, with which they would have measured three *log* or four *log* (*Tosafot*). The Gemara answers that while generally, where there is such a small difference between the measures there is a concern for error, because the priests were vigilant they would not mistake one measure for the other.

Priests are vigilant – כֹּהֲנִים זְרִיזִין הֵן: Rashi explains that the priests were typically learned in Torah and served as teachers of the Jewish people, as it states: "They shall teach Jacob Your judgments" (Deuteronomy 33:10). In addition, as there were many priests present during the performance of the sacrificial rites, there was little chance of an error, as they would remind each other not to make mistakes.

They may not increase the measures, etc. – אֵין מוֹסִיפִין עַל הַמִּדּוֹת וכו׳: If the residents of a state, province, or city decide to change their system of measures and augment the size of the measures by a certain fraction, there is an upper limit beyond which they may not increase them. The early commentaries explain that this is the case only if they wish to retain the titles of the old measures. If they seek to establish entirely new measures or coins and give them new names, this limitation does not apply, as it is unlikely that such a change would lead to mistakes.

What is the reason, etc. – מַאי טַעְמָא וכו׳: The commentaries explain that the underlying assumption of this discussion is that market prices would change to reflect the change in the measures (Rashbam). Some maintain that the Gemara assumes that the measures change without any corresponding adjustment in prices, and they explain the rest of the passage accordingly (Ramah).

Because doing so causes market prices to rise – מִשּׁוּם אַפְקוּעֵי תַּרְעָא: Since the arriving merchants have to raise their prices to suit the new measures, they might take advantage and raise them more than is necessary (Rashbam). Alternatively, distributers of goods might be reluctant to provide merchandise for the merchants, because they lack confidence that they will receive appropriate compensation for the change in the size of the measures. This would cause a shortage of goods, which in turn would lead to a rise in prices (Ri Migash).

That there will not be nullification of the transaction – דְּלָא לֶיהֱוֵי בִּיטּוּל מִקָּח: The *halakha* is that a transaction is nullified only when the difference between the market price and the price charged for the merchandise exceeds one-sixth of its value. If the difference in price is less than this amount, the sale is valid, although the extra money must be returned. The early commentaries explain that the concern is that merchants from other places would be unaware that the standard had been increased and would sell more merchandise for the same price.

Less than the measure of exploitation in the transaction, the transaction is reversed – פָּחוֹת מִכְּדֵי אוֹנָאָה חוֹזֵר: Many of the early commentaries maintain that in this case the entire sum is returned, as the sale is entirely reversed (Rashba). Some hold that the sale itself is valid, and it is only the difference in price that must be returned, regardless of how small (Rashba; Ri Migash).

HALAKHA

They may not increase the measures – אֵין מוֹסִיפִין עַל הַמִּדּוֹת: If the residents of a country wish to change the standard of their measures or weights, they may not increase them by more than one-sixth. For example, it is permitted for them to increase the measure of a *kav* from five units to six, but no more. This *halakha* is in accordance with the statement of Shmuel. If they want to lower the standard of the measures, they may do so without limitation (Rambam *Sefer Nezikin*, *Hilkhot Geneiva* 8:17; *Shulḥan Arukh*, *Ḥoshen Mishpat* 231:15 and *Sma* there).

And one who profits, etc. – וְהַמִּשְׂתַּכֵּר וכו׳: The court must appoint supervisors of market prices to ensure that those who sell staple food items, e.g., wine, oil, and flour, do not earn a profit of more than one-sixth of the item's value. In the case of a storekeeper who sells each item individually, his effort and expenses are taken into account in establishing this price. These restrictions apply when the court's directives are followed by all. If all the other storekeepers ignore the directives of the court, or there are gentile storekeepers over whom the court has no authority, an individual God-fearing Jew is not required to suffer a loss (Rambam *Sefer Nezikin*, *Hilkhot Mekhira* 14:1 and *Sefer Shofetim*, *Hilkhot Sanhedrin* 1:1; *Shulḥan Arukh*, *Ḥoshen Mishpat* 231:20 and *Sma* there).

Any item that is sold by measure, or by weight, or by number – דָּבָר שֶׁבְּמִדָּה וְשֶׁבְּמִשְׁקָל וְשֶׁבְּמִנְיָן: With regard to one who sells merchandise by measure, weight, or number, if any mistake is made the sale is valid, and the buyer or seller must make up the missing amount. For example, if one sold 100 nuts but provided the buyer with only 99, the sale is valid and the seller must give the buyer one more nut. If the seller gave the buyer 101 nuts, the sale is valid and the buyer must return the extra nut, even if many years have passed since the sale (Ri Migash). With regard to a sale of land, if the seller cannot add on the required amount of land from adjoining fields, the transaction is nullified (*Sma*). Even if the two performed a formal act of acquisition whereby each declared that he had nothing in his possession that belonged to the other, the extra or missing merchandise must be returned, because the formal act was performed in error (Rambam *Sefer Kinyan*, *Hilkhot Mekhira* 8:6, 15:1–2; *Shulḥan Arukh*, *Ḥoshen Mishpat* 232:1).

NOTES

Shmuel found a verse – **שְׁמוּאֵל קְרָא אַשְׁכַּח**: Shmuel's statement with regard to changing the standard of measures is not based on the reasons cited previously, i.e., fears of nullification of transactions or rising prices. Rather, his opinion is based on a verse from which he derived that one may change measures to the designated extent but no more.

פְּסֵידָא הוּא דְּלָא לֶיהֱוֵי לֵיהּ, רַוְוחָא לָא בָּעֵי? זְבַן וְזַבֵּין תַּגָּרָא אִיקְּרֵי?

This Gemara notes: This explanation is also difficult, since even if the aim is to ensure **that there will not be a loss** for the merchant, **does he not need** to earn **a profit?** There is a well-known adage in this regard: If you **buy and sell** without making any profit, **will** you **be called a merchant?** A merchant must profit from his sales; therefore, if this decree was instituted for the protection of merchants, the Sages should have ensured that they earn a profit.

אֶלָּא אֲמַר רַב חִסְדָּא, שְׁמוּאֵל קְרָא אַשְׁכַּח וּדְרַשׁ: ״וְהַשֶּׁקֶל עֶשְׂרִים גֵּרָה עֶשְׂרִים שְׁקָלִים חֲמִשָּׁה וְעֶשְׂרִים שְׁקָלִים עֲשָׂרָה וַחֲמִשָּׁה שֶׁקֶל הַמָּנֶה יִהְיֶה לָכֶם״;

Rather, Rav Ḥisda said: The prohibition is not based on logical reasoning. Instead, **Shmuel found a verse**[N] **and interpreted it homiletically: "And the shekel shall be twenty** ***gera*****; twenty shekels, five and twenty shekels, ten, and five shekels, shall be your** ***maneh*****"** (Ezekiel 45:12). According to this verse, the combination of all of these numbers, sixty shekels, is equivalent to a *maneh*.

Perek **V**
Daf **90** Amud **b**

NOTES

The sacred *maneh* was doubled – **מָנֶה שֶׁל קֹדֶשׁ כָּפוּל הָיָה**: The prophet Ezekiel is speaking about the Temple and the dedications for its upkeep. Similarly, the Gemara (*Bekhorot* 5a) seeks to prove from the Bible that the value of the sacred talent, as mentioned in the book of Exodus, was double the accepted value of a talent, which is equivalent to fifteen hundred shekels. The Gemara concludes there that this proportion is derived from the verse in the book of Ezekiel cited here. This demonstrates that sacred coins of large value were double in value to the standard coins.

They may not increase them by more than one-sixth – **אֵין מוֹסִיפִין יוֹתֵר מִשְּׁתוּת**: The *halakha* that measures may not be increased by more than one-sixth is derived from the fact that a *maneh* was increased from 200 dinars to 240 dinars, rather than to the round figure of 250 (Ri Migash).

Of three *kefiza* – **בַּר תְּלָתָא קְפִיזֵי**: The commentaries suggest two possible explanations of this matter. According to the first interpretation, a *kefiza* is equal to three-quarters of a *kav*, or three *log*, and Rav Pappa bar Shmuel created a measure equal to three times three-quarters of a *kav*, or nine *log*. If so, the concern is that it could be mistaken for a half-*tarkav* measure, which is equal to six *log*, or one and one-half *kav* (Rashbam). The other possibility is that a *kefiza* is a measure of one *log*, and Rav Pappa bar Shmuel instituted a measure equal to three *log*, or three-quarters of a *kav*, which could be mistaken for a half-*kav* measure (Rabbeinu Gershom Meor HaGola).

I instituted a new measure – **אֲנָא כַּיְילָא חֲדַתָּא תַּקֵּינִי**: There was no other measure in his city whose value was within one-quarter of this one (Rashbam). Others explain that the prohibition of one-sixth applies only to the enlargement of an existing measure, since this will cause merchants to make mistakes, as explained previously. It is permitted to form an entirely new measure, which is what Rav Pappa did here, as he called it by a new name (Rabbeinu Gershom Meor HaGola). Alternatively, Rav Pappa claimed that in these locations the measures of a half-*tarkav*, a *tarkav*, or a half-*kav* were not used; therefore, he instituted a new convenient measure (Rashbam).

Measure [*roz*] – **רוֹז**: Some explain that *roz* means idea or advice [*raz*]. See the Rashbam, who rejects this explanation, claiming it does not suit the wording of the Gemara. A different version of the text reads *kuz*, meaning a small vessel (Ri Migash).

LANGUAGE

Kefiza – **קְפִיזָא**: The origin of this word is Iranian. In Middle Persian, the form is kabīz, which refers to a measurement of volume.

מָנֶה? ! מָאתָן וְאַרְבְּעִין הָווּ! אֶלָּא שְׁמַע מִינָּהּ תְּלָת; שְׁמַע מִינָּהּ: מָנֶה שֶׁל קֹדֶשׁ כָּפוּל הָיָה, וּשְׁמַע מִינָּהּ: מוֹסִיפִין עַל הַמִּדּוֹת וְאֵין מוֹסִיפִין יוֹתֵר מִשְּׁתוּת, וּשְׁמַע מִינָּהּ: שְׁתוּתָא מִלְּבַר.

This is problematic: How can **a** ***maneh*** consist of sixty shekels? Since each biblical shekel is equivalent to four dinars, if a *maneh* is equal to sixty shekels, a *maneh* **is two hundred and forty** dinars. But a *maneh* is actually equal to twenty-five shekels, which is one hundred dinars. **Rather,** one can **learn from** the verse **three** matters: **Learn from it** that the **sacred** ***maneh*** **was doubled,**[N] so that it equaled fifty dinars, not twenty-five. **And** furthermore, as Ezekiel stated that the *maneh* will be sixty dinars, not fifty, **learn from it** that a community may **increase measures, but they may not increase** them by **more than one-sixth.**[N] **And learn from it** that **the one-sixth** is calculated **from the outside,** i.e., it is one-sixth of the final sum, which is one-fifth of the previous sum.

רַב פַּפָּא בַּר שְׁמוּאֵל תַּקֵּין כַּיְילָא בַּר תְּלָתָא קְפִיזֵי. אֲמַרוּ לֵיהּ, וְהָא אָמַר שְׁמוּאֵל: אֵין מוֹסִיפִין עַל הַמִּדּוֹת יוֹתֵר מִשְּׁתוּת! אֲמַר לְהוּ: אֲנָא כַּיְילָא חֲדַתָּא תַּקֵּינִי. שְׁדַרֵיהּ לְפוּמְבְּדִיתָא וְלָא קַבְּלוּהָ, שְׁדַרֵיהּ לְפַאפּוּנְיָא וְקַבְּלוּהָ, וְקָרוּ לֵיהּ רוֹז פַּפָּא.

The Gemara relates: **Rav Pappa bar Shmuel instituted** a new **measure of three** ***kefiza*****,**[NL] which is equal to three *log*. The Sages **said to him: But doesn't Shmuel say** that **one may not increase the measures** by **more than one-sixth?** You have added one-third, as there already exists a measure of a half-kav, which is the equivalent of two *log*. Rav Pappa bar Shmuel **said to them: I instituted a new measure.**[N] He sent the measure **to Pumbedita, and they did not accept it; he sent it to** the city of **Paphunya, and they accepted it and called it the measure**[N] of **Pappa.**

(סִימָן: אוֹצְרֵי פֵּירוֹת אֵין אוֹצְרִין וְאֵין מוֹצִיאִין וְאֵין מִשְׂתַּכְּרִין פַּעֲמַיִם בְּבֵיצִים מַתְרִיעִין וְלֹא מוֹצִיאִין).

§ The Gemara provides **a mnemonic** for the ensuing discussions: **Hoarders of produce; one may not hoard; and one may not export; and one may not earn** a profit; **twice** from the sale **of eggs;** they **sound the alarm; and one may not leave.**

תָּנוּ רַבָּנַן: אוֹצְרֵי פֵּירוֹת, וּמַלְוֵי בְּרִבִּית, וּמַקְטִינֵי אֵיפָה, וּמַפְקִיעֵי שְׁעָרִים – עֲלֵיהֶן הַכָּתוּב אוֹמֵר: ״לֵאמֹר מָתַי יַעֲבֹר הַחֹדֶשׁ וְנַשְׁבִּירָה שֶּׁבֶר וְהַשַּׁבָּת וְנִפְתְּחָה בָּר, לְהַקְטִין אֵיפָה וּלְהַגְדִּיל שֶׁקֶל וּלְעַוֵּת מֹאזְנֵי מִרְמָה״, וּכְתִיב: ״נִשְׁבַּע ה׳ בִּגְאוֹן יַעֲקֹב אִם אֶשְׁכַּח לָנֶצַח כָּל מַעֲשֵׂיהֶם״.

The Sages taught: Hoarders of produce, who drive up prices by causing a shortage of available goods, **and usurers, and those** sellers **who** falsely **reduce** their **measures, and those who raise** market **prices**[H] by selling for more than the accepted price, **about them the verse states:** "You that would swallow the needy and destroy the poor of the land, **saying: When will the new moon be gone, that we may sell produce? And the Shabbat, that we may set forth grain? Making the measure small, and the shekel great, and falsifying the balances of deceit"** (Amos 8:4–5). **And it is written: "The Lord has sworn by the pride of Jacob: Surely I will never forget any of their works"** (Amos 8:7).

HALAKHA

Hoarders of produce…and those who raise market prices – **אוֹצְרֵי פֵּירוֹת...וּמַפְקִיעֵי שְׁעָרִים**: One who hoards produce or raises market prices in Eretz Yisrael or in a place where Jews are the majority is comparable to a usurer, and he violates the prohibition (Leviticus 25:36): "That your brother shall live with you" (Rambam *Sefer Kinyan*, *Hilkhot Mekhira* 14:6 and *Maggid Mishne* there; *Shulḥan Arukh*, *Ḥoshen Mishpat* 231:25 and *Sma* there).

אוֹצְרֵי פֵּירוֹת – כְּגוֹן מַאן? אָמַר רַבִּי יוֹחָנָן: כְּגוֹן שַׁבְּתַי אַצָּר פֵּירוֹת.

The Gemara asks: **Hoarders of produce, such as whom? Rabbi Yoḥanan said: Such as Shabbtai, the hoarder of produce,** who would buy and hoard large amounts of produce and later sell it at a high price.

אֲבוּהּ דִּשְׁמוּאֵל מְזַבֵּין לְהוּ לְפֵירֵי בְּתַרְעָא חָרְפָּא כְּתַרְעָא חָרְפָּא, שְׁמוּאֵל בְּרֵיהּ מַשְׁהֵי לְפֵירֵי וּמְזַבֵּין לְהוּ בְּתַרְעָא אַפְלָא כְּתַרְעָא חָרְפָּא. שְׁלַחוּ מִתָּם: טָבָא דְּאַבָּא מִדִּבְרָא. מַאי טַעֲמָא? תַּרְעָא דְּרָוַוח – רָוַוח.

The Gemara relates: **Shmuel's father would sell produce during** the period of the **early** market **price,**[N] when produce is cheap, **for the early** market **price. His son Shmuel** acted differently, and **would keep the produce**[N] **and sell it during** the period of the **late** market **price,** when produce is expensive, **for the early** market **price. They sent** a message **from there,** Eretz Yisrael: The practice **of the father is better than** that **of the son. What is the reason** for this? A market **price that** has been **eased**[N] and starts out low will remain **eased,** with little increase over the course of the year. Therefore, one who makes produce available at the beginning of the season, like Shmuel's father, aids people during the entire year. By contrast, a market price that starts out high, because people are not making their produce available at the market, is not easily lowered.

אָמַר רַב: עוֹשֶׂה אָדָם אֶת קַבּוֹ אוֹצָר. תַּנְיָא נַמִי הָכִי: אֵין אוֹצְרִין פֵּירוֹת דְּבָרִים שֶׁיֵּשׁ בָּהֶן חַיֵּי נֶפֶשׁ, כְּגוֹן: יֵינוֹת, שְׁמָנִין וּסְלָתוֹת. אֲבָל תַּבְלִין, כַּמּוֹן וּפִלְפְּלִין – מוּתָּר; בַּמֶּה דְּבָרִים אֲמוּרִים – בְּלוֹקֵחַ מִן הַשּׁוּק, אֲבָל בְּמַכְנִיס מִשֶּׁלּוֹ – מוּתָּר.

Rav says: A person may turn his own ***kav* into a storeroom,**[N] i.e., he may hoard the produce of his own field and sell it only at a later stage, without violating the prohibition of hoarding produce. **This is also taught** in a *baraita*: **One may not hoard**[H] **produce of items that contain** an element of basic **sustenance, such as wines, oils, and flours, but** in the case of **spices,** such as **cumin and pepper, it is permitted. In what case is this statement said?** It is **with regard to one who buys** that produce **from the market** to resell later; **but with regard to one who brings in** produce **from his** own field, **it is permitted** for any type of produce.

וּמוּתָּר לְאָדָם לֶאֱצוֹר פֵּירוֹת בְּאֶרֶץ יִשְׂרָאֵל שָׁלֹשׁ שָׁנִים: עֶרֶב שְׁבִיעִית, וּשְׁבִיעִית, וּמוֹצָאֵי שְׁבִיעִית;

The *baraita* continues: **And it is permitted for a person to hoard produce in Eretz Yisrael** for these **three years: The year preceding the Sabbatical** Year,[H] **the Sabbatical** Year, **and the year that follows the Sabbatical** Year, because the land lies fallow during the seventh year, the Sabbatical Year, and the produce of the sixth year must last through these three years, until near the end of the eighth year.

וּבִשְׁנֵי בַצּוֹרֶת – אֲפִילּוּ קַב חֲרוּבִין לֹא יֶאֱצוֹר, מִפְּנֵי שֶׁמַּכְנִיס מְאֵרָה בַּשְּׁעָרִים. אֲמַר לֵיהּ רַבִּי יוֹסֵי בְּרַבִּי חֲנִינָא לְפוּגָא שַׁמָּעֵיהּ: פּוּק אֱצַר לִי פֵּירֵי שָׁלֹשׁ שָׁנִים: עֶרֶב שְׁבִיעִית, וּשְׁבִיעִית, וּמוֹצָאֵי שְׁבִיעִית.

And in years of drought[H] **one may not hoard even a *kav* of carobs, because** he thereby **brings a curse on** market **prices,** as everyone is fearful of selling and even a small fluctuation in supply can cause a significant rise in prices. **Rabbi Yosei, son of Rabbi Ḥanina,** who was living in Eretz Yisrael, **said to his servant Fuga: Go** and **hoard produce for me** for the coming **three years:**[N] **The year preceding the Sabbatical** Year, **the Sabbatical** Year, **and the year that follows the Sabbatical** Year.

תָּנוּ רַבָּנַן: אֵין מוֹצִיאִין פֵּירוֹת מֵאֶרֶץ יִשְׂרָאֵל דְּבָרִים שֶׁיֵּשׁ בָּהֶן חַיֵּי נֶפֶשׁ, כְּגוֹן: יֵינוֹת, שְׁמָנִים וּסְלָתוֹת; רַבִּי יְהוּדָה בֶּן בְּתֵירָא מַתִּיר בְּיַיִן, מִפְּנֵי שֶׁמְּמַעֵט אֶת הַתִּיפְלָה. וּכְשֵׁם שֶׁאֵין מוֹצִיאִין מֵאֶרֶץ לְחוּץ לָאָרֶץ, כָּךְ אֵין מוֹצִיאִין מֵאֶרֶץ יִשְׂרָאֵל לְסוּרְיָא; וְרַבִּי מַתִּיר

§ **The Sages taught: One may not export produce from Eretz Yisrael**[H] if it consists of **items that contain** an element of basic **sustenance, such as wines, oils, and flours,** because this causes them to become more expensive in Eretz Yisrael. **Rabbi Yehuda ben Beteira permits** export **in** the case of **wine, because** this **lessens licentiousness** in Eretz Yisrael. **And just as one may not export** these types of produce **from Eretz** Yisrael **to outside of** Eretz Yisrael, **so too one may not export** them **from Eretz Yisrael to Syria,**[N] as Syria is not considered part of Eretz Yisrael in this context. **And Rabbi** Yehuda HaNasi **permits** the export of produce

HALAKHA

One may not hoard, etc. – אֵין אוֹצְרִין וכו׳: It is prohibited to buy elements of basic sustenance and hoard them in Eretz Yisrael or in a place with a majority of Jews, but it is permitted to hoard the produce that grows from one's own field. This follows the ruling of the *baraita* and the statement of Rav, in accordance with a version of the text that states: One may not hoard in Eretz Yisrael (Rambam *Sefer Kinyan, Hilkhot Mekhira* 14:5; *Shulḥan Arukh, Ḥoshen Mishpat* 231:24).

Three years, the year preceding the Sabbatical Year, etc. – שָׁלֹשׁ שָׁנִים, עֶרֶב שְׁבִיעִית וכו׳: It is permitted to buy produce and hoard it for oneself during the sixth year of the seven-year cycle, the seventh year, and the eighth year. Some say that one may buy enough produce for all three years during the sixth year, in order to sell it so that people will not die of starvation (Rambam *Sefer Kinyan, Hilkhot Mekhira* 14:6 and *Maggid Mishne* there).

And in years of drought – וּבִשְׁנֵי בַצּוֹרֶת: The Rashbam explains that during years of drought one may not hoard basic food supplies, in accordance with the ruling of the *baraita*. It is permitted to hoard a year's supply for one's household (Rambam *Sefer Kinyan, Hilkhot Mekhira* 14:6; *Shulḥan Arukh, Ḥoshen Mishpat* 231:24).

One may not export produce from Eretz Yisrael – אֵין מוֹצִיאִין פֵּירוֹת מֵאֶרֶץ יִשְׂרָאֵל: One may not export elements of basic sustenance from Eretz Yisrael to other countries, including Syria. Some maintain that this prohibition applies even to wines (Rambam). It is also prohibited to export these goods from the jurisdiction of one king to that of another king, within Eretz Yisrael. This is in accordance with the Rif's version of the text of the *baraita* (Rambam *Sefer Kinyan, Hilkhot Mekhira* 14:8 and see *Maggid Mishne* and *Kesef Mishne* there; *Shulḥan Arukh, Ḥoshen Mishpat* 231:26).

NOTES

During the period of the early market price, etc. – בְּתַרְעָא חָרְפָּא וכו׳: Shmuel's father would sell the produce of his field immediately, while the market price was low, as he did not wish to hoard the produce for any amount of time. The commentaries explain that he was a prominent man, and therefore he hoped through his example to influence others to sell during the same period, rather than hoard their produce (Rashbam).

Would keep the produce – מַשְׁהֵי לְפֵירֵי: Shmuel sought to help people by lowering the market price once it had begun to rise after the height of the crop season. This would be achieved by flooding the market with his goods, sold at the old, lower, price. The commentaries point out that he did this only with his own produce. He did not buy other produce to sell later at a lower price, despite the fact that this is not prohibited, as that very transaction would have raised the market price of the produce (Rashbam).

Market price that has been eased – תַּרְעָא דְּרָוַוח: If there is an abundance of produce at a low price when the goods first appear on the market, its price will not rise greatly over the course of time, as most people buy the produce they need when it first arrives. By contrast, Shmuel's actions caused produce to become more expensive to some extent when it first appeared in the market, and although he later caused a reduction in the price, it was still higher than what it would have been had he sold it at the beginning of the season. The early commentaries also explain that even if a market price drops in the middle of the season due to a temporary flooding of the market, it drops only for a limited amount of time, and then rises again. Consequently, Shmuel's behavior provided only temporary benefit (see Rashbam, Ri Migash, and Ramah).

His *kav* into a storeroom – קַבּוֹ אוֹצָר: Some explain that the expression: His *kav*, means one's own produce. It is called a mere *kav* for reasons of modesty. If so, Rav's statement means that storing one's own produce and refraining from selling immediately is not considered hoarding (Rashbam; Ri Migash). Others explain that: His *kav*, means for his own needs, i.e., one may store enough produce for his own requirements (Rabbeinu Barukh).

Three years, etc. – שָׁלֹשׁ שָׁנִים וכו׳: Some explain that one is permitted to hoard this produce in order to sell it during the Sabbatical Year and the eighth year, when there is a shortage of produce due to the lack of cultivation during the Sabbatical year (Rashbam). Others explain that one is permitted to hoard goods only for his own requirements (Ramah; Rabbi Yitzḥak Karkusha).

To Syria – לְסוּרְיָא: With regard to certain matters, the halakhic status of Syria is somewhere between that of Eretz Yisrael proper and that of outside of Eretz Yisrael. Although most of Syria was conquered by King David, that is considered an individual conquest as it was not performed by the order of the court and the *Urim VeTummim* (Rashi on *Avoda Zara* 21a). Elsewhere (*Gittin* 8b) Rashi explains that the conquest of Syria was considered an individual conquest because it was performed for King David's own purposes, not by the nation for the good of the collective whole. Alternatively, a conquest of this sort sanctifies the conquered land only if it is performed after the entirety of Eretz Yisrael is conquered, and there were still parts of Eretz Yisrael, e.g., the land of the Philistines, which were not under Jewish control when King David conquered Syria (*Tosafot*).

מהיפרכיא להיפרכיא.

from the northernmost **province** [*mehiparkheya*][L] of Eretz Yisrael **to** the southernmost **province**[N] of Syria.

תנו רבנן: אין משתכרים בארץ ישראל בדברים שיש בהן חיי נפש, כגון: יינות, שמנים וסלתות.

The Sages taught: One may not earn a profit[N] **in Eretz Yisrael**[H] by buying and reselling **items that contain** an element of basic **sustenance, such as wines, oils, and flours,** because this causes their price to rise. Rather, those who grow the produce should sell them in the markets, without recourse to a middleman.

אמרו עליו על רבי אלעזר בן עזריה, שהיה משתכר ביין ושמן; ביין – סבר לה כרבי יהודה, בשמן – באתריה דרבי אלעזר בן עזריה שכיח מישחא.

The Sages **said of Rabbi Elazar ben Azarya**[P] **that he would earn** a profit **through** the sale **of wine and oil. With regard to wine, he holds in accordance with** the opinion of **Rabbi Yehuda** ben Beteira, who says that it is permitted to export wine from Eretz Yisrael despite the fact that this causes it to become more expensive, as drinking wine leads to licentiousness. **With regard to oil, in Rabbi Elazar ben Azarya's locale oil was common;** consequently, there was no concern that its price would rise if it were not sold directly to the consumer.

תנו רבנן: אין משתכרין פעמים בביצים. אמר מרי בר מרי: פליגי בה רב ושמואל, חד אמר: על חד תרי, וחד אמר: תגר לתגרא.

The Sages taught: One may not earn a profit **twice** from the sale **of eggs.**[H] **Mari bar Mari said: Rav and Shmuel disagree** about the meaning of **that** statement. **One said** it means that the seller may not charge **double**[N] the price he paid for the eggs. **And one said** that one **merchant** may not sell **to** another **merchant;**[N] rather, the merchant who buys from the owner of the eggs must sell directly to the consumer.

תנו רבנן: מתריעין על פרקמטיא ואפילו בשבת.

§ Apropos price fluctuations, the Gemara cites a *baraita*. **The Sages taught:** A community **sounds the alarm** and gathers in public prayer **for merchandise** [*perakmatya*][LH] whose price has dropped. **And even on Shabbat** it is permitted to cry and plead, even though one may not pray for his personal needs on Shabbat, as this hardship affects the entire public.

אמר רבי יוחנן: כגון כלי פשתן בבבל, ויין ושמן בארץ ישראל. אמר רב יוסף: והוא, דזל וקם עשרה בשיתא.

Rabbi Yoḥanan said: The *baraita* is referring specifically to merchandise that serves as the basis of the local economy, **such as linen garments in Babylonia, and wine and oil in Eretz Yisrael. Rav Yosef said: And that** *halakha*, that public prayer is recited even on Shabbat, applies only **when** the merchandise **was reduced in price and stood** at such prices that goods that had been worth **ten** are currently selling **for six.**[N]

NOTES

From province to province – מהיפרכיא להיפרכיא: This phrase refers to the adjoining provinces on the border of Eretz Yisrael and Syria. Since they are adjacent, it is permitted to export goods from one to the other (Rashbam). Some commentaries understand Rabbi Yehuda HaNasi's statement to be referring to two provinces within Eretz Yisrael, and learn by inference that the other *tanna'im*, with whom Rabbi Yehuda HaNasi disagrees, would hold that it is forbidden to export these items even in that circumstance (Rav Hai Gaon in *Sefer HaMikkaḥ VehaMimkar*; see Rambam).

One may not earn a profit – אין משתכרים: In other words, one may not serve as a middleman for basic food supplies, buying from a producer and selling to consumers. Rather, the producer himself should sell directly to the consumer, to eliminate the increase in cost due to the middleman. The early commentaries point out that this prohibition applies only to items that are purchased in their original state. There is no prohibition against buying grain and selling it as bread, as the additional cost is for the labor (see Rashbam).

Double – על חד תרי: According to some commentaries, a merchant may not charge twice as much as he paid for the eggs (Rashbam). Some cite an alternative version of the text, according to which the merchant may not charge more than another half of what he paid (Ritva). Although with regard to the sale of basic food items a seller may generally profit only by one-sixth, eggs are not considered indispensable for sustenance. Additionally, since their sale requires additional exertion, a merchant is permitted to make more of a profit (Rashbam). Alternatively, the prohibition against profiting by more than one-sixth applies only to large business transactions. Others explain that in addition to earning one-sixth as profit, a seller is allowed to raise the price to cover the expense of his labor. The Gemara here establishes that the price charged may not be more than double the original price of the item (*Tosafot*, citing Rivam). *Tosafot*, citing Rabbi Shimshon of Saens, further state that the same limitation applies to the owner of the hen himself, i.e., he may not sell the eggs for more than double the production cost.

One merchant may not sell to another merchant – תגר לתגרא: This is the meaning of the expression: Twice, i.e., there should not be two middlemen involved in the sale of eggs.

Ten for six – עשרה בשיתא: When prices drop this dramatically, it is assumed that not only are the merchants barely making a profit, but they are actually selling at a loss.

LANGUAGE

Province [*hiparkheya*] – היפרכיא: From the Greek ἐπαρχία, *eparkhia*, meaning province.

Merchandise [*perakmatya*] – פרקמטיא: From the Greek πραγματεία, *pragmateia*, meaning conduct of business or trade.

HALAKHA

One may not earn a profit in Eretz Yisrael, etc. – אין משתכרים בארץ ישראל וכו׳: In Eretz Yisrael the sale of basic food staples is not conducted in the usual manner, in which storekeepers serve as middlemen for producers and consumers. Rather, each individual sells the produce that he grows, in order to foster low prices on these items. If there is an abundant supply of oil, or any other product (Ramah; Meiri), it may be sold through a middleman, like other items. This is in accordance with the *baraita* and the Gemara's explanation of Rabbi Elazar ben Azarya's custom with regard to the sale of oil (Rambam *Sefer Kinyan, Hilkhot Mekhira* 14:4; *Shulḥan Arukh, Ḥoshen Mishpat* 231:23).

One may not earn a profit twice from the sale of eggs – אין משתכרין פעמים בביצים: It is prohibited to sell eggs in such a manner that two merchants benefit from the transaction. Rather, the first merchant should sell them and earn a profit, while anyone who buys from him should sell them for the exact price for which he bought them, without earning any profit (Rambam). The *Tur* holds that one may charge for his expenses, but no more (Rambam *Sefer Kinyan, Hilkhot Mekhira* 14:3; *Shulḥan Arukh, Ḥoshen Mishpat* 231:22).

Sounds the alarm for merchandise – מתריעין על פרקמטיא: A city where the majority of the residents earn their livelihood from the sale of specific items, e.g., linen garments in Babylonia or wine and oil in Eretz Yisrael, and where business slackens and prices drop to the extent that items previously worth ten are sold for six is considered to be suffering a public calamity for which the alarm, the *shofar*, is sounded and fasts are instituted. On Shabbat, the public cries out in prayer but does not sound the *shofar* (see *Ta'anit* 14a). This *halakha* is in accordance with the *baraita* and the statements of Rabbi Yoḥanan and Rav Yosef (Rambam *Sefer Zemanim, Hilkhot Ta'anit* 2:14; *Shulḥan Arukh, Oraḥ Ḥayyim* 576:10).

PERSONALITIES

Rabbi Elazar ben Azarya – רבי אלעזר בן עזריה: One of the most prominent *tanna'im* of the generation following the destruction of the Temple, Rabbi Elazar ben Azarya descended from a family blessed with great wisdom, distinguished lineage, and wealth. His father, Azarya, was also a Torah scholar and an extremely wealthy man. Azarya supported his brother Shimon, one of the Sages, who for this reason is referred to as Shimon, brother of Azarya. Rabbi Elazar ben Azarya was from a family of priests that descended from Ezra the Scribe, and there are traditions that draw parallels between these two figures. The Gemara describes how Rabbi Elazar ben Azarya's knowledge, wealth, and family lineage led to his selection by the Sages to replace Rabban Gamliel when the latter was removed from his position of leadership after repeatedly humiliating Rabbi Yehoshua publicly (see *Berakhot* 27b).

תנו רבנן: אין יוצאין מארץ לחוץ לארץ – אלא אם כן עמדו סאתים בסלע. אמר רבי שמעון: אימתי? בזמן שאינו מוצא ליקח, אבל בזמן שמוצא ליקח, אפילו עמדה סאה בסלע – לא יצא.

The Sages taught: One may not leave Eretz Yisrael[N] **to live outside of Eretz** Yisrael[H] **unless** the price of **two *se'a*** of grain **stood at a *sela*,** which is double its usual price. **Rabbi Shimon said: When** does this exception, permitting one to leave Eretz Yisrael under certain circumstances, apply? It applies **when one is unable to find** produce **to buy,** as he has no money. **But when one** has money and **is able to find** produce **to buy, even** if the price of **a *se'a*** of grain **stood at a *sela*, he may not leave.**

וכן היה רבי שמעון בן יוחאי אומר: אלימלך, מחלון וכליון, גדולי הדור היו ופרנסי הדור היו, ומפני מה נענשו? מפני שיצאו מארץ לחוצה לארץ, שנאמר: "ותהם כל העיר עליהן ותאמרנה הזאת נעמי". מאי "הזאת נעמי"? אמר רבי יצחק, אמרו: חזיתם נעמי שיצאת מארץ לחוץ לארץ מה עלתה לה?

And Rabbi Shimon ben Yoḥai would likewise say: Elimelech and his sons **Mahlon and Chilion were prominent** members **of** their **generation and were leaders of** their **generation. And for what** reason **were they punished?** They were punished **because they left Eretz** Yisrael **to** go **outside of Eretz** Yisrael, **as it is stated** concerning Naomi and Ruth: **"And all the city was astir concerning them, and the women said: Is this Naomi?"** (Ruth 1:19). The Gemara asks: **What** is the meaning of the phrase: **"Is this Naomi"?** How does this indicate that her husband and sons were punished for leaving Eretz Yisrael? **Rabbi Yitzḥak says** that the women **said: Have you seen what befell Naomi, who left Eretz** Yisrael **for outside of Eretz** Yisrael? Not only did she not escape tribulations there, but she lost her status entirely.

ואמר רבי יצחק: אותו היום שבאת רות המואביה לארץ ישראל, מתה אשתו של בעז. והיינו דאמרי אינשי: עד דלא שכיב שיכבא – קיימא מנו ביתיה.

And Rabbi Yitzḥak also **says** with regard to this passage: **That** very **day when Ruth the Moabite came to Eretz Yisrael, the wife of Boaz died,** i.e., from the moment of their arrival the possibility was created for Ruth's eventual marriage to Boaz. **This** explains the adage **that people say: Before the deceased dies, the person** who will next be **in charge of his house arises,**[N] as in this case Boaz's new wife, Ruth, arrived as his previous wife died.

אמר רבה בר רב הונא אמר רב: אבצן זה בעז. מאי קא משמע לן? כי אידך דרבה בר רב הונא, דאמר רבה בר רב הונא אמר רב: מאה ועשרים משתאות עשה בעז לבניו, שנאמר: "ויהי לו שלשים בנים, ושלשים בנות שלח החוצה ושלשים בנות הביא לבניו מן החוץ. וישפט את ישראל שבע שנים".

Apropos the story of Ruth the Gemara adds: **Rabba bar Rav Huna says** that **Rav says:** The judge **Ibzan** of Bethlehem (see Judges 12:8–10) **is Boaz.** The Gemara asks: **What is he teaching us?** The Gemara explains that this comment is **in accordance with the other** statement **of Rabba bar Rav Huna, as Rabba bar Rav Huna says** that **Rav says: Boaz prepared one hundred and twenty feasts**[N] **for his children** at their weddings. **As it is stated,** concerning Ibzan: **"And he had thirty sons, and thirty daughters he sent abroad, and thirty daughters he brought in from abroad for his sons. And he judged Israel seven years"** (Judges 12:9). The verse indicates that he had sixty children.

ובכל אחת ואחת עשה שני משתאות: אחד בבית אביו ואחד בבית חמיו. ובכולן לא זימן את מנוח, אמר: כודנא עקרה במאי פרעא לי?

And at each and every wedding he prepared for his children, **he made two feasts, one in the house of the father** of the groom **and one in the house of the father-in-law** of the groom. **And he did not invite Manoah,** the future father of Samson, whose wife was barren (see Judges 13:2) **to any of them, as he said:** It is not worth inviting him; he is **a sterile mule, how will he pay me back?** Manoah will never invite me in return, as he has no children.

תאנא: וכולן מתו בחייו. והיינו דאמרי אינשי: בחייך דילדת שיתין, שיתין למה ליך? איכפל ואוליד חד דמשיתין זריז.

A Sage **taught: And all** of the children of Ibzan **died during his lifetime. And this** explains the adage **that people say: Why do you** need **the sixty,** the **sixty** children **that you beget during your lifetime? Go to the trouble and beget one who will be more diligent than sixty.**[N] This adage refers to Boaz, who had sixty children who died, and yet his last child, born from Ruth, is his glory, as King David was born from this line.

(סימן: מלך אברהם עשר שנים שנפטר נתנשא לבדו). אמר רב חנן בר רבא אמר רב: אלימלך, ושלמון, ופלוני אלמוני, ואבי נעמי – כולן בני נחשון בן עמינדב הן. מאי קא משמע לן? שאפילו מי שיש לו זכות אבות, אינה עומדת לו בשעה שיוצא מארץ לחוצה לארץ.

The Gemara provides **a mnemonic** for the ensuing statements that Rav Ḥanan bar Rava said that Rav said: **Melech; Abraham; ten years; when he died; and He alone was exalted. Rav Ḥanan bar Rava says** that **Rav says:** With regard to **Elimelech, and** Boaz's father, **Salmon, and So-and-so,** the unnamed relative who was a closer relative to Elimelech than Boaz (Ruth 4:1), **and Naomi's father, all of these are descendants of Nahshon, son of Amminadab,** the head of the tribe of Judah (see Ruth 4:20–21 and Numbers 2:3). The Gemara asks: **What is he teaching us** by this statement? He is teaching **that even** in the case of **one who has the merit of his ancestors**[N] to protect him, this merit **does not stand for him when he leaves Eretz** Yisrael **to** go **outside of Eretz** Yisrael, as Elimelech died on account of this sin.

HALAKHA

One may not leave Eretz Yisrael to outside of Eretz Yisrael – אין יוצאין מארץ לחוץ לארץ: It is prohibited for one who lives in Eretz Yisrael and has the capability to sustain himself there to live outside of Eretz Yisrael. He may live outside of Eretz Yisrael only if there are such severe conditions in the land that the price of wheat doubles. This prohibition against leaving Eretz Yisrael applies only if one has money but produce is expensive. If produce is inexpensive but this individual is penniless, he may leave to go to any place where he can earn a living, in accordance with the statement of Rabbi Yoḥanan (91b). Even in such a case, although it is permitted to leave it is not commendable to do so (Rambam *Sefer Shofetim*, *Hilkhot Melakhim* 5:9).

NOTES

One may not leave Eretz Yisrael – אין יוצאין מארץ: The commentaries explain that one who leaves Eretz Yisrael prevents himself from fulfilling those mitzvot that apply only in Eretz Yisrael (Rashbam). Rashi (*Gittin* 8a) indicates that one's very departure from Eretz Yisrael constitutes the transgression of a prohibition.

The person in charge of his house [*menu veiteih*] arises – קיימא מנו ביתיה: In other words, there is someone waiting to seize the place that is being vacated, both with regard to positions of authority and importance as well as other matters (Rashbam). Alternatively, this refers to the practice to hire people to weep upon the death of loved ones (Rabbeinu Gershom Meor HaGola).

One hundred and twenty feasts – מאה ועשרים משתאות: Ibzan made a feast for each child's engagement, and another feast for the wedding (Rashbam). Alternatively, the first feast took place when the child was born, and the second on the child's wedding day (Rabbeinu Gershom Meor HaGola).

One who will be more diligent than sixty – חד דמשיתין זריז: Most commentaries explain that this phrase refers to Obed, son of Boaz, as Obed's grandson was King David (Rashbam). The Rashbam also cites the opinion of Rabbeinu Gershom Meor HaGola that the phrase refers to Samson, son of Manoah, who was better and more diligent than the sixty sons of Ibzan, all of whom died.

One who has the merit of his ancestors – מי שיש לו זכות אבות: It is evident from the list provided here that Naomi also had the merit of her ancestors in her favor. Even so, the combined merit of the ancestors of Naomi and Elimelech was not enough to save their sons from death (Maharsha).

NOTES

And your mnemonic…while a *kar* is pure, etc. – וְסִימָנֵיךְ…טָהוֹר וכו׳: The mnemonic is based on the fact that *kar* can mean a sheep, which is a kosher animal (Rashbam). Others explain that *karnevo* is the name of a kosher bird (Ri Migash).

The small passage – עִיבְרָא זְעֵירָא: The commentaries explain that this statement has a practical halakhic ramification, as one should recite a special blessing upon reaching a place where a miracle occurred for one of the nation's forefathers. Therefore, upon reaching this place one must recite this blessing (Rashbam).

וְאָמַר רַב חָנָן בַּר רָבָא אָמַר רַב: אִמֵּיהּ דְּאַבְרָהָם – אַמַתְלַאי בַּת כַּרְנְבוֹ, אִמֵּיהּ דְּהָמָן – אַמַתְלַאי בַּת עוֹרְבָתִי, וְסִימָנֵיךְ: טָמֵא טָמֵא, טָהוֹר טָהוֹר.

And Rav Ḥanan bar Rava says that **Rav says: The mother of Abraham** was called **Amatlai bat Karnevo. The mother of Haman** was called **Amatlai bat Orevati. And your mnemonic,** to ensure that the two are not confused for one another, is that a raven [*orev*] is **impure,** and in this manner one remembers that Orevati is the grandmother of the **impure** Haman, while a sheep [*kar*] is **pure,**[N] which indicates that Karnevo is the grandmother of the **pure** Abraham.

אִמֵּיהּ דְּדָוִד – נְצֶבֶת בַּת עֲדָאֵל שְׁמָהּ, אִמֵּיהּ דְּשִׁמְשׁוֹן – צְלֶלְפּוֹנִית, וְאַחְתֵּיהּ – נַשְׁיָין. לְמַאי נָפְקָא מִינָּהּ? לִתְשׁוּבַת הַמִּינִים.

Rav Ḥanan bar Rava continues: **The mother of David was named Natzvat bat Ada'el. The mother of Samson** was named **Tzelelponit, and his sister** was called **Nashyan.** The Gemara asks: **What is the** practical **difference** as to what their names were? The Gemara answers: It is important with regard **to an answer for heretics** who inquire into the names of these women, which are not stated in the Bible. One can reply that there is a tradition handed down concerning their names.

וְאָמַר רַב חָנָן בַּר רָבָא אָמַר רַב: עֶשֶׂר שָׁנִים נֶחְבַּשׁ אַבְרָהָם אָבִינוּ, שָׁלֹשׁ בְּכוּתָא וְשֶׁבַע בְּקַרְדּוּ; וְרַב דִּימִי מִנְּהַרְדְּעָא מַתְנֵי אִיפְּכָא. אֲמַר רַב חִסְדָּא: עִיבְרָא זְעֵירָא דְּכוּתָא זֶהוּ אוּר כַּשְׂדִּים.

And Rav Ḥanan bar Rava says that **Rav says: Our forefather Abraham was imprisoned** for **ten years,** because he rejected the idol worship that was accepted in his land. He was imprisoned for **three** years **in** the city of **Khuta, and seven** years **in Karddu. And Rav Dimi of Neharde'a teaches the opposite,** that he was imprisoned seven years in Khuta and three in Karddu. **Rav Ḥisda said: The small passage**[N] **of Khuta, this is Ur of the Chaldeans** (see Genesis 11:31).

וְאָמַר רַב חָנָן בַּר רָבָא אָמַר רַב: אוֹתוֹ הַיּוֹם שֶׁנִּפְטַר אַבְרָהָם אָבִינוּ מִן הָעוֹלָם, עָמְדוּ כׇּל גְּדוֹלֵי אוּמּוֹת הָעוֹלָם בְּשׁוּרָה וְאָמְרוּ: אוֹי לוֹ לָעוֹלָם שֶׁאָבַד

And Rav Ḥanan bar Rava says that **Rav says:** On **that day when our forefather Abraham left the world, the leaders of the nations of the world stood in a line,** in the manner of mourners, **and said: Woe to the world that has lost**

Perek **V**
Daf **91** Amud **b**

NOTES

Its leader…its captain – מַנְהִיגוֹ...קַבַּרְנִיטָא: Abraham taught the people of the world both theology and moral conduct. The members of his generation referred to him as a world leader with regard to one aspect of his wisdom, and a captain of a ship with regard to the other (Maharsha).

An appointee over irrigation – רֵישׁ גַּרְגּוּתָא: God's providence extends not only over broad and important events, but also to apparently insignificant matters; He oversees even the appointment of the individual responsible for irrigation (Maharsha). In a similar vein, the verse cited begins with the statement: "Yours, O Lord, is the greatness, and the power, and the glory" (I Chronicles 29:11), and yet He supervises the minor events that take place on the earth (*Iyyun Ya'akov*).

When you cry, let those have gathered [*kibbutzayikh*] deliver you – בְּזַעֲקֵךְ יַצִּילֻךְ קִבּוּצַיִךְ: Interpreting this cry as a prayer, and the word "*kibbutzayikh*" as a reference to the ingathering of the exiles, the Rashbam expounds the phrase in the following manner: Had they prayed for the return of those who had to leave Eretz Yisrael due to the famine, Elimelech and his sons would have been able to stay. Alternatively, "*kibbutzayikh*" refers to the community, and the verse teaches that through prayer on behalf of the community, an individual is saved, through the community's merit (Rabbeinu Gershom Meor HaGola). Some suggest that when an individual prays for his salvation from a public calamity everyone is spared from it (Maharsha; and see Meiri).

מַנְהִיגוֹ, וְאוֹי לָהּ לַסְּפִינָה שֶׁאָבַד קַבַּרְנִיטָא.

its leader, and woe to the ship that has lost its captain.[N]

״וְהַמִּתְנַשֵּׂא לְכֹל לְרֹאשׁ״ – אָמַר רַב חָנָן בַּר רָבָא אָמַר רַב: אֲפִילּוּ רֵישׁ גַּרְגּוּתָא מִשְּׁמַיָּא מוֹקְמֵי לֵיהּ.

With regard to leaders, the Gemara adds that it is stated in praise of God: **"And You are exalted as head above all"** (I Chronicles 29:11). **Rav Ḥanan bar Rava says** that **Rav says: Even** one with the most insignificant position of authority, e.g., **an appointee over irrigation,**[N] **is appointed by Heaven.**

אָמַר רַב חִיָּיא בַּר אָבִין אָמַר רַבִּי יְהוֹשֻׁעַ בֶּן קׇרְחָה: חַס וְשָׁלוֹם, שֶׁאֲפִילּוּ מָצְאוּ סוּבִּין לֹא יָצְאוּ. וְאֶלָּא מִפְּנֵי מָה נֶעֶנְשׁוּ? שֶׁהָיָה לָהֶן לְבַקֵּשׁ רַחֲמִים עַל דּוֹרָם וְלֹא בִּקְּשׁוּ, שֶׁנֶּאֱמַר: ״בְּזַעֲקֵךְ יַצִּילֻךְ קִבּוּצַיִךְ״.

The Gemara returns to its discussion of the punishment of Elimelech and his sons, which Rabbi Shimon ben Yoḥai says they received because they left Eretz Yisrael. **Rav Ḥiyya bar Avin says** that **Rabbi Yehoshua ben Korḥa says: Heaven forfend** that they sinned in this manner, **as** if Elimelech and his sons **had found even bran they would not have left** Eretz Yisrael. **But rather, for what** reason **were they punished?** They were punished **because they should have requested mercy** of God **for their generation, and they did not request** this, **as it is stated: "When you cry, let those you have gathered deliver you"** (Isaiah 57:13).[N]

אָמַר רַבָּה בַּר בַּר חָנָה אָמַר רַבִּי יוֹחָנָן: לֹא שָׁנוּ אֶלָּא מָעוֹת בְּזוֹל וּפֵירוֹת בְּיוֹקֶר, אֲבָל מָעוֹת בְּיוֹקֶר, אֲפִילּוּ עָמְדוּ אַרְבַּע סְאִין בְּסֶלַע – יוֹצְאִין;

Rabba bar bar Ḥana says that **Rabbi Yoḥanan says: They taught** that it is prohibited to leave Eretz Yisrael **only** if **money is cheap,** i.e., not excessively difficult to obtain, **and produce is expensive,** similar to the case in the *baraita* where two *se'a* of wheat are sold for a *sela*. **But when money is expensive,** i.e., it is difficult to earn money for sustenance, **even** if the price of **four** ***se'a*** of grain **stood at a** ***sela*****, one** may **leave** Eretz Yisrael in order to survive.

(סִימָן: סֶלַע פּוֹעֵל חֲרוּבָא טַלְיָא אָמְרִין). דְּאָמַר רַבִּי יוֹחָנָן: נְהִירְנָא כַּד הָווּ קָיְימִין אַרְבַּע סְאִין בְּסֶלַע, וְהָווּ נְפִישֵׁי נְפִיחֵי כָּפָן בִּטְבֶרְיָא מִדְּלֵית אִיסָּר. וַאֲמַר רַבִּי יוֹחָנָן: נְהִירְנָא כַּד לָא הָווּ מִיתַּגְרִין פּוֹעֲלַיָּא לְמִדְנַח קַרְתָּא, מֵרֵיחַ פִּיתָּא מַיְיתִין.

The Gemara provides a **mnemonic** for the following list of Rabbi Yoḥanan's recollections: ***Sela*; laborer; carob; boy; they would say.** The first statement is **that Rabbi Yoḥanan said: I remember when four *se'a*** of produce **were sold for** one ***sela*,** and yet **there were many swollen from hunger in Tiberias, as they did not have** even one ***issar*** coin with which to purchase food. **And Rabbi Yoḥanan** further **said: I remember when laborers would not** agree to **work on the east** side of the **city,** because **they would die from the smell of the bread**[N] that would waft over them from the city's west side.

וַאֲמַר רַבִּי יוֹחָנָן: נְהִירְנָא כַּד הֲוָה בָּצַע יָנוּקָא חֲרוּבָא, וַהֲוָה נָגִיד חוּטָא דְּדוּבְשָׁא עַל תְּרֵין דְּרָעוֹהִי. וַאֲמַר רַבִּי אֶלְעָזָר: נְהִירְנָא כַּד הֲוָה נָטֵיל עוֹרְבָא בִּשְׂרָא, וּנְגִיד חוּטָא דְּמִשְׁחָא מֵרֵישׁ שׁוּרָא וְעַד לְאַרְעָא. וַאֲמַר רַבִּי יוֹחָנָן: נְהִירְנָא כַּד הָווּ מְטַיְּילִין טַלְיָא וְטַלְיְיתָא בְּשׁוּקָא כְּבַר שִׁית עֶשְׂרֵה וּכְבַר שַׁב עֶשְׂרֵה, וְלָא הָווּ חַטְאָן. וַאֲמַר רַבִּי יוֹחָנָן: נְהִירְנָא כַּד הָווּ אָמְרִין בֵּי מִדְרָשָׁא: דְּמוֹדֵי לְהוֹן – נָפֵיל בִּידֵיהוֹן, דְּמִתְרְחֵיץ עֲלֵיהוֹן – דִּילֵיהּ דִּילְהוֹן.

The Gemara continues to relate other, more salutary, memories: **And Rabbi Yoḥanan said: I remember when a child would break a carob, and a line of honey would extend over his two arms. And Rabbi Elazar said: I remember when a raven would take** a piece of **meat, and a line of fat would extend from the top of the wall** upon which it was standing **to the ground. And Rabbi Yoḥanan said: I remember when a boy and girl, of sixteen and seventeen years of age, would** walk together **in the market, and they would not sin. And Rabbi Yoḥanan said: I remember when they would say in the study hall that one who agrees with** the gentiles[N] **falls into their hands,** and **that one who relies on them**[N] sees that which is **his** become **theirs.**

כְּתִיב: "מַחְלוֹן וְכִלְיוֹן", וּכְתִיב: "יוֹאָשׁ וְשָׂרָף"; רַב וּשְׁמוּאֵל, חַד אָמַר: מַחְלוֹן וְכִלְיוֹן שְׁמָן, וְלָמָּה נִקְרָא שְׁמָן שָׂרָף וְיוֹאָשׁ? יוֹאָשׁ – שֶׁנִּתְיָאֲשׁוּ מִן הַגְּאוּלָּה, שָׂרָף – שֶׁנִּתְחַיְּיבוּ שְׂרֵיפָה לַמָּקוֹם;

The Gemara returns to its discussion of the story of Ruth. **It is written: "Mahlon and Chilion"** (Ruth 1:2), **and it is written** elsewhere: **"Joash and Saraph,** who had dominion in Moab" (1 Chronicles 4:22). Apparently, both names refer to the same individuals who married Moabite wives. **Rav and Shmuel** disagreed with regard to their true names. **One says: Their** given **names were Mahlon and Chilion, and why were they called** by the **names Saraph and Joash?** One was called **Joash [*yoash*] because they despaired [*nitya'ashu*] of the redemption** of Eretz Yisrael, as they established themselves in Moab and lived there for many years. The other was called **Saraph, because they were liable** to receive the punishment of **burning [*sereifa*] for** their sins against **God,** because they left their community.

וְחַד אָמַר: יוֹאָשׁ וְשָׂרָף שְׁמָן, וְלָמָּה נִקְרָא שְׁמָן מַחְלוֹן וְכִלְיוֹן? מַחְלוֹן – שֶׁעָשׂוּ גּוּפָן חוּלִּין, וְכִלְיוֹן – שֶׁנִּתְחַיְּיבוּ כְּלָיָה לַמָּקוֹם.

And one of them **says: Their** given **names were Joash and Saraph, and why were they called** by the **names Mahlon and Chilion?** One was called **Mahlon [*maḥlon*] because they made their bodies profane [*ḥullin*],**[N] **and** the other was called **Chilion [*khilyon*] because they were liable to** receive the punishment of **destruction [*kelaya*] for** their sins against **God.**

תַּנְיָא כְּמַאן דְּאָמַר: מַחְלוֹן וְכִלְיוֹן שְׁמָן; דְּתַנְיָא, מַאי דִּכְתִיב: "וְיוֹקִים וְאַנְשֵׁי כֹזֵבָא וְיוֹאָשׁ וְשָׂרָף אֲשֶׁר בָּעֲלוּ לְמוֹאָב וְיָשֻׁבִי לָחֶם וְהַדְּבָרִים עַתִּיקִים"? "וְיוֹקִים" – זֶה יְהוֹשֻׁעַ, שֶׁהֵקִים שְׁבוּעָה לְאַנְשֵׁי גִבְעוֹן, "וְאַנְשֵׁי כֹזֵבָא" – אֵלּוּ אַנְשֵׁי גִבְעוֹן, שֶׁכִּזְּבוּ בִּיהוֹשֻׁעַ; "וְיוֹאָשׁ וְשָׂרָף" – אֵלּוּ מַחְלוֹן וְכִלְיוֹן, וְלָמָּה נִקְרָא שְׁמָן יוֹאָשׁ וְשָׂרָף? יוֹאָשׁ – שֶׁנִּתְיָאֲשׁוּ מִן הַגְּאוּלָּה, שָׂרָף – שֶׁנִּתְחַיְּיבוּ שְׂרֵיפָה לַמָּקוֹם;

The Gemara notes: It **is taught** in a *baraita* **in accordance with the one who says** that **their** given **names were Mahlon and Chilion. As it is taught** in a *baraita*: **What** is the meaning of that **which is written: "And Jokim, and the men of Cozeba,**[N] **and Joash, and Saraph, who had dominion in Moab, and Jashubi Lehem. And the matters are ancient"** (1 Chronicles 4:22)? **"And Jokim," this** refers to **Joshua, who established [*shehekim*]** and kept the **oath with people of Gibeon** (see Joshua, chapter 9). **"And the men of Cozeba," these are the men of Gibeon, who lied [*shekizevu*] to Joshua** by saying that they came from a distant land. **"And Joash, and Saraph," these are Mahlon and Chilion. And why were they called** by the **names Joash and Saraph?** One was called **Joash because they despaired [*shenitya'ashu*] of the redemption;** the other was called **Saraph because they were liable** to receive the punishment of **burning [*sereifa*] for** their sins against **God.**

NOTES

They would die from the smell of the bread – מֵרֵיחַ פִּיתָּא מַיְיתִין: Because there was a lack of bread in the city, the laborers would not accept work in the east of the city because they could not bear the smell of bread from elsewhere that was brought in by the frequently blowing west wind (see Rashbam and Rabbeinu Gershom Meor HaGola).

One who agrees with the gentiles – דְּמוֹדֵי לְהוֹן: One should contradict the statements of idol worshippers rather than side with them (Rashbam). This is an example of being punished measure for measure, as one who agrees with gentiles falls into their hands and suffers from their actions, which he had formerly praised (Rabbi Eliezer of Metz).

One who relies on them – דְּמִתְרְחֵיץ עֲלֵיהוֹן: This is also an example of being punished measure for measure, since one who relies on gentiles to aid him in monetary matters and believes that he will profit from his dealings with them is punished by having his money taken by them (Rabbi Eliezer of Metz).

They made their bodies profane – שֶׁעָשׂוּ גּוּפָן חוּלִּין: They profaned their bodies by leaving the sacred land for a profane place (Rabbeinu Gershom), or by marrying gentile women (Maharsha).

And Jokim and the men of Cozeba, etc. – וְיוֹקִים וְאַנְשֵׁי כֹזֵבָא וכו׳: The commentaries explain that the homiletic interpretation of the verse connects the people mentioned with the tribe of Judah. All the individuals listed, including Joshua, are descendants of this tribe, either from their maternal or paternal side (Rashbam). Alternatively, the verse is referring to gentiles who became close to the Jewish people, either out of fear and through trickery, e.g., the Gibeonites, or due to their love of God, such as Ruth and the descendants of Jonadab, son of Rechab. These converts are contrasted with Mahlon and Chilion, Jews who turned away from the Torah (Maharsha).

LANGUAGE

Salmanton – סַלְמַנְטוֹן: As evident from the Gemara, the Sages of Babylonia themselves were unsure about the meaning of this term. Some say that it is derived from Greek, which is why they, who lived in Babylonia, did not know its meaning. Specifically, it perhaps comes from ἕλμινς, *helmins*, genitive ἕλμινθος, *helminthos*, which is a kind of worm, possibly a worm found in produce.

Worms [*retzinta*] – רְצִינְתָּא: This term is perhaps derived from the Latin ricinus, which is a kind of worm.

״אֲשֶׁר בָּעֲלוּ לְמוֹאָב״ – שֶׁנָּשְׂאוּ נָשִׁים מוֹאֲבִיּוֹת; ״וְיָשֻׁבִי לָחֶם״ – זוֹ רוּת הַמּוֹאֲבִיָּה, שֶׁשָּׁבָה וְנִדְבְּקָה בְּבֵית לֶחֶם יְהוּדָה; ״וְהַדְּבָרִים עַתִּיקִים״ – דְּבָרִים הַלָּלוּ עַתִּיק יוֹמַיָּא אֲמָרָן, דִּכְתִיב: ״מָצָאתִי דָּוִד עַבְדִּי״, וּכְתִיב: ״שְׁתֵּי בְנֹתֶיךָ הַנִּמְצָאֹת״.

"Who had dominion in Moab," this means **that they married Moabite women. "And Jashubi Lehem," this is referring to Ruth the Moabite, who returned [*sheshava*] and attached** herself **to Bethlehem of Judea. "And the matters are ancient,"** this means that **these matters were said by the Ancient of Days,**[N] i.e., they occurred through God's will, **as it is written: "I have found David My servant"** (Psalms 89:21); and the same term "found" also appears with regard to the daughters of Lot, as **it is written: "Your two daughters that are found** here" (Genesis 19:15). This teaches that David's ancestry can be traced this far back, as he was destined to be born from Moab, who was the son of Lot's daughter and Lot himself.

״הֵמָּה הַיּוֹצְרִים וְיֹשְׁבֵי נְטָעִים וּגְדֵרָה עִם הַמֶּלֶךְ בִּמְלַאכְתּוֹ יָשְׁבוּ שָׁם״; ״הֵמָּה הַיּוֹצְרִים״ – אֵלּוּ בְּנֵי יוֹנָדָב בֶּן רֵכָב, שֶׁנָּצְרוּ שְׁבוּעַת אֲבִיהֶם,

The Gemara cites a *baraita* that analyzes the next verse: **"These were the potters, and those who dwelt among plantations and hedges; there they dwelt occupied in the king's work"** (I Chronicles 4:23). **"These were the potters [*yotzerim*],"** **these are the sons of Jonadab, son of Rechab, who kept [*natzeru*] their father's oath.**[N]

״יֹשְׁבֵי נְטָעִים״ – זֶה שְׁלֹמֹה, שֶׁדּוֹמֶה לִנְטִיעָה בְּמַלְכוּתוֹ, ״וּגְדֵרָה״ – זוֹ סַנְהֶדְרִין, שֶׁגָּדְרוּ פִּרְצוֹתֵיהֶן שֶׁל יִשְׂרָאֵל, ״עִם הַמֶּלֶךְ בִּמְלַאכְתּוֹ יָשְׁבוּ שָׁם״ – זוֹ רוּת הַמּוֹאֲבִיָּה, שֶׁרָאֲתָה בְּמַלְכוּת שְׁלֹמֹה, בֶּן בְּנוֹ שֶׁל בֶּן בְּנָהּ, שֶׁנֶּאֱמַר: ״וַיָּשֶׂם כִּסֵּא לְאֵם הַמֶּלֶךְ״, וְאָמַר רַבִּי אֶלְעָזָר: לְאִמָּהּ שֶׁל מַלְכוּת.

"Those who dwelt among plantations," this is referring **to Solomon, who in his kingship was similar to a plant.**[N] **"And hedges [*ugdera*],"** this is the **Sanhedrin, which fenced [*gaderu*] in the breaches of the Jewish people** by means of ordinances. **"There they dwelt occupied in the king's work,"** **this is referring to Ruth the Moabite, who saw the kingship of Solomon,** the **grandson of her grandson. As it is stated** about Solomon: **"And he caused a throne to be set for the king's mother"** (I Kings 2:19), **and Rabbi Elazar says:** This means **for the mother of the** dynasty of **kingship,**[N] i.e., Ruth.

תָּנוּ רַבָּנַן: ״וַאֲכַלְתֶּם מִן הַתְּבוּאָה יָשָׁן״ – בְּלֹא סַלְמַנְטוֹן. מַאי בְּלֹא סַלְמַנְטוֹן? רַב נַחְמָן אָמַר: בְּלֹא רְצִינְתָּא, וְרַב שֵׁשֶׁת אָמַר: בְּלֹא שְׁדֵיפָא.

§ Since the Gemara has discussed times of famine in Eretz Yisrael, it concludes the chapter with a blessing of times of prosperity: **The Sages taught:** When the verse states: **"And you shall eat of the produce of the old store"** (Leviticus 25:22), referring to the produce grown in the sixth year of the Sabbatical cycle, this means **without *salmanton*.**[L] The Gemara asks: **What is the meaning of: Without *salmanton*? Rav Naḥman said: Without worms [*retzinta*]**[LN] that consume the produce, **and Rav Sheshet said: Without blight,**[N] which destroys the taste of the produce.

NOTES

The Ancient of Days, etc. – עַתִּיק יוֹמַיָּא וכו׳: This phrase is a reference to God (see Daniel 7:9). The *baraita* is saying that all of these events, which are hard to comprehend and appeared arbitrary at the time they occurred, were all intended by God. The same is true with regard to David's descent from the daughter of Lot, as Moab was born in a manner that no one could have anticipated. For this reason, the verse states that David was "found," considered by the people like an unexpected windfall.

Who kept their father's oath – שֶׁנָּצְרוּ שְׁבוּעַת אֲבִיהֶם: As explained in the book of Jeremiah (chapter 35), for generations the descendants of Jonadab, son of Rechab, kept their father's command not to build a permanent settlement and live in it, and not to drink wine. The verse in Chronicles notes their fidelity in keeping their father's directive, in contrast to the faithlessness of the Jewish people with regard to God's mitzvot.

Similar to a plant – דּוֹמֶה לִנְטִיעָה: Since Solomon became king in his youth, he is likened to a young plant, which grows and thrives with the passage of time (Rashbam).

For the mother of the dynasty of kingship – לְאִמָּהּ שֶׁל מַלְכוּת: The commentaries explain that although Bathsheba, mother of King Solomon, is mentioned several times in this chapter of the book of Kings, she is referred to by name on each occasion. For this reason, the phrase "the king's mother" and the honor that is accorded to her are interpreted as a reference to another woman, Ruth, the mother of the entire royal dynasty (Maharsha).

Worms [*retzinta*] – רְצִינְתָּא: The commentaries explain that *retzinta* is a worm that devours produce (Rashbam). Alternatively, it refers to a dampness that rots plants (*Arukh*).

Blight [*shedifa*] – שְׁדֵיפָא: *Shedifa* is blight, a misfortune that occurs when the weather is overly hot (Rashbam). *Shedifa* does not destroy the plants themselves, but divests produce of its taste (Ri Migash; Rabbi Avraham *Av Beit Din*). The *baraita* that refers to the old store becoming bad fits well with this understanding of the term *salmanton*, while the wording of the first *baraita*, which speaks of the actual destruction of the old stores, is appropriate according to the other opinion, that *salmanton* signifies a worm that destroys the produce.

תַּנְיָא כְּוָותֵיהּ דְּרַב שֵׁשֶׁת, תַּנְיָא כְּוָותֵיהּ דְּרַב נַחְמָן. תַּנְיָא כְּוָותֵיהּ דְּרַב נַחְמָן: ״וַאֲכַלְתֶּם... יָשָׁן״ – יָכוֹל יְהוּ יִשְׂרָאֵל מְצַפִּין לֶחָדָשׁ מִפְּנֵי יָשָׁן שֶׁכָּלָה? תַּלְמוּד לוֹמַר: ״עַד בֹּא תְּבוּאָתָהּ״ – עַד שֶׁתָּבֹא תְּבוּאָה מֵאֵלֶיהָ.

The Gemara notes: It **is taught** in a *baraita* **in accordance with** the opinion **of Rav Sheshet,** and it **is taught** in another *baraita* **in accordance with** the opinion **of Rav Naḥman. It is taught** in a *baraita* **in accordance with** the opinion **of Rav Naḥman:** From the verse: "And you shall sow the eighth year, **and you shall eat** of the produce of **the old store,** until the ninth year" (Leviticus 25:22), one **might** have thought that **the Jewish people will wait for the new** produce **because the old store** has been **destroyed.** Therefore **the** same **verse states: "Until its produce comes in,"** to indicate that they will not stop eating the old produce **until the** new **produce comes of itself,**[N] i.e., until it is fully ripe and they do not need the old produce. The old produce will last until then and will not become worm infested, as stated by Rav Naḥman.

תַּנְיָא כְּוָותֵיהּ דְּרַב שֵׁשֶׁת: ״וַאֲכַלְתֶּם מִן הַתְּבוּאָה יָשָׁן״ – יָכוֹל יְהוּ יִשְׂרָאֵל מְצַפִּין לֶחָדָשׁ מִפְּנֵי יָשָׁן שֶׁרַע? תַּלְמוּד לוֹמַר: ״עַד בֹּא תְּבוּאָתָהּ״ – עַד שֶׁתָּבֹא תְּבוּאָה מֵאֵלֶיהָ.

It **is taught** in a *baraita* **in accordance with** the opinion **of Rav Sheshet:** From the verse: **"And you shall eat of the produce of the old store,"** one **might** have thought that **the Jewish people will wait for the new** produce **due to the old store because** the old store will have gone **bad,** since blight will ruin the taste of the produce. Therefore, **the verse states: "Until its produce comes in,"** which indicates that they will not stop eating the old produce **until the** new **produce comes of itself,** as the stored produce will not suffer from blight.

תָּנוּ רַבָּנַן: ״וַאֲכַלְתֶּם יָשָׁן נוֹשָׁן״ – מְלַמֵּד שֶׁכָּל הַמְיוּשָּׁן מֵחֲבֵירוֹ הָוֵי יָפֶה מֵחֲבֵירוֹ. וְאֵין לִי אֶלָּא דְּבָרִים שֶׁדַּרְכָּן לְיַישְּׁנָן, דְּבָרִים שֶׁאֵין דַּרְכָּן לְיַישְּׁנָן מִנַּיִן? תַּלְמוּד לוֹמַר: ״יָשָׁן נוֹשָׁן״ מִכׇּל מָקוֹם.

The Sages taught with regard to a verse in the chapter of the blessings stated to the Jewish people: **"And you shall eat old store long kept"** (Leviticus 26:10). This **teaches that any** produce **that is older than other** produce of that same type will be **better than** that **other** produce. **And I have** derived that this is the case **only** with regard to **items** for **which** it is the normal **manner to age them. From where** do I derive in the case of **items** for **which** it is **not** the normal **manner to age them,** e.g., fruit, that they too will improve with age? **The verse states: "Old store long kept,"** a general expression that indicates that **in any case** the land will keep its produce from spoiling, as all types of produce will improve with age.

״וְיָשָׁן מִפְּנֵי חָדָשׁ תּוֹצִיאוּ״ – מְלַמֵּד שֶׁהָיוּ אוֹצָרוֹת מְלֵאִין יָשָׁן וּגְרָנוֹת מְלֵאִין חָדָשׁ, וְהָיוּ יִשְׂרָאֵל אוֹמְרִים: הֵיאָךְ נוֹצִיא זֶה מִפְּנֵי זֶה? אָמַר רַב פָּפָּא: כׇּל מִילֵּי עַתִּיקָא מְעַלְּיָא, לְבַר מִתַּמְרֵי וְשִׁיכְרָא וְהַרְסְנָא.

The continuation of the verse: **"You shall bring forth the old from before the new," teaches that there will be storehouses full of old** produce **and threshing floors full of new** produce, **and the Jewish people will say: How will we** manage to **take out this** produce from the storehouse **before that** produce is brought in? **Rav Pappa said: Everything** that is **old is superior** in quality to the new, **except for dates, liquor, and small fish,** which are better when they are fresh.

הדרן עלך המוכר את הספינה

NOTES

Until the produce comes of itself – עַד שֶׁתָּבֹא תְּבוּאָה מֵאֵלֶיהָ: The new produce will be allowed to finish growing, as there will be no need for an early and premature harvest (Rashbam). Others add that people will not have to worry about the new produce at all, as the old stores will remain good for a long time (Rabbeinu Gershom Meor HaGola).

Summary of **Perek V**

Just as was previously stated with regard to the sale of houses and other structures, if a buyer purchases a ship without specifying precisely what he is acquiring, he has a right to the parts that are usually found on the ship and that are essential for its function. It is only if he specifies that he is purchasing the ship and everything that is on it that he acquires everything actually found on the ship, even if it is not part of the ship's functional equipment, e.g., slaves and merchandise on the ship.

With regard to items that are generally used in tandem, sometimes the sale of one includes the sale of the other, while in other situations this is not the case. For example, if one sells a yoke that harnesses two oxen together, he has not sold the oxen themselves, and likewise in the reverse case the yoke is not sold along with the oxen. Similarly, if one buys a wagon he does not acquire the mules that pull it, and if one buys a donkey he does not acquire its equipment. One who buys a cow does not receive its calf, but one who buys a female donkey does acquire its foal along with it. One who buys the head of a large domesticated animal does not acquire its forelegs, whereas one does acquire the forelegs along with the head of a small domesticated animal. The rulings in these cases are affected by the terms and customs of the particular place.

The Gemara further states that the price of an item serves as proof with regard to determining what was included in the sale. Therefore, in a case where there is a discrepancy between the known price of the item and the amount paid for it, the *halakha* is as follows: If the difference in price could be attributed to a mistake on the part of the buyer, the standard *halakhot* of exploitation apply. If the difference in price is so great that it could not be attributed to an error on his part, it is assumed that the additional sum is a gift to the seller.

If one sells a pit, dovecote, or dunghill, he sells its contents as well, as the sale was conducted primarily for the contents. But with regard to one who sold the offspring of his dovecote or beehive, the Sages established that the buyer must leave a certain number of them for the seller, to ensure the continued function of the dovecote or beehive.

If one buys three trees in a field belonging to another he acquires the ground beneath and around the trees, to allow him to tend to the trees. Conversely, one who buys one tree acquires only the tree itself and the right to use the ground on which it rests for as long as the tree remains alive. The same *halakha* applies to one who buys two trees.

More generally, it is established that if one sells merchandise claiming that it is of a superior quality, and it is found to be poor in quality, or the reverse, whoever suffers a loss has the right to renege on the sale. By contrast, if both parties agree on the

sale of one type of item and the item is discovered to be of a different kind, the sale is considered to be an error and both parties can renege on the sale.

When merchandise is sold, there are many variables that affect when the transaction is finalized. The important factors include whether the sale takes place in the domain of the buyer or the seller. If neither of them owns the domain, there is a further distinction between the public domain, an alleyway, and a domain that belongs to another individual. Another important issue is whether a measuring vessel being used to measure the merchandise belongs to the buyer, the seller, or someone else. In practical terms, these variables affect whether each party can renege on the transaction, e.g., if the market price of the merchandise suddenly changes, and who is responsible for the measuring vessel and its contents.

One particular transaction discussed in this chapter is that of a young child sent to purchase an item from a storekeeper on behalf of his parent. In this case, the Gemara rules that if one sends a child and gives him money and a vessel to hold the merchandise that he purchases, the storekeeper is responsible for the money and for the merchandise he pours in the vessel. He is not responsible for the vessel itself unless he picks it up for the purpose of using it.

There are different methods of acquiring movable property. All such items can be acquired by means of lifting, even when the acquisition is performed in the public domain. Heavy and large items, which are not easily lifted, are acquired by means of pulling. Acquisition through pulling is not effective in the public domain. Items that can be pulled only with difficulty, e.g., a ship, are acquired by means of passing, which is performed in the public domain or in a domain that belongs to neither of them. Other options include the acquisition of movable property by means of the land on which it is located or by using a cloth in a symbolic exchange. The acquisition of a promissory note requires both the act of passing and the writing of an additional bill of sale, as they are not acquired by means of passing alone.

The Sages caution that a seller must take great care not to cause a loss for the buyer due to a defect in one's scales or measurement implements, and he must ensure that he measures accurately. Anyone who is not careful in this regard, and certainly one who employs false measures, steals from the public.

This chapter includes several aggadic passages. The main discussion, which appears in the context of ships, ostensibly describes the travels of Sages in the oceans and deserts. These tales are generally interpreted as allusions to ideas about the nature of the world and historical events, as well as visions of the future.

Image **Credits**

My Notes

My Notes

My Notes

My Notes